LE GUIDE VERT

Bretagne

Cet ouvrage tient compte des conditions de tourisme
connues au moment de sa rédaction.
Certains renseignements peuvent perdre de leur actualité
en raison de l'évolution incessante des aménagements
et des variations du coût de la vie.
Nos lecteurs sauront le comprendre.

MANUFACTURE FRANÇAISE DES PNEUMATIQUES MICHELIN

Société en commandite par actions au capital de 2 000 000 000 de francs

Place des Carmes-Déchaux – 63000 Clermont-Ferrand – R. C. S. Clermont-Fd 855 200 507

Dépôt légal mars 2000 – ISBN 2-06-030907-7 – ISSN 0293-9436

Printed in the EC 12-99/7

Compograveur : Nord-Compo à Villeneuve d'Ascq – Impression et brochage : Casterman à Tournai

Conception graphique : Christiane Beylier à Paris 12e

Maquette de couverture extérieure : Agence Carré Noir à Paris 17e

LE GUIDE VERT, l'esprit de découverte !

Avec cette nouvelle collection LE GUIDE VERT, nous avons l'ambition de faire de vos vacances des moments passionnants et mémorables, d'accompagner votre découverte de nouveaux horizons, bref... de vous faire partager notre passion du voyage.

Voyager avec LE GUIDE VERT, c'est être acteur de ses vacances, profiter pleinement de ce temps privilégié pour découvrir, s'enrichir, apprendre au contact direct du patrimoine culturel et de la nature.

Le temps des vacances avec LE GUIDE VERT, c'est aussi la détente, se faire plaisir, apprécier une bonne adresse pour se restaurer, dormir, ou se divertir.

Explorez notre sélection !

Une mise en pages claire, attrayante, illustrée d'une nouvelle iconographie, des cartes et plans redessinés, outils indispensables pour bâtir vos propres itinéraires de découverte, une nouvelle couverture parachevant l'ensemble...

LE GUIDE VERT change.

Alors plongez vite dans LE GUIDE VERT à la découverte de votre prochaine destination de voyage. Partagez avec nous cette ouverture sur le monde qui donne au temps des vacances son sens, sa substance et en définitive son véritable esprit.

L'esprit de découverte.

Jean-Michel DULIN
Rédacteur en Chef

Sommaire

Informations pratiques

Introduction au voyage

Le calvaire, ici à Gurunhuel, une silhouette traditionnelle en Bretagne.

L'art de la broderie d'apparat pour la grande troménie de Locronan.

Villes et sites

La côte en vieux gréement, par exemple au large de Port-Blanc.

Une région riche en maisons à colombages, comme ici à Vannes.

Cartographie

Les cartes routières qu'il vous faut

Tout automobiliste prévoyant doit se munir d'une bonne cartographie. Les produits Michelin sont complémentaires : chaque site présenté dans ce guide est accompagné de ses références cartographiques sur les différentes gammes de cartes que nous proposons. L'assemblage de nos cartes est présenté ci-dessous avec la délimitation de leur couverture géographique.

Pour circuler sur place, vous avez le choix entre :

- la **carte régionale** au 1/200 000 n° 230 qui couvre le réseau routier principal, secondaire et donne de nombreuses indications touristiques. Elle sera favorisée dans le cas d'un voyage qui embrasse un large secteur. Elle permet d'apprécier chaque site d'un simple coup d'œil. Elle signale, outre les caractéristiques des routes, les châteaux, les édifices religieux, les points de vue, les monuments mégalithiques, les emplacements de baignade en rivière ou en étang, les piscines, les golfs, les hippodromes, les aérodromes...
- les **cartes détaillées,** dont le fond est équivalent aux cartes régionales, mais dont le format est réduit à une demi-région pour plus de facilité de manipulation. Celles-ci sont mieux adaptées aux personnes qui envisagent un séjour davantage sédentaire sans déplacement éloigné. Consultez les cartes n°s 56, 59, 63.
- les **cartes départementales** (au 1/150 000, agrandissement du 1/200 000). Ces cartes de proximité, très lisibles, permettent de circuler au cœur des départements suivants : Côtes-d'Armor (n° 4022), Finistère (n° 4029), Ille-et-Vilaine (n° 4035), Morbihan (n° 4056). Elles disposent d'un index complet des localités et donnent le plan de la préfecture.

Et n'oubliez pas, la **carte de France n° 989** vous offre la vue d'ensemble de la région Bretagne, ses grandes voies d'accès d'où que vous veniez. Le pays est ainsi cartographié au 1/1 000 000 et fait apparaître le réseau routier principal.

Enfin, sachez qu'en complément de ces cartes, un serveur minitel **3615 Michelin** permet le calcul d'itinéraires détaillés avec leur temps de parcours, et bien d'autres services. Les **3617** et **3623 Michelin** vous permettent d'obtenir ces informations reproduites sur fax ou imprimante. Les internautes pourront bénéficier des mêmes renseignements en surfant sur le site **www. michelin-travel. com.**

L'ensemble de ce guide est par ailleurs riche en cartes et plans, dont voici la liste.

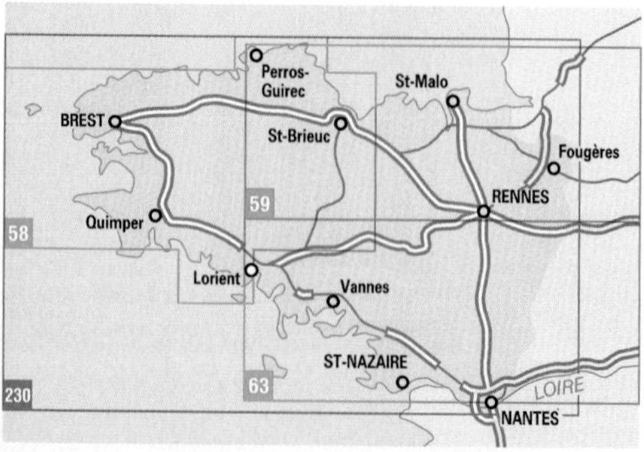
Perros-Guirec
St-Malo
BREST
St-Brieuc
Fougères
RENNES
59
58
Quimper
Lorient
Vannes
ST-NAZAIRE
230
63
LOIRE
NANTES

Cartes thématiques

Plans de ville

Plans de monuments

Cartes des circuits décrits

Légende

Monuments et sites

◉━━━ ⇨	Itinéraire décrit, départ de la visite
†	Église
†	Temple
	Synagogue - Mosquée
	Bâtiment
■	Statue, petit bâtiment
†	Calvaire
◎	Fontaine
—●—▪▪	Rempart - Tour - Porte
	Château
∴	Ruine
◡	Barrage
☼	Usine
☆	Fort
∩	Grotte
	Monument mégalithique
▾	Table d'orientation
	Vue
▲	Autre lieu d'intérêt

Sports et loisirs

	Hippodrome
	Patinoire
	Piscine : de plein air, couverte
	Port de plaisance, centre de voile
	Refuge
□-■-■-■-□	Téléphérique, télécabine
□+++++++□	Funiculaire, voie à crémaillère
	Chemin de fer touristique
◆	Base de loisirs
	Parc d'attractions
	Parc animalier, zoo
	Parc floral, arborétum
	Parc ornithologique, réserve d'oiseaux
	Promenade à pied
☺	Intéressant pour les enfants

Abréviations

A	Chambre d'agriculture
C	Chambre de commerce
H	Hôtel de ville
J	Palais de justice
M	Musée
P	Préfecture, sous-préfecture
POL.	Police
	Gendarmerie
T	Théâtre
U	Université, grande école

	site	station balnéaire	station de sports d'hiver	station thermale
vaut le voyage	★★★			
mérite un détour	★★			
intéressant	★			

Autres symboles

	Information touristique
	Autoroute ou assimilée
	Échangeur : complet ou partiel
	Rue piétonne
	Rue impraticable, réglementée
	Escalier - Sentier
	Gare - Gare auto-train
S.N.C.F.	Gare routière
	Tramway
	Métro
	Parking-relais
	Facilité d'accès pour les handicapés
	Poste restante
	Téléphone
	Marché couvert
	Caserne
	Pont mobile
	Carrière
	Mine
B F	Bac passant voitures et passagers
	Transport des voitures et des passagers
	Transport des passagers
3	Sortie de ville identique sur les plans et les cartes Michelin
Bert (R.)...	Rue commerçante
AZ B	Localisation sur le plan
	Hébergement
	Lieu de restauration

Carnet d'adresses

20 ch : 250/375F	Nombre de chambres : prix de la chambre une personne/chambre double. *(Chambre d'hôte : petit déjeuner compris)*
45F	Prix du petit déjeuner
jusq. 5 pers. : sem 1500F, w.-end 1000F	Capacité du gîte rural : prix pour la semaine, pour le week-end
100 appart. 2/4 pers. : sem. 2000/3500F	Nombre d'appartements et capacité, prix minimum/maximum par semaine *(résidence ou village vacances)*
100 lits : 50F	Nombre de lits et prix par personne *(auberge de jeunesse)*
120 empl. : 80F	Nombre d'emplacements de camping et prix pour 2 personnes avec voiture
110/250F	Restaurant : prix mini/maxi des menus servis midi et soir ou à la carte
rest. 110/250F	Repas dans un lieu d'hébergement : prix mini/maxi des menus servis midi et soir ou à la carte
restauration	Petite restauration proposée
repas 85F	Repas type « Table d'hôte »
réserv.	Réservation recommandée
	Cartes bancaires non acceptées
P	Parking réservé à la clientèle de l'hôtel

Les prix sont indiqués pour la haute saison

Les plus beaux sites

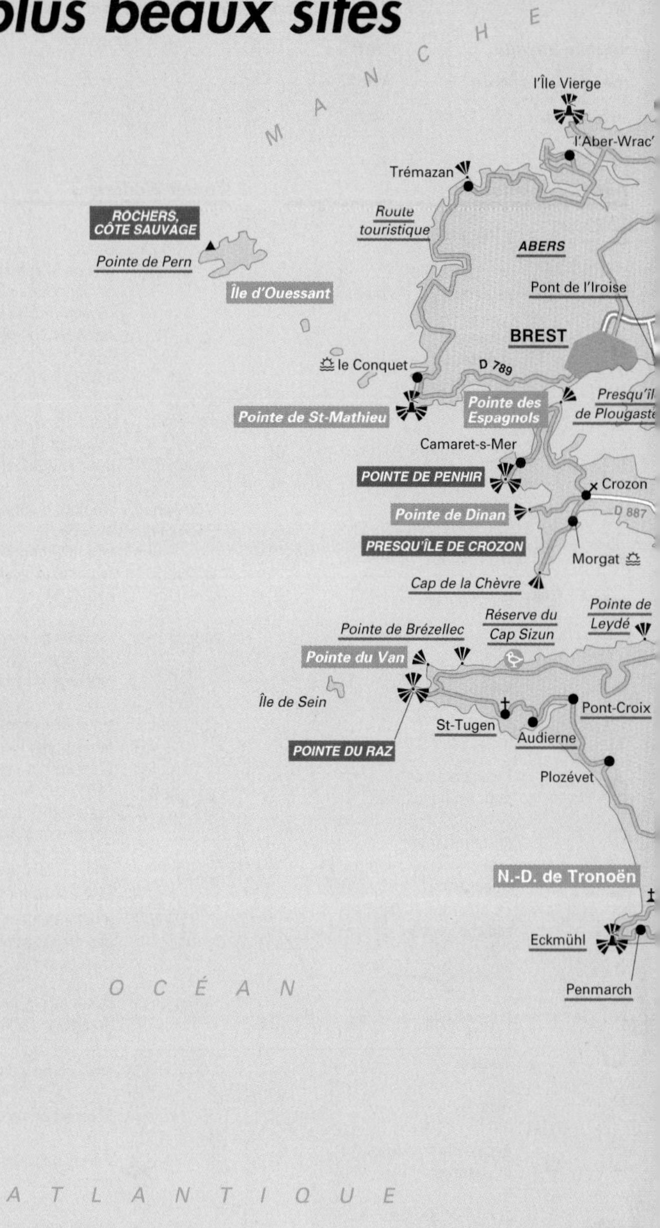
MANCHE
l'Île Vierge
l'Aber-Wrac'
Trémazan
Route touristique
ABERS
ROCHERS, CÔTE SAUVAGE
Pointe de Pern
Île d'Ouessant
Pont de l'Iroise
BREST
le Conquet
D 789
Pointe des Espagnols
Presqu'îl de Plougast
Pointe de St-Mathieu
Camaret-s-Mer
POINTE DE PENHIR
Crozon
Pointe de Dinan
D 887
PRESQU'ÎLE DE CROZON
Morgat
Cap de la Chèvre
Pointe de Leydé
Réserve du Cap Sizun
Pointe de Brézellec
Pointe du Van
Île de Sein
Pont-Croix
St-Tugen
Audierne
POINTE DU RAZ
Plozévet
N.-D. de Tronoën
Eckmühl
Penmarch
OCÉAN
ATLANTIQUE

NANTES	★★★	Vaut le voyage
Tréguier	★★	Mérite un détour
Pont-Aven	★	Intéressant
Guingamp		Autre site décrit dans ce guide.

Les stations balnéaires sont classées dans leur catégorie, selon des critères qui leur sont propres.

0 — 20 km

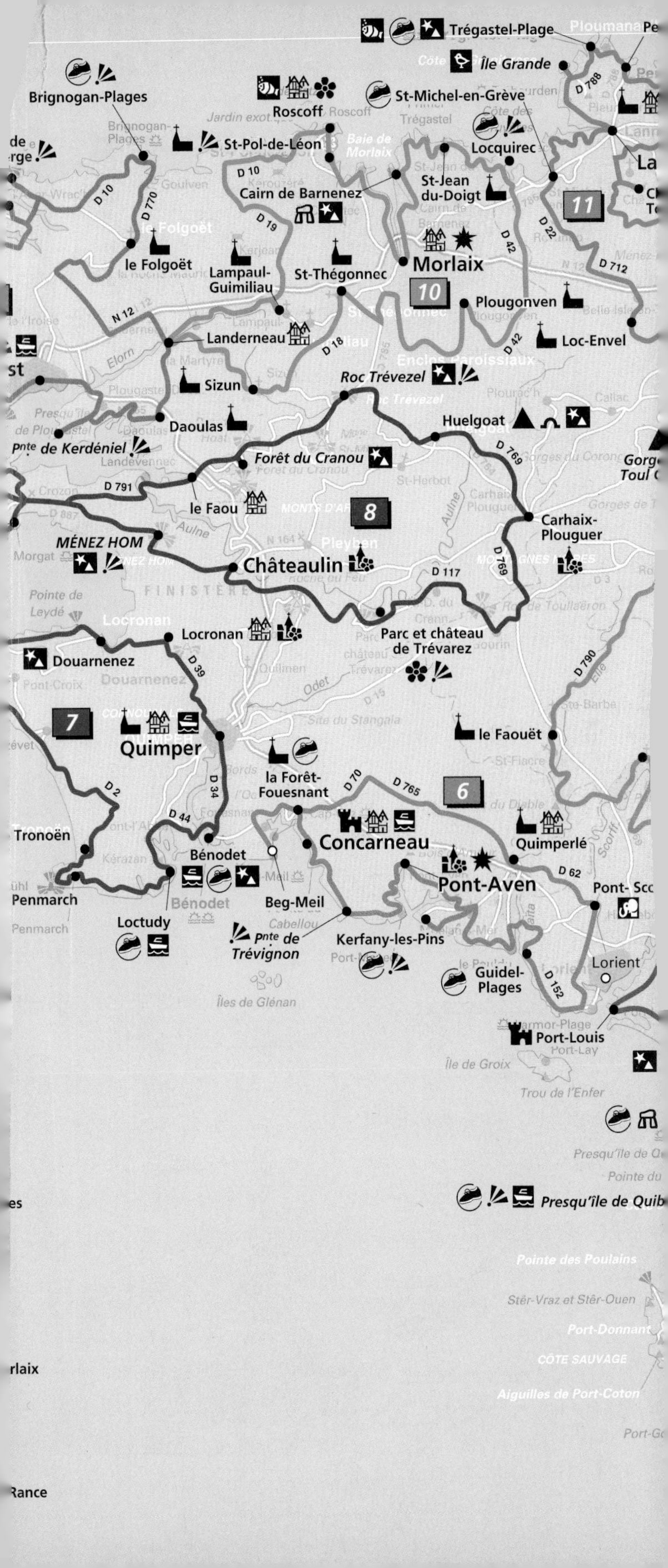

Trégastel-Plage
Ploumanac'h
Île Grande
Brignogan-Plages
Roscoff
St-Michel-en-Grève
St-Pol-de-Léon
Baie de Morlaix
Locquirec
St-Jean-du-Doigt
Cairn de Barnenez
le Folgoët
Lampaul-Guimiliau
St-Thégonnec
Morlaix
Plougonven
Loc-Envel
Landerneau
Sizun
Roc Trévezel
Huelgoat
Daoulas
Pnte de Kerdéniel
Forêt du Cranou
le Faou
Carhaix-Plouguer
MÉNEZ HOM
Châteaulin
Morgat
Pointe de Leydé
Locronan
Parc et château de Trévarez
Douarnenez
FINISTÈRE
Quimper
le Faouët
la Forêt-Fouesnant
Tronoën
Bénodet
Concarneau
Quimperlé
Pont-Aven
Penmarch
Loctudy
Beg-Meil
Pnte de Trévignon
Kerfany-les-Pins
Guidel-Plages
Lorient
Îles de Glénan
Port-Louis
Île de Groix
Trou de l'Enfer
Presqu'île de Quiberon
Pointe des Poulains
Stêr-Vraz et Stêr-Ouen
Port-Donnant
CÔTE SAUVAGE
Aiguilles de Port-Coton
Port-Goulphar
D 10
D 770
D 19
N 12
D 18
D 42
D 22
D 712
D 791
D 769
D 117
D 39
D 2
D 34
D 44
D 70
D 765
D 62
D 152
D 790
D 788
6
7
8
10
11
rlaix
Rance

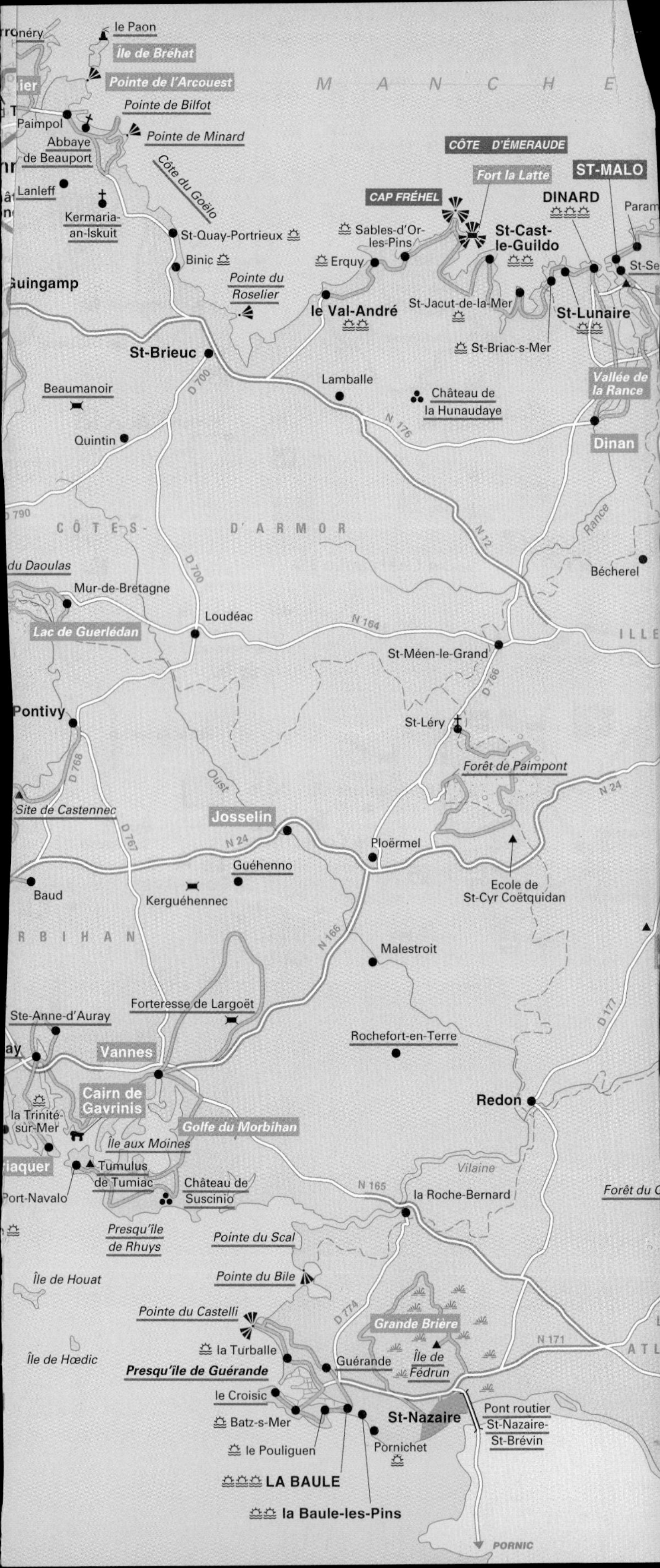

le Paon
Île de Bréhat
Pointe de l'Arcouest
MANCHE
Pointe de Bilfot
Paimpol
Pointe de Minard
Abbaye de Beauport
CÔTE D'ÉMERAUDE
Côte du Goëlo
Fort la Latte
ST-MALO
Lanleff
CAP FRÉHEL
DINARD
Kermaria-an-Iskuit
St-Quay-Portrieux
Sables-d'Or-les-Pins
St-Cast-le-Guildo
Binic
Erquy
Guingamp
Pointe du Roselier
le Val-André
St-Jacut-de-la-Mer
St-Lunaire
St-Brieuc
St-Briac-s-Mer
Lamballe
Vallée de la Rance
Beaumanoir
Château de la Hunaudaye
D 700
N 176
Dinan
Quintin
Rance
D 790
CÔTES-D'ARMOR
N 12
du Daoulas
Bécherel
Mur-de-Bretagne
Loudéac
Lac de Guerlédan
N 164
St-Méen-le-Grand
D 766
Pontivy
St-Léry
Oust
Forêt de Paimpont
D 768
N 24
Site de Castennec
D 767
Josselin
Ploërmel
Guéhenno
Baud
Kerguéhennec
Ecole de St-Cyr Coëtquidan
RBIHAN
N 166
Malestroit
Forteresse de Largoët
D 177
Ste-Anne-d'Auray
Rochefort-en-Terre
Vannes
Cairn de Gavrinis
Redon
la Trinité-sur-Mer
Golfe du Morbihan
Île aux Moines
Tumulus de Tumiac
Vilaine
Port-Navalo
Château de Suscinio
N 165
la Roche-Bernard
Forêt du C
Presqu'île de Rhuys
Pointe du Scal
Île de Houat
Pointe du Bile
Pointe du Castelli
D 774
Grande Brière
Île de Hœdic
la Turballe
Île de Fédrun
N 171
Presqu'île de Guérande
Guérande
le Croisic
Batz-s-Mer
St-Nazaire
Pont routier St-Nazaire-St-Brévin
le Pouliguen
Pornichet
LA BAULE
la Baule-les-Pins
PORNIC

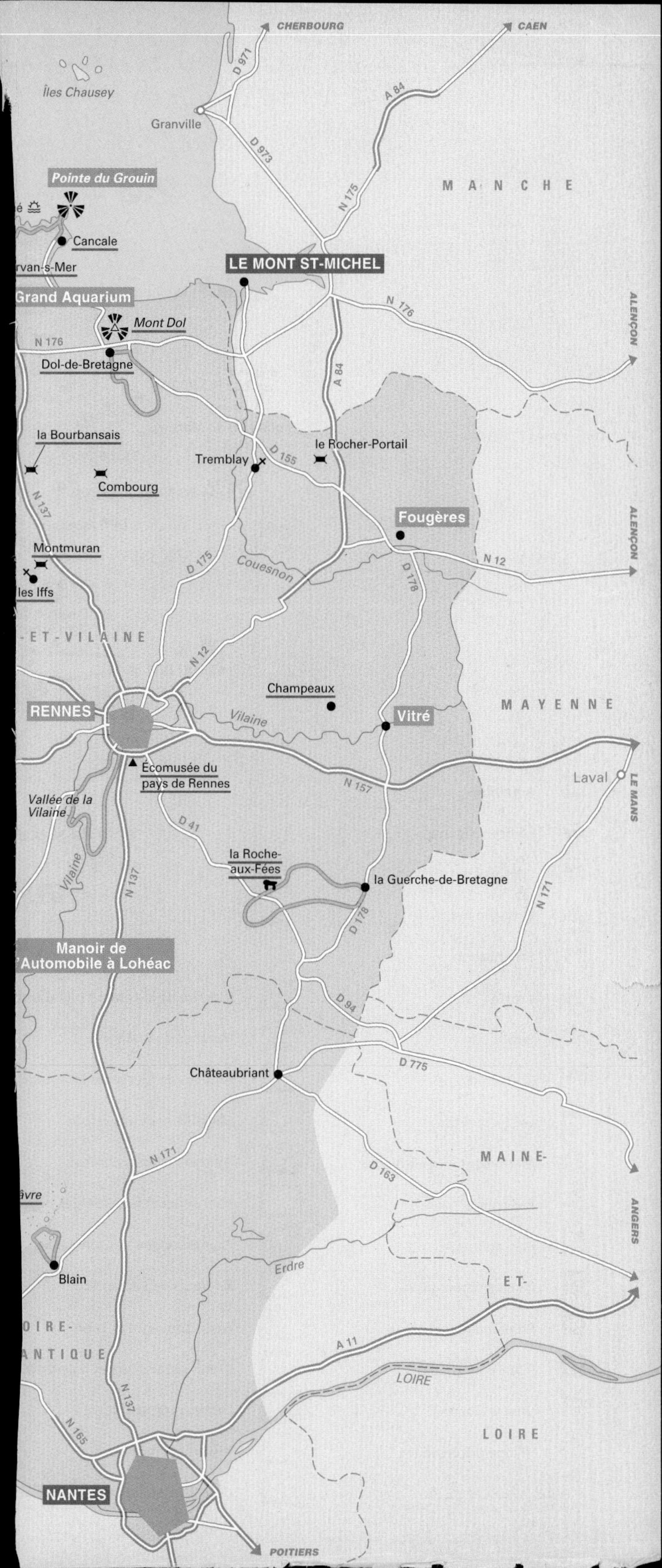

CHERBOURG
CAEN
Îles Chausey
Granville
D 971
D 973
A 84
N 175
M A N C H E
Pointe du Grouin
Cancale
LE MONT ST-MICHEL
Grand Aquarium
Mont Dol
N 176
N 176
Dol-de-Bretagne
ALENÇON
A 84
la Bourbansais
Combourg
N 137
Tremblay
D 155
le Rocher-Portail
Fougères
Montmuran
les Iffs
Couesnon
D 175
D 178
N 12
ALENÇON
N 12
Champeaux
RENNES
Vilaine
Vitré
M A Y E N N E
Écomusée du pays de Rennes
N 157
Laval
LE MANS
Vallée de la Vilaine
D 41
la Roche-aux-Fées
la Guerche-de-Bretagne
Vilaine
N 137
D 178
N 171
Manoir de l'Automobile à Lohéac
D 94
Châteaubriant
D 775
N 171
M A I N E -
D 163
ANGERS
Blain
Erdre
E T -
A 11
LOIRE
N 137
N 165
L O I R E
NANTES
POITIERS

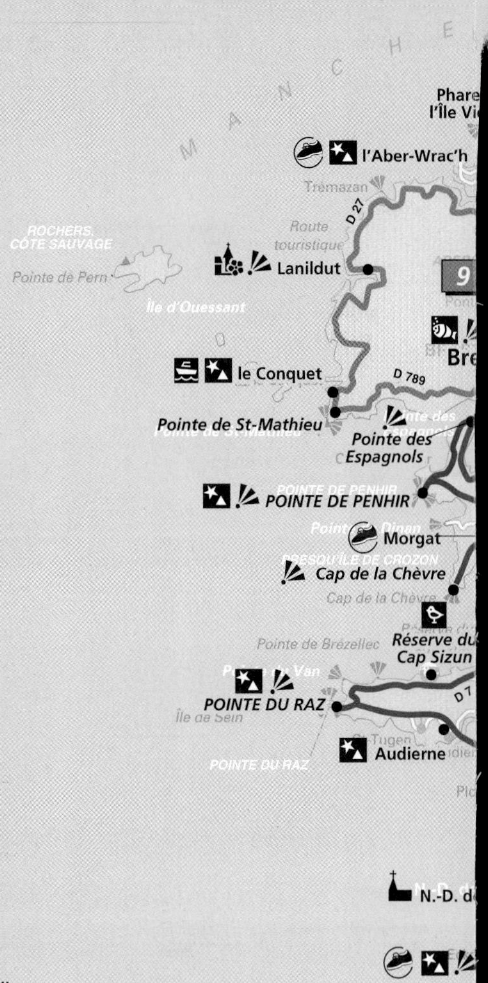

M A N C H E
Phare de l'Île Vi
l'Aber-Wrac'h
Trémazan
D 27
Route touristique
ROCHERS, CÔTE SAUVAGE
Pointe de Pern
Lanildut
Île d'Ouessant
9
Bre
le Conquet
D 789
Pointe de St-Mathieu
Pointe des Espagnols
POINTE DE PENHIR
Morgat
Cap de la Chèvre
Cap de la Chèvre
Pointe de Brézellec
Réserve du Cap Sizun
POINTE DU RAZ
Île de Sein
D 7
Audierne
POINTE DU RAZ
N.-D. d
O C É A N

Aquarium	1	Estuaire de la Loire et pays du se
Édifice religieux	2	Marches de Bretagne
Château	3	Au pays de Merlin l'enchanteur
Curiosité naturelle	4	Mégalithes et préhistoire
Fortification	5	Au coeur du pays breton
Grotte	6	Pont-Aven et la patrie des peint
Jardin	7	Pays Bigouden et Cornouaille
Lieu d'histoire	8	Hauteurs de l'Armorique
Loisirs sportifs	9	Abers sauvages et Léon
Monument mégalithique	10	Enclos paroissiaux et baie de M
Panorama	11	Lumières du granit rose
Parc animalier	12	Trégor et Penthièvre
Parc ornithologique	13	Côte d'Émeraude et vallée de la
Promenade en bateau		
Site remarquable		
Ville ancienne		
Village pittoresque		

A T L A N T I Q U E

0 — 20 km

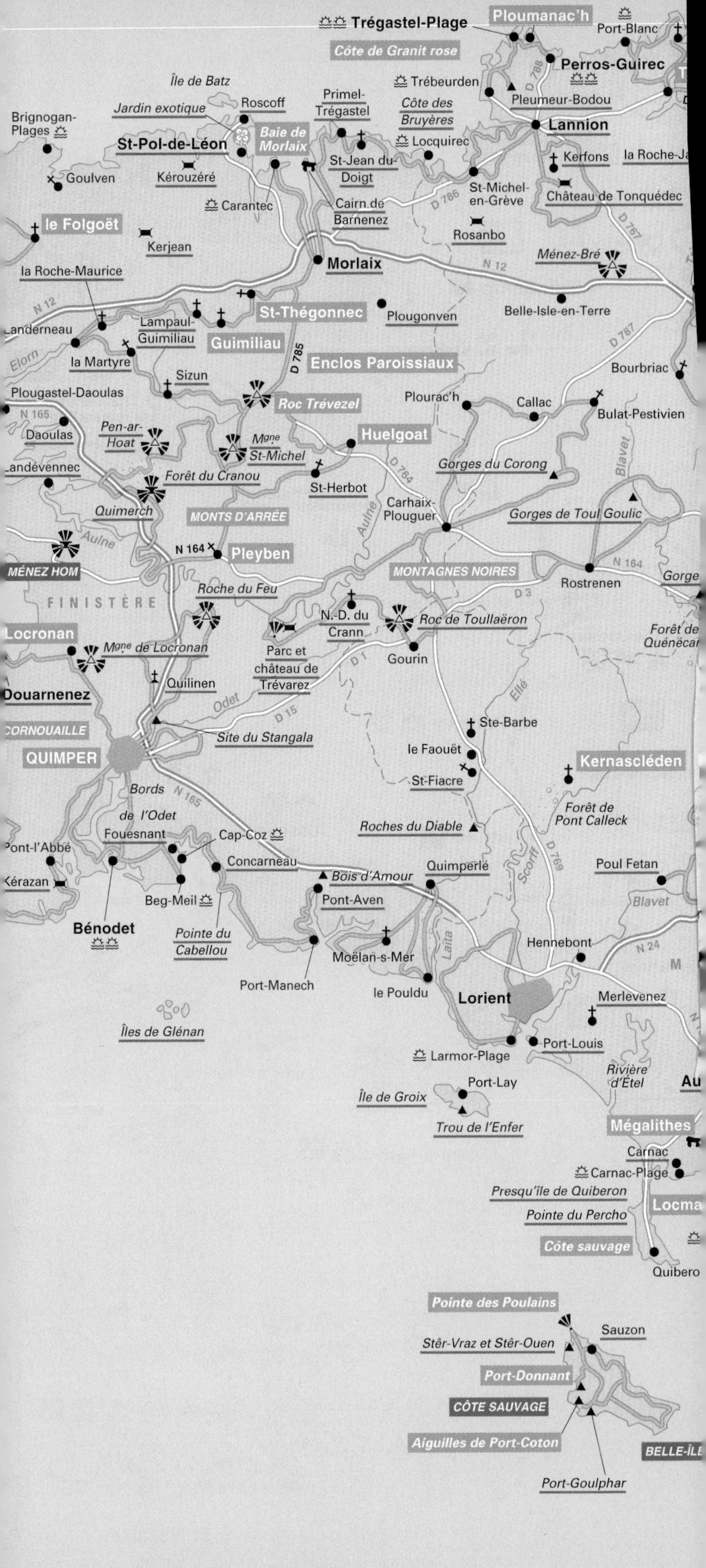
Trégastel-Plage
Ploumanac'h
Port-Blanc
Côte de Granit rose
Perros-Guirec
Île de Batz
Trébeurden
Roscoff
Primel-Trégastel
Côte des Bruyères
Pleumeur-Bodou
D 788
Jardin exotique
Brignogan-Plages
Baie de Morlaix
Lannion
St-Pol-de-Léon
Locquirec
Kerfons
la Roche-Ja
St-Jean du-Doigt
Goulven
Kérouzéré
St-Michel-en-Grève
Château de Tonquédec
Carantec
Cairn de Barnenez
D 786
D 767
le Folgoët
Rosanbo
Kerjean
Ménez-Bré
N 12
Morlaix
la Roche-Maurice
N 12
St-Thégonnec
Plougonven
Belle-Isle-en-Terre
Landerneau
Lampaul-Guimiliau
Guimiliau
D 785
D 787
Elorn
la Martyre
Enclos Paroissiaux
Bourbriac
Sizun
Plougastel-Daoulas
Roc Trévezel
Plourac'h
Callac
Bulat-Pestivien
N 165
Daoulas
Pen-ar-Hoat
Mgne St-Michel
Huelgoat
Landévennec
Forêt du Cranou
D 764
Gorges du Corong
Blavet
St-Herbot
Carhaix-Plouguer
Quimerch
Gorges de Toul Goulic
MONTS D'ARRÉE
Aulne
Aulne
N 164
Pleyben
MÉNEZ HOM
MONTAGNES NOIRES
Rostrenen
N 164
Gorge
FINISTÈRE
Roche du Feu
D 3
N.-D. du Crann
Roc de Toullaëron
Locronan
Forêt de Quénécan
Mgne de Locronan
Parc et château de Trévarez
Gourin
D 1
Quilinen
Douarnenez
Odet
D 15
Ellé
CORNOUAILLE
Site du Stangala
Ste-Barbe
QUIMPER
le Faouët
Kernascléden
Bords de l'Odet
N 165
St-Fiacre
Forêt de Pont Calleck
D 769
Fouesnant
Cap-Coz
Roches du Diable
Scorff
Pont-l'Abbé
Concarneau
Quimperlé
Poul Fetan
Kérazan
Bois d'Amour
Beg-Meil
Pont-Aven
Blavet
Bénodet
Pointe du Cabellou
Laïta
Hennebont
N 24
Moëlan-s-Mer
Port-Manech
le Pouldu
Lorient
Merlevenez
Îles de Glénan
Port-Louis
Larmor-Plage
Rivière d'Étel
Port-Lay
Île de Groix
Trou de l'Enfer
Mégalithes
Carnac
Carnac-Plage
Presqu'île de Quiberon
Pointe du Percho
Côte sauvage
Quibero
Pointe des Poulains
Sauzon
Stêr-Vraz et Stêr-Ouen
Port-Donnant
CÔTE SAUVAGE
Aiguilles de Port-Coton
BELLE-ÎLE
Port-Goulphar

Île de Bréhat
Port-Blanc
Tréguier
Abbaye de Beauport
St-Quay-Portrieux
Ménez-Bré
Guingamp
St-Brieuc
Sables-d'Or-les-Pins
CAP FRÉHEL
St-Cast-le-Guildo
le Val-André
Château de la Hunaudaye
Quintin
Moncontour
Rostrenen
Mur-de-Bretagne
Forêt de Quénécan
Pontivy
Paimpont
Josselin
Site de Castennec
Ploërmel
Poul Fetan
Baud
Kerguéhennec
Hennebont
Malestroit
Rochefort-en-Terre
Auray
Vannes
Redon
Cairn de Gavrinis
Île aux Moines
Locmariaquer
Ponchâteau
Piriac-s-Mer
Presqu'île de Guérande
Grande Brière
le Croisic
la Baule
St-Nazaire
LA BAULE
la Baule-les-Pins
MANCHE
CÔTES-D'ARMOR
MORBIHAN
12
13
5
3
4
D 786
D 787
D 767
D 700
D 765
D 14
D 25
N 176
D 790
D 766
D 31
D 2
N 24
D 779
D 23
D 10
D 764
D 781
D 101
D 775
D 52

Circuits de découverte

Pour de plus amples explications, consulter la rubrique "Itinéraires à thèmes".

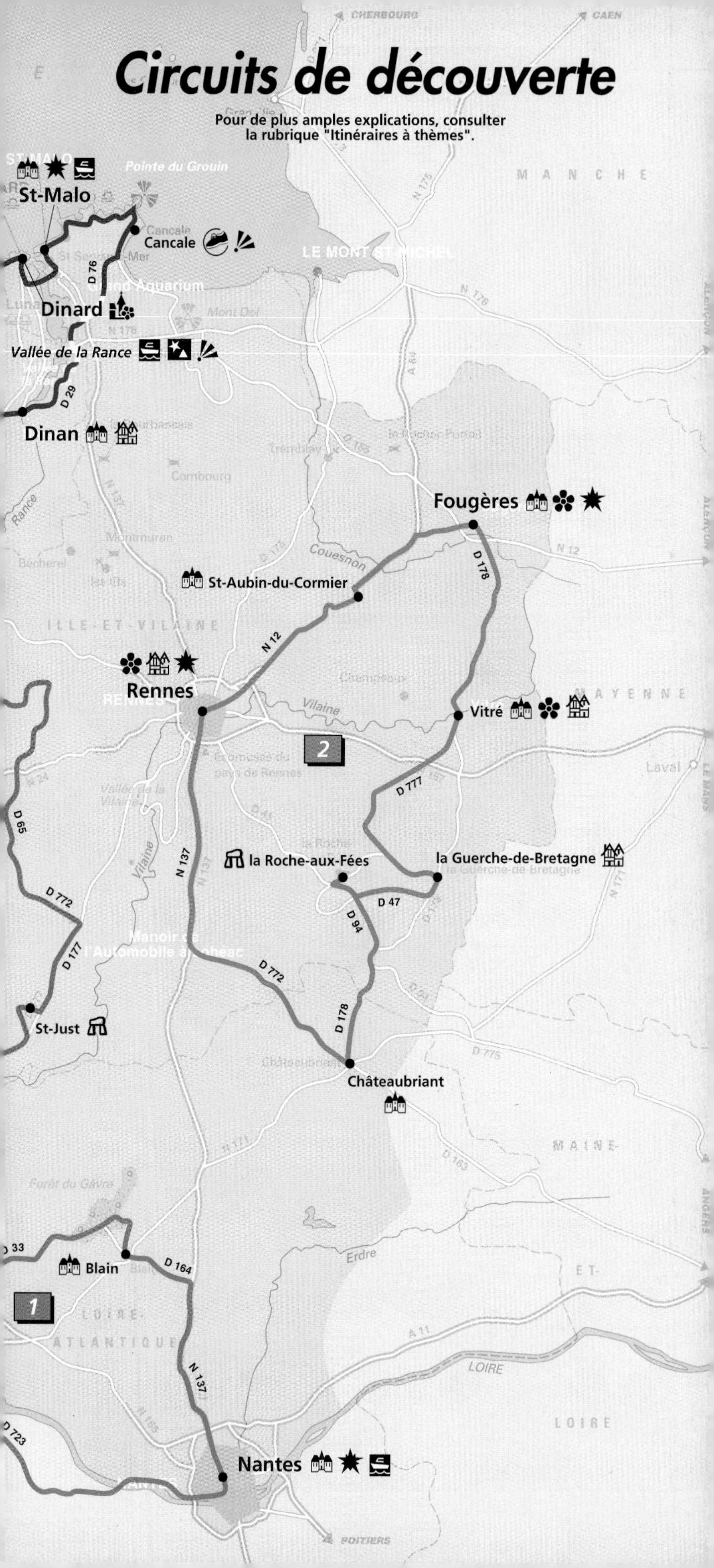

CHERBOURG
CAEN
MANCHE
St-Malo
Pointe du Grouin
Cancale
LE MONT ST-MICHEL
D 76
Dinard
Grand Aquarium
Mont Dol
N 176
Vallée de la Rance
D 29
Dinan
Tremblay
D 155
le Rocher-Portail
Combourg
Fougères
N 12
D 178
Couesnon
D 175
Montmuran
Bécherel
les Iffs
St-Aubin-du-Cormier
ILLE-ET-VILAINE
N 12
Rennes
Champeaux
Vilaine
Vitré
MAYENNE
2
Écomusée du pays de Rennes
Laval
N 24
Vallée de la Vilaine
D 65
D 41
D 777
N 137
la Roche-aux-Fées
la Guerche-de-Bretagne
N 171
D 772
D 47
D 94
D 177
Manoir de l'Automobile à Lohéac
D 178
St-Just
D 775
Châteaubriant
N 171
MAINE-
D 163
Forêt du Gâvre
D 33
Blain
D 164
Erdre
ET-
1
LOIRE-ATLANTIQUE
A 11
N 137
LOIRE
N 165
D 723
Nantes
POITIERS
ALENÇON
LE MANS
ANGERS

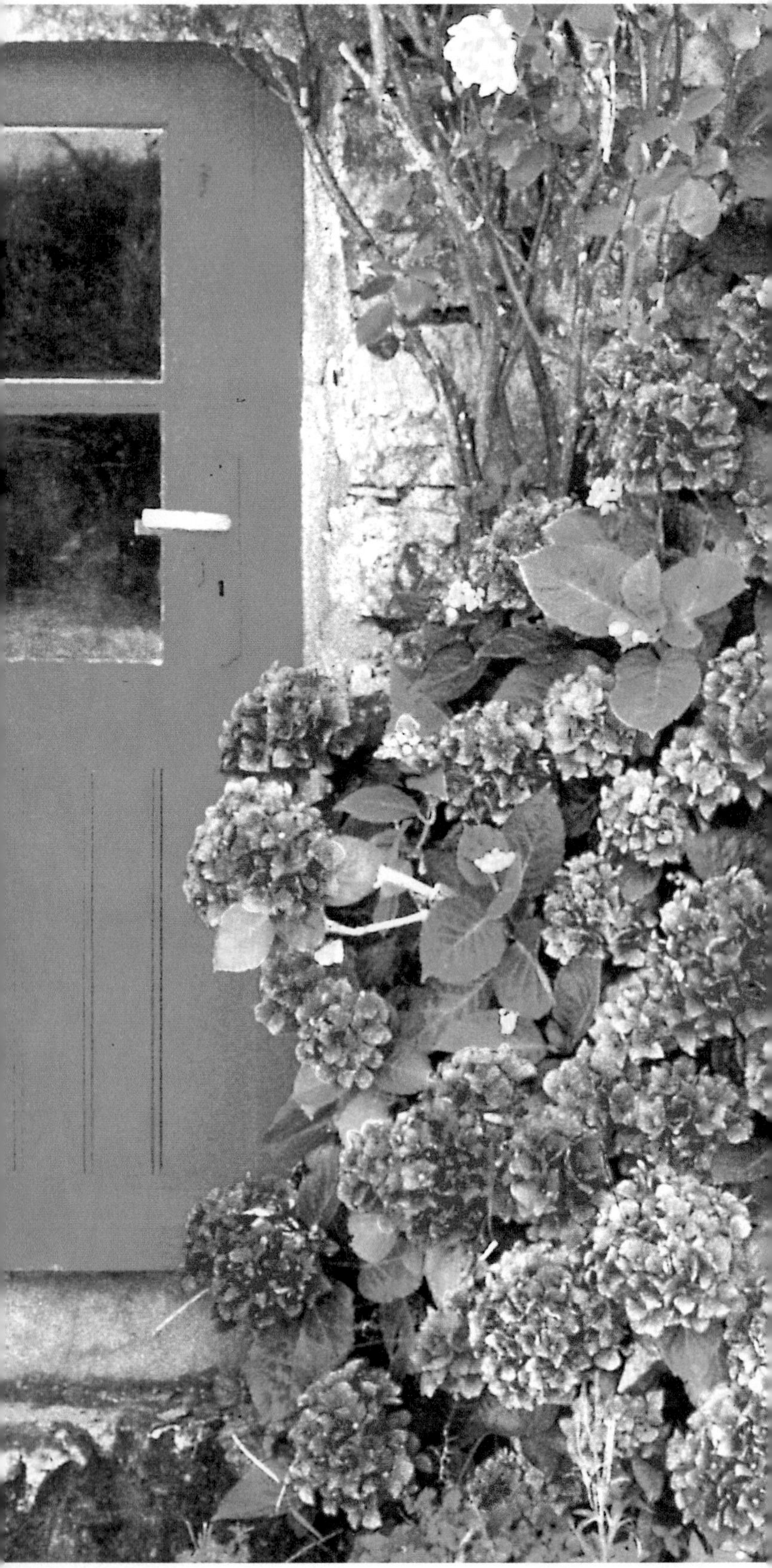

Informations pratiques

Avant le départ

adresses utiles

Ceux qui aiment préparer leur voyage dans le détail peuvent rassembler toute la documentation utile auprès des professionnels du tourisme de la région. Outre les adresses indiquées ci-dessous, sachez que les coordonnées des offices de tourisme ou syndicats d'initiative des villes et sites décrits dans le corps de ce guide sont précisées au début de chaque chapitre (paragraphe « La situation »).

Organismes de tourisme

Bretagne infos 24h/24 – ☎ 02 99 36 15 15, fax 99 28 44 40.

Maison de la Bretagne – 203 boulevard Saint-Germain, 75007 Paris Cedex. ☎ 01 53 63 11 50.

Comité Régional du Tourisme de Bretagne (CRT) – 1 rue Raoul-Ponchon, 35069 Rennes Cedex. ☎ 02 99 36 15 15, fax 02 99 28 44 40 ; Minitel 3615 Bretagne ; www.britanytourism.com

Comités Départementaux de Tourisme (CDT) :

Ille-et-Vilaine : 4 rue Jean-Jaurès, BP 6046, 35000 Rennes Cedex. ☎ 02 99 78 47 47, fax 02 99 78 33 24.

Loire-Atlantique : 2 allée Baco, 44000 Nantes. ☎ 02 51 72 95 30, fax 02 40 20 44 54.

Côtes-d'Armor : 29 rue des Promenades, BP 4620, 22046 Saint-Brieuc Cedex 2. ☎ 02 96 62 72 00, fax 02 96 33 59 10 ; Minitel 3615 Armor ; www.cotes-darmor.com ; e-mail armor@cotes-darmor.com

Finistère : 11 rue Théodore-Le-Hars, 29104 Quimper Cedex, BP 1419. ☎ 02 98 76 20 70, fax 02 98 52 19 19.

Morbihan : PIBS-Kerino, allée Nicolas-Le-Blanc, BP 408, 56010 Vannes Cedex. ☎ 02 97 54 06 56, fax 02 97 42 71 ; www.morbihan.com ; e-mail tourisme@morbihan.com

Fédération régionale des pays d'accueil de Bretagne : 2 place Bisson, BP 24, 56301 Pontivy Cedex. ☎ 02 97 25 19 98.

Dinard

Adresses Internet

Bretagne infos – Service information 3615 Bretagne.

Surfez sur les sites suivants, en plus des adresses mentionnées ci-dessus : www.tourisme.fr / www.bretagne.com/ www.inet-bretagne.fr

météo

Pour les promenades comme pour toutes les visites ou activités de plein air, il est utile de disposer à l'avance d'informations météorologiques. **Météo-France** a mis en service un système de répondeur téléphonique : les bulletins diffusés sont réactualisés trois fois par jour et sont valables pour une durée de six jours (les trois derniers jours sont accompagnés d'un indice de confiance).

Prévisions départementales – ☎ 08 36 68 02 suivi du numéro du département (☎ 08 36 68 02 56 pour le Morbihan, par exemple).

Prévisions à 5 jours pour les bords de mer – ☎ 08 36 68 08 suivi du numéro du département côtier, et ☎ 08 36 68 08 08 pour les informations au large.
Et sur le Minitel 3615 Meteo (rubrique Météorologique générale, Marine, Monde ou Montagne et Neige).

Climat

La réputation du climat breton n'est pas sans être entachée de quelques gouttes de pluie ou perlée par les embruns du large. La situation géographique de la Bretagne qui s'avance en plein océan Atlantique en fait un carrefour d'influences météorologiques souvent contradictoires entre les perturbations du front polaire venant de l'Est et les vents dominants qui soufflent à l'Ouest. La Bretagne est donc une zone de dépressions : le climat y est doux et un peu humide. Aussi, grâce

ÉCHELLE ANÉNOMÉTRIQUE DE BEAUFORT					
FORCE	*APPELLATION*	*VITESSE DU VENT*		*POINTS DE REPÈRE*	
		nœud	km/h	à Terre	en Mer
0	Calme	1	1	La fumée monte toute droite	La mer est d'huile
1	Très légère brise	1 à 3	1 à 5	La fumée est déviée	Petites rides
2	Légère brise	4 à 6	6 à 11	Le feuillage frémit	Vaguelettes courtes
3	Petite brise	7 à 12	12 à 19	Le feuillage est constamment agité	Petites vagues, quelques moutons
4	Jolie brise	11 à 16	20 à 28	Sable et poussière s'envolent	Vagues plus longues, moutons
5	Bonne brise	17 à 21	29 à 38	Les arbustes se balancent	Vagues allongées, nombreux moutons
6	Vent frais	22 à 27	39 à 49	Les fils électriques sifflent	Embruns, lames, écume
7	Grand-frais	28 à 33	50 à 61	Les arbres sont agités, la marche est pénible	L'écume est soufflée en traînées
8	Coup de vent	34 à 40	62 à 74	Marche contre le vent impossible	Vagues de plus de 5 m
9	Fort coup de vent	41 à 47	75 à 88	Dégâts sur les constructions	Grosses lames, visibilité réduite
10	Tempête	48 à 55	89 à 102	Arbres déracinés	Déferlement en rouleaux
11	Violente tempête	56 à 63	103 à 107	Très gros dégâts	Rouleaux énormes, mer recouverte d'embruns
12	Ouragan	64 et plus	118 et plus	Rarissime dans les terres	Visibilité quasi nulle

au phénomène des marées, le mauvais temps ne s'installe jamais et le soleil ne tarde pas à percer les fâcheux cirrus, cumulus et autres nimbo-stratus qui s'avèrent moins mobiles sur les régions françaises plus continentales. Cette particularité bretonne fait que l'on rencontre une flore souvent méditerranéenne jusque sur le littoral des Côtes-d'Armor ou du Finistère bien que ces mêmes côtes abritent des espèces boréales... En Bretagne, vous n'aurez jamais froid, la neige reste exceptionnelle, mais vous ne « crèverez » jamais de chaud, grâce à la bise marine. Cela dit, le département de la Loire-Atlantique, qui n'appartient déjà plus à la Bretagne administrative, connaît en été d'assez fortes vagues de chaleur, surtout à l'intérieur des terres.

transports

Par route

La Bretagne est reliée aux réseaux routiers de l'Ouest par la « route Alençon-Fougères-Rennes » N 12, ou la « route Le Mans-Angers-Nantes » N 10, N 23, N 165, ou la « route Le Mans-Rennes-Brest » N 10, N 23, N 157, N 12, N 164 et N 165.

L'autoroute Océane (A 11-E 50, puis A 81) conduit de Paris à Rennes en 3h40mn, alors que la A 11-E 501 puis E 60 mène à Nantes en un peu moins de 4h.

Les voies express sont gratuites en Bretagne.

La **carte Michelin n°911** au 1/1 000 000 donne les grands itinéraires, les temps de parcours, les itinéraires de dégagement ainsi qu'un calendrier des prévisions de circulation. L'**atlas autoroutier Michelin n°914** détaille chaque autoroute (péages, aires de repos ou de service, tableaux des distances avec temps de parcours, ravitaillements essence, téléphones, etc.).

Tourisme-Informations sur Minitel – Consultez le **3615 Michelin** (1,29F la minute) : ce serveur vous aide à préparer ou décider du meilleur itinéraire à emprunter en vous communiquant d'utiles informations routières. Les 3617 et 3623 Michelin vous permettent d'obtenir ces informations sur fax ou imprimante.

Information autoroutière – Du lundi au vendredi : Centre des informations autoroutières, 3 rue Edmond-Valentin, 75007 Paris, ☎ 01 47 05 90 01, ou sur Minitel 3615 Autoroute.

QUIBERON

Par rail

Depuis Paris (gare Montparnasse), le train permet de rejoindre les grandes villes de l'Ouest que sont Nantes, Rennes et Brest. La ligne Paris-Le Croisic dessert Nantes, St-Nazaire et La Baule. La ligne Paris-Quimper dessert Rennes, Redon, Vannes, Auray, Lorient, Quimperlé, Rosporden. La ligne Paris-Brest dessert Rennes et St-Brieuc.

Renseignements et réservations

Minitel – 3615 SNCF

Téléphone – ☎ 01 45 82 50 50 (renseignements de 7h à 23h) ou 01 45 65 60 60 (réservations de 8h à 20h).

Par air

Aéroport international de Nantes-Atlantique – CP 3, 44340 Bouguenais, ☎ 02 40 84 80 00 (accueil-informations 24h/24h), fax 02 40 84 82 11, www.nantes.cci.fr/aeroport ; e-mail aerop-nte@calva.net. Liaisons avec toute la France et nombreuses liaisons internationales (Allemagne, Belgique, Espagne, Italie, Grande-Bretagne, Pays-Bas, Portugal, Suisse). Pour réserver : Air France ☎ 0 802 802 802 ; Air Liberté ☎ 0 803 805 805 ; Regional Airlines ☎ 02 40 13 52 00 ; AOM ☎ 0 803 001 234 ; Corsair ☎ 0 803 333 333 ; Air Littoral ☎ 0 803 834 834 ; Proteus Airlines ☎ 03 80 63 13 55 ; Air Afrique ☎ 02 51 84 81 05 ; Sabena ☎ 0 836 678 800.

Aéroport international de Brest-Guipavas – Situé à 9 km au Nord-Est de Brest : aéroport, 29490 Guipavas, ☎ 02 98 32 01 00, fax 02 98 84 87 32. Pour réserver : Air France (Paris, Marseille, Nantes, Strasbourg, Lyon, Londres) ☎ 0 802 802 802 ; Finist'Air (Ouessant et avions-taxis) ☎ 02 98 84 64 87 ; Flandre Air (Lille, Rennes, Mulhouse, Strasbourg) ☎ 0 803 001 000 ; Air Liberté (Bordeaux) ☎ 0 803 805 805 ; Regional Airlines (Barcelone) ☎ 02 40 13 52 00 ; Westair ☎ 02 98 84 89 66.

Aéroport de Rennes – Avenue Joseph-Le-Brix, 35136 St-Jacques-de-la-Lande, ☎ 02 99 29 60 00 (accueil-informations), fax 02 99 29 60 29. Pour réserver : Air France ☎ 0 802 802 802 ; Regional Airlines ☎ 02 99 29 60 49 ; Air Liberté ☎ 0 803 805 805. Pour tous les vols au départ de Rennes : Minitel 3615 Rennair.

Aéroport de Lorient – Lann Bihoué, 56270 Ploemeur, ☎ 02 97 87 21 50, fax 02 97 86 03 60 ; www.morbihan.cci.fr ; e-mail ccim@morbihan.cci.fr

Aéroport de Quimper-Cornouaille – Route de Pluguffan, 29000 Quimper, ☎ 02 98 94 30 30, fax 02 98 94 30 14.

Aéroport de Lannion – Route de Trégastel, 22300 Lannion, ☎ 02 96 05 82 05, fax 02 96 05 82 23. Pour réserver : TAT 02 96 05 82 22.

Par bateau

Pour connaître les conditions de traversée par bateau vers les îles, se reporter aux « carnets pratiques » des chapitres concernés.

Pointe de l'Arcouest, retour de Bréhat

tourisme et handicapés

Un certain nombre de curiosités décrites dans ce guide sont accessibles aux personnes handicapées et signalées à votre attention par le signe ♿. Pour de plus amples renseignements au sujet de l'accessibilité des musées aux personnes atteintes de handicaps moteurs ou sensoriels, contactez la direction des Musées de France, service Accueil des publics spécifiques, 6 rue des Pyramides, 75041 Paris Cedex 01 ☎ 01 40 15 35 88.

Guides Michelin Hôtels-Restaurants et Camping Caravaning France – Révisés chaque année, ils indiquent respectivement les chambres accessibles aux handicapés physiques et les installations sanitaires aménagées.

3615 Handitel – Ce serveur Minitel est proposé par le **Comité national français de liaison pour la réadaptation des handicapés**,

236 bis rue de Tolbiac, 75013 Paris, ☎ 01 53 80 66 66. Ce service télématique assure un programme d'information au sujet des vacances, des transports, de l'hôtellerie et des loisirs adaptés.

Le Guide Rousseau H... comme Handicaps – En relation avec l'association France Handicaps, 9 rue Luce-de-Lancival, 77340 Pontault-Combault, ☎ 01 60 28 50 12, il donne de précieux renseignements sur la pratique du tourisme, des loisirs et des sports accessibles aux handicapés.

département
du Finistère
Departamant Penn-ar-Bed

Hébergement, restauration

Des plus simples aux plus sophistiqués, le pourtour de la côte n'est pas avare en hôtels et en campings. Nombreux sont les ports où l'on trouvera un petit hôtel sympathique à l'accueil familial, alors que les grandes stations balnéaires telles que Dinard, Perros-Guirec ou La Baule s'enorgueillissent d'établissements très luxueux qui participent au prestige de leurs plages. En revanche, la Bretagne intérieure s'est davantage spécialisée dans les gîtes ruraux et les chambres d'hôte, parfois même jusque dans les endroits les plus reculés de l'Argoat que sont le pays de Guerlédan, les Montagnes Noires ou le pays du Mené dont Loudéac et Moncontour sont les centres importants.
S'en étonnera-t-on ? Les grandes tables et les auberges de caractère bretonnes servent une cuisine que l'on qualifiera volontiers de maritime. Le homard est roi, qu'il soit en cocotte ou rôti au jus, et l'on trouvera d'alléchantes déclinaisons de coquilles Saint-Jacques et de langoustines, ainsi qu'un très riche éventail de poissons bien tentants (filet de Saint-Pierre à la coriandre, turbot fourré au crabe, galette de rouget au romarin, bar farci d'huîtres tièdes...). Les restaurants plus accessibles servent quelques plats traditionnels qui ont également fait la renommée de la cuisine bretonne : les huîtres, bien entendu, mais également la cotriade (plat populaire à base de poissons locaux, crustacés et légumes) et l'incontournable plateau de fruits de mer (tourteau ou araignée, palourdes, bulots, langoustines et huîtres accompagnés de mayonnaise, de vinaigre à l'échalote, de citron et de pain de seigle beurré). Sachez aussi apprécier la carte des restaurateurs locaux qui proposent des spécialités régionales telles que le Kig ha farz du Léon (pot-au-feu à base de blé noir), la frigousse du pays de Rennes (pot-au-feu à base d'artichauts, de tomates ou de marrons), la morue sous toutes ses formes dans les Côtes-d'Armor, ou encore un poisson d'eau douce au beurre blanc dans le pays nantais où cette recette désormais nationale vit le jour. Enfin, la légion des crêperies participent à la table bretonne. La galette de sarrasin, qui constitua des siècles durant la base de l'alimentation paysanne, fait aujourd'hui le régal des touristes, quel que soit son accompagnement pourvu que la bolée de cidre ne soit pas loin !

les adresses du guide

C'est une des nouveautés du Guide Vert : partout où vous irez, vous trouverez notre sélection de bonnes adresses. Nous avons sillonné la France pour repérer des chambres d'hôte et des hôtels, des restaurants et des fermes-auberges, des campings et des gîtes ruraux... En privilégiant des étapes agréables, au cœur des villes ou sur nos circuits touristiques, en pleine campagne ou les pieds dans l'eau : des maisons de pays, des tables régionales, des lieux de charme et des adresses plus simples... Pour découvrir la France autrement : à travers ses traditions, ses produits du terroir, ses recettes et ses modes de vie.
Le confort, la tranquillité et la qualité de la cuisine sont bien sûr des critères essentiels ! Toutes les maisons ont été visitées et choisies avec le plus grand soin ; toutefois, il peut arriver que des modifications aient eu lieu depuis notre dernier passage : faites-le nous savoir ; vos remarques et suggestions seront toujours les bienvenues !
Les prix que nous indiquons sont ceux pratiqués en haute saison ; hors saison, de nombreux établissements proposent des tarifs plus avantageux, renseignez-vous...

Mode d'emploi

Au fil des pages, vous découvrirez nos carnets d'adresses : toujours rattachés à des villes ou à des sites touristiques remarquables du guide, ils proposent une sélection d'adresses à proximité. Si nécessaire, l'accès est donné à partir du site le plus proche

ou sur des schémas régionaux.
Dans chaque carnet, les maisons sont classées en trois catégories de prix pour répondre à toutes les attentes : Vous partez avec un petit budget ? Choisissez vos adresses parmi celles de la catégorie « **À bon compte** » : vous trouverez là des campings, des chambres d'hôte simples et conviviales, des hôtels à moins de 250F et des tables souvent gourmandes, toujours honnêtes, à moins de 100F.
Votre budget est un peu plus large, piochez vos étapes dans les « **Valeurs sûres** » : de meilleur confort, les adresses sont aussi plus agréablement situées et aménagées. Dans cette catégorie, vous trouverez beaucoup de maisons de charme, animées par des passionnés, ravis de vous faire découvrir leur demeure et leur table. Là encore, chambres et tables d'hôte sont au rendez-vous, avec des hôtels et des restaurants plus traditionnels, bien sûr.
Vous souhaitez vous faire plaisir le temps d'un repas ou d'une nuit, vous aimez voyager dans des conditions très confortables ? La catégorie « **Une petite folie !** » est pour vous... La vie de château dans de luxueuses chambres d'hôte – pas si chères que ça – ou la vie de pacha dans les palaces et les grands hôtels : à vous de choisir ! Vous pouvez aussi profiter des décors de rêve des palaces mythiques à moindres frais, le temps d'un brunch ou d'une tasse de thé... À moins que vous ne préfériez casser votre tirelire pour un repas gastronomique dans un restaurant étoilé, par exemple. Sans oublier que la traditionnelle formule « tenue correcte exigée » est toujours d'actualité dans ces lieux élégants !

L'hébergement

Les hôtels

Nous vous proposons un choix très large en termes de confort. La location se fait à la nuit et le petit-déjeuner est facturé en supplément.

PATISSERIE
SALON·THÉ

Quimper

Certains établissements assurent un service de restauration également accessible à la clientèle extérieure.

Les chambres d'hôte

Vous êtes reçu directement par les habitants qui vous ouvrent leur demeure. L'atmosphère est plus conviviale qu'à l'hôtel, et l'envie de communiquer doit être réciproque : misanthrope, s'abstenir ! Les prix, mentionnés à la nuit, incluent le petit-déjeuner. Certains propriétaires proposent aussi une table d'hôte, en général le soir, et toujours réservée aux résidents de la maison. Il est très vivement conseillé de retenir votre étape, en raison du grand succès de ce type d'hébergement.

Les résidences hôtelières

Adaptées à une clientèle de vacanciers, la location s'y pratique à la semaine, mais certaines résidences peuvent, suivant les périodes, vous accueillir à la nuitée. Chaque studio ou appartement est généralement équipé d'une cuisine ou d'une kitchenette.

Les gîtes ruraux

Les locations s'effectuent à la semaine ou éventuellement pour un week-end. Totalement autonome, vous pourrez découvrir la région à partir de votre lieu de résidence. Il est indispensable de réserver longtemps à l'avance, surtout en haute saison.

Les campings

Les prix s'entendent par nuit, pour deux personnes et un emplacement de tente. Certains campings disposent de bungalows ou de mobile homes d'un confort moins spartiate : renseignez-vous sur les tarifs directement auprès des campings.
NB : Certains établissements ne peuvent pas recevoir vos compagnons à quatre pattes ou les accueillent moyennant un supplément ; pensez à demander lors de votre réservation.

La restauration

Pour répondre à toutes les envies, nous avons sélectionné des restaurants régionaux bien sûr, mais aussi des restaurants classiques, exotiques ou à thème... Et des lieux plus simples, où vous pourrez grignoter une salade composée, une tarte salée, une pâtisserie ou déguster des produits régionaux sur le pouce.
Quelques fermes-auberges vous permettront de découvrir les saveurs de la France profonde. Vous y goûterez des produits authentiques provenant de l'exploitation agricole, préparés dans la tradition et généralement servis en menu unique. Le service et l'ambiance sont bon enfant. Réservation obligatoire !
Enfin, n'oubliez pas que les restaurants d'hôtels peuvent vous accueillir.

et aussi...

Si d'aventure, vous n'avez pu trouver votre bonheur parmi toutes nos adresses, vous pouvez consulter les guides Michelin d'hébergement ou, en dernier recours, vous rendre dans un hôtel de chaîne.

LE GUIDE ROUGE HÔTELS ET RESTAURANTS FRANCE

Pour un choix plus étoffé et actualisé, le Guide Rouge Michelin recommande hôtels et restaurants sur toute la France. Pour chaque établissement, le niveau de confort et de prix est indiqué, en plus de nombreux renseignements pratiques. Les bonnes tables, étoilées pour la qualité de leur cuisine, sont très prisées par les gastronomes. Le symbole ☺ (Bib gourmand) sélectionne les tables qui proposent une cuisine soignée à moins de 130F.

LE GUIDE CAMPING FRANCE

Le guide Camping propose tous les ans une sélection de terrains visités régulièrement par nos inspecteurs. Renseignements pratiques, niveau de confort, prix, agrément, location de bungalows, de mobile homes ou de chalets y sont mentionnés.

LES CHAÎNES HÔTELIÈRES

L'hôtellerie dite « économique » peut éventuellement vous rendre service. Sachez que vous y trouverez un équipement complet (sanitaire privé et télévision), mais un confort très simple. Souvent à proximité de grands axes routiers, ces établissements n'assurent pas de restauration. Toutefois, leurs tarifs restent difficiles à concurrencer (moins de 200F la chambre double). En dépannage, voici donc les centrales de réservation de quelques chaînes :

- Akena ☎ 01 69 84 85 17
- B&B ☎ 0 803 00 29 29
- Etap Hôtel ☎ 08 36 68 89 00 (2,23F la minute)
- Mister Bed ☎ 01 46 14 38 00
- Villages Hôtel ☎ 03 80 60 92 70

Enfin, les hôtels suivants, un peu plus chers (à partir de 300F la chambre), offrent un meilleur confort et quelques services complémentaires :

- Campanile ☎ 01 64 62 46 46
- Climat de France ☎ 01 64 46 01 23
- Ibis ☎ 0 803 88 22 22

HÉBERGEMENT RURAL

Gîtes de France – La Fédération nationale des gîtes de France, 59 rue St-Lazare, 75009 Paris. ☎ 01 49 70 75 75, donne les adresses des comités locaux et publie des guides nationaux sur différentes possibilités d'hébergement rural : chambres d'hôte, gîtes d'étape, gîtes de neige, gîtes et logis de pêche, Minitel 3615 Gîtes de France.

Les **randonneurs** peuvent consulter le guide *Gîtes et refuges, France et frontières,* par A. et S. Mouraret (Éditions La Cadole, 74 rue Albert-Perdreaux, 78140 Vélizy, ☎ 01 34 65 10 40. Cet ouvrage est principalement destiné aux amateurs de randonnées, de cyclotourisme et de canoë-kayak.

AUBERGES DE JEUNESSE

La carte internationale des auberges de jeunesse est en vente à la Ligue française pour les auberges de jeunesse, 38 boulevard Raspail, 75007 Paris. ☎ 01 45 48 69 84. Minitel 3615 Auberge de jeunesse.

Terrasse à Rennes

SERVICES DE RÉSERVATION LOISIRS ACCUEIL

La Fédération nationale des services de réservation Loisirs-Accueil (280 boulevard St-Germain, 75007 Paris, ☎ 01 44 11 10 44) propose un large choix d'hébergements et d'activités de qualité. Elle édite un annuaire regroupant les coordonnées des 58 SLA et, pour certains départements, une brochure détaillée. En s'adressant au service de réservation de ces départements, on peut obtenir une réservation rapide. Minitel : 3615 Détour ou Partenaire d'America On Line.

Côtes-d'Armor Tourisme, service réservation, 29 rue des Promenades, BP 4620, 22046 Saint-Brieuc Cedex 02. ☎ 02 96 62 72 15.

Ille-et-Vilaine, 8 rue de Coëtquen, BP 5093, 35061 Rennes Cedex. ☎ 02 99 78 47 57.

Morbihan RESA, hôtel du Département, rue de St.-Tropez, BP 400, 56000 Vannes Cedex. ☎ 02 97 42 61 60.

Loire-Atlantique, 2 allée Baco, 44000 Nantes. ☎ 02 51 72 95 30.

choisir son lieu de séjour

Faire un tel choix, c'est déjà connaître quel type de voyage vous envisagez. La carte que nous vous proposons fait apparaître des **villes-étapes**, localités de quelque importance possédant de bonnes capacités d'hébergement, et qu'il faut visiter. Les **lieux de séjour traditionnels** sont sélectionnés pour leurs possibilités d'accueil et l'agrément de leur site. Enfin, les villes de Rennes, Nantes, St-Malo, Quimper et Vannes, ainsi que Belle-Île méritent d'être classées parmi les **destinations de week-end**.

Les offices de tourisme et syndicats d'initiative renseignent sur les possibilités d'hébergement (meublés, gîtes ruraux, chambres d'hôte) autres que les hôtels et terrains de camping décrits dans les publications Michelin, et sur les activités locales de plein air, les manifestations culturelles ou sportives de la région.

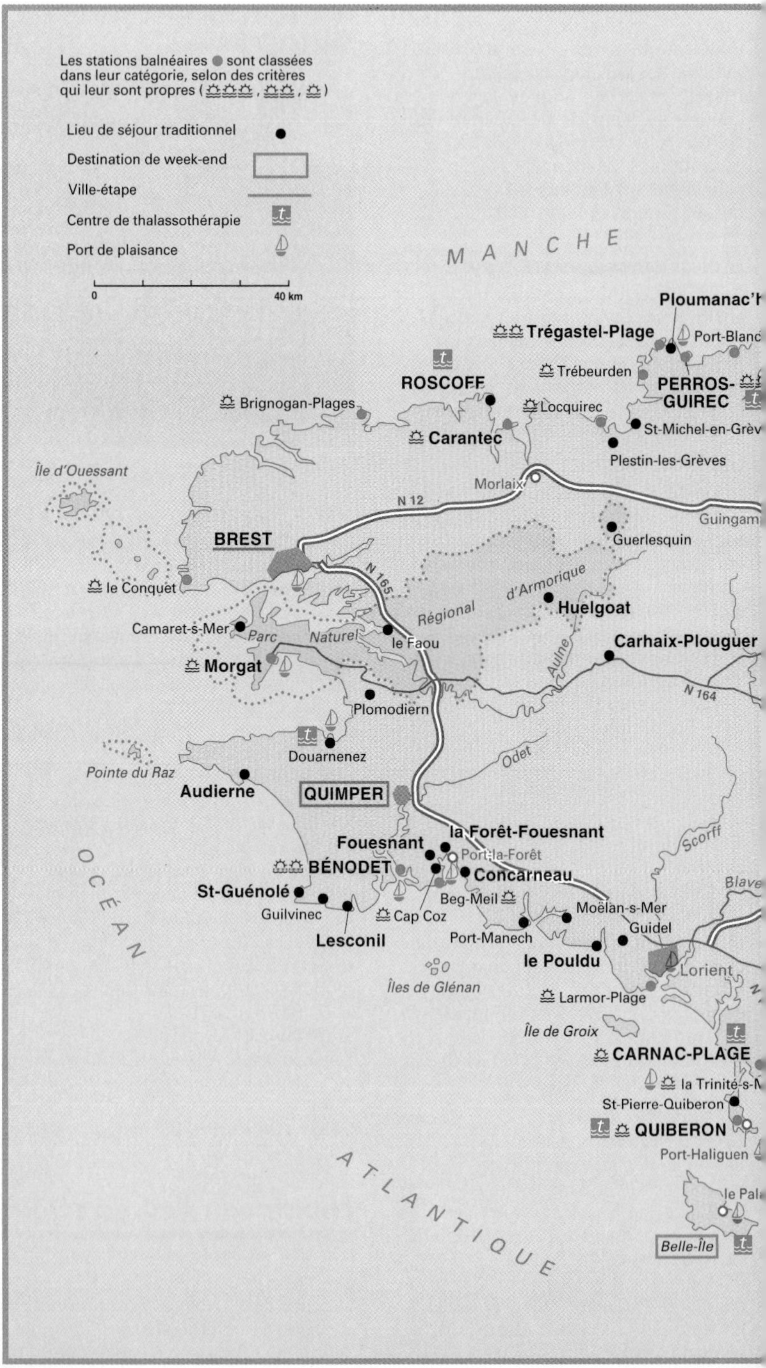

Les stations balnéaires ● sont classées dans leur catégorie, selon des critères qui leur sont propres
Lieu de séjour traditionnel
Destination de week-end
Ville-étape
Centre de thalassothérapie
Port de plaisance
0
40 km
MANCHE
Trégastel-Plage
Port-Blanc
Trébeurden
PERROS-GUIREC
ROSCOFF
Brignogan-Plages
Locquirec
St-Michel-en-Grève
Carantec
Plestin-les-Grèves
Île d'Ouessant
Morlaix
N 12
BREST
Guerlesquin
N 165
le Conquet
Parc Naturel Régional d'Armorique
Huelgoat
Camaret-s-Mer
le Faou
Carhaix-Plouguer
Morgat
Aulne
N 164
Plomodiern
Douarnenez
Odet
Pointe du Raz
Audierne
QUIMPER
la Forêt-Fouesnant
Fouesnant
Port-la-Forêt
Scorff
BÉNODET
Concarneau
St-Guénolé
Beg-Meil
Moëlan-s-Mer
Guilvinec
Cap Coz
Guidel
Lesconil
Port-Manech
le Pouldu
Lorient
Îles de Glénan
Larmor-Plage
Île de Groix
CARNAC-PLAGE
St-Pierre-Quiberon
QUIBERON
Port-Haliguen
Belle-Île
OCÉAN ATLANTIQUE

Propositions de séjour

idées de week-ends

Nantes

Pour bien débuter la découverte de la cité des ducs, commencez par la cathédrale et ses gisants, puis gagnez le château et ses douves herbeuses. Vous voici dès le départ au cœur de l'histoire nantaise. Poursuivez en allant flâner dans les rues qui entourent Ste-Croix, un quartier sympathique où vous ne tarderez pas à repérer un endroit où aller déjeuner en plein-air, de quelques huîtres par exemple... Une promenade digestive

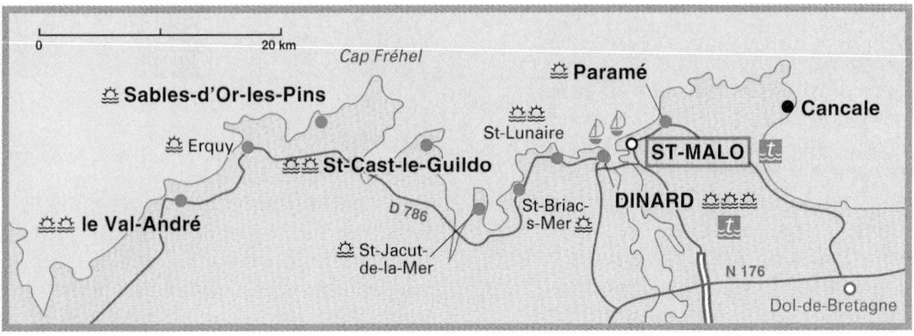

0
20 km
Cap Fréhel
Paramé
Sables-d'Or-les-Pins
Cancale
St-Lunaire
Erquy
ST-MALO
St-Cast-le-Guildo
DINARD
St-Briac-s-Mer
le Val-André
D 786
St-Jacut-de-la-Mer
N 176
Dol-de-Bretagne

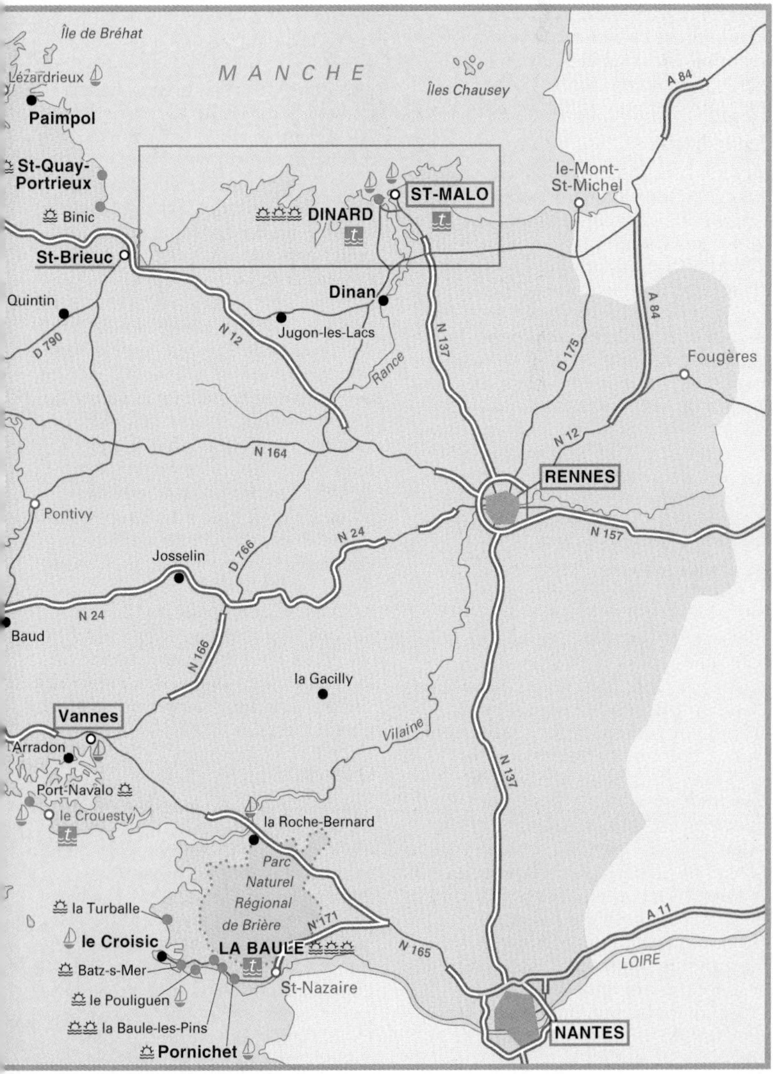

Île de Bréhat
MANCHE
Îles Chausey
Lézardrieux
Paimpol
A 84
St-Quay-Portrieux
le-Mont-St-Michel
ST-MALO
DINARD
Binic
St-Brieuc
Dinan
Quintin
Jugon-les-Lacs
N 12
N 137
D 175
A 84
D 790
Rance
Fougères
N 12
N 164
RENNES
Pontivy
N 24
N 157
Josselin
D 766
N 24
Baud
N 166
la Gacilly
Vannes
Vilaine
Arradon
N 137
Port-Navalo
le Crouesty
la Roche-Bernard
Parc Naturel Régional de Brière
la Turballe
N 171
A 11
le Croisic
LA BAULE
N 165
LOIRE
Batz-s-Mer
St-Nazaire
le Pouliguen
la Baule-les-Pins
NANTES
Pornichet

s'impose ! Direction l'ancienne île Feydeau et ses hôtels d'armateurs. Puisque nous sommes samedi, un bain de lèche-vitrine sera un doux prétexte à visiter les alentours de la place Royale, dont le beau passage Pommeraye aux nombreuses boutiques. Si le soleil frappe un peu, vous terminerez votre balade du côté des terrasses de la place du Commerce, à moins que vous ne préfériez visiter le musée Dobrée ou les ombrages du distingué cours Cambronne. Après avoir peut-être assisté à un match de football du FC Nantes à La Beaujoire et après une bonne nuit, saisissez la fraîcheur matinale pour aller découvrir les splendeurs du musée des Beaux-Arts. Il sera bientôt midi quand vous sortirez du musée, gagnez la gare fluviale pour une croisière (-déjeuner) sur l'Erdre ou allez pique-niquer dans les douves du château. Avant de reprendre la route ou le train, consacrez le reste de votre après-midi à la visite d'un musée (Jules-Verne, Maillé Brézé, Muséum d'histoire naturelle) et n'oubliez pas de passer par le Jardin des Plantes, assurément un parmi les plus riches du pays.

Saint-Malo

Si vous avez l'âme d'un corsaire, gagnez immédiatement la cité malouine et promenez-vous sans tarder sur les remparts pour profiter de l'éclairage matinal sur la ville et le rivage dont l'aspect varie énormément en fonction de la marée. Cette première et indispensable prise de contact opérée, adonnez-vous à la flânerie et baladez-vous dans les ruelles de la cité jusqu'à vous y égarer ; vous trouverez toujours une porte ouverte dans les remparts pour profiter d'une perspective inattendue. L'après-midi, une visite au château et à son musée d'Histoire vous plongera dans le passé passionnant de la ville de Jacques Cartier ; les tourelles de guet vous y réservent de superbes vues sur la cité et la côte. St-Malo intra-muros est si attachante que le soir venu, vous ne franchirez pas la vieille enceinte pour chercher où vous offrir un bon repas. Le lendemain matin, vous commencerez seulement à vous aventurer à l'extérieur des remparts. Promenez-vous du côté du Fort national et, si la marée le permet, vers l'île du Grand Bé. Puis, selon le temps qu'il fait, rendez-vous à St-Servan-sur-Mer pour vous promener le long de la corniche d'Aleth jusqu'à la tour Solidor, ou bien visitez le Grand Aquarium dont l'univers vous plongera en pleine mer. Mais, surtout, consacrez votre après-midi à une croisière en bateau, que ce soit sur la vallée de la Rance ou le long de la côte vers Dinard ou le cap Fréhel.

HOTEL ATLANTIQUE

Belle-Île

Vous voulez rompre avec la ville, vous voulez vraiment changer d'air, alors, pas de doute, Belle-Île est votre destination de week-end idéale. Pour cela, rendez-vous à Quiberon pour embarquer avec votre voiture vers le port du Palais. Dès que vous aurez abordé le quai de ce petit port, vous serez déjà bien loin de tout. Allez poser vos petits bagages à votre hôtel puis engagez votre mission flânerie, en vous promenant par exemple dans la citadelle fortifiée par Vauban, puis en choisissant un petit café où manger une cotriade et boire un ballon de muscadet. Sans brusquerie aucune, maintenant que vous êtes réellement dans un autre univers, envisagez de parcourir la Côte sauvage, vers le Sud, vers l'Est ou vers le Nord, comme vous le sentez. Vous ne risquez pas de vous perdre ! Les sites agréables ne manquent pas : de la pointe des Poulains à la pointe du Skeul, Belle-Île réserve des points de vue enivrants. Vous saurez bien, à mesure que l'air iodé creusera votre appétit, trouver l'endroit qui vous attendait pour passer une soirée face à l'océan et à une belle assiette de crustacés. Le lendemain, si la voiture vous lasse, pourquoi ne pas organiser un pique-nique, louer un vélo, et, s'il fait beau, gagner une plage de sable fin. Vous vous y laisserez bercer par le rythme des vagues. Il y a alors des risques pour que vous décidiez de ne plus rentrer.

Quimper

Samedi matin, pas une hésitation, rendez-vous dans la belle et commerçante rue Kéréon. Ses jolies vitrines et ses belles maisons à encorbellement ne doivent pas vous empêcher de louvoyer dans les rues adjacentes, et spécialement dans les rue des Boucheries et rue du Sallé. Pour déjeuner, vous trouverez tout ce qu'il faut sans trop vous en écarter. L'après-midi sera culturelle, tout d'abord avec le musée des Beaux-Arts, très agréablement remodelé, où l'on verra une attachante collection de tableaux bretons, ensuite avec la majestueuse cathédrale St-Corentin, entièrement restaurée, aux remarquables vitraux du 15e s. Le soir venu, de bonnes crêpes ou galettes vous rassureront sur votre gourmandise. Le lendemain matin, découvrez les ateliers de fabrication et de décoration de la faïencerie Henriot : la visite est commentée et intéressera même les connaisseurs. Après un passage à la proche église N.-D.-de-Locmaria, lequel d'entre vous résistera à une croisière (-déjeuner) sur l'Odet aux rives enchanteresses : du port du Corniguel à Bénodet et Ste-Marine, découvrez le site où Tabarly avait choisi de vivre lorsqu'il n'était pas en mer. De retour en ville, on pourra encore visiter le Musée départemental breton et ses traditions populaires, ainsi que le jardin de l'évêché qui offre une belle vue sur les flèches de la cathédrale.

Vannes

Vannes est une petite ville charmante dont la vieille ville vous séduira sans attendre. À partir de la place Gambetta, qui fait face au port de plaisance, on peut apprécier les remparts en longeant la Marle aux étonnants lavoirs en ardoise et la verte promenade de la Garenne. On entrera vraiment dans la ville dont l'Aramis de Dumas fut l'évêque en passant par la porte Prison au nom pourtant peu engageant : on découvre alors une ancienne cité très élégamment restaurée où il est plaisant de marcher au gré des beautés architecturales qu'elle conserve. Après un petit en-cas, on visitera La Cohue et sa galerie des Beaux-Arts ainsi que la cathédrale St-Pierre et son trésor, avant d'apprécier les vestiges préhistoriques du Musée archéologique. Il sera alors temps pour les gourmands de penser au plateau de fruits de mer qu'ils dégusteront en soirée. Le dimanche, vous abandonnerez Vannes pour découvrir le golfe du Morbihan, mais auparavant, un passage par l'Aquarium océanographique et tropical ainsi que par la presqu'île de Conleau vous donneront un bel avant-goût de ses rives. Au départ de Vannes, une excursion en bateau est la façon idéale de découvrir le golfe. La vedette sur laquelle vous embarquerez vous emmènera vers l'île d'Arz et l'Île-aux-Moines, mais aussi vers une douceur et une lumière uniques dont vous vous souviendrez bien longtemps.

Rennes

Il faut entamer un séjour rennais par le vieux Rennes afin de découvrir la partie ancienne de la ville, ses belles façades à encorbellement et ses hôtels aristocratiques, mais surtout toute une atmosphère de détente. Et comme c'est samedi matin, profitez du cadre magnifique du grand marché de la place des Lices où il est agréable de traîner. On trouvera ensuite sans peine la terrasse où réaliser une halte aimable. L'après-midi sera consacrée à découvrir plus avant ce sympathique quartier du vieux Rennes, avec la cathédrale St-Pierre, la place Ste-Anne, les nombreux magasins environnants puis une visite au proche palais de justice splendidement restauré après un dramatique incendie. Au lendemain d'une bonne nuit, allez visiter le musée des Beaux-Arts et le musée de Bretagne, puis allez déjeuner du côté de l'église St-Germain ou de la rue St-Georges. Ensuite, rendez-vous place de l'Hôtel-de-ville où l'on visitera l'hôtel de ville construit en 1743 par Jacques-Ange Gabriel, l'architecte du Petit Trianon à Versailles. Après ces visites dominicales, il sera temps de profiter du merveilleux jardin du Thabor dont vous apprécierez les doux courants d'air si la journée est chaude, mais surtout la richesse des plantations. L'heure du départ ne tardera malheureusement plus guère : si vous êtes en voiture, passez par l'Écomusée de Rennes, situé 8 km au Sud de la ville.

Rennes, Place du Champ-Jacquet

idées de week-ends prolongés

Brest, Ouessant et les Abers

Après une visite de Brest (son château, son arsenal et Océanopolis) lors de la première journée, en avant toute pour une découverte de la belle rade de Brest tout en se dirigeant vers l'île d'Ouessant où l'on passera une journée de dépaysement, avec notamment la visite du Centre d'interprétation des phares et balises.

L'expérience mémorable de l'excursion en bateau à travers le goulet de Brest derrière soi, on reviendra sur la terre ferme pour partir à la recherche des abers par la pointe de St-Mathieu où vient frapper l'océan. Le Conquet, Lanildut, Portsall, l'Aber-Wrac'h et le phare de l'île Vierge fermeront joliment l'écrin d'un séjour de trois jours où auront probablement alterné les « grains » et les éclaircies pour le plus grand plaisir des yeux.

Côte de Granit Rose

De la baie de Morlaix à la Côte de Granit rose

Il faut pousser jusqu'à Carantec pour bien profiter de la baie de Morlaix. La belle route touristique qui longe la baie ramène à cette ville aux anciennes maisons à encorbellement (visite du musée des Jacobins). Le lendemain, on suit la côte, tout simplement et sans se presser. C'est l'occasion de découvrir des sites très différents les uns des autres : le cairn de Barnenez, St-Jean-du-Doigt, Locquirec, St-Michel-en-Grève, jusqu'à Lannion et ses maisons anciennes. Le programme des deux derniers jours sera fonction du climat. S'il fait beau, profitez des plages de Trébeurden, Trégastel, Ploumanac'h et Perros-Guirec tout en essayant d'aller voir la superbe cathédrale de Tréguier et surtout l'île de Bréhat. Si le temps est incertain, pénétrez un rien à l'intérieur des terres pour visiter le radôme de Pleumeur-Bodou, le château de Tonquédec et Tréguier, tout en revenant sur la côte pour toucher Bréhat qui se visite avec plaisir quel que soit le climat.

Saint-Malo et la Côte d'Émeraude

La visite de Saint-Malo et de ses environs immédiats (description dans la partie « week-end ») monopolise les deux premières journées. Le troisième jour, on passe par St-Lunaire et une visite à l'usine marémotrice de la Rance pour gagner l'élégante station de Dinard où les amoureux feront la promenade du Clair de Lune après une visite au musée du Site balnéaire. La dernière journée se veut décontractée et résolument orientée baignades si le soleil est de la partie : St-Briac-sur-Mer et St-Cast-le-Guildo sauront satisfaire les envies de plage. Enfin, le fort la Latte et le cap Fréhel achèveront en apothéose ce petit itinéraire de quatre jours.

Un séjour médiéval : du Mont-St-Michel à Vitré via Fougères

Une grosse demi-journée est nécessaire à la visite de l'étonnant et magistral îlot du Mont-St-Michel. On peut ensuite visiter le Petit-Mont-St-Michel où sont présentés les monuments de la région au 1/50 avant de gagner Fougères où l'on passera la soirée. Le lendemain, on aura à cœur de voir plus précisément ce qu'une petite promenade nocturne n'avait qu'esquissé : l'imposant château et ses nombreuses poivrières, l'église St-Sulpice, le quartier du Marchix, le ravissant jardin public, et les diverses échoppes et boutiques du centre. Il ne serait pas étonnant que l'on ait envie de rester à Fougères une soirée de plus, tant la ville séduit son visiteur. On arrivera donc à Vitré en soirée ou en matinée pour le dernier jour. La ville offre un autre tableau moyenâgeux avec son château fort de rêve et des remparts couronnés ci et là de mâchicoulis. Les amoureux de belles lettres auront à cœur de pousser jusqu'au château des Rochers-Sévigné où vécut la marquise de Sévigné.

Nantes et son estuaire

La visite de Nantes prendra deux jours (description dans la partie « week-end ») au terme desquels on filera vers la presqu'île guérandaise où l'on se basera à La Baule ou à Guérande. De là, on alternera les promenades côtières (entre Le Pouliguen et Batz-sur-Mer) et les plaisirs de la plage (La Baule et La Turballe) avec des visites bien précises selon ses envies : base sous-marine de St-Nazaire, Océarium du Croisic, marais salants et cité médiévale à Guérande, ou encore promenade en chaland dans la Grande Brière. S'il reste du temps libre, on se décidera peut-être à tirer des bords en baie de La Baule en louant un bateau... ou un simple pédalo.

Le golfe du Morbihan et les mégalithes

Ce programme de trois jours débute par Vannes que l'on quittera au matin du deuxième jour pour une excursion dans le golfe du Morbihan (description dans la partie « week-end »). Au soir de cette journée, on gagnera Auray après avoir visité le cairn de Gavrinis, près de Larmor-Baden. On logera

Port Navalo

avantageusement à Auray afin de dîner dans le charmant port de Saint-Goustan, sur les bords du Loch. Le lendemain, on ira visiter l'ensemble mégalithique de Locmariaquer, puis celui de Carnac, non sans pousser jusqu'au port de La Trinité-sur-Mer, port de plaisance par excellence.

Quimper et ses environs

On consacrera deux journées à visiter Quimper et les bords de l'Odet (description dans la partie « week-end »). Les deux journées suivantes seront utilisées à de petites excursions dont l'ensemble dessine un parfait tableau de la diversité que peuvent offrir la capitale de la Cornouaille et ses environs. Ainsi, il faut absolument aller voir les belles demeures en granit de Locronan, le secret et escarpé site du Stangala, la douceur de Bénodet, station balnéaire tournée à la fois sur la rivière Odet et sur la mer, ou encore visiter le pays fouesnantais réputé pour son cidre et ses plages familiales du Cap-Coz et de Beg-Meil.

idées de séjours d'une semaine

Le Finistère Sud

Départ de Quimper (une journée) pour contourner la Cornouaille (2e jour) par Loctudy, Penmarch, les pointes du Raz et du Van, jusqu'à Douarnenez où l'on fait étape. Le lendemain (3e jour), halte à Locronan avant d'aller se baigner à Ste-Anne-la-Palud d'où l'on gagnera Pleyben et son magnifique enclos paroissial, puis l'agréable parc de Trévarez. On fera étape à Châteaulin. Le lendemain (4e jour), retour sur Quimper, que l'on dépasse pour aller à Bénodet où il est presque impératif de faire une excursion en bateau sur l'Odet. On fera ensuite étape à Fouesnant où la plage de Beg-Meil est parfaitement orientée pour profiter encore du soleil d'une fin de journée. Le lendemain (5e jour), on visitera l'église de La Forêt-Fouesnant puis on s'en ira à Concarneau dont la ville close offre l'occasion d'un joli petit bain de foule. On visitera ensuite la criée ou l'on flânera pour choisir son restaurant dans cette ville étape. Le lendemain (6e jour), direction Pont-Aven, charmant bourg aux nombreuses boutiques de souvenirs et où les plus gourmands prendront le temps de satisfaire leurs envies. Si une dernière baignade vous séduit, choisissez Port-Manech et sa petite plage désuète.

Le Finistère Nord

Départ de Brest où l'on visite le château et Océanopolis, puis prenez la direction de la pointe St-Mathieu pour gagner Le Conquet où l'on fera étape. Le lendemain (2e jour), remontez toute la côte des abers via Lanildut, Porspoder, Portsall, Aber Benoît et Aber Wrac'h, puis le phare de l'île Vierge avant de gagner Le Folgoët où l'on fait étape. Le lendemain (3e jour), visite de la belle basilique du Folgoët, puis cap au Nord vers Goulven et son clocher, Brignogan-Plages... et ses plages, Plouescat et ses châteaux, puis Roscoff (église et aquarium) où l'on fait étape. Le lendemain (4e jour), petite excursion en bateau vers l'île de Batz et son phare haut de 44 m, puis on prend la direction de la belle chapelle du Kreisker, à St-Pol-de-Léon, puis de Carantec et sa petite île Callot (si la marée le permet). On fait étape à Morlaix. Le lendemain (5e jour), visite de Morlaix avant de longer la baie de Morlaix (cairn de Barnenez) et la côte avec Primel-Trégastel, St-Jean-du-Doigt et Locquirec où l'on fait étape. Le lendemain (6e jour), visite de deux enclos paroissiaux (St-Thégonnec, Guimiliau) avant de franchir le pic breton du Roc Trévézel pour aller voir les rochers de Huelgoat. De là, on descend sur Châteaulin où l'on fait étape. Le lendemain (7e jour) est réservé à la presqu'île de Crozon et à ses pointes, avec montée au Ménez-Hom au retour pour clore en beauté cette semaine de pérégrinations.

Douarnenez

Presqu'île de Crozon

La Bretagne Nord

Départ de Rennes (une journée) et prenez la direction (2e jour) de Vitré dont on visite le château avant de se rendre à celui de Fougères où l'on fait étape. Le lendemain (3e jour), cap sur le château de Combourg où vécut Chateaubriand, puis touchez aux limites de la Bretagne en allant visiter le magnifique îlot du Mont-St-Michel avant de gagner, par Cancale et la pointe du Grouin, St-Malo où l'on fait étape. Le lendemain (4e jour), visite de St-Malo. Le lendemain (5e jour), on quitte la cité corsaire pour descendre la rive droite de la Rance jusqu'à Dinan, que l'on visite, puis remontez la rive gauche jusqu'à l'usine marémotrice avant de gagner Dinard où l'on fait étape. Le lendemain (6e jour), longez la côte par St-Briac-sur-Mer, St-Cast-le-Guildo, le fort la Latte, le cap Fréhel, les belles plages de Sables-d'Or-les-Pins, d'Erquy et de Val-André, puis dépassez St-Brieuc et sa baie pour faire étape dans le port de Paimpol. Le lendemain (7e jour), petite traversée en bateau pour aller se promener sur la douce île de Bréhat, puis visite de la cathédrale de Tréguier avant d'aller à Perros-Guirec et Ploumanac'h terminer cette semaine de visites dans l'étrange lumière de la Côte de Granit rose.

La Bretagne Sud

Départ de Nantes (une journée et demie) avant de prendre (2e jour) plein Ouest la direction de la presqu'île de Guérande où l'on fait étape pour profiter des plages de Pornichet, La Baule, Le Pouliguen et La Turballe, ainsi que des paisibles marais salants de Guérande. Le lendemain (3e jour), visite du Croisic (Océarium) et de Guérande (remparts), puis promenade en chaland dans la Grande Brière avant de monter au Nord vers les ravissantes maisons anciennes de Rochefort-en-Terre où l'on fait étape. Le lendemain (4e jour), direction la coquette Malestroit, la digne Josselin et son vénérable château, l'étonnant parc de Kerguéhennec et son exposition permanente d'art contemporain, avant de plonger sur Vannes où l'on fera étape deux nuits. Le lendemain (5e jour), visite de Vannes et croisière en bateau dans le très beau golfe du Morbihan. Le lendemain (6e jour), visite du cairn de Gavrinis, d'Auray et de son port, St-Goustan, des sites mégalithiques de Locmariaquer et Carnac (où se trouve aussi une belle plage), puis de la Côte sauvage de Quiberon où l'on fait étape. Le lendemain (7e jour), journée à Belle-Île, une merveilleuse façon de clore cette semaine bretonne.

Itinéraires à thèmes

les routes historiques

Ces routes regroupent le patrimoine architectural, archéologique, botanique ou géologique autour d'un thème historique commun : les ducs de Bretagne, les peintres en Cornouaille, etc. Elles sont signalées, le long des routes, par des panneaux. Sept routes historiques sillonnent la **Bretagne** : la route historique **Chateaubriand**, la route historique du **Léon et du Trégor**, la route historique des **peintres en Cornouaille**, la route historique des **Ducs de Bretagne**, la route historique des **Marches de Bretagne**, la route des **Mégalithes du Morbihan**, la route des **Chouans**.

La plupart des offices de tourisme possèdent les dépliants et les tracés de ces itinéraires, sinon s'adresser aux comités départementaux de tourisme.

les cités d'art de Bretagne

Depuis 1984, les « Villes d'Art et d'Histoire » (agréées par la Caisse nationale des monuments historiques et des sites) sont regroupées au sein d'une union bretonne ; les « Petites Cités de Caractère » sont organisées en association régionale depuis 1977. Ces villes organisent régulièrement des fêtes médiévales, des sons et lumières, des festivals traditionnels ou

contemporains au cœur ancien de la cité. Des visites guidées conduites par des conférenciers agréés par la Caisse nationale des monuments historiques. *Voir dans les carnets pratiques des villes concernées.*
Une documentation est à la disposition des voyageurs dans les offices de tourisme, les aires d'accueil sur les voies express ou les mairies des cités concernées.

• Le label « *Villes d'Art et d'Histoire* » est attribué à huit villes bretonnes :
Auray ☎ 02 97 24 09 75
Dinan ☎ 02 96 39 75 40
Fougères ☎ 02 99 94 12 20
Quimper ☎ 02 98 53 04 05
Rennes ☎ 02 99 79 01 98
Saint-Malo ☎ 02 99 56 64 48
Vannes ☎ 02 97 47 24 34
Vitré ☎ 02 99 75 04 46

• Les « *Petites Cités de Caractère* » sont au nombre de dix-huit : Bécherel, Châteaugiron, Châtelaudren, Combourg, Guerlesquin, Josselin, Jugon-les-Lacs, La Roche-Bernard, Le Faou, Lizio, Locronan, Malestroit, Moncontour, Pont-Croix, Pontrieux, Quintin, Rochefort-en-Terre, Roscoff, Tréguier.

Église de Locronan

• **Pour tout renseignement** : Associations régionales « Villes d'Art et d'Histoire et Villes Historiques » et « Petites Cités de Caractère » de Bretagne, 11 rue St-Yves, CS n° 26410, 35064 Rennes Cedex, ☎ 02 99 67 11 11, fax 02 99 67 11 10.

la route des phares et balises

C'est en Bretagne que l'on trouve la plus grande concentration de phares, feux et autres bouées et balises des côtes françaises. Une route permet, en parcourant les côtes du Nord-Finistère, de voir quelques-uns des phares les plus importants d'Europe, dont les phares du Petit-Minou et du Créac'h. Renseignements auprès du Groupement d'intérêt touristique (GIT) « Les Pays de Brest », BP 24, 29266 Brest Cedex, ☎ 02 98 44 24 96.

Phare de l'Île Vierge

En Bretagne, 14 phares se visitent : Belle-Île, Roscoff, île de Batz, Stiff (Ouessant), île Vierge, Kéréon (Ouessant), Trezien, Kermorvan, Saint-Mathieu, Petit-Minou, île de Sein, Eckmuhl, Pyramide (Bénodet), cap Fréhel.

circuits de découverte

Pour visualiser l'ensemble des circuits proposés, reportez-vous à la carte p. 14 du guide.

1 – Estuaire de la Loire et pays du Sel

Circuit de 240 km au départ de Nantes – La Loire-Atlantique a le vent en poupe avec la festive Nantes et sa plus forte poussée démographique nationale au dernier recensement de 1999, l'industrieuse St-Nazaire dont les célèbres chantiers navals réalisent de prestigieux bateaux de croisière, l'élégante et frivole La Baule et sa plus belle plage d'Europe, et la médiévale Guérande dont les marais fournissent un sel riche en oligo-éléments désormais vanté par tous les gastronomes de l'Hexagone.

2 – Marches de Bretagne

Circuit de 220 km au départ de Rennes – Les vieilles pierres, les vieilles maisons, les vieux châteaux, les vieilles histoires de cette Bretagne qui résista longtemps au royaume de France, c'est peut-être du passé, mais ce n'est pas dépassé ! Quand on flâne le soir dans ses ruelles animées et qu'on croise sa population décontractée, Rennes apparaît toute jeune, toujours en ébullition, et semble avoir communiqué son dynamisme aux localités et sites historiques de sa campagne environnante.

3 – Au pays de Merlin l'Enchanteur

Circuit de 250 km au départ de Josselin – Première image : l'auguste et vénérable château de Josselin dominant l'Oust. Deuxième image : l'art le plus contemporain et le plus international qui soit n'hésitant pas à envahir le parc solennel du château du 18e s. de Kerguéhennec. Images suivantes : de vieux bourgs tout rajeunis par de jolies restaurations et des manifestations estivales. Il y a là quelque prodige ! En effet, Merlin et la fée Viviane ne sont pas loin. Leur souvenir plane sur la vaste et mythique forêt de Paimont, la forêt de Brocéliande des légendes arthuriennes.

Carnac, alignements de Kermario

4 – Mégalithes et préhistoire

Circuit de 190 km au départ de Vannes – De son point de départ jusqu'à son terme, ce circuit est constitué de beautés naturelles et de splendides vestiges dressés par l'homme. La civilisation des mégalithes avait de l'ambition, celle de lever des pierres colossales ; elle avait manifestement du goût, car elle a choisi de s'installer dans des sites qui embrassent des paysages magnifiques. Entre les rudesses de la préhistoire et les charmes du golfe du Morbihan, Vannes, Auray, Port-Louis et Hennebont savent offrir des étapes plutôt séduisantes.

5 – Au cœur du pays breton

Circuit de 225 km au départ de Pontivy – La Bretagne est religieuse. C'est un choix et un droit qu'elle a du reste défendus âprement tout au long de son histoire. Rostrenen, Le Faouët et Kernascléden comptent parmi les plus beaux édifices religieux de la secrète Argoat. Témoignant de sa diversité topographique, le lac de Guerlédan, les gorges de Toul Goulic et le site de Castennec ajoutent un petit parfum de mystère. Où que porte le regard, la Bretagne s'affirme de granit, c'est la matière de ses vieilles pierres, construites ou naturelles.

6 – Pont-Aven et la patrie des peintres

Circuit de 180 km au départ de Pont-Aven – L'agréable lumière qui baigne Pont-Aven et ses environs recèle un je-ne-sais-quoi de miraculeux. Cette qualité inexprimable par les mots, qui baigne l'air de cette partie de la côte bretonne, des peintres de la valeur de Gauguin ou de Bernard ont réussi à la traduire dans leurs toiles. Alors, même si vous n'avez jamais tenu un pinceau de votre vie, n'hésitez pas à vouloir vous aussi percer le mystère de la lumière bretonne, un maillot de bain suffit !

7 – Pays Bigouden et Cornouaille

Circuit de 170 km au départ de Quimper – Le Finistère a une atmosphère de bout du monde. Facile à dire avec un tel nom ! Facile à vérifier aussi, car après les calmes beautés architecturales de Quimper et Locronan, on plonge sans tarder dans la dimension de la roche et de la vague, du ciel et de la mer, avec l'immensité de la pointe du Raz pour apothéose. Ici, l'air soûle, même par beau temps. Après la noblesse sédentaire de N.-D.-de-Tronoën et les écueils de Penmarch, on appréciera la douceur de Bénodet dont la ria est un petit éden breton.

8 – Hauteurs de l'Armorique

Circuit de 250 km au départ de Châteaulin – Amateurs de panoramas étendus, à vos marques et à vos chaussures de marche ! Bien sûr, les hauteurs bretonnes sont modestes : 384 m maximum... Du roc Trévézel à la pointe de Penhir, du Ménez-Hom à la pointe des Espagnols, la route s'élève certes peu, mais l'ampleur et les teintes des paysages sont uniques. Dans ces parages de landes, laissez votre véhicule sur les parkings et écoutez ce vent qui porte un silence qu'ignorent les profondes vallées alpines, même lorsque les rochers plongent brutalement dans une mer agitée.

Bocage des environs de Brasparts

9 – Abers sauvages et Léon

Circuit de 250 km au départ de Brest – Qui aime la nature se doit le pèlerinage des abers et du Léon.

Falaises, dunes, rias, tourbières et rivières façonnent un Finistère Nord encore intact. Tout en finesse, les coloris y égrainent leur diversité : du plomb des ardoises et du granit de Kersanton des alentours de Brest aux ors des grèves et des lichens de Brignogan et de Lanildut. Il semble bien que malgré ses efforts nombreux et renouvelés, l'homme ne parvienne pas à détruire la beauté sauvage de ces lieux où trouvent refuge des milliers d'oiseaux migrateurs.

10 – Enclos paroissiaux et baie de Morlaix

Circuit de 325 km au départ de Morlaix – Maisons à encorbellement à Morlaix, églises à St-Pol-de-Léon et Roscoff, enclos à Lampaul-Guimiliau et St-Thégonnec, pont habité à Landerneau, trésor religieux à St-Jean-du-Doigt, tombes à couloir à Barnenez, que tout ceci est culturel ! Culturel, oui, mais varié, et ce d'autant plus que la magique baie de Morlaix et la péninsule rocheuse de Locquirec sauront offrir des plages attirantes à ceux et celles qui préfèrent les joies de la pêche à pied et du parasol.

11 – Lumières du granit rose

Circuit de 180 km au départ de Lannion – « Il faut le voir pour le croire » dit-on parfois. Croyez-le ou non, ici, le granit, arrondi par l'érosion, est vraiment rose ou beige orangé selon l'endroit et l'intensité des rayons du soleil. Du coup, la côte a des allures de villégiature idéale avec St-Michel-en-Grève, Port-Blanc, Perros-Guirec et Trégastel. L'arrière-pays ne semble pas jaloux de ces merveilles, car le château de Tonquédec et le sommet panoramique du Menez-Bré connaissent des décors plutôt flatteurs.

12 – Trégor et Penthièvre

Circuit de 160 km au départ de St-Brieuc – La baie de St-Brieuc a vu la naissance du tourisme balnéaire au milieu du 19e s. avec l'arrivée du chemin de fer. Puis, le département a été délaissé, peut-être à cause de son nom peu évocateur. C'est pourquoi il a abandonné les Côtes-du-Nord pour les Côtes-d'Armor en 1990. Cela n'a bien sûr rien changé à la beauté des points de vue, mais cela correspond nettement mieux aux reliefs de cette côte qui sert d'écrin à un petit joyau : l'île de Bréhat au climat si doux.

13 – Côte d'Émeraude et vallée de la Rance

Circuit de 270 km au départ de Dinan – Qu'il tonne, qu'il pleuve ou qu'il fasse un soleil de plomb, la mer est ici d'un vert émeraude digne des plus belles pierres colombiennes. Quelques haltes de ce circuit font rêver rien qu'à l'appel de leur nom : la Rance, Cancale, St-Malo, le cap Fréhel, les Sables-d'Or. Aussi découvrira-t-on avec bonheur des coins moins fréquentés comme Dinan, St-Cast, le Val-André, Moncontour et le château de la Hunaudaye qui rappellera à certains les romans de cape et d'épée de leur enfance.

Découvrir autrement la région

sur terre

En train

À l'heure du TGV, la belle locomotive à vapeur 230 G 353 vous emmène découvrir la **vallée du Trieux** et son estuaire avec un parcours de quelque quarante minutes sur la ligne Paimpol-Pontrieux. Cette locomotive est celle des films *La Bête humaine* et *Le Crime de l'Orient-Express*, alors, au 3e coup de sifflet, en avant pour une expérience passionnante. Renseignements et réservations : gare de Paimpol, avenue du Général-de-Gaulle, 22500 Paimpol, ☎ 02 96 20 52 06.

Évitez l'encombrement du trafic automobile qui engorge l'étroite bande de terre permettant d'atteindre la **presqu'île de Quiberon** : empruntez le « Tire-Bouchon », petit train estival reliant Auray à Quiberon sur une ligne longue de 28 km. Onze allers-retours quotidiens (billets vendus en gare ou par le contrôleur) pour neuf arrêts.

À moto

Le Comité régional de tourisme de Bretagne propose 5 circuits accompagnés (pays vannetais, Bretagne intérieure, Côte de Granit rose, Côte d'Émeraude, monts et caps) au kilométrage journalier avoisinant les 140 km. Deux formules : « week-end » et « semaine ». Renseignements et réservations : La Bretagne à bécane, CRT Bretagne, ☎ 02 99 28 44 54 ; e-mail morgane-crt@region-bretagne.fr

En calèche ou roulotte

Les célèbres parcs à huîtres de Cancale peuvent se visiter en calèche hippomobile, uniquement durant l'été. Renseignements : Association « Les Voyageurs du temps », ☏ 02 99 58 63 56.

On peut également découvrir Belle-Île au rythme d'une calèche (☏ 02 97 31 76 67), et Lanrivain (☏ 02 96 45 76 31).

En tracteur

Aucune voiture ne peut être acheminée sur l'**île de Bréhat**, aussi pouvez-vous vous y déplacer en taxi... qui est en fait un tracteur équipé d'une remorque couverte. Cela fait sourire, mais c'est bien pratique lorsque la valise est lourde.

dans et sur l'eau

Pratiquer la pêche à pied

La pêche à pied n'est soumise à aucune formalité administrative, bien que les services de l'État songent à de nouvelles réglementations à propos des zones autorisées. Deux exigences : d'une part, vérifier si aucune interdiction sanitaire n'a été décrétée là où vous comptez pêcher, d'autre part respecter des tailles minimales ; une recommandation : replacer les rochers que vous déplacez.

Les tailles minimales : poissons plats, 25 cm ; tourteaux, 8 cm ; homards, 23 cm ; palourdes, 3,5 cm ; praires, 3 cm ; moules, 4 cm.

Naviguer sur les « vieux gréements »

De nombreuses unités ont été restaurées ou tout simplement construites à l'ancienne. Ainsi est-il possible d'embarquer pour une demi-journée, une journée, un week-end ou le temps d'une longue croisière sur l'un de ces merveilleux voiliers récemment restaurés. Tout au long du corps de ce guide, les « Carnets pratiques » vous renseignent sur les vieux gréements sur lesquels embarquer.

Naviguer sur les canaux bretons

Plus de 600 km de voies navigables empruntent les rivières et canaux de Bretagne.

Une liaison Manche-Océan emprunte le canal d'Ille-et-Rance, puis la Vilaine, en passant par Dinan, Rennes et Redon.

Partant de Lorient, la croisière sur le Blavet, le tronçon oriental du canal de Nantes à Brest et l'Erdre font découvrir Josselin et Redon avant de gagner Nantes.

Du fond de la rade de Brest, la remontée de l'Aulne et de la partie occidentale du canal de Nantes à Brest conduit à Châteaulin et Carhaix-Plouguer.

Les principales compagnies de tourisme fluvial sont installées à Blain, Sucé-sur-Erdre, Messac, Redon, Josselin, Rohan, Châteauneuf-du-Faou, La Chapelle-aux-Filtzméens, Dinan.

Les brochures suivantes donnent de nombreuses informations sur ce type de tourisme :

Tourisme fluvial en Bretagne diffusée par le Comité de promotion touristique des canaux bretons et des voies navigables de l'Ouest Bretagne-Pays de la Loire, place du Parlement, 35600 Redon, ☏ 02 99 71 06 04.

Formules fluviales, diffusée par « Formules Bretagne », 203 boulevard Saint-Germain 75007 Paris, ☏ 01 53 63 11 53, fax 01 53 63 11 57.

Les éditions Grafocarte, 125 rue Jean-Jacques-Rousseau, 92132 Issy-les-Moulineaux, ☏ 01 41 09 19 00, éditent des cartes-guides nautiques (particulièrement la N° 12 de St-Malo au barrage d'Arzal et de Lorient à Nantes).

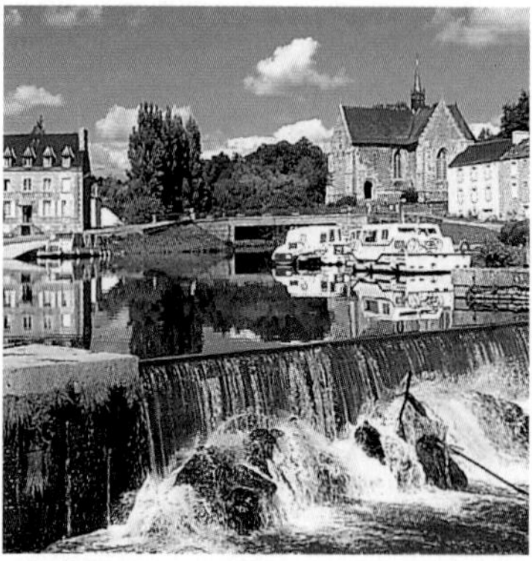

Canal de Nantes à Brest

vue du ciel

L'altitude offre un regard à la fois insolite et merveilleux sur la région où l'on passe ses vacances. Voici quelques adresses d'aéro-clubs où vous pourrez vous élever :

Aéro-club multi-services, Plobannalec, ☏ 02 98 87 89 48.

Aéro-Club d'Armorique, Plomeur, ☎ 02 98 58 14 07.
Le Trégor vu du ciel avec l'aéro-club de la Côte de Granit, avenue de la Résistance, Lannion, ☎ 02 96 48 47 42.
Survol de la Cornouaille en ULM, Plonevez-Porzay (près de Locronan), ☎ 02 98 81 28 47.
Vous trouverez également quelques adresses dans les « carnets pratiques » des villes et sites décrits.

Sports

canoë-kayak

Le **canoë** se manie avec une pagaie simple ; le **kayak** avec une pagaie double. Des embarcations spécialement prévues pour la pratique en mer sont en vente ou en location dans les grands centres balnéaires.

Kayaks de mer

La Fédération française de canoë-kayak (87 quai de la Marne, 94344 Joinville-le-Pont, ☎ 01 45 11 08 50) et l'IGN éditent une carte avec tous les itinéraires pratiques classés par difficulté : carte 905 « France canoë-kayak et sports d'eau vive », disponible dans toutes les librairies. Minitel : 3615 Canoë Plus (parcours, clubs, bases d'accueil).

cyclotourisme

La Brière, le pays Gallo, l'Argoat sont autant de régions rivalisant d'intérêt touristique, qui offrent des parcours pour « toutes les jambes ». La Fédération française de cyclotourisme, 8 rue Jean-Marie-Jégo, 75013 Paris, ☎ 01 44 16 88 88, propose des milliers de kilomètres de sentiers balisés pour la pratique du VTT. Ils sont répertoriés dans un guide disponible dans les centres VTT/FFC ou sur demande à la FCC. Minitel : 3615 Centres VTT ou 3615 FFC. Sur place, les offices de tourisme et syndicats d'initiative fournissent généralement la liste des loueurs de cycles.
Enfin, certaines gares SNCF proposent des bicyclettes, qu'il est possible de restituer dans une gare différente.

golf

Les équipements bretons en matière de golf sont nombreux, variés et souvent installés sur des sites ravissants.

Fédération française de golf – 69 avenue Victor-Hugo, 75783 Paris Cedex 16. ☎ 01 44 17 63 00.
Le Comité régional du tourisme de Bretagne édite une plaquette répertoriant une trentaine de clubs à travers les quatre départements de la région.

Ligue de golf de Bretagne – 3 allée René-Hirel, 35000 Rennes, ☎ 02 99 31 68 80, fax 02 99 31 68 83.

pêche en eau douce

Pêcher au toc, à l'anglaise, au lancer ultra-léger ou lourd, au vif ou à la mouche, taquiner la truite, attendre la remontée des saumons, traquer le brochet ne posent aucun problème. Quel que soit l'endroit choisi et le type de pêche choisi, il conviendra d'observer la réglementation nationale et locale ; de s'affilier pour l'année en cours, dans le département de son choix, à une association de pêche et de pisciculture agréée par la préfecture ; d'acquitter les taxes afférentes au mode de pêche pratiqué ; d'obtenir, pour pêcher dans des eaux de domaine privé, l'autorisation du propriétaire riverain.

Conseil Supérieur de la Pêche (C.S.P.) – 84 rue de Rennes, 35510 Cesson-Sévigné ☎ 02 99 83 96 82.
Cette antenne bretonne du C.S.P. diffuse la carte-dépliant commentée *Pêche en France*, publiée par le Conseil Supérieur de la Pêche situé 134 avenue de Malakoff 75116 Paris ☎ 01 45 02 20 20.
On peut également se procurer des cartes et informations locales auprès des fédérations départementales pour la pêche et la protection du milieu aquatique. Les arrêtés interdisant la pêche de certaines espèces dans des sections de cours d'eau sont affichés dans les mairies et les magasins de pêche.

pêche en mer

De la baie du Mont-St-Michel à l'estuaire de la Loire, l'étendue des côtes procure un champ d'activités sans limites à l'amateur de pêche en eau salée.
Les plaisanciers peuvent pratiquer la pêche en mer à partir de leur navire ou la chasse sous-marine, à titre d'agrément exclusivement. La liste des engins de pêche autorisés figure sur leur titre de navigation. La chasse sous-marine est quant à elle soumise à une réglementation stricte et il convient de s'informer préalablement auprès du service des Affaires maritimes.
Enfin, la pêche pratiquée à pied n'est soumise à aucune formalité administrative, sauf pour l'usage des filets qui nécessite une autorisation délivrée par les Affaires maritimes. Il existe toutefois des restrictions locales qui diffèrent selon le littoral et selon les zones ; aussi est-il recommandé de se renseigner auprès des autorités compétentes.

plongée sous-marine

Ce sport est très pratiqué en Bretagne. Les amateurs de chasse sous-marine ou de paysages sous-marins trouvent, surtout le long des côtes Sud (Port-Manech, Port-Goulphar à Belle-Île...), des criques limpides, poissonneuses et riches en algues.
Le Comité interrégional Bretagne-Pays de Loire de la Fédération française d'études et de sports sous-marins (39 rue de la Villeneuve, 56100 Lorient, ☎ 02 97 31 51 51) vous fournira tous les renseignements nécessaires.
Certaines interdictions sont à respecter en ce qui concerne la pêche sous-marine. Il faut notamment retirer (gratuitement) une autorisation auprès des Affaires maritimes.

randonnées équestres

À travers les landes bretonnes, sur les pentes des monts d'Arrée, en forêt de Brocéliande ou le long des rivages, toutes les formules d'équitation sont possibles en Bretagne.

Confédération nationale des usagers des loisirs équestres (FREF) – 16 rue des Apennins, 75017 Paris. ☎ 01 56 09 01 93.

Formules Bretagne – 17 rue de l'Arrivée, centre commercial Maine-Montparnasse, 75737 Paris Cedex 15. ☎ 01 42 79 07 07.

Association Régionale pour le Tourisme Équestre en Bretagne (ARTEB) – 33 rue Laënnec, 29710 Plonéis. ☎ 02 98 91 02 02.

COMITÉS DÉPARTEMENTAUX DE TOURISME ÉQUESTRE

CDTE des **Côtes-d'Armor** – Association des cavaliers d'extérieur des Côtes-d'Armor (ACECA), 5 bois l'Abbé, 22970 Ploumagoar. ☎ 02 96 74 68 05.
CDTE du **Finistère** – Siège à l'ARTEB de Plogastel-St-Germain.
CDTE de l'**Ille-et-Vilaine** – Siège à l'ARTEB de Plogastel-St-Germain.
CDTE de la **Loire-Atlantique** – Le Clos de la Vigne, 44460 Fegréac. ☎ 02 40 91 21 47.
ADTE du **Morbihan** – 4 rue Georges-Cadoudal, 56390 Grandchamp. ☎ 02 97 66 40 46.

randonnées pédestres

De nombreux sentiers de grande randonnée ainsi que des petites randonnées en boucle permettent de découvrir la région décrite dans ce guide. La Maison du tourisme, 29 rue des Promenades, BP 620, 22011 St-Brieuc, ☎ 02 96 62 72 00 ou 3615 Armor ; et France Randonnée, 9 rue des Portes-Mordelaises, 35000 Rennes, ☎ 02 99 67 42 21, fax 02 99 67 42 23, proposent des séjours et des randonnées.

i
SENTIER des
DOUANIERS
(Pors Kamor)

Les GR 34, 37, 38, 341, 380 sillonnent l'Argoat en tous sens ; ils feront la joie des bons marcheurs comme des moins chevronnés. En général, les offices de tourisme fournissent une liste d'associations locales de randonnées pédestres.

voile et planche à voile

Le découpage des côtes bretonnes offre des baies bien abritées très favorables à la pratique de ces sports. Dans les grandes stations, des régates sont organisées tout au long de la saison.
La **voile** est le sport régional par essence. Toutes les stations balnéaires possèdent au moins un club où l'on pourra s'initier à la voile ou louer un bateau pour une balade en mer.
La pratique de la **planche à voile**, de plus en plus populaire, est réglementée sur les plages. Les clubs, où vous pourrez louer des planches, vous renseigneront.
Pour toutes précisions, s'adresser à la Fédération française de voile, 55 avenue Kléber, 75784 Paris Cedex 16, ☎ 01 45 53 68 00. Minitel 3615 FFV.
La Fédération française de voile attribue le label « Station-Voile » aux villages côtiers, aux stations touristiques ou aux ports qui s'engagent à offrir les meilleures conditions pour pratiquer l'ensemble des activités nautiques. France-Station Voile, La Corderie royale, B.P. 108, 17303 Rochefort Cedex. ☎ 05 46 82 07 47.

École de voile de La Baule

Santé, forme

les centres de thalassothérapie en Bretagne

La mer et son environnement (algues, climat marin) remettent en forme très naturellement les personnes stressées ou fatiguées. La thalassothérapie (du grec *thalassa,* la mer) est un ensemble de diverses techniques qui renforcent l'action naturelle du bord de mer : algothérapie (applications ou bains d'algues), hydrothérapie (jet, douche ou bain d'eau de mer), kinésithérapie (gymnastique, massage), sauna, aérosols d'eau de mer, etc. La durée moyenne (et reconnue comme étant efficace) d'une cure en centre de thalassothérapie est de l'ordre de 7 à 10 jours.
Les principaux centres bretons sont : La Baule, Belle-Île-en-Mer, Carnac, Le Crouesty, Dinard, Douarnenez, Perros-Guirec, Quiberon, Roscoff, Saint-Malo.
Les renseignements et réservations peuvent se faire auprès de *Formules Thalasso*, 203 boulevard Saint-Germain, 75007 Paris Cedex, ☎ 01 53 63 11 53, fax 01 53 63 11 57. Une brochure présentant l'ensemble des centres de Bretagne est disponible sur demande.

Douarnenez : Thalass-Santé, Centre de cure marine de Tréboul, rue des Professeurs-Curie, BP 4, 29175 Douarnenez, ☎ 02 98 74 47 47 ; www.thalasso.com. Situé au bord de la plage des Sables-Blancs. Forfaits à partir de 2640F la semaine sans hébergement.

la nature et l'environnement

La santé n'est pas uniquement une question médicale ou de traitement par l'eau et les algues, c'est aussi l'affaire de chacun. Le sport est bien entendu un facteur essentiel de la forme ; nous fournissons de nombreux renseignements à ce sujet dans le chapitre précédent. Voici donc des informations complémentaires qui donneront peut-être des idées de loisirs pour entretenir sa forme.

Conservatoire de l'espace littoral – Port du Légué, 8 quai Gabriel-Péri, BP 474, 22194 Plérin Cedex. ☎ 02 96 33 66 32.

Bretagne vivante - SEPNB – 186 rue Anatole-France, BP 32, 29276 Brest Cedex. ☎ 02 98 49 07 18, fax 02 98 49 95 80.

Ligue pour la Protection des Oiseaux (L.P.O.) – Station ornithologique de l'Île Grande, 22560 Pleumeur-Bodou. ☎ 02 96 91 91 40, 02 96 91 91 05.

Office National des Forêts (ONF) - 211 rue de Fougères, BP 1979, 35019 Rennes Cedex 7. ☎ 02 99 27 47 27, fax 02 99 63 41 52.

Direction régionale de l'Environnement (DIREN) - Le Magister, 6 cours Raphaël-Binet, CS 86523, 35065 Rennes. ☎ 02 99 65 35 36, fax 02 99 65 35 00 ; e-mail diren@bretagne.environnement.gouv.fr

Parc naturel régional d'Armorique - Ménez-Meur-Hanvec, 29460 Daoulas. ☎ 02 98 21 90 69.

Parc naturel régional de Brière - Maison du Parc, 177 route de Fédrun, 44720 St-Joachim. ☎ 02 40 91 68 68.

Union nationale des centres permanents d'initiatives pour l'environnement - 2 rue Washington, 75008 Paris, ☎ 01 45 63 63 67. Ces centres organisent des séjours et week-ends de l'environnement et du patrimoine, certains sous la marque SEPIA jeunes dont le programme annuel est à demander à l'UNCPIE.

En Brière

Achats et souvenirs

Vous n'aurez pas de mal à trouver par vous-même les rues commerçantes des villes que vous parcourrez. Sachez néanmoins que les « carnets pratiques » des villes et sites décrits vous proposent quelques bonnes adresses.

les principaux marchés

Très important dans la vie des communes, le marché est un moment sacré fait de rencontres et d'échanges. Tout en couleurs, parfums et senteurs, il constitue une excellente façon de connaître une région et de découvrir les produits locaux que proposent les producteurs eux-mêmes. Toutes les villes et presque tous les bourgs possèdent leur marché.
La liste ci-dessous n'est qu'indicative et précise les jours de grand marché de quelques places importantes.

Quelques-uns de ces marchés sortent du lot. Le marché de Dinan (rue de la Poissonnerie) a pour cadre les venelles pittoresques de la ville ; celui de La Baule (tous les jours en été) est particulièrement bien fourni ; le marché des Lices à Rennes est un des plus grands de France ; le marché de Dinard du samedi matin rassemble les meilleurs produits de la côte ; le marché de Quimper et ses halles St-François toutes modernes proposent de nombreux produits biologiques, etc.

LUNDI - Auray, Châtelaudren, Combourg, Concarneau, Guerlesquin, Moncontour, Pontivy, Pontrieux, Redon, Vitré.

MARDI - Landerneau, Le Croisic, Quintin, Saint-Malo, Saint-Pol-de-Léon.

MERCREDI - Châteaubriant, Guérande, Nantes, Quimper, Roscoff, Tréguier, Vannes.

JEUDI - Châteaugiron, Dinan, Hennebont, Lannion, La Roche-Bernard, Le Croisic, Malestroit, Pont-Croix.

VENDREDI - Concarneau, Guingamp, Jugon-les-Lacs, Landerneau, Quimperlé, Saint-Malo.

SAMEDI - Bécherel, Dol-de-Bretagne, Fougres, Gurande, Guingamp, Josselin, Landerneau, Le Croisic, Morlaix, Nantes, Port-Louis, Quimper, Redon, Rennes, Vannes, Vitré.

les criées

C'est toujours un spectacle haut en couleur que d'assister au tri et à la vente des produits de la pêche, au retour des chalutiers. Ces ventes ont lieu, en général, tous les jours de la semaine, une demi-heure après le retour des bateaux, et durent à peu près deux heures. Audierne, Concarneau, Douarnenez, Guilvinec, Erquy, Loctudy et Lorient sont les plus importantes.
Visites guidées de la criée de Plouhinec ☎ 02 98 70 74 55 (en sais.), et de la **criée de Concarneau**. Déchargement du poisson dim.-jeu. 23h-5h ; criée lun.-ven. 6h30-9h (en fonction des apports). Gratuit, 30F visite guidée. ☎ 02 98 97 01 44.

que rapporter ?

À DÉGUSTER

Alcools – Compagnons des plats de crustacés, le muscadet et son petit frère le gros-plant sont produits dans le pays nantais ; accompagnateur des crêpes et galettes, le cidre fermier a ses Rolls à Fouesnant et Pleudihen-sur-Rance ; plus anecdotique, mais bel et bien breton, le chouchen, ou hydromel, est surtout une spécialité de Rosporden ; le pommeau, les lambigs et les bières sont nombreux, aussi sera-t-il peut-être plus judicieux de jouer la carte de l'authenticité avec la cervoise, fameuse boisson des Gaulois, ou de la surprise avec le whisky breton distillé du côté de Lannion.

TRAOU MAD DE PONT-AVEN

Friandises et sucreries – Il ne faut pas attendre la fin d'un séjour en Bretagne pour comprendre que les Bretons sont assez gourmands. La renommée des galettes de sarrasin, fars aux pruneaux parfumés à la cannelle et kouign amanns généreusement caramélisés a depuis longtemps franchi les limites de la région. On croise un peu partout des biscuiteries artisanales qui vous allèchent de loin, bien que La Mecque du genre soit indéniablement Pont-Aven avec ses inimitables traou-mads. Spécialités typiquement régionales s'il en est, des crêpes de froment et des galettes de sarrasin sont vendues un peu partout ; de plus en plus de petites fabriques artisanales ont ouvert et en vendent sous un sachet plastique qui leur assure quelques jours de fraîcheur. Typiques des stations balnéaires comme La Baule et Quiberon, les niniches feront la joie des enfants... et des dentistes à votre retour. Reste la myriade de produits locaux, qui varient d'un marché à l'autre, mais dont on peut extraire la confiture de lait et les caramels au beurre salé, produits fermiers traditionnels, les crêpes dentelle de Quimper, le pain plié du Trégor, les madeleines des Côtes-d'Armor, les berlingots nantais, les craquelins de St-Malo, etc.

ANANAS ANANAS
LES NINICHES
ABRICOT ABRICOT
CARAMEL BEURRE SA

Niniches de Quiberon

Produits de la mer – La sardine (et le maquereau) peut être à l'huile d'arachide ou d'olive, nature ou aux piments, par 3, 6 ou 12 filets ; bref, il y a une variété de boîtes et de préparations (le pâté de sardine au whisky est un « must »). On conçoit que le poisson est plutôt délicat à ramener de vacances, aussi songera-t-on à la soupe de poisson vendue en bocal, de même que son indissociable rouille. Mais, à l'heure douloureuse qui sonne la fin d'un séjour, allégez votre peine en pensant à ramener de votre dernier marché une bourriche d'huîtres (elles supportent très bien le voyage si vous les logez au fond du coffre, à l'abri du soleil).

Condiments – Le sel de Guérande (gros sel et fleur de sel) n'est plus à présenter. Plutôt que de l'acheter dans un quelconque supermarché, procurez-vous-en auprès d'un paludier, c'est plus sympa et c'est moins cher.

Fromages – La Bretagne, grande région d'élevages laitiers, fait pourtant figure de parent pauvre en matière de fromages. Il y a toutefois le curé nantais, la trappe au lait cru de l'abbaye de Timadeuc, le saint-paulin et le crémet nantais.

À PORTER

Vêtements de marins – Le pull marin bleu marine ou blanc ligné de bleu est un classique qui se permet de mépriser les modes puisqu'il en est une à lui tout seul. Les coopératives maritimes des ports bretons sont de petites cavernes d'Ali-Baba où chacun trouvera son bonheur d'apprenti loup de mer, que ce soit avec les sacro-saints bonnets et casquettes bleus ou encore avec la vareuse, naguère ringarde et aujourd'hui déclinée jusque dans le prêt-à-porter dans des coloris très actuels. Il reste évidemment le très traditionnel ciré jaune, mais des versions plus modernes et plus sportives ont vu le jour avec le développement de la voile.

Sabots – Les paysans en ont porté jusque après guerre. Les années 1970 les avaient remis à l'honneur ; ils restent un produit artisanal vendu principalement dans les villages campagnards.

Décoration

Dentelle – L'art de la dentelle s'est perfectionné avec les coiffes des pays bretons, guère portées de nos jours. Une petite production de nappes et de mouchoirs délicatement ouvragés survit à cette désaffection.

Faïence – Les faïenceries de Quimper perpétuent une longue tradition de qualité : leurs ateliers et les magasins de la ville vendent aussi bien de la vaisselle que des sculptures décoratives témoignant de la maîtrise des artisans. Plus populaire, amusant, et en fait tout aussi traditionnel, le bol à prénom est un produit incontournable qui enchante les plus petits. La Bretagne en est littéralement inondée.

La mer à la maison – Des vacances au bord de la mer ne laissent pas que les marques du maillot, elles impriment aussi les esprits. On s'y sent tellement bien qu'on a bien souvent envie de ramener un petit quelque chose qui nous rappellera les bons moments passés sur la côte. Toute une série d'objets symbolisant la mer sont disponibles. Les plus simples sont la carte postale et le poster, mais leur pouvoir évocateur étant un peu limité, on choisira peut-être un cadre en coquillages, un tableau de nœuds marins ou une marine dégotée sur un marché, une maquette de bateau ou encore un instrument de navigation en laiton. Tout le monde trouvera de quoi satisfaire sa nostalgie ou de quoi calmer son impatience à revenir en Bretagne.

Kiosque

ouvrages généraux – albums

Bretagne, J.-P. Le Dantec, Points Planète, Seuil.
Bretagne, S. Recouvrance, J.-P. Gisserot, 1999.
La Bretagne, images et histoire, dirigée par A. Croix, Apogée, 1999.
Les éditions Bordessoules publient une collection traitant de l'histoire des départements bretons : *Les Côtes-d'Armor de la préhistoire à nos jours, Le Finistère... La Loire-Atlantique... Le Morbihan... L'Ille-et-Vilaine...*

Histoire / Ethnographie

Anatole Le Braz et La Légende de la mort, D. Besançon, Terre de Brume, 1996.

Anne de Bretagne, H. Le Boterf, France-Empire, 1996.
Bretagne sacrée et légendaire, par M. Déceneux, Ouest-France, 1996.
Contes et Légendes de Bretagne, par Y. Pinguilly, Nathan, 1998.
Histoire de Bretagne, par H. Poisson et L. Le Mat, Coop Breizh, 1993.
Histoire et secrets de Bretagne, Minerva.
Des légions romaines aux saints bretons, par B. Félix, Coop Breizh.
Lieux insolites et secrets de toute la Bretagne, A. Dag'Naud, Pocket, 1996.
Le Cheval d'orgueil, P.-J. Hélias, Terre Humaine, Plon.
Un hiver en Bretagne, M. Le Bris, Nil Éditions, 1996.
L'Institut culturel de Bretagne (Skol-Uhel ar Vro) édite plusieurs séries de publications dans différentes collections : *Cahiers de l'Institut culturel de Bretagne, Histoire de Bretagne, Patrimoine archéologique de Bretagne...*, 1995.
Mémoire d'un paysan breton, J.-M. Déguignet, An Here, 1999.
Dictionnaire de la tradition bretonne, Gwenc'hlan Le Scouëzec, Éditions du Félin, 1999.

Art / Architecture

Arts populaires de Bretagne, P. Le Stumm, Ouest-France, 1999.
Bretagne romane, L.-M. Tillet, *La nuit des temps*, Zodiaque, diff. Desclée de Brouwer.

La Bretagne au fil de ses couleurs, H. Jaouen et B. Louviot, Ouest-France.
Les Enclos de Dieu, G. Leclerc, J.-P. Gisserot.
Gauguin et la Bretagne, D. Delouche, Apogée.
Monet à Belle-Île, D. Delouche, Le Chasse-Marée.
Sérusier et la Bretagne, C. Boyle-Turner, Ar Men/Chasse-Marée.

Solitude *de Paul Sérusier (musée des Beaux-Arts de Rennes)*

100 peintres en Bretagne, H. Belbéoch et R. le Bihan, Palantines.
Les éditions du Patrimoine et la Caisse nationale des monuments historiques et des sites coproduisent des collections thématiques très documentées : « Cahiers de l'inventaire » : *Le Manoir en Bretagne, Les Orfèvres de Basse-Bretagne...* ; « Itinéraires du patrimoine » : *Églises d'Ille-et-Vilaine , Bretagne d'or et d'argent...* ; « Images du patrimoine » : *Le Canton de Josselin, Les Malouinières, Les Orgues en Bretagne...* ; « Parcours du patrimoine » : petits circuits de tourisme culturel.

Marine

Bretagne, pays de mer, B. Le Nail et P. Plisson, Le Patrimoine maritime breton, Hachette, 1998.
Dictionnaire pittoresque de marine, J. Lecomte, Le Chasse-Marée/Ar Men.
Guide des gréements – Petite encyclopédie des voiliers traditionnels, Le Chasse-Marée/Ar-Men.
Les Gens de mer, insolite et quotidien, N. Cazeils, Ouest-France, 1999.
Quand les Bretons peuplaient les mers, I. Frain, Fayard.
À Éric, Jacqueline Tabarly et Daniel Gilles, Éditions du Chêne, 1999.

Romans

Ces messieurs de Saint-Malo : vol. I : *Ces messieurs de Saint-Malo* ; vol. II : *Le Temps des Carbec* ; vol. 3 : *Rendez-vous à la Malouinière*, B. Simiot, Albin Michel.
Gens de Bretagne, par sept auteurs différents : P. Féval : *La Fée des grèves*, P. Loti : *Pêcheur d'Islande*, A. Le Braz : *Le Sang de la sirène* et *Les Noces noires de Guernaham*, R. Vercel : *Remorques*, Pollès : *Sophie de Tréguier*, P.-J. Hélias : *L'Herbe d'or*, Omnibus/Presses de la Cité.
Le chemin de Kergrist, C. le Quintrec, Albin Michel.
Marion du Faouët, brigande et rebelle, C. Borgella, Laffont.
Un recteur de l'île de Sein, H. Queffélec, Librio.
Les Clients du bon chien jaune, P. Mac Orlan, Folio Junior.

Divers

Cuisine des châteaux de Bretagne, G. du Pontavice, Ouest-France, 1997.
La Cuisine de Bretagne et d'Armorique, C. Thibault, Gisserot, Paris, 1996.
Les Chemins du Tro Breiz, par A. Guigny, Itinéraires et découvertes, Ouest-France, 1996.
Sentiers des douaniers de Bretagne, D. Dantec, Itinéraires et découvertes, Ouest-France, 1995.
Paysages de Bretagne, Philip Plisson, Éditions du Chêne, 1999.

vidéo-cassettes

La Route des mégalithes, coédition CNMHS/Ouest audiovisuel.
Les villes de **Brest, Nantes, Rennes, Quimper, Saint-Malo** sont filmées dans la collection « *Touristique* » ; la ville de **Vannes**, dans la collection « *Court-Métrage* » ; **Bretagne et Bretons** (récit vidéo de 5h en 3 cassettes qui racontent la Bretagne des origines à nos jours) collection « *Histoire* » Vidéo-Visite.

Alan Stivell

Cinéma

La Bretagne est apparue à l'écran dans quelques films demeurés célèbres. Ont été tournés :

À **Brest** (Finistère) : *Remorques* (1939) de Jean Grémillon, avec Jean Gabin.

À **Erquy** (Côtes-d'Armor) : *Pattes blanches* (1949) de Jean Grémillon, avec Fernand Ledoux ; *Le Blé en herbe* (1954) de Claude Autant-Lara, avec Edwige Feuillère.

À **St-Marc-sur-Mer** (Loire-Atlantique) : *Les Vacances de Monsieur Hulot* (1951) de Jacques Tati.

Au **Cap Fréhel** (Côtes-d'Armor) : *Les Vikings* (1958) de Richard Fleischer, avec Kirk Douglas.

À **Lesconil** (Finistère) : *Les Naufrageurs* (1959) de Charles Brabant, avec Charles Vanel.

À **Quiberon** (Morbihan) : *Babette s'en va-t-en guerre* (1959) de Christian-Jaque, avec Brigitte Bardot.

À **Nantes** (Loire-Atlantique) : *Lola* (1961) de Jacques Demy, avec Anouk Aimée ; *La Reine blanche* (1990) de Jean-Louis Hubert, avec Catherine Deneuve.

À **Sainte-Anne-la-Palud** (Finistère) : *Que la bête meure* (1969) de Claude Chabrol, avec Michel Duchaussoy et Jean Yanne.

À **Locronan** (Finistère) : *Qui ?* (1970) de Léonard Keigel, avec Romy Schneider ; *Chouans* (1988) de Philippe de Broca, avec Sophie Marceau.

À **Belle-Île** (Morbihan) : *Traitement de choc* (1972) de Alain Jessua, avec Alain Delon.

À **Locquirec** (Finistère) : *Hôtel de la plage* (1977) de Michel Lang, avec Guy Marchand.

Au **château de Beaumanoir** (Côtes-d'Armor) : *Tess* (1979) de Roman Polanski, avec Nastassja Kinski ; *Je suis le seigneur du château* (1987) de Régis Wargnier, avec Jean Rochefort.

Dans le **Golfe du Morbihan** : *Mon oncle d'Amérique* (1980) d'Alain Resnais, avec Gérard Depardieu ; *Les Clés du paradis* (1991) de Philippe de Broca, avec Gérard Jugnot.

À **Morlaix** (Finistère) : *Les Quarantièmes rugissants* (1982) de Christian de Chalonge, avec Jacques Perrin.

À **Quimper** (Finistère) : *Les Fantômes du chapelier* (1982) de Claude Chabrol, avec Michel Serrault.

Au **Pouliguen** (Loire-Atlantique) : *La Baule-les-Pins* (1989) de Diane Kurys, avec Nathalie Baye.

Au **Guilvinec** (Finistère) : *La Nuit de l'océan* (1992) de Antoine Perset, avec Jeanne Moreau.

À l'**île de Sein** (Finistère) : *Élisa* (1995) de Jean Becker, avec Vanessa Paradis.

Dans le **Finistère** : *Western* (1997) de Manuel Poirier, avec Sergi Lopez.

À **Saint-Nazaire** (Loire-Atlantique) : *Le Poulpe* (1998) de Guillaume Nicloux, avec Jean-Pierre Darroussin et Clothilde Courau.

Calendrier festif

Pour les localités non décrites dans le guide, nous indiquons le n° de la carte Michelin au 1/200 000 et le n° du pli.

Les pardons

Mai

Pardon de St-Herbot (jeudi de l'Ascension)	**St-Herbot**
Pardon de N.-D.-de-Délivrance (2e dimanche), ☎ 02 96 74 92 17	**Quintin**
Pardon de St-Yves (3e dimanche), ☎ 02 96 92 30 51	**Tréguier**
Pardon de St-Yves (3e dimanche)	**Bubry**
Pardon de St-Mathurin (week-end de la Pentecôte), ☎ 02 96 42 30 31	**Moncontour**
Pardon de N.-D.-de-Callot (lundi de Pentecôte)	**Carantec**
Pardon de la Trinité (dimanche après la Pentecôte), ☎ 02 98 81 93 45	**Rumengol**

Le pardon de Ste-Anne-la-Palud, l'un des plus beaux et des plus pittoresques de Bretagne, attire le dernier dimanche d'août plusieurs dizaines de milliers de personnes.

Juin

Pardon de la chapelle N.-D.-du-Crann (le dimanche suivant la Trinité)	**Chap. N.-D.-du-Crann**
Pardon de St-Tugen (17 et 18 en 2000, 16 et 17 en 2001), ☎ 02 98 74 80 28	**St-Tugen**
Pardon de la St-Jean (dernier dimanche), ☎ 02 98 67 34 07	**St-Jean-du-Doigt**
Pardon de la St-Pierre-et-St-Paul (dernier dimanche), ☎ 02 98 04 71 02	**Plouguerneau**
Pardon d'été de Ste-Barbe (dernier week-end), ☎ 02 97 23 23 23	**Le Faouët**

Juillet

Pardon de N.-D.-de-Bon-Secours (1er dimanche ; procession aux flambeaux la veille), ☎ 02 96 43 73 59	**Guingamp**
Petite troménie (2e dimanche), grande troménie (2e et 3e dimanches en 2001), ☎ 02 98 91 70 14	**Locronan**
Pardon de St-Carantec (3e dimanche), ☎ 02 98 67 02 72	**Carantec**
Grand pardon de Ste-Anne (les 25 et 26), ☎ 02 97 57 68 80	**Ste-Anne-d'Auray**
Petit pardon de Ste-Anne, grand pardon de Ste-Anne (le 26 et le dimanche suivant), ☎ 02 98 51 67 47	**Fouesnant**
Pèlerinage islamo-chrétien à la chapelle des Sept-Saints (4e week-end), ☎ 02 96 38 91 73	**Le Vieux-Marché** ***230 pli 6***
Pardon de Ste-Anne, messe bretonne (11h) et festival de musique celtique (15h30) (4e dimanche)	**Le Releg**
Pardon de la Ste-Hélène (4e dimanche), ☎ 02 97 51 70 38	**Bubry** ***230 pli 35***

Août

Pardon de N.-D.-de-Pénéty (1er dimanche)	**Persquen** ***230 pli 21***
La troménie de Haute-Bretagne (le 15 et la veille au soir)	**Bécherel**
Pardon de la madone des motards (le 15 et veille au soir)	**Porcaro**
Pardon de Notre-Dame (le 15 et la veille au soir)	**Quelven**
Pardon de N.-D.-de-la-Clarté (le 15), ☎ 02 96 23 21 64	**Perros-Guirec**
Pardon de N.-D.-du-Relecq (le 15 avec messe à 4h)	**Plonéour-Ménez**
Pardon de N.-D.-de-Roscudon (le 15), ☎ 02 98 70 44 52	**Pont-Croix**
Pardon de N.-D. de Rumengol (le 15), ☎ 02 98 87 93 45	**Rumengol**
Pardon de N.-D. de la Tronchaye (le dimanche après le 15)	**Rochefort-en-Terre**
Pardon de N.-D.-de-Callot (le dimanche après le 15), ☎ 02 98 67 02 72	**Carantec**
Pardon de N.-D.-de-Crénénan (le dimanche après le 15) ☎ 02 97 39 44 98	**Ploërdut**
Grand pardon (dernier dimanche), ☎ 02 98 92 50 17	**Ste-Anne-la-Palud**
Pardon de la St-Fiacre (dernier dimanche, la veille au soir et le mardi suivant)	**Le Faouët**

Septembre

Pardon de N.-D.-de-Rocamadour et bénédiction de la mer (1er dimanche), ☎ 02 98 27 90 48	**Camaret**
Grand pardon de Notre-Dame (1er dimanche), ☎ 02 98 83 01 92	**Le Folgoët**

Pardon de N.-D.-de-la-Grande-Puissance (1er dimanche)	**Lamballe**
Pardon de N.-D.-de-Penhors (1er dimanche), ☎ 02 98 54 42 44	**Pouldreuzic**
Pardon de la St-Cornély (2e dimanche), ☎ 02 97 52 08 08	**Carnac**
Pardon de N.-D.-du-Roncier (les 7 et 8), ☎ 02 97 22 20 18	**Josselin**
Pardon (3e dimanche), ☎ 02 98 87 02 80	**N.-D.-de-Tronoën**
Pardon de N.-D-de-la-Joie (le 12 ou le dimanche après le 12), ☎ 02 97 25 02 53	**Pontivy**
Pardon de N.-D.-du-Vœu (dernier dimanche), ☎ 02 97 36 24 52	**Hennebont**
Pardon de la St-Michel (dernier dimanche)	**Plouguerneau**
Fête de l'Archange saint Michel (dimanche le plus proche du 29)	**Le Mont-St-Michel**
Pardon des Sonneurs (dimanche le plus proche du 29)	**Gourin**

Décembre

Pardon de la Ste-Barbe (le 4), ☎ 02 97 23 23 23	**Le Faouët**
Pardon de N.-D.-de-Callot (le 31, à marée basse), ☎ 02 98 67 07 88	**Carantec**

festivals

Janvier

La Folle Journée (dernier week-end du mois ; Bach en 2000), ☎ 02 51 88 20 00.	**Nantes**

Avril

Festival de café-théâtre (fin avril) ☎ 02 97 47 24 34	**Vannes**

Mai

« Étonnants Voyageurs » : littérature internationale (du 4 au 8, en 2000), ☎ 02 99 30 07 47	**St-Malo**

Juillet

Festival Les Tombées de la Nuit (première quinzaine de juillet), ☎ 02 99 67 11 11	**Rennes**
Festival des Vieilles Charrues : musique populaire (mi-juillet), ☎ 02 98 99 29 18 ; www.vieilles-charrues.com	**Carhaix-Plouguer**
Festival international d'été : musiques, chants et danses (première semaine de juillet) ☎ 02 40 08 01 00	**Nantes**
Festival « Musique Mosaïque » (le week-end après le 14), ☎ 02 98 96 04 32	**Quimperlé**
Salon du livre maritime (vers le milieu du mois), ☎ 02 98 97 52 72	**Concarneau**
Triomphe des Écoles de St-Cyr-Coëtquidan.	**Guer-Coëtquidan**
Festival de Cornouaille (semaine précédant le 4e dimanche de juillet), ☎ 02 98 55 53 53	**Quimper**
Festival de jazz (semaine précédant le 4e dimanche de juillet), ☎ 02 97 01 81 00	**Vannes**

Août

Festival de jazz (début août)	**St-Malo**
Festival interceltique (du 4 au 13, en 2000, du 3 au 12, en 2001), ☎ 02 97 21 24 29	**Lorient**
Festival de la danse bretonne (semaine du 15), ☎ 02 96 43 73 89	**Guingamp**
Escales : deux jours et deux nuits de musique (milieu du mois), ☎ 02 51 10 00 09	**St-Nazaire**
Festival folklorique du Ménez-Hom (du 13 au 15), ☎ 02 98 81 57 94	**Plomodiern** ***230 pli 18***
Festival interceltique de Guérande (aux alentours du 15), ☎ 02 40 24 93 13	**Guérande**

Septembre

Festival du film britannique (1er week-end du mois), ☎ 02 99 88 19 01	**Dinard**
Festival du livre en Bretagne (dernier week-end du mois), ☎ 02 98 93 37 43	**Carhaix-Plouguer**

Octobre

Quai des Bulles : bandes dessinées (avant-dernier week-end du mois), ☎ 02 99 40 39 63 — **St-Malo**

Novembre

Festival des 3 Continents : films (dernier week-end), ☎ 02 40 69 74 14 — **Nantes**

fêtes, foires et marchés

Avril

Carnaval (en principe, jeudi de la Mi-Carême et dimanche suivant), ☎ 02 40 35 75 52 — **Nantes**

Mai

Fête folklorique de la St-Michel de printemps — **Le Mont-St-Michel**

Juillet

Fête folklorique des Ajoncs d'Or (2e week-end) — **Lamballe**

Fête des Brodeuses (2e week-end), ☎ 02 98 82 37 99 — **Pont-L'Abbé**

Journées médiévales (avant le 14), ☎ 02 97 01 81 21 — **Vannes**

Fête des remparts (les années paires, prochaine manifestation en 2000, les 22 et 23), ☎ 02 96 87 94 94 — **Dinan**

Fête du chant de marin (dernier week-end en 2001), ☎ 02 96 20 83 16 — **Paimpol**

Paimpol, fête du chant de marin

Août

Fête de la Mer (début août), ☎ 02 96 72 30 12 — **Erquy**

Fête des Ajoncs d'or (1er dimanche), ☎ 02 98 06 12 33 — **Pont-Aven**

Fête de la Brière, course de chalands (1re quinzaine) — **Île de Fédrun**

Fête de la Tourbe (1re quinzaine et le 15) — **St-Lyphard-en-Brière**

Fêtes d'Arvor (du 13 au 15), ☎ 02 97 47 24 34 — **Vannes**

Fête folklorique — **Ménez-Hom**

Fête des Filets Bleus (le dimanche après le 15), ☎ 02 98 97 09 09 — **Concarneau**

Grande fête des Menhirs (mi-août à fin août) — **Carnac**

Fête des Artisans (mi-août à fin août) — **Lizio**

Fête médiévale (mi-août à fin août) — **Moncontour**

Fête des Hortensias (mi-août à fin août) — **Perros-Guirec**

Septembre

Foire commerciale – Fête du cheval breton (début du mois) — **Dol-de-Bretagne**

Octobre

Mois du marron – Foire Teillouse, ☎ 02 99 71 06 04 — **Redon**

rencontres sportives

Avril

Spi Ouest-France : voile (1re semaine) — **La Trinité-sur-Mer**

Mai

Concours international de saut d'obstacles — **La Baule**

Août

Concours international de saut d'obstacles (1re quinzaine et 15), ☎ 02 99 46 19 35 — **Dinard**

Chapelle St-They à la Pointe du Van

Invitation au voyage

La mer

Entourée sur les quatre cinquièmes de son pourtour par la Manche et l'océan Atlantique, la Bretagne est maritime par essence. Lorsqu'on pense à elle, on rêve de côtes découpées sur lesquelles se fracassent de lourdes vagues écumantes ou bien de plages tranquilles où les parents lisent au soleil pendant que leurs enfants édifient des châteaux de sable, on songe au poisson que l'on achètera au retour de la pêche ou à la planche à voile qui nous emmènera glisser sur l'eau. Bref, Bretagne et mer ne font qu'une. C'est bien là toute la magie de cette gigantesque péninsule.

Le phare d'Ar Men à l'île de Sein.

Marée basse à St-Briac-sur-Mer.

L'Armor

C'est le nom que les Gaulois donnèrent à la région côtière : il signifie « pays au voisinage de la mer ». L'Armor (ou plus rarement l'Arvor) s'oppose à l'Argoat, pays de l'intérieur.

La côte bretonne

Extraordinairement découpée, elle totalise 1 200 km ; elle n'en mesurerait que 600 si elle s'était contentée d'être rectiligne. Cette longue dentelle rocheuse compte une multitude de paysages magnifiques composés de hautes falaises, de caps déchiquetés, d'îles et d'écueils, de larges baies, d'amas granitiques, de promontoires escarpés, de golfes et de rias (ces estuaires où la marée pénètre), de criques et de grèves, tous rythmés par le va-et-vient régulier des marées et le ballet incessant des bateaux qui la quittent ou y reviennent. Cette merveilleuse diversité fait toute l'originalité de la côte bretonne.

Et comme si cette diversité ne suffisait pas à nous régaler les yeux, l'Armor a comme fractionné la totalité de son littoral pour mieux nous envoûter. En effet, au gré de ses promenades, on remarquera que la végétation est brûlée par le vent salin là où la côte est exposée, qu'elle est exubérante là où elle est abritée et qu'y poussent sans effort mimosas, palmiers, eucalyptus, lauriers-roses, etc. Vraiment, la côte bretonne est des plus variées.

LES BIENFAITS DE LA MARÉE BASSE

La marée basse fait la joie des pêcheurs. Veillez toutefois à ne pas tout déplacer, à ne pas tout ramasser. Replacez les pierres et les galets que vous soulevez, les habitants qu'elles cachent vous en sauront gré.
En tenant compte des avis préfectoraux et municipaux régissant la pêche à pied, on pêchera donc des décapodes (crabes et crevettes) et des bivalves (palourdes et moules).

Vagues et marées

L'Armor est continuellement frappé par les vagues, qu'éloignent ou rapprochent les marées. Les vagues, ou, comme disent les marins, les lames, sont un mouvement ondulatoire produit par le vent. Même lorsque la brise ne souffle plus, l'ébranlement se propage à de grandes distances : c'est la houle. Par une illusion d'optique, l'eau semble se déplacer, mais il suffit de regarder flotter un bouchon pour constater qu'il reste immobile. Près du rivage, le mouvement ondulatoire des vagues est freiné par le fond : un déséquilibre se produit et la crête de la lame s'écroule en longs rouleaux d'écume avec un bruit sourd et rythmé, c'est le ressac. Quand la vague atteint un obstacle abrupt, rocher ou falaise, elle est soulevée, lance des embruns, puis retombe de tout son poids. Les jours de tempête, le spectacle peut être prodigieux.

Le phénomène des marées est causé par l'attraction de la lune et, dans une moindre mesure, par celle du soleil. Lorsque la lune est au-dessus de la mer, elle attire l'eau vers elle et le niveau s'élève : c'est la marée haute. Six heures plus tard, la lune n'est plus au-dessus de l'eau, l'attraction n'opère plus : c'est la marée basse. Lorsque le soleil et la lune sont à peu près alignés par rapport à la terre, l'attraction est plus forte : c'est la marée de vive eau ou grande marée : ce phénomène se reproduit tous les 15 jours, lors de la pleine lune ou de la nouvelle lune. En Bretagne, les marées les plus importantes se produisent au moment des équinoxes.

Belle-Île, l'estuaire de la rivière Sauzon.

La voile

Véritable pépinière de marins, la Bretagne est la région la plus maritime de France. Un proverbe dit que « les Bretons naissent avec de l'eau de mer autour des yeux et l'océan coule dans leurs veines dès les premiers jours ». Aussi la voile est-elle ici plus qu'un sport, c'est une seconde nature, un élément à la fois indissociable du paysage et un art de vivre qui confine pour beaucoup à la passion.

La régate ou le sport pour tous

Jadis réservée à l'élite, la voile, à laquelle il faut depuis les années 1980 ajouter la planche à voile, est devenue un sport populaire. Avec la construction en série, l'industrie nautique a délaissé l'artisanat des anciens temps et produit aujourd'hui des embarcations réalisées en matériaux de synthèse qui ont mis cette discipline à la portée de toutes les bourses. On en veut pour preuve les 700 écoles de voiles de la Fédération française de voile, et les plus de 1 000 clubs qui se répartissent sur l'ensemble de l'Hexagone. Aussi, les amoureux de la mer sont-ils nombreux à régater le long des côtes bretonnes, à scruter le ciel, anticiper la brise thermique, s'interroger sur les dépressions pour mieux gonfler leurs spinnakers et leurs génois sur les vagues du grand bleu. On est aujourd'hui bien loin des premières courses qui opposaient des canots de pêche vers 1850. Monocoques et multicoques de tous types sont amarrés aux pontons des ports de plaisance et chacun rêve de participer un jour à une course, fût-elle la plus modeste d'entre toutes, ou le « spi Ouest-France », organisé tous les ans à La Trinité-sur-Mer, qui permet aux anonymes de côtoyer certains grands noms de la voile.

Un monde sans frontière

Les grands marins – Certes, tous les grands marins ne sont pas bretons... quoiqu'ils le soient tous un peu, tellement la Bretagne incarne la mer. Et dans cet univers sans frontière, il n'y a pas un « voileux » qui ne connaît Bernard Moitessier, Yves Le Tourmelin et Éric Tabarly, l'idole des houles, malheureusement disparu au large du pays de Galles en juin 1998. L'osmose entre ce dernier et ses bateaux ainsi que sa droiture ont anobli l'image de la voile dans l'esprit des profanes qui, avant lui, regardaient l'océan comme une vaste steppe liquide sans vie. Il laisse un souvenir impérissable et un sillage où navigue cette pépinière de marins formée à ses côtés : Olivier de Kersauzon, Marc Pajot, Philippe Poupon, Jean Le Cam, Alain Thébault, Yves Parlier.

La famille des grands marins s'est nettement agrandie depuis quelques années, surtout depuis que la voile est réellement entrée dans le monde de la compétition. Grâce au financement de marques qui ont compris l'énorme force d'attraction que

Même les vieux gréements régatent.

ce sport exerce sur les foules, des bateaux de plus en plus performants sortent des chantiers de Lorient, de Vannes ou de Nantes, aussitôt engagés dans des courses au long cours souvent passionnantes, toujours éprouvantes. Ces « formule 1 » de la mer utilisent désormais des matériaux performants à haute résistance tels le spectra, le kevlar ou le titane. Elles sont barrées par de véritables vedettes qui ont pour nom Florence Arthaud, Isabelle Autissier, Frank Camas, Alain Gautier, Laurent Bourgnon ou Loick Peyron. Les disparitions d'Alain Colas, en 1978, de Loïc Caradec, en 1986, de Gerry Roufs, en 1997, de Paul Vatine en 1999, sans parler de celle de Tabarly déjà évoquée, nous ont à chaque fois rappelé combien la mer est dangereuse et à quel point ces sportifs de haut niveau exercent un métier très risqué pour assouvir leur amour de la mer.

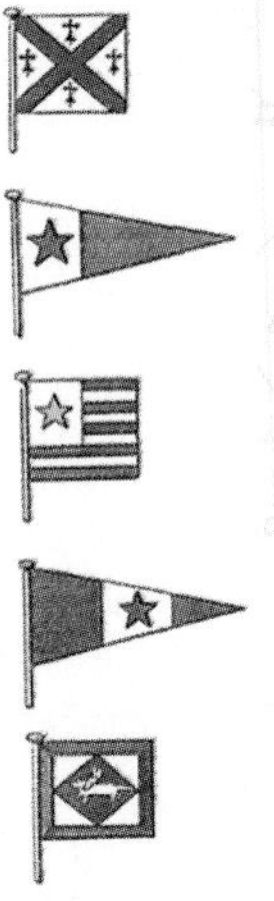

Sous le fanion du Sport nautique de l'Ouest, ceux des sociétés des régates de Douarnenez, Carnac, Morlaix, Vannes, Lorient et Le Pouliguen.

Les grandes courses – Courses en solitaire ou par équipes et records de traversée animent le monde de la voile presque tout au long de l'année. La ferveur pour ce sport est en effet devenue telle que l'amateur peut suivre les grandes courses de chez lui... grâce à Internet. En effet, des sites ont été ouverts pour pouvoir suivre leurs évolutions presque sans discontinuer. On peut ainsi situer tel ou tel concurrent isolé sur une mer du globe en restant confortablement installé dans son fauteuil !

À tout seigneur tout honneur. La Bretagne est le cadre de départs ou d'arrivées de compétitions devenues prestigieuses. La plus célèbre est probablement la route du Rhum, qui relie la pointe du Grouin à Pointe-à-Pitre à bord de monocoques et multicoques. Elle a lieu tous les quatre ans (première édition en 1978, prochaine édition en 2002) ; ses vainqueurs ont pour nom Michael Birch, Marc Pajot, Philippe Poupon et Laurent Bourgnon. D'autres courses ont soulevé l'enthousiasme des foules, par exemple : La Baule-Dakar, difficile à cause de la traversée du golfe de Gascogne en automne, Québec-St-Malo, à cause de ses baleines et ses icebergs, ou encore Lorient-Les Bermudes-Lorient davantage connue sous le nom de Transat en double. La course du Figaro démarre en juillet d'un port breton, vendéen ou normand, tandis que la course de l'Europe fait étape dans les grands ports du Nord au Sud de l'Europe. Il y a aussi la route des Hortensias, une course conviviale qui relie la Bretagne aux Açores, ou le trophée « Cutty Sark », qui relie Aalborg à St-Malo. En l'an 2000, la régate « skippers d'Islande » reliera Paimpol à Reykjavik aller-retour.

Les vieux gréements

Tradition sur mer

Durant des siècles, les marins ont navigué sans moteur. La propulsion à vapeur est apparue au 19e s., puis la propulsion mécanique s'est généralisée au lendemain de la Seconde Guerre mondiale. Enfin, les procédés modernes de construction se sont emparés, au cours des années 1960, de la navigation de plaisance. Dès lors, il n'était plus question de naviguer sur des bateaux en bois devenus obsolètes.
Or, depuis la fin des années 1970, des passionnés de la mer ont entrepris de remettre en valeur ces bateaux jugés dépassés et périmés par la modernité. Sensibles à leur silhouette magnifique, des individualités ou des associations décidèrent de les restaurer entièrement ou d'en construire des répliques. Ainsi naquit un véritable engouement pour les « vieux gréements » qui, si l'on en croit les marins, procurent un plaisir inégalable à ceux et celles qui les barrent – en fait, un gréement est l'ensemble des cordages et poulies nécessaires à la manœuvre des navires à voiles. Une passion que traduisent à merveille ces grands rassemblements de voiliers traditionnels qu'organisent régulièrement les grands ports. Le promeneur qui longe les côtes bretonnes a aujourd'hui de nombreuses occasions de voir glisser sur l'eau un de ces navires à la voilure souvent colorée. Mais, s'il en a le plaisir des yeux, il a également la possibilité d'embarquer. Un nombre croissant d'associations offre en effet la possibilité de naviguer sur un de ces bateaux conçus à l'origine pour la pêche ou le cabotage, et très typés selon la région où ils ont été armés.

LES VIEUX
GREEMENTS

Bouée ou hublot ? Non, enseigne !

Pour tous les goûts

Très voilées pour bien profiter des vents portants, les goélettes, bâtiments à deux mâts, sont mondialement connues (Brest en possède un magnifique exemplaire reconstruit, *La Recouvrance*, du nom de son quartier le plus célèbre). En revanche, les « bateaux de travail » de nos côtes le sont beaucoup moins. Leur poids, leur forme, leur voilure étaient adaptés aux conditions locales de pêche. C'est ce qui fait qu'on rencontre des flobarts dans le port de Boulogne, des camins au Havre, ou, puisque la batellerie n'était pas en reste, des fûtreaux en Loire, des gabares en Gironde.
En Bretagne, les bisquines, bateaux de pêche à la ligne et au chalut originaires de Normandie et en service à Cancale jusqu'au début du 20e s., sont probablement les plus renommées, grâce à la superbe *Cancalaise* à coque noire, qui a été entièrement reconstruite. Ces bateaux étaient les plus toilés du pays et participaient à des régates qui attiraient déjà les touristes sur la Côte d'Émeraude durant la seconde moitié du 19e s. Également réputés, les chasse-marée sont des bateaux côtiers à trois mâts que l'on rencontrait aux abords des abers ; aujourd'hui, *La Belle Angèle* prouve à quel point ils tenaient bien la mer. Nettement plus petits et moins connus, les sinagots étaient destinés au dragage des huîtres dans le golfe du Morbihan et en baie de Quiberon. Un des derniers exemplaires mouille dans le port de Séné, qui a donné son nom à ce type d'embarcation. Les langoustiers portent un nom plus explicite ; *La Belle Étoile*, à la coque blanche et aux voiles rouges, est aujourd'hui à nouveau amarrée au port de Camaret, qui fut un grand port langoustier. Les lougres effectuaient du cabotage, comme le *Corentin* au large de l'Odet ou le *Grand-Léjon* au large de Saint-Brieuc. Les flambarts naviguaient autrefois exclusivement sur les côtes septentrionales de Bretagne et servaient notamment au ramassage du goémon ; on peut en revoir

Les voiles tannées
par le soleil et le sel.

La Cancalaise, toutes voiles dehors.

depuis qu'ont été lancés l'*An Durzunel* de Loguivy et l'*Ar Jentilez* de Perros-Guirec. Les chaloupes sardinières naviguaient, elles, sur les côtes méridionales de Bretagne ; le *Telenn Mor* de Douarnenez en préserve le souvenir. Les cotres sont de petits bateaux à un seul mât, comme les sloops à mât unique vertical ; *Le Renard,* construit à l'occasion des festivités de « Brest 1992 » est la réplique du dernier bateau de Robert Surcouf, le corsaire malouin. Mais il y a encore les sloops coquilliers brestois, les forbans du Morbihan, les dragous des Côtes-d'Armor, etc. On le voit, la flottille des vieux gréements est variée et répond à des navigations différentes.

La personnalité forte

Goélettes, ketchs et clippers sont des noms qui, sur toutes les rives du monde, font rêver tous les amateurs d'horizons. Chaque pays maritime s'enorgueillit de posséder l'un ou l'autre de ces vieux gréements d'exception. Les rassemblements de navires traditionnels étant de plus en plus populaires, ils sont devenus de véritables ambassadeurs de leur pavillon.
Naturellement, la France possède quelques bateaux de cet ordre. Le plus prestigieux, le plus grand, est le *Bélem,* dont le port d'attache est Nantes. Ce trois-mâts barque (58 m de long, 1 200 m² de voilure) a été lancé dans ce port en 1896 pour transporter du cacao, du rhum et du sucre, et navigua comme « antillais » jusqu'en 1914. Entièrement restauré de 1979 à 1985, il accueille des stagiaires.

Un filet de pêche, ça se démêle avec patience !

La religion de la pêche

La pêche côtière

Sole, turbot, raie, bar, dorade, crustacés, coquille St-Jacques... faites votre choix ! La production est toutefois loin de toujours répondre aux besoins locaux : une ville comme St-Brieuc est approvisionnée en partie par Lorient. Sur le littoral atlantique, la pêche à la sardine constitue une activité saisonnière de juin à septembre.

La pêche hauturière

S'opposant au cabotage, la pêche de haute mer est pratiquée jusqu'au large de l'Islande et représente la principale activité des grands ports. Le thon est pêché à la traîne ou à l'appât vivant dans le golfe de Gascogne, à la senne tournante le long des côtes africaines. La pêche au thon blanc (germon) a lieu de juin à octobre, et débute entre le Portugal et les Açores. Le thon tropical (albacore ou listao) est pêché par une trentaine de grands thoniers-congélateurs armés à Concarneau et basés en Afrique occidentale.

La grande pêche

Elle désigne la pêche à la morue, pratiquée sur les bancs de Terre-Neuve, du Labrador et du Groenland. Elle fit autrefois la célébrité de Paimpol et de St-Malo, mais ne subsiste que modestement. Les chalutiers actuels sont de véritables usines, équipées d'installations de filetage mécanique et de congélation.

La pêche aux crustacés

Surtout pratiquée sur les côtes rocheuses à l'aide de casiers ou de nasses, elle s'est également développée dans les eaux lointaines. Les langoustiers-congélateurs de Camaret et Audierne, équipés de viviers et d'installations de congélation, partent en effet pour plusieurs mois, sur les côtes de Mauritanie notamment.

Qu'ils pratiquent la pêche côtière, la pêche hauturière, la grande pêche ou la pêche aux crustacés, les marins bretons ont su s'adapter aux techniques les plus modernes, et ce malgré une réduction des quotas d'exploitation due principalement à la mondialisation de cette industrie. Avec Lorient et Concarneau, la Bretagne arrive largement en tête des régions françaises pour la valeur et l'importance des prises.

Retour de pêche au Guilvinec.

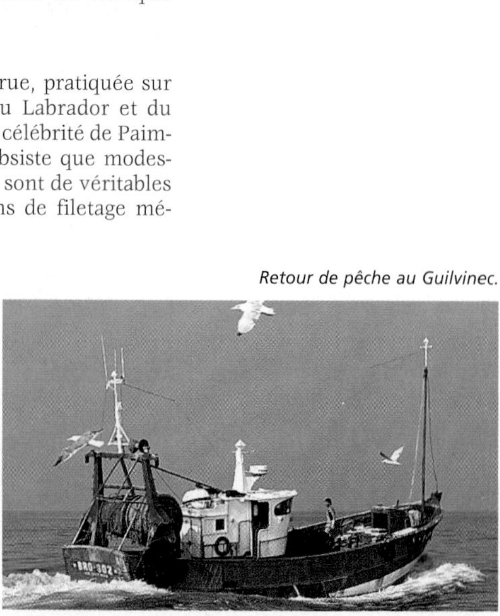

Les autres ressources de l'océan

Les conserveries

C'est Fouquet, ministre de Louis XIV, qui encouragea la mise en baril des poissons, méthode qui supplanta peu à peu la salaison et le séchage. Au début confite dans l'huile, la sardine a bénéficié du procédé mis au point en 1810 par Nicolas Appert pour être mise en conserve. Cette industrie, qui a beaucoup souffert de la concurrence des pays du Tiers-Monde, est principalement localisée en presqu'île de Quiberon et dans les ports de Douarnenez et Concarneau.

Océanologie et aquaculture

L'affaiblissement de la pêche force les chercheurs de l'IFREMER (Institut français de recherche pour l'exploitation de la mer) à trouver sans cesse des solutions nouvelles. Il est fort probable que la pêche soit un jour relayée par l'aquaculture. Déjà, des fermes marines finistériennes élèvent avec succès le saumon et le turbot.

La conchyliculture

Les gastronomes savent que l'élevage des huîtres (ostréiculture) et des moules (mytiliculture) constitue une activité importante en Bretagne. Grande productrice d'huîtres plates (belons), la région a également développé ses parcs d'huîtres creuses (fines de Bretagne). Elle produit annuellement 30 000 t d'huîtres creuses et 2 000 t de plates, soit le quart de la production nationale. Quant aux moules de bouchot, elles sont cultivées de la baie du Mont-St-Michel à la baie de St-Brieuc, et dans l'estuaire de la Vilaine. Les moules de parc, elles, se rencontrent tout le long du littoral Sud.

UNE MARQUE RENOMMÉE
LA QUIBERONNAISE

Une boîte de sardines...

Les algues et leur transformation

Depuis longtemps récoltées comme engrais, puis matières premières de l'industrie chimique (soude dès le 18e s., iode au 19e s., et au début du 20e s. découverte des propriétés gélifiantes) les différentes variétés d'algues se retrouvent à présent aussi bien dans les salles de bain que sur les tables de restaurant ou dans les centres de thalassothérapie. Aujourd'hui, la réglementation autorise la culture et la récolte du goémon au moyen de bateaux spécialement équipés. Le pays des Abers est le centre principal de cette activité.

... et des coquilles St-Jacques.

Les chantiers navals

Ce secteur sinistré depuis quelques années connaît avec les Chantiers de l'Atlantique à St-Nazaire un site d'envergure mondiale. Capables de mettre en chantier des navires de 500 000 t, ils se sont surtout tournés vers la production de porte-conteneurs, de plates-formes de forage et de navires de croisière. C'est du reste grâce à ce secteur de prestige qu'ils ont pu faire la preuve de leur dynamisme et de leur savoir-faire. La réparation navale représente par ailleurs une activité non négligeable.

L'Argoat

Les rives du Blavet, poumon vert breton.

C'est peu dire que la Bretagne intérieure offre un charme tout différent de celui qui attire les estivants sur les côtes. En effet, le voyageur qui se décide à tourner le dos à la mer pour aller vers la campagne bretonne découvrira un pays de vallons et de prairies bien distincts des rias et des plages du littoral. Certes, l'Argoat n'est plus ce « pays au voisinage de la forêt », mais il a gardé son avant-goût de montagne qui en surprendra plus d'un.

Plateaux et montagnes

La montagne ! Si le mot écrase un peu les collines bretonnes, c'est néanmoins sous ce terme que les gens de la côte ont l'habitude de dénommer la partie centrale de la Bretagne. Il est vrai qu'en maints endroits, un vent vigoureux, une certaine aridité ainsi que des crêtes en dents de scie contrastant avec les ondulations des plateaux donnent une impression de haute altitude. Du roc Trévezel (384 m) ou du Ménez-Hom (330 m), on découvre une immense étendue de terre, une succession de mamelons où serpentent des rivières encaissées aux eaux brunes et vives. De plus près, le terrain apparaît généralement comme découpé en damier par des talus ou des murs de pierres sèches qui délimitent les champs et les prés, bien que la débocagisation due à l'évolution de l'agriculture ait progressivement quelque peu arasé ce maillage traditionnel.

Forêts et landes

Autrefois, la Bretagne possédait d'immenses forêts de chênes rouvres et de hêtres (*faou* en breton), aux sous-bois de houx et de fougères. Les générations qui se sont succédé depuis les Romains ont porté la hache dans ces massifs. Il n'en reste plus que des tronçons épars, dont les forêts de Paimpont ou de Quénécan. Ce sont

La Bretagne est une péninsule de 27 200 km^2. C'est une vieille terre de l'ère primaire, plissée à l'ère secondaire et disloquée à l'ère tertiaire.
De tout temps, l'Argoat a été nettement moins peuplé que le

Les landes des Monts d'Arrée.

littoral, c'est-à-dire l'Armor. Le relief tourmenté de la Bretagne intérieure lui a en effet longtemps garanti une vie dure et l'a longtemps maintenue comme en dehors de la société et de l'ouverture sur le monde que connaissait la façade maritime. Là n'est pas le moindre paradoxe de ce vaste bloc de granit qui semble un grand nez pointé vers l'Ouest et le Nouveau Monde, à savoir ne pratiquement rien connaître du monde marin tout en étant bordé par la mer sur les quatre cinquièmes de son pourtour.

des bois accidentés, coupés de gorges, de ravins, de chaos de rochers, dont Huelgoat est l'exemple accompli.

Des landes souvent incultes avaient remplacé les forêts. Elles s'étendent encore en vastes solitudes dont la mélancolie s'éclaire au moment où les ajoncs offrent leur manteau d'or ou quand les bruyères forment un tapis violet. Hors des sommets, elles ont presque partout cédé devant l'effort paysan et sont devenues des terrains de culture. Telles sont, par exemple, les landes de Lanvaux qui recouvrent le pays vannetais.

Une terre agricole

Bien que terre réputée ingrate et pauvre, la Bretagne n'en a pas moins été le grenier à blé du royaume aux 16e et 17e s., et est aujourd'hui la première région agricole de France. Traditionnellement légumière, l'Argoat est avant tout le pays de l'aviculture et des vaches laitières, ceci grâce à l'essor impressionnant qu'y a connu l'industrie agroalimentaire au cours des dernières décennies. Par ailleurs, l'élevage des porcs s'est industrialisé et représente aujourd'hui la moitié de la production française. La Bretagne, comme de nombreuses régions d'Europe, a donc connu une transformation sans précédent de son agriculture. Fondé sur l'intensification de la production et la recherche permanente de la meilleure rentabilité, le développement agricole breton a servi de modèle à de nombreuses régions européennes.

Paysage de bocage aux environs de Brasparts.

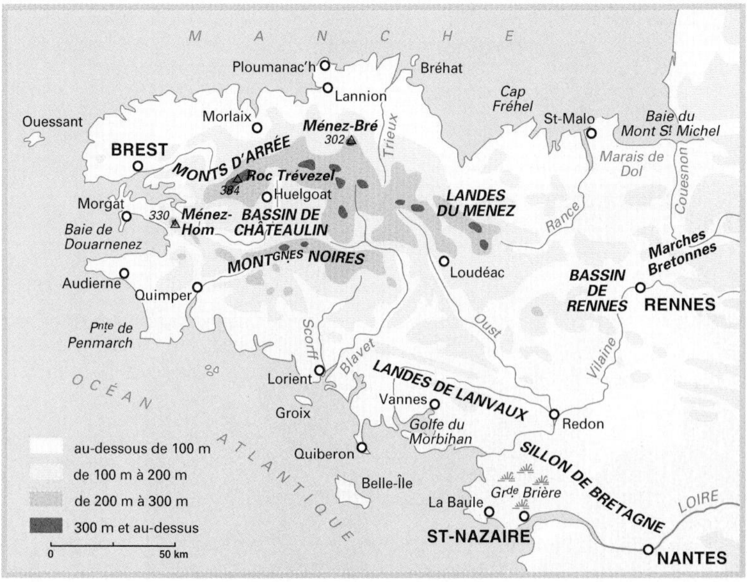
M A N C H E
Ploumanac'h
Bréhat
Lannion
Cap Fréhel
St-Malo
Baie du Mont St Michel
Ouessant
Morlaix
Ménez-Bré
302
Trieux
BREST
MONTS D'ARRÉE
Roc Trévezel
384
Huelgoat
Marais de Dol
Couesnon
LANDES DU MENEZ
Morgat
330
Ménez-Hom
BASSIN DE CHÂTEAULIN
Baie de Douarnenez
Rance
MONTGNES NOIRES
Marches Bretonnes
Audierne
Quimper
Loudéac
BASSIN DE RENNES
RENNES
Pnte de Penmarch
Scorff
Oust
Vilaine
Blavet
OCÉAN ATLANTIQUE
Lorient
LANDES DE LANVAUX
Vannes
Redon
Groix
Golfe du Morbihan
Quiberon
SILLON DE BRETAGNE
Belle-Île
Grde Brière
La Baule
LOIRE
ST-NAZAIRE
NANTES
au-dessous de 100 m
de 100 m à 200 m
de 200 m à 300 m
300 m et au-dessus
0
50 km

Les traditions

À l'instar des grandes régions françaises, la Bretagne cultive son identité en entretenant jalousement une série de traditions séculaires. Vestimentaires, religieuses, linguistiques ou plus largement artistiques, elles traduisent une mentalité et une façon de vivre tout à fait particulière qui semblent résister au laminoir du modernisme.

La coiffe de Pont-Aven

La blanche hermine.

La Bretagne et ses symboles

Si la Bretagne a plus changé au cours de la première moitié du 20e s. qu'au cours des deux siècles précédents, elle a su retrouver depuis les années 1980-1990 toute l'originalité que lui conservaient ses mœurs, cela malgré le dépeuplement des villages et l'évolution inéluctable du commerce, de l'industrie et du tourisme.

La devise *Potius mori quam foedari,* « Plutôt la mort que la souillure », est donnée comme celle des Bretons. La légende raconte qu'une petite duchesse aurait recueilli une blanche hermine blessée qui avait préféré braver les flèches des chasseurs et les sabots des chevaux plutôt que de trouver le salut en traversant un chemin boueux !

Ces dames portent des coiffes de Baud.

La bigoudène
se porte à Pont-l'Abbé.

Ainsi, qui ne connaît le drapeau breton, le fameux Gwenn ha du (blanc et noir) dessiné en 1925 par Morvan Marchal ? Saviez-vous que ses cinq bandes noires symbolisent les cinq anciens évêchés de Haute-Bretagne (Rennes, Nantes, Dol, St-Malo, St-Brieuc), ses quatre bandes blanches ceux de Basse-Bretagne (Léon, Cornouaille, Vannes, Tréguier) ? Quant aux hermines, elles rappellent l'ancien duché de Bretagne. Au 13e s., la fourrure de ce petit animal fut adoptée par les ducs de Bretagne comme symbole du pouvoir. Autre attribut, le triskell, ou triskèle, se présente sous une forme tournante à trois branches représentant la terre, le feu et l'eau. Son origine serait celte.

Costumes et coiffes

La Bretagne possède des costumes d'une variété et d'une richesse surprenantes. Transmis de génération en génération, ils étaient autrefois de toutes les fêtes familiales et publiques. Aujourd'hui, les costumes traditionnels ne sortent des armoires qu'à l'occasion des pardons ou des manifestations folkloriques. Le touriste a alors la possibilité d'apprécier la finesse de la décoration qui, à l'origine, témoignait de l'aisance de la famille. De satin ou de velours, brochés et brodés, garnis de dentelles, les tabliers rivalisent avec les robes de cérémonie. Généralement noires et souvent ornées de bandes de velours, celles-ci présentent parfois des broderies de soies multicolores et flamboyantes, comme à Quimper ou sur le costume bigouden de Pont-l'Abbé.

La grande originalité du costume féminin est la coiffe, portée autrefois surtout dans le Finistère et le Morbihan. L'une des plus attrayantes est certainement celle de Pont-Aven. Avec sa dentelle harmonieusement disposée autour d'un ruban de couleur elle se complète d'une grande collerette empesée. La coiffe bigoudène (région de Pont-l'Abbé) est l'une des plus curieuses, et probablement la plus connue. Naguère de petites dimensions, cette ravissante et haute parure de dentelle a atteint, après 1930, des proportions déconcertantes. Il faut aussi évoquer, avant de verser dans un inventaire rébarbatif, la petite coiffe de Quimper, celle de Plougastel qui rappelle les hennins médiévaux, celle de Douarnenez qui est serrée sur le chignon, celle d'Auray qui ombre le front, celle de Huelgoat et sa résille en dentelle. Encore une fois, la Bretagne se décline en variétés et diversités, dont on prendra conscience en visitant les musées de Quimper, Guérande, Rennes, Nantes, Dinan et Pont-l'Abbé.

En haut : détail de gilet d'homme.
En bas : costumes bretons
du milieu du 19e s.

Les pardons

Manifestations de ferveur religieuse, les pardons bretons ont lieu dans des églises ou chapelles consacrées par une tradition parfois millénaire. Les fidèles viennent y chercher le pardon de leurs fautes, exécuter un vœu ou demander des grâces. Si les grands pardons sont les plus spectaculaires, les petits sont souvent les plus fervents. Ils offrent tous deux l'occasion d'assister à une cérémonie haute en couleurs au cours de laquelle on porte en procession des bannières, des reliques, des croix et des statues. En général, les pardons sont clos par une fête villageoise plus profane, animée par des danses et des musiques traditionnelles.

La grande troménie

Un sanctuaire druidique serait à l'origine de ce pèlerinage renommé qui se déroule tous les six ans à Locronan. Ce parcours de 12 km à 12 stations, créé au 12e s., ouvre, paraît-il, les portes du paradis à celui ou celle qui en suit rigoureusement le tracé, c'est-à-dire à celui ou celle qui effectue réellement les stations où l'on écoute la Bonne Parole. La prochaine grande troménie se tiendra en 2001, mais il faut se garder de considérer cet événement comme une fête folklorique, il s'agit bel et bien d'un pèlerinage à marche lente, qui se déroule dans un esprit de dévotion et non de kermesse.

Monsieur saint Yves

Saint Yves est le saint le plus populaire de Bretagne. C'est le redresseur de torts et la consolation des pauvres. Fils d'un gentilhomme, Yves Hélori est né à Minihy-Tréguier en 1253. Magistrat et avocat, il a acquis une popularité inouïe par son esprit de justice et de conciliation, par la rapidité de ses jugements et la concision de ses plaidoiries. Un jour, un bourgeois assigne devant lui un mendiant qui, chaque jour, vient devant le soupirail de sa cuisine humer le fumet des plats. Yves saisit une

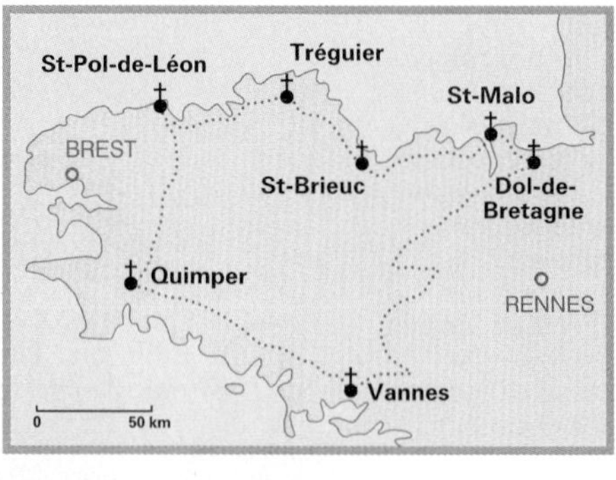

St-Pol-de-Léon
Tréguier
St-Malo
BREST
St-Brieuc
Dol-de-Bretagne
Quimper
RENNES
Vannes
0
50 km

KALON SACK JE
HO PET TRUEZ
PRIEZ POUR NOUS

Inflation de bannières à Locronan.

Le tro-breiz

Jusqu'au 16e s., une tradition exigeait que tout Breton fît, au moins une fois dans sa vie, le pèlerinage des sept cathédrales. C'est ainsi que le *Tro-Breiz* draina les foules les plus nombreuses. L'itinéraire avoisinait 700 km et permettait aux pèlerins d'aller se recueillir devant les reliques des saints fondateurs de Bretagne : saint Brieuc à... St-Brieuc, saint Malo à St-Malo, saint Samson à Dol-de-Bretagne, saint Patern à Vannes, saint Corentin à Quimper, saint Pol-Aurélien à St Pol-de-Léon et saint Tugdual à Tréguier. Qui manquait à ce devoir devait effectuer le voyage après sa mort, en avançant tous les sept ans de la longueur de son cercueil !
De nos jours, des groupes de plus en plus nombreux suivent les traces des pèlerins d'autrefois.

1953 LOKORN

pièce de monnaie, la fait sonner et renvoie le plaignant en disant : « Le son paie l'odeur ». Cet « avocat des pauvres » s'éteignit en 1303 et fut canonisé en 1347.
En tant que patron des avocats et des gens de loi, son culte s'est étendu à l'Europe entière et jusqu'en Amérique. Ceci explique que des délégations d'avocats étrangers se joignent à la foule des pèlerins qui, à Tréguier, assistent au « pardon des pauvres ».

Saints guérisseurs et saints protecteurs

Les relations des Bretons avec leurs saints ont toujours été empreintes de familiarité. De leur côté, les saints guérisseurs écoutaient leurs invocateurs et les exauçaient. Bien leur en prenait, car, faute de bienveillance, la statue était injuriée, quelquefois même fouettée ou traînée dans la boue !
Certains saints sont même invoqués en toute circonstance, notamment les saints apôtres dont les statues s'alignent le long des porches ou sur les calvaires. D'autres sont appelés pour combattre des maladies déterminées : sainte Apolline contre les maux de dents ; saint Colomban pour rendre l'esprit aux demeurés ; saint Hervé contre les maladies des yeux ; saint Hubert contre la rage ou la peur ; saint Mamert contre les maux de ventre ; saint Méen contre les troubles mentaux ; saint Mériadec contre la surdité ; sainte Eugénie ou sainte Tujane contre la migraine ; saint Yvertin contre les maux de tête... On le voit, il y en a pour tous les maux !
D'autres saints sont des protecteurs : Saint Fiacre veille sur les jardiniers, saint Jacques sur les marins, sainte Barbe (invoquée par temps d'orage) est la patronne de ceux qui manient les explosifs... Mais c'est à la Vierge Marie et à sa mère sainte Anne que va la ferveur la plus vive.

Sainte Anne

Son culte, répandu en Occident au retour des croisades, favorisé en Bretagne par la duchesse Anne, a fait de sainte Anne, la patronne des Bretons. Le plus fameux pardon, celui de Ste-Anne-d'Auray, lui est consacré et aussi celui, très important de Ste-Anne-la-Palud, d'où ce dicton : « Mort ou vivant, à Ste-Anne une fois doit aller tout Breton. » Ses statues la représentent le plus souvent avec un manteau de couleur verte, symbolisant l'espoir du monde, seule ou apprenant à lire à Marie.

La grande troménie.

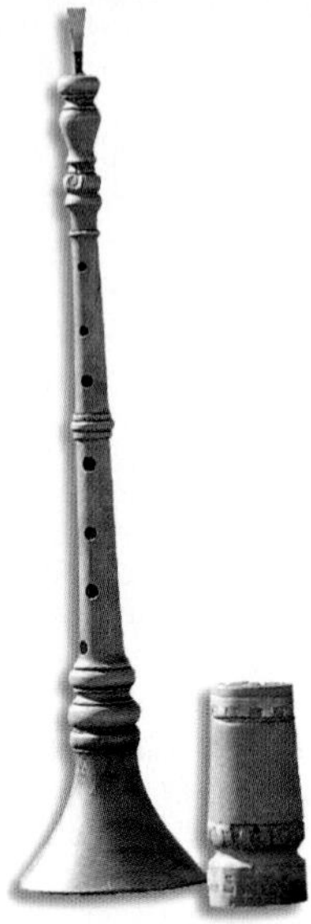

La bombarde, ancêtre du hautbois.

La danse, c'est folklorique.

La langue bretonne

Du point de vue linguistique, les Bretons sont plus proches des Irlandais et des Gallois que des Français. Du 4e au 7e s., l'Armorique, c'est-à-dire la Bretagne actuelle, a donné asile aux Brittons chassés de Bretagne, la Grande-Bretagne actuelle, par l'invasion anglo-saxonne. Dès lors, le breton rivalisa

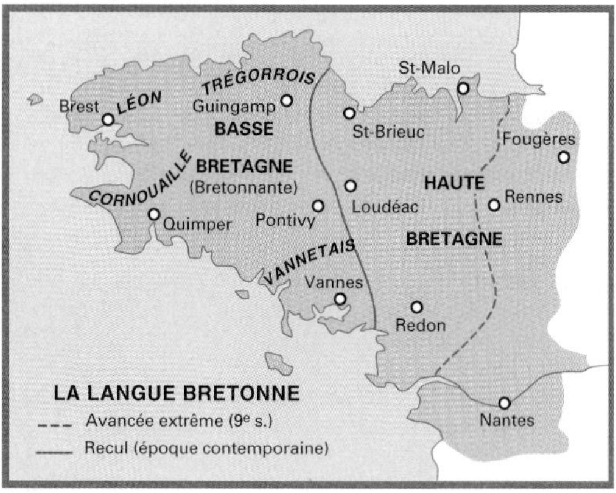
TRÉGORROIS
St-Malo
Brest
LÉON
Guingamp
BASSE
St-Brieuc
Fougères
CORNOUAILLE
BRETAGNE
(Bretonnante)
HAUTE
Rennes
Quimper
Pontivy
Loudéac
BRETAGNE
VANNETAIS
Vannes
Redon
Nantes
LA LANGUE BRETONNE
Avancée extrême (9e s.)
Recul (époque contemporaine)

avec le français, dérivé du bas latin. Il fallut le rattachement à la France au 15e s. et la Révolution pour renverser la situation en faveur du français. On compte en fait deux Bretagne : la Haute-Bretagne ou pays gallo et la Basse-Bretagne ou Bretagne bretonnante. On parle français dans la première, français et breton dans la seconde. Outre la langue, cette limite, qui s'étend globalement de Saint-Brieuc à Vannes, reflète les traditions : c'est en effet en Basse-Bretagne (à l'Ouest) qu'on a le plus de chances de retrouver les coutumes, contrairement à la Haute-Bretagne (à l'Est) où il n'en reste presque plus de trace.

Petit lexique musical

Bagad (pluriel bagadoù) : ensemble composé de binious, de bombardes, de caisses claires, de tambours et d'une grosse caisse. Le bagad de Lann-Bihoué est l'un des plus connus au monde.
Biniou kos ou cos : petite cornemuse traditionnelle sonnant à l'octave de la bombarde.
Biniou braz ou bras : grande cornemuse d'origine écossaise (great highland bag pipe).
Bombarde : instrument à vent, ancêtre du hautbois, accompagnant toujours le biniou. Très populaire en Bretagne, il est pratiqué par des milliers de talabarders.
Cornemuse : instrument de musique à anche, composé d'un sac de cuir comportant plusieurs tuyaux sonores.
Fest-Noz (pluriel festoù-noz) : fête de nuit.
Harpe : la harpe celtique ou harpe irlandaise telle qu'on la voit de nos jours est directement issue de la harpe médiévale.
Kevrenn : ensemble des bagadoù d'une ville.
Sonneur : joueur de biniou.

Appartenant au groupe des langues celtiques, le breton actuel *(brezhoneg)* se décompose en quatre dialectes principaux : le cornouaillais (Sud-Finistère), le léonard (Nord-Finistère), le trégorrois et le vannetais. Si les trois premiers sont très proches et constituent la langue dénommée « K.L.T. » (Kerne-Léon-Trégor), le vannetais s'en distingue, substituant notamment un « h » au « z » ; ainsi, *Breiz* (Bretagne) devient *Breih*. Pour remédier à ces différences, l'usage du « zh » a été institué pour tous les mots concernés, ce qui a par exemple donné *Breizh*, mot qu'on a souvent l'occasion de voir apposé à l'arrière des véhicules sous forme de macaron.

Musique celte et bretonne

Complaintes et musique, nées à l'aube de notre ère ont circulé très tôt entre Bretagne, Cornouailles, Écosse, Irlande et Pays de Galles. Mais ce n'est qu'après la Seconde Guerre mondiale que le renouveau de la musique celtique s'est amorcé avec la création de la *Bodaged ar Sonérion*, assemblée des sonneurs qui « inventa » le bagad, forme bretonne des *pipebands* écossais. Dans les années 1970, Alan Stivell, passionné de lutherie, formé à l'école des *festoù-noz* et des *bagadoù*, ressuscita la harpe celtique et s'inscrivit comme le chef de file de la nouvelle musique bretonne. Plus récemment, Dan Ar Braz (nom breton de Daniel Le Braz) a contribué à affirmer la vitalité étonnante de la musique celte actuelle. Héritière de très anciennes traditions mélodiques, la musique bretonne épouse aujourd'hui d'autres influences celtiques et modernes. Elle s'exprime toute l'année en Bretagne par la présence de groupes nombreux (Alan Stivell, Tri Yann Am Naoned, Gilles Servat, Clam's, Denez Prigent, etc.), et lors de rassemblements annuels d'une importance rarement égalée en France avec les Transmusicales et les Tombées de la Nuit à Rennes, le Festival de Cornouaille à Quimper, le Festival interceltique à Lorient, le festival des Vieilles Charrues à Carhaix-Plouguer...

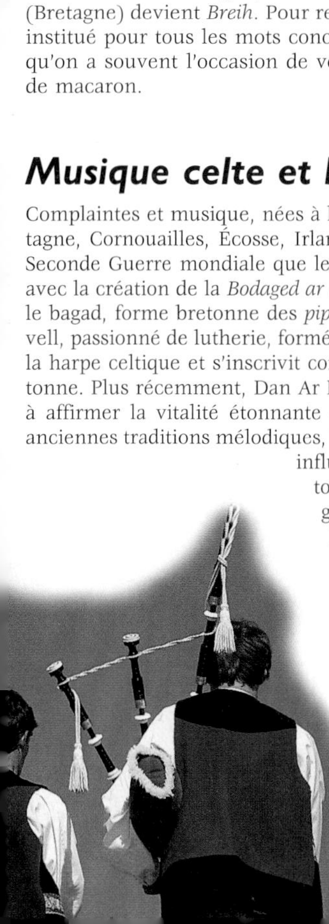

Sonneur, un métier qui demande du souffle.

Habitat traditionnel

Vieilles rues

Parmi les charmes d'un voyage en Bretagne, la flânerie dans les vieux quartiers retiendra toute l'attention de ceux et celles qui aiment à s'imprégner de l'atmosphère si attachante des lieux chargés d'histoire et pourtant encore bien vivants. Il n'est guère de villes ou de bourgs qui n'aient conservé, telles qu'elles étaient jadis, des rues entières ou tout au moins quelques maisons isolées, généralement magnifiquement remises en valeur. Si des artisans ou des boutiques de souvenirs ont souvent investi ces quartiers, c'est parce que ces derniers conservent une séduction authentique que ne parviennent pas à démentir les constructions actuelles sacrifiant à la religion du fonctionnalisme. Le plaisir d'une promenade entre les façades de granit ou en pans de bois des cités bretonnes remplace quelquefois (pour ne pas dire fréquemment) avantageusement une énième séance de bronzage, car l'ombre des vieilles rues cache des merveilles qui ne tarderont pas à éblouir votre séjour.

PATISSERIE

Quimper par ses rues, sa faïence et les couleurs des ateliers Henriot.

Vieilles maisons

L'architecture traditionnelle des villes et des campagnes bretonnes est bien plus diverse qu'on ne l'imagine au premier abord. Au détour des villages, on croise de petites maisons de pêcheurs frappées d'une ancre de marine, des fours à pain voûtés de briques, des moulins à marée à proximité des abers, des fermes massives aux toits de chaume ou d'ardoise, en pierres apparentes à l'intérieur des terres, parfois enduites dans les régions côtières pour les protéger de l'air salin. Disséminées au bord des routes, ces curiosités ne peuvent être envisagées d'un seul coup d'œil. Si l'on veut découvrir l'archétype du village breton, il faut se rendre à Locronan, dont l'ensemble de belles maisons cossues forme un patrimoine d'une valeur exceptionnelle.

Dans les villes, le granit est bien sûr à l'honneur, mais on rencontre aussi du schiste, du grès ou du pisé (une maçonnerie de terre argileuse), ou encore une combinaison de matériaux qui rythment très élégamment le paysage urbain de villes comme Vitré ou Morlaix. Sans être rares, ces habitations ne sont pas légion. De nom-

Les malouinières

À la fin du 17ᵉ s. et au 18ᵉ s., les armateurs de St-Malo ont fait construire des gentilhommières dans cette campagne que l'on nomme « le Clos-Poulet », au Sud-Est de la ville. Bien qu'elles ne soient pas toutes de mêmes dimensions, elles présentent une architecture homogène : cheminées élancées, toits à pente raide percés de lucarnes, façades crépies de blanc, parements de granit. Une particularité locale à remarquer si l'on visite la cité des corsaires.

Chaumière à Crozon.

Porte d'armoire

breuses maisons médiévales à pans de bois ont en effet disparu dans les grands incendies du 17e s., aussi les Bretons soignent-ils avec amour celles qui ont survécu, d'autant plus qu'à partir de la fin du 16e s., chaque terroir se singularisait par un type d'architecture propre. Au 18e s., à la suite d'édits interdisant le bois dans la construction, des hôtels particuliers en pierre ont remplacé ces belles demeures à détails gothiques. Les villes étant souvent closes par des murailles, il fallait construire en hauteur pour trouver de la place. Apparurent alors des bâtiments classiques aux lignes plus sévères, mais qui ont toutefois su conférer un cachet élégant aux grandes villes de l'Ouest.

Le mobilier

Pendant des siècles, les artisans bretons ont exécuté lits clos, buffets, vaisseliers, armoires et gaines d'horloge selon des modèles identiques ne différant d'une pièce à l'autre que par de petits détails d'ornementation. Cet aspect répétitif les a portés à la maîtrise de leur art.

Le lit clos, caractéristique essentielle du mobilier breton, permettait de se protéger du froid et aussi de s'isoler dans la grande pièce commune. Le lit, parfois à étage, est généralement fermé par deux portes coulissantes ; par une seule grande porte dans le Léon, par d'épais rideaux dans la région d'Audierne ou le Morbihan. Il se complète toujours d'un banc-coffre, qui en facilite l'accès, et permet de ranger le menu linge. Une riche ornementation les décore : fuseaux, guirlandes, motifs religieux dont le monogramme du Christ ou le cœur chouan, figures géométriques, juxtaposées ou entrelacées, appelées décorations au « compas ». Ces motifs se retrouvent aussi sur les armoires, souvent coiffées d'une corniche plate débordante ou parfois à double cintre comme dans le bassin de Rennes. Le coffre a également joué un rôle important : il abritait le linge ou le grain destiné à l'usage ménager. Les buffets, imposants, présentent cinq portes et deux tiroirs ; certains motifs peuvent être rehaussés de clous de cuivre comme pour les armoires. Les tables sont de vastes coffres à plateaux coulissants, des bancs à dosserets sculptés les accompagnent.

La faïence

Relevant davantage de l'art décoratif que du mobilier, la faïence en était pourtant un accessoire indissociable. La faïence de Quimper, indéniablement la plus renommée, s'est enrichie au fil des siècles de nombreux apports qui ont à diverses reprises relancé cette production, marquant son évolution et témoignant de sa créativité. Un tel brassage de savoir-faire et de méthodes de travail transmis de siècle en siècle aux « peinteurs » quimpérois a fait de Quimper, devenu un véritable centre de compagnonnage, le foyer d'une production dont l'originalité réside dans la diversité des styles. C'est aux environs de 1840 qu'apparaissent les faïences à sujets bretons (avec notamment le fameux « petit Breton », personnage caricatural qui va détrôner les décors traditionnels), et que commence leur industrialisation. Créées par A. Beau, la série des « scènes bretonnes » inspirées de contes et de gravures et plus tard celle des « légendes bretonnes » connaîtront un vif succès.

Maison fleurie à Belle-Île.

Plaisirs de la table

Cuillers en buis du 18e s.

Que l'on vienne en Bretagne pour se détendre sur une plage, apprécier les enclos paroissiaux ou encore marcher le long d'un sentier de douaniers, on vient aussi et peut-être surtout pour s'asseoir devant un superbe plateau de fruits de mer, une belle assiette de poisson fraîchement pêché ou une bonne crêpe au beurre. Car la cuisine bretonne a deux caractéristiques, la simplicité et la qualité de ses produits.

La mer et ses délices

Autant se mettre l'eau (de mer) à la bouche tout de suite ! Palourdes farcies ou nature, langoustines et coquilles St-Jacques, croustilles et chaussons de crabes, huîtres creuses ou plates, homards grillés ou à la crème, crevettes et oursins... sans compter la foule des poissons dressés sur les étals des marchés matinaux, du maquereau au bar de ligne, du rouget à la dorade.

Toute personne qui aime bien manger, et Dieu sait s'il y en a parmi nous, se doit cette douce violence d'effectuer le pèlerinage de la table bretonne, qu'elle soit celle d'un restaurant, d'un troquet de petit port ou tout simplement chez soi ou sur la table pliante du camping où l'on passe ses vacances. Quand le produit est de qualité, la gastronomie n'est pas loin. Alors, profitez-en dès votre arrivée. Profitez-en d'autant plus que la Bretagne recèle d'autres gisements que l'eau de mer. Ses cours d'eau fournissent en effet du saumon (Aulne et Élorn), de la truite (monts d'Arrée et Montagnes Noires), du brochet et de l'alose (Loire). Il est toutefois un produit que vous aurez vraiment des difficultés à déguster : la civelle, cette jeune anguille pêchée dans l'estuaire de la Loire. Ce filon qui vaut de l'or est réservé aux marchés espagnol et japonais.

Le fleuron : les huîtres

Elles sont le plus souvent consommées crues, bien qu'un nombre croissant de restaurants les proposent chaudes. Un impératif absolu : leur fraîcheur, ce qui n'impose pas de les servir glacées. Habituellement, on les présente accompagnées de citron, de vinaigre à l'échalote, de pain de seigle et de beurre salé qui se marient particulièrement bien avec la saveur iodée de l'huître. La Bretagne s'enorgueillit de douze grands « crus » : la Cancale – la Paimpol – la Rivière de Tréguier – la Morlaix-Penzé – la Nacre des Abers – la Rade de Brest – l'Aven-Belon – la Rivière d'Étel – la Golfe du Morbihan – la Quiberon – la Penerf – la Croisicaise. Chaque cru a ses qualités propres, chaque consommateur a ses préférences... Question de choix et de goût !

Inévitables, fort heureusement.

Le far aux pruneaux : une valeur sûre.

La recette de la galette de sarrasin

Ingrédients : 500 g de farine de sarrasin, 100 g de beurre salé, 2 œufs, 1/2 l de cidre. Faire un puits dans la farine, y casser les œufs, délayer avec le cidre et un peu d'eau, incorporer le beurre fondu jusqu'à l'obtention d'une pâte fluide. Laisser reposer quelques heures à température ambiante puis faire cuire à feu vif pendant 2mn. Retourner vivement, beurrer et garnir à volonté.

La crêpe : version Chandeleur...

... et version traditionnelle.

Gourmandises

À tout seigneur tout honneur ! La crêpe de froment ou de sarrasin fait les délices de tous les gourmands. Au beurre, au sucre, à la confiture, au fromage, aux œufs, au jambon, etc., elle s'accompagne de cidre ou de lait baratté. À savoir : la galette de sarrasin se mange salée, la crêpe de froment sucrée.

À l'ombre de ce monument, les amateurs de sucreries se régaleront de crêpes dentelle de Quimper, de galettes de Pont-Aven, de biscuits et de berlingots nantais, de far et de kouign-amann, ainsi que de pralines de Rennes.

Il n'y a pas que l'eau ferrugineuse

La boisson nationale, pardon régionale, est le cidre. Les meilleurs, au risque de chagriner les autres, sont ceux produits à Fouesnant, Beg-Meil et Pleudihen-sur-Rance. On trouve aussi du chouchen, également appelé hydromel (eau-de-vie de miel), une boisson qui fait la fierté de Rosporden.

Le seul vin breton est le muscadet, répandu dans toute la Bretagne et qui bénéficie de l'appellation d'origine contrôlée (A.O.C.) depuis 1936. Les Nantais l'entourent d'un culte jaloux. Son cépage, le melon de Bourgogne, cultivé depuis le début du 17e s., donne un vin blanc sec et fruité particulièrement recommandé pour la dégustation des poissons et fruits de mer.

Liqueur de fraises, apéritif à base d'oranges et même... whisky breton peuvent faire partie des souvenirs de voyage.

WHISKY BRETON
WHISKY BRETON
W B

Légendes et littérature

La Table ronde et le Saint-Graal.

D'Est en Ouest, du Nord au Sud, la Bretagne regorge de récits merveilleux. Croyances, rituels et contes ont ainsi créé au fil des siècles un univers folklorique pour les uns, mystérieux pour les autres. Sous leur enveloppe de fables, les légendes ont surtout su conserver la fraîcheur de mythes très anciens qui n'ont pas été sans imprégner la vie littéraire bretonne, du Moyen Âge à nos jours. Alors, plongeons un peu dans ce monde fantastique qui fascine la Bretagne depuis des temps immémoriaux.

Une terre de légendes

L'âme bretonne a toujours incliné au rêve, au fantastique, au surnaturel. C'est ce qui explique l'étonnante abondance et la persistance des légendes au pays d'Armor.

La Table ronde

Après la mort du Christ, Joseph d'Arimathie, un de ses disciples, quitte la Palestine en emportant quelques gouttes du sang divin dans la coupe où le Rédempteur a bu lors de la dernière Cène. Il débarque en Bretagne, séjourne en forêt de Brocéliande, l'actuelle forêt de Paimpont, puis disparaît sans laisser de trace : la précieuse coupe est perdue.

Tristan et Iseult.

Merlin et Arthur.

Au 6e s., le roi Arthur et cinquante chevaliers entreprennent de la retrouver. Elle constitue à leurs yeux le Saint-Graal, que seul pourra conquérir un guerrier au cœur pur. Cet homme idéal est Perceval, le Parsifal de Wagner. La recherche du Graal a donné naissance à d'inépuisables récits d'aventures moyenâgeux qui forment le cycle de la Table ronde. Pourquoi ronde ? Parce qu'Arthur et ses chevaliers s'assemblaient autour d'une table qui avait cette forme pour supprimer toute préséance.

Merlin et Viviane

Un des compagnons du roi Arthur, Merlin l'Enchanteur, vient en forêt de Brocéliande. Dans sa retraite, il rencontre Viviane, et l'amour d'exalter l'enchanteur et la fée. Pour garder plus sûrement Merlin, Viviane lui soutire un à un ses secrets et l'enferme dans un cercle magique. Il pourrait certes se libérer, mais il accepte avec joie, et pour l'éternité, cette captivité amoureuse.

Tristan et Iseult

Tristan, prince de Léonois envoyé par son oncle Mark, roi de Cornouaille, ramène d'Irlande Iseult, que Mark va épouser. Sur le navire, Tristan et Iseult boivent par erreur le philtre destiné à lier d'un amour inaltérable Iseult à son époux. La passion éclate dans les deux cœurs, plus forte que le devoir.

Les récits (dont les premiers sont l'œuvre de troubadours anglo-normands de la fin du 12e s.) font varier les dénouements : tantôt Tristan est tué par Mark, ulcéré de sa trahison ; tantôt il se marie et meurt dans son château de Bretagne. À chaque fois, Iseult le suit invariablement dans la tombe. L'opéra de Wagner et le livre de Joseph Bédier ont célébré ce drame de l'amour.

La ville d'Ys

Au temps du bon roi **Gradlon**, vers le 6e s., Ys est la capitale de la Cornouaille : la baie des Trépassés et la baie de Douarnenez en revendiquent les vestiges. Elle est si belle que, d'après une tradition bretonne, les habitants de Lutèce cherchant un nom pour leur fière cité, auraient choisi Par-Ys (pareille à Ys), d'où Paris. La ville est protégée de la mer par une digue et le roi garde toujours sur lui la clef d'or qui ouvre les écluses.

Sa fille, la belle Dahut, appelée encore Ahès, mène une vie de débauche et rencontre le diable sous la forme d'un séduisant jeune homme. Comme preuve d'amour, il lui demande d'ouvrir les portes aux flots. Dahut dérobe la clef des écluses pendant le sommeil du roi et bientôt la mer se rue dans la ville. Gradlon fuit à cheval, sa fille en croupe. Mais les vagues le poursuivent et vont l'engloutir. À ce moment, une voix céleste lui ordonne, s'il veut être sauvé, de jeter à l'eau le démon qu'il porte derrière lui. Le cœur serré, le roi obéit, et la mer se retire aussitôt. Mais Ys est détruite.

Gradlon, qui choisit Quimper comme nouvelle capitale (sa statue se dresse entre les deux flèches de la cathédrale), finira ses jours en odeur de sainteté, guidé par saint Corentin. Quant à Dahut, changée en sirène, elle est devenue Marie-Morgane et entraîne, depuis lors, au fond de la mer les marins que sa beauté attire. Il en sera ainsi jusqu'au vendredi de la Croix où la messe du rachat sera célébrée dans la cité engloutie. Alors Ys ne sera plus maudite et Morgane reprendra sa première forme.

La vie littéraire

Moyen Âge et Renaissance

Aucune œuvre rédigée en vieux breton n'ayant été conservée, il nous reste le témoignage de sujets traités en latin ayant le plus souvent pour objet l'histoire de l'Église ou de la Bretagne, la morale et la vie des saints. On sait d'un côté que cette littérature bretonne disparue a inspiré le cycle arthurien, il nous reste de l'autre des écrits de moines.

La grande figure est donc Pierre Abélard (1079-1142), brillant philosophe, natif du Pallet, près de Nantes, qui fut abbé de St-Gildas-de-Rhuys. Il y reçut la correspondance passionnée de la jeune Héloïse, épousée secrètement, et relata l'histoire de ses malheurs.

On peut citer aussi Guillaume Le Breton, poète et historiographe de Philippe Auguste, auteur des douze volumes de *Philippide* où il exalte les événements du règne avec patriotisme. Ce n'est qu'aux 15e et 16e s. qu'on cerne une véritable école d'historiens et de poètes, née à la suite de la création de l'université de Nantes au 15e s.

17e et 18e siècles

Bretonne par alliance, Mme de Sévigné a, de son château des Rochers-Sévigné, daté maintes lettres décrivant avec faconde Rennes, Vitré, Vannes, le manoir qu'elle habite, et Port-Louis où elle a fait « le plus joli voyage du monde ».

Alain René Lesage, spirituel auteur de *Gil Blas*, connut le succès avec ses œuvres réalistes où il transposa des souvenirs de son Vannetais natal. Élie Fréron s'est illustré à travers ses démêlés avec Voltaire dont il était le filleul, et fut le brillant directeur du périodique parisien, *L'Année littéraire*.

À l'ombre de ces « vedettes », des bénédictins (Dom Lobineau, né à Rennes en 1666, et Dom Morice, né à Quimperlé en 1693) rédigèrent l'histoire de la Bretagne.

Enfin, des livres bretons partiellement rédigés en français avaient la religion pour sujet, tandis qu'une littérature populaire transmettait les traditions bretonnes.

Gil Blas.

Romantisme et époque contemporaine

« Il inventa la mélancolie et la passion moderne. » Cette opinion de Théophile Gautier souligne à quel point **François René de Chateaubriand** a eu un rayonnement immense. Sa sensibilité, son éloquence passionnée, sa riche imagination, servies par un talent et un style brillants, expliquent l'influence qu'il exerça sur ses contemporains. Ses *Mémoires d'outre-tombe* évoquent son enfance à St-Malo et sa jeunesse au château de Combourg. Royaliste et théocrate, **Lamennais** devint un démocrate convaincu. L'évolution de sa philosophie se reflète dans ses œuvres, de l'*Essai sur l'indifférence* de ses débuts jusqu'au *Livre du peuple* paru en 1837. Philologue, historien et philosophe, **Ernest Renan** fut un esprit critique professant une foi absolue dans la science. Avec son style souple et brillant, il écrivit de nombreux ouvrages parmi lesquels ses *Souvenirs d'enfance et de jeunesse* rappellent sa Bretagne natale.

Probablement moins puissants, mais fidèles interprètes du terroir, quelques auteurs ont bien traduit la pensée bretonne : Auguste Brizeux (1803-1858), auteur des poésies *Telen Arvor* ; le conteur Émile Souvestre qui écrivit *Les Derniers Bretons* ; Hersart de La Villemarqué et ses recueils poétiques de chants populaires, *Barzaz Breiz* (1839) et *Myrdhinn ou l'Enchanteur Merlin* (1861) ; le chantre du cidre Frédéric Le Guyader ; le folkloriste et poète Anatole Le Braz (1859-1926) avec *Les Légendes de la mort* et *La Chanson de la Bretagne* ; le romancier Charles Le Goffic (1863-1932), également poète avec *L'Amour breton* (1889) ; le chansonnier Théodore Botrel (1868-1925) qui célébra *Les Chansons de chez nous* et *Les Chants du bivouac*.

Chateaubriand, vu par Girodet en 1811.

Parmi le grand nombre d'auteurs qu'on pourrait citer ici, dégageons les poètes symbolistes Villiers de L'Isle-Adam et Tristan Corbière, les romanciers Paul Féval, auteur du *Bossu*, et Jules Verne (1828-1905), précurseur des découvertes modernes et traduit dans le monde entier, ainsi que J.-P. Calloc'h (natif de l'île de Groix), poète lyrique qui s'exprimait dans le dialecte de Vannes. Pierre Loti doit également être mentionné pour *Mon frère Yves* et *Pêcheur d'Islande* qui a Paimpol pour cadre. Enfin, il faut encore évoquer le poète surréaliste Saint-Pol-Roux, dit « le Magnifique », marseillais mais breton de cœur, le romancier et nouvelliste Jakes Riou (1899-1937), auteur de Nominoé qui écrivait en breton, le journaliste, essayiste et écrivain Louis Guilloux (1899-1980), originaire de Saint-Brieuc (ville qui apparaît souvent en filigrane dans *Le sang noir*, *Le pain des rêves* et *Le jeu de la patience)*, et le poète René-Guy Cadou (1920-1951) qui chanta sa Brière natale.

Trois figures modernes

Ils sont tous trois disparus récemment. Trois styles et trois visages d'une même Bretagne.

Henri Queffélec (1910-1992), natif de Brest, est un des auteurs contemporains ayant le plus célébré la Bretagne. Son roman le plus populaire reste *Un recteur de l'île de Sein*, adapté au cinéma en *Dieu a besoin des hommes.* On peut citer également : *Un homme d'Ouessant, Franche et secrète Bretagne, Ils étaient six marins de Groix.*

Pierre-Jakez Hélias (1914-1995) a consacré toute son œuvre à la Bretagne, publiant plus de soixante ouvrages. Qui n'a pas lu le *Cheval d'orgueil*, publié en breton sous le titre *Marh al Lohr*, ne peut prétendre connaître le pays bigouden.

Glenmor (1931-1996), de son vrai nom Émile le Scanff ou Milig ar Scanv, fut un inlassable défenseur de la culture bretonne. Ce chanteur a laissé de nombreux disques ainsi que plusieurs recueils de poèmes.

Henri Queffélec.

Histoire

La Bretagne a une histoire plusieurs fois millénaire. Isolée, cette étrave du vaisseau France constitue une entité à la fois physique et humaine qui fut relativement hermétique aux invasions. Du reste, l'histoire bretonne ne nous est pas entièrement connue, sinon sa vie politique, précisément depuis la constitution de son duché au 9ᵉ s.

L'antique Armor

La genèse bretonne débute voici quelque 450 millions d'années puisque cette terre était émergée au silurien. L'homme manifeste sa présence en Bretagne vers 600 000 ans avant notre ère. Quelque 150 000 ans plus tard, voici qu'un homo erectus y taille des galets, puis, vers 35 000 avant J.-C. passe un chasseur-cueilleur nomade, qui se sédentarise au mésolithique, soit vers 7 000 avant J.-C.

Avant J.-C.

- **6ᵉ s.** – Les Celtes arrivent dans la péninsule et lui donnent le nom d'Armor (pays au voisinage de la mer). Un peuple mal connu, dresseur de mégalithes, les a précédés.
- **56** – César détruit la flotte des Vénètes, le peuple le plus puissant d'Armorique, et conquiert tout le pays.

Après J.-C.

Pendant quatre siècles, la civilisation romaine accomplit son œuvre. Puis les invasions barbares ruinent l'Armor.

- **460** – Arrivée des Celtes de Grande-Bretagne (dénommée jusqqu'alors Bretagne, *Brittania* pour les Romains). Ces colons évangélisent l'Armorique, qu'ils nomment Petite Bretagne. L'État reste anarchique.
- **799** – Charlemagne soumet toute la Bretagne.

Le duché de Bretagne

En 826, Louis le Pieux fait duc de Bretagne un seigneur vannetais, Nominoé, qui se libère de la suzeraineté franque en 826. Il rassemble toute la Bretagne sous son autorité et ouvre une dynastie royale indépendante. En 952 meurt le dernier roi de Bretagne, Alain. Suit une période de désordre et de misère qui se prolongera jusqu'à la fin du 14ᵉ s.

- **1341** – La guerre de Succession s'ouvre à la mort du duc Jean III. Sa nièce, Jeanne de Penthièvre, femme de Charles de Blois, que soutiennent les Français, et son frère Jean de Montfort, allié des Anglais, se disputent le duché.
- **1364** – Charles de Blois, malgré l'aide de Du Guesclin, est battu et tué à Auray. De cette guerre, la Bretagne sort ruinée.

Le valeureux Du Guesclin

Bertrand Du Guesclin, né vers 1320 près de Dinan, est l'incarnation du héros français. Entré au service du roi en 1356, il est armé chevalier au château de Montmuran, le lendemain de la prise de Rennes. Ses victoires lui valent titres et honneurs : gouverneur de Pontorson, comte de Longueville, duc de Molina, duc de Transtamarre, roi de Grenade et, enfin, connétable de France. À la mort de cette figure légendaire, les possessions de la couronne s'étaient considérablement agrandies aux dépens des Anglais et de leurs alliés.

Du Guesclin devant Charles V.

Les étapes d'une épopée (voir carte ci-dessous)

①	1356	Prise de Rennes.
②	1359	Délivrance de Dinan.
③	1363	Prise de plusieurs villes bretonnes.
④	1364	Prise de Mantes et de Meulan.
⑤	–	Victoire de Cocherel (16 mai).
⑥	–	Défaite d'Auray. Du Guesclin est fait prisonnier (29 septembre).
⑦	1366	« Les Grandes Compagnies » pénètrent en Espagne. Une succession de victoires sur Pierre le Cruel et les Anglais les mène jusqu'à Séville.
	1367	Défaite de Najera (3 avril) : Du Guesclin est fait prisonnier par les Anglais à Bordeaux.
	1369	Du Guesclin est libéré contre une rançon (17 janvier).
⑧	1370	Prise de Moissac. Libération du Périgord.
⑨	–	Libération du Mans. Victoire de Pontvallain. Le Maine et l'Anjou sont libérés.
⑩	–	Prise de Bressuire.
⑪	–	Défaite du Pont-de-Juigné. Du Guesclin est fait prisonnier.
⑫	1371	Prise de Briouze.
⑬	1372	Victoire de Mortain. Le Bocage normand est libéré.
⑭	1372-1373	Prise de nombreuses villes en Poitou-Saintonge-Angoumois.
⑮	1373	La Bretagne est conquise, sauf Brest et Derval.
⑯	1374	Prise de St-Sauveur-le-Vicomte.
⑰	1378	La Normandie est soumise, sauf Cherbourg.
⑱	1380	Prise de Chaliers (27 juin).
⑲	–	Prise de Châteauneuf-de-Randon (13-14 juillet). Mort de Du Guesclin.

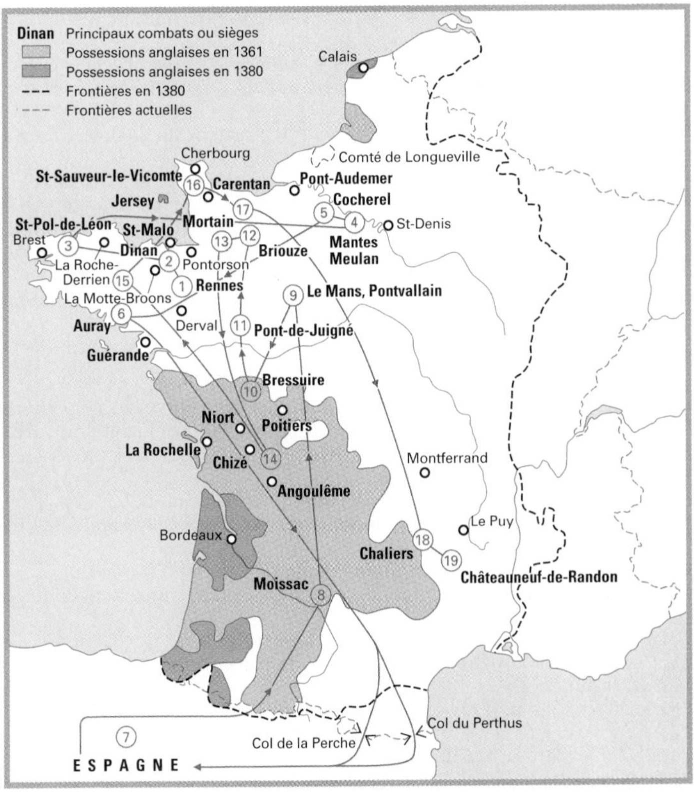

Dinan Principaux combats ou sièges
Possessions anglaises en 1361
Possessions anglaises en 1380
Frontières en 1380
Frontières actuelles
Calais
Comté de Longueville
Cherbourg
St-Sauveur-le-Vicomte
Carentan
Pont-Audemer
Cocherel
Jersey
St-Pol-de-Léon
St-Malo
Mortain
St-Denis
Brest
Dinan
Briouze
Mantes
Meulan
La Roche-Derrien
Pontorson
Rennes
La Motte-Broons
Le Mans, Pontvallain
Auray
Derval
Pont-de-Juigné
Guérande
Bressuire
Niort
Poitiers
La Rochelle
Chizé
Montferrand
Angoulême
Le Puy
Bordeaux
Chaliers
Châteauneuf-de-Randon
Moissac
Col du Perthus
Col de la Perche
ESPAGNE

La duchesse Anne de Bretagne...

... devenue reine de France, face à son époux Louis XII.

Réunion de la Bretagne à la France

De 1364 à 1468, les ducs de la maison de Montfort relèvent le pays. C'est la période la plus éclatante de son histoire. Les ducs, véritables souverains, ne rendent qu'un hommage théorique au roi de France.

En 1488, le duc François II, entré dans la coalition féodale dirigée contre la régente de France, Anne de Beaujeu, est battu à St-Aubin-du-Cormier et meurt. Sa fille, Anne de Bretagne, lui succède.

- **1491** – Anne de Bretagne épouse Charles VIII, mais reste duchesse et souveraine de Bretagne.
- **1498** – Charles VIII meurt accidentellement, Anne retourne dans son duché.
- **1499** – Anne redevient reine de France en se mariant avec Louis XII qui, en hâte, a répudié sa première femme. Le duché reste distinct de la couronne.
- **1514** – Anne de Bretagne meurt. Sa fille, Claude de France, hérite du duché. Elle épouse François d'Angoulême, futur François Ier.
- **1532** – François Ier fait ratifier l'union définitive de la Bretagne et de la France par le parlement de Vannes.

Loyalisme et révoltes

En 1588, la Bretagne se soulève contre son gouverneur, le duc de Mercœur, qui veut profiter des troubles de la Ligue pour s'approprier la province. Trop mystique pour verser dans le protestantisme, celle-ci ne connaît pour ainsi dire pas les guerres de Religion, d'autant plus qu'en 1598, Henri IV vient à Nantes signer un édit qui met fin aux luttes religieuses.

- **1534** – Le Malouin Jacques Cartier découvre l'estuaire du St-Laurent.
- **1664** – Création à Lorient, par Colbert, de la première Compagnie des Indes Orientales.
- **1675** – Révolte dite du « papier timbré », qui dégénère en jacquerie.
- **1720** – La tentative du marquis de Pontcallec d'établir une République bretonne échoue.
- **1764** – Le parlement de Rennes et son procureur général La Chalotais s'opposent au gouverneur d'Aiguillon. Le prestige de l'autorité royale est entamé. La Révolution s'annonce.
- **1765** – De nombreux réfugiés acadiens s'installent à Belle-Île.
- **1773** – Naissance de Surcouf, corsaire breton, à St-Malo.
- **1789** – Les Bretons accueillent la Révolution avec enthousiasme.
- **1793** – Noyades en série à Nantes par le sinistre Carrier.

Cartier, célébrité malouine et canadienne.

• **1793-1804** – La Chouannerie : c'est le nom donné à l'insurrection royaliste dont les artisans avaient adopté le hululement du chat-huant comme signe de ralliement. Ses origines, comme pour la guerre de Vendée, furent l'exécution de Louis XVI, ainsi que la conscription et la persécution des prêtres qui ne reconnaissent pas la Constitution civile du clergé.
Parmi ses chefs dominent le marquis de La Rouërie, né à Fougères et instigateur du mouvement, et Cadoudal, fils d'un cultivateur des environs d'Auray.
• **1795** – Débarquement de Quiberon.
• **1804** – Exécution de Cadoudal.
• **1826** – Mort du grand médecin quimpérois René Laennec.
• **1832** – Une nouvelle tentative de révolte, organisée par la duchesse de Berry, échoue à Nantes. C'est le dernier soubresaut.
• **1909** – La grève des soudeurs des conserveries concarnoises dégénère en émeute.
• **1914-1918** – La Bretagne paie un lourd tribut en vies humaines à la Grande Guerre (plus de 250 000 victimes).

La Bretagne contemporaine

Après les mesures de débretonnisation de la IIIe République, la région va voir briller le flambeau du nationalisme breton avec le mouvement *Breiz Atao*. En attendant, l'aviateur morbihanais Le Brix prend de l'altitude et effectue, avec Costes, le premier tour du monde aérien en 1927-1928.
• **1940** – Les habitants de l'île de Sein sont les premiers à rallier le général de Gaulle.
• **1942** – Audacieux coup de main anglo-canadien contre la base de St-Nazaire.
• **1944-1945** – La fin de l'occupation nazie en Bretagne voit se multiplier les destructions, notamment à Brest, Lorient, St-Malo et St-Nazaire.
• **1951** – La formation du Comité d'Études et de Liaison des Intérêts Bretons (CELIB) prélude au renouveau économique de la Bretagne.
• **1962** – Première liaison de télévision par satellite réalisée à Pleumeur-Bodou.
• **1966** – Mise en service de l'usine marémotrice de la Rance et de la centrale nucléaire des Monts-d'Arrée (près de Brennilis).
• **1967** – Le naufrage, en mars, au large des côtes anglaises, du pétrolier *Torrey Canyon* engendre la première « marée noire » venue polluer les plages bretonnes.
• **1969** – Création du Parc naturel régional d'Armorique.
• **1970** – Création du Parc naturel régional de Brière.
• **1975** – Premiers forages pétroliers entrepris en mer d'Iroise (sur le plateau continental enveloppant le Finistère).
• **1978** – Institution de la Charte culturelle et du Conseil culturel de Bretagne.
Échouage du pétrolier *Amoco Cadiz* devant Portsall.
• **1985** – Mise en place d'une signalisation routière bilingue, en français et en breton.
• **1990** – Les Côtes-du-Nord deviennent les Côtes-d'Armor.
• **1994** – Grand incendie du parlement de Bretagne à Rennes.
• **2000** – « Brest 2000 » sacre la fête de la voile dans une Bretagne plus que jamais maritime.

Sein, décorée de la Croix de la Libération.

Une Bretagne de mégalithes

Ces monuments de pierre brute ont été à la source d'une inépuisable série de légendes et d'interprétations. La potion magique de nos irréductibles Gaulois n'est malheureusement pas responsable de toutes ces pierres levées qui ne cessent de nous intriguer par leur aspect colossal.

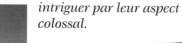

À l'Île aux Moines...

À Carnac...

Une constellation de pierres levées

Que sait-on au juste de cette mystérieuse civilisation des mégalithes qui a atteint son apogée dans le pays vannetais bien avant qu'Obélix ne devienne le plus illustre tailleur de menhirs ? On dénombre en Bretagne quelque 6 000 menhirs et plus de 1 000 dolmens, sans compter les cairns et les dépôts funéraires.

Les cairns sont apparus au néolithique ancien (vers 5 000 avant J.-C.). Géographiquement cantonnés au littoral, ils sont de formes variées. Au cours du néolithique moyen (vers 4 000 avant J.-C.), les chambres funéraires se sont allongées et ont progressivement changé de type architectural tout en se dotant d'un art pariétal très riche. À la fin du néolithique, celles-ci évoluèrent en allées couvertes, parallèlement à l'apparition de sépultures à entrée latérale. À la différence des cairns, menhirs et dolmens, les allées couvertes se répartissent sur l'ensemble de la Bretagne.

Les constructeurs

L'homme est présent en Bretagne depuis quelque 600 000 ans. À l'*homo erectus* qui domestique le feu vers 450 000 avant J.-C. succède, vers 35 000 avant J.-C., l'homme « moderne », chasseur-cueilleur nomade qui se sédentarise progressivement. Vers 7 000 avant J.-C., les agriculteurs du Proche-Orient colonisent l'Europe. Vers 5 000 avant J.-C., l'océan Atlantique stoppe net leur progression. Arrivés à la fin de la terre (Finistère), ils vont remplacer les communautés locales et prendre possession du sol. Et voici que pour enterrer leurs morts, ils élèvent des mégalithes, des « grandes pierres ».

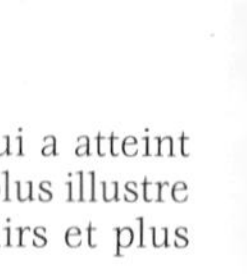

Face à ces témoignages du passé, l'homme et la femme d'aujourd'hui ne peuvent manquer d'être impressionnés par leur masse, leur aspect cyclopéen. En effet, un mégalithe peut peser plus de 300 t. Le déplacer nécessitait donc le concours de plusieurs centaines de personnes. Soit on faisait rouler la pierre sur des rondins (jusqu'à dix kilomètres), soit on la plaçait sur un radeau pour descendre la rivière ou traverser la baie. Pour la dresser, on la faisait glisser dans une fosse sur une rampe inclinée, puis on la stabilisait avec de la terre et des cailloux. Et le tour était joué !

Mais aussi à côté de Crozon...

Religion et société

Il va de soi que seul un pouvoir politiquement fort avait la faculté d'« inviter » ses sujets à construire des tombes gigantesques pour une petite élite. Un pouvoir fort et des divinités puissantes : au néolithique, il s'agit de la femme et du taureau. Elle est présente sous forme d'écussons ou de stèles anthropomorphes, lui n'est bien souvent représenté que par un simple U figurant ses cornes.

Les mégalithes avaient une fonction funéraire et de prestige. Placés sur des hauteurs, taillés dans des roches nobles, ils étaient visibles de loin. Ces symboles des divinités tutélaires veillaient sur les villages et structuraient le territoire. Les alignements paraissent orientés en fonction des équinoxes ou des solstices, mais il serait imprudent de se laisser aller à des théories astronomiques et astrologiques hasardeuses. On peut supposer que, dans une société d'agriculteurs, les travaux étaient rythmés par des cérémonies, comme ce fut le cas chez nous jusque dans les années 50.

Menhir : pierre dressée souvent alignée de façon rectiligne ou en cercle **(cromlech).**
Tumulus : tombe fermée recouverte de terre.
Cairn : tombe à couloir recouverte d'une structure de pierre ou de bois. Contrairement aux tumulus, le cairn est accessible en permanence (cérémonies cultuelles ou nouvelle sépulture).
Dolmen : vestige de chambres funéraires.
Allée couverte : double rangée de pierres dressées recouvertes de dalles. Contrairement au tumulus, elle peut stocker les ossements de plusieurs centaines d'individus.

Survivances et folklore

Nombre de légendes se sont attachées à expliquer les mégalithes, de même qu'une myriade d'interprétations romantiques. Les unes et les autres ont engendré fées et farfadets sur un lit de superstitions. On l'a vu, la réalité est plus simple.

Au 2e millénaire, à l'âge du bronze, le mégalithisme est progressivement abandonné. À l'âge du fer, certains mégalithes sont démolis et réincorporés dans d'autres ensembles. Eh non ! les Gaulois n'élevaient pas de menhirs, dommage pour Obélix... Les Romains, eux, s'en servaient comme bornes routières. Les Bretons ont cependant toujours éprouvé du respect pour ces grandes pierres, d'où un culte païen qui a survécu à tous les efforts d'une Église oscillant sans cesse entre destruction et tentative de récupération (de nombreux menhirs sont christianisés). Des légendes pittoresques sont nées au cours des siècles. Ne dit-on pas que le soir de Noël, les menhirs de Carnac vont boire sur la grève de Saint-Colomban...

... et près d'Arzon.

ABC d'architecture

ST-BRIEUC – Plan de la cathédrale St-Étienne (13e et 14e s.)

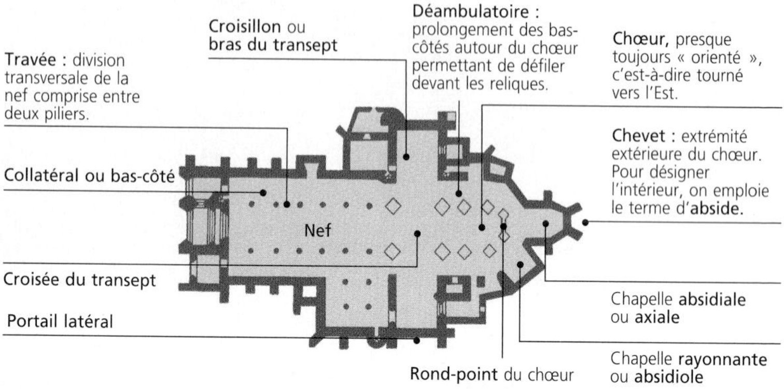

Croisillon ou bras du transept
Déambulatoire : prolongement des bas-côtés autour du chœur permettant de défiler devant les reliques.
Chœur, presque toujours « orienté », c'est-à-dire tourné vers l'Est.
Travée : division transversale de la nef comprise entre deux piliers.
Chevet : extrémité extérieure du chœur. Pour désigner l'intérieur, on emploie le terme d'abside.
Collatéral ou bas-côté
Nef
Croisée du transept
Portail latéral
Chapelle absidiale ou axiale
Chapelle rayonnante ou absidiole
Rond-point du chœur

ST-POL-DE-LÉON – Élévation des deux premières travées Nord de la nef de l'ancienne cathédrale (13e et 14e s.)

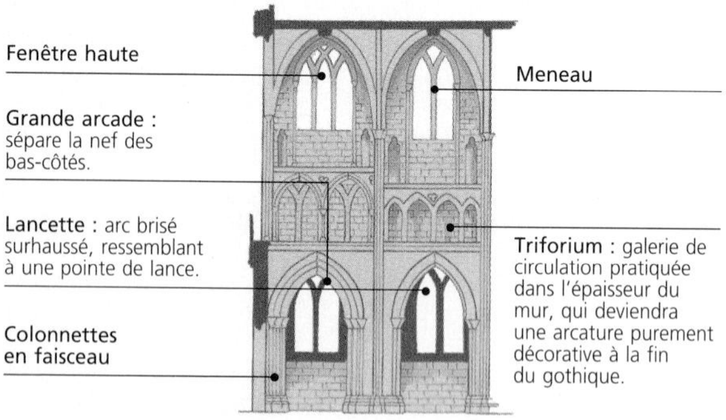

Fenêtre haute
Meneau
Grande arcade : sépare la nef des bas-côtés.
Lancette : arc brisé surhaussé, ressemblant à une pointe de lance.
Triforium : galerie de circulation pratiquée dans l'épaisseur du mur, qui deviendra une arcature purement décorative à la fin du gothique.
Colonnettes en faisceau

DINAN – Porche à trois arcs de la basilique St-Sauveur (12e s.)

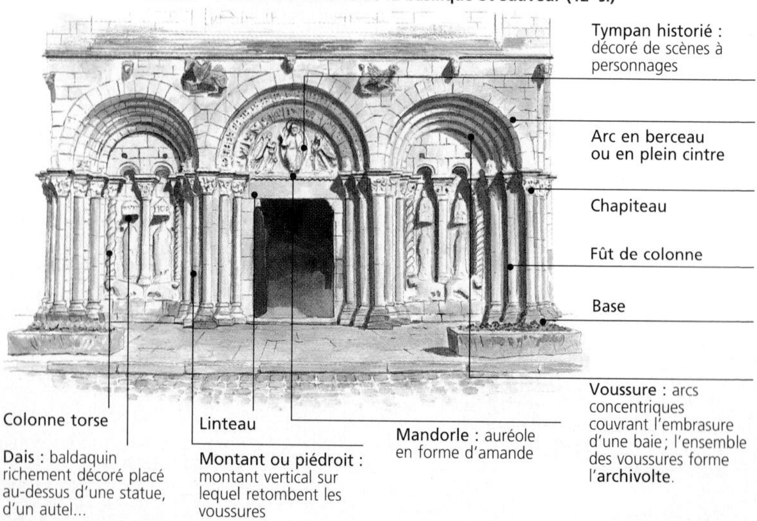

Tympan historié : décoré de scènes à personnages
Arc en berceau ou en plein cintre
Chapiteau
Fût de colonne
Base
Colonne torse
Linteau
Mandorle : auréole en forme d'amande
Voussure : arcs concentriques couvrant l'embrasure d'une baie ; l'ensemble des voussures forme l'archivolte.
Dais : baldaquin richement décoré placé au-dessus d'une statue, d'un autel...
Montant ou piédroit : montant vertical sur lequel retombent les voussures

QUIMPER – Cathédrale St-Corentin (13e au 19e s.)

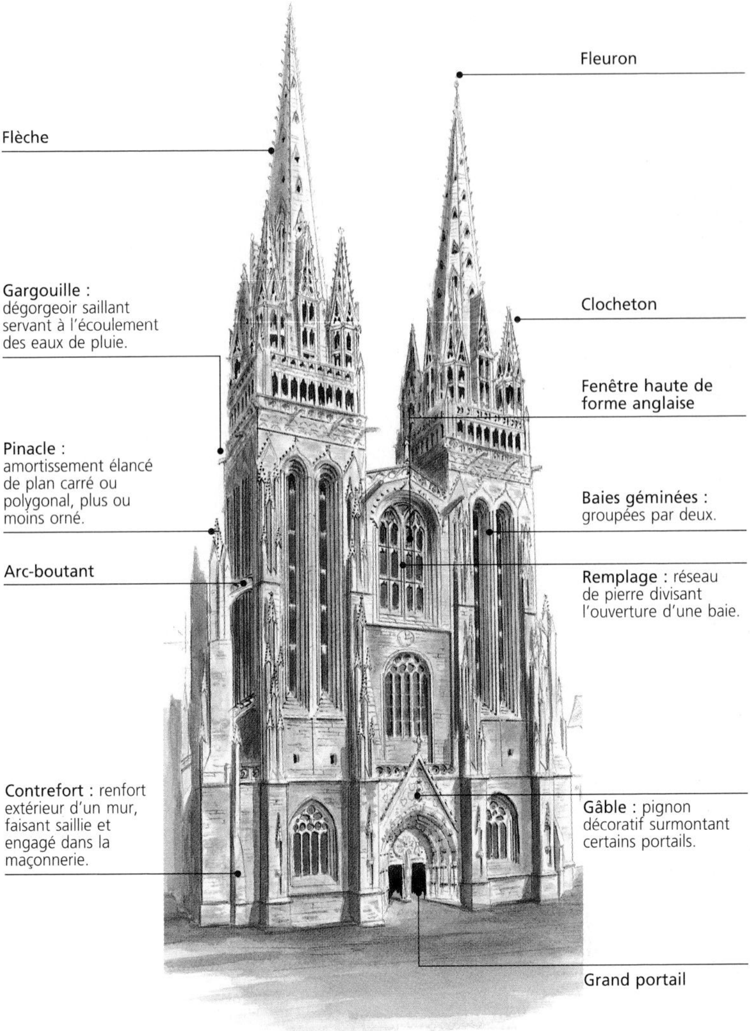
Fleuron
Flèche
Gargouille : dégorgeoir saillant servant à l'écoulement des eaux de pluie.
Clocheton
Fenêtre haute de forme anglaise
Pinacle : amortissement élancé de plan carré ou polygonal, plus ou moins orné.
Baies géminées : groupées par deux.
Arc-boutant
Remplage : réseau de pierre divisant l'ouverture d'une baie.
Contrefort : renfort extérieur d'un mur, faisant saillie et engagé dans la maçonnerie.
Gâble : pignon décoratif surmontant certains portails.
Grand portail

COMMANA – Retable Ste-Anne (1682-1691) dans l'église St-Derrien

Placé derrière l'autel et le surmontant verticalement, le retable de Commana est un véritable joyau de l'art baroque en Bretagne.

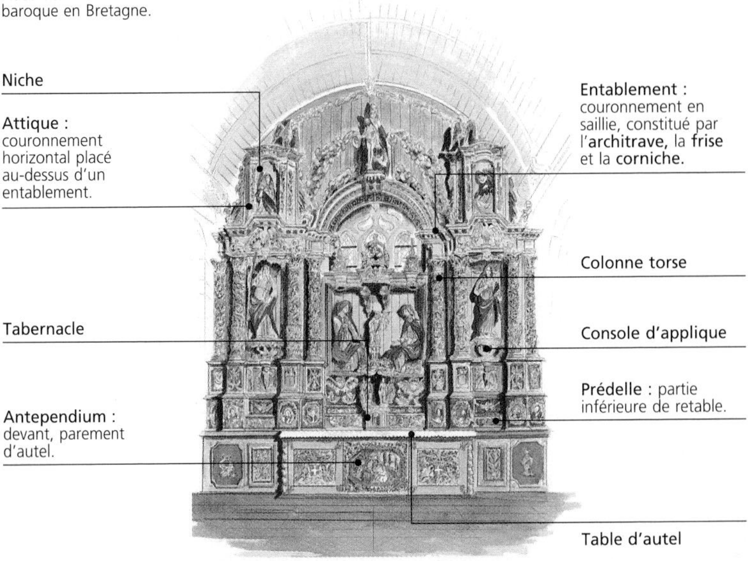
Niche
Attique : couronnement horizontal placé au-dessus d'un entablement.
Entablement : couronnement en saillie, constitué par l'architrave, la frise et la corniche.
Colonne torse
Tabernacle
Console d'applique
Prédelle : partie inférieure de retable.
Antependium : devant, parement d'autel.
Table d'autel

PLOUGASTEL-DAOULAS – Calvaire (17e s.)

Véritables pages d'évangile figées dans la pierre, les scènes de la vie de Jésus, sculptées sur le calvaire, permettaient au prédicateur d'illustrer son propos.

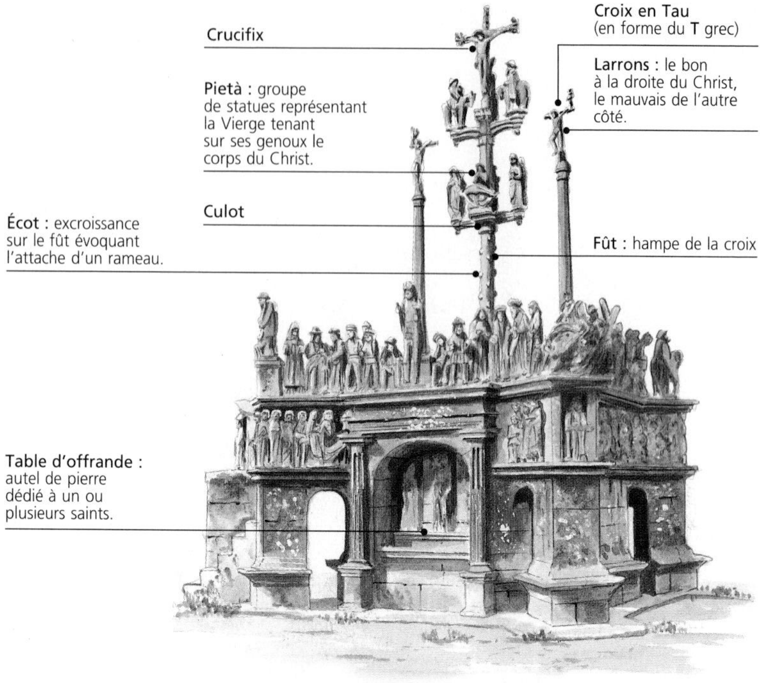
Crucifix
Croix en Tau (en forme du T grec)
Larrons : le bon à la droite du Christ, le mauvais de l'autre côté.
Pietà : groupe de statues représentant la Vierge tenant sur ses genoux le corps du Christ.
Culot
Écot : excroissance sur le fût évoquant l'attache d'un rameau.
Fût : hampe de la croix
Table d'offrande : autel de pierre dédié à un ou plusieurs saints.

ST-THÉGONNEC – Porte triomphale de l'enclos paroissial (17e s.)

La « porte des morts », porte cochère très ouvragée marquant la frontière entre la vie profane et le monde spirituel, était réservée aux processions religieuses ou aux convois funèbres.

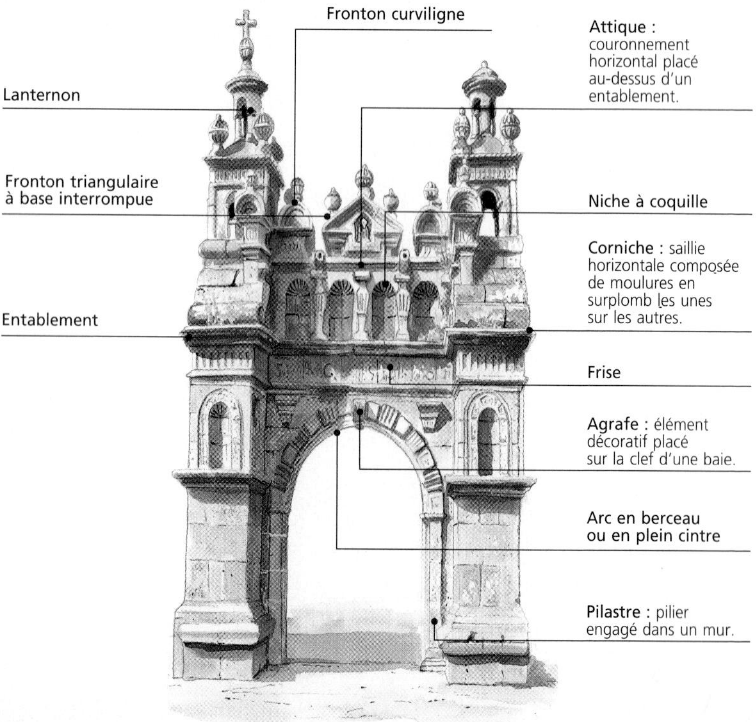
Fronton curviligne
Attique : couronnement horizontal placé au-dessus d'un entablement.
Lanternon
Fronton triangulaire à base interrompue
Niche à coquille
Corniche : saillie horizontale composée de moulures en surplomb les unes sur les autres.
Entablement
Frise
Agrafe : élément décoratif placé sur la clef d'une baie.
Arc en berceau ou en plein cintre
Pilastre : pilier engagé dans un mur.

FORT LA LATTE – Château fort (14e s.)

Dominant la mer de plus de 60 m, ce fort du 14e s. remanié au 17e s. et restauré au 20e s. a conservé un aspect médiéval.

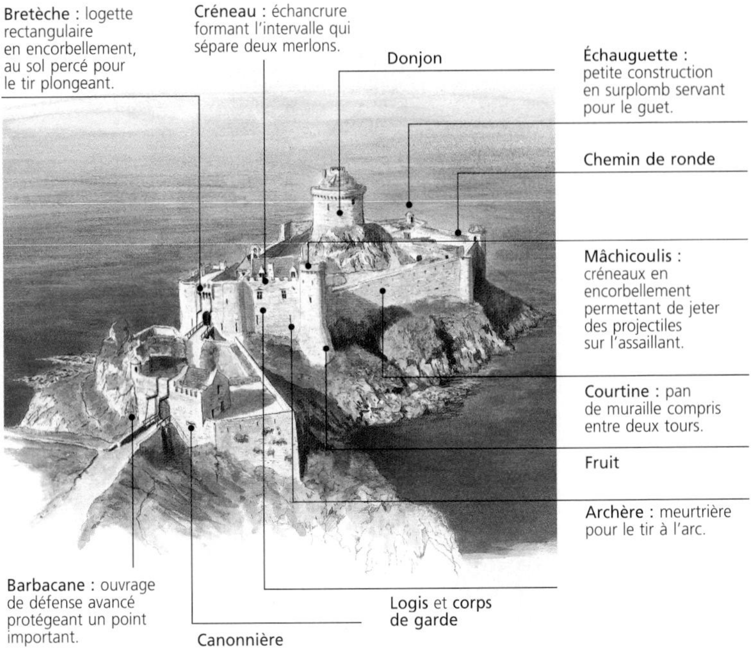
Bretèche : logette rectangulaire en encorbellement, au sol percé pour le tir plongeant.
Créneau : échancrure formant l'intervalle qui sépare deux merlons.
Donjon
Échauguette : petite construction en surplomb servant pour le guet.
Chemin de ronde
Mâchicoulis : créneaux en encorbellement permettant de jeter des projectiles sur l'assaillant.
Courtine : pan de muraille compris entre deux tours.
Fruit
Archère : meurtrière pour le tir à l'arc.
Barbacane : ouvrage de défense avancé protégeant un point important.
Canonnière
Logis et corps de garde

BELLE-ÎLE-EN-MER – Citadelle Vauban (17e s.)

Construite au 16e s., la citadelle de Belle-Île fut entièrement remaniée par Vauban au 17e s. Particulièrement bien conservée, elle est un témoin remarquable de l'architecture militaire classique.

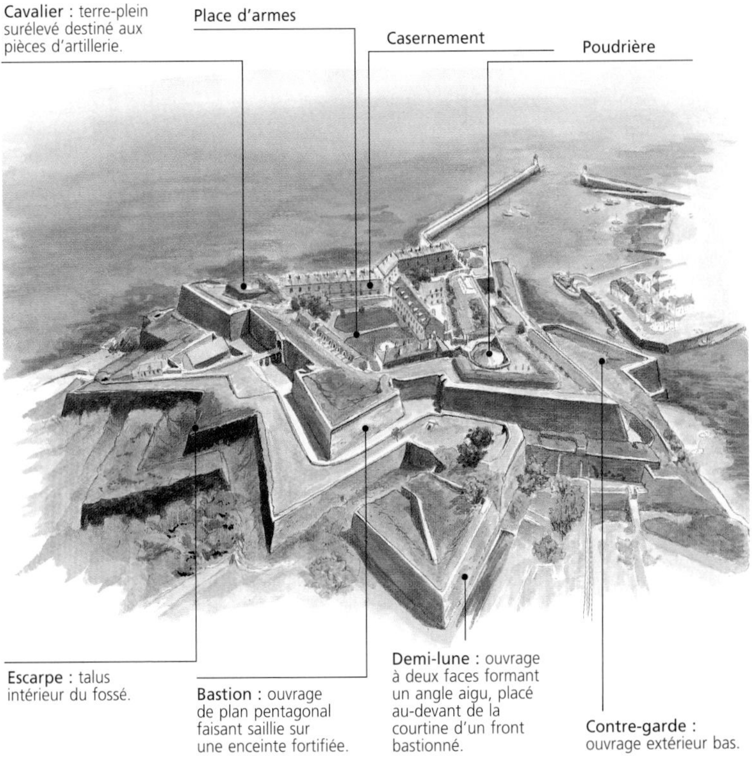
Cavalier : terre-plein surélevé destiné aux pièces d'artillerie.
Place d'armes
Casernement
Poudrière
Escarpe : talus intérieur du fossé.
Bastion : ouvrage de plan pentagonal faisant saillie sur une enceinte fortifiée.
Demi-lune : ouvrage à deux faces formant un angle aigu, placé au-devant de la courtine d'un front bastionné.
Contre-garde : ouvrage extérieur bas.

JOSSELIN – Façade intérieure du château (1490-1510)

Élevée tout au début du 16e s., cette magnifique façade sur cour montre l'exubérance, la fantaisie et la richesse des lucarnes sculptées à la mode de la Renaissance.

Pinacle : amortissement élancé de plan carré ou polygonal, plus ou moins orné.
Fronton-pignon
Toiture polygonale
Fleuron
Lucarne à deux étages en avancée
Étrésillon
Fenêtre à meneaux : le meneau est l'élément vertical d'un remplage.
Meneau à traverse simple (et double traverse à l'étage).
Arc en accolade
Grand appareil

RENNES – Hôtel de ville (1730-1742)

Construit par l'architecte Jacques Gabriel ; le creusement central au niveau du beffroi produit un effet de mise en scène théâtral, typiquement baroque.

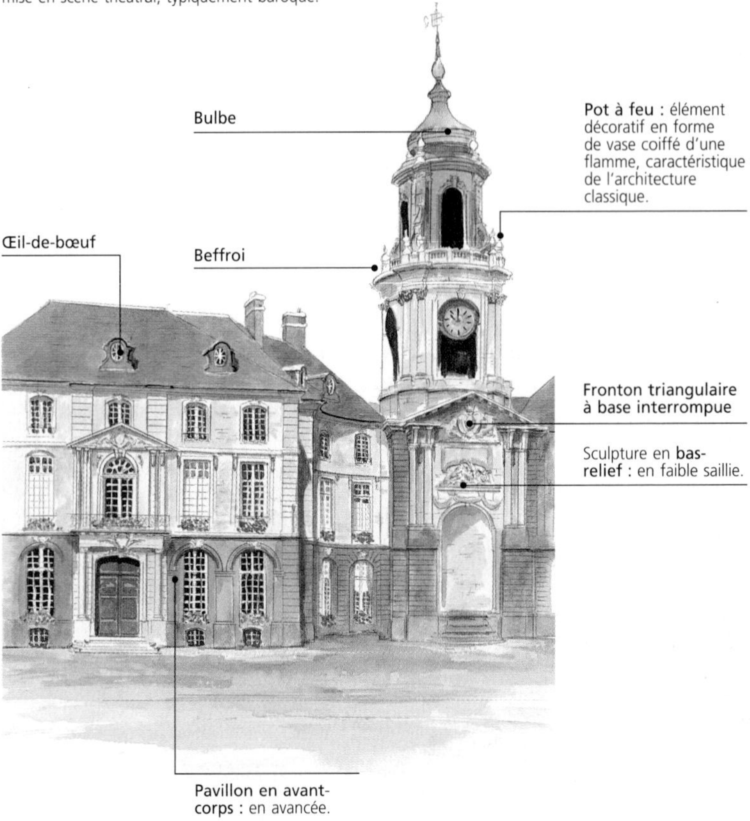
Bulbe
Pot à feu : élément décoratif en forme de vase coiffé d'une flamme, caractéristique de l'architecture classique.
Œil-de-bœuf
Beffroi
Fronton triangulaire à base interrompue
Sculpture en bas-relief : en faible saillie.
Pavillon en avant-corps : en avancée.

JOSSELIN – Maison « Lovys Piechel » (1624)

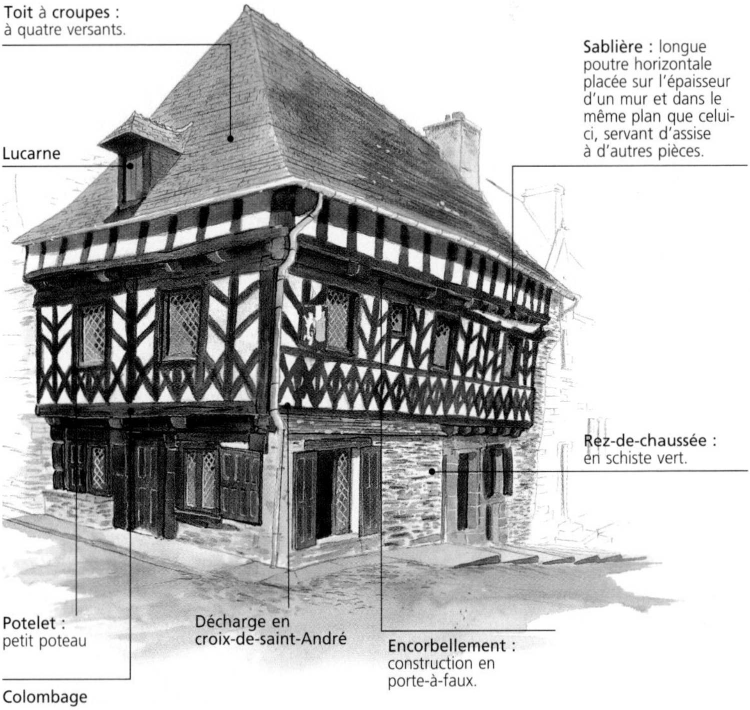
Toit à croupes : à quatre versants.
Sablière : longue poutre horizontale placée sur l'épaisseur d'un mur et dans le même plan que celui-ci, servant d'assise à d'autres pièces.
Lucarne
Rez-de-chaussée : en schiste vert.
Potelet : petit poteau
Décharge en croix-de-saint-André
Encorbellement : construction en porte-à-faux.
Colombage

L'art breton

Non loin des plages et des sites géographiques les plus prisés, les villes et les campagnes protègent pieusement les témoignages artistiques de l'histoire bretonne. Profondément religieux, l'art a ici laissé des traces matérielles à la fois monumentales et originales, presque toujours taillées dans ce granit qui fait à la fois l'orgueil et la particularité de la Bretagne. Prendre le temps de s'intéresser à ces vestiges, c'est se donner toutes les chances de mieux comprendre cette « péninsule du bout du monde ».

Une architecture mystique

Neuf cathédrales ou anciennes cathédrales, une vingtaine de sanctuaires importants, des milliers d'églises et de chapelles rurales forment un imposant ensemble de monuments religieux digne de la mystique Bretagne. Ils traduisent toute la force de la foi qui animait et anime encore le peuple breton, parfois avec une richesse excessive et un réalisme presque caricatural. Ne subissant les influences extérieures que partiellement, ils ont toujours su conserver leur originalité et rester fidèles à leurs traditions.

Les cathédrales

Elles sont inspirées des grands édifices de Normandie ou d'Île-de-France, mais ne peuvent rivaliser, ni par les dimensions, ni par l'ornementation, avec leurs modèles. Les ressources des bâtisseurs étaient limitées, et le granit local est une pierre dense et difficile à travailler. Il a fallu se contenter de voûtes relativement basses et d'une décoration simplifiée. En outre, les difficultés de trésorerie ont prolongé les travaux de trois à cinq siècles, ce qui nous permet de repérer toutes les étapes du gothique, depuis l'arc dépouillé des débuts jusqu'à la folle exubérance du flamboyant. Enfin, la Renaissance est venue placer sa dernière touche au cœur de ces édifices dont les plus intéressants sont ceux de St-Pol-de-Léon, Tréguier, Quimper, Nantes et Dol.

Une myriade de fontaines
Les fontaines liées au culte de l'eau sont innombrables en Basse-Bretagne. La plupart d'entre elles sont des fontaines guérisseuses. Presque tous les lieux de pardons possèdent une fontaine où vont boire les fidèles. Elle est placée sous la protection d'un saint ou de la Vierge dont les statues s'abritent dans de petits sanctuaires, tantôt frustes, tantôt ornés. Dans les lieux de pèlerinage importants, comme Ste-Anne-d'Auray, la fontaine a été aménagée de façon moderne, avec vasques, bassins et escaliers.

Le portail Sud de l'église de Commana.

Églises et chapelles rurales

À l'époque romane (11e et 12e s.), la Bretagne était dans une condition misérable, les sanctuaires furent donc rares, et même transformés aux siècles suivants. C'est au temps du gothique et de la Renaissance, sous les ducs et après la réunion à la France, que le territoire se couvrit d'églises et de chapelles.

Jusqu'au 16e s., le plan général est un rectangle, parfois un plan en T. La nef est souvent sans bas-côtés et sans fenêtres, et aboutit à un chœur flanqué de chapelles latérales souvent très importantes et séparé de la nef par un arc de pierre. Le chevet est plat et percé d'ouvertures. La voûte de pierre est très rare, on lui préfère une charpente lambrissée, souvent peinte, dont les entraits à tête de crocodiles, les sablières, les têtes des blochets sont fréquemment sculptées et également peintes. Or, voici qu'à partir du 16e s. est adopté le plan en forme de croix latine, avec un transept dont la présence efface l'arc central. Le chevet devient à trois pans, des fenêtres percent les bas-côtés donnant de la lumière à la nef.

Mais, ce qui surprend aujourd'hui, c'est de découvrir dans des solitudes désolées des chapelles qui feraient l'orgueil de localités importantes. Des édifices comme ceux de N.-D.-du-Folgoët ou de Kernascléden transmettent bien cette foi des petits pays bretons qui a fait des miracles. Mais les miracles n'ont plus cours, et l'on rencontre malheureusement un grand nombre de chapelles qui laissent une pénible impression d'abandon.

Les clochers

On serait tenté de dire que la Bretagne a l'esprit de clocher... mais ce mauvais jeu de mots masquerait toute la réalité de ces bâtiments qui symbolisaient à la fois la vie religieuse et la vie municipale. Les populations y plaçaient toute leur fierté, et c'était pour elles un châtiment terrible de voir un souverain mécontent les faire abattre. Habituellement de plan carré, leur emplacement sur le monument est très variable. Le type le plus fréquent est le clocher-pignon, plus léger et moins coûteux que le clocher classique. On y accède par des marches extérieures ou par des escaliers logés dans les tourelles qui le flanquent et lui sont reliées par une galerie.

Les porches

Dans les églises bretonnes, un porche important s'ouvre sur le côté Sud. Il a longtemps servi de lieu de réunion pour les notables de la paroisse, qui prenaient place sur les bancs de pierre garnissant les murs. Souvent, une double rangée d'apôtres le décore. On les reconnaît à leurs attributs : saint Pierre tient la clef du paradis ; saint Paul, un livre ou une épée ; saint Jean, un calice ; saint Thomas, une équerre ; saint Jacques le Majeur, un bâton de pèlerin. D'autres portent les instruments de leur martyre : saint Mathieu, une hachette ; saint Simon, une scie ; saint André, une croix ; saint Barthélemy, un couteau.

Les chérubins du plafond de l'église de la Roche-Maurice.

Le mobilier religieux

Du 15e au 18e s., une armée de sculpteurs bretons a fourni aux églises chaires, stalles, buffets d'orgue, baptistères, clôtures de chœur, jubés, poutres de gloire, retables, niches à volets, confessionnaux, saints sépulcres et statues... On ne s'étonnera pas de constater au cours de ses visites que ces œuvres présentent un caractère plus abouti que les figures des calvaires. Il est en effet beaucoup plus aisé de travailler le chêne, le châtaignier ou l'albâtre que le granit.

Une curiosité

Parmi les nombreuses statues qui ornent les églises bretonnes et qui sont, soit dit en passant, de véritables portraits et des documents de premier ordre pour l'histoire du costume, le groupe trinitaire de sainte Anne, la Vierge et l'Enfant se retrouve assez souvent en Bretagne. Cette figuration, fréquente en Europe centrale, est relativement rare en France.

Jubés et poutres de gloire

Nombreux dans les églises bretonnes, les jubés sont souvent d'une richesse inouïe qui surprendra plus d'un amateur. Quelques-uns sont sculptés dans le granit comme à l'église du Folgoët, mais la plupart, et c'est une des originalités de la Bretagne, sont en bois. Variée, la décoration diffère sur leurs deux faces, car le jubé sépare le chœur de la partie de l'église réservée aux fidèles et complète les clôtures latérales du chœur. Par ailleurs, il sert à la prédication et à la lecture des prières, qui sont faites du haut de sa galerie supérieure. En général, il est surmonté d'un crucifix, entouré des statues de la Vierge et de saint Jean, qui font face à la foule. La poutre de gloire ou tref, qui tendait l'arc triomphal, est à l'origine du jubé. Afin de l'empêcher de fléchir, on fut amené à la soutenir par des supports qui firent place à une clôture plus ou moins ouvragée. Décorée habituellement de scènes de la Passion (elle porte toujours le groupe du Christ entouré de la Vierge et de saint Jean), on la trouve surtout dans les petites églises et les chapelles.

Retable de saint Miliau, à Guimiliau.

Les retables

Nombreuses, surchargées, les œuvres Renaissance se retrouvent dans les fonts baptismaux et les chaires à prêcher, transformés en vrais petits monuments. Mais le cas le plus intéressant est celui des retables. À l'origine, l'autel primitif n'est qu'une table. Petit à petit, il va perdre en simplicité et atteindre des dimensions étonnantes. Du 12e au 14e s., les autels s'ornent d'un gradin peu élevé, le retable est de même longueur que l'autel, puis, la sculpture s'en empare et l'on voit apparaître des scènes extraites de la Passion. À partir du 15e s., l'autel est envahi de colonnes torses, de frontons et de niches ornées de statues et de panneaux sculptés, qui trouvent leur plein épanouissement au

Sainte-Trinité du 15e s.

Petits personnages de l'église gothique de Guengat.

17e s. Le retable, dont le sujet principal s'est perdu parmi les angelots et les guirlandes, en arrive à occuper la totalité de la chapelle réservée à l'autel. Le paroxysme ornemental est même atteint lorsque, ne faisant qu'un avec les retables des autels voisins, il orne toute la muraille du chevet comme c'est le cas à Ste-Marie-du-Ménez-Hom. Il est curieux de rencontrer dans les retables bretons du 15e s., l'influence des ateliers flamands passés maîtres dans ces travaux, aux minuscules figures extraordinairement fouillées.
La dévotion au Rosaire, que l'on doit au dominicain breton Alain de la Roche (15e s.), donna lieu, à partir de 1640, à l'érection de maints retables dans lesquels la Vierge est représentée remettant le chapelet à saint Dominique et à sainte Catherine de Sienne.

Arbre de Jessé et Mise au tombeau

Un grand nombre de niches à volets renferment un Arbre de Jessé. Jessé, qui appartenait à la tribu de Juda, eut un fils, David, de qui descend la Vierge Marie. Il est généralement représenté couché. Dans son cœur, ses entrailles ou ses reins plongent les racines de l'arbre dont les rameaux portent, dans l'ordre chronologique, les rois et les prophètes, ancêtres du Christ. La Vierge, au centre, figure la tige qui porte la fleur : Jésus.
La Mise au tombeau, ou Saint Sépulcre, groupe généralement sept personnages autour du Christ mort. Si elle est souvent traitée sur les calvaires, elle est rarement présente dans les églises, sauf à Lampaul-Guimiliau et à St-Thégonnec où elles sont remarquables.
Toutefois, les chefs-d'œuvre de la sculpture funéraire sont visibles à Nantes, avec le tombeau de François II, et à Josselin, avec le mausolée d'Olivier de Clisson.

Vitraux

Si les peintures et les fresques sont rares (Kernascléden reste une exception), les verrières sont en revanche assez nombreuses. Souvent inspirées par l'art italien ou flamand, elles se caractérisent toujours par une facture bretonne. La cathédrale de Dol en possède une très belle du 13e s. Les plus beaux exemples datent des 14e, 15e et 16e s. et sortent des ateliers de Rennes, Tréguier, Quimper ; on peut en voir à N.-D.-du-Crann, à la Roche et à St-Fiacre-du-Faouët. Au 20e s., la restauration ou la création de nombreuses églises et chapelles a permis de parer ces édifices de nouveaux vitraux éclatants, souvent non figuratifs. La cathédrale de St-Malo en offre un bel exemple.

Orfèvrerie

Dans ce domaine, les pertes ont été importantes. Certes, la Bretagne recèle encore de très belles pièces dues à des artistes locaux, la plupart morlaisiens, mais elles ont été jalousement mises à l'abri des convoitises. On verra toutefois de magnifiques reliquaires, des calices et des patères richement ornés, de superbes croix processionnelles à Carantec, à St-Jean-du-Doigt, à St-Gildas-de-Rhuys, à Paimpont, à Locarn.

Les enclos paroissiaux

Une particularité bretonne

L'enclos paroissial est l'ensemble monumental le plus typique qu'on rencontre dans les bourgs bretons. Il s'ouvre habituellement par une porte triomphale donnant accès à l'église, au calvaire et à l'ossuaire, et permettait à la vie paroissiale de rester étroitement attachée à la communauté des morts puisque l'enclos avait le cimetière pour centre. L'émulation qui existait entre villages voisins explique la richesse des enclos qui ont surgi en Basse-Bretagne sous la Renaissance et au 17e s.

Portes triomphales et ossuaires

La porte monumentale ou porte des morts, généralement très décorée, est traitée en arc de triomphe pour symboliser l'entrée du juste dans l'immortalité. Les portes latérales voient leur passage barré par une pierre haute, l'échalier ; cette clôture est symbolique car elle n'empêche pas le franchissement.

Dans les minuscules cimetières bretons d'autrefois, les corps devaient être exhumés pour laisser la place aux nouveaux défunts. On entassait les ossements dans des réduits qu'on élevait contre l'église ou le mur du cimetière. Ces ossuaires sont ensuite devenus des bâtiments isolés, et leur exécution devint plus soignée. Ils ont pris la forme de reliquaires et ont servi de chapelles funéraires.

Les calvaires

Foncièrement bretons, ces petits monuments de granit groupent autour du Christ en croix des épisodes de la Pas-

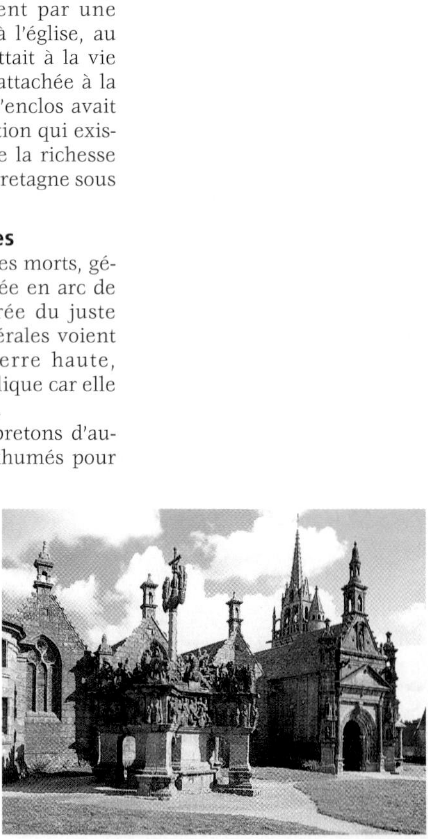

L'enclos paroissial de Guimiliau.

Détail du Chemin de croix en habits du 16e s. (calvaire de Guimiliau)

sion. Bon nombre d'entre eux furent érigés pour conjurer la peste de 1598 ou en action de grâces après sa disparition. Ils servaient à l'instruction religieuse : tout en prêchant, le prêtre désignait les scènes qu'il racontait. Le plus ancien des calvaires existants est celui de Tronoën (fin 15e s.), les plus célèbres sont ceux de Guimiliau (200 personnages), Plougastel-Daoulas (180 personnages) et Pleyben. Si la sculpture est généralement fruste et naïve, c'est qu'il s'agit essentiellement d'un art de tailleurs de pierre villageois, mais quel sens admirable de l'observation avaient ces artistes anonymes ! L'expression de la vie y est souvent saisissante. Les calvaires ont eu pour prédécesseurs immédiats les croix de chemin. Il y en eut des dizaines de mille, beaucoup ont été détruites.

La pietà du calvaire de N.-D.-de-Tronoën.

Les sculpteurs de calvaires choisissaient les scènes au gré de leur inspiration, sans les grouper de façon chronologique. Certaines se reconnaissent au premier coup d'œil, d'autres, plus ou moins abîmées, sont traitées plus sommairement. Une histoire les séduisit, puisqu'elle figure sur plusieurs calvaires (Plougastel-Daoulas, Guimiliau), celle de Catell-Gollet (Catherine perdue). Catherine, jeune servante, a dissimulé en confession ses écarts de conduite. Glissant plus avant sur la mauvaise pente, elle dérobe une hostie consacrée pour la donner au diable, qui a pris les apparences de son amoureux. Bien sûr, la coupable est condamnée aux flammes éternelles...

Forteresses et châteaux

Le granit breton est un matériau sévère qui ne vieillit pas. N'étaient les lignes générales et le mode de construction qui permettent de les différencier, il ne serait guère possible de donner un âge aux monuments. Si l'on excepte les forteresses, placées pour la plupart en sentinelle sur les Marches bretonnes par crainte des rois de France, ou sur les côtes, pour prévenir les incursions des envahisseurs anglais, on trouve peu de châteaux importants. Cette répartition traduit parfaitement le caractère de la population dont tous les efforts artistiques furent dédiés à la religion. Il est cependant facile d'évoquer l'époque médiévale. Peu de régions ont, en effet, été aussi riches en forteresses et malgré les destructions et le manque d'entretien, bon nombre reste encore debout.

À St-Malo ou à Guérande, on voit encore la totalité de la ceinture de pierre qui enserrait ces villes. Des fragments de remparts se rencontrent dans des localités telles que Vannes, Concarneau et Port-Louis. Peu de régions ont été aussi riches en forteresses, celles de Fougères et de Vitré comptent parmi les plus belles de France. Dinan et Combourg ont leurs châteaux forts encore debout, Suscinio et Tonquédec offrent des ruines imposantes. La sentinelle avancée du fort la Latte occupe un site magnifique. Et si les édifices mi-forteresses mi-palais, tels Kerjean, Josselin ou le château des ducs de Bretagne à Nantes n'abondent pas, c'est que la noblesse bretonne était pauvre. On le voit, encore une fois, la diversité est au rendez-vous, une diversité qui ne tient pas même compte des incalculables manoirs-fermes des gentilshommes campagnards qui, sans renoncer à leur rang, n'hésitaient pas à cultiver leurs terres comme des paysans.

Fougères, une forteresse... très souvent prise !

Port de Paimpol

Villes et sites

Les Abers★★

> **Les abers**
> Les abers diffèrent des estuaires par un sillon moins profond, des pentes moins raides. Au-delà du point où vient mourir le flot marin, l'aber se poursuit en amont, non par un petit fleuve côtier, mais par un ruisseau. Il faut remarquer qu'il n'y a pas de port important en tête d'estuaire, comme Morlaix ou Dinan.

La côte Nord-Ouest du Finistère, basse et rocheuse, offre le spectacle magnifique d'un littoral particulièrement sauvage, encore intact, souvent rude, entaillé par les abers. Les amateurs de longues plages mondaines n'ont rien à faire par ici. En revanche, les amoureux de panoramas romantiques, de sentiers côtiers solitaires ou d'odeur de goémon brûlé seront ici chez eux.

La situation

Cartes Michelin n°s 58 plis 3, 4 ou 230 plis 2, 3 – Finistère (29). Ce bout du monde est accessible par les D 26, D 28 et D 5 en venant de Brest.

Le nom

Son vrai nom est « Côte des Légendes », théoriquement de la pointe St-Mathieu à Brignogan-Plages.

Les gens

Ils connaissent la vie dure de ce Finistère et l'énorme ancre de l'*Amoco Cadiz* à Portsall vient leur rappeler la violence des éléments de leur côte.

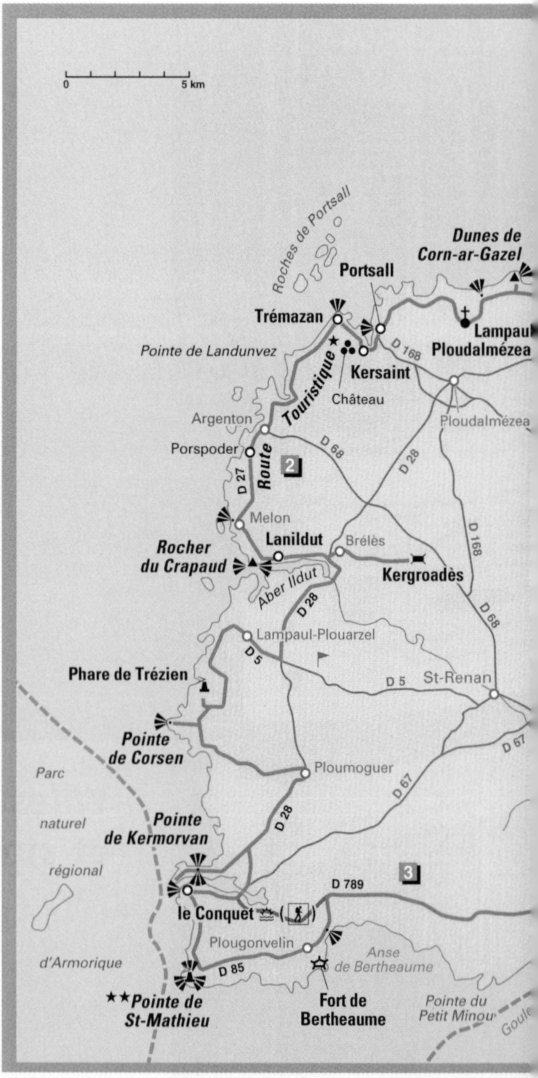

0
5 km
Roches de Portsall
Dunes de Corn-ar-Gazel
Portsall
Trémazan
Lampaul
Ploudalmézea
Pointe de Landunvez
D 168
Kersaint
Château
Route Touristique
Argenton
Ploudalmézea
Porspoder
D 68
D 28
D 27
2
Melon
Lanildut
Brélès
D 168
Rocher du Crapaud
Kergroadès
Aber Ildut
D 28
D 68
Lampaul-Plouarzel
D 5
Phare de Trézien
D 5
St-Renan
Pointe de Corsen
D 67
Parc naturel régional d'Armorique
Ploumoguer
D 67
Pointe de Kermorvan
D 28
3
D 789
le Conquet
Plougonvelin
Anse de Bertheaume
D 85
★★Pointe de St-Mathieu
Fort de Bertheaume
Pointe du Petit Minou

carnet pratique

Où dormir

• *À bon compte*

Pointe Ste-Barbe – *29217 Le Conquet – ☏ 02 98 89 00 26 – fermé 12 nov. au 17 déc. – P – 49 ch. : 201/658F – ☕ : 40F – restaurant 102/474F.* Accroché aux rochers de la côte, cet hôtel moderne offre une vue époustouflante sur l'océan et les îles. Préférez ses chambres panoramiques qui sont d'un confort très supérieur à celles qui donnent sur le port... Ce qui explique la grande différence de prix.

• *Valeur sûre*

Hôtel Baie des Anges – *29214 Landéda – à l'Aber-Wrac'h – ☏ 02 98 04 90 04 – fermé 5 janv. au 5 fév. – P – 20 ch. : 320/520F – ☕ : 55F.* Repris par une famille du pays, cet hôtel avec vue sur la mer a entièrement rénové son décor. Ses chambres assez spacieuses sont installées dans deux bâtiments : avec leurs meubles cérusés, elles sont claires et agréables.

Où se restaurer

• *À bon compte*

Relais du Vieux Port – *1 quai du Drellac'h - 29217 Le Conquet – ☏ 02 98 89 15 91 – fermé janv. – 40/140F.* Côté restaurant, crêpes et fruits de mer sont servis dans un décor d'inspiration marine en pierre et bois. Côté chambres, le réveil est assuré par les mouettes pour les cinq chambres aux noms d'îles bretonnes qui jouissent d'une vue sur le port.

Faire de la voile ?

Station de voile de l'Aber-Wrac'h – *Au port de Landéda – ☏ 02 98 04 90 64.* Elle propose des sorties en mer sportives en compagnie d'un skipper.

Découvrir la faune marine

Bateau à vision sous-marine – *L'Aquafaune, port du Conquet – ☏ 02 98 89 17 66.*

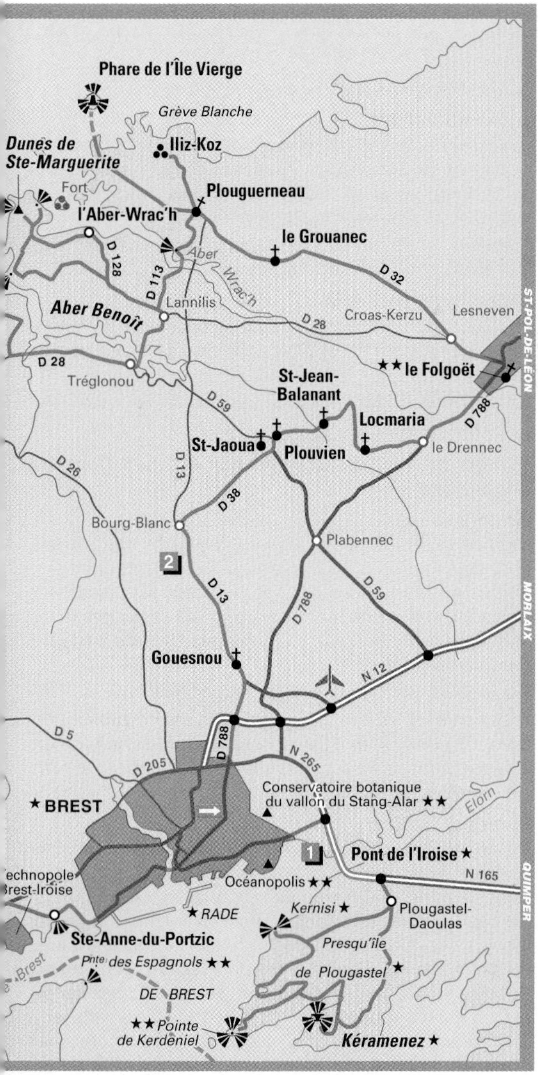
Phare de l'Île Vierge
Grève Blanche
Dunes de Ste-Marguerite
Iliz-Koz
Fort
l'Aber-Wrac'h
Plouguerneau
le Grouanec
D 128
D 113
Aber Wrac'h
D 32
Aber Benoît
Lannilis
D 28
Croas-Kerzu
Lesneven
ST-POL-DE-LÉON
D 28
Tréglonou
St-Jean-Balanant
★★ le Folgoët
D 59
Locmaria
D 788
St-Jaoua
Plouvien
le Drennec
D 26
D 13
D 38
Bourg-Blanc
Plabennec
2
D 13
D 59
MORLAIX
D 788
Gouesnou
N 12
D 5
D 788
N 265
D 205
Conservatoire botanique du vallon du Stang-Alar ★★
Elorn
★ BREST
1
Pont de l'Iroise ★
N 165
Technopole Brest-Iroise
Océanopolis ★★
QUIMPER
★ RADE
Kernisi ★
Plougastel-Daoulas
Ste-Anne-du-Portzic
Presqu'île de Plougastel ★
Pnte des Espagnols ★★
DE BREST
★★ Pointe de Kerdéniel
Kéramenez ★

circuit

LA « CÔTE DES LÉGENDES »

195 km – Compter une journée

Au départ de Brest, un circuit qui sort des sentiers battus et renoue avec une nature encore intacte.

Quitter Brest par le Nord en direction de Roscoff.

Gouesnou

De style gothique et Renaissance, l'**église** (17e s.) présente un chevet polygonal surmonté de trois frontons élancés. À l'Ouest, en contrebas de l'église, une fontaine Renaissance, dotée d'un autel, est ornée de la statue de saint Gouesnou. *Visite guidée mer. et jeu. 10h-12h sur demande auprès de la mairie. ☎ 02 98 07 86 90.*

Prendre la direction de Lannilis et, dans Bourg-Blanc, tourner à droite.

Chapelle St-Jaoua

Sur demande auprès de M. Roux. ☎ 02 98 40 91 27.

Au centre d'un vaste enclos ombragé, cette chapelle (début 16e s.) abrite le tombeau avec gisant de saint Jaoua.

Plouvien

Dans l'**église paroissiale**, tombeau (1555) en granit de Kersanton ; le gisant est soutenu par seize religieux figés dans des attitudes de prière, de lecture ou de méditation.

Quitter Plouvien à l'Est par la route de Lesneven.

St-Jean-Balanant

À VOIR
Au tympan, le bas-relief représentant le baptême du Christ, et à droite de la chapelle la fontaine et ses bancs.

La **chapelle** du 15e s. était une fondation des chevaliers de St-Jean de Jérusalem dépendant de la Commanderie de la Feuillée, dans les monts d'Arrée. *Sur demande auprès de M. Paugam. ☎ 02 98 40 98 12.*

Continuer en direction de Lesneven et au quatrième carrefour tourner à droite vers Locmaria.

Chapelle de Locmaria

Précédée d'une **croix★** à personnages à deux traverses, cette chapelle des 16e et 17e s. possède un clocher-porche carré.

Par le Drennec, route de gauche, gagner Le Folgoët.

Le Folgoët★★ *(voir ce nom)*

À VOIR EN PASSANT
L'église de Le Grouanec est éclairée par des vitraux de Max Ingrand.
À 100 m, à gauche, on peut voir la fontaine « de la guérison » avec N.-D.-de-la-Clarté.

Prendre vers Lannilis et à Croas-Kerzu, tourner à droite vers Plouguerneau.

Plouguerneau

L'**église** de ce village renferme, à gauche en entrant, près du baptistère, une intéressante collection de statuettes en bois du 17e s. appelées « les petits saints ». Autrefois promenées en procession, ces statuettes résultent d'un vœu fait par les habitants qui ont échappé miraculeusement à la peste.

Par la D 32, prendre la direction de St-Michel.

À la sortie du village sur la droite, un petit **musée des Goémoniers** explique les techniques du métier à travers les âges. *D'avr. à fin sept. : 14h30-17h (juil.-août : 14h-18h). 15F. ☎ 02 98 04 60 30.*

Ruines d'Iliz Koz

De mi-juin à mi-sept. : 14h30-18h30 ; de mi-sept. à mi-juin : dim. et j. fériés 14h30-17h. 15F. ☎ 02 98 04 70 93.

Cet ensemble, ensablé au début du 18e s., est un témoin exceptionnel de l'art funéraire en Bretagne à la fin du Moyen Âge. Un itinéraire jalonné permet aux visiteurs de découvrir les éléments les plus significatifs du site. Remarquer les motifs ornementaux des tombes rappelant la qualité du disparu (chevalier, clerc ou roturier). Tout près des ruines, belle plage de sable fin dans un océan de rochers.

LA CULTURE DU GOÉMON
Toute cette côte semée d'îlots est particulièrement riche en goémon de diverses variétés. Les laminaires sont destinées à la production d'alginates et de mannitol, les fucus et algues d'épaves servent à la fabrication de poudres pour la nourriture du bétail, le reste est vendu comme engrais.

Phare de l'Île Vierge

C'est le plus haut de France (82,5 m). Du sommet (397 marches), on découvre un vaste **panorama★** sur la côte finistérienne. *De mai à fin août : 11h-12h, 15h-18h (mai : dim. et j. fériés ; juin : dim. ; juil.-août : tlj). Gratuit. ☏ 02 98 04 78 01.*

Revenir à Plouguerneau et prendre la direction de Lannilis (D 113).

À 2 km, l'ancien tracé de la route forme un belvédère (petit calvaire) et offre une belle **vue★** sur l'Aber-Wrac'h.

Dans Lannilis, tourner à droite.

Construit de 1897 à 1902, le phare de l'Île Vierge a une portée moyenne de 52 km.

L'Aber-Wrac'h

Avec son important centre de voile, l'Aber-Wrac'h est un port de plaisance très fréquenté. Une école d'apprentissage maritime, dont le bâtiment surplombe le bourg, anime également ce séjour balnéaire. La route en corniche longe la baie des Anges (ruines du couvent de N.-D.-des-Anges).

Prendre à droite vers les dunes de Ste-Marguerite, puis encore à droite vers le fort Cézon.

De la plate-forme aménagée en bout de route, **vue** sur l'estuaire et, perchées sur une île, les ruines du fort Cézon qui en commandait l'entrée, le phare de l'Île Vierge.

Faire demi-tour et à la sortie de Poulloc tourner à droite vers les dunes.

Dunes de Ste-Marguerite

Des chemins à l'usage des piétons permettent de découvrir de fort belles vues. Sur les dunes sèche le goémon qui, après deux ou trois jours d'exposition au soleil, est expédié vers les usines de traitement.

Gagner la chapelle de Brouënnou où l'on tourne à gauche vers le passage St-Pabu. Par Landéda, rejoindre Lannilis où l'on prend la direction de Ploudalmézeau.

Aber-Benoît

Après avoir franchi cet aber, la route le longe pendant quelques kilomètres et permet d'en apprécier le joli site.

À 5 km, tourner à droite vers St-Pabu que l'on traverse et suivre le fléchage du camping pour gagner les dunes de Corn-ar-Gazel.

Dunes de Corn-ar-Gazel

Elles offrent une belle **vue** sur la presqu'île de Ste-Marguerite, l'Aber-Benoît et son chapelet d'îlots.

Faire demi-tour et suivre à droite la route qui serpente dans les dunes et offre de belles échappées sur la côte.

Le Finistère Nord préserve des petits coins de paradis : ici l'Aber-Benoît.

ENVIE DE PROMENADES
Des chemins escaladent les dunes de Corn-ar-Gazel et conduisent aux immenses plages de sable blanc, notamment la plage des Trois-Moutons et sa base de chars à voile.

Lampaul-Ploudalmézeau

L'**église** de ce modeste village conserve de la Renaissance bretonne le porche Nord, un magnifique **clocher-porche**★ coiffé d'un dôme surmonté de trois lanternons.

Portsall

Ce petit port est établi dans une anse fermée au large par une chaîne d'écueils appelée les roches de Portsall, sur lesquelles est venu s'échouer le pétrolier *Amoco Cadiz* en 1978. L'une de ses deux énormes ancres (20 tonnes) perpétue, sur le môle, le souvenir du naufrage dont la conclusion juridique est intervenue seulement en 1992.

Cette scène de bateaux à marée basse dans le port de Portsall est typique en Bretagne.

Kersaint

À la sortie du village, en direction d'Argenton, se dressent sur la gauche les ruines du **château de Trémazan** du 13e s. Attention, ces ruines sont très dangereuses ! Un belvédère permet cependant d'admirer la majesté du lieu.

Trémazan

Du vaste parc de stationnement, au-delà du village, une immense **vue**★ se dégage sur l'île Verte, les roches de Portsall, le phare de Corn Carhai.

Route touristique★

Tracée en corniche, elle permet de découvrir une côte frangée de rochers d'où se détache la **pointe de Landunvez** en dents de scie. La route traverse ensuite de petits centres balnéaires, Argenton, **Porspoder** (où aurait débarqué au 6e s. saint Budoc, évêque de Dol-de-Bretagne), Melon.

À l'entrée de Lanildut, tourner à droite.

Lanildut

Cette commune est le premier port goémonier d'Europe. Elle conserve quelques belles **maisons** (17e s. et 18e s.) de capitaines dans le quartier de Rumorvan.

Commandant l'étroit goulet de l'**Aber-Ildut,** le **Rocher du Crapaud** offre de belles vues sur le port et l'aber, estuaire accessible aux bateaux quelle que soit la marée. La rive Nord est boisée, au Sud s'étendent dunes et plages.

Après Lanildut, la route longe l'aber avant d'atteindre Brélès.

ENTRE DEUX MERS
C'est à hauteur de l'Aber-Ildut qu'est fixée la séparation théorique de la Manche et de l'Atlantique. Toutefois les marins situent cette limite plus au Sud, à la pointe de Corsen *(ci-après)*, en raison de la différence des fonds marins.

Château de Kergroadès

Visite (1/2h) sur demande préalable. 20F. ☎ 02 98 84 21 73.

Cette demeure (début 17e s.) possède une cour d'honneur fermée par une galerie crénelée et entourée par un sévère corps de logis flanqué de deux tours rondes.

Revenir à Brélès et prendre la direction de Plouarzel, puis tourner à droite vers Lampaul-Plouarzel. Longer ensuite l'anse de Porspol, avec au large l'île Ségal, et traverser Trézien.

Phare de Trézien

Haut de 37 m, il a une portée moyenne de 35 km.

Continuer en direction de la grève de Porsmoguer. Dans un groupe de maisons, tourner à droite.

La route longe la station du **Cross Corsen**, centre de surveillance de la navigation maritime, avant d'atteindre une maison en ruine sur la falaise.

Pointe de Corsen

Cette falaise haute de 50 m est le point situé le plus à l'Ouest de la France continentale. **Vue** intéressante sur la côte et les îles.

Par la grève de Porsmoguer, gagner Ploumoguer où l'on prend vers le Conquet. À 5 km, tourner à droite vers la pointe de Kermorvan.

Pointe de Kermorvan

En son centre, elle se réduit à un isthme d'où l'on découvre une jolie vue à droite sur la belle plage des Sablons Blancs, à gauche sur le **site★** du Conquet. La passerelle du Groaë permet aux piétons de gagner la pointe ; à son extrémité, à gauche de l'entrée du phare, le chaos rocheux est un remarquable belvédère.

Le Conquet

La ville occupe un joli **site★** que l'on découvre principalement de la pointe de Kermorvan. De ce petit port de pêche, on peut embarquer pour Ouessant et Molène. La corniche du Port, les chemins piétonniers qui bordent le littoral et la pointe de Kermorvan sont des promenades agréables qui offrent de belles vues sur le port, le chenal du Four et, au large, l'archipel ouessantin et les nombreux phares le signalant.

Du Conquet à Brest, l'itinéraire est décrit en sens inverse dans le chapitre consacré à Brest.

Mer en vue

Le Cross Corsen est installé sur la pointe du même nom. Il a pour mission le sauvetage en mer, la surveillance de la navigation, la diffusion d'informations concernant la sécurité des navires, la surveillance des pollutions en mer.

Ces casiers sont la chasse gardée des homards !

Monts d'Arrée★★

Frontière naturelle entre la Cornouaille et le Léon, les monts d'Arrée sont les plus élevés des « montagnes bretonnes », malgré un pic qui n'atteint pas 400 m. Solitaires, arides, couvertes de landes, souvent humides, ces crêtes de quartzite ont été réunies en Parc naturel régional d'Armorique pour mieux préserver leur sauvage richesse.

La situation

Cartes Michelin n°s 58 plis 5, 6, 15, 16 ou 230 plis 18, 19 – Finistère (29). Dans le prolongement de la presqu'île de Crozon, les monts d'Arrée s'étirent jusqu'à Huelgoat et le roc Trévezel. Les D 21 et D 14 les traversent d'Ouest en Est.

Le nom

A-t-on affaire à la racine pré-indo-européenne « arr » qui signifie : pierre, rocher ? Bien d'autres lieux en France (jusqu'en Corse) en témoignent... Le doute est semé.

La végétation

La chaîne est boisée par endroit surtout à l'Est, mais pas un arbre sur les sommets : la lande y est parsemée d'escarpements rocheux, d'ajoncs éclatant de jaune au printemps, et de bruyères que septembre fleurit en violet.

Croisière en vieux gréement

Notre-Dame-de-Rumengol – *À partir de Châteaulin, ☎ 02 98 86 02 11.* Cette ancienne gabare de transport de sable vous propose de remonter avec elle le cours de l'Aulne : 5 heures de Châteaulin à Brest.

circuit

À TRAVERS LA MONTAGNE PELÉE

122 km – Compter une journée

Par beau temps, une belle image de la Bretagne intérieure.

Quitter Huelgoat au Sud en direction de Pleyben.

Dans les monts d'Arrée, la lande s'étend à perte de vue. En fin de journée, ce paysage se teinte d'ocre.

St-Herbot★

L'**église**★, de style gothique flamboyant, apparaît dans un cirque boisé. Au porche du flanc droit est accolé un petit ossuaire Renaissance. Une belle croix-calvaire de 1575, en granit de Kersanton, s'élève au milieu de la place attenante. À l'intérieur, le **chœur** est entouré d'une belle **clôture**★★ en chêne sculpté, surmontée d'une Crucifixion. Les deux tables de pierre, adossées à cette clôture, étaient destinées à recevoir les touffes de crin prises à la queue des bovins et offertes par les paysans pendant le pardon, afin d'obtenir la protection de saint Herbot, patron des bêtes à cornes. À signaler, en outre, les quinze stalles *(relever les sièges)*, richement décorées et adossées à la clôture.

Roc'h Begheor

1/4h à pied. Un sentier parmi les ajoncs mène au sommet culminant à 277 m.

Beau **point de vue**★ sur les monts d'Arrée et les Montagnes Noires.

Détail de la Pietà de Brasparts.

Lannédern

Petit **enclos** paroissial dont la croix à personnages présente, sur la traverse inférieure, saint Édern chevauchant un cerf. Dans l'**église**, on peut voir le tombeau du saint (14e s.) et six bas-reliefs polychromés (17e s.) retraçant sa vie. *(juil.-août : visite guidée sur demande auprès du Syndicat d'initiative de Pleyben. ☎ 02 98 26 71 05).*

Continuer vers Pleyben et, à 1,5 km, tourner à droite.

Brasparts

Planté au sommet d'une colline, ce bourg possède un intéressant **enclos** paroissial du 16e s. Splendide **Vierge de pitié**★ du 16e s. à l'intérieur de l'**église**.

Pour les amateurs de marche à pied : depuis le bourg, suivre les sentiers de randonnée balisés du Méné (11 km) et de Gorre (16 km).

Gagner Pleyben.

Pleyben★★ *(voir ce nom)*

AMATEURS DE VÉLOS
Châteaulin organise en septembre *Le Circuit de l'Aulne*, qui attire les vedettes internationales du sport cycliste.

Châteaulin

Située sur une boucle de l'Aulne, dans la vallée verdoyante et encaissée où coule la rivière canalisée, cette ville est celle des pêcheurs en eau douce. En effet, la marée n'atteint pas Châteaulin ; elle vient mourir, un peu en aval, à Port-Launay où abordent de nombreux navires de plaisance.

Chapelle Notre-Dame – *Accès par la rue Graveran et une rue à gauche, face au cimetière. Juil.-août : ap.-midi sf dim. ; sept.-juin : tlj sf dim. 10h-12h, 16h-19h. Possibilité d'emprunter la clef dans la maison voisine, à la mairie ou au presbytère. ☎ 02 98 86 10 05.*

Cette ancienne chapelle du château apparaît dans un enclos près de maisons du 17e s. L'arc triomphal franchi,

La pêche au saumon

Châteaulin est le centre de la pêche au saumon, qui a toujours figuré dans les armes de la ville. Moins nombreux de nos jours que naguère, ces poissons, remontant la rivière pour frayer, tentent l'escalade de petites chutes d'eau formées par le déversoir des écluses. C'est au-dessous des écluses, sur une distance de 100 m, que se pratique la pêche au lancer, à la mouche, à la cuiller ou au devon (poisson artificiel muni d'hameçons), surtout en mars et avril.

on découvre une croix-calvaire (15e s.) présentant une curieuse scène du Jugement dernier. Remaniée aux 17e et 18e s., restaurée en 1991, la chapelle conserve des vestiges du 13e s. (colonnes, chapiteaux), ainsi que des retables du 17e s.

Emprunter la rive droite de l'Aulne.

Port-Launay

Sur l'Aulne, en aval de Châteaulin dont il est le port. Son long quai permet d'agréables promenades.

Laisser sur la droite la route de Brest et continuer le long de l'Aulne, passer sous le viaduc ferroviaire, à un rond-point prendre à droite et 100 m plus loin à gauche.

Chapelle St-Sébastien

De l'**enclos** du 16e s. subsistent la porte triomphale supportant saint Sébastien et un beau calvaire à personnages, où l'on reconnaît le saint transpercé de flèches.

À voir à l'intérieur

Magnifiques **retables**★ du 17e s., dans le chœur et le transept ; à gauche, des panneaux retracent l'histoire de Lorette petite ville italienne où, de Nazareth, aurait été transportée par des anges, au 13e s., la maison de Marie.

Suivre la petite route qui enjambe la voie ferrée et la voie express Quimper-Brest, puis tourner à gauche en direction de Brest.

Pont-de-Buis-lès-Quimerch

À la sortie de la localité, en contrebas de la route à gauche, se trouve l'importante poudrerie qui a 3 siècles d'existence.

Quimerch★

Table d'orientation. La **vue**, profonde, s'étend du Ménez-Hom à la forêt du Cranou par la rade de Brest et la presqu'île de Plougastel.

Landévennec/Le Faou

Par une petite route dans le Faou, gagner Rumengol.

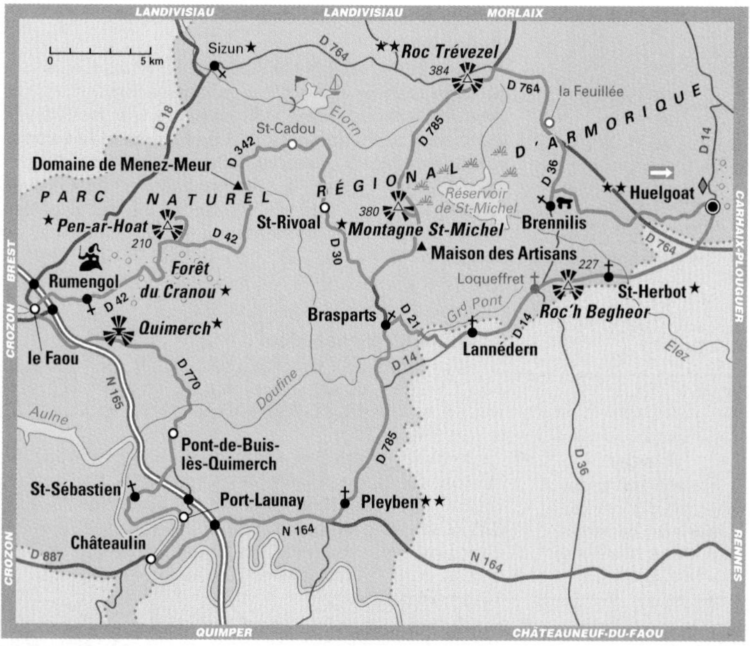
LANDIVISIAU
LANDIVISIAU
MORLAIX
0
5 km
Sizun★
D 764
★★Roc Trévezel
384
D 764
la Feuillée
D 18
St-Cadou
Elorn
D 785
D 342
Domaine de Menez-Meur
PARC NATUREL RÉGIONAL D'ARMORIQUE
D 14
D 36
★★Huelgoat
Réservoir de St-Michel
Brennilis
380
★Montagne St-Michel
★Pen-ar-Hoat
210
D 42
St-Rivoal
D 30
Maison des Artisans
227
D 764
CARHAIX-PLOUGUER
Forêt du Cranou★
Rumengol
D 42
Loqueffret
St-Herbot★
BREST
Quimerch★
Brasparts
D 21
Grd Pont
Roc'h Begheor
D 14
Lannédern
CROZON
le Faou
D 14
Elez
D 770
N 165
Aulne
Doufine
D 785
D 36
Pont-de-Buis-lès-Quimerch
St-Sébastien
Port-Launay
Pleyben★★
N 164
Châteaulin
D 887
N 164
CROZON
RENNES
QUIMPER
CHÂTEAUNEUF-DU-FAOU

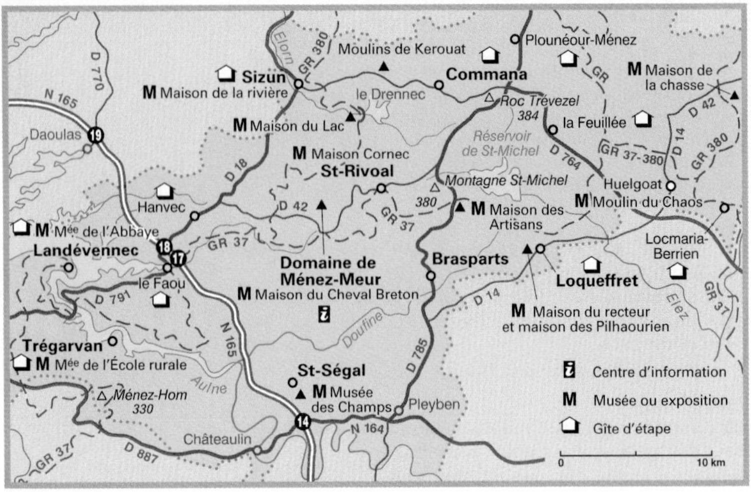
Sizun
M Maison de la rivière
Moulins de Kerouat
Commana
Plounéour-Ménez
M Maison de la chasse
le Drennec
Roc Trévezel
384
la Feuillée
Réservoir de St-Michel
M Maison du Lac
M Maison Cornec
St-Rivoal
Montagne St-Michel
Huelgoat
M Moulin du Chaos
M Maison des Artisans
380
Daoulas
N 165
D 770
D 18
D 42
GR 37
GR 380
GR 37-380
D 764
D 14
Hanvec
M Mée de l'Abbaye
Landévennec
le Faou
D 791
Domaine de Ménez-Meur
M Maison du Cheval Breton
Brasparts
Loqueffret
Locmaria-Berrien
M Maison du recteur et maison des Pilhaourien
Elez
Trégarvan
M Mée de l'École rurale
Douffine
St-Ségal
M Musée des Champs
D 785
Pleyben
Aulne
Ménez-Hom
330
Châteaulin
D 887
N 164
Centre d'information
M Musée ou exposition
Gîte d'étape
0
10 km

Haut-lieu de pardons
Rumengol prend tout son intérêt les jours des pardons. On y vient de toute la Bretagne. Ils sont consacrés à N.-D.-de-Tout-Remède. Le plus intéressant est celui du dimanche de la Trinité. Un autre pardon a lieu le 15 août.

Rumengol

À l'origine de Rumengol, on trouve le roi Gradlon qui, au 5e s., construisit ici une chapelle, au lendemain de la disparition de la ville d'Ys. L'**église** date du 16e s., comme en témoignent son porche Sud et sa magnifique façade en granit de Kersanton, mais elle a subi de notables transformations aux 17e et 18e s. Les deux **retables★** et leurs autels datent de 1686. Au milieu du bourg, au-delà du chevet de l'église, on aperçoit la fontaine miraculeuse de 1792, objet de dévotion lors des pardons.

Forêt du Cranou★

La route, ondulée et sinueuse, traverse la forêt domaniale du Cranou, qui s'étend sur plus de 600 ha. Celle-ci présente de belles et denses futaies de chênes et de hêtres, ainsi que des sous-bois d'ifs et de houx. Aires de pique-nique aménagées.

À la sortie de la forêt du Cranou, tourner à droite vers St-Rivoal ; à l'entrée de Kerancuru, prendre à gauche pour gagner Pen-ar-Hoat-ar-Gorré. Dans le hameau aux vieilles maisons de schiste, tourner à gauche vers Hanvec et immédiatement encore à gauche dans une petite route goudronnée en montée.

Pen-ar-Hoat★

Altitude 217 m. *3/4 h à pied AR. Emprunter le chemin qui longe la ferme et appuyer à gauche en s'orientant sur la ligne des hauteurs ; après être passée entre de petits murs, la montée finit dans les ajoncs.* Le **panorama** se développe sur les montagnes couvertes de landes : au Nord, des collines bordant l'Élorn, à l'Est les hauteurs proches de l'Arrée, au Sud la forêt du Cranou et au loin les Montagnes Noires et le Ménez-Hom, à l'Ouest la rade de Brest.

Revenir à Kerancuru où l'on tourne à gauche et à 3,5 km encore à gauche vers Sizun.

Domaine de Menez-Meur

Juin-sept. : 10h-19h ; vac. scol. (hors été) : tlj sf sam. 10h30-12h, 13h-18h ; oct.-avr. : mer., dim., j. fériés 10h-12h, 13h-18h ; mai : tlj sf sam. 13h30-17h30. Fermé en janv. 20F. ☎ 02 98 68 81 71.

À visiter
Au sein du Parc naturel régional d'Armorique, l'**écomusée des monts d'Arrée** fait revivre la vie rurale d'autrefois.

◀ Ce domaine s'étend sur 420 ha dans un site vallonné. La Maison du Parc présente des expositions sur le Parc naturel régional d'Armorique. Un sentier-découverte *(1h1/2 environ)* serpente parmi les vastes enclos où vivent poneys, moutons, mouflons, sangliers, daims, cerfs et aurochs, tout en faisant connaître la flore propre à cette région.

Par St-Cadou, gagner St-Rivoal.

St-Rivoal

À la sortie du village, sur la route du Faou, à gauche en contrebas, la **maison Cornec**, une fermette de 1702, constitue l'un des éléments, disséminés dans le Parc d'Armorique, d'un musée en plein air consacré aux différents styles de la construction bretonne. Cette petite maison de schiste à très bel escalier extérieur couvert se compose d'une vaste pièce où, d'un côté vivait la famille autour de la grande cheminée, et de l'autre les animaux domestiques. *(juil.-août : 11h-19h ; juin : 14h-18h ; sept. : tlj sf sam. 14h-18h. 18F. ☎ 02 98 68 87 76. Prendre la direction de Brasparts).*

La route se déroule dans un paysage de collines, de vallées verdoyantes et boisées dont la fraîcheur contraste avec l'aridité des sommets rocheux et couverts de landes.

À 5,5 km, tourner à gauche vers Morlaix.

Maison des Artisans

Partie intégrante du Parc régional, elle est installée dans la ferme St-Michel et expose les créations de plus de deux cents artisans bretons. *Avr.-déc. : 10h-19h ; janv.-mars : w.-end et j. fériés 13h-19h. Fermé 1er janv. et 25 déc.*

Poursuivre en direction de Morlaix. Prendre un chemin qui s'ouvre à gauche de la route.

Montagne St-Michel*

Du sommet (alt. 380 m) où se dresse une petite chapelle dont le faîte atteint 391 m d'altitude, **panorama** sur les monts d'Arrée et les Montagnes Noires. Au pied de la montagne s'étend, vers l'Est, un vaste marais tourbeux appelé le Yeun Elez.

L'hiver, sous la brume, le lieu est si lugubre que la légende bretonne y situa le Youdig, gouffre formant l'entrée de l'enfer. On aperçoit au-delà le lac créé par le barrage de St-Michel qui fait partie de la centrale thermique (gaz) des monts d'Arrée, à Brennilis. À droite du lac, sur la pointe rocheuse, remarquer un alignement mégalithique appelé la « noce de pierre ».

La route de Morlaix offre de belles vues sur un paysage de montagne et la cuvette de Brennilis tout en longeant le Signal de Toussaines (Tuchenn Gador).

Orchidée sauvage protégée du marais de Yeun Elez.

Roc Trévezel**

Cet escarpement rocheux (384 m) fait saillie sur la crête et occupe une situation remarquable, pittoresque, dans un décor de véritables montagnes.

Prendre *le sentier (1/2h à pied AR) qui s'amorce à côté du panneau indicateur. Se diriger vers la gauche ; traverser ensuite une petite lande en appuyant à droite et gagner la pointe rocheuse la plus éloignée.* De là, le **panorama**** est

Avec le roc Trévezel, nous touchons à la cime de la Bretagne.

immense. Vers le Nord, le plateau du Léon apparaît ; par temps clair, on distingue la flèche du Kreisker de St-Pol-de-Léon et à l'Est la baie de Lannion ; à l'Ouest, le fond de la rade de Brest ; vers le Sud, la vue porte sur la montagne St-Michel et, au-delà, sur la ligne de forêts des Montagnes Noires.

À hauteur du pylône de Roc-Tredudon, tourner à droite vers Huelgoat et, à 6 km, encore à droite vers Brennilis.

Brennilis

Ce bourg possède une **église** du 15e s. coiffée d'un fin clocher ajouré. À l'intérieur, sept panneaux polychromes (17e s.) du maître-autel et un vitrail (16e s.) du chœur présentent des épisodes de la vie de la Vierge. *Pour visiter, s'adresser au presbytère.*

Revenir à l'entrée de Brennilis et prendre à droite. À 100 m, à droite, un sentier fléché mène à une **allée couverte** en partie enfouie sous un tumulus.

Continuer sur cette petite route qui ramène à Huelgoat.

Auray★

La ville ancienne d'Auray, qui est l'une des huit cités bretonnes à posséder le titre de « ville d'art et d'histoire », attire de nombreux touristes grâce à la calme atmosphère de son port et de son vieux quartier St-Goustan, mais aussi par la proximité du merveilleux golfe du Morbihan.

À Kerléano, face au manoir familial, le mausolée de Cadoudal jouxte un beau parc public. On y accède en voiture par la rue du Verger, puis en suivant les indications.

La situation

Cartes Michelin nos 63 pli 2 ou 230 pli 36 – Morbihan (56). Entre Vannes et Lorient, la ville d'Auray, bâtie sur les rives du Loch ou rivière du même nom, appartient déjà au golfe du Morbihan. 🛈 *place de la République – 56400 – ☏ 02 97 24 09 75.*

Le nom

Dérive peut-être de *Bro Erec'h* qui signifie « pays d'Erec » et auquel appartient Auray.

Les gens

10 323 Alriens ou Alréens. Le plus connu, le plus illustre d'entre eux est Georges Cadoudal, chef de la Chouannerie bretonne (voir ci-dessous).

comprendre

La bataille d'Auray – La ville est célèbre dans l'histoire bretonne par la bataille livrée en 1364 sous ses murs et qui mit fin à la guerre de Succession. Les troupes de Charles de Blois, que secondait Du Guesclin, fidèle au roi de France, occupaient une mauvaise position dans une plaine marécageuse, au Nord d'Auray. Jean de Montfort, cousin de Charles, et les Anglais commandés par Chandos bénéficiaient d'une situation dominante. Contre l'avis de Du Guesclin, Charles attaqua mais fut bientôt défait avant de tomber sous les coups d'un Breton du parti de Montfort.

> « Cette journée n'est pas vôtre, Messire Bertrand, une autre fois, vous serez plus heureux. » C'est à cette invitation du chef anglais que se rendit **Du Guesclin**, héros breton par excellence si l'on en croit les manuels scolaires de notre enfance.

Georges Cadoudal – Fils d'un cultivateur des environs d'Auray, il a 22 ans quand éclate la Chouannerie en 1793. Il s'y jette à corps perdu. Les Vendéens vaincus, il continue la lutte dans le Morbihan. Pris, emprisonné à Brest, il s'évade, reprend sa guérilla et participe à l'affaire de Quiberon. Il en sort indemne, fait sa soumission à Hoche en 1796 et repart en campagne en 1799. Bonaparte offre inutilement au rebelle la grâce et le grade de général. La lutte se termine en 1804 : Cadoudal est allé à Paris pour essayer d'enlever le Premier Consul ; il est arrêté, condamné à mort et guillotiné.

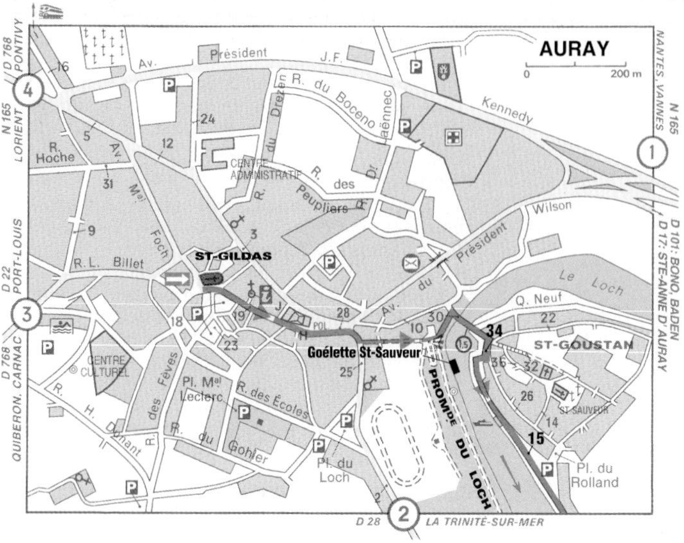
AURAY
0
200 m
N 165 NANTES, VANNES
N 165 LORIENT
D 768 PONTIVY
D 22 PORT-LOUIS
D 768 QUIBERON, CARNAC
D 101: BONO, BADEN
D 17: STE-ANNE D'AURAY
D 28
LA TRINITÉ-SUR-MER
ST-GILDAS
Goélette St-Sauveur
ST-GOUSTAN
PROMde DU LOCH
CENTRE CULTUREL
CENTRE ADMINISTRATIF
Le Loch
Q. Neuf
Kennedy
Wilson
Président
Pl. du Loch
Pl. du Rolland
R. Hoche
R. L. Billet
Pl. Mal Leclerc
R. des Écoles
R. du Gohler
R. des Peupliers
R. du Boceno
POL

Église St-Gildas
Goélette St-Sauveur
Promenade du Loch

carnet pratique

Où dormir

• Valeur sûre

Les Chaumières de Cahire – *Hameau de Cahire – 7 km rte de Vannes, sortie Plougoumelen puis dir. Cahire – ☎ 02 97 57 91 18 – fermé 1er janv. au 10 fév. et jeu. hors sais. – ⌿ – 4 ch. : 290/400F.* Le calme et le confort de ces trois chaumières, situées dans un hameau classé, vous séduiront sans aucun doute. L'une d'elles abritait autrefois l'ancien four à pain. Les petits-déjeuners sont servis dans la belle cuisine devant la cheminée.

Où se restaurer

• À bon compte

Crêperie la Frégate – *11 r. du Petit-Port (au port de St-Goustan) – ☎ 02 97 50 71 95 – fermé 15 j. en janv., 15 j. en oct. – ⌿ – 55F.* Après avoir jeté l'ancre au vieux port, gravissez la ruelle pour rejoindre cette maison à colombages et vous remplir la cale de crêpes devant sa cheminée. Les chineurs feront en plus escale chez le brocanteur voisin pour dénicher quelques trouvailles.

• Valeur sûre

Closerie de Kerdrain – *20 r. L.-Billet – ☎ 02 97 56 61 27 – fermé 1er au 14 mars, 15 nov. au 1er déc., vac. de fév. et lun. – 180/450F.* Cette maison de maître située dans un jardin est fort appréciée de la clientèle locale. Il faut dire que sa terrasse d'été et ses salons, au confort cossu, sont agréables et font sûrement beaucoup pour le succès de ce restaurant à la cuisine classique.

Le golfe du Morbihan en bateau

Cette agréable excursion permet de remonter la **rivière d'Auray★** jusqu'au Bono et de faire le tour du golfe qu'il est impossible de découvrir aussi merveilleusement lorsqu'on en fait le tour en voiture. *De mi-mai à mi-sept. S'adresser à NAVIX. ☎ 02 97 46 60 00.*

se promener

Église St-Gildas★

Cet édifice du 17e s., avec porche Renaissance, possède un très beau **retable★** en pierre et marbre de 1664 attribué à Olivier Martinet. Il faut aussi remarquer les boiseries 18e dans les chapelles latérales ainsi qu'un élégant buffet d'orgue du facteur alréen Waltrin (1761).

Promenade du Loch★

En descendant vers le port par la rampe, on profite d'une très jolie **vue** sur le port, le quartier St-Goustan et la rivière d'Auray que franchit un vieux pont de pierre. Minutieusement reconstituée à partir d'une coque

À VOIR

Près du vieux pont à éperons, remarquer le pavillon d'En-bas, belle demeure du 16e s.

ancienne, la **goélette St-Sauveur** présente la vie portuaire de St-Goustan au siècle dernier à travers des dioramas sonorisés, agrémentés de nombreuses maquettes. Une présentation des outils des charpentiers de marine permet d'évoquer les techniques de construction. *D'avr. à fin sept. : 10h-19h, juil.-août : nocturne. 20F. ☏ 02 97 56 63 38.*

Quartier St-Goustan★

Ce petit port charmant, très animé en soirée, a su conserver, place St-Sauveur et dans les ruelles montantes parfois entrecoupées de larges marches, de belles maisons du 15e s. et les pavés bombés qui datent de l'époque où St-Goustan était le troisième port breton.

Le quai Benjamin-Franklin rappelle qu'en 1776, pendant la guerre d'Indépendance, l'illustre Américain, chargé de négocier un traité avec la France, débarqua à Auray, des vents contraires ayant empêché son navire, le *Reprisal*, de remonter jusqu'à Nantes. La maison où il logea, au n° 8, porte une plaque commémorative.

Très important au 16e s., le port de St-Goustan est aujourd'hui un havre de paix où il fait bon s'installer en terrasse.

circuit

LE PAYS ALRÉEN

23 km – Environ 3h

Quitter Auray par l'avenue du Général-de-Gaulle.

Chartreuse d'Auray

D'avr. à fin oct. : visite guidée (1/2h) tlj sf mar. 14h30-17h (dernier dép. à 16h30). Fermé de fin août à déb. sept. Gratuit. ☏ 02 97 24 27 02.

Sur le champ de bataille où il triompha de Charles de Blois, Jean de Montfort, devenu le duc Jean IV, fit élever une chapelle et une collégiale transformée en chartreuse de 1482 à 1790. La chapelle funéraire (début 19e s.) renferme les restes d'émigrés et de Chouans fusillés en 1795 (au centre, le mausolée en marbre blanc porte 953 noms).

Champ des Martyrs

Une chapelle en forme de temple grec et édifiée en 1828 grâce à la duchesse d'Angoulême s'élève à l'emplacement où furent exécutés et ensevelis les émigrés et les Chouans.

Suivre la route de Ste-Anne-d'Auray.

La route longe le marais de Kerzo, à droite, où se déroula la bataille d'Auray, le 29 septembre 1364.

À 500 m, prendre à gauche la direction de St-Degan.

St-Degan

Dans le hameau, dominant la vallée encaissée du loch, l'**écomusée** comprend un village de chaumières restaurées et meublées à l'ancienne (meubles du Bas-Vannetais) restituant le hameau tel qu'au 17e s. *Juil.-août : 10h-19h ; avr.-juin et sept. : 14h-17h30 ; oct.-avr. : w.-end 14h-17h30. 26F. ☏ 02 97 57 66 00.*

Gagner Brech et tourner à droite.

OÙ SE RESTAURER

L'Auberge – *56400 Ste-Anne-d'Auray, ☏ 02 97 57 61 55 – fermé 15 nov. au 5 déc., vac. de fév., mar. (sf été et le midi de Pâques à oct.) et mer. – 90/350F.* Derrière sa façade fleurie, cette auberge de village sert une cuisine généreuse inspirée des plats du terroir. Rondement menée par un jeune couple accueillant, elle propose en plus quelques chambres proprettes. Bon rapport qualité/prix, menu-enfant.

Ste-Anne-d'Auray*

C'est le pèlerinage breton par excellence. Le 7 mars a lieu le premier pardon ; puis de Pâques au Rosaire (le 1er dimanche d'octobre) se déroulent des pèlerinages paroissiaux, en particulier le mercredi et le dimanche, de fin avril à fin septembre. Le pardon de Sainte-Anne du 26 juillet est le plus suivi avec celui du 15 août et du Rosaire.

En 1623, sainte Anne apparaît à un laboureur, Yves Nicolazic, et lui demande de relever une chapelle qui lui avait été autrefois consacrée sur le terrain qu'occupe un de ses champs. Le 7 mars 1625, Yves déterre, à l'endroit indiqué, une ancienne statue de sainte Anne. Une église y est élevée dès 1625. La basilique actuelle, de style Renaissance, l'a remplacée à la fin du 19e s.

Bannière de pardon : sainte Anne naturellement à l'honneur.

Basilique – Elle a été édifiée de 1866 à 1872 pour remplacer la chapelle du 17e s.

Trésor* – Situé dans le cloître, il est constitué d'objets ayant trait au culte de sainte Anne. On y voit notamment une relique de la sainte offerte par Anne d'Autriche, en remerciement de la naissance de Louis XIV, des orfèvreries, le manteau de l'ancienne statue et, dans une vitrine centrale, des ornements donnés par la reine. Une galerie d'art breton renferme des statues anciennes du 15e au 19e s. ♿ *De déb. mars à déb. oct. : 10h-12h, 14h30-18h, dim. et j. fériés 14h30-18h. 10F.* ☎ *02 97 57 68 80.*

À DÉTAILLER
Les nombreux ex-voto et reconnaissances à sainte Anne : du bijou précieux aux simples chaussons d'enfant.

Scala Sancta – Le double escalier de cette ancienne porte d'entrée du parvis est monté à genoux par les pèlerins.

Fontaine miraculeuse – Formée d'une piscine et d'une colonne ornée de vasques, coiffée de la statue de sainte Anne.

Monument aux Morts – Il fut élevé grâce à une souscription faite dans toute la Bretagne à la mémoire des 154 000 soldats et marins bretons morts pendant la Première Guerre mondiale. Il est devenu le Mémorial des victimes de guerre du 20e s. De l'autre côté de la route, un cimetière militaire franco-belge rassemble les restes de 1338 soldats.

Historial de sainte Anne – Cette rétrospective présente la vie de Yves Nicolazic et l'histoire du pèlerinage. ♿ *8h-19h. 20F.* ☎ *02 97 57 64 05.*

Musée du Costume breton – C'est l'occasion d'apprécier une belle collection de poupées habillées en costumes bretons et deux bateaux miniatures offerts en ex-voto. *À droite de l'enceinte du monument aux Morts. De mars à fin oct. : 10h-12h, 14h-18h. 10F.* ☎ *02 97 57 68 80.*

LE COMTE DE CHAMBORD
Henri de Bourbon, duc de Bordeaux et comte de Chambord (1820-1883), devint, après la mort de Charles X, le prétendant légitimiste au trône de France, sous le nom de Henri V. Au début de la IIIe République, il faillit renverser le régime.

Maison de Nicolazic – Sainte Anne y apparut au paysan (oratoire et meubles anciens du pays d'Auray du 17e s). ♿ *De Pâques à fin oct. : 9h-19h. Gratuit.* ☎ *02 97 57 68 80.*

Monument du comte de Chambord – *En direction de Brech, sur la gauche à environ 500 m du bourg.* Ce monument fut érigé en 1891. Chaque année, pour la Saint-Michel, partisans et amis venaient en pèlerinage à Ste-Anne. Les représentations de Bayard, Du Guesclin, sainte Geneviève et sainte Jeanne d'Arc encadrent la statue du petit-fils de Charles X.

Pluneret

Dans le cimetière, en bordure de l'allée centrale, à droite, se trouvent les sépultures de Sophie Rostopchine, comtesse de Ségur, l'auteur bien connu de livres pour la jeunesse, et de son fils, Mgr Louis-Gaston de Ségur.

Continuer en direction du Bono et à 2 km tourner à gauche vers Ste-Avoye.

Ste-Avoye

Au milieu de pittoresques chaumières se dresse une jolie **chapelle** Renaissance à la belle **charpente*** en carène de bateau renversée. *(visite guidée 10h-12h, 15h-17h30, lun. 15h-17h30.* ☎ *02 97 24 02 94).*

Le jubé* de Ste-Avoye en chêne sculpté et peint représente les apôtres (côté nef) et les Vertus (côté chœur), entourées de saint Fiacre et saint Laurent à gauche, de saint Yves entre le riche et le pauvre à droite.

Reprendre vers Ste-Anne-d'Auray et tourner à gauche pour regagner Auray.

La Baule☼☼☼

La Baule, qui s'enorgueillit du titre de « plus belle plage d'Europe », étend au Sud de la Bretagne sa longue plage de sable parfaitement arrondie. Sports nautiques, tennis, casino et golf font de cette station l'une des plus courues de la côte Atlantique.

La situation

Cartes nos 63 pli 14 ou 230 plis 51, 52 - Loire-Atlantique (44). Entre Le Pornichet et Le Pouliguen, la station est enserrée entre l'océan et les marais salants de Guérande. À l'Est, La Baule-les-Pins a gardé un caractère un peu plus traditionnel. *8 place de la Victoire - 44504 - ☎ 02 40 24 34 44.*

Le nom

Il vient du mot bol, qui fut donné aux petites dunes que le vent formait ici avant qu'on ne transforme le lieu en station balnéaire en 1879.

Les gens

14 845 Baulois, dont Marc Pajot, vainqueur de la route du Rhum en 1982.

se promener

L'ancien bourg d'**Escoublac** est enseveli sous les dunes qui furent fixées dès 1840 par 400 ha de pins maritimes.

Front de mer★

Protégée des vents par les pointes de Penchâteau à l'Ouest et de Chémoulin à l'Est, cette élégante promenade bordée d'immeubles modernes s'étire sur près de 7 km entre Pornichet et Le Pouliguen. Malheureusement, les villas début de siècle qui faisaient l'âme de la station n'ont pas beucoup résisté aux charmes maléfiques des promoteurs.

La Baule-les-Pins☼☼

La Baule est prolongée, à l'Est, par cette station, née en 1930, au milieu des bois, et dont l'allée Cavalière mène à la forêt d'Escoublac. Près de la place des Palmiers, le **parc des Dryades★** tracé à l'anglaise est riche en arbres de toutes les essences et présente de beaux parterres fleuris

Pornichet☼

Village de paludiers, Pornichet devient, dès 1860, une station à la mode. Des éditeurs parisiens la fréquentent, parmi eux Camille Flammarion. Deux quartiers bien distincts : le Vieux-Pornichet, actif toute l'année, et Pornichet-les-Pins, au Nord-Ouest, dont les belles villas disséminées dans la verdure s'animent en été. Tracé

100698
PICARD

La Baule et ses voisines forment en été une longue chaîne humaine de près de 9 km.

Où dormir

• *Valeur sûre*

Hôtel la Closerie – *173 av. du Mar.-de-Lattre-de-Tassigny – ☎ 02 51 75 17 00 – fermé 1er au 15 déc. et 6 janv. au 14 fév. – P – 15 ch. : 270/400F – ☕ 40F.* Sur la route du Croisic, dans un secteur plutôt résidentiel, ce pavillon fleuri cache une piscine derrière sa façade. Fréquenté par une clientèle d'habitués qui apprécient son ambiance familiale et son cadre propret, c'est une petite halte sympathique.

Hôtel Marini – *22 av. G.-Clemenceau – ☎ 02 40 60 23 29 – 33 ch. : 326/385F – ☕ 42F – restaurant 108F.* Sis dans un petit immeuble à colombages, près de la gare, cet hôtel a été aménagé avec soin par ses propriétaires qui lui ont peu à peu donné une âme. Ses chambres sont proprettes et la petite piscine installée à l'intérieur de l'hôtel est un plus. Le restaurant est réservé aux résidents.

Villa Flornoy – *7 av. Flornoy, à Pornichet (près de l'hôtel de ville) – ☎ 02 40 11 60 00 – fermé vac. de Toussaint à vac. de fév. – 21 ch. : 390/530F – ☕ 42F – restaurant 120/145F.* Avec son amusante façade des années 1920, cet hôtel entièrement rénové à l'intérieur a gardé son charme un rien désuet... Dans ses chambres, le mobilier ancien personnalise le décor tandis que le joli jardin reste un bel atout de cette maison tranquille.

Hôtel Beau Rivage – *11 r. J.-Benoit, au Pouliguen – ☎ 02 40 42 31 61 – fermé 2 nov. au vac. de fév. – P – 65 ch. : 350/420F – ☕ 42F – restaurant 120/250F.* Les pieds dans le sable, cet hôtel moderne ouvre les baies de sa salle à manger sur la plage et la mer. Préférez les chambres du bâtiment principal : meublées de bambou, elles sont claires et récentes.

• *Une petite folie !*

Castel Marie-Louise – *1 r. Andrieu – ☎ 02 40 11 48 38 – fermé 3 janv. au 11 fév. – P – 31 ch. : à partir de 1300F – ☕ 105F – restaurant 240/480F.* Une étape séduisante de La Baule : dans une ancienne maison particulière, les chambres luxueuses, tendues de tissus fleuris, ouvrent leurs fenêtres sur un parc tranquille. À quelques pas de la mer, cet hôtel est aussi une halte étoilée... Tennis.

Saint Christophe – *Pl. Notre-Dame – ☎ 02 40 60 35 35 – P – 32 ch. : à partir de 510F – ☕ 45F – restaurant 125/190F.* Trois jolies villas 1900 dans un quartier résidentiel. Couleurs vives, tableaux et baies vitrées composent le décor du restaurant. Tentures, meubles anciens et bibelots rares créent une ambiance feutrée et raffinée dans les chambres. Prix attractifs hors saison.

Où se restaurer

• *À bon compte*

Crêperie La Galette de Plonéour – *66 av. du Gén.-de-Gaulle – fermé oct. à Pâques sf vac. scol. et w.-ends – 40/80F.* Quel bonheur de dénicher cette salle typiquement bretonne fleurant bon le passé dans la grande rue commerçante de La Baule. Vous pourrez y voir la préparation des crêpes traditionnelles qui sont réalisées sous vos yeux. Prix doux pour la station.

Les Halles – *194 av. du Mar.-de-Lattre-de-Tassigny – ☎ 02 40 60 23 02 – fermé 2 au 8 janv., mer. soir et jeudi hors sais. – 95/180F.* Après avoir flâné sur le marché baulois, attablez-vous dans ce bar marin pour manger quelques huîtres ou déguster un plateau de fruits de mer arrosé d'un muscadet bien frais. En été, la terrasse bien isolée derrière la maison a beaucoup succès.

• *Valeur sûre*

La Croisette – *31 pl. du Mar.-Leclerc – ☎ 02 40 60 73 00 – 120/220F.* L'illusion cannoise est presque parfaite dans ce restaurant à l'ambiance méditerranéenne avec ses belles boiseries et son mobilier bateau. Grande carte de salades, fruits de mer, grillades, pâtes et pizzas ; bar et glacier l'après midi. Belle terrasse.

Le Garde Côte – *1 jetée du Port, au Pouliguen – ☎ 02 40 42 31 20 – 120/165F.* Emplacement unique à l'extrémité de la jetée du port jouissant d'une vue imprenable sur la baie de La Baule. Architecture originale imitant les deux ponts arrière d'un paquebot, à la façon du Titanic... Mais, n'ayez crainte, celui-ci ne bouge pas !

Loisirs

La plage – Rien que pour La Baule, on compte une vingtaine de clubs de plage. Si vous voulez louer une cabine de plage (à la journée, à la semaine ou au mois) ou un simple transat, adressez-vous au concessionnaire dont le bureau se situe à hauteur de l'avenue De-Gaulle. La pratique du char à voile y est interdite du 15 mai au 15 septembre et durant les vacances scolaires.

Club Holywind – *Espl. François-André, ☎ 02 40 60 51 96. Avr.-oct. : tlj 9h-18h.* Ce centre nautique organise des stages de voile et loue dériveurs, catamarans, planches à voile, chars à voile, et kayaks.

Forum Voile Pajot – *Bd. des Océanides, à Pornichet, ☎ 02 40 61 44 44. Fév.-nov. hors vac. scol. : mer.-dim. 10h-19h. Vac. scol. : tlj 10h-19h.* L'un des principaux centres nautiques de la région. Stages et locations de dériveurs, planches à voile, chars à voile (excepté en juillet et août), et kayaks.

Piscine municipale – *5 av. Honoré-de-Balzac, ☎ 02 40 60 09 70. Bassin couvert : tlj 13h15-19h sf mar. et ven. 20h-22h. Bassin extérieur : tlj 9h-19h, sauf mar. et ven. 20h-22h. Plongeoir-pataugeoire : 10h-19h.* L'Aquabaule est un complexe de bains équipé d'un bassin extérieur d'eau de mer de 50 m, d'un bassin couvert de 25 m, d'une fosse de plongée, et d'un toboggan de 126 m entièrement couvert.

Louer un vélo – Chez Michel Chaillou, *3 place de la Victoire* (en face de l'Office de tourisme) ou au Grand Bi, *237 av. du Mar.-de-Lattre-de-Tassigny* (près du marché).

Équitation – Manège des Platanes, *23 avenue Louis,* ☏ *02 40 60 37 37*, et Centre Équestre, *5 avenue Rosières,* ☏ *02 40 60 02 80*. Sachez que l'accès à la plage est possible du lever du soleil à 9h et de 20h au coucher du soleil (du 1er octobre au 31 mai, l'accès est libre).

Aéroclub de la Côte d'Amour – *Aérodrome d'Escoublac,* ☏ *02 40 60 23 84. Ouv. tte l'année*. Ce club organise des baptêmes de l'air en avion, en ULM et en hélicoptère. Le Club-house possède un bar confortable, plutôt convivial.

Golf international de La Baule – *À St-Denac, près de St-André-des-Eaux,* ☏ *02 40 60 46 18*. Très chic. Son parcours à 27 trous est très réputé. De grandes compétitions s'y déroulent régulièrement.

Sortir

Le Bidule – *122 avenue Mazy, à Pornichet.* Les « voileux » s'y donnent rendez-vous. En été, une cohue indescriptible vient boire un (des) verre(s) de banyuls sur un simple fût en guise de table tout en évoquant la journée passée en mer et bien d'autres choses encore.

Le Bar'ouf – *3 allée des Houx,* ☏ *02 40 60 52 81. Pdt. vac. scol. : tlj 22h-4h. Hors vac. scol. : ven.-sam. 22h-4h*. Ce bar branché, au décor sobre et moderne, appartient à l'acteur Gérard Lanvin. C'est une maison sérieuse, pour faire sérieusement la fête, fréquentée par de jeunes BCBG qui dansent sur une play-list éclectique. Carte variée.

Ship-Inn – *18 av. du Général-de-Gaulle,* ☏ *02 51 75 04 82*. Ce bar branché, au design métallique et aux tendances avant-gardistes, appartient au groupe Lucien Barrière, propriétaire du casino, de l'Hermitage, du centre de thalasso et du Tennis Country Club.

Casino – *Espl. Lucien-Barrière,* ☏ *02 40 11 48 28. Dim.-jeu. 10h-3h, ven.-sam. 10h-4h*. Ce casino comprend 200 machines à sous, une salle de jeux traditionnels, un bar, un restaurant et une discothèque. On y organise fréquemment des soirées.

Achats

Confiserie Manuel – *2 à 4 av. du Général-de-Gaulle,* ☏ *02 48 60 28 66. Fév. à mi-nov. : tlj 9h30-12h30, 14h30-19h30*. Manuel est le confiseur qui a inventé la célèbre niniche, sorte de sucette molle qui se décline en 21 parfums différents. C'est une véritable institution locale ! Clou du spectacle, les sucettes sont préparées devant vous.

dans des marais asséchés, l'hippodrome de la côte d'Amour accueille quelques courses en été. Enfin le **boulevard des Océanides** borde la plage et mène au port de plaisance en eau profonde qui peut accueillir plus de mille bateaux.

Le port de plaisance et de pêche du Pouliguen.

Le Pouliguen☼

Séparé de La Baule par un étier, ce port aux rues étroites est devenu un séjour balnéaire à la mode en 1854, lancé par des littérateurs tels Louis Veuillot et Jules Sandeau. Une plage abritée et un bois de 6 ha font du Pouliguen une halte bien agréable.

Chapelle Ste-Anne-et-St-Julien – *Pl. Mgr-Freppel*. Près d'un calvaire rustique, cette chapelle gothique abrite une **statue de sainte Anne** (16e s.) ; le vitrail du chœur représente saint Julien. Au revers de la façade, de part et d'autre du porche, on verra deux intéressants **bas-reliefs** (le Couronnement de la Vierge et l'Adoration des Rois mages). *De juil. à fin sept. : 10h-12h, 14h-19h.*

La Côte sauvage★

Longée par une route et des sentiers de promenade, elle présente depuis la pointe de Penchâteau des à-pics rocheux s'ouvrant sur des baies sablonneuses et de nombreuses grottes accessibles à marée basse, en particulier celle des Korrigans, petits lutins des légendes bretonnes. La Bretagne géographique débute ici.

Bécherel

Ancienne châtellenie dont subsistent quelques vestiges et de vieilles maisons en granit, Bécherel, qui filait jadis le plus beau lin de Bretagne, est devenue depuis quelques années la « cité du livre ». Elle compte également parmi les 19 cités de caractère bretonnes. C'est la plus haute d'Ille-et-Vilaine, et, du jardin du Thabor, la vue s'étend vers Dol, Dinan et Combourg.

La situation
Cartes Michelin nos 59 pli 16 ou 230 pli 25 – Ille-et-Vilaine (35). Entre Rennes et Dinan, en plein Argoat, par les D 27 et 68, ou la D 20 en venant de l'autoroute.

Le nom
De *bec*, pointe en gaulois, et *erel*, sommet en vieux breton. Le bourg est en effet bâti sur une colline à 176 m d'altitude.

Les gens
660 Bécherelais. En 1989, faisant suite aux villages gallois de Hay-on-Wye et belge de Redu, Bécherel est devenue la première cité française du livre. Dix ans plus tard, le bourg comptait 17 librairies et autant de métiers d'artisanat liés au livre, de quoi attirer la curiosité des flâneurs.

Le marché aux livres de Bécherel se tient le 1er dimanche de chaque mois : 40 000 visiteurs par an !

alentours

Château de Caradeuc
1 km à l'Ouest. ♿ De fin mars à mi-sept. : 10h-19h ; de mi-sept. à fin oct. : 14h-18h ; de nov. à fin mars : w.-end 14h-18h. 15F. ☏ 02 99 66 77 76.
Cette ancienne demeure du célèbre procureur général Louis-René, marquis de Caradeuc de La Chalotais (1701-1785) est entourée d'un très beau **parc★** peuplé de monuments et de statues inspirés de l'histoire et de la mythologie.

LIRE LA NUIT
La « nuit du livre » – Le 2e samedi du mois d'août, elle est l'occasion d'animations au cours desquelles les librairies de Bécherel restent ouvertes.

Château de Hac
8 km au Nord par la D 68 puis à gauche par la D 26, et encore à gauche par la D 39, puis longer le Quiou. Juil.-août : visite guidée (3/4h) tlj sf sam. 14h-19h ; juin et sept. : dim. 14h-19h. Fermé j. fériés. 20F. ☏ 02 96 83 43 06.
Résidence seigneuriale du 14e s., ce manoir nous est parvenu à ce jour sans grande transformation. Beau mobilier gothique et Renaissance, en particulier une intéressante collection de coffres, pour la plupart bretons.

Église des Iffs★
7 km au Sud-Est par la D 27. Elle garde jalousement neuf belles **verrières★** inspirées des écoles hollandaise et italienne (16e s.) : scènes de la Passion (chœur), enfance du Christ (chapelle à gauche), histoire de Suzanne (chapelle à droite). *Pâques-Toussaint : dim. 14h-18h ; Toussaint-Pâques : prendre la clé au bar et à la mairie lun. ☏ 02 99 45 83 85.*

Château de Montmuran★
À 800 m au Nord des Iffs. Juin-sept. : visite guidée (1/2h, dernière entrée 1/2h av. fermeture) tlj sf sam. 14h-19h ; oct.-mai : sur demande. Fermé 1er janv. et 25 déc. 25F. ☏ 02 99 45 88 88.
Un pont-levis enjambant des douves et précédant une étroite porte d'entrée défendue par une herse qu'encadrent deux grosses tours rondes à mâchicoulis. Vous voici en plein Moyen Âge ! Au revers du châtelet (14e s.), un escalier mène à la chapelle où Du Guesclin aurait été armé chevalier en 1354 après un combat livré aux Anglais. Il y épousa plus tard, en secondes noces, Jeanne de Laval.

SŒUR ANNE... NE VOIS-TU RIEN VENIR ?
Du sommet des tours (84 marches) se dégage un vaste panorama sur Hédé et Dinan.

Tinténiac
8 km à l'Est de Bécherel, par la D 279. Sur les bords du canal dans un bâtiment en bois, le **musée de l'Outil et des Métiers** fait revivre de vieux métiers. *♿ De juil. à fin sept. : 10h30-12h, 15h-18h, dim. et j. fériés 15h-18h. 10F. ☏ 02 99 68 02 03.*

Hédé
5 km au Sud de Tinténiac. Au lieu-dit la Madeleine. Passer le pont sur le canal, tourner immédiatement à gauche. Parc de stationnement à proximité de la maison de l'éclusier. Le jeu des **Onze Écluses**, trois en amont du pont, huit en aval, a été installé sur le canal d'Ille-et-Rance, appelé aussi Manche-Océan ; il permet de franchir une dénivellation de 27 m. L'ancien chemin de halage est une promenade très agréable dans ce joli site.

Le dieu Pan et sa vigne peut-être vierge... au cœur du plus vaste parc de Bretagne, celui de Caradeuc.

Belle-Île★★★

Son nom est déjà une invitation très prometteuse. Sur place, on cherche les superlatifs. Des vallons entaillant de hauts rochers pour aboutir à des plages ou des ports, des champs alternant avec des ajoncs, des maisons blanchies à la chaux entourées de grasses prairies, telle est Belle-Île, offerte aux amoureux des promenades et des randonnées équestres.

La situation

Carte nos 63 plis 11, 12 ou 230 plis 48, 49 – Morbihan (56). Belle-Île est un plateau schisteux culminant à 63 m, long de 17 km et large de 5 à 10 km. *Quai Bonnelle, Le Palais – 56360 – ☎ 02 97 31 81 93.*

Le nom

Vers 1050, on l'appelait déjà *Bella Insula*, qui est la version latine de son nom actuel.

Les gens

4 489 Bellilois. Nicolas Fouquet (1615-1680) en fut, et plus près de nous, Sarah Bernhardt aima y séjourner.

comprendre

Un écureuil peu économe

Les armes du surintendant des Finances de Louis XIV comportent en effet un écureuil dont l'appellation ancienne était « fouquet », avec la devise *Quo non ascendet* qui est traduite par « Jusqu'où ne montera-t-il pas ? ».

Fouquet, marquis de Belle-Île – Le surintendant Fouquet achète l'île en 1658, complète les fortifications et fait placer 50 canons. Ses immenses richesses lui permettent même d'avoir une flotte personnelle dont le navire-amiral est le « *Grand Écureuil* ». Cette politique audacieuse, s'ajoutant à la jalousie de Colbert et aux blessures d'orgueil infligées à Louis XIV, le conduit à sa perte. À Nantes, où la cour est en déplacement (1661), d'Artagnan le saisit, comme il sort du château, et le conduit à Vincennes.

Un rocher fortifié – Belle-Île a été maintes fois attaquée par les Anglais et les Hollandais, car c'est la seule île entre la Manche et la Méditerranée qui possède de l'eau douce en abondance. Prise deux fois par les Anglais (1572, 1761), elle reste occupée jusqu'au traité de Paris (1763) qui la rend à la France. Elle a gardé un système défensif fort développé : la citadelle du Palais fortifiée par Vauban et plusieurs redoutes jalonnent encore la côte.

Bretons et Canadiens – En 1766, soixante-dix-huit familles canadiennes viennent s'établir dans l'île. Ces descendants de colons français vivaient en **Acadie** depuis le début du 17e s., mais après que les Anglais eurent pris possession de cette province (1713) qui devint la Nouvelle-Écosse, les Acadiens furent contraints à la déportation (c'est le Grand Dérangement de 1755). Installés par Louis XV à Belle-Île, ils y introduisent notamment la pomme de terre.

La quiétude du port du Palais n'est pas une légende. Cette réalité est à moins d'une heure du continent.

Accès à l'île

Dép. quotidien de Quiberon vers Le Palais (3/4h, 5 à 12 rotations par j., suivant la période). 105F AR (janv.-mai et oct.-déc.), 110F AR (juin-sept.). Société morbihannaise et nantaise de navigation. ☎ 02 97 31 80 01.

Où dormir

• *Valeur sûre*

Apothicairerie – *56360 L'Apothicairerie – ☎ 02 97 31 62 62 – P – 38 ch. : 350/630F – ☕ 55F – restaurant 84/180F.* Sur la falaise de la roche percée, cet hôtel moderne, qui ne brille pas par ses qualités esthétiques, est pourtant admirablement situé. Ses chambres claires, meublées de bois cérusé, vous permettront de goûter en toute quiétude au calme remarquable du site.

• *Une petite folie !*

Désirade – *à Bangor – Rte de Port-Goulphar – 56360 Le Palais – ☎ 02 97 31 70 70 – fermé 16 nov. au 31 janv. sf Noël-jour de l'An – P – 24 ch. : 680F ☕ 70F – restaurant 200F.* Ses petites maisons roses aux volets bleus entourent la piscine. Ses chambres, installées dans trois des quatre maisons, sont assez grandes, confortables. Vous profiterez de la douceur de l'île sur la belle terrasse du restaurant, le soir uniquement. Pas de déjeuner.

Chambres d'hôte Hostellerie La Touline – *R. de Port Vihan – 56360 Sauzon – ☎ 02 97 31 69 69 – 5 ch. : 550F.* Escale agréable assurée dans cette maison de pêcheur. Derrière sa façade rose, ses chambres coquettes aux noms évocateurs (Bretagne, Capitaine, Zanzibar...) sont joliment décorées de meubles anciens et bibelots. Une véranda donne sur son jardin de curé.

Où se restaurer

• *À bon compte*

Le Comptoir – *quai Gerveur – 56360 Sauzon – ☎ 02 97 31 62 81 – fermé janv., mars, 11 nov. au 20 déc. – 85/120F.* Après une promenade iodée, faites le plein d'énergie en savourant à toute heure moules et huîtres dans ce joli bistrot marin ou sur sa terrasse, face aux quais. Pour un repas plus élaboré, attablez-vous au Café de la Cale, son voisin et sa maison mère.

Crêperie chez Renée – *rte de Port-Kérel (derrière l'église) – ☎ 02 97 31 52 87 – fermé janv. et en sem. d'oct. à Pâques sf vac. scol. – 40/70F.* Blottie dans les champs, cette ancienne ferme ressemble à une maison de poupée avec ses deux salles très colorées et sa charmante petite terrasse arborée. Pensez à réserver, car les crêpes ont bonne réputation depuis les débuts... il y a plus de 20 ans !

Le Perroquet Vert – *rte de Bangor : 1 km – 56360 Le Palais – ☎ 02 97 31 32 50 – fermé déc. à mi-janv., mer. sf vac. scol. et dim. – 100/140F.* Belles tartes salées, salades, plat du jour et desserts frais : vous vous régalerez dans cette maison aux couleurs vives. En plus de la petite salle genre bistrot, un espace jeux est prévu pour les enfants et une terrasse pour l'été. Vente à emporter.

La Saline – *rte de Port-Coton – ☎ 02 97 31 84 70 – fermé en sem. hors sais. sf vac. scol. – 94/198F.* Au bout du port, arrêtez-vous dans cette maison de pêcheur à la façade blanche et bleue pour vous attabler et déjeuner simplement dans l'une de ses petites salles aux accents marins. À la belle saison, la terrasse sous le toit domine le jardin miniature.

• *Valeur sûre*

Roz Avel – *Derrière l'église – 56360 Sauzon – ☎ 02 97 31 61 48 – fermé 5 janv. au 29 fév. et mer. – 105F.* Derrière l'église, cette ancienne maison de pays est charmante avec sa terrasse qui s'installe dehors dès les premiers rayons de soleil. Fort appréciée des îliens qui aiment bien également s'attabler dans sa petite salle, il est prudent de réserver.

Où boire un verre

Bar du Castel Clara – *R. du Port-Goulphar, ☎ 02 97 31 84 21. Mi-fév à mi-nov. : tlj. 8h-0h.* Ce bar de standing – que prisait fort François Mitterrand – offre une belle vue sur la longue échancrure du port naturel de Goulphar.

L'Étoile du Port – *9 quai Vauban, ☎ 02 97 31 80 25. Sept.-juin : lun.-sam. 6h30-20h, dim. 8h30-13h. Juil.-août : lun.-sam. jusqu'à 1h.* Reconnaissable à son balconnet, ce bar (et PMU) bellilois fourmille de pêcheurs venus vider un godet entre deux marées. Sans qu'on les y force, ils déclarent abandonner volontiers le Goéland (situé en face) aux Parisiens... Concerts de musique bretonne.

Le Goéland – *3 quai Vauban, ☎ 02 97 31 81 26. Ouv. tlj. 12h-16h, 18h-2h.* C'est l'unique bar d'ambiance de Belle-Île et le point de ralliement des autochtones. Il est paradoxalement tenu par un Parisien ! Concerts de blues, de jazz et de rock, chaque soir en été.

Achats

La Poterie de Kerledan – *Village de Kerledan, ☎ 02 97 31 67 41. Lun., mer.-jeu., sam.-dim. 9h-13h, 18h-20h, mar. et ven. 18h-20h.* Ce potier traditionnel expose et vend ses créations sur le marché du Palais chaque mardi et vendredi matin.

Le Grenier de Manon – *8 pl. de l'Hôtel-de-Ville, ☎ 06 83 15 14 24. Mi-avr. à mi-sept. : tlj 10h-13h, 16h-19h30.* Le propriétaire de cette petite boutique est entouré de trois dames aux doigts de fée qui réalisent sous vos yeux des dentelles (nappes, serviettes, vêtements...).

La Maison du Pêcheur – *9 r. de l'Église, ☎ 02 97 31 58 15. Avr.-sept. : lun.-sam. 9h30-12h30, 16h-19h, dim. 9h30-12h30.* Cette petite boutique, d'une rafraîchissante simplicité, vend de nombreux produits de la mer en conserve : sardines, thon, soupe de poisson (dont une rareté, le velouté de pouce-pied).

Les Niniches – *5 r. de la Citadelle, ☎ 02 97 31 42 33. Avr.-oct. : tlj 10h-12h30, 15h-19h. Juil.-août : 9h-23h.* Depuis trois générations, ce confiseur réalise des caramels (Salidou) et des sucettes (les niniches).

Pâtisserie-confiserie Pétrel – *Pl. de l'Hôtel-de-Ville, ☎ 02 97 31 85 12. Ouv. tte l'année jeu.-mar. 8h30-19h.* Ce pâtissier-confiseur réalise plusieurs spécialités locales : des caramels, les sablés de la Citadelle et ses rochers.

Croisière en mer

Le golfe du Morbihan, Houat et Hoedic – *☎ 02 97 31 59 37 ; perso.club-internet.fr/belleile.* À bord du catamaran *La Sterne*.

Loisirs

Aéroclub – *Aérodrome, ☎ 02 97 31 53 19. Ouv. tte l'année. Sept.-juin : 14h30-18h30. Juil.-août : 10h-19h.* L'aéroclub de Belle-Île-en-Mer organise des baptêmes de l'air : l'occasion de saisir un point de vue unique sur l'île et ses paysages.

Randonnées à pied ou à vélo – L'Office de tourisme propose un guide des sentiers côtiers (15F) et un guide des randonnées à pied et à vélo (45F).

Randonnées équestres – Avec la ferme du Poney bleu à Sauzon (☎ 02 97 31 64 32) et le Centre équestre de Belle-Île-en-mer (en saison, ☎ 02 97 31 64 32).

visiter

LE PALAIS

La petite capitale groupe les principales ressources de l'île. Les Bellilois la nomment « Palais », tout simplement.

Citadelle Vauban★

Avr.-oct. : 9h30-18h (juil.-août : 9h-19h) ; nov.-mars : 9h30-12h, 14h-17h. 35F (enf. : 15F). ☎ 02 97 31 84 17.

La passerelle de l'écluse et la porte du Bourg franchies, on chemine dans le **grand fossé** taillé à même le roc jusqu'à la porte du Donjon. *Un circuit fléché permet de découvrir l'ensemble des ouvrages.*

Citadelle (R. de la)	2
Église (R. de l')	3
Ferry (Av. Jules)	5
Gambetta (Quai)	8
Simon (R. J.)	9
Verdun (R. de)	12

Arsenal
Bastion du Dauphin
Casemate
Citadelle Vauban
Musée historique — M
Poudrière circulaire

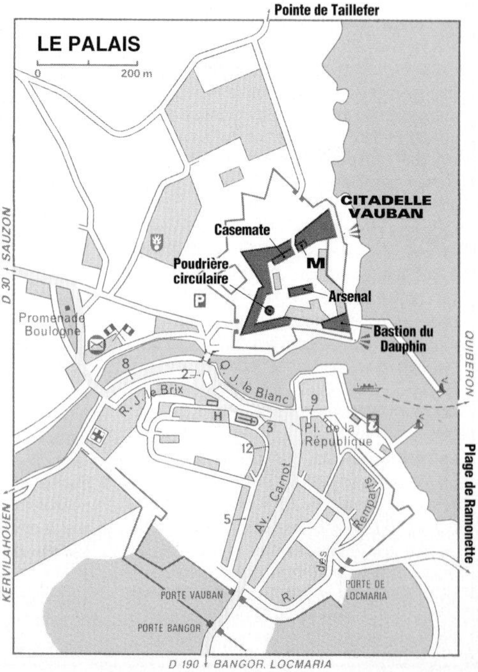
Pointe de Taillefer
LE PALAIS
0
200 m
CITADELLE VAUBAN
Casemate
Poudrière circulaire
M
Arsenal
Bastion du Dauphin
D 30 SAUZON
Promenade Boulogne
P
8
2
Q. J. le Blanc
R. J. le Brix
H
3
9
Pl. de la République
12
Av. Carnot
5
R. des Remparts
QUIBERON
Plage de Ramonette
KERVILAHOUEN
PORTE VAUBAN
PORTE BANGOR
PORTE DE LOCMARIA
D 190 BANGOR, LOCMARIA

Construite en 1549, la citadelle fut agrandie par les ducs de Gondi de Retz, puis par Fouquet. Sa double enceinte, ses puissants bastions, ses dehors portent la marque de Vauban, qui vint y séjourner en 1683, 1687 et 1689. Assiégée à la fin de la guerre de Sept Ans, elle tomba entre les mains des Anglais qui l'occupèrent jusqu'au traité de Paris (1763). Abandonnée par l'armée, elle fut vendue en 1960.
Parmi les constructions : le **musée historique**, installé dans les casemates Louis-Philippe voûtées « en feuilles d'érable », qui expose des documents sur l'histoire de l'île et ses hôtes illustres ; la **poudrière circulaire**, à l'étrange acoustique ; le grand **arsenal** ; les **magasins** ; la **casemate** où se trouve la salle des cartes ; les cachots. Des belvédères de la mer et du **bastion du Dauphin**, points **de vue**★ remarquables sur Le Palais, le port et la côte Nord, ainsi que sur les îles de Houat et Hœdic.

Ses cachots ont servi
La citadelle fut la prison de douze complices de la Voisin, compromises dans la sinistre « affaire des poisons », ainsi que du fils de l'homme politique haïtien Placide Toussaint-Louverture.

circuits

1 LA CÔTE SAUVAGE★★★

Circuit de 49 km – Environ 3h1/2

Quitter Le Palais par le quai Gambetta, la promenade Boulogne où l'on tourne à droite vers la citadelle. En bordure de la côte, prendre à gauche puis à droite.

Pointe de Taillefer

Des abords du sémaphore, belle **vue** sur la rade du Palais, la pointe de Kerdonis, au large les îles de Hœdic et de Houat, la presqu'île de Quiberon.

Faire demi-tour et gagner Sauzon. On peut s'avancer jusqu'à **Port-Fouquet**, à l'agréable plage bien abritée.

Sauzon★

Ce petit port qu'anime la plaisance occupe un joli **site**★ sur le versant gauche de l'estuaire de la rivière de Sauzon.
Une agréable promenade *(1h1/2 à pied AR)* partant du port, permet de faire le tour de la **pointe du Cardinal** et offre des vues sur l'entrée du port, la pointe de Taillefer, la presqu'île de Quiberon et la pointe des Poulains.

Pointe des Poulains★★

1/2h à pied AR. Du parking, on découvre à gauche, le fort Sarah-Bernhardt près duquel la célèbre tragédienne avait sa propriété. Descendre par la cale sur le tombolo de sable qui rattache à l'île la pointe des Poulains, complètement isolée par la mer aux grandes marées, et surmontée d'un phare. De la pointe même, vaste **panorama**★.

Sarah Bernhardt
C'est en 1894, à 50 ans, qu'elle découvrit l'île. À partir de Paris, il fallait alors plus de 12 heures de train et quelques heures de traversée pour retrouver la paix et la tranquillité. « *J'y puise sous son ciel vivifiant et reposant de nouvelles forces artistiques* » déclarait-elle.

Stêr-Vraz et Stêr-Ouen★

Profonds abers échancrant la côte, au pied de la **réserve ornithologique** de la pointe du Vieux-Château.
Dans la lande de Kerlédan se dressent les **menhirs Jean et Jeanne** ; ce seraient deux jeunes fiancés, punis d'avoir voulu se rencontrer avant le jour du mariage.

Port-Donnant★★

Le site est superbe, la belle plage de sable, où déferlent des rouleaux, est encadrée de hautes falaises. La force de la mer et les courants y rendent les bains très risqués.

Grand Phare

Ce phare inauguré en 1836 (hauteur de 52 m) a une portée de 48 km. Du balcon, magnifique **panorama**★★ sur l'île, les îlots voisins et toute la côte continentale. *De juil. à mi-sept. : 10h30-12h, 14h-17h30.*

Port-Goulphar★

Après le manoir de Goulphar, une route en forte descente *(1/4h à pied AR)* mène au port de Goulphar, échancrure longue et étroite au pied de belles falaises. Un ensemble d'îlots en marque l'entrée. C'est du rebord de la falaise, que l'on a la meilleure **vue**★ sur ce chaos rocheux.

Un paysage quasi mythique de Belle-Île, Port-Coton et ses Aiguilles.

Aiguilles de Port-Coton★★

Port-Coton, ainsi appelé parce que la mer y bouillonne et se gonfle comme un gros paquet d'ouate. À l'extrémité de la route surgissent les Aiguilles.

Bangor

Ce village possède les sites les plus sauvages de l'île. Il tire son nom de l'abbaye de Bangor (Irlande du Nord) qui fut l'une des plus célèbres de l'Occident chrétien et d'où sont venus les premiers moines celtiques installés sur l'île au 6e s.

Dans un site rocheux s'étend la plage de **Port-Kérel**, l'une des mieux orientées, fréquentée dès le printemps. *Regagner Le Palais.*

Les plages de Belle-Île

La côte Nord possède les plus grandes et les plus belles (Bordardoué, Les Grands Sables) ; la côte Ouest la plus extraordinaire (Port-Donnant) ; la côte Sud est jalonnée de plages aux eaux les plus chaudes, favorables à la baignade (Port-Goulphar, Port-Kérel, Dotchot, Herlin etc.) ; sur la côte Est, la seule plage est Port An-Dro.

2 POINTE DE KERDONIS★

Circuit de 33 km – Environ 2h. Quitter Le Palais par l'avenue Carnot et la rue Villaumez à gauche.

La première partie de ce circuit permet de voir différentes plages. La **plage de Ramonette** est celle du Palais, adossée à la pointe du même nom.

À l'entrée de Port-Salio, tourner à gauche puis, 250 m plus loin, à nouveau à gauche. On atteint ainsi **La Belle Fontaine** : créée sur ordre de Vauban, cette retenue d'eau

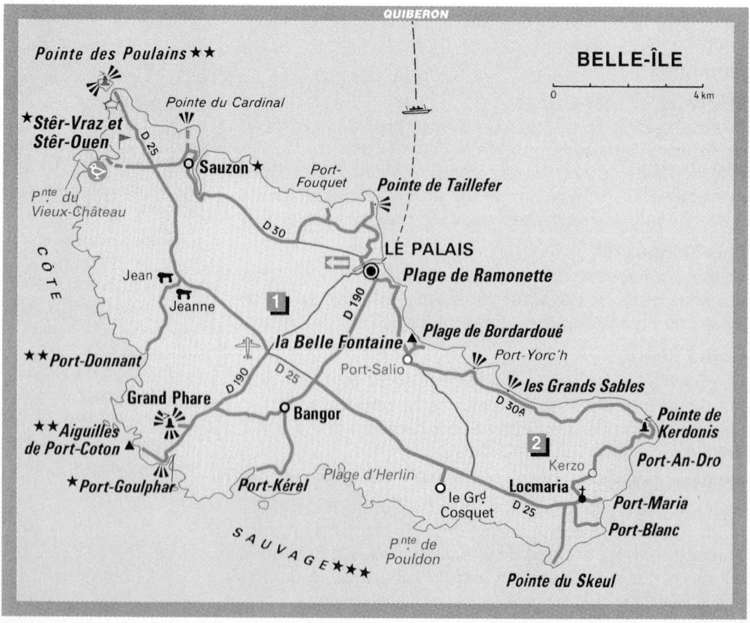
QUIBERON
BELLE-ÎLE
0
4 km
Pointe des Poulains★★
Pointe du Cardinal
★Stêr-Vraz et Stêr-Ouen
Sauzon★
Port-Fouquet
Pointe de Taillefer
Pte du Vieux-Château
D 25
D 30
LE PALAIS
Plage de Ramonette
CÔTE
Jean
Jeanne
1
D 190
la Belle Fontaine
Plage de Bordardoué
★★Port-Donnant
Port-Salio
Port-Yorc'h
les Grands Sables
Grand Phare
D 30A
Bangor
Pointe de Kerdonis
★★Aiguilles de Port-Coton
2
Kerzo
Port-An-Dro
★Port-Goulphar
Port-Kérel
Plage d'Herlin
le Grd Cosquet
Locmaria
Port-Maria
Port-Blanc
SAUVAGE★★★
Pte de Pouldon
Pointe du Skeul

était destinée à alimenter en eau douce les navires de haut rang. *Faire demi-tour et prendre à gauche.*

Bien abritée ; la **plage de Bordardoué** est une belle plage de sable. *Faire demi-tour et prendre deux fois à gauche.*

La route descend vers **Port-Yorc'h** fermé par la pointe du Bugul à droite et la pointe du Gros Rocher à gauche, prolongée par un îlot supportant un ancien fort. De Port-Yorc'h à la pointe de Kerdonis, le parcours offre de remarquables **vues★★** sur l'île d'Houat et la rade du Palais.

L'Île aux pouces-pieds
Ces crustacés font penser à des pouces humains et se fixent à la base des falaises abruptes. Leur pêche n'est autorisée que 2 jours par semaine, et interdite en juillet et août. Les pêcheurs doivent se transformer en véritables alpinistes, bravant les éléments pour détacher ces produits de la mer réservés uniquement à l'exportation.

Les Grands Sables
La plus vaste plage de Belle-Île. La plage conserve d'importants vestiges des fortifications élevées en 1747, car elle fut témoin, aux 17e et 18e s., de nombreuses tentatives de débarquement de la part des Anglais et des Hollandais.

Pointe de Kerdonis
Au Sud, elle reçoit le phare du même nom qui signale aux navires le passage entre Hœdic et Belle-Île. À proximité, c'est à **Port An-Dro,** plage de sable au débouché d'un vallon, que les Anglais prirent pied en 1761.

Locmaria
Autrefois, on abordait cette paroisse *« les pouces en dedans »* pour conjurer le mauvais sort, car elle avait la réputation de cacher des sorcières.
Une route en descente, à droite de l'église, mène à **Port-Maria,** profonde échancrure rocheuse offrant à marée basse une belle plage de sable fin.
Un peu plus au Sud, **Port-Blanc,** est une petite anse dominée par les falaises de la pointe d'Arzic.

Pointe du Skeul
Route non revêtue après le hameau du Skeul. Site sauvage aux rochers déchiquetés dressés en hémicycle.

Revenir à la route centrale et regagner Le Palais en faisant un petit détour par le village acadien du Grand-Cosquet.

Belle-Isle-en-Terre

Comme l'indique le nom de ce vieux bourg, nous sommes ici au plus près de la Bretagne intérieure, belle région de forêts, de collines et de ravins, propice à la promenade, à la pêche et à la pratique du canoë-kayak.

La situation
Cartes Michelin nos 58 plis 7, 8 ou 230 Sud du pli 7 – Côtes-d'Armor (22). À 13 km à l'Ouest de Guingamp, au croisement de la N 12 et de la D 33.

Le nom
Par opposition à Belle-Île-en-Mer, et avec la même étymologie, quoiqu'en plein milieu des terres.

Les gens
1 067 Bellilois. La folle vie d'aventure de Marie-Louise Manach, une de ses filles, mériterait d'être contée. Veuve de sir Robert Mond, roi du nickel, elle fit construire en 1939 l'extravagant château que l'on voit toujours dans le bourg.

Son mausolée se trouve dans le cimetière de la chapelle de Locmaria, dotée d'un beau jubé du 16e s. *(à 1 km au Nord).*

alentours

Menez-Bré★
9 km au Nord-Est. Emprunter la D 116, route de Guingamp. 2,5 km après Louargat, prendre à gauche le chemin en forte montée (maximum 18 %). Ce sommet isolé (alt. 302 m) et sa chapelle St-Hervé offrent un beau **panorama★** sur le

L'une des deux clefs pendantes de la belle voûte lambrissée de l'église de Loc-Envel.

plateau du Trégorrois : au Nord, le plateau s'abaisse lentement vers la mer ; au Sud, on aperçoit les collines et les vallées de la Cornouaille ; au Sud-Ouest se détachent les monts d'Arrée.

Loc-Envel

4 km au Sud. Prendre la D 33 en direction de Callac et peu après tourner à droite dans une route sinueuse. De style gothique flamboyant, l'**église** de Loc-Envel s'élève sur un tertre dominant le village. À droite du clocher-porche, remarquer les trois petites ouvertures en arc de cercle par lesquelles les lépreux pouvaient assister aux offices. En entrant, on est frappé par le magnifique **jubé★** flamboyant et la riche ornementation de la **voûte★** lambrissée : sablières et entraits sculptés, blochets d'angle polychromes figurant les évangélistes.

Gurunhuel

9 km au Sud-Est par la D 22. Son beau calvaire du 16e s. est constitué de trois colonnes : le Christ en croix flanqué des deux larrons, dont l'âme figurée est recueillie par un ange (bon larron) et un démon (mauvais larron).

Bénodet

Sur la « Côte de Plaisance », idéalement située à l'entrée de l'estuaire de l'Odet, cette station balnéaire réunit tous les plaisirs du séjour estival : petit port, plages de sable blond, sports de plein air, voile, un casino, et même depuis peu un festival du film.

La situation

Cartes Michelin n°s 58 pli 15 ou 230 pli 32. - Finistère (29). Au Sud de Quimper, entre Pont-l'Abbé et Concarneau, Bénodet se niche face à l'anse du même nom. ℹ *29 av. de la Mer - 29950 - ☎ 02 98 57 00 14.*

Le nom

Le breton *ben* signifie « pointe », et nous sommes bien à l'embouchure de l'Odet.

Les gens

2 436 Bénodetois. Le plus connu est – même s'il faudrait dire fut et s'il naquit à Nantes en 1931 – Éric Tabarly. Habitant une longère dont le terrain donne sur l'Odet,

Tabarly à la barre de Pen Duick I. Une image désormais mythique.

PEN
DUICK

carnet pratique

Où dormir

• *Valeur sûre*

Hôtel Ker Moor – *corniche de la Plage – ☏ 02 98 57 04 48 – fermé 1er nov. au 31 mars – P – 60 ch. : 400/600F – ☕ 45F – restaurant 120/320F.* À quelques enjambées de la plage de sable fin, cette grande bâtisse des années 1930 vous fera profiter du calme de son parc. Ses chambres, peu à peu rénovées, sont d'un confort standard. Piscine, tennis et courts de squash pour les sportifs.

Hôtel Minaret – *corniche de l'Estuaire – ☏ 02 98 57 03 13 – fermé 4 nov. au 1er avr. – P – 20 ch. : 430/500F – ☕ 45F – restaurant 90/230F.* Une étonnante villa mauresque construite en 1925 au bord de l'estuaire : ceux qui aiment le dépaysement trouveront leur bonheur dans cet hôtel où les décors de faïences mauresques et les jardins inspirés de l'Alhambra donnent à rêver ! Préférez les chambres avec vue sur la mer...

Où se restaurer

• *Valeur sûre*

Ferme du Letty – *Au Letty, SE : 2 km par la D 44 et rte secondaire – ☏ 02 98 57 01 27 – fermé fin nov. à déb. fév., mar. de sept. à juin, jeu. midi en été et mer. – 155/540F.* De son passé de ferme, ce restaurant garde un décor de pierres apparentes, de belles poutres et quelques outils agricoles exposés. Mais c'est pour sa cuisine inventive autour de produits du pays, comme les ormeaux ou le cochon fermier, que l'on vient ici.

Où boire un verre

L'Alhambra – *corniche de l'Estuaire, ☏ 02 98 57 03 13. Avr.-sept. : dim.-jeu. 11h-0h, ven.-sam. 11h-1h.* L'ancien bar du Minaret, appartenant à l'origine à un hôtel de style mauresque construit pour un roi marocain. L'Alhambra est aujourd'hui un établissement indépendant, mais le décor raffiné d'autrefois est resté intact, et il est très agréable d'y déguster un cocktail ou une glace dans la belle pièce octogonale baignée de clarté ou sur la terrasse face à la mer.

Où danser

La Chaumière – *Chemin des Douaniers à Ste-Marine, ☏ 02 98 56 49 28. Sept.-juin : ven.-sam. Juil.-août : tlj.* Discothèque la plus courue de la région.

Loisirs

Régates – Le Yacht Club (☏ 02 98 57 26 09) organise des régates, dont celle des « Pieds Gelés » à la fin du mois de décembre.

Festival « Les Chercheurs d'âme » – Ce festival de cinéma (1re édition en 1999) se déroule au Complexe Cinémarine (entrée par le casino) durant la seconde quinzaine du mois de juin : renseignements au ☏ 02 98 95 20 20 (agence Co-pilote).

Casino – *Corniche de la Plage, ☏ 02 98 57 04 16.* Il est ouvert de 15h à 3h.

Pêcher son bar en mer – *☏ 02 98 66 23 46.* Chaque matin de l'été, le *Picot II* embarque jusqu'à 20 personnes ; l'après-midi, les enfants peuvent apprendre la pêche au maquereau.

ce passionné de la mer, capitaine de vaisseau, père de cinq *Pen Duick* (mésange à tête noire en breton), laisse l'image d'un homme vrai dont la stature dépasse le cadre déjà vaste des courses en mer.

Un marin de légende

Lorsqu'on annonça son décès en mer le 13 juin 1998, c'est la France entière et tous les amoureux de la mer en général qui eurent la gorge nouée par l'émotion. Personne ne crut à la triste nouvelle parce que **Tabarly** était entré dans la légende de son vivant. Mais, comme le dit Kersauzon, « *Même un funambule peut glisser sur un trottoir* ».

Son palmarès fut impressionnant avec, entre autres : Transat en solitaire Plymouth-Newport (1964, 1976) ; Course Sydney-Hobart (1967) ; Transpacifique en solitaire Los Angeles-Tokyo (1969) ; Record de la traversée de l'Atlantique (1980) ; Transat Le Havre-Carthagène (1997) avec Yves Parlier.

découvrir

L'ODET

Remontée de l'Odet en bateau★★

Durée : 1h1/2 au départ de Bénodet (voir Descente de l'Odet à Quimper).

Point de vue sur l'Odet

Par l'avenue de Kercréven. Belle vue sur la rivière et le port de plaisance.

Pont de Cornouaille

1 km au Nord-Ouest par la D 44. Cet ouvrage long de 610 m offre une belle **vue★** sur le port, Ste-Marine et l'estuaire, ainsi que sur l'amont de la rivière.

itinéraire

DE BÉNODET À CONCARNEAU PAR LA CÔTE

40 km - Environ 3h. Quitter Bénodet à l'Est par la D 44 vers Fouesnant et à 2 km tourner à droite.

Le vaste plan d'eau du **Letty** abrité par une dune sert de terrain idéal pour les écoles de voile. *Revenir à la route de Fouesnant.*

Le Perguet

Un escalier de pierre posé sur le toit de la chapelle Ste-Brigitte permet d'accéder à un petit clocher.

À 2,5 km, un embranchement, à droite, mène à la pointe de Mousterlin (voir Fouesnant). Faire demi-tour. À 2 km prendre à droite et à 4,5 km encore à droite.

POINTS DE VUE
De très jolis **sites★**, en particulier à marée haute, se découvrent le long du parcours.

Beg-Meil et Fouesnant *(voir Fouesnant)*

La route longe la longue plage de sable fin de Kerleven au fond de la baie de la Forêt, puis après une forte descente (15 %) l'anse du Saint-Laurent, et franchit celle de Saint-Jean avant d'atteindre Concarneau.

Blain

Ancien carrefour de voies romaines, Blain joue un rôle commercial important entre Nantes, Redon et l'Anjou. Le canal de Nantes à Brest sépare le bourg du château dont la première construction remonte à 1104.

La situation

Cartes Michelin nos 63 pli 16 ou 230 pli 54 - Loire-Atlantique (44). Situé entre la forêt de la Gâvre et la petite forêt de la Groulais, et à proximité du canal de Nantes à Brest, Blain est accessible par la N 171 qui fait le lien entre les voies express N 137-E 03 et N 165-E 60. *2 place Jean-Guihard - 44130 - ☎ 02 40 87 15 11.*

Le nom

Il viendrait du patronyme gaulois *Blanus*, seul vestige de l'importance du bourg à l'époque gallo-romaine.

Les gens

7 434 Blinois. Le général Henri, duc de Rohan, y naquit en 1579. C'est sa lutte contre Louis XIII, en tant que chef du parti protestant, qui fut fatale au château.

visiter

Musée de la Fève et de la Crèche

Tlj sf lun. 14h-18h (dernière entrée 17h30), dim. 14h30-18h. Fermé j. fériés. 20F. ☎ 02 40 79 98 51.

Installé dans l'ancien présidial des ducs de Rohan, ce musée fait revivre le passé du pays blinois. Une salle réunit des milliers de fèves des rois, l'autre près de 200 crèches.

Château

De mai à mi-oct. : tlj sf lun. 10h-12h, 14h30-18h30. 20F. ☎ 02 40 79 07 81.

TOUTE UNE ATMOSPHÈRE
La **tour du Pont-Levis**, (14e s.), au toit en poivrière, domine des douves sèches, tandis que la façade du **logis du Roi** (15e s.) a gardé le charme de la Renaissance.

Rasée en partie sur l'ordre de Richelieu en 1628, cette forteresse d'Olivier de Clisson qui passa aux Rohan n'est plus que **ruines**. Depuis 1995, le château abrite le Centre de la fresque (Atelier de la technique de peinture *a fresco*).

FORÊT DU GÂVRE*

Circuit de 13 km au Nord-Ouest par la D 15, route de Guéméné-Penfao.

La route traverse les futaies de chênes mêlés de hêtres et de pins qui s'étendent sur plus de 4 400 ha, et rejoint le carrefour de la Belle Étoile aux dix allées rayonnantes.

Tourner à droite vers le Gâvre ; à la Maillardais, prendre à gauche.

Chapelle de la Magdeleine

Cette modeste chapelle du 12e s. possède une gracieuse **Vierge** polychrome du 15e s., N.-D.-de-Grâce.

Revenir à la Maillardais et continuer vers le Gâvre.

Le Gâvre

Demeure du 17e s., la **maison Benoist** présente au rez-de-chaussée une exposition sur la forêt du Gâvre. *De mai à mi-nov. : tlj sf lun. 14h30-18h30 ; avr. : w.-end et j. fériés 14h30-18h30. 15F. ☎ 02 40 51 25 14.*

Non loin de l'école, une **loge de sabotier** évoque la vie d'artisans qui travaillaient et habitaient dans leur atelier. ►

VIEUX MÉTIERS
Sous les combles, que coiffe une belle charpente en châtaignier, de vieux métiers sont évoqués : tonnelier, scieur de long, rémouleur...

Regagner Blain par la route directe.

Vallée du Blavet

Le cours du Blavet, qui prend sa source dans les Côtes-d'Armor, est long de 140 kilomètres. Canalisé à partir du lac de Guerlédan, il traverse une terre secrète et verdoyante, bucolique et attirante, avant de s'unir au Scorff pour déboucher dans l'Atlantique.

La situation

Carte Michelin n° 230 plis 22, 35 et 36 - Morbihan (56). C'est un peu de l'Argoat, de la Bretagne intérieure donc, qui s'en va se jeter dans l'océan à hauteur de Lorient.

Les gens

Voulu par **Napoléon** (quoique mis en service seulement en 1838), le canal de Nantes à Brest emprunte la vallée du Blavet entre le lac de Guerlédan et Pontivy, faisant de cette ville un point névralgique.

carnet pratique

OÙ DORMIR

• ***Une petite folie !***

Château de Locguénolé – *4 km au S d'Hennebont rte de Port-Louis par D 781 – ☎ 02 97 76 76 6 – fermé 2 janv. au 11 fév. – P – 18 ch. : à partir de 820F – ☕ 85F – restaurant 190/520F.* La vie de château commence une fois le seuil de cette belle demeure franchi : dans un ravissant parc au bord d'une rivière, vous goûterez aux joies d'un séjour de rêve. Ses chambres sont spacieuses et bien aménagées, sa table étoilée et le cadre exceptionnel.

OÙ SE RESTAURER

• ***Valeur sûre***

Pommeraie – *17 quai du Couvent, à Pontivy – ☎ 02 97 25 60 09 – fermé 15 au 30 sept., 15 au 31 janv., dim. soir et lun. – 130/220F.* Non loin de la vieille ville, dans un quartier agréable, ce restaurant tenu par un jeune couple est une halte sympathique. Servie dans deux petites salles à manger coquettes, sa cuisine amusera les amateurs de saveurs originales... à des prix doux.

CROISIÈRE SUR LE BLAVET

Des croisières ou dîners-croisières partent à la découverte du Blavet à partir de Inzinzac-Lochrist sur l'*Étoile du Blavet* : *sur réservation au ☎ 02 97 65 60 93.*

se promener

PONTIVY

L'ancienne capitale des Rohan doit son nom à la fondation d'un monastère (7e s.) par saint Ivy. Sa vieille ville, aux rues étroites et capricieuses, contraste avec la ville géométrique créée par Napoléon.

LE MARCHÉ DE L'OFFRE

Le lundi, jour de marché, la place du Martray s'anime. C'est ici que se tenait jadis la « foire des gages » au cours de laquelle les jeunes garçons offraient leurs services aux fermiers de la région.

NAPOLÉONVILLE

En 1790, la prospère cité de Pontivy se déclare républicaine. Bonaparte, consul, y fait construire une caserne, une mairie, un tribunal, ouvre un lycée et fait canaliser le Blavet. Pendant les guerres de l'Empire, la navigation côtière entre Brest et Nantes est peu sûre du fait des croisières anglaises. Napoléon décide alors de créer un canal reliant ces deux villes et de faire de Pontivy le centre militaire et stratégique de la Bretagne. Dès 1806, les rues tirées au cordeau de la nouvelle ville surgissent de terre. « Les cœurs reconnaissants des citoyens » la nomment Napoléonville. À la chute de l'Empire, elle redevient Pontivy, puis de nouveau Napoléonville sous le Second Empire.

Maisons anciennes★ – Pour découvrir ces belles demeures des 16e et 17e s., il faut flâner rue du Fil, place du Martray, cœur du vieux Pontivy, rue du Pont, rue du Docteur-Guépin. À l'angle des rues Lorois et Général-de-Gaulle, remarquer la maison à tourelle (1578) qui serait l'ancien rendez-vous de chasse des Rohan, et, place Anne-de-Bretagne, d'élégantes constructions du 18e s.

À VOIR

On visite la salle des gardes, les salles du premier étage, la chambre ducale au beau plafond et la chapelle. Remarquer particulièrement les **cheminées** armoriées (tour Ouest).

◀ **Château** – *De juil. à mi-sept. : 10h30-19h ; de mi-sept. à fin juin : 10h-12h, 14h-18h (oct.-mai : tlj sf lun. et mar.). Fermé 1er janv., 1er nov., 25 déc. 8F, 25F (avec expo. en été).* ☎ *02 97 25 12 93.*

Il fut élevé au 15e s. par Jean II de Rohan. La façade a conservé deux grosses tours à mâchicoulis, coiffées en poivrière, sur les quatre que comprenait l'enceinte. Le logis seigneurial, remanié au 18e s., s'orne de frontons à redents et d'un bel escalier à double révolution.

PONTIVY

Anne-de-Bretagne (Pl.)	Y	2
Caïnain (R.)	Z	3
Couvent (Q. du)	Y	4
Dr.-Guépin (R. du)	Y	5
Fil (R. du)	Y	6
Friedland (R.)	Y	8
Gaulle (R. Gén.-de)	Y	9
Jaurès (R. Jean)	Z	10
La Mennais (R. J.-M.-de)	Z	13
Le Goff (R.)	Z	16
Lorois (R.)	Y	17
Marengo (R.)	Z	19
Martray (Pl. du)	Y	20
Nationale (R.)	YZ	
Niémen (Q.)	Y	27
Pont (R. du)	Y	28
Presbourg (Q)	Y	32
Récollets (Q. des)	Y	33
Viollard (Bd)	Z	38

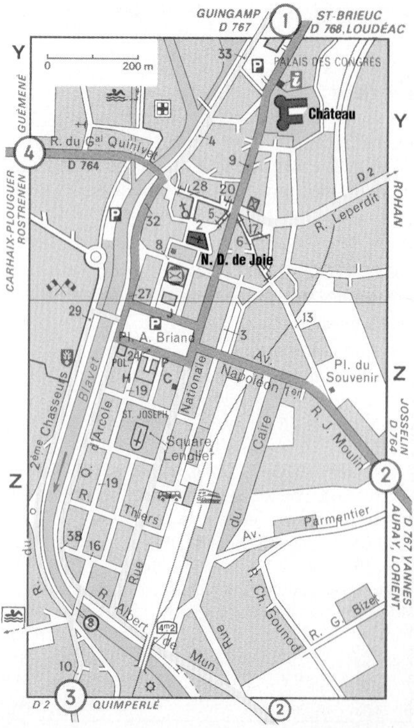
GUINGAMP
D 767
ST-BRIEUC
D 768, LOUDÉAC
0
200 m
PALAIS DES CONGRÈS
Château
R. du Gal Quinivet
D 764
GUÉMENÉ
CARHAIX-PLOUGUER ROSTRENEN
ROHAN
R. Leperdit
N. D. de Joie
Pl. A. Briand
Av. Napoléon 1er
Pl. du Souvenir
R. J. Moulin
JOSSELIN D 764
ST. JOSEPH
Square Lenglier
Nationale
2ème Chasseurs
Blavet
Q. d'Arcole
R. Thiers
Av. Parmentier
Caire
R. Ch. Gounod
R. G. Bizet
R. Albert de Mun
D 767 VANNES AURAY, LORIENT
D 2
QUIMPERLÉ

Église N.-D.-de-Joie – *Tlj sf sam. 9h-12h, 14h-18h, dim. 9h-12h. ☎ 02 97 25 02 53.*
Cet édifice (16e s.) de style flamboyant abrite la statue de N.-D.-de-Joie, vénérée par les Pontiviens depuis 1696 à la suite d'un vœu fait lors d'une épidémie qui décima la ville.

itinéraire

DE PONTIVY À HENNEBONT

Circuit de 90 km – Environ 4h. Quitter Pontivy par la rue Albert-de-Mun en direction d'Auray et à Talvern-Nenez, tourner à droite.

Chapelle St-Nicodème

De mi-juin à mi-sept. : 8h-19h.
Bâtie au 16e s., elle est précédée d'une tour massive surmontée d'une flèche de granit. Au pied de la tour s'ouvre une porte Renaissance donnant accès à l'escalier du 16e s. qui permettait de monter au sommet. À gauche, une fontaine gothique s'écoule dans trois piscines situées devant trois niches surmontées de gâbles richement sculptés. Pardon le 1er dimanche d'août.
Au-delà de la chapelle, tourner à droite.

MIGNON
À l'intérieur de la chapelle, à la base de la voûte lambrissée, court une corniche sculptée d'anges et de musiciens.

Le Blavet, à hauteur de St-Nicolas-des-Eaux, ou les vacances paisibles de ceux qui ont choisi le bateau pour « buller ».

St-Nicolas-des-Eaux

Le petit bourg est construit à flanc de colline. La chapelle située en haut du village et les maisons à toits de chaume qui l'entourent forment un ensemble original.

Site de Castennec★ – Ce site celtique, devenu oppidum puis camp romain fortifié, offre une jolie vue en aval sur la vallée du Blavet. *En sortant de Castennec, tourner à gauche.*

Bieuzy

À gauche de l'église, remarquer deux belles maisons Renaissance avec four à pain et vieux puits. Dans l'**église**, il faut voir les vitraux du chœur, la charpente et les sablières *(fermé en dehors des offices)*.
Dans cette campagne pontivienne, de nombreuses fermes ont conservé leurs élégants puits sculptés des 17e et 18e s. que l'on aura plaisir à découvrir au hasard de la route. *Par la Paule, gagner Melrand.*

LA PIERRE SONNANTE
À côté de la chaire. Elle servait de cloche. Certains y voient un aérolithe mystérieux.

Melrand

En pleine campagne, des fouilles ont mis au jour les vestiges du village de Lann Gouh (vieille lande) remontant aux environs de l'an 1000. Une **ferme archéologique** illustre l'architecture rurale médiévale et la vie quotidienne des habitants qui vivaient sous le même toit que les animaux. ♿ *mai-août : 10h-19h ; sept.-avr. : 11h-17h, w.-end 11h-18h. Fermé de mi-déc. à mi-janv. et 1er nov. 20F. ☎ 02 97 39 57 89.*

Haute de 2,2 m, la Vénus de Quinipily porte l'inscription « TIT » sur le front. Une inscription toujours inexpliquée...

Revenir au centre du bourg. Derrière l'église, prendre la D 142, direction St-Barthélémy où l'on tourne à droite vers St-Adrien.

Chapelle St-Adrien

La chapelle du 15e s. est située en contrebas de la route, entre deux fontaines, celle de droite étant surmontée d'un calvaire. À l'intérieur, un jubé très simple ferme la nef, sculpté côté nef, peint côté chœur.

La route suit la vallée du Blavet dans un très joli site (D 327). Tourner à gauche vers Baud (D 3).

Baud

À une trentaine de kilomètres de la mer, le « pays de Baud » offre de multiples possibilités de belles promenades à la découverte de la Bretagne profonde. Dans la ville basse, en contrebas de la route de Locminé, la **fontaine de N.-D.-de-la-Clarté** se trouve à l'extrémité du vaste parking.

Vénus de Quinipily – *2 km au Sud-Ouest. Quitter Baud par la route d'Hennebont. À Coët-Vin, tourner à gauche et, 500 m plus loin, laisser la voiture sur un petit parking à droite. Avr.-oct. : 10h-19h ; nov.-mars : 11h-18h. 10F. ☎ 02 97 51 14 93.*

Passé un portail en bois, une allée monte vers la Vénus, placée au-dessus d'une fontaine, dans un parc proche des vestiges, restaurés, du château de Quinipily. La statue a des origines mal définies : pour certains, c'est une idole romaine, pour d'autres, une Isis égyptienne. Entourée d'un culte presque païen, elle fut plusieurs fois jetée dans le Blavet sur ordre de l'autorité religieuse, puis le comte de Lannion, en 1696, l'installa à son emplacement actuel.

Revenir vers Baud et prendre la direction de Poul Fetan.

Poul Fetan, un village breton d'autrefois★

15 km à l'Ouest par la D 3. À Quistinic, prendre la route d'Hennebont. Avr.-oct. : 14h-18h, dim. 14h-19h (de juin à mi-sept. : 13h-19h, visite guidée (2 à 5h) 10h-13h) ; nov.-mars : vac. scol., dim., j. fériés 14h-18h. Fermé 1er janv. et 25 déc. 30F, 20F hors sais. ☎ 02 97 39 72 82.

Un lavoir (poul en breton) et une source (fetan) sont à l'origine de l'installation des hommes en cet endroit.

Dominant la vallée du Blavet, un charmant petit hameau du 16e s. a été entièrement restauré à partir de ruines et de vestiges laissés à l'abandon dans les années 1970. Parmi un ensemble de chaumières, la maison du « Minour » (le chef), l'auberge *(possibilité de prendre un repas typiquement breton)*, l'ancien fournil, et l'écomusée retiendront l'attention. En saison, des animations costumées évoquent les gestes de la vie paysanne d'autrefois : les lavandières font « la buée », le boulanger s'active au fournil ; ici l'on tourne la bouillie de millet, là la fermière baratte son beurre. Un atelier de poterie permet de s'initier à la fabrication et à la cuisson à l'ancienne. Parmi les animaux de la ferme, remarquer particulièrement une vache bretonne typique, de petite taille : la « pie noire ».

Revenir sur ses pas pour prendre à gauche la D 159 puis la route d'Hennebont.

Hennebont

Ancienne ville fortifiée, Hennebont est située sur les rives escarpées du Blavet, rivière que les pêcheurs apprécieront pour ses variétés de poissons.

Basilique N.-D.-de-Paradis – À la base de son énorme **tour-clocher★** surmontée d'une flèche de 65 m (16e s.), un beau porche flamboyant très élancé et orné de niches, donne accès à la nef, éclairée par des vitraux de Max Ingrand.

Porte Broërec'h et remparts – *Juin-sept. : 10h30-12h30, 13h30-18h30 ; oct.-mai : sur demande. 18F. ☎ 02 97 36 29 18.*
Vestige des fortifications du 13e s., la porte Broërec'h, restaurée, servait autrefois de prison. *Franchir cette porte et prendre, à gauche, l'escalier qui donne accès au chemin de ronde.* Ces remparts du 15e s. enserraient la ville close. Des jardins sont aménagés le long des murailles.

Haras – *Juil.-août : visite guidée (2h) 9h-19h ; sept.-juin : 9h-12h30, 14h-18h, w.-end et j. fériés 14h-18h. Fermé 25 et 31 déc. 40F. (enf. : 30F). ☎ 02 97 89 40 30.*
Installé dans une ancienne abbaye, le dépôt d'Hennebont fournit des reproducteurs (environ 70) aux stations du Sud-Finistère, du Morbihan et de l'Ille-et-Vilaine.

Parc de Kerbihan – *Accès par les rues Nationale et Léo-Lagrange, cette dernière réservée aux piétons.* Ce parc botanique s'articule le long du ruisseau de St-Gilles et présente des essences répertoriées des cinq continents.

Écomusée industriel de Inzinzac-Lochrist – *Juil.-août : 10h-18h30, w.-end 14h-18h30 ; juin et sept. : 10h-12h, 14h-18h, w.-end 14h-18h ; oct.-mai : tlj sf sam. 10h-12h, 14h-18h, dim. 14h-18h. Fermé 1er janv., 1er mai, 1er nov., 25 déc. 25F. ☎ 02 97 36 98 21.*
Il occupe le site même des anciennes forges d'Hennebont qui, de 1860 à 1966, constituaient l'une des entreprises les plus importantes de Bretagne.

Le **musée des Métallurgistes des Forges d'Hennebont** est installé sur la rive droite du Blavet dans l'ancien laboratoire des usines, et fait revivre toute l'histoire du centre sidérurgique de la Bretagne (technologie, vie sociale, mouvement syndical, etc.).

Près du grand barrage, l'ancienne maison du garde des forges d'Hennebont abrite la **Maison de l'Eau et de l'Hydraulique**, consacrée au Blavet et à sa canalisation.

Cheval de trait, postier breton, selle français ou trotteur anglo-arabe ?

Île de Bréhat★★

La Bretagne a son paradis, cette petite île aux rochers roses tellement agréable à parcourir à pied ou à vélo puisque les automobiles y sont interdites. Ces attraits lui valent un afflux touristique parfois trop important en été, aussi privilégiera-t-on le printemps pour visiter celle que l'on nomme aussi « l'île aux fleurs ».

La situation

Cartes Michelin nos 59 pli 2 ou 230 pli 8 – Côtes-d'Armor (22).
Grâce à la douceur de son climat (moyenne de 6° en hiver), on trouve des figuiers, des eucalyptus, des murets fleuris de mimosas, des jardins aux énormes massifs, des champs minuscules, quelques vaches dans les prés, des moutons dans la lande. Telle apparaît Bréhat, plus souriante dans le Sud, plus sauvage dans le Nord. *22870 – ☎ 02 96 20 04 15.*

Mensurations
Longue de 3,5 km et large de 1,5 km, Bréhat est constituée par deux îles réunies au 18e s. par un pont dû à Vauban. Très découpée, la côte est entourée de 86 îlots et récifs.

Le nom

Bréhat devrait son nom (*Breiz Coat* : Bretagne des Bois) à un moine irlandais débarqué à l'île Lavrec en 470.

Les gens

461 Bréhatins. Naguère, les comédiens Madeleine Renaud et Jean-Louis Barrault venaient s'y ressourcer.

Douceur tous azimuts à l'île de Bréhat où le temps semble s'être arrêté.

carnet d'adresses

Où dormir

• Valeur sûre

Hôtel Bellevue – *Port-Clos – ☎ 02 96 20 00 05 – fermé 14 au 30 nov. et 3 janv. au 8 fév. – 17 ch. : 440/540F – ☕ 57F – restaurant 125/190F.* Vous pourrez profiter agréablement de la vue sur le port en vous installant sur sa grande terrasse ou dans la véranda de sa salle à manger. Derrière sa façade ancienne, cet hôtel pimpant cache des chambres récentes. Une adresse sympathique bien connue des îliens.

Vieille Auberge – *au bourg – ☎ 02 96 20 00 24 – fermé 2 nov. à Pâques – 14 ch. : 400/500F – ☕ 45F – restaurant 90/250F.* Dans une ravissante maison ancienne, aux belles pierres apparentes, cet hôtel-restaurant tenu par une famille bréhatine est propret. Avec un peu de chance, en vous attablant dans sa charmante cour fleurie, vous goûterez aux doux rayons du soleil d'ici...

Les Bréhatins avant Colomb

D'après la tradition, c'est un certain Coatanlem, morlaisien quelque peu corsaire, qui aurait révélé à Christophe Colomb, en 1484 – huit ans avant la découverte officielle –, l'existence du Nouveau Monde en lui indiquant la route suivie par les pêcheurs de l'île, familiers des parages de Terre-Neuve.

comprendre

Une île convoitée – Face à cette île, un château fort édifié au Moyen Âge fut détruit en 1409 par les Anglais qui, à cette occasion, pendirent des Bréhatins aux ailes du moulin de Crec'h ar Pot, dans l'île Nord. La baie de la Corderie, profondément enfoncée dans la côte Ouest, servait de port aux bateaux qui venaient s'y abriter. Pendant les guerres de Religion, en 1591, un autre moulin, celui de Crec'h Tarek, dans l'île Sud, servit de gibet. En 1598, Henri IV fit raser le château. Quant aux corsaires, ils furent nombreux jusqu'au 19e s. Enfin, Bréhat fut occupée par les Allemands pendant la dernière guerre jusqu'au 4 août 1944 (les phares du Paon et du Rosédo furent dynamités par l'occupant à la Libération).

se promener

SUR L'ÎLE

C'est dans l'anse de **Port-Clos** qu'accostent les vedettes.

Bois de la Citadelle

Planté principalement de résineux, il domine la falaise. De l'abri du canot de sauvetage, en contrebas, belle **vue**★ sur le chenal du Kerpont, impressionnant à marée basse par son aspect chaotique, et l'île Béniguet.

Un labyrinthe de petits chemins sinueux

Pour vous y retrouver dans tous ces chemins étroits, des flèches et des indications permettent de sillonner l'île en tous sens.

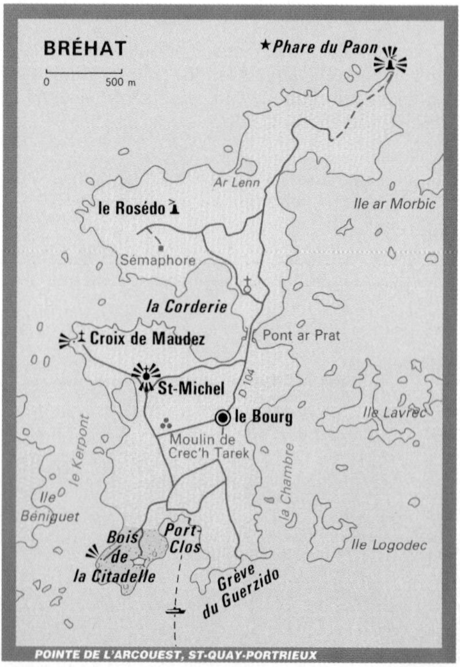
BRÉHAT
0
500 m
★Phare du Paon
Ar Lenn
le Rosédo
Ile ar Morbic
Sémaphore
la Corderie
Croix de Maudez
Pont ar Prat
D 104
St-Michel
le Bourg
Ile Lavrec
Moulin de Crec'h Tarek
le Kerpont
la Chambre
Ile Béniguet
Bois de la Citadelle
Port-Clos
Ile Logodec
Grève du Guerzido
POINTE DE L'ARCOUEST, ST-QUAY-PORTRIEUX

Le Bourg
Le village s'ordonne autour d'une placette ronde bordée de platanes. Église des 12e et 18e s. au curieux clocher.

Chapelle St-Michel
39 marches mènent à cette chapelle bâtie sur un tertre rocheux de 26 m d'où l'on domine toute l'île de Bréhat. Depuis cet amer, vaste **panorama★** sur l'île Sud, le chenal du Kerpont et l'île Béniguet, l'étang de Birlot et les ruines de son moulin à marée, la baie de la Corderie et l'île Nord, au large le sillon de Talbert.

Un joli coin
La grève du Guerzido et ses plages de galets roses (le Petit et le Grand Guerzido).

Croix de Maudez
Érigée en 1788, face à la mer, en pleine lande, elle évoque le souvenir du moine Maudez qui vint fonder un monastère sur une île voisine, en 570. La **vue★** est belle sur l'île Béniguet à gauche, l'île Maudez à droite et les récifs.

La Corderie
Fermée par le pont ar Prat, appelé aussi pont Vauban, cette immense baie sépare les deux îles.

Phare du Rosédo
Construit en pleine terre, il date de 1862.

Phare du Paon★
À la pointe extrême de l'île Nord. De la plate-forme dallée, au pied du phare reconstruit en 1949 en porphyre rouge, on domine une côte déchiquetée, partie la plus sauvage de l'île.

EN MER

Tour de l'île★★
Toute l'année : liaison régulière (10mn) au dép. de la pointe de l'Arcouest ; avr.-oct. : tour de l'île (6 à 7 dép. par j.). Juil.-août : excursion (4h) pour la journée au dép de Binic, St-Quay-Portrieux, Erquy. Estuaire du Trieux. Vedettes de Bréhat. ☎ 02 96 55 73 47 ou 02 96 55 79 50.
Intéressante promenade permettant d'apprécier la variété des côtes, la beauté des rochers et des falaises du Nord, le charme plus méditerranéen du rivage oriental, la couleur changeante des flots parfois très bleus.

Estuaire du Trieux★
De juin à fin sept. (4h). S'adresser aux vedettes de Bréhat. ☎ 02 96 55 73 47.
Cette agréable promenade dans la rivière du Trieux aux rives tantôt abruptes, rocheuses et boisées, tantôt basses et cultivées, permet d'admirer le joli site de Lézardrieux et de son pont suspendu, puis mène au pied du château de la Roche-Jagu *(voir Tréguier)* que l'on atteint par un sentier assez escarpé en sous-bois.

Brest★

Brest est une ville jeune et universitaire, forte du développement de son technopôle Brest-Iroise et de ses grandes manifestations maritimes. Baigné par une rade magnifique, ce port entièrement consacré à la marine durant des siècles accueille aujourd'hui des paquebots de croisière et propose un étonnant Océanopolis à ses visiteurs pour mieux leur rappeler qu'elle se transforme en une dynamique métropole de la mer.

La situation
Cartes Michelin nos 58 pli 4 ou 230 pli 17 – Finistère (29).
Idéalement située face à sa rade, véritable mer intérieure dont la profondeur n'est en aucun endroit inférieure à 10 mètres, Brest n'a que faire de sa réputation de ville pluvieuse, car elle jouit d'une lumière hors du commun.
🅱 1 place de la Liberté – 29266 – ☎ 02 98 44 24 96.

Tonnerre de Brest !

La célèbre expression a pour origine le bruit des canons chargés à blanc qui tonnaient jadis à 7h du matin et 7h du soir.

Le nom

Étymologiquement, Brest signifie « colline » ; il est vrai que la ville est posée sur un plateau en pente douce.

Les gens

Depuis 1974, la communauté urbaine réunit Brest à 7 communes voisines, soit 201 480 Brestois. Le capitaine Haddock est indéniablement l'un d'eux et semble avoir brûlé la politesse aux quelques marins hors du commun qui ont élu domicile ici.

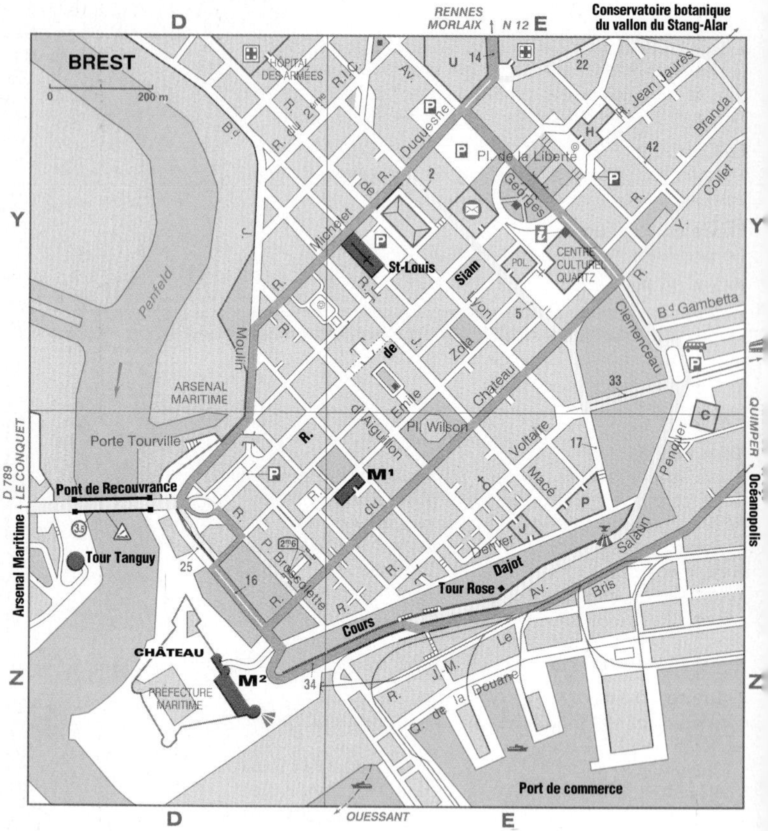
BREST
200 m
RENNES
MORLAIX N 12
Conservatoire botanique du vallon du Stang-Alar
D
E
Y
Z
HÔPITAL DES ARMÉES
St-Louis
Pl. de la Liberté
CENTRE CULTUREL QUARTZ
Bd Gambetta
ARSENAL MARITIME
Penfeld
Porte Tourville
Pont de Recouvrance
Tour Tanguy
Pl. Wilson
M¹
M²
CHÂTEAU
PRÉFECTURE MARITIME
Tour Rose
Cours Dajot
Port de commerce
OUESSANT
D 789 LE CONQUET
Arsenal Maritime
QUIMPER
Océanopolis

Algésiras (R. d') ... EY 2
Clemenceau (Av. G.) ... EY
Colbert (R.) ... EY 5
Foch (Av. Mar.) ... EY 14
Français Libres (Bd des) ... DZ 16
Frégate-la-Belle-Poule (R.) ... EZ 17
Jaurès (R. Jean) ... EY
Kérabécam (R. de) ... EY 22
Liberté (Pl. de la) ... EY
Lyon (R. de) ... DEY
Marine (Bd de la) ... DZ 25
Réveillère (R. Amiral) ... EY 33
Roosevelt (Av. F.) ... DZ 34
Siam (R. de) ... EY
11-Martyrs (R. des) ... EY 42

Château ... DZ
Cours Dajot ... DEZ
Église St-Louis ... EY
Musée des Beaux-Arts ... EZ M¹
Musée de la Marine ... DZ M²
Pont de la Recouvrance ... DZ
Port de commerce ... EZ
Tour Rose ... EZ
Tour Tanguy ... DZ

comprendre

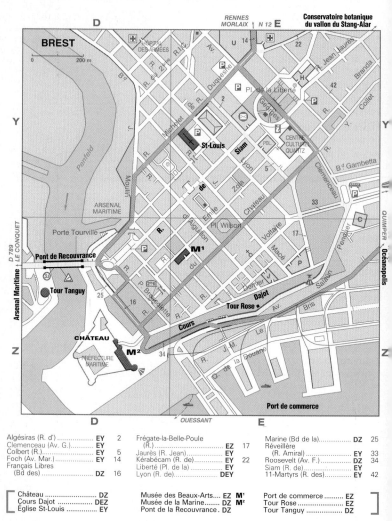

La « Belle Cordelière » – Après que Charles VI eut obtenu du roi d'Angleterre, en 1397, que Brest soit restituée au duc de Bretagne, la flotte bretonne sort précipitamment à la rencontre de la flotte anglaise venue attaquer Brest, le 10 août 1513, jour de la Saint-Laurent. La *Belle Cordelière*, cadeau d'Anne de Bretagne à son duché, sur laquelle 300 invités dansaient quand vint l'ordre de lever l'ancre, reçoit tout le choc ennemi. Le feu se déclare alors que la *Belle Cordelière* lutte bord à bord avec un vaisseau anglais. Son commandant, **Hervé de Primauguet**, se sachant perdu, crie à son équipage et à ses invités, pour les exhorter à bien mourir : « Nous allons fêter saint Laurent qui périt par le feu !» Les deux nefs sautent ensemble.

Où dormir

- ***Valeur sûre***

Hôtel du Belvédère – *7 km à l'O de Brest par D 789 et rte secondaire – 29200 Ste-Anne-du-Portiz – ☎ 02 98 31 86 00 – P – 30 ch. : 365/680F – ☕ 50F – restaurant 118/215F.* Isolé sur la grève, cet hôtel moderne domine l'entrée de la rade de Brest. Toutes ses chambres, spacieuses et fonctionnelles, donnent sur la mer. Une vue dont vous profiterez aussi dans son restaurant en rotonde, largement ouvert par des baies vitrées...

Où se restaurer

- ***À bon compte***

Amour de Pomme de Terre – *23 r. Derrière-les-Halles-St-Louis – ☎ 02 98 43 48 51 – 90/160F.* La samba ? Ici, c'est une variété de pomme de terre qui se décline sur tous les rythmes dans cette petite salle souvent bondée où la convivialité bon enfant est de rigueur. Si votre serviette est trouée, demandez au patron de vous en conter l'histoire !

Crêperie Moderne – *34 r. d'Algésiras – ☎ 02 98 44 44 36 – fermé dim. midi – 40/80F.* Si la longévité est un gage de qualité, cette maison-là a la palme ! Fondée en 1922, elle continue de faire courir les Brestois qui la fréquentent avec assiduité, non pour son décor, mais pour admirer la dextérité des crêpières sur leurs douze biligs.

- ***Valeur sûre***

Fleur de Sel – *15 bis r. de Lyon – ☎ 02 98 44 38 65 – fermé 2 au 23 août, 23 au 28 déc., sam. midi et dim. – 138F.* Dans une jolie salle qui associe belles boiseries blondes et murs jaunes, les grandes banquettes accueillent les gourmets venus apprécier une cuisine au goût du jour servie par une équipe souriante et attentive. Bon rapport qualité/prix.

Ma Petite Folie – *Port de plaisance du Moulin-Blanc – ☎ 02 98 42 44 42 – fermé 23 déc. au 8 janv., 8 au 28 août et dim. – 110F.* Manger à bord d'un langoustier sans avoir le mal de mer ? Inconcevable... Sauf sur ce navire mis en cale sèche sur le sable. On y déguste des produits de la mer, bien sûr, dans la coque ou sur le pont supérieur par beau temps... Quelle escale !

Où boire un verre

Tara Inn – *1 r. Blaveau, ☎ 02 98 80 36 07. Lun.-ven. 11h-1h, sam. et dim. à partir de 15h.* C'est l'un des rares pubs à être tenu par de vrais Irlandais. Il est situé dans le port de commerce, quartier qui a actuellement le vent en poupe. Cadre original avec ses vitraux qui baignent la salle d'une lumière tamisée. Concert une fois par mois.

Le Thalassa – *6 r. de Siam, ☎ 02 98 44 13 71. Lun.-ven. 10h-1h, sam. et dim. à partir de 11h.* C'est l'un des plus beaux pubs de Brest. Décor marin avec casque de scaphandre et gouvernail. Immense terrasse avec vue sur le pont mobile de Recouvrance.

Conti – *22 r. de Lyon, ☎ 02 98 80 50 40. Ouv. tlj 24h sur 24.* Ce bar chic, situé dans l'hôtel Mercure-Continental, arbore un très joli décor 1900 et propose de nombreux whiskies et cocktails à la carte.

Aux Quatre Vents – *18 quai de la Douane, ☎ 02 98 44 42 84. Lun.-ven. 9h-1h, sam. à partir de 10h, dim. à partir de 14h.* Ce bar-restaurant plein de charme est une véritable institution à Brest. Marins et autochtones s'y rassemblent pour déjeuner ou boire une bière le soir. Petite terrasse face aux grues du port de commerce.

Dubliners – *28 r. Matthieu-Donnard, ☎ 02 98 46 04 98. Lun.-ven. 15h-1h, dim. 17h-1h.* Pour les amoureux de musique folk et galloise. Ce pub est également tenu par un véritable Irlandais, qui parle d'ailleurs à peine le français. Animation musicale (bœuf) le jeudi et le dimanche soir.

Transports urbains

En bus – Le ticket unité (6F), valable 1h, s'achète auprès du conducteur ; le ticket journée (18F) s'achète auprès du conducteur ou auprès du point d'accueil Bibus (place de la Liberté).

Informations régionales

Être informé des spectacles et manifestations en cours – *Le Télégramme de Brest* (édition du mercredi) et *Ouest-France* (édition Brest).

Les radios – Radio-France Bretagne Ouest 101.4 Mhz.

Festivités

Les « Jeudis du Port » – De fin juillet à fin août, le port de commerce est le cadre d'animations musicales gratuites, de 19h30 à minuit.

Achats

Marchés – Tous les jours, toute la journée, aux halles St-Louis ; tous les jours, le matin, aux halles St-Martin ; du lundi au samedi, le matin, aux halles du Pilier Rouge.

Kerjean – *79 rue de Siam.* C'est un magasin, et pourtant c'est presque la caverne d'Ali Baba ! Gourmands amateurs d'arômes subtils et exotiques, courez-y (les loukoums sont à se damner).

Sports

Station Voile Rade de Brest – *Centre nautique municipal, port du Moulin-Blanc, 29200 Brest. ☎ 02 98 34 64 64.*

Planche à voile – *Les Crocodiles de l'Élorn, port du Moulin-Blanc, ☎ 02 98 41 73 81.*

Plongée sous-marine – *Groupe Manche-Atlantique de plongée, port de Commerce, ☎ 02 98 43 15 11.*

Promenades en bateau

En vieux gréement sur la « Goélette Recouvrance » – *☎ 02 98 44 66 77.* Avec ses 430 m² de voilure, elle propose des croisières de 2 à 4 jours. Une réplique, mais le plaisir est authentique.

Île d'Ouessant★★ *(voir ce nom)*

Promenade en rade★ – Deux compagnies proposent des circuits maritimes en rade de Brest. *Visite guidée du port militaire et de la rade (1h1/2) ; « croisière restaurant » (déjeuner ou dîner) sur demande (3h1/4) ;*

« traversée Brest – presqu'île de Crozon » à bord d'une vedette rapide. Compagnie maritime Azénor. ☎ 02 98 41 46 23.
D'avr. à fin oct. : visite au port militaire et en grande rade (1h1/2), 5 dép. par j. De mi-mars à mi-oct. : presqu'île de Crozon (3/4h), 3 AR par j. Selon les marées, remontée et descente des rivières Aulne et Élorn. Compagnie des vedettes armoricaines – 1er bassin – Port de commerce. ☎ 02 98 44 44 04.

Traversée de la rade★ – *(25 mn).* Elle relie Brest (port de plaisance) au port du Fret dans la presqu'île de Crozon. *D'avr. à fin sept. : dép. de Brest à 7h30, 12h30, 17h45 (juil.-août : dép. supp. à 10h) ; dép. du Fret à 8h10, 13h10, 18h10 (juil.-août : dép. supp. à 10h35). Compagnie maritime Azénor. ☎ 02 98 41 46 23.*

Liaisons maritimes et aériennes avec les îles

Avec Ouessant – *Dép. Brest à 8h30 (et 8h15 en sais.), dép. Ouessant à 17h (16h30 hors sais.). 180F (enf. : 108F). Compagnie Penn Ar Bed. ☎ 02 98 80 24 68.*

Avec Molène – *Dép. de Brest à 8h30 ; dép. de Molène à 17h30 (17h hors sais.). 160F (enf. : 96F). Compagnie Penn Ar Bed. ☎ 02 98 80 24 68.*

Avec Sein – *De juil. à fin août : dép. Brest à 8h15 ; dép. de Sein à 17h. 122F (enf. : 72F). Compagnie Penn Ar Bed. ☎ 02 98 80 24 68.*

Liaisons aériennes – *Liaison Brest-Ouessant, liaison Molène-Ouessant et Ouessant-Sein, tour de Ouessant. Se renseigner pour les horaires. Compagnie Finist'air. ☎ 02 98 84 64 87.*

À savoir
Les proues et poupes de ces navires étaient sculptées par des artisans anonymes, mais aussi par des artistes réputés, comme Coysevox.

L'œuvre de Colbert (17e s.) – Le plus grand ministre que la marine française ait connu a fait de Brest la capitale maritime du royaume. Pour s'assurer de bons équipages, il créa l'Inscription maritime qui subsiste encore, et installa à Brest un collège de gardes-marine, des écoles de canonnage, d'hydrographie et de génie maritime. De ce prodigieux effort sortit une flotte magnifique et puissante : les vaisseaux atteignaient 5 000 t et portaient jusqu'à 120 gros canons. Pour sa part, Duquesne améliora l'arsenal, entoura la ville de remparts et organisa la défense du goulet. Vauban compléta ces travaux.

LA RECOUVRANCE
BREST

Poupe de l'aviso-goélette La Recouvrance, *fleurs de lys et hermines réunies.*

La « *Belle Poule* » – En 1778, pendant la guerre d'Indépendance américaine, la frégate la *Belle Poule* força l'*Aréthuse* anglaise à fuir. La cour lui fit un succès et toutes les dames coiffées « à la belle poule » arboraient un petit navire sur l'édifice de leur chevelure.

Héroïque
Du Couëdic, deux balles dans la tête, une dans le ventre et le bras fracassé, refusa de quitter sa dunette, répondant : « Laissez donc, il y a deux heures que je suis mort ! »

La « *Surveillante* » – En 1799, un capitaine anglais paria qu'aucune frégate française ne pourrait résister à son *Québec*. Du Couëdic, qui commandait la *Surveillante*, releva le gant et rencontra l'Anglais à hauteur d'Ouessant. Le *Québec* brûla et sauta avec son parieur. Rasée comme un ponton, la *Surveillante* fut remorquée à Brest où elle reçut un accueil triomphal.

Brest durant la guerre – En juin 1940, les marines de guerre et de commerce françaises évacuèrent rapidement le port, détruisant ponts et installations. Celui-ci fut cependant utilisé par la marine ennemie qui construisit à Laninon un abri bétonné pour sous-marins, véritable menace pour les convois alliés naviguant entre l'Amérique et la Grande-Bretagne. Cette situation vaudra à la ville quatre années de bombardements. En septembre 1944, quand les Américains réussirent à y pénétrer après 43 jours de siège, ils ne trouvèrent que ruines.

Aujourd'hui, le *Charles de Gaulle* et la voile – Lancé en 1999, le *Charles de Gaulle*, premier porte-avions nucléaire français, est sorti des chantiers brestois pour prendre la relève du fameux *Clemenceau*. C'est toutefois à la voile, et en particulier aux gigantesques rassemblements de vieux gréements de « Brest 92 » et « Brest 96 », qui comptent parmi les plus grandes manifestations mondiales de ce type, mais aussi à des marins comme **Florence Arthaud** et **Olivier de Kersauzon**, qui ont installé leurs quartiers au « Moulin Blanc », le port de plaisance de Brest, que la ville doit d'être connue des « fanas » de voile du monde entier.

Florence Arthaud. Fille d'éditeur, née en 1957, elle participe à la 1re route du Rhum en 1978 et bat en 1990 le record de la traversée de l'Atlantique. La même année, elle remporte la route du Rhum sur le trimaran Pierre Ier.

Olivier de Kersauzon Né en 1942, « l'Amiral » fut l'équipier de Tabarly lors d'un tour du monde en 1973, puis lors de la 1re édition de la Whitbread en 1974. Quatrième de la 1re route du Rhum en 1978, il s'était forgé une réputation de grand marin sans victoire avant d'établir en 1997 le record du tour du monde du Trophée Jules-Verne.

se promener

Cours Dajot

Cette promenade, construite en 1769 sur les remparts par des forçats, porte le nom de son ingénieur. Le monument de la « **tour Rose** », édifié par l'American Battle Monuments, commémore l'accueil des Brestois aux Américains lors de la Grande Guerre. Détruit en 1941, reconstruit à l'identique en 1958, il bénéficie de l'extra-territorialité.

Vue sur la rade★★ – Depuis la table d'orientation située à l'Est du cours, on voit de l'embouchure de l'Élorn à la pointe de Portzic en passant par le Ménez-Hom et la pointe de Roscanvel. Vaste (150 km²) et découpée par de profonds estuaires, la rade s'ouvre sur l'océan par un long goulet aux rives escarpées. Cette configuration explique l'importance militaire que Brest conserve depuis plus de 2 000 ans.

Au premier plan s'étend le port de commerce. Sur la rive Sud, l'École navale est installée à Lanvéoc ; à côté, l'Île Longue abrite la base des sous-marins nucléaires. À l'horizon, à droite, on distingue la presqu'île de Crozon et la trouée du goulet, entre le fort du Portzic et la pointe des Espagnols. En avant du château, la rade-abri, délimitée par ses digues, sert de mouillage à la flotte de guerre.

Brest 2000

Tous les quatre ans, la ville organise une merveilleuse manifestation maritime qui attire une foule considérable. « Brest 96 » fut suivi par plus d'un million de visiteurs ; quelque 2 500 bateaux provenant de 30 pays, dont plusieurs centenaires tel le *Belem* français, s'y concentrèrent pour le plaisir des yeux de spectateurs rassemblés sur la côte, surtout lors de la régate finale entre Brest et Douarnenez. « Brest 2000 » sera donc un événement que les passionnés de mer ne devront manquer sous aucun prétexte. Même si le programme n'est pas encore connu à l'heure à laquelle Bibendum rédige ces lignes, il ne fait aucun doute que la manifestation célébrant le millénaire sera grandiose, d'autant que l'on sait qu'il y aura davantage de grands navires à visiter que lors de la dernière édition.

Le spectacle splendide de « Brest 96 » a démontré la passion des Français pour les vieux gréements.

Port de commerce

À voir du cours Dajot. Créé en 1860 lorsque la Penfeld ne suffisait plus pour recevoir les marines militaire et marchande, ce port dont le trafic commercial avoisine les 2 000 000 t par an est également un centre important de réparation navale, capable d'accueillir les plus grands navires existants (plus de 500 000 t de port en lourd).

Tour Tanguy
Située face au château et non loin du pont de la Recouvrance, cette tour du 14e s., ancienne bastide de Quilbignon, domine l'arsenal.

Pont de la Recouvrance

Inauguré en 1954, c'est le plus important pont-levant d'Europe. Il enjambe la Penfeld, au-dessus de la partie la plus ancienne de l'arsenal ; sous le pont se trouve un canon de 380 mm, provenant du cuirassé *Richelieu* de 35 000 t.

Astuce
On peut pousser jusqu'à la place de la Liberté, pour atteindre l'animation centrale de la ville, grâce à la proximité du Centre culturel Le Quartz.

Rue de Siam

Cette artère commerçante tire son nom de la venue d'ambassadeurs ayant débarqué à Brest pour se rendre à Paris, à la cour de Louis XIV.

Église St-Louis

Clocher de ciment et structure en pierres brutes. Tout en verticalité, l'église (1957) est joliment éclairée, notamment par le grand vitrail de Paul Boni consacré à Saint Louis.

Les bâtiments de la Marine nationale semblent vouloir renforcer l'aspect défensif du château.

visiter

Château

Unique témoin de l'histoire du vieux Brest, il apparaît au 11e s. sur un site déjà fortifié par les Romains. Tours et fortifications ont été élevées du 12e au 17e s. Richelieu, Colbert, Duquesne puis Vauban à partir de 1683 fortifièrent la place. L'enceinte a été restaurée après la dernière guerre.

À savoir
Seuls le musée et les remparts se visitent (le château abrite en effet les services de la Préfecture maritime). L'accès au musée de la Marine se fait par la tour Madeleine (3e s.-15e s.) du sommet de laquelle on aura une vue sur le port et la rade.

Musée de la Marine★ – *Avr.-sept. : 10h-18h30, mar. 13h30-18h30 ; oct.-mars : tlj sf mar. 13h30-18h. Fermé de nov. à mi-déc., 1er janv., 1er mai, 25 déc. 29F.* ☎ *02 98 22 12 39.*
Musée décentralisé du musée de la Marine de Paris, il présente de précieux **modèles réduits** de navires, des instruments de navigation, des tableaux illustrant les fastes de la marine à voile du 18e s. Au pied de la terrasse sont exposés un sous-marin de poche S 622 et une embarcation de boat people recueillie en mer de Chine par le navire-école *Jeanne-d'Arc* en 1988.
On visite aussi le chemin de ronde de la tour Paradis (15e s.) et le donjon (14e-17e s.) où des maquettes jouxtent des éléments de décoration navale. Évocation du bagne de Brest.

Tour Tanguy

Musée du vieux Brest – L'histoire de Brest en dioramas. *Juin-sept. : 10h-12h, 14h-19h ; oct.-mai : mer. et jeu. 14h-17h, w.-end 14h-18h ; vac. scol. zone A : 14h-18h. Fermé 1er janv., 1er mai, 25 déc. Gratuit.* ☎ *02 98 00 88 60.*

La base navale et l'arsenal*

C'est en 1631 que **Richelieu** décida la création du port de Brest. En 1666, **Colbert** développa les infrastructures existantes sur les rives de la **Penfeld** dont l'estuaire encaissé et sinueux convenait parfaitement pour abriter des tempêtes les petits navires de l'époque. De 1740 à 1790, **Choquet de Lindu** entreprit la construction d'un véritable arsenal. À la fin du 19e s., une digue fut érigée, délimitant une vaste rade-abri. En 1970, sur cette grande jetée furent construits deux épis permettant l'accostage des grandes unités. Les bassins 8 et 9 furent réalisés en 1918 et rallongés en 1953 ; leurs dimensions (300 m sur 49 m) permettent d'accueillir les plus grandes unités de la flotte française. Parallèlement furent construits le quai de l'armement, aménagé pour armer et réparer les navires, et le quai des flottilles où se concentre la majeure partie des unités de combat de la flotte de l'Atlantique.

Solide

Lors de la Seconde Guerre mondiale, les Allemands construisirent la base sous-marine de Brest en 500 jours. Malgré 10 impacts de bombes de 6 t. lors du bombardement du 5 août 1944, cette base d'une surface couverte de 65 859 m² est toujours en activité.

La visite de l'arsenal – *De juil. à mi-sept. : visite guidée (1h1/2) à pied 9h-11h, 14h-16h ; de mi-juin à fin juin : 9h-10h, 14h-15h ; avr. : à 10h et 14h30. Visite autorisée aux pers. de nationalité française ; se présenter avec une pièce d'identité à la porte de la Grande Rivière (route de la Corniche). ☎ 02 98 22 07 56.*

Elle offre la possibilité de découvrir l'essentiel de la flotte française de l'Atlantique, notamment le porte-avions *Charles-de-Gaulle* qui dresse son immense coque d'acier le long du quai d'armement. On peut visiter aussi un bâtiment de guerre, suivant la disponibilité des unités.

Musée des Beaux-Arts*

Tlj sf mar. 10h-11h45, 14h-18h, dim. 14h-18h. Fermé j. fériés. 25F. ☎ 02 98 00 87 96.

Réduites presque à néant lors des bombardements de la dernière guerre, ses collections ont pour principal intérêt un grand nombre de toiles illustrant le courant symboliste, surtout l'école de Pont-Aven. On peut voir aussi des peintures des 17e et 18e s., des écoles italienne, française et hollandaise, dont *Le Port de Brest* (1774) par Van Blarenberghe, ainsi que diverses marines dues à des artistes locaux et des œuvres orientalistes.

À VOIR

Bord de mer en Bretagne d'Émile Bernard, *Les Blés verts au Pouldu* de Paul Sérusier, *Jour de septembre* de Maurice Denis.

Océanopolis**

♿ *D'avr. à déb. sept. : 9h30-18h (dernière entrée 1h av. fermeture), w.-end 9h30-19h. 50F (enf. : 30F). ☎ 02 98 34 40 40.*

Vaste bâtiment aux allures de crabe géant, Océanopolis a été installé en 1990 à l'Est du port de commerce, en bordure du port de plaisance du Moulin Blanc. Vitrine de toutes les activités liées à l'océanographie, Océanopolis est un « lieu vivant » améliorant et renouvelant souvent ses expositions étant donné la richesse et la diversité des sujets ayant trait à la mer. Il y a une multitude de choses à découvrir, à voir et à toucher, d'autant plus que le complexe est en cours d'agrandissement *(Océanopolis doit tripler sa surface en l'an 2000)*. Chacun y trouvera son compte, du plus petit au plus grand : expositions temporaires, reconstitution d'une passerelle de bateau, initiation aux problèmes de sécurité en mer, maquette de rorqual, réception d'images par satellite, etc. Mais ce sont les aquariums géants recréant la vie sous-marine au large des côtes de la Bretagne qui constituent le point fort d'Océanopolis.

Les phoques gris Niko et Ida, nés en captivité en 1988, habitent l'aquarium 19.

Conservatoire botanique du vallon du Stang-Alar**

À l'Est de la ville par la rue Jean-Jaurès, puis par la route de Quimper. Jardin : 9h-18h (printemps et été : 9h-20h). Pavillon d'accueil : de juil. à mi-sept. : tlj sf ven. et sam. 14h-17h ; de mi-sept. à fin juin : mer. et dim. 14h-17h. Visite audioguidée des serres : de juil. à mi-sept. : tlj sf ven. et sam. 14h-17h ; de mi-sept. à fin juin : dim. 16h30. 22F serres, gratuit pour jardin et pavillon d'accueil. ☎ 02 98 02 46 00.

Le vallon du Stang-Alar abrite l'un des plus prestigieux conservatoires botaniques au monde. Son rôle est d'assurer la conservation des plantes menacées d'extinction et de tenter une réintroduction en milieu naturel.

Très beau parc paysager où alternent des plantes ornementales courantes (magnifiques magnolias et nombreux camélias) et des espèces menacées, le **jardin** (22 ha) est sillonné par des kilomètres de sentiers. S'il est très agréable de s'y promener, il faut également s'intéresser aux 1 000 m² de **serres** dans lesquelles 95 % des espèces présentées sont des plantes menacées de disparition dans la nature. Celles-ci se répartissent en milieux exotiques très différents : l'étage montagnard tropical, les îles subtropicales (remarquer le géranium de Madère dont la floraison est spectaculaire), les zones tropicales sèches (le ruizia cordata dont seulement deux spécimens survivaient dans l'île de la Réunion) et les forêts tropicales humides.

Le Conservatoire, ici la zone d'Asie, est un agréable lieu de promenade ou de détente.

Mémorial du Finistère

Quitter Brest à l'Ouest par le pont de la Recouvrance en direction du Conquet ; le fort Montbarey est sur la droite, dès que l'on rejoint la D 789. Tlj sf w.-end 14h-18h. Fermé j. fériés. 20F ☎ 02 98 05 39 46.

Ce fort, construit en 1784 sur ordre de Louis XVI, porte le nom d'un de ses ministres. Reconverti en un haut lieu du souvenir finistérien, il est administré par une association, l'AME, qui s'emploie à dresser la liste, par commune, des Finistériens « *morts pendant et à cause de la guerre* » du 3 septembre 1939 au 19 décembre 1946 (date du retour des volontaires de la lutte contre le Japon).

circuits

1 PRESQU'ÎLE DE PLOUGASTEL

Circuit de 56 km ; environ 1/2 journée. Quitter Brest à l'Est par la N 165 en direction de Quimper. On laisse sur la gauche la route menant à Kerhuon, station située sur la rive droite de l'Élorn.

À SAVOIR
Interdit aux automobiles depuis l'inauguration du pont de l'Iroise en 1994, le pont Albert-Louppe peut cependant être emprunté par les cyclistes et les piétons qui profitent de la très belle **vue★** sur la vallée de l'Élorn, le pont d'Iroise et la rade de Brest.

Les ponts sur l'Élorn

Le **pont Albert-Louppe,** inauguré en 1930, franchit l'estuaire de l'Élorn, qu'il domine de 42 m. Long de 880 m, il compte trois arches de 186 m. À ses extrémités veillent quatre statues dues au sculpteur Quillivic. Quant au **pont de l'Iroise★**, ouvrage de Le Friant et Terzian, il s'enorgueillit du record du monde de portée par nappe axiale avec une travée centrale de 400 m. Contrairement au pont de Normandie, les haubans des deux immenses pylones sont fixés sur le terre-plein central et non pas sur la chaussée.

Les grands axes de développement du technopôle Brest-Iroise sont l'océanologie et les techniques liées à la mer, les biotechnologies et l'agro-alimentaire, les télécommunications et l'informatique.

Inauguré en 1994, ce deuxième pont sur l'Élorn assure la continuité routière entre Brest et Quimper. Il est le premier maillon, côté français, du grand axe de trafic international E 60 qui reliera (via la Suisse, l'Autriche et la Hongrie) Brest à la mer Noire.

1 km après le pont, tourner à droite vers Plougastel-Daoulas. Suite de l'excursion décrite à Plougastel-Daoulas.

2 LES ABERS** *(voir ce nom)*

Circuit de 189 km. Compter une journée.

3 À LA DÉCOUVERTE DES POINTES

Itinéraire de 56 km. Environ 2h.

Quitter Brest à l'Ouest par le pont de la Recouvrance pour gagner la route de la Corniche. Continuer tout droit aux Quatre-Pompes. À l'entrée de Cosquer, tourner à gauche.

Ste-Anne-du-Portzic

Au fond de l'anse de Ste-Anne, en bordure de plage, une courte promenade sur le sentier côtier offre de belles vues. Une montée conduit au **technopôle Brest-Iroise** installé sur la pointe du Diable, face au Goulet. Sur ce site extraordinaire dominant l'entrée de la rade sont rassemblés des centres de recherche prestigieux comme l'IFREMER (Institut Français pour l'Exploitation de la Mer), des établissements d'enseignement supérieur et des entreprises.

Gagner la D 789. La route longe la plage de Trez-Hir (vue sur l'anse de Bertheaume), puis traverse Plougonvelin.

Fort de Bertheaume

Ouvrage défensif fortifié par Vauban, à l'entrée du Goulet de Brest, le fort de Bertheaume est l'occasion d'une agréable promenade par un sentier côtier. *D'avr. à fin oct. : w.-end et j. fériés : 13h30-18h30 (juin-août et vac. scol. Pâques : tlj). 22F (enf. : 12F). Spectacle son et lumière (1h) à 21h. 44F (enf. : 25F). ☎ 02 98 48 30 18.*

Pointe de St-Mathieu**

St-Mathieu, qui était au 14e s. une ville importante, n'est plus aujourd'hui qu'un village célèbre par les ruines de son église abbatiale, son site, son phare.

Phare – *Fermé momentanément. ☎ 02 98 89 00 17.*

Le phare est muni d'une installation de feux électriques perfectionnés – 2 optiques complémentaires sont réservées à la navigation aérienne – et d'un radiophare : la lentille, illuminée par une lampe halogène de 600 watts, ► donne à l'optique principale une intensité lumineuse d'environ 5 millions de candelas ; la portée est de 55 à 60 km.

Église abbatiale* – Les ruines sont les restes d'un monastère bénédictin fondé au 6e s. et qui, selon la légende, aurait possédé comme relique la tête de saint Matthieu, rapportée d'Égypte par des marins du pays. Le chœur (13e s.) est flanqué d'un donjon carré. La nef, aux piliers ronds ou octogonaux, est bordée, au Nord, d'un seul bas-côté et, au Sud, de deux bas-côtés (16e s.). En avant de la chapelle N.-D.-des-Grâces, restaurée, remarquer un porche du 14e s., vestige de l'ancienne église paroissiale.

Pour gagner l'extrémité de la pointe, contourner l'enceinte du phare. Sur ce site rocheux, une colonne érigée à la mémoire des marins français morts pendant la guerre 1914-1918 est l'œuvre du sculpteur Quillivic.

À 300 m de St-Mathieu, vers Plougonvelin, on voit, à gauche, près d'une maison, deux **stèles** gauloises surmontées d'une croix et appelées le Gibet des Moines.

Voir Les Abers pour la suite de l'itinéraire, à savoir la Pointe des Renards et Le Conquet que l'on gagne par la Corniche du Port et la pointe Ste-Barbe. Ensuite, regagner Brest par la D 789.

OÙ DORMIR

Hostellerie de la Pointe St-Mathieu – *☎ 02 98 89 00 19 – fermé mi-janv. à mi-fév. – 21 ch. : 270/590F – 39F – restaurant 98/400F.* Près des grands phares et de l'ancienne abbaye, cet hôtel-restaurant sis dans une ancienne maison a installé ses chambres dans une aile moderne. Vous pourrez vous attabler dans sa jolie salle voûtée avec cheminée ou dans sa brasserie pour un repas rapide.

UNE VUE UNIQUE

Du sommet du phare (163 marches), le panorama** est superbe. De gauche à droite : l'entrée du goulet de Brest, la presqu'île de Crozon, la pointe du Raz, l'île de Sein, les îles de Béniguet, de Molène et d'Ouessant. Derrière Béniguet, à 30 km, on distingue parfois le phare de la Jument.

Brignogan-Plages

Joliment située au fond de l'anse de Pontusval, cette commune connue pour ses amoncellements de rochers aux formes parfois curieuses cultive sa vocation de station balnéaire.

BAIGNADE
Au chapitre des plages, l'estivant a le choix entre celles du Garo et du Lividic à l'Est, du Crapaud, du Petit Nice, des Chardons Bleus et du Phare à l'Ouest.

La situation

Cartes Michelin nos 58 plis 4, 5 ou 230 plis 3, 4 – Finistère (29). Au Nord du Finistère Nord, Brignogan-Plages est à 10 kilomètres du Folgoët par la D 770.

Le nom

En 1936, année de la loi instituant les congés payés, Brignogan est devenu Brignogan-Plages.

Les gens

836 habitants. Jadis, les environs étaient peuplés de naufrageurs et de pilleurs d'épaves qui, paraît-il, n'avaient pas leurs pareils pour faire disparaître les cargaisons des navires échoués.

se promener

Pointe de Pontusval

Ce paysage où d'énormes blocs granitiques se dressent au ras des maisons ou au milieu des champs s'enorgueillit du Men Marz (que l'on rencontre à mi-parcours), beau menhir de 8 m de haut surmonté d'une croix.

Chapelle Pol

Charmant ensemble formé par cette chapelle du 19e s., le calvaire et la petite tour de guet construite sur deux rocher.

La pointe de Pontusval cache un petit port où se côtoient pêcheurs et plaisanciers.

alentours

Goulven

7,5 km au Sud-Est. Prendre vers la plage du Lividic ; on longe par la côte l'anse de Goulven. Dans Plounéour-Trez, tourner à gauche aussitôt après l'église.

Goulven possède une **église** (15e et 16e s.) dont le **clocher★** Renaissance compte parmi les plus beaux de Bretagne. À droite du porche qui s'ouvre sous le clocher, beau portail gothique à portes géminées, le trumeau porte un bénitier sculpté. À l'intérieur, monumental bénitier Renaissance et maître-autel en granit de Kersanton précédé d'un petit autel décoré de six panneaux illustrant les miracles de saint Goulven.

À VOIR
La tribune d'orgues (16e s.) est un ancien jubé transformé. En été, deux belles bannières brodées du 17e s. sont exposées dans le chœur.

Côte des **Bruyères**★

Cette section du littoral de la Manche, aux portes du petit Trégor, appartient à la « Ceinture dorée ». L'itinéraire démarre par une majestueuse étendue de sable pour s'élever ensuite vers les pointes escarpées d'une côte très découpée aux nombreux panoramas.

La situation

Cartes Michelin nos 58 plis 6, 7 ou 230 pli 6 - Finistère (29) Côtes-d'Armor (22). On y accède à partir de Morlaix et de Lannion, ou par la N 12 (sortie Plouégat-Moysan).

Le nom

Cette côte doit son nom au joli arbrisseau qui y fleurit.

Les gens

C'est le domaine des estivants en quête de vacances familiales où tous les plaisirs de la mer (plage, pêche à pied, bateau...) peuvent alterner avec de jolies balades.

carnet d'adresses

Où dormir

• ***Valeur sûre***

Hôtel Côtes-d'Armor – *rte de la Corniche Nord : 4 km par D 42 - 22310 Plestin-les-Grèves – ☎ 02 96 35 63 11 – fermé 16 nov. au 26 mars – P – 20 ch. : 335/375F – ☕ 45F – restaurant 78/138F.* Sur une corniche, à 100 m de la plage, cet hôtel familial des années 1960 domine la baie de Locquirec. Ses chambres simples sont bien tenues, mais l'étape vaut surtout pour la table qui satisfera les appétits gourmands à prix très sages.

• ***Une petite folie !***

Grand Hôtel des Bains – *29241 Locquirec – ☎ 02 98 67 41 02 – fermé fév. – P – 36 ch. : à partir de 750F – ☕ 50F – restaurant 150/295F.* C'est ici que fut tourné le film de Michel Lang « L'Hôtel de la plage » en 1978... Dans un jardin au bord de la mer, derrière une façade du début du 20e s., son décor rénové est soigné et le luxe discret de ses chambres le classe résolument dans les étapes de charme à savourer sans modération !

itinéraire

DE ST-MICHEL-EN-GRÈVE À LA POINTE DE DIBEN

38 km - Environ 4h

St-Michel-en-Grève

Dédié à l'archange Michel, ce petit centre balnéaire possède une église joliment située au bord de la mer.

La plus grande baie des Côtes-d'Armor
Cette magnifique plage, longue de 4 km, occupe le fond d'une baie qui se découvre sur près de 2 km, à marée basse. Nombreux sentiers piétonniers aux alentours.

Lieue de Grève★

Des ruisseaux, où l'on pêche la truite, rejoignent la mer par des vallons verdoyants. La route, très pittoresque, suit la côte boisée et contourne la masse du Grand Rocher.

Montée au Grand Rocher★ – *3/4 h à pied AR. La route à gauche, juste avant le Grand Rocher, permet d'accéder à un parking.*

Du belvédère haut de 80 m, très belle **vue★** sur la Lieue de Grève. À marée haute, et surtout en hiver par vent de Nord-Ouest, le spectacle de nombreux rouleaux d'écume qui se succèdent sur la plage et déferlent contre le brise-lames protégeant la chaussée, est particulièrement démonstratif du fonctionnement du ressac.

St-Efflam

À côté de la chapelle St-Efflam, nichée dans la verdure, coule une fontaine surmontée d'un dôme massif.

Saint Efflam
Sur la plage qui porte son nom, l'ermite Efflam, venu d'Irlande, débarqua en 470 avec ses sept compagnons. Il s'installa à Plestin, y fonda un monastère et y mourut en 512. L'église contient son tombeau avec gisant vêtu en roi (1576).

Prendre à gauche vers Plestin.

Plestin-les-Grèves

L'**église** mélange les styles gothique et Renaissance ; à l'intérieur, vitraux modernes d'un atelier de Quintin.

Revenir à la route côtière.

Corniche de l'Armorique★

Entre St-Efflam et Locquirec, la route suit une côte accidentée. Après la pointe de Plestin, belle vue à marée haute sur l'anse de Locquirec et sa pointe. Ensuite on découvre, à droite et à l'arrière-plan, le début de la Côte de Granit rose jusqu'à Trébeurden. Plus loin, le port de Toul-an-Hery se niche à l'embouchure du Douron.

Locquirec est un séjour balnéaire familial en même temps qu'un petit port de pêche et de plaisance.

Locquirec

Lancée par l'écrivain Pierre Zaccone au 19e s., la station compte plusieurs plages très agréables. Sa charmante **église★** à clocher Renaissance conserve, au niveau du chœur et du transept, des voûtes lambrissées recouvertes de peintures du 18e s. Au maître-autel, **retable★** du 16e s. en haut-relief figurant des scènes de la Passion de facture naïve.

Pointe de Locquirec★ – *1/2 h à pied AR.* Cette promenade qui s'amorce près du chevet de l'église fait le tour de la pointe : belles vues sur la baie de Lannion.

Après Moulin de la Rive, prendre à droite la corniche qui surplombe la mer.

Bon à savoir
À l'Ouest de la table d'orientation de Marc'h Sammet se trouve la plage de Poul Rodou (accès 800 m plus bas).

Table d'orientation de Marc'h Sammet

Érigée sur une avancée rocheuse, elle offre de remarquables **vues★**, à l'Est, sur les plages du Moulin de la Rive et des Sables Blancs, la pointe du Corbeau et ses rochers ; au Nord, l'île de Losquet se signale par le pylône du CNET.

Gagner Christ et tourner à droite. Suivre les panneaux directionnels menant à la route touristique. Serpentant sur le plateau, cette route en corniche permet d'apprécier la côte de la pointe de Trégastel à la pointe de Primel.

À la plage de St-Jean-du-Doigt, prendre à gauche.

St-Jean-du-Doigt★

Ce pittoresque village doit son nom à la relique conservée en son église depuis le 15e s. St-Jean-du-Doigt célèbre son pardon le dernier dimanche de juin. Son **enclos paroissial** s'ouvre par une porte triomphale du 16e s. À gauche, haute **fontaine★** Renaissance (socle en pierre et vasques en plomb), dominée par Dieu le Père bénissant le baptême de son Fils par saint Jean-Baptiste.

Église★ – Le doigt de saint Jean-Baptiste, apporté vers 1420 à la chapelle St-Mériadec qui s'élevait en ce lieu, opéra des miracles. Les pèlerins affluèrent. En 1440, on décida l'édification d'une grande église, réalisée en style flamboyant et achevée en 1513. À la base du clocher, adossés aux contreforts, se trouvent deux petits ossuaires ; celui de droite est gothique, l'autre, Renaissance.

Le **trésor★★** comprend plusieurs reliquaires, une **croix processionnelle★** en argent doré, un tube en cristal (antérieur au 16e s.) renfermant la première phalange de l'index de saint Jean-Baptiste.

Ce calice★★ Renaissance en vermeil est la plus belle pièce du trésor de St-Jean-du Doigt.

Visite du trésor le jour du pardon : dernier dim. de juin. Gratuit. ☎ 02 98 67 30 40.

Plougasnou

Au centre de cette modeste bourgade, l'**église**, en majeure partie du 16e s., s'ouvre sur la place par un porche Renaissance. À 300 m du bourg, par la rue au chevet de l'église, gagner l'**oratoire N.-D.-de-Lorette**. Ce monument de granit (1611) présente un toit de pierre ; deux atlantes en gardent l'entrée.

Passer devant le Syndicat d'initiative et au 3e carrefour, tourner à droite. Traverser Ste-Barbe : vue sur Primel, la plage et la pointe.

Primel-Trégastel★

Sa plage de sable fin profite d'un beau site, près de rochers comparables à ceux de Ploumanac'h et de Trégastel.

Pointe de Primel★

1/2h à pied AR. La pointe est un véritable chaos de **rochers** roses. Du mamelon central, **panorama** s'étendant de la baie de St-Pol-de-Léon à la côte de Trébeurden. Au large, on distingue le phare de l'île de Batz et l'île aux Moines (Sept-Îles).

> L'extrême pointe est séparée du reste de la presqu'île par une crevasse qui ne peut être franchie qu'à marée basse, et dans le creux de laquelle se trouve une grotte.

À 1 km, tourner à droite ; la route passe à proximité de viviers. Dans le Diben, pittoresque village de pêcheurs, tourner à droite, direction les Viviers-le Port ; 100 m après, prendre en face vers le port la route qui mène à une digue. Peu avant celle-ci, prendre à gauche le sentier qui mène à la pointe de Diben.

Pointe de Diben

Belle vue sur toute la baie et la pointe de Primel.

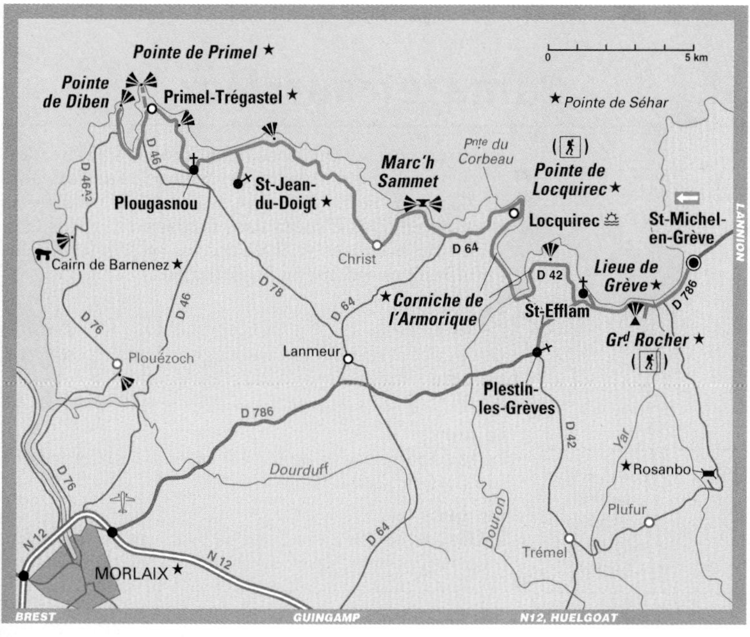

Pointe de Primel ★
0
5 km
Pointe de Diben
Primel-Trégastel ★
★ Pointe de Séhar
D 46
D 46A2
Pte du Corbeau
Marc'h Sammet
Pointe de Locquirec ★
St-Jean-du-Doigt ★
Plougasnou
Locquirec
St-Michel-en-Grève
LANNION
Christ
D 64
Cairn de Barnenez ★
D 42
Lieue de Grève ★
D 78
D 786
★ Corniche de l'Armorique
St-Efflam
D 76
Grd Rocher ★
Plouézoch
Lanmeur
Plestin-les-Grèves
D 786
D 42
Yar
Dourduff
★ Rosanbo
D 76
Plufur
Douron
D 64
N 12
Trémel
MORLAIX ★
N 12
BREST
GUINGAMP
N12, HUELGOAT

alentours

Château de Rosanbo★

8,5 km au Sud de St-Michel-en-Grève par les D 786 et D 22. Juil.-août : visite guidée (3/4h) 11h-18h ; avr.-juin : 14h-17h ; sept.-oct. : dim. et j. fériés 14h-17h. Fermé nov.-mars. 30F. ☎ 02 96 35 18 77.

> **L'origine du nom Rosanbo**
> Le château s'élève sur les fondations d'un vieux castel du 14e s. dominant la vallée du Bô, d'où son nom breton qui signifie « rocher sur le Bô ».

L'édifice actuel englobe, à l'Ouest, le manoir du 15e s., agrandi au 17e s. (toits à la Mansart) et au 18e s., puis finalement restauré au 19e s. Les salles ouvertes au public sont meublées et décorées avec raffinement. Des documents d'archives ont permis la reconstitution des deux pièces les plus authentiques de la demeure : la salle à manger et le salon du 18e s. La **bibliothèque**, qui donne sur une terrasse agrémentée d'un vaste bassin, est riche de plus de 8 000 volumes dont la majeure partie date du 17e s.

Un magnifique **jardin** à la française, œuvre d'Achille Duchêne, paysagiste de renom du 19e s., borde le flanc Nord-Est du château. Remarquer les **charmilles** longues de près de 2 500 m et les *salles de verdure* (petite clairière dans un bosquet) qui avaient chacune sa fonction : manège d'équitation, aire d'entraînement, tennis...

Lanmeur

Lanmeur, petite localité du plateau trégorrois, est au centre d'une zone de cultures maraîchères. Son **église**, reconstruite en 1904 a conservé, de l'édifice primitif, le clocher et la **crypte★** *(accès à gauche du maître-autel, interrupteur électrique en bas de l'escalier à gauche)*.

Fouilles
Des recherches archéologiques ont amené la découverte de deux figurines en or sculpté, pièces rares et très anciennes (datées sans certitude du 6e s.).

◀ Pré-romane, celle-ci remonterait au 8e s. ; c'est l'un des plus anciens monuments religieux de Bretagne. Huit piliers massifs dont deux décorés soutiennent la voûte. Une fontaine jaillit à droite de l'entrée.

Dans l'enclos du cimetière, l'imposante **chapelle de Kernitron** comprend une nef et un transept du 12e s., ainsi qu'un chœur du 15e s. À l'intérieur, dans la chapelle face à l'entrée, statue de N.-D.-de-Kernitron (pardon le 15 août) et, à sa droite, au fond d'une petite chapelle, une étonnante statue de sainte Anne accompagnée de Marie.

Camaret-sur-Mer

Dernier port avant l'océan, Camaret s'abrite derrière une digue naturelle, le « Sillon ». Face au Goulet de Brest, ce petit centre balnéaire tranquille se situe à deux pas d'immenses falaises escarpées couvertes de bruyères et d'ajoncs où se régaleront les amoureux de promenades solitaires.

La situation

Cartes Michelin nos 58 pli 3 ou 230 plis 16, 17 - Finistère (29). Au bout du bout de la Bretagne, Camaret est accessible par Crozon, entre la baie de Douarnenez et la rade de Brest. ℹ *Quai Toudouze — 29570 - ☎ 02 98 27 93 60.*

Le nom

Le site tire son nom de la géologie des lieux et signifie « le port du sillon courbe ».

Les gens

Saint-Pol Roux s'installa en 1907 au manoir des Boultous, entre Lagatjar et l'océan; il repose au cimetière de Camaret.

2 933 Camarétois. Ils ne nous en voudront pas de mettre en avant le poète Paul-Pierre Roux (1861-1940), dit Saint-◀ Pol Roux, bien qu'il soit né près de Marseille.

Souvenirs d'une expérience sous-marine

En 1801, dans la baie de Camaret, l'ingénieur américain **Fulton**, qui a construit un petit bateau portant cinq hommes d'équipage et pouvant naviguer sous l'eau, fait un essai de torpillage. Ce sous-marin rudimentaire pouvant plonger 6 heures veut fixer au flanc d'une frégate anglaise mouillée dans l'anse un « torpédo » qui contient 100 livres de poudre. Voilà que lorsque Fulton arrive près du bâtiment, celui-ci appareille. La démonstration est manquée. Il faudra attendre la fin du 19e s. pour que cette audacieuse anticipation entre dans le domaine pratique.

carnet pratique

OÙ DORMIR

• *Valeur sûre*

Hôtel Thalassa – ☎ *02 98 27 86 44 – fermé 1er oct. au 3 avr. – P – 46 ch. : 320/600F – ☕ 48F – restaurant 110/295F.* Une partie de ses chambres meublées de rotin ouvrent sur le port, les autres – sans balcon – donnent sur la piscine. D'architecture moderne, cet hôtel aux espaces clairs est aussi une étape agréable pour un repas gentiment tourné à prix doux.

PROMENADES EN BATEAU

Liaisons avec les îles d'Ouessant et de Sein – *De juil. à fin août. S'adresser à l'Office de tourisme.*

Sortie en vieux gréement – *De mai à fin oct. : sorties sur la « Belle Étoile » (langoustier à voile).* ☎ *02 98 27 86 91.*

se promener

Chapelle N.-D.-de-Rocamadour

Ce sanctuaire du 17e s. doit son origine aux pèlerinages de Rocamadour en Quercy, pratiqués dès le 11e s. Les fidèles venus par mer des pays nordiques s'arrêtaient à Camaret.

Château Vauban

Construit à la fin du 17e s. par l'illustre ingénieur sur la pointe du Sillon, il se compose d'une puissante **tour** flanquée de murailles.

Alignements de Lagatjar

Observatoire astronomique ? Qui sait. Le nom de ce bel ensemble mégalithique (143 menhirs relevés au début de ce siècle) signifie « œil de la poule ».

FESTIVITÉS RELIGIEUSES

Le pardon de N.-D.-de-Rocamadour a lieu le 1er dimanche de septembre. Il est suivi de la bénédiction de la mer.

Ancien port de relâche, Camaret est le dernier refuge avant l'océan en cas de gros temps.

Cancale★

Qui ne connaît les huîtres plates de ce centre ostréicole réputé ? Comme l'a longtemps vanté le bandeau de son cachet postal, ce port de pêche possède panoramas, plages et parcs à huîtres, autant dire tout ce que recherche l'estivant en quête de vacances réussies.

La situation

Cartes Michelin nos 59 pli 6 ou 230 pli 12 – Ille-et-Vilaine (35). Pour apprécier le **site★**, il faut arriver à Cancale par la route touristique, en sens unique, qui s'embranche à droite sur la D 76, à 2,5 km après le carrefour des Portes Rouges. ℹ *44 rue du Port – 35260 –* ☎ *02 99 89 63 72.*

Les gens

4 910 Cancalais, mais combien de ces Cancalaises, femmes de marins aux « yeux rêveurs », dont l'indépendance et la force de caractère à affronter la vie ont longtemps fait la renommée de la ville...

carnet d'adresses

Où dormir

• *Valeur sûre*

Hôtel Pointe du Grouin – *à la Pointe du Grouin – ☎ 02 99 89 60 55 – fermé 2 oct. au 31 mars – P – 21 ch. : 400/520F – ☕ 48F – restaurant 118/315F.* Dans un site exceptionnel, ce petit hôtel douillet ouvre ses fenêtres sur les îles et le Mont St-Michel. Très fréquentée pendant la journée, la pointe retrouve son calme le soir et vous profiterez de sa grande tranquillité la nuit venue... Restaurant avec vue.

• *Une petite folie !*

Les Maisons de Bricourt – *r. Du Guesclin – ☎ 02 99 89 64 76 – P – 19 ch. : à partir de 750F – ☕ 90F – 2 restaurants 115/680F.* Laissez-vous tenter par le bel hôtel de Bricourt-Richeux et son restaurant Le Coquillage, la maison des Rimains avec ses quelques chambres sur la mer, ou la Maison de Bricourt – le restaurant étoilé d'Olivier Rœllinger... Le charme de ces quatre lieux aux mille saveurs devrait vous combler !

Où se restaurer

• *À bon compte*

Surcouf – *7 quai Gambetta – ☎ 02 99 89 61 75 – fermé 15 nov. au 16 déc., mar. soir de sept. à juin et mer. – 98/235F.* Ici, les gourmands se régaleront sans se ruiner ! Servis sur la terrasse en caillebotis ou dans la salle pimpante, les menus orchestrés autour des produits de la région et des poissons de la pêche du jour sont d'un excellent rapport qualité/prix.

Crêperie du Port – *1 pl. du Calvaire (sur le port) – ☎ 02 99 89 60 66 – fermé mar. sf vac. scol. – 40/70F.* Ambiance marine dans cette crêperie ornée de tableaux et d'affiches, au plafond décoré d'une fresque. Les amateurs remarqueront sûrement sa belle maquette de voilier. Tout le monde appréciera sa terrasse installée en toutes saisons face au port.

Le Marché aux Huîtres – *au bout du quai Thomas – ✉̸ – 16/60F.* « Du producteur au consommateur » : face aux parcs, assis sur le muret au bout du quai, en plein air, vous dégusterez les huîtres toutes fraîches des ostréiculteurs. Ils en assurent l'ouverture de Pâques à septembre et la vente à emporter toute l'année.

Le régal des connaisseurs

Le bateau

La *Cancalaise* (reconstitution de la bisquine de Cancale) se distingue sans difficulté de la bisquine Granvillaise grâce à sa coque noire et non blanche. Ce bateau à fond plat et très grande voilure, caractéristique de la baie du Mont-St-Michel, servait à draguer les huîtres.

La fameuse huître de Cancale

De nos jours, on ne pratique plus à Cancale que l' « élevage » de jeunes huîtres venues d'Auray, une maladie mystérieuse ayant, vers 1920, décimé les bancs de la baie qui fournissaient à profusion le naissain. Ce naissain, que l'on s'efforce de recréer localement, se développe dans des parcs de pleine mer donnant une huître au goût typé dû à la richesse en plancton de la baie du Mont-St-Michel. La côte est ici quadrillée par les parcs de cette huître plate appelée aussi belon, quelque 360 ha de découpages géométriques qui participent au paysage.

se promener

Port de la Houle★

Les allées et venues des tombereaux chargés d'huîtres, les marchands, le retour des bateaux de pêche à marée haute contribuent à donner à cet endroit très fréquenté une animation particulière. Le port est bordé par un pittoresque quartier adossé à la falaise, aux ruelles étroites, où vivaient les marins-pêcheurs. Un chemin, le Vaubaudet ou Val du Baudet, le reliait au bourg de Cancale, le quartier haut où habitaient les « terriens » et les commerçants.

À voir

De la plate-forme supérieure de la tour de l'**église St-Méen** (189 marches), superbe **panorama★** étendu sur la baie du Mont-St-Michel, Granville et, par temps clair, jusque sur les îles Chausey (table d'orientation).

Pointe du Hock et sentier des Douaniers★

◄ Le sentier des Douaniers, chemin de ronde, s'embranche dans le bas de la rue du Port, après quelques marches, et permet d'atteindre la pointe du Grouin distante de 7 km.

On profite dès le **monument aux morts** d'une vue étendue sur la baie du Mont-Saint-Michel et le Mont Dol. Un peu plus loin, la pointe du Hock révèle une jolie **vue★**

CANCALE

Bricourt (Pl.)	Y	3
Calvaire (Pl. du)	Z	4
Du-Guesclin (R.)	Y	8
Duguay-Trouin (Quai)	Z	9
Duquesne (R.)	Y	10
Fenêtre (Jetée de la)	Z	12
Gallais (R.)	Y	13
Gambetta (Quai)	Z	14
Hock (R. du)	Z	16
Jacques-Cartier (Quai)	Z	17
Juin (R. du Mar.)	Z	18
Kennedy (Quai)	Z	19
Leclerc (R. Gén.)	YZ	20
Mennais (R. de la)	Y	22
Port (R. du)	Z	
République (Pl. de la)	Z	23
Rimains (R. des)	Y	24
Roulette (R. de la)	Z	25
Stade (R. du)	Y	27
Surcouf (R.)	Y	28
Thomas (Quai)	Z	30

Église St-Méen	Z	
La Ferme Marine	Z	M¹
Maison de Jeanne Jugan	Y	E
Monuments aux Morts	Z	
Musée de l'Huître et du Coquillage		F
Musée des Arts et Traditions populaires	Y	M²
Musée des Bois sculptés	Z	M³
Pointe du Hock	Z	
Port de la Houle	Z	
Sentier des Douaniers	Z	

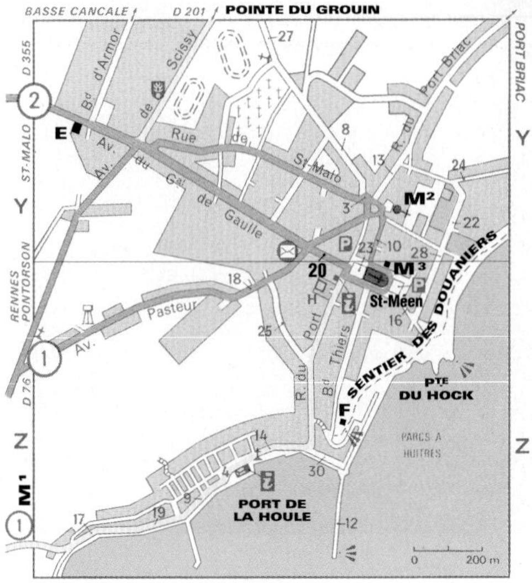

BASSE CANCALE
D 201
POINTE DU GROUIN
PORT BRIAC
D 355
ST-MALO
RENNES PONTORSON
D 76
Rue de St-Malo
Av. du Gal de Gaulle
Av. Pasteur
St-Méen
SENTIER DES DOUANIERS
PTE DU HOCK
PARCS A HUITRES
PORT DE LA HOULE
200 m

sur le rocher de Cancale ; à droite et en contrebas, au pied de la falaise, s'étendent les parcs à huîtres. De part et d'autre de la pointe du Hock, le sentier des Douaniers surplombe les grèves. En suivant la côte jusqu'à Port-Mer, vue splendide de la pointe de la Chaîne, face au rocher de Cancale.

visiter

Musée des Bois sculptés

Il rassemble d'étonnantes sculptures en haut relief exécutées par l'abbé Quémerais (1879-1955), natif de Cancale. Plus de 300 personnages sont ainsi représentés sur des panneaux en chêne, avec une telle minutie dans le détail que chaque scène semble être animée. *Juil.-août : tlj sf dim. et lun. 14h-18h. 8,40F. ☎ 02 99 89 60 15.*

La Ferme marine. Musée de l'Huître et du Coquillage

Par ① .De mi-fév. à fin oct. : visite guidée (1h) à 15h (de mi-juin à mi-sept. : à 11h, 15h, 17h). 38F (enf. : 18F). ☎ 02 99 89 69 99.

Au cœur d'une entreprise ostréicole, ce musée explique l'évolution des techniques de culture de l'huître, ainsi que le métier de l'ostréiculteur à travers les âges. Belle collection de coquillages (plus de 1 500, venus du monde entier). Visite guidée à travers les ateliers : triage, bassins et mise en bourriches.

Embarquer sur une bisquine
Les bisquines, ces magnifiques bateaux de pêche, furent en service jusqu'au début du siècle. On peut aujourd'hui embarquer sur *La Cancalaise* (☎ 02 99 89 77 87).

Musée des Arts et Traditions populaires

♿ *Juil.-août : 10h-12h, 14h30-18h30, lun. 14h30-18h30, jeu. nocturne 20h30-22h ; juin et sept. : jeu.-dim. 14h30-18h30. 20F. ☎ 02 99 89 79 32.*

Installé dans l'ancienne église St-Méen (1714), il est consacré aux arts et traditions du pays cancalais : pêche, ostréiculture, agriculture (pomme de terre), vie des Cancalaises, coiffes et costumes, mobilier. Il évoque aussi la vie de Jeanne Jugan et présente l'école de navigation des Rimains que la cité abrite depuis plus d'un siècle.

Maison de Jeanne Jugan

Dans cette maison est née Jeanne Jugan (1792-1879, *voir St-Malo : rubrique St-Servan-sur-Mer*), fondatrice de la congrégation des Petites Sœurs des pauvres. *Sur demande auprès de Mme Rey. Gratuit. ☎ 02 99 89 62 73.*

C'est au large de la pointe du Grouin que démarre la route du Rhum, fantastique régate de 3 000 milles qui rejoint Pointe-à-Pitre.

alentours

Pointe du Grouin★★

4,5 km au Nord par la D 201 – Quitter Cancale par la rue du Stade. *À l'extrémité de la route, après l'hôtel de la Pointe du Grouin, laisser la voiture sur un vaste terre-plein et suivre, à droite du sémaphore, un sentier qui conduit directement à la pointe.*

Le **panorama** s'étend du cap Fréhel à Granville en passant par la baie du Mont-St-Michel, au large les îles Chausey. Un sentier permet d'aller, à marée basse, explorer une grotte creusée dans la falaise (hauteur 10 m, profondeur 30 m).

L'île des Landes, qui est en face, constitue une réserve ornithologique et botanique.

Dans le blockhaus, exposition sur les oiseaux de mer.

Carhaix-Plouguer

Carhaix a planté sa flèche en pleine Armorique, entre les monts d'Arrée et les Montagnes Noires, dans une région d'élevage. Ville carrefour, la capitale du Poher a résisté au dépeuplement en créant un festival des Vieilles Charrues très couru.

La situation

Cartes Michelin nos 58 pli 17 ou 230 pli 20 – Finistère (29).
Tout à l'intérieur du département, la ville est située au carrefour de la N 164 et des D 769, 764 et 787. *rue Brizeux – 29270 – ☎ 02 98 93 04 42.*

Un Carhaisien d'élite

De son vrai nom Théophile-Malo Corret (Carhaix 1743-Rhénanie-Westphalie 1800), **La Tour d'Auvergne** avait le goût des armes et de la langue bretonne. Sous la Révolution, les plus hauts grades sont proposés à ce capitaine en second de 46 ans, mais il les refuse pour rester au milieu de ses soldats. En campagne, on le voit lire sa fidèle grammaire celtique. À 54 ans, en pleine retraite, il part comme simple soldat à la 46e demi-brigade. Nouvelles actions d'éclat. Bonaparte lui offre un siège au Corps législatif, mais ne peut vaincre la modestie du Breton. Un sabre d'honneur et le titre de « premier grenadier de la République » lui sont décernés. Il est tué en 1800 pendant la campagne du Rhin, à Oberhausen. Chaque année, le samedi précédant le 27 juin, Carhaix célèbre sa fête.

Le nom
Kaer signifie « ville », *Ahès* désignerait les Osismes, une tribu celte.

Les gens
Chaque année, du 13 au 18 juillet, le festival des Vieilles Charrues attire quelque 100 000 personnes contre 8 198 Carhaisiens le reste de l'année.

OÙ CAMPER
Camping municipal de la vallée de l'Hyères – *2,3 km en dir. de Morlaix et rte devant la gendarmerie, bord de l'Hyères – ☎ 02 98 99 10 58 – ouv. juin-15 sept. – ✗ – 62 empl. : 34F.* Un terrain pour les pêcheurs : très nature, il est installé le long d'une rivière qui ouvre sur un petit plan d'eau où les canards viennent nicher. Son cadre bucolique incite à la détente. Équitation à proximité, canoë-kayak et gîte d'étape.

se promener

Église St-Trémeur
Reconstruite au 19e s., elle conserve une imposante tour-porche du 16e s. Le tympan du portail est orné de la statue de saint Trémeur dont la légende remonte au 6e s.

Maison du Sénéchal
Au n° 6 de la rue Brizeux. Juil.-août : 9h-12h30, 13h30-19h, dim. 10h-13h ; sept.-juin : tlj sf dim. et j. fériés 10h-12h, 14h-18h. Gratuit. ☎ 02 98 93 04 42.
Belle façade du 16e s. : rez-de-chaussée en granit sculpté, étages en encorbellement, le tout habillé d'ardoise et décoré de statuettes. Le Syndicat d'initiative y est installé ; petit **musée** d'ethnographie locale au 1er étage.

circuit

PLATEAU DU HUELGOAT
Circuit de 80 km - Environ 4h

Quitter Carhaix par les rues Oberhausen et des Abattoirs en direction de Plounevézel. À Croissant-Marie-Jaffré, tourner à droite puis, 3 km après avoir laissé Lesquern sur la gauche, prendre à nouveau à droite, dans un virage, un chemin non revêtu.

Chapelle St-Gildas
Un parcours en sous-bois y conduit. Clocher carré à flèche de pierre et grotesques au chevet (16e s.).

Revenir à la route initiale et tourner à droite. Prendre à gauche vers Plourac'h.

VERTIGE BRETON
À la droite de la chapelle se trouve le signal St-Gildas qui culmine à 238 m.

Plourac'h
L'église Renaissance en forme de T a été élevée en grande partie aux 15e et 16e s. Le **porche** gothique abrite les statues des apôtres surmontées de dais très ouvragés. Trois gâbles armoriés surmontent une belle porte Renaissance et les deux fenêtres qui l'encadrent. À l'intérieur, parmi les nombreuses statues, remarquer celles de saint Guénolé, saint Nicodème en docteur de la loi, et une Descente de croix dont la Vierge est vêtue de la cape de deuil du pays.

Les agoraphobes sont prévenus : le festival des Vieilles Charrues attire chaque été la grande foule.

Avis aux chasseurs
Callac est aussi la « capitale » de l'épagneul breton, chien d'arrêt réputé.

Callac

Cette ville possède une station de haras devant laquelle s'érige la statue de bronze de l'étalon Naous. Ce formidable reproducteur, né en 1935, fut l'étalon le plus réputé de Bretagne. Durant treize ans de bons et loyaux services, ce cheval de trait breton a donné naissance à quelque huit cents descendants directs.

Emprunter la route de Guingamp et à 4 km tourner à droite.

À Pestivien (1 km au Nord de Bulat), le beau calvaire de 1550 conserve une fervente Mise au tombeau.

Bulat-Pestivien

Ancien lieu de pèlerinage (pardon le dimanche qui suit le 8 septembre), ce village conserve quelques manoirs de qualité (17e et 18e s.) et une belle **église★**. Sa tour Renaissance, la plus ancienne de cette période en Bretagne, a été, au 19e s., surmontée d'une flèche. Derrière des porches remarquables, on découvre une sacristie monumentale ornée d'une frise macabre, et un curieux lutrin représentant un paysan en costume vannetais. La belle table de 1583, à dessins géométriques, longue de 5 m, recevait les offrandes lors des pardons.

Redescendre vers Burthulet par la route de Rostrenen.

Burthulet

La modeste chapelle du 16e s. se dresse à gauche de la route dans un site mélancolique : nul doute que « le Diable y soit mort de froid » ainsi que l'assure la légende.

Gagner Ty-Bourg où l'on tourne à droite.

St-Servais

Anatole Le Braz y naquit. Imposante église du 16e s.

Prendre en face de l'église vers St-Nicodème. À 2 km, tourner à droite.

Gorges du Corong★

1h à pied AR. Du rond-point aménagé en fin de route part le sentier menant aux gorges. Il longe la rivière et s'enfonce dans la forêt de Duault. Bientôt la rivière disparaît sous un amas de rochers pour rejaillir en cascades.

Revenir sur ses pas et prendre deux fois à droite en direction de Locarn.

Les roues à carillon
Quelques rares églises conservent ce très curieux objet rituel souvent appelé « roue de fortune ». Pour les Celtes, la roue était un symbole important lié au culte solaire ; il fut plus tard annexé au culte chrétien. On peut encore voir ces roues dans les églises de Saint-Nicolas-du-Pélem, Locarn, Lanniscat, Confort-en-Meilars et Kérien.

Locarn

Son **église** possède une remarquable verrière du 16e s., une **roue à carillon**, et cinq panneaux d'un retable flamand de la même époque représentant des épisodes de la vie du Christ. Au presbytère, un **trésor★** comprend un buste et un bras reliquaires de saint Hernin exécutés au 15e s., une croix de procession de la fin du 16e s. et un calice du 17e s., le tout en vermeil. *(visite guidée 10h-12h, 14h-17h. ☎ 02 96 36 66 11).*

Par Trébrivan, regagner Carhaix-Plouguer.

Carnac★

De par le monde, Carnac symbolise, avec Stonehenge en Grande-Bretagne, le site préhistorique par excellence. Les théories et les controverses ont été si nombreuses à son propos que chacun de nous associe aujourd'hui le mot Carnac au terme de mégalithes.

La situation

Cartes Michelin nos 63 pli 12 ou 230 plis 35, 49 - Morbihan (56). Connu mais pas grand, Carnac est à deux pas de La Trinité, juste avant la presqu'île de Quiberon. *74 av. des Druides - 56340 - ☎ 02 97 52 13 52.*

Le nom

Du celte *karn*, « pierre » ou « rocher », qui a donné cairn.

Les gens

4 243 Carnacois, assez fiers de leurs ancêtres du néolithique qui réussirent à dresser quelques pierres de belle taille.

carnet pratique

Où dormir

• ***Valeur sûre***

Hôtel Lann Roz – *36 av. de la Poste – ☎ 02 97 52 10 48 – fermé 2 janv. à fin fév. et lun. sf été – 🅿 – 13 ch. : 380/400F – ☕ 38F – restaurant 100/250F.* Cette maison sise dans un jardin de Carnac évoque un peu celles de nos grand-mères : pomponnée, elle mélange détails vieillots et récents, comme les tissus et les meubles de rotin des chambres, dans un décor fleuri, un rien désuet. Terrasse en été.

Où se restaurer

• ***À bon compte***

Crêperie Les Kerguelen – *rte de la Trinité-sur-Mer par D 781 : 2 km – ☎ 02 97 52 28 21 – réserv. obligatoire en été – 55/120F.* Amateurs de crêpes, sans partir pour ces îles lointaines, sortez de Carnac pour cette auberge, vous ne serez pas déçus... Les autres apprécieront ses menus à prix très sages. Quant aux curieux, ils ne résisteront pas à l'invention maison : la « quizza » !

• ***Valeur sûre***

La Côte – *aux Alignements de Kermario – 2 km rte d'Auray – ☎ 02 97 52 02 80 – fermé 17 au 28 nov., 5 janv. au 12 fév. et lun. sf du 14 juil. au 15 août – 120/250F.* Une étape gourmande indispensable après la visite des mégalithes. Dans cette ancienne ferme, qui ouvre sa petite terrasse dans le jardin aux beaux jours, vous goûterez la cuisine originale du jeune chef. Bon rapport qualité/prix.

Sport

Parachutisme ascensionnel – Parasailing (face à la base nautique), *☎ 02 97 52 61 05.*

se promener

LES MÉGALITHES**

Au Nord de Carnac, une agréable promenade fait découvrir l'essentiel des monuments mégalithiques de la région : alignements, dolmens, tumulus.

À Kermario, une passerelle permet de longer l'alignement au Nord sur une centaine de mètres, et un petit bâtiment d'accueil offre information, exposition et maquette de l'ensemble des alignements.

Alignements du Ménec**

Datés approximativement du néolithique moyen (3 000 avant J.-C.), ces alignements s'étendent sur une longueur de 1 167 m et une largeur de 100 m. Ils comptent 1 099 menhirs disposés sur 11 files ; le plus élevé mesure 4 m de haut. Leur orientation est Sud-Ouest/Nord-Est. Un **cromlech** (hémicycle) se trouve à chacune des extrémités : l'un de 70 menhirs, l'autre de 25 seulement (très abîmé).

Mesures de sauvegarde

À la longue, le piétinement des innombrables visiteurs a fini par constituer un réel danger pour la conservation des mégalithes. Les alignements de Carnac ont donc été clôturés par les pouvoirs publics, le temps que la végétation restabilise le sol et empêche ainsi le déchaussement des menhirs.

Alignements de Kermario**

De juil. à fin août : visites-conférences guidées sur demande uniquement. 25F. ☎ 02 97 52 29 81.

Sensiblement contemporains de ceux de Ménec, de même superficie, les alignements offrent 1 029 menhirs disposés en 10 lignes parallèles sur 1 120 m de long et 100 de large. De la passerelle latérale, on observe la progression de la taille des menhirs de l'Est vers l'Ouest. Un dolmen à couloir est situé au Sud-Ouest. Plus loin, les alignements passent sur les restes d'un tumulus de 35 m de long, sur le plateau du Manio.

Hasard ou coïncidence?

À proximité du plateau du Manio, un menhir de 3 m de haut porte à sa base 5 serpents gravés. 5 haches polies avaient été enterrées à ses pieds...

Les alignements de Carnac ou entre 500 000 et 1 000 000 de journées d'efforts pour les élever !

Alignements de Kerlescan★

Dans ce champ de 355 m sur 139 m, 555 menhirs sont rangés sur 13 lignes convergentes ; un cromlech de 39 menhirs les précède.

Tumulus St-Michel★

Pour raisons de sécurité, ne se visite plus.

Daté du néolithique ancien (4 500 avant J.-C.), long de 125 m, large de 60 et haut de 12, il renferme deux chambres funéraires et une vingtaine de coffres de pierres. Les objets trouvés dans les sépultures sont exposés au musée de Préhistoire de Carnac et au musée d'Archéologie de Vannes. Des galeries intérieures ont été explorées au début du 20e s. ; leur très mauvais état les rend inaccessibles.

Sur le sommet se trouvent la chapelle St-Michel, un petit calvaire et la table d'orientation du T.C.F. De là, la **vue★** s'étend sur la région des mégalithes, la côte et les îles.

Dolmens de Mané-Kerioned

Ensemble de trois dolmens dont le premier présente huit supports gravés de divers symboles stylisés : haches, spirales, écussons...

Tumulus de Kercado

Ce cairn, très ancien (4 670 avant J.-C.), vraisemblablement contemporain de celui de Barnenez, de 30 m de diamètre et 3,50 m de hauteur, recouvre un beau dolmen ; à son sommet se dresse un menhir. Remarquer les sculptures sur la table et quatre supports. Pendant la Révolution, il aurait servi de cachette à des Chouans. *Avr.-oct. : 9h-19h ; nov.-mars : 9h-17h. 4F. S'adresser à la crêperie toute proche.*

Vénus gallo-romaine (1er s.).

visiter

Musée de Préhistoire J.-Miln-Z.-Le-Rouzic★★

♿ *Juil.-août : tlj sf mar. 10h-18h30, w.-end 10h-12h, 14h-18h30 ; sept.-juin : tlj sf mar. 10h-12h, 14h-17h (juin et sept. : fermeture à 18h). Fermé 1er janv., 1er mai, 25 déc. 30F été, 25F hors sais. ☎ 02 97 52 22 04.*

Créé en 1881 par l'Écossais James Miln et enrichi par le Carnacois Zacharie Le Rouzic, le musée entièrement refait dans un autre bâtiment rassemble d'exceptionnelles collections allant du paléolithique inférieur au début du Moyen Âge.

La visite se déroule selon un ordre chronologique : le paléolithique inférieur (600 000 avant J.-C.), les paléolithiques moyen et supérieur (de 300 000 à 12 000 avant J.-C.), le mésolithique (de 12 000 à 5 000 avant J.-C.). Ensuite, des vitrines expliquent l'architecture mégalithique (néolithique, de 5 000 à 2 000 avant J.-C.), avec pour chaque site, une présentation du mobilier funéraire (parures, haches polies, pendeloques, poteries, etc.). Une autre série de vitrines présente la vie quotidienne des agriculteurs au néolithique.

Le 1er étage est consacré à l'âge du bronze (haches à douille, bijoux en or), à la période romaine (maquette d'une villa, statuettes de Vénus). Des panneaux évoquent le Moyen Âge breton et les méthodes de fouilles des agriculteurs.

Église★

Elle date du 17e s. À l'intérieur, de curieuses **peintures** du 18e s. recouvrent les voûtes en bois. La table de communion, la chaire, la grille du chœur sont de remarquables œuvres du 18e s., en fer forgé. À gauche à l'entrée du chœur, buste reliquaire de saint Cornély en bois doré du 18e s. Le trésor de l'église est exposé dans le bas-côté droit : chasuble, croix, calices, ostensoir, etc.

L'église de Carnac est dédiée à **saint Cornély**, protecteur des bêtes à cornes, qui figure sur la façade entre deux bœufs.

alentours

Carnac-Plage

Plus récente que le bourg, la station de Carnac-Plage s'est développée à l'abri de la presqu'île de Quiberon, sur une grève en pente douce. Elle compte plusieurs **plages** : la Grande Plage, au Sud (2 km de long) ; Légenèse, Ty Bihan et St-Colomban à l'Ouest ; Beumer et Men-Du à l'Est.

Autres mégalithes*

8 km au Nord-Ouest, par la route de Lorient.

Dolmens de Rondossec – *À gauche, à la sortie de Plouharnel.* Ce sont trois chambres enfouies dans le sol.

Menhirs du Vieux-Moulin – *Après le passage à niveau.* Ils sont plantés dans un champ à droite de la route.

Alignements de Ste-Barbe – *À proximité de la route à gauche en prenant la direction du camping le Kersily.* Au nombre de quatre, plantés en bordure d'un champ.

Dolmen de Crucuno – *Route à droite.* Il se dresse au cœur du hameau de Crucuno, adossé à une ferme. Seule la chambre subsiste, la lourde table repose sur onze supports.

Dolmen de Mané-Croch – *À 500 m au-delà de Crucuno, sur la gauche.* Type même du dolmen à chambres latérales.

Alignements de Kerzerho – *À droite de la route, à l'entrée d'Erdeven.* Environ 1 130 menhirs les composent et sont disposés en 10 lignes.

Abbaye St-Michel-de-Kergonan

4 km par la D 781 en direction de Plouharnel. Cette abbaye de moniales bénédictines, fondée en 1898, fait partie de la congrégation de Solesmes. Cet imposant édifice en granit comprend une église très sobre. Au-delà du magasin (livres, produits réalisés par les sœurs), une galerie abrite une exposition consacrée au monachisme bénédictin. Chant grégorien au programme (se renseigner en arrivant).

À VOS PLANCHES !

La plage de St-Colomban réunit les véliplanchistes durant toute l'année.

Châteaubriant

Au centre d'une région boisée et parsemée d'étangs, cette ancienne ville fortifiée se situe aux marches de la Bretagne et de l'Anjou. Capitale du Pays de la Mée, Châteaubriant est une ville touristique en plein essor qui a su valoriser son passé historique et culturel.

La situation

Cartes Michelin nos 63 plis 7, 8 ou 230 pli 41 – Loire-Atlantique (44). Au Nord du département, on arrive à Châteaubriant par la D 178 au départ de Nantes.
22 rue de Couëré – B.P. 193 – ☎ 02 40 28 20 90.

POUR LES BONS APPÉTITS

Centre d'un pays d'élevage de viande bovine, Châteaubriant est le deuxième marché aux gros bovins de France ; c'est dire l'attachement des éleveurs à la qualité de leur production. La technique de cuisson du *châteaubriant* aurait été mise au point par **Montmirail**, cuisinier de François-René de Chateaubriand, à moins que ce ne soit par **Magny**, cuisinier d'un restaurant parisien qui recevait au 19e s. les célébrités littéraires. Le *châteaubriant* est une pièce de bœuf d'un poids de 300 à 400 g prise dans le filet ; la cuisson est primordiale, car la viande doit être saisie à l'extérieur, et saignante, juste chaude, à l'intérieur ! Traditionnellement, cette viande savoureuse est servie avec des pommes dauphine et une sauce béarnaise.

OÙ SE RESTAURER

Auberge Bretonne – *23 pl. Motte – ☎ 02 40 81 03 05 – 78/285F.* Une petite table sympathique de la ville qui vaut surtout par le cadre chaleureux de sa salle à manger, rénovée il y a peu. Tenue par un jeune chef, cette auberge propose aussi quelques chambres meublées de merisier en dépannage.

Le nom

Castellum Brientii au 11e s., ce qui désignait le « château du seigneur de Brient ».

Les gens

12 782 Castelbriantais. Le romancier Paul Guimard est né en 1921 non loin de la ville, à St-Mars-la-Jaille.

visiter

Château*

De mi-juin à mi-sept. : visite guidée (1h) tlj sf mar. 10h30-17h, dim. et j. fériés 14h-17h. ☏ 02 40 28 20 90.

Le château comprend une partie féodale et une partie Renaissance, due à Jean de Laval. Du château féodal, il subsiste un important donjon, rattaché au châtelet d'entrée et à la chapelle par des murailles auxquelles s'adossent les deux ailes du Grand Logis. En face s'élève le Palais seigneurial dont les trois ailes sont reliées par d'élégants pavillons Renaissance.

Au cours de la visite, on emprunte l'escalier central (**1**) menant à un balcon d'où l'on jouit d'une belle vue sur la cour d'honneur, le donjon, les toits de la ville. On accède ensuite à la chambre de Françoise de Foix (**2**) à la monumentale cheminée en bois sculpté (début 17e s.). L'oratoire (**3**) renferme la pierre tombale de Françoise de Foix gravée d'une épitaphe de Clément Marot. Le tribunal d'instance (**J**) occupe une partie du Palais seigneurial et la bibliothèque municipale l'aile méridionale (**B**). De la colonnade qui encadrait la cour d'honneur, il reste la galerie couverte (**4**) aboutissant à un pavillon d'escalier et un tronçon (**5**) fermant la cour d'honneur.

Le palais seigneurial du château.

Vue d'ensemble

On pourra faire le tour du château en flânant sur l'esplanade et dans les jardins qui descendent jusqu'à la Chère où il fait bon pique-niquer.

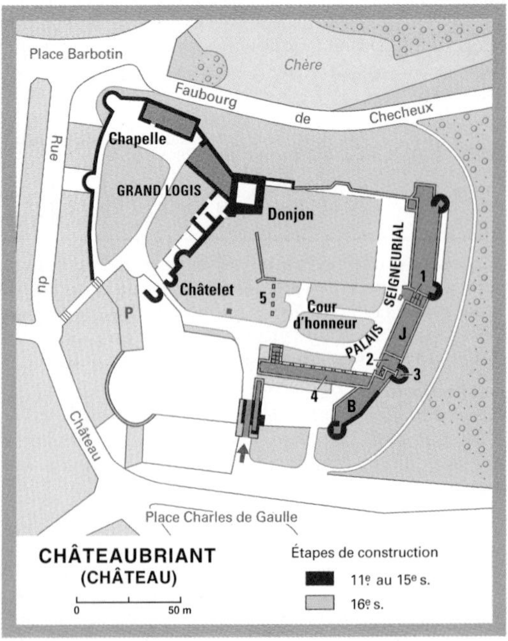
Place Barbotin
Chère
Faubourg de Checheux
Rue du Château
Chapelle
GRAND LOGIS
Donjon
Châtelet
5
Cour d'honneur
PALAIS SEIGNEURIAL
1
J
2
3
4
B
P
Place Charles de Gaulle
CHÂTEAUBRIANT
(CHÂTEAU)
0
50 m
Étapes de construction
11e au 15e s.
16e s.

Église de St-Jean-de-Béré

Le chœur et la croisée du transept remontent à la fin du 11e s., la nef est du 12e s. À droite du « Châpitreau » (16e s.), se trouve le petit « autel du Bon Dieu de Pitié » où était célébrée la messe au temps de la peste noire. À l'intérieur, sur le maître-autel : très riche retable (1665).

La Sablière

Aux portes de la ville, sur la route de Pouancé, à la carrière des Fusillés, le « monument du Souvenir » rappelle que 27 otages ont été tués par les Nazis le 22 octobre 1941. Au pied du monument, 185 alvéoles renferment de la terre venue de tous les hauts lieux de la Résistance.

LES PREMIERS MARTYRS
Ces otages furent fusillés en représailles de l'attentat qui tua, le 20 octobre 1941, le feld-commandant de la place de Nantes. D'autres otages tombèrent à Nantes, ainsi qu'au Mont-Valérien, à l'Ouest de Paris.

alentours

Abbaye de Melleray

21 km au Sud par la D 178 puis à gauche dans la D 18 à partir de La Meilleraye-de-Bretagne (direction de Riaillé). Fondée en 1142 près d'un étang magnifique, cette abbaye cistercienne comporte des bâtiments du 18e s. L'**église N.-D.-de-Melleray** (1183) a retrouvé sa rigueur cistercienne et des vitraux en grisaille. Dans le chœur à chevet plat, **Vierge** en bois polychrome du 17e s.

Combourg★

L'image de Combourg est inséparable du plus grand des romantiques français. En effet, François-René de Chateaubriand habita dans le vieux château féodal aux allures de forteresse qui domine le vieux bourg. À deux pas, un vaste étang participe au pittoresque de la vue que l'on découvre en arrivant par la route de Rennes.

La situation

Cartes Michelin nos 59 plis 16, 17 ou 230 pli 26 - Ille-et-Vilaine (35). En venant de Rennes par la N 137, il faut prendre à droite, à hauteur de Hédé, la D 795 qui coupe vers Combourg.

Le nom

On sait seulement qu'il vient du latin *Comburnium.*

Les gens

4 843 Combourgeois. On sait trop que Châteaubriand ne pouvait qu'éclipser toute autre célébrité locale.

OÙ DORMIR
Hôtel du Château – *Pl. Chateaubriand – ☎ 02 99 73 00 38 – fermé 15 déc. au 15 janv., dim. soir du 15 oct. au 15 mai et lun. midi – P – 35 ch. : 310/520F – 47F – restaurant 95/290F.*
Au pied du château, cette demeure ancienne vous accueillera dans un cadre soigné. Ses chambres, au décor moderne, sont agréables et ouvrent sur le château, le jardin ou le lac. De là, vous pourrez partir à la découverte de la Haute-Bretagne.

visiter

Château★

Juil.-août : visite guidée (1h) 11h-12h30, 13h30-17h30, parc 10h-12h30, 13h30-18h ; avr.-juin et sept. : tlj sf mar. 14h-17h30, parc 10h-12h30, 14h-18h ; oct. : tlj sf mar. 14h-16h30, parc 10h-12h, 14h-16h30. Fermé déc.-fév. 28F (château et parc). ☎ 02 99 73 22 95.

CHATEAUBRIAND À COMBOURG

Construit au 11e s., agrandi aux 14e et 15e s., restauré au 19e s., le château appartint à la famille Du Guesclin, puis au comte de Chateaubriand, père de François René. Dans ses *Mémoires d'outre-tombe*, le grand écrivain a évoqué les souvenirs des deux années de jeunesse passées à Combourg. D'humeur taciturne, le comte de Chateaubriand vivait très retiré, se promenant des heures durant sans que personne ose ouvrir la bouche. Malade, la comtesse ne s'occupait de ses enfants que de très loin. François René et sa sœur Lucile étaient livrés à eux-mêmes, dans l'ennui comme dans le rêve.
Autour d'un château désert au point d'en être lugubre, bois et lande portaient à la tristesse. La tour du Chat, où François René avait sa chambre, était hantée : un ancien seigneur des lieux y revenait la nuit sous la forme d'un chat noir que l'enfant guettait anxieusement. Le vol des chouettes et le vent ébranlant portes et couloirs faisaient frissonner l'enfant. Là s'est nourrie l'âme de celui qui allait ouvrir la voie au romantisme français.

Ici grandit le grand écrivain, tout imprégné par l'atmosphère éminemment romantique des lieux.

Puissante forteresse aux épaisses murailles flanquée de quatre tours massives coiffées en poivrière, le château a été restauré grâce aux conseils de Viollet-le-Duc. L'intérieur réaménagé en 1876 contient notamment des souvenirs de l'illustre écrivain et, dans la tour du Chat, l'austère chambre de son enfance. Très belle vue sur la localité, le lac et le **parc** depuis le chemin de ronde crénelé.

SOUVENIRS
« Des cachots et des donjons, un labyrinthe de galeries, des souterrains murés [...] partout, silence et obscurité et visage de pierre : voilà le château de Combourg. »
Chateaubriand

alentours

Cobac Parc

10 km au Nord-Ouest par la D 73. À Lanhèlin, suivre la signalisation Parc de loisirs. 10 ha de verdure (petit train, manèges, bateaux...) possédant un musée où sont exposés plus de 200 animaux naturalisés de la région. Aire de pique-nique et restaurant. ♿ *De Pâques à mi-sept. : 10h30-18h30 (juil.-août : 10h-19h). 60F. ☎ 02 99 73 80 16.*

Antrain

21 km à l'Est par les D 796 et D 313. Perchée sur un promontoire, Antrain est une ville-marché aux petites rues en pente conservant des demeures des 16e et 17e s. L'**église St-André** (en grande partie 12e s.) est repérable à son imposant clocher du 17e s. coiffé d'un dôme avec lanternon.

À VOIR
Les chapiteaux et tailloirs du portail en plein cintre : ils sont décorés d'oves et de dents de scie.

Château de Bonne-Fontaine

1,5 km au Sud d'Antrain : quitter Antrain par les rues du Général-Lavigne et de Bonne-Fontaine. ♿ *Parc : Pâques-Toussaint 14h-18h. 15F. Labyrinthe : de mi-juil. à mi-sept. 11h-19h. 35F (enf. : 25F). Musée des Fables de La Fontaine et musée de l'Illusionnisme : de mi-juin à mi-sept. 11h-19h. 35F chaque musée (enf. : 25F). ☎ 02 99 98 31 13.*

Élevé en 1547 sous forme de manoir fortifié et remanié au 19e s., Bonne-Fontaine s'inscrit dans un vaste parc à l'anglaise. L'élégance des tourelles qui ornent son grand corps de logis, ses hautes fenêtres, ses lucarnes sculptées corrigent la sévérité de ses tours trapues à mâchicoulis coiffées de toits en poivrière.

Château de la Balue

5 km au Sud-Ouest d'Antrain par la D 313 qui traverse la D 155 et tourner à droite en direction de Bazouges-la-Pérouse puis suivre le fléchage. Aux yeux de certains écrivains romantiques, cette demeure symbolisait la Chouannerie, d'où les visites de Musset, Balzac et Hugo. Le **jardin maniériste** réserve de nombreuses surprises au visiteur. ♿ *De mi-avr. à mi-oct. : 13h-17h30, dim. et j. fériés 13h-18h30. 35F. ☎ 02 99 97 47 86.*

Concarneau★

Grand port de pêche devant l'Éternel, Concarneau n'offre pas que l'attrait de sa criée et de ses plages. La ville recèle en effet une superbe petite « ville close », malheureusement de moins en moins capable de transporter le visiteur dans son 17e s.

La situation

Cartes Michelin nos 58 pli 15 ou 230 plis 32, 33 – Finistère (29). Au Sud-Est de Quimper par la D 783, Concarneau occupe un site abrité face à Beg-Meil. *Quai d'Aiguillon – 29185 – ☎ 02 98 97 01 44.*

Le nom

Konk-Kerné signifie « abri de Cornouaille ».

Les gens

18 630 Concarnois, dont fut le prince Youssoupoff, l'un des assassins de Raspoutine. Il habitait le château de Keriolet.

découvrir

LA VILLE CLOSE★★

Visite : 2h

Ses ruelles occupent un îlot de forme irrégulière, long de 350 m et large de 100 m, relié à la terre par deux petits ponts que sépare un ouvrage fortifié. D'épais remparts, élevés au 14e s. et complétés au 17e s., en font le tour.

carnet pratique

OÙ DORMIR

• *Valeur sûre*

Hôtel de l'Océan – *Plage des Sables Blancs – ☎ 02 98 50 53 50 – P – 56 ch. : 490/600F – 52F – restaurant 99/260F.* En face de la plage, cet hôtel moderne au bord de la route améliore son confort au fil des années. Ses chambres assez spacieuses sont bien insonorisées et fonctionnelles. Le restaurant dont le décor s'inspire d'un paquebot, vient d'être refait.

Ker Moor – *Plage des Sables Blancs – ☎ 02 98 97 02 96 – P – 12 ch. : 320/450F – 40F.* Les pieds dans l'eau, cette villa 1900 cache derrière sa façade discrète un décor résolument maritime avec ses lambris blancs, ses gravures, ses photos et ses maquettes de bateaux. Toutes ses chambres ouvrent sur la mer, trois ont une terrasse...

OÙ SE RESTAURER

• *À bon compte*

Chez Armande – *15 bis av. du Dr-Nicolas – ☎ 02 98 97 00 76 – fermé 20 déc. au 4 janv., vac. de fév., mar. soir sf été et mer. – 96/188F.* Voilà une halte sympathique en face du port de plaisance. Dans un décor chaleureux, avec son petit bar à l'entrée, ses chaises paillées et son joli plafond, vous pourrez vous régaler d'une cuisine gourmande à prix tout doux.

La Porte au Vin – *9 pl. St-Guénolé (ville close) – ☎ 02 98 97 38 11 – fermé mi-nov. à mi-déc., 3 janv. au 8 fév. et 7 au 31 mars – 63/120F.* Dans la ville close, cette maison ancienne jouxte la porte qui permettait autrefois la livraison du vin. Ses menus à prix doux sont servis dans un décor authentique de pierres, poutres, grandes cheminées, photos d'antan et tableaux régionaux.

• *Valeur sûre*

Coquille – *quai Moros – ☎ 02 98 97 08 52 – fermé 10 janv. au 10 fév., dim. soir sf été et lun. – 150/390F.* Sur le port de pêche, en face des chalutiers, il faut d'abord traverser un bar local pour accéder à ce restaurant de poissons. Dans ses trois salles plutôt cossues, vous pourrez goûter les produits de la mer et les spécialités locales sélectionnés par le chef.

DÉTENTE

Plages – Le boulevard Katherine-Wylie, tracé en corniche, longe la plage du Miné et offre de belles vues sur la baie, puis le boulevard Alfred-Guillou donne sur la plage de Cornouaille. Plus loin se trouve la plage des Sables Blancs.

Promenades en mer – Des services de vedettes assurent la liaison avec les îles de Glénan, et permettent aussi des excursions sur la rivière de l'Odet. En saison, une vedette relie Concarneau à Beg-Meil.

Festivités – La **fête des Filets Bleus★**, instaurée en 1905 pour venir en aide aux pêcheurs de sardines et à leurs familles, a pris un caractère folklorique avec de joyeux groupes costumés, des danses et des défilés.

L'entrée de la ville close : un des endroits les plus passants de Bretagne.

Musée de la Pêche★

♿ *9h-12h, 14h-18h (de déb. juil. à déb. sept. : 9h-20h). Fermé 3 dernières sem. de janv., 1er janv., 25 déc. 36F.* ☎ *02 98 97 10 20.*

À l'extérieur, le musée à flot auquel on accède par la tour du Major complète la visite. On peut monter à bord de l'*Hémérica,* un chalutier désarmé en 1981, et imaginer la dure vie des marins-pêcheurs.

◄ Situé dans l'ancien arsenal, il présente clairement l'évolution de la pêche depuis les méthodes ancestrales jusqu'aux techniques les plus contemporaines. Une dizaine de bateaux évoquent toutes les pêches traditionnelles ou modernes (baleine, morue, thon, sardine, hareng) ; on voit aussi le canot de sauvetage (1894) *Commandant Garreau.*

Le tour des remparts

Suivre les plaques indicatrices. Pour la 1re partie de la visite, monter les marches à gauche immédiatement après le pont et prendre le chemin de ronde. Audioguidage « À l'assaut des remparts ! ». De mi-juin à mi-sept. : 9h-20h ; de mi-sept. à mi-juin : 10h-17h. Fermé vac. scol. fév.-Toussaint. L'accès aux remparts peut être interdit par suite de conditions météorologiques défavorables et lors de la fête des Filets bleus. 5F (basse sais. : gratuit).

Par les meurtrières, vue sur l'arrière-port, sa flotte de pêche et la tour neuve.

Pour la 2e partie de la visite, revenir au point de départ (redescendre les marches). Après avoir contourné l'esplanade du Petit-Château donnant sur le port de plaisance, on domine la passe qui relie les deux ports.

Rentrer plus avant dans la ville par la porte du Passage. Poursuivre tout droit et à gauche par la rue St-Guénolé.

CONCARNEAU

Bougainville (Bd)	C	3
Croix (Quai de la)	C	5
Dr-P.-Nicolas (Av. du)	C	6
Dumont-d'Urville (R.)	C	7
Gare (Av. de la)	C	8
Gaulle (Pl. Gén.-de)	C	9
Guéguin (Av. Pierre)	C	10
Jaurès (Pl. Jean)	C	12
Morvan (R. Gén.)	C	20
Vauban (R.)	C	29

Ville close : circulation réglementée l'été

Marinarium
Musée de la Pêche M1

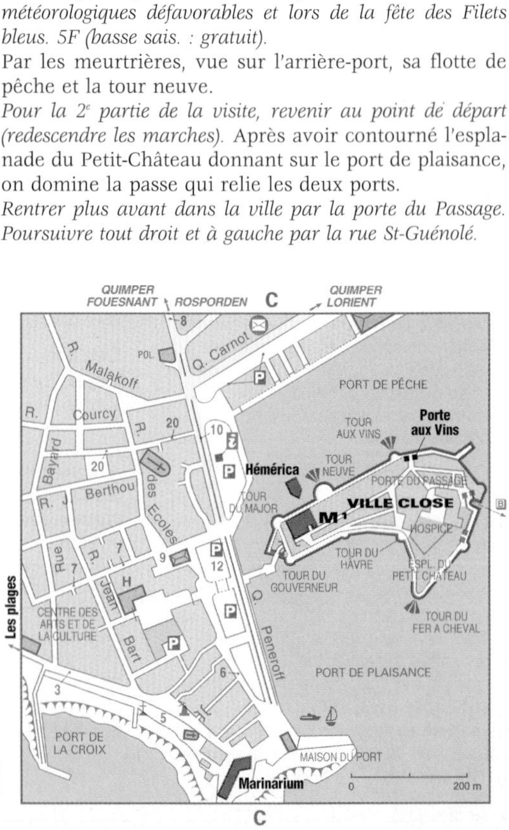
QUIMPER
FOUESNANT
ROSPORDEN
C
QUIMPER
LORIENT
Q. Carnot
R. Malakoff
POL.
PORT DE PÊCHE
R. Courcy
R. Bayard
20
10
TOUR AUX VINS
Porte aux Vins
Hémérica
TOUR NEUVE
PORTE DU PASSAGE
R. Berthou
R. des Ecoles
TOUR DU MAJOR
VILLE CLOSE
M1
HOSPICE
TOUR DU HAVRE
TOUR DU GOUVERNEUR
ESPL. DU PETIT CHÂTEAU
Rue
7
R. Jean Jaurès
9
12
H
CENTRE DES ARTS ET DE LA CULTURE
Les plages
Bart
Q. Peneroff
TOUR DU FER A CHEVAL
PORT DE PLAISANCE
6
3
5
PORT DE LA CROIX
MAISON DU PORT
Marinarium
0
200 m
C

De la place St-Guénolé, une courte ruelle à droite conduit à la **porte aux Vins**, ouverte dans les remparts ; en la franchissant, on aura une vue caractéristique sur les chalutiers amarrés dans le port et sur la criée.
La rue Vauban ramène à la sortie de la ville close.

LES PORTS

Premier port français pour le poisson frais débarqué et le thon pêché dans les eaux africaines et dans l'océan Indien, Concarneau possède un port de pêche animé. ▶
L'embarcadère pour les excursions se trouve à hauteur du port de plaisance. À gauche du quai de la Croix s'élève le laboratoire maritime du Muséum national d'Histoire naturelle et du Collège de France dont on peut visiter le **marinarium**. ♿ *Juil.-août : 10h-12h, 14h-18h30 ; avr.-juin et sept. : 14h-18h30. 20F.* ☎ *02 98 97 06 59.*
Après avoir dépassé l'ancien marché aux poissons où se tenait la criée, la chapelle N.-D.-de-Bon-Secours (15e s.) et un petit phare, on longe le port de la Croix (boulevard Bougainville) que protège une jetée. Jolie vue en arrière sur la pointe du Cabellou et, en avant, sur la pointe de Beg-Meil. On aperçoit, au large, les îles de Glénan.

Le gros de la flotte est amarré le long du quai Carnot : on y verra les chalutiers et cargos à quai, avec une chance d'assister au déchargement de crustacés ou de poissons.

alentours

Beuzec-Conq

1,5 km au Nord. Par la rue Jules-Simon, traverser la D 783, dans la rue de Stang passer la grille d'entrée sur la gauche.
Le château de **Kériolet**, manoir du 15e s., fut transformé au 19e s. en une extraordinaire demeure d'inspiration médiévale par la richissime princesse russe Zenaïde Narischkine-Youssopoff. ♿ *Juin-sept. : visite guidée (1h, dernier dép. 1/2h av. fermeture) 10h30-12h, 14h30-18h30 (juil.-août : 10h30-18h30) ; vac. scol. Pâques : 14h30-18h30 (dernier dép. 1h av. fermeture). 30F (enf. : 20F).* ☎ *02 98 97 36 50.*

Rosporden

Cette petite ville est située au bord d'un étang formé par l'Aven. Elle possède plusieurs conserveries et est réputée pour son hydromel, boisson faite d'eau et de miel. Son **église** des 14e et 15e s., remaniée au 17e s., possède un beau **clocher**★ carré ; quatre clochetons et quatre fenêtres à remplage enserrent la flèche octogonale. *De juil. à fin août : tlj sf dim. 10h-12h, 15h-18h.* ☎ *02 98 59 21 65.*

itinéraire

LA CÔTE VERS PONT-AVEN

45 km – Environ 2h.

Quitter Concarneau, le quai Carnot vers Lorient, à 3 km prendre à droite.

Pointe du Cabellou★

Contourner la pointe par la droite. Belle **vue**★ sur Concarneau et la ville close. Parmi les villas et les pins, la route longe la côte rocheuse et offre des vues sur la baie de la Forêt et les îles de Glénan.

Revenir à la route nationale et prendre vers Quimperlé. À Pont-Minaouët, tourner à droite et à Kermao encore à droite.

On traverse **Pouldohan** (belle plage et importante école de voile) et Pendruc.

Pointe de la Jument

1/4h à pied AR. On appréciera le site rocheux et la vue sur le Cabellou, la baie et Beg-Meil, la côte de Loctudy.
Gagner la pointe de Trévignon par Lambell où l'on tourne à droite, vers Lanénos et Ruat.

EN PARTANT
La route passe par le pont du Moros qui offre une très jolie **vue d'ensemble**★ de Concarneau, de son port de pêche et de la baie ; sous le pont se trouve la petite île aux canards.

Pointe de Trévignon

Elle porte à son extrémité un ancien fort. Un minuscule port de pêche et le bateau de sauvetage s'abritent sur la face Ouest. Belle **vue★** à droite sur la baie de la Forêt et Beg-Meil, l'anse de Bénodet, à gauche sur les îles de Glénan et près de la côte sur l'île Verte et l'île Raguenès.

Suivre la route en bordure de la plage de Kersidan. Prendre à gauche vers Kercanic.

Kercanic

Ce hameau présente des fermettes typiques couvertes de chaume.

Faire demi-tour pour tourner à gauche. On traverse le charmant village de Kerascouët pour gagner Port-Manech. À Trémorvézen, tourner à droite après la chapelle. *La suite de l'excursion est décrite en sens inverse au départ de Pont-Aven.*

Chaumière à Kercanic. Ce hameau conserve, avec le village de Kerascouët, quelques belles fermettes bretonnes.

La Cornouaille★★

Plateau de faible altitude, la Cornouaille s'étend à l'Ouest de Quimper, jusqu'à la pointe du Raz. Pays maritime par excellence, avec ses nombreux ports, sa côte rocheuse et ses larges baies, elle recèle une campagne aux horizons tranquilles, couverte de hameaux aux maisons blanches.

La situation

Cartes Michelin n°s 58 plis 13, 14, 15 ou 230 plis 16, 17, 18, 31, 32 - Finistère (29) En fait, la Cornouaille actuelle s'étend de la pointe du Raz à l'Ellé, de la pointe de Penmarch aux Montagnes Noires, avec Quimper comme ville principale.

La Cornouaille historique s'étendait loin au Nord et à l'Est de Quimper, atteignant Landerneau, les abords de Morlaix et Quimperlé.

Le nom

Décidément les Britanniques sont syntaxiquement supérieurs aux Bretons ! En traversant la Manche, la Cornouaille (*Cornwall* en anglais) passe au pluriel, tout comme la Bretagne devient « Grande ».

Les gens

Ils sont pêcheurs en Cornouaille maritime où la pêche joue un rôle important : les ports de Guilvinec, d'Audierne et de Douarnenez se livrent à la pêche à la sardine et à la langouste. Quant à la Cornouaille intérieure, c'est un pays d'agriculteurs (pomme de terre et primeurs).

carnet pratique

OÙ DORMIR

• *Valeur sûre*

Hôtel Sterenn – *rte phare d'Eckmühl – 29760 Penmarch – ☎ 02 98 58 60 36 – fermé 11 oct. au 14 avr. et lun. sf du 21 juin au 20 sept. – P – 16 ch. : 350/450F – ☕ 40F – restaurant 80/300F.* Face à la mer, entre Saint-Guénolé et le phare d'Eckmühl, cet hôtel récent est une adresse accueillante. Bien tenues, ses chambres sont presque toutes tournées vers la baie. Quant à sa table, elle est connue des gourmands d'ici et d'ailleurs !

Hôtel Roi Gradlon – *sur la plage – 29700 Audierne – ☎ 02 98 70 04 51 – fermé 5 janv. au 20 fév. – P – 19 ch. : 330/380F – ☕ 45F – restaurant 130/250F.* Ce petit hôtel ouvre toutes ses chambres sur la mer. D'un confort simple, il est très bien situé et vous permettra de sillonner la Cornouaille... Dans la salle à manger, vous goûterez des produits de la mer en profitant de la vue... Menu enfant.

Hôtel La Baie des Trépassés – *29770 La Baie des Trépassés – 3 km de la pointe du Raz par la D 784 – ☎ 02 98 70 61 34 – fermé 5 janv. au 12 fév. – P – 27 ch. : 280/376F – ☕ 42F – restaurant 102/295F.* C'est l'emplacement de cet hôtel qui vaut le détour : à 3 km de la pointe du Raz, sur la plage, il offre une vue unique sur la baie, la pointe et l'île de Sein... Ses chambres sont à l'image de la maison : fonctionnelles et propres. Bar-glacier, restaurant.

OÙ SE RESTAURER

• *À bon compte*

L'Étrave – *rte de la pointe du Van sur D 7 : 2 km – 29770 Cléden-Cap-Sizun – ☎ 02 98 70 66 87 – fermé 2 nov. au 27 mars et mer. – 90/260F.* En face de la pointe de Brezellec, ce restaurant ressemble à une maison particulière. À l'intérieur, le petit air marin de son décor est renforcé par la forme de son plafond en coque de bateau inversée. Cuisine simple et fraîche. Menu enfant.

• *Valeur sûre*

La Pêcherie – *15 r. Pasteur – 29770 Audierne – ☎ 02 98 75 04 26 – 105/160F.* « Ni viandes, ni frites, ni congelés » : telle est la devise de ce gentil petit bistrot un peu en retrait du port. Sa pêche du jour, ses légumes du jardin et son ambiance conviviale le rendent incontournable. Pour un repas ou un simple plat, vous y serez toujours bien accueilli.

LA PLAGE À AUDIERNE

Clubs de plage – Les Dauphins (*☎ 02 98 70 08 47*) à la grande plage de Trescadec, et le Jardin des mers à la plage de Ste-Évette.

Kayak de mer – *Quai Ouest, ☎ 02 98 70 12 20.*

Planche à voile – *À Esquibien, ☎ 02 98 70 21 69.* Le Club nautique de la baie d'Audierne est actif toute l'année.

SPORTS

Plonger au Cap-Sizun – Club des plongeurs du cap Sizun – *Ouvert toute l'année, ☎ 02 98 70 24 10.* Il organise des baptêmes et des stages (fournir un certificat médical de non contre-indication à la plongée).

Surfer à La Torche – École de surf de Bretagne « Beg An Torchen » – *La Torche, ☎ 02 98 58 53 80.* Ouvert de Pâques à la Toussaint.

Pêcher en mer – À bord du Yannick – *À Lechiagat (près du Guilvinec), ☎ 02 98 58 10 10.* L'excursion dure une demi-journée.

itinéraires

1 VERS LES POINTES**

Itinéraire de 158 km – Compter une journée.

Quimper** *(voir ce nom)*

Quitter Quimper au Nord-Ouest par les rues de Locronan et de la Providence. On remonte l'agreste vallée du Steïr aux pentes boisées et on traverse une région vallonnée.

Plogonnec

L'**église** (16e s., remaniée au 18e s.) au beau clocher Renaissance conserve des vitraux du 16e s. : saint Edern et saint Théleau chevauchant chacun un cerf (bas-côté gauche) ; la Transfiguration, la Passion et le Jugement dernier (chœur).

Locronan** *(voir ce nom)*

La route de Douarnenez, laissant à gauche la forêt de Nevet, se dirige vers la mer. À **Kerlaz,** faire halte pour voir le clocher ajouré qui coiffe l'église des 16e et 17e s.

Douarnenez* *(voir ce nom)*

Quitter Douarnenez par Tréboul et gagner Poullan-sur-Mer où l'on tourne à gauche, puis deux fois à droite.

Le goéland argenté niche en colonies, le long des côtes et des estuaires.

Son fin clocher à flèche est la réplique fidèle de celui du 17e s., abattu par la foudre en 1958.

Chapelle N.-D.-de-Kérinec

◀ Dans un site boisé, cette chapelle (13e et 15e s.) présente un élégant chevet plat. Sous les frondaisons, remarquer la chaire ronde dont le pupitre de pierre est soutenu par un personnage ; une croix-calvaire se dresse au centre de la chaire.

Église N.-D.-de-Confort

Le chœur de cet édifice (16e s.) avec clocher à galeries (1736) possède de beaux **vitraux** (16e s.) réalisés par un artiste quimpérois. Au-dessus de la dernière arcade de la nef, à gauche, est suspendue une roue-carillon garnie de douze clochettes : on la faisait tourner tout en implorant la Vierge pour donner le don de la parole aux enfants lents à parler.

À la sortie de Confort vers Pont-Croix, tourner à droite, puis à gauche en direction de Beuzec-Cap-Sizun et, à 2 km, une nouvelle fois à droite.

Pointe du Millier*

Ce site aride porte un petit phare. De la pointe *(1/4h à pied AR)*, une **vue*** magnifique s'offre sur la baie de Douarnenez et le cap de la Chèvre.

À la sortie de Beuzec-Cap-Sizun, prendre à droite.

Pointe de Beuzec*

Du rond-point aménagé en parking, **vue*** sur l'entrée de la baie de Douarnenez, la presqu'île de Crozon et, par temps clair, la pointe de St-Mathieu.

Le vanneau huppé (30 cm) habite les pâturages ou les prés humides où il niche à même le sol.

Réserve du Cap Sizun*

Sur demande auprès de la Maison de la Réserve, Chemin de Kérisit, 29770 Goulien. ☎ 02 98 70 13 53.

À visiter surtout pendant la période de reproduction au printemps. Commencée en mars, la nidification s'achève à la mi-juillet pour la plupart des oiseaux. Les adultes et les jeunes de l'année quittent alors la réserve, progressivement, jusqu'à la fin du mois d'août. Ce site magnifique et sauvage qui domine la mer de 70 m abrite des milliers d'oiseaux de mer se rassemblant en colonies : guillemots de Troïl, cormorans huppés, goélands argentés, bruns et marins, les plus rares, mouettes tridactyles, pétrels fulmars, grands corbeaux et craves à bec rouge.

Pointe de Brézellec*

Laisser la voiture près de l'enclos des phares et balises. De la plate-forme rocheuse, **vue*** magnifique sur la côte découpée dont les falaises escarpées se développent sur une longueur exceptionnelle en Bretagne : presqu'île de Crozon, pointe de St-Mathieu, pointe du Van et phare de Tévennec.

Faire demi-tour et prendre à droite vers la pointe du Van.

Presque aussi grandiose que la pointe du Raz, la pointe du Van et ses falaises sont constamment battues par les vents.

Pointe du Van★★

À gauche du chemin s'élève la **chapelle St-They** (15e s.). À la pointe, suivre, en appuyant toujours à gauche, la piste mal tracée qui contourne le cap. Belle **vue★★** sur la pointe de Castelmeur, la pointe de Brézellec, le cap de la Chèvre, la pointe de Penhir et les « Tas de Pois », la pointe de St-Mathieu, à droite ; l'île de Sein, le phare de la Vieille, la pointe du Raz, à gauche. Les touristes que la descente tenterait devront se montrer prudents. Le paysage devient plus sévère : aucun arbre ne l'égaie ; murs de pierres sèches, lande rase, il en est ainsi sur toute l'extrémité du cap.

Faire demi-tour et prendre immédiatement à droite la petite route qui épouse les contours de la côte et mène à la baie des Trépassés.

Baie des Trépassés – Plutôt qu'une allusion aux corps des naufragés amenés par les courants, le nom de la baie proviendrait d'une déformation de *boe an aon* (baie du ruisseau) en *boe an anaon* (baie des âmes en peine). La baie servit en effet d'estuaire au ruisseau qui débouche maintenant dans les marais voisins.

Actuellement, on pense que la baie était le lieu d'embarquement des dépouilles des druides morts vers l'île de Sein, où ils étaient inhumés.

La ville d'Ys

Suivant la légende locale, la plus puissante des villes bretonnes se serait élevée dans la petite vallée de la baie, occupée aujourd'hui par des marais. Certains la situe en revanche en baie de Douarnenez.

Pointe du Raz★★★ *(voir ce nom)*

Prendre la direction d'Audierne et, à 10 km, tourner à droite vers St-Tugen.

St-Tugen★

La nef et l'imposante tour carrée de la **chapelle** de St-Tugen sont de style gothique flamboyant (16e s.), le transept et le chevet de style Renaissance (17e s.). Au flanc droit, le beau porche abrite six statues d'apôtres en granit de Kersanton et trois statues du 16e s., le Christ, la Vierge et sainte Anne. À l'intérieur, voir un curieux catafalque-cercueil flanqué aux extrémités des statues d'Adam et Ève.

Audierne★

Ce port de pêche (langouste, homard, araignée) et de plaisance est situé sur l'estuaire du Goyen, au pied d'une colline boisée, dans un joli **site★**.

Grands viviers – *Accès par le quai Pelletan et la route de la corniche.* On peut y voir des crustacés groupés dans une trentaine de bassins. *Tlj sf w.-end 15h-17h (juil.-août : tlj sf w.-end 9h-12h, 15h-17h). 5F, gratuit hors sais.* ☎ *02 98 70 10 04.*

La Chaumière – *Face aux grands viviers.* Bel intérieur des 17e et 18e s. avec meubles et objets usuels de cette époque, typiques de la région d'Audierne. ♿ *D'avr. à mi-oct. : visite guidée (1/2h) 10h-13h, 14h-19h. 15F.* ☎ *02 98 70 13 20.*

Une belle plage

La grande plage de Trescadec à Audierne s'étend à 1 500 m de la localité, en contrebas de Ste-Evette, à Esquibien.

Pont-Croix★

Cette petite ville ancienne s'étage sur la rive droite du Goyen. De pittoresques ruelles pavées bordées de vieilles maisons descendent jusqu'au pont sur la rivière ; emprunter de préférence la Petite et la Grande-Rue-Chère.

Collégiale N.-D.-de-Roscudon★ – La nef d'apparence romane date du début du 13e s. Le chœur a été agrandi en 1290, le transept aménagé en 1450 pour recevoir le très beau **clocher★** dont la flèche haute de 67 m a servi de modèle pour celles de la cathédrale de Quimper. L'intérieur présente un beau mobilier, dont une **Cène** du 17e s. en bois sculpté en haut-relief ; belle **verrière** (vers 1540) dans la chapelle du Rosaire, à droite du chœur.

Gagner Plouhinec, où naquit en 1879 le sculpteur Quillivic, et traverser la nationale vers **Pors-Poulhan**, minuscule port abrité par une jetée. Avant Plozévet, de belles vues se dégagent sur la baie d'Audierne et le phare d'Eckmühl.

Sur le flanc droit de N.-D.-de-Roscudon s'ouvre un élégant porche (fin 14e s.), coiffé de trois hauts gâbles finement ouvragés.

Plozévet

L'église gothique possède un porche du 15e s. Près de là, un menhir agrémenté d'une sculpture de Quillivic a été érigé en souvenir des morts de la guerre de 1914-1918.

Poursuivre l'itinéraire sur 1 km en direction du Nord.

Chapelle de la Trinité

À la nef élevée au 14e s. fut adjoint au 16e s. le reste de l'édifice. Charmante décoration Louis XII de deux murs du croisillon Sud. À l'intérieur, chapiteaux à décor floral.

La viande de carême
Jusqu'à la fin du 16e s., la presqu'île de Penmarch fut une des plus riches régions de Bretagne. La pêche à la « viande de carême » (la morue) faisait la fortune de ses 15 000 habitants. La morue a depuis déserté les côtes, bien avant les montants compensatoires...

2 PRESQU'ÎLE DE PENMARCH*

Itinéraire de 100 km – Compter une demi-journée

L'itinéraire se déroule en « pays bigouden », que le costume de ses femmes, et surtout leur coiffe originale, a popularisé. Nous entrons donc dans le pays du *Cheval d'orgueil*, le beau roman de Pierre-Jakez Hélias, terre au climat doux mais venteux, où les « pallues » sableuses de la baie d'Audierne semblent nier les rochers découpés qui la séparent de l'agréable coulée de l'Odet.

Plozévet *(voir ci-dessus)*

Quitter Plozévet, au Sud, vers Penhors.

Excursion à l'île de Sein
Les départs se font de l'embarcadère de Ste-Evette à Audierne.

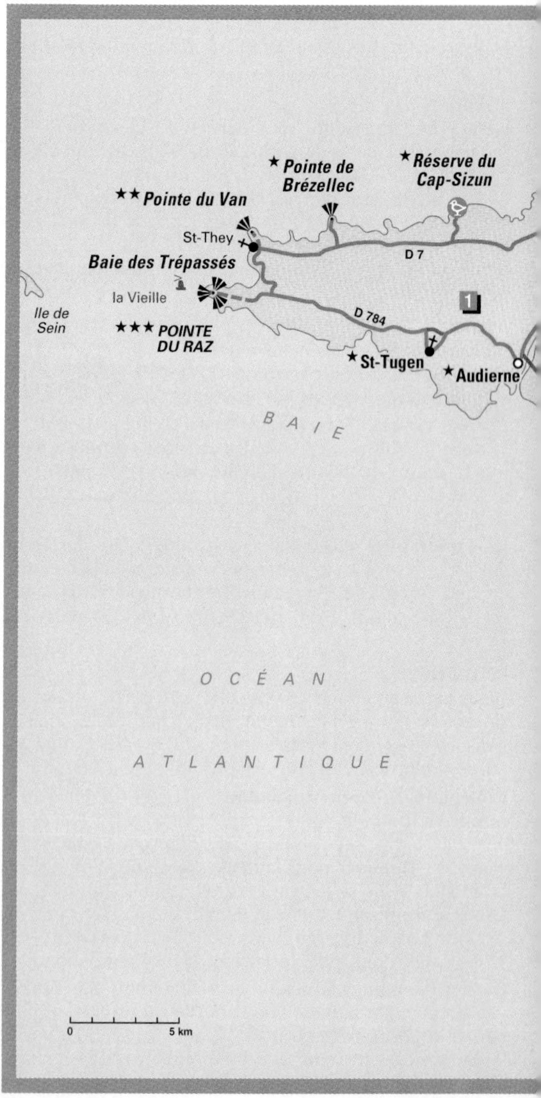

★ Pointe de Brézellec
★ Réserve du Cap-Sizun
★★ Pointe du Van
St-They
Baie des Trépassés
D 7
la Vieille
1
D 784
Ile de Sein
★★★ POINTE DU RAZ
★ St-Tugen
★ Audierne
BAIE
OCÉAN
ATLANTIQUE
0
5 km

Penhors

Pour gagner la chapelle, prendre la direction de la plage. Le 1er dimanche de septembre a lieu le grand pardon de N.-D.-de-Penhors, l'un des plus importants de Cornouaille. Le samedi soir, procession aux flambeaux, le dimanche après-midi, procession dans la campagne jusqu'au rivage, puis bénédiction de la mer (près de la chapelle).

Continuer vers Plovan.

Plovan

La plage est belle plage, mais attention aux courants. La petite **église** (16e s.) présente un beau clocher ajouré flanqué d'une tourelle. Près de l'église, calvaire du 16e s.

Chapelle de Languidou

Dénommée aussi St-Guy, cette chapelle (13e et 15e s.) proche de l'étang de Kergalan n'est plus qu'une ruine de granit dont il faut apprécier la magnifique rosace.

Par Tréogat, rejoindre Plonéour-Lanvern. De là bifurquer à gauche vers Languivoa.

Chapelle de Languivoa

De juil. à fin août : 14h30-18h30. ☎ *02 40 40 47 01.*

Le beau dessin de la rosace ciselée de la chapelle de Languidou.

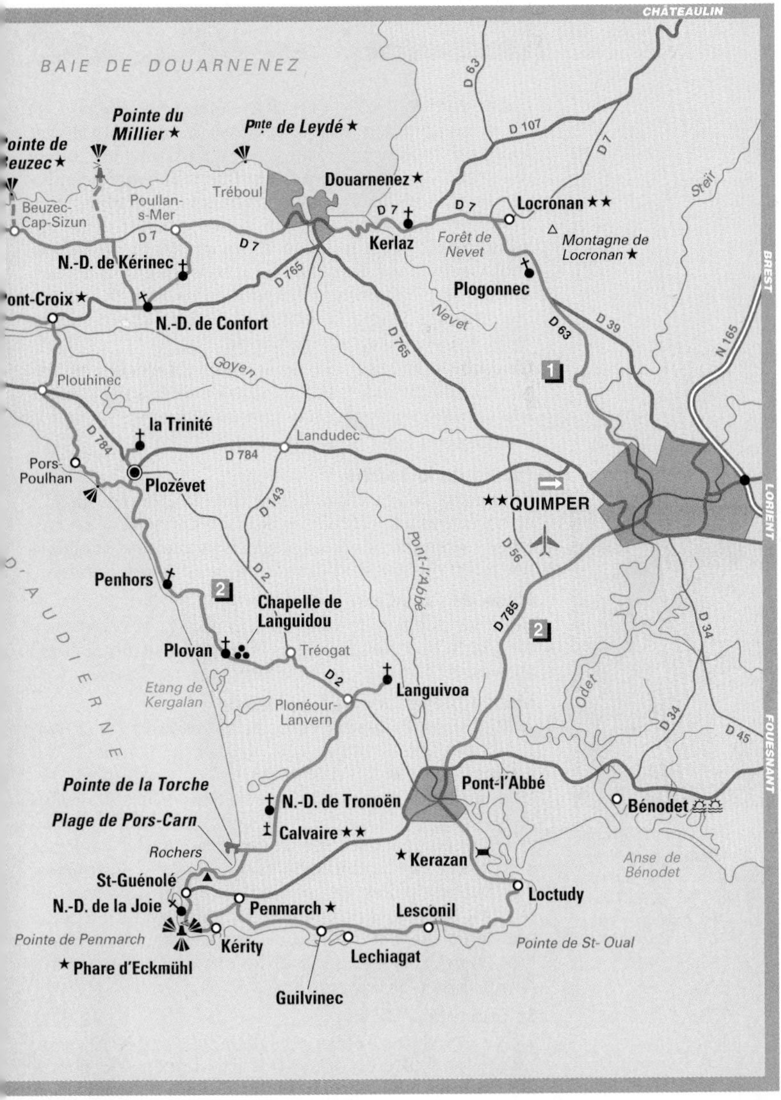
CHÂTEAULIN
BAIE DE DOUARNENEZ
Pointe du Millier ★
Pte de Leydé ★
ointe de
euzec ★
Beuzec-Cap-Sizun
Poullan-s-Mer
Tréboul
Douarnenez ★
D 7
D 7
D 7
D 7
Kerlaz
Locronan ★★
Montagne de Locronan ★
Forêt de Nevet
D 63
D 107
D 7
Steïr
N.-D. de Kérinec
ont-Croix ★
N.-D. de Confort
D 765
D 765
Plogonnec
Nevet
D 63
D 39
N 165
BREST
Goyen
1
Plouhinec
la Trinité
D 784
Landudec
D 784
Pors-Poulhan
Plozévet
D 143
★★QUIMPER
LORIENT
Pont-l'Abbé
D 56
D'AUDIERNE
Penhors
2
D 2
Chapelle de Languidou
D 785
2
D 34
Plovan
Tréogat
D 2
Languivoa
Etang de Kergalan
Plonéour-Lanvern
Odet
D 34
D 45
FOUESNANT
Pointe de la Torche
Plage de Pors-Carn
N.-D. de Tronoën
Calvaire ★★
Pont-l'Abbé
Bénodet
Rochers
★ Kerazan
Anse de Bénodet
St-Guénolé
N.-D. de la Joie
Penmarch ★
Lesconil
Loctudy
Pointe de Penmarch
Kérity
Lechiagat
Pointe de St- Oual
★ Phare d'Eckmühl
Guilvinec

Cette chapelle (14e et 17e s.) a été entièrement restaurée. Le clocher-porche, découronné sous Louis XIV, domine la nef dévastée et l'entrée classique à colonnes doriques encastrées.

Dans Plonéour-Lanvern, prendre la route de Plomeur et à 2 km tourner à droite.

Calvaire et chapelle N.-D.-de-Tronoën**

Le calvaire et la chapelle N.-D.-de-Tronoën se dressent en bordure de la baie d'Audierne, dans un paysage de dunes, nu et sauvage. *Juil.-sept. : 10h-12h, 14h-18h ; avr.-juin : 14h-18h. ☎ 02 98 82 04 63.*

À N.-D.-de-Tronoën, le plus vieux calvaire breton est à « lire » dans le sens inverse des aiguilles d'une montre.

Calvaire** – (1450-1460). L'Enfance et la Passion du Christ se déroulent sur deux frises, à travers cent personnages doués d'une vie intense et d'une originalité remarquable. Un examen attentif permet d'apprécier les détails malgré les épreuves du temps. Les sujets sont traités en fort relief dans un granit grossier de Scaër, assez friable et propice au développement du lichen. Trois scènes, sur la partie Nord, sont en granit de Kersanton : la Visitation, la Nativité et les Rois mages (en costumes du 15e s.). Le Christ et les larrons sont également sculptés dans un granit dur.

Chapelle – Du 15e s., elle présente un fin clocher ajouré, encadré de tourelles. Les portes s'ouvrent sur la façade Sud agréablement décorée, face au Calvaire.

Poursuivre la route en appuyant deux fois à droite.

Pointe de la Torche

Ce paradis de « la glisse » rassemble les adeptes du surf et du fun-board ; l'école de surf de Bretagne y est installée. Attention, les deux plages sont extrêmement dangereuses. Au sommet, tumulus avec important dolmen.

Un beau risque de « machine à laver » attend les « soul surfers » à la pointe de la Torche qui n'est plus un « secret spot ».

Plage de Pors-Carn

Cette vaste plage de sable fin, où aboutit le câble assurant la liaison téléphonique France-États-Unis, s'étend au fond de l'anse de la Torche.

Musée préhistorique finistérien*

À l'entrée de St-Guénolé. ♿ De juin à mi-sept. : tlj sf mar. 11h-12h30, 14h30-18h30 ; de mi-sept. à fin mai : sur demande. 20F. ☎ 02 98 58 60 35.

Une série de mégalithes et de stèles gauloises (dites lec'hs) entoure le bâtiment. À signaler : une reconstitution de nécropole de l'âge du fer, des poteries gauloises à décors celtiques, une stèle gauloise gravée de spirales, des haches polies en pierres rares, des pointes de flèches, des armes en bronze, des coffres à rainures. Le musée contient les antiquités préhistoriques du Finistère, hormis la riche série du musée des Antiquités nationales de St-Germain-en-Laye.

St-Guénolé

L'église moderne s'élève près de la tour carrée, reste de l'ancienne église du 15e s. Derrière le port, on pourra aller voir les fameux **rochers** sur lesquels déferle la mer.

Chapelle N.-D.-de-la-Joie
Cette chapelle (15e s.) se dresse face à la mer. Calvaire du 16e s. avec Pietà. Pardon le 15 août.

Phare d'Eckmühl★
Visite selon la disponibilité des gardiens. Gratuit. ☏ 02 98 58 61 17.
Il fut construit grâce à un don de la fille du maréchal Davout, prince d'Eckmühl. Du balcon (307 marches), **vue★★** sur la baie d'Audierne, la pointe du Raz, le phare de l'île de Sein, la côte de Concarneau et de Beg-Meil et l'archipel de Glénan.
Passant à gauche du phare, on atteint l'extrême pointe où se trouvent l'ancien phare - qui sert maintenant d'amer -, une petite chapelle fortifiée et le sémaphore. On peut y voir le *Papa Poydenot*, canot de sauvetage construit en 1900.

Inauguré en 1897 et haut de 65 m, le phare d'Eckmühl se dresse à l'extrémité de la pointe de Penmarch avec une puissance de 2 millions de candelas et une portée moyenne de 54 km.

Kérity
Ce petit port de pêche se tourne de plus en plus vers la plaisance. L'église Ste-Thumette (1675) possède une élégante façade ornée de gâbles et flanquée d'une tourelle.

Penmarch★
La commune de Penmarch englobe plusieurs villages : St-Guénolé, Kérity, Tréoultré, St-Pierre. L'**église St-Nonna★** (16e s.) est de style gothique flamboyant. Au chevet et sur les contreforts, de chaque côté du portail, sont sculptées en bas ou hauts reliefs des barques et des caravelles rappelant que la construction de l'édifice est due aux dons des armateurs. Regarder dans le collatéral Sud, le tableau du ***Vœu de Louis XIII***. *(de mi-juil. à mi-août : visite guidée 10h-12h, 15h-18h. ☏ 02 98 58 60 30).*
Par la route côtière, gagner Guilvinec.

À Penmarch, la belle plage du Steir qu'avoisine un camping est l'objet d'un programme de réhabilitation des dunes.

Guilvinec
Premier port langoustinier français, Guilvinec est aussi un port de pêche chalutier et thonier très actif. Il forme avec **Lechiagat**, où les bateaux de plaisance sont nombreux, un ensemble portuaire bien abrité par ses jetées.

Longue suite de grèves
Entre Guilvinec et Lesconil, les baigneurs trouveront leur bonheur à Treffiagat, dont la plage est agrémentée d'un parcours santé de 2 km.

Lesconil
Petit port dépendant de Guilvinec à l'activité intense. La flottille pratique la pêche au chalut. Elle rentre chaque soir vers 17h30, un pittoresque retour à ne pas manquer.
Par Palue-du-Cosquer et Lodonnec, gagner Loctudy.

Loctudy et manoir de Kérazan★ *(voir Pont-l'Abbé)*

Pont-l'Abbé *(voir ce nom)*
Quitter Pont-l'Abbé par la rue du Pont-Neuf et regagner Quimper.

Le gardien du phare d'Eckmühl. Ce métier d'ermite est progressivement gagné par l'automatisation.

Le Croisic*

Ce port de pêche est situé sur une presqu'île, face au golfe intérieur du Grand Traict qui alimente les marais salants de Guérande. Celle qui fut l'une des premières stations balnéaires reçoit aujourd'hui de nombreux estivants attirés par ses rivages.

La situation

Cartes Michelin nos 63 pli 14 ou 230 pli 51 – Loire-Atlantique (44). Au-delà de La Baule, presque en face de Guérande, Le Croisic n'est joignable que par une seule route, la N 171. *Place du 18-juin-1940 – 44490 – ☎ 02 40 23 00 70.*

Le nom

Tout simplement « la petite croix » en breton.

Les gens

4 428 Croisicais. Le peintre et graveur Jean-Émile Laboureur (1877-1943) y séjournait souvent.

se promener

À VOIR
Sur plus d'1 km, les quais sont bordés de maisons du 17e s. pour la plupart ornées de balcons en fer forgé. Elles illustrent la réussite des anciens négociants.

Port

Bien abrité par la jetée du Tréhic, le port est divisé en plusieurs bassins par trois îlots. Très animé l'hiver par l'arrivée des pêcheurs de crevettes et de bouquets, il ne l'est pas moins l'été par les touristes.

Hôtel d'Aiguillon

Ce bel hôtel du 17e s. abrite la mairie. Le « D'Artagnan » de Dumas y fit halte !

Église N.-D.-de-Pitié

Cette curieuse église des 15e et 16e s. domine le port de sa **tour lanterne** du 17e s., haute de 56 m. L'intérieur présente une nef courte, à chevet plat éclairé d'une baie flamboyante, et trois bas-côtés.

Maisons anciennes

Pour découvrir ces belles demeures en encorbellement et à pans de bois, il faut parcourir les petites rues proches de l'église. Remarquer rue de l'Église les nos 25, 20 et 28, place du Pilori le n° 4, rue St-Christophe les nos 33 et 35.

Mont-Esprit

Cette butte artificielle, de 30 m de haut, a été formée, de 1814 à 1816, par le lest des navires venant charger le sel ; elle doit son nom à une déformation de « lest pris ».

carnet pratique

OÙ DORMIR

• ***Valeur sûre***

Hôtel Les Nids – *15 r. Pasteur à Port-Lin – ☎ 02 40 23 00 63 – fermé nov. à Pâques – 23 ch. : 380/466F – ☕ 38F – restaurant 100/250F.* Vous serez bien accueilli dans ce petit hôtel familial modernisé sis dans un jardin fleuri. Les chambres, de taille moyenne, sont douillettes et colorées. Une piscine couverte a été aménagée dans l'enceinte même de la maison.

Hôtel Lichen – *au Manérick, 5 km du Croisic par rte côtière D 45 – 44740 Batz-sur-Mer – ☎ 02 40 23 91 92 – P – 14 ch. : 300/790F – ☕ 45F.* Cette grosse villa blanche au toit d'ardoises grises surplombe la mer. Construite en 1990 dans le style régional, elle a séduit une clientèle d'habitués venus profiter de ses chambres claires avec vue sur l'océan, de son jardin et de la proximité des plages.

• ***Une petite folie !***

Hôtel Fort de l'Océan – *Pointe du Croisic – ☎ 02 40 15 77 77 – 9 ch. : à partir de 800F – ☕ 80F – restaurant 265/420F.* Si vous voulez casser votre tirelire, c'est ici qu'il faut le faire ! Dans un fort du 17e s., sur les rochers de la Côte Sauvage, des chambres aménagées avec goût marient tissus et détails raffinés pour un confort extrême... La vue, la piscine et les vélos mis à disposition ajoutent au luxe de cette étape.

OÙ SE RESTAURER

• ***À bon compte***

Lénigo – *11 quai Lénigo – ☎ 02 40 23 00 31 – fermé lun. et mar. sf été et le soir de déc. à mars – 88/165F.* Un restaurant qui sent bon les embruns, avec sa carte de poissons et ses murs lambrissés ornés de cordages et bouts de bateaux. Aux beaux jours, sa terrasse offre une jolie vue sur le port et la presqu'île de Penbron...

PLAGES

La plage de **Port-Lin**, face au large, est située à 800 m du centre de l'agglomération ; celle de **St-Goustan**, sur la rade, à 1 km.

Mont-Lénigo

À l'origine dépôt de lest, planté d'arbres en 1761, il offre une **vue★** sur la rade et la jetée du Tréhic, longue de 850 m, la digue de Pen Bron (1724) en face, et son Centre marin. Une belle promenade ombragée descend vers l'esplanade où un monument rappelle l'exploit du barreur Hervé Rielle qui sauva 22 vaisseaux de notre flotte lors du désastre de la Hougue, en 1692, en les dirigeant sur St-Malo.

visiter

Océarium★

♿ *10h-12h, 14h-18h (de juin à mi-sept. : 10h-19h). Fermé 3 sem. en janv. 48F (enf. : 29F). ☎ 02 40 23 02 44.*

Aquaculture et merveilles des fonds sous-marins des eaux tempérées et tropicales sont au programme. 700 000 l d'eau de mer – dont un bassin de 300 000 l traversé par un tunnel de 11 m de long – et plus de 1 000 spécimens racontent l'océan. À 16h, un plongeur se mêle aux poissons pour les nourrir à la main. Amusante colonie de manchots.

À l'Océarium, l'entrée du tunnel.

Promenades en mer

Excursions vers Belle-Île, Houat et Hœdic. Liaison également avec La Turballe. *S'adresser à l'Office de tourisme.*

circuit

LA CÔTE SAUVAGE★

Circuit de 26 km – Environ 2h – Voir schéma p. 216
Quitter Le Croisic par la D 45, route de corniche.

Après le Centre héliomarin des frères de St-Jean-de-Dieu, l'itinéraire longe des plages, telle St-Goustan et sa saline où l'on élève des anguilles. La Côte sauvage aux rochers aux noms évocateurs (l'ours, le grand autel) s'amorce à la **pointe du Croisic**. La route la longe jusqu'au Pouliguen où la vue se développe sur Pornichet, l'estuaire de la Loire et la côte jusqu'à la pointe St-Gildas.

ON NE LE RÉPÈTE JAMAIS ASSEZ

Le sentier des douaniers qui longe la côte sauvage à hauteur de Batz est splendide, apparemment tranquille, mais dangereux. L'endroit est connu pour ses nombreuses lames de fond, qui ne pardonnent que très rarement.

Batz-sur-Mer⛱

Entre marais salants et océan, Batz se signale par sa haute tour-clocher. La côte rocheuse est coupée de plages de sable : Valentin, la Govelle (fun-board) et St-Michel, petite grève où les locaux viennent voir le spectacle des lames se briser sur la digue par gros temps.

Église St-Guénolé★ – Elle fut reconstruite aux 15e et 16e s. Sa **tour** sévère (1677) est surmontée d'un clocheton cantonné de pinacles. L'**intérieur** surprend par la déviation du chœur, la masse des piliers soutenant des arcs gothiques, la voûte en carène ; remarquables **clefs de voûte** dans le bas-côté gauche. En montant à la **tour** (60 m, 182 marches), on profite d'un très vaste **panorama★★**, qui s'étend sur le littoral, de la pointe St-Gildas au Sud de la Loire à St-Gildas sur la presqu'île de Rhuys et, au large, sur Belle-Île et Noirmoutier. *De mai à mi-sept. : 9h-12h30, 14h-18h30 ; de mi-sept. à fin avr. : prendre la clé à l'adresse indiquée sur la porte. 7F. ☎ 02 40 23 99 88.*

Chapelle N.-D.-du-Mûrier★ – Belles ruines gothiques aux arches pures. Selon la légende, Jean de Rieux de Ranrouët l'aurait élevée, au 15e s., à la suite d'un vœu fait lors d'une tempête : un mûrier enflammé l'aurait guidé vers la côte.

Musée des Marais salants – ♿ *Juin-sept. et vac. scol. : 10h-12h, 15h-19h ; oct.-mai : w.-end 15h-19h. Fermé 1er janv. et 25 déc. 21F. ☎ 02 40 23 82 79.*

Ce musée expose un intérieur bazin du 19e s., une collection de vêtements de paludiers et tout ce qui se rapporte au travail du sel. Film vidéo sur le travail dans les marais ou sur la faune qui les peuple. Possibilité d'**excursions guidées★** dans les marais.

La Porteresse, *sculpture en bronze de Jean Fréour, signale le musée des Marais salants.*

Le Pouliguen⛱⛱ *(voir ce nom)*

On rejoint Le Croisic par la D 45.

La croix de la presqu'île étend ses deux bras face au grand large. Nulle part ailleurs, si ce n'est à la pointe du Raz, la côte et la mer n'atteignent à plus de sévère beauté, faite de l'à-pic vertigineux des falaises, de la coloration des rochers et de la violence des lames qui se brisent sur les récifs.

Un des attraits de la presqu'île vient des vues qui s'offrent sur les découpures de la rade de Brest, sur le Goulet, sur la côte déchiquetée du Toulinguet, de Penhir, du château de Dinan, du cap de la Chèvre, sur la baie de Douarnenez.

La situation

Cartes Michelin nos 58 plis 3, 4, 13, 14 ou 230 plis 16, 17 – Finistère (29). À l'Ouest du Parc régional d'Armorique, la presqu'île est accessible par les D 791 et D 887. *Boulevard de la Plage – 29160 – ☎ 02 98 27 07 92.*

Le nom

Crozon est signalée sous la forme *Crahaudon* en 1162, composée de *cravo* (lieu pierreux en celtique) et de *dunon* (colline fortifiée en gaulois).

Les gens

Louis Jouvet (1887-1951) était Crozonnais de naissance.

carnet d'adresses

Où dormir

• ***Valeur sûre***

Hostellerie de la Mer – *au Fret 5,5km au N de Crozon par D 155 et D 55 – ☎ 02 98 27 61 90 – fermé 3 janv. au 10 fév. – 25 ch. : 297/385F – 46F – restaurant 105/270F.* Dans le charmant port du Fret, au cœur du Parc naturel régional d'Armorique, ce petit hôtel à la façade discrète est idéalement situé. D'un confort modeste, il vous permettra néanmoins de profiter du cadre magnifique de la presqu'île de Crozon.

Grand Hôtel de la Mer – *29160 Morgat – ☎ 02 98 27 02 09 – fermé 1er nov. au 2 avr. – P – 78 ch. : 485/595F – 58F – restaurant 110/198F.* Entre la plage et son parc planté de palmiers, ce bel hôtel construit au début du 20e s. par la famille Peugeot a été entièrement rénové en 1993. Vous oublierez vite sa décoration un peu fonctionnelle une fois attablé au restaurant : la vue est magnifique !

circuits

1 LES POINTES★★★

Circuit au départ de Crozon – 45 km – Environ 2h1/2

Crozon

Le rendez-vous des locaux et des touristes à travers le marché de la place de l'église. Si l'**église** est moderne, elle renferme (à droite du chœur) un grand **retable**★ polychrome (17e s.) représentant le martyre des 10 000 soldats, nouvellement convertis, crucifiés au mont Ararat, en Arménie, sous le règne de l'empereur Hadrien (117-138).

Quitter Crozon à l'Ouest par la D 8 en direction de Camaret.

Camaret-sur-Mer *(voir ce nom)*

Un isthme bordé par la plage de Pen-Hat mène à la **pointe du Toulinguet** coiffée d'un sémaphore de la Marine nationale et d'où la vue porte sur les rochers du Toulinguet et la pointe de Penhir. *Revenir à l'entrée de Camaret et prendre à droite.*

Pointe de Penhir★★★

La pointe de Penhir est la plus belle des quatre pointes de la presqu'île de Crozon. Un monument à la gloire des Bretons des Forces françaises libres a été érigé sur la falaise, à 150 m de la route. Avec son à-pic de 70 m, le site est magnifique ainsi que le **panorama** : en contrebas, les trois formidables rochers isolés appelés **Tas de Pois** ; à gauche, la pointe de Dinan, à droite, la pointe de St-Mathieu et celle du Toulinguet avec son petit phare ; en arrière, le Ménez-Hom ; on distingue par temps clair la pointe du Raz et l'île de Sein à gauche, l'île d'Ouessant à droite.

Amateur d'escalade

Emprunter, à gauche de la plate-forme, un sentier en descente. À mi-hauteur de la falaise, on domine une petite anse. Prendre le sentier, sur la gauche, qui s'élève vers une anfractuosité couverte d'un rocher, au-delà de laquelle il débouche dans la **Chambre Verte**, au terre-plein gazonné. De là, vue très originale sur les Tas de Pois et la pointe de Penhir.

Reprendre la route de Camaret ; à 1 500 m, une rue à droite vers Crozon permet d'éviter le bourg. Prendre ensuite vers Roscanvel une ancienne route stratégique.

La vue se développe à gauche sur l'anse de Camaret et à droite sur la rade de Brest. La route franchit l'enceinte qui fermait la presqu'île de Roscanvel, en avant de Quélern ; ces fortifications datent de Vauban et du Second Empire. La route à l'Ouest est très pittoresque. On remarque bientôt le contraste qui oppose les deux versants de la presqu'île : à l'Ouest, face au large, ce ne sont que landes et végétation rase, tandis qu'à l'Est apparaissent les arbres et les prairies.

Pointe des Espagnols**

Panorama* sur le goulet dominé par le port et la ville de Brest, l'estuaire de l'Élorn, le pont Albert-Louppe, le pont de l'Iroise, la presqu'île de Plougastel, qui termine la pointe de l'Armorique, et sur le fond de la rade.

Roscanvel

Dans l'église reconstruite après l'incendie de 1956, beaux vitraux sombres d'Auguste Labouret et Chemin de croix polychrome de Claude Gruher.
Remarquer les curieuses clôtures de jardin faites de haies de fuchsias.

La route qui borde le fond de la rade offre de jolies vues sur l'île Longue, base de sous-marins nucléaires *(accès interdit)* et, avant, sur les deux îles de Trébéron et des Morts. On sort de l'enceinte de la presqu'île de Roscanvel, en traversant à nouveau les fortifications ruinées.
500 m au-delà de St-Fiacre, prendre à gauche.

Le Fret

Ce petit port est relié à Brest par des services de bateaux. De la jetée, vue sur la presqu'île de Plougastel.
Suivre ensuite la digue qui borde l'anse du Fret.

À une bifurcation, laisser à gauche la route de Lanvéoc menant aux installations de l'école navale et tourner à droite pour regagner Crozon.
On profite d'une dernière vue sur la rade de Brest.

2 VERS LA POINTE DE DINAN**

6 km - Environ 2h. Quitter Crozon à l'Ouest par la D 308.

Des landes arasées par le vent succèdent à des pinèdes.

Les Tas de Pois de la pointe de Penhir : un site magnifique où l'on vient rêver.

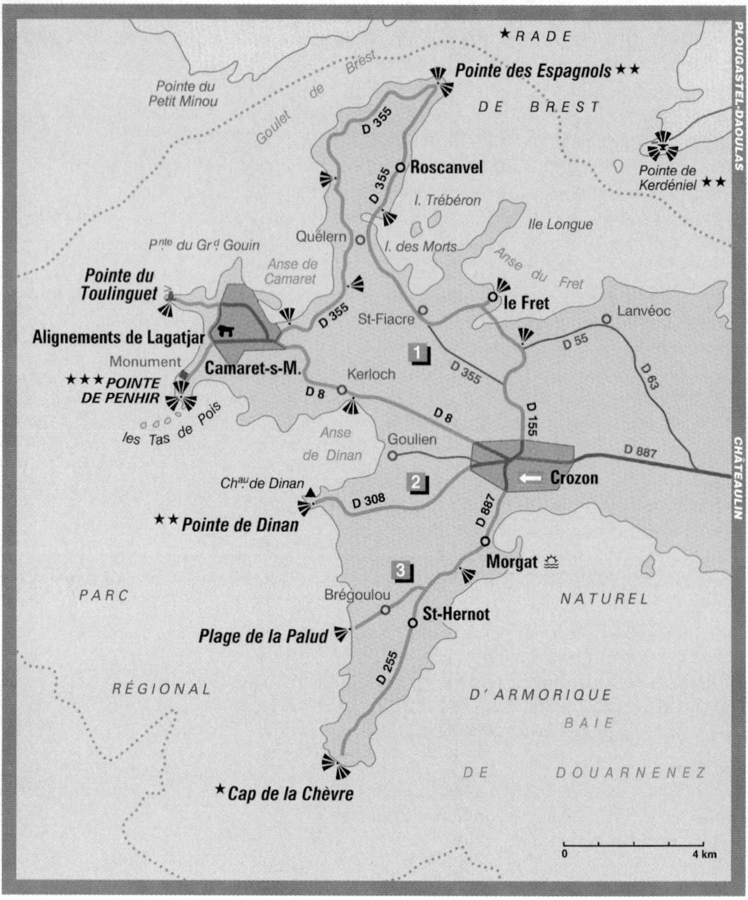
RADE
DE BREST
Goulet de Brest
Pointe du Petit Minou
Pointe des Espagnols ★★
PLOUGASTEL-DAOULAS
Pointe de Kerdéniel ★★
Roscanvel
I. Trébéron
Ile Longue
I. des Morts
Quélern
Pnte du Grd Gouin
Anse de Camaret
Anse du Fret
Pointe du Toulinguet
Alignements de Lagatjar
Monument
★★★ POINTE DE PENHIR
les Tas de Pois
Camaret-s-M.
St-Fiacre
le Fret
Lanvéoc
Kerloch
1
D 355
D 55
D 63
D 8
D 155
D 887
Anse de Dinan
Goulien
Chau de Dinan
2
D 308
Crozon
CHÂTEAULIN
★★ Pointe de Dinan
Morgat
3
PARC
NATUREL
Brégoulou
St-Hernot
Plage de la Palud
D 255
RÉGIONAL
D'ARMORIQUE
BAIE
DE DOUARNENEZ
★ Cap de la Chèvre
0
4 km

Pointe de Dinan★★

Laisser la voiture au parking et emprunter le chemin à gauche pendant environ 500 m. Du bord de la falaise, beau **panorama** : à gauche, le cap de la Chèvre, la côte de la Cornouaille et la pointe du Raz ; à droite, la pointe de Penhir et les Tas de Pois. En longeant la falaise par la droite, on découvre le **« château » de Dinan**, énorme masse rocheuse reliée à la pointe par une arche naturelle. En empruntant le sentier qui passe sur l'arche naturelle *(1/2h à pied AR en terrain rocailleux, se munir de chaussures non glissantes)*, on peut parcourir ce rocher ruiniforme.

SUR LE PORT
Les amateurs de pêche sportive en mer auront à Morgat la possibilité de pratiquer différentes pêches auxquelles se prête la faune locale.

3 VERS LE CAP DE LA CHÈVRE★

11 km – Environ 2 h. Quitter Crozon au Sud-Ouest par la D 887 en direction de Morgat.

Morgat

Sa grande plage est encadrée, au Sud par une pointe couverte de pins, Beg-ar-Gador, au Nord par un éperon rocheux qui la sépare de la plage du Portzic.

Les grandes grottes★ – *De mai à fin sept. : visite guidée (3/4h), dép. toute la journée selon les marées. 45F (enf. : 35F). Armement Rosmeur, ☎ 02 98 27 10 71 ou vedettes Sirènes, ☎ 02 98 96 20 10.*

Ste-Marine et la Chambre du Diable percée d'une cheminée sont situées au-delà de Beg-ar-Gador, les autres étant à l'opposé de la baie. La plus belle est la grotte de l'Autel (80 m de profondeur, 15 m de haut) aux multiples colorations.

Les petites grottes – Accessibles à marée basse, au pied de l'éperon qui sépare les plages de Morgat et du Portzic. La route traverse un paysage de landes rabougries

La petite plage abritée de Morgat, côté mer.

soumises aux vents du large, avec de petits hameaux qui semblent s'abriter dans les replis de terrain. 500 m après Brégoulou, laisser la voiture sur le parc de stationnement d'où l'on jouit d'une jolie vue sur les Tas de Pois et la pointe du Raz.

Attention !
La plage de la Palud est splendide, mais les bains y sont dangereux à cause de fortes lames.

Plage de la Palud
Elle offre de belles vues sur cette côte rocheuse.

St-Hernot
Dans l'ancienne école, la **maison des Minéraux** expose plus de 500 pièces représentant les richesses géologiques de la presqu'île de Crozon et reconstitue l'histoire géologique de cette partie du Massif armoricain. *Juil.-sept. : 10h-19h ; juin : 10h-12h30, 14h-19h ; oct.-mai : tlj sf sam. 10h-12h, 14h-17h30, dim. 14h-17h30. 25F.* ☎ *02 98 27 19 73.*

Cap de la Chèvre★
De l'ancien poste d'observation allemand, on a une jolie vue sur le large et les pointes avancées du Finistère : de droite à gauche, on voit la pointe de Penhir et les Tas de Pois, l'île de Sein, le cap Sizun et ses « finistères », la pointe du Van et la pointe du Raz qui limitent au Sud la baie de Douarnenez.

Un monument, représentant une aile d'avion plantée dans le sol, est dédié au personnel navigant de l'Aéronautique navale décédé ou disparu en service aérien commandé dans l'Atlantique et les régions nordiques.

Daoulas★

Joliment situé sur la rivière du même nom, ce bourg profite du merveilleux site de la rade de Brest. La présence d'une abbaye bâtie en ce lieu lui assura son développement. De ce passé, Daoulas possède de nombreux témoignages artistiques, dont quelques maisons des 15e et 17e s. dans la rue de l'Église.

La situation
Cartes Michelin nos 58 plis 4, 5 ou 230 pli 18 – Finistère (29).
L'estuaire de la rivière Daoulas forme une des nombreuses découpures de la rade de Brest.

Le nom
Daoulas est l'équivalent breton du prénom celtique Douglas.

Les gens
1 640 Daoulasiens. De l'an 500, date approximative de la fondation de l'abbaye, jusqu'au 10e s., les moines eurent un rôle prépondérant dans l'histoire de Daoulas. Puis après le passage dévastateur des Vikings, les chanoines de l'ordre de Saint-Augustin rebâtirent l'abbaye au 12e s. assurant ainsi à ces lieux une grande prospérité jusqu'à la Révolution.

visiter

Enclos paroissial★
À gauche se trouvent les anciens bâtiments abbatiaux. En face, légèrement à droite, un **porche★** du 16e s. tient lieu de clocher et ouvre sur le cimetière. Ancienne abbatiale, l'**église** a gardé de l'époque de sa construction, au 12e s., le portail Ouest, sa nef et le bas-côté gauche.

Le porche
Son architecture et sa décoration, constituée de nombreuses statues et d'une remarquable vigne sculptée où foisonnent personnages et petits animaux, mêlent les styles gothique et Renaissance.

Ancienne abbaye
Domaine départemental depuis 1984, l'abbaye est devenue un **Centre culturel international d'expositions et de rencontres des civilisations** de grande qualité.
Son **cloître★** roman, bâti de 1167 à 1173 et dont ne subsistent que trois côtés, est le seul exemple de ce type d'architecture que l'on puisse encore voir en Bretagne. Dans sa décoration alternent dessins géométriques et motifs de feuillages. *Périodes d'ouv. variables. Fermé 1er janv. et 25 déc. 15F à 45F selon les expos.* ☎ *02 98 25 84 39.*
Un sentier mène à un jardin de simples et à un frais vallon où se trouve une fontaine datant de 1550. En retrait se dresse le petit **oratoire N.-D.-des-Fontaines** élevé au 16e s. et enrichi au 19e s. de quelques vestiges de l'abbatiale.

Dinan★★

Dinan possède un petit bijou, sa vieille ville ceinturée de remparts que son imposant château semble toujours vouloir défendre. Tout égayée d'arbres et de jardins, la cité se dresse sur le bord escarpé d'un plateau pour dominer de 75 m la Rance et son petit port de plaisance.

La situation

Cartes Michelin nos 59 plis 15, 16 ou 230 pli 25 - Côtes-d'Armor (22). À quelque 30 km au Sud de Saint-Malo, Dinan marque la naissance de l'estuaire de la Rance.
6 rue de l'Horloge - 22105 - ☏ 02 96 39 75 40.

Le nom

L'ancienne *Divonantos* semble devoir provenir du gaulois *divos* (sacré) et *nantos* (vallée).

Les gens

11 591 Dinannais. Bertrand Du Guesclin (vers 1320-1380) est indéniablement né près de la ville.

Le petit port de plaisance de Dinan coule des jours tranquilles sur les bords de la Rance.

comprendre

Du Guesclin contre Cantorbéry – En 1357, le duc de Lancastre vient assiéger Dinan que défendent Bertrand Du Guesclin et son frère Olivier. Devant la supériorité des Anglais, Bertrand demande une trêve de quarante jours, au bout de laquelle la ville se rendra si elle n'est pas secourue. Olivier, sorti sans armes dans la campagne, est fait prisonnier, en violation de la trêve, par le chevalier Cantorbéry qui exige une rançon de 1 000 florins. Bertrand lance un défi en champ clos à l'Anglais félon. La rencontre a lieu à Dinan, sur l'actuelle place du Champ. Lancastre préside. Cantorbéry, vaincu, doit verser à Olivier les 1 000 florins réclamés. Il est, en outre, banni de l'armée anglaise.

À VAINCRE AVEC PÉRIL, ON TRIOMPHE AVEC GLOIRE
Ce succès vaut à Du Guesclin l'admiration d'une jolie Dinannaise, Tiphaine Raguenel. L'union de cette jeune fille cultivée, savante même, avec le fruste guerrier qu'est le futur connétable sera fort heureuse.

Les tombeaux de Du Guesclin – Après avoir guerroyé durant plus de vingt ans pour le roi de France, Bertrand Du Guesclin vient mourir en Auvergne, le 13 juillet 1380, devant Châteauneuf-de-Randon dont il fait le siège.

Il avait demandé à être inhumé à Dinan. Au Puy, le corps est embaumé, les entrailles enterrées dans l'église des Jacobins (actuelle église St-Laurent). L'embaumement étant insuffisant, à Montferrand on fait bouillir les chairs pour les détacher du squelette et les ensevelir dans l'église des Cordeliers (détruite en 1793). Au Mans, un officier royal apporte l'ordre de conduire le corps à St-Denis : le squelette lui est alors remis. Le cœur seul arrive à Dinan où il est déposé dans l'église des Jacobins ; il est aujourd'hui dans l'église St-Sauveur. Alors que les rois de France n'avaient que trois tombeaux (cœur, entrailles, corps), Du Guesclin eut donc quatre monuments funéraires !

carnet pratique

Où dormir

• À bon compte

Camping Municipal de la Hallerais – *À Taden – 22100- 3,5 km de Dinan, rte de Dol-de-Bretagne et D 2 – ☎ 02 96 39 15 93 – ouv. 15 mars-oct. – 228 empl. : 116F.* Ce camping surplombe la Rance, dans la plaine de Taden, non loin de la cité médiévale de Dinan. Plantez votre tente sur l'un des emplacements ombragés en terrasse ou louez un mobile home. Belle piscine, tennis et mini-golf sous les marronniers.

• Valeur sûre

Hôtel Challonge – *29 pl. Du Guesclin – ☎ 02 96 87 16 30 – 18 ch. : 280/370F – ☕ 38F – restaurant 98/170F.* Près des remparts de la ville, cet hôtel à la façade pimpante a été entièrement rénové dans un style rétro. À ses chambres modernes s'ajoute une brasserie décorée comme un pub anglais avec ses boiseries foncées et son grand bar : Le Longueville. Menu enfant.

• Une petite folie !

Hôtel Avaugour – *1 pl. du Champ – ☎ 02 96 39 07 49 – 24 ch. : à partir de 580F – ☕ 50F – restaurant 135F.* Sur les remparts, cet hôtel sera une étape agréable dans la ville historique : dans un vieux bâtiment régional, il a installé son restaurant au fond du jardin, dans une tour fortifiée du 15e s. Ses chambres rénovées sont assez raffinées.

Où se restaurer

• À bon compte

Crêperie des Artisans – *6 r. du Petit-Fort – ☎ 02 96 39 44 10 – fermé mi-oct. aux Rameaux et lun. sf été – ⊠ – 52/69F.* En remontant cette ruelle pavée entre le port et la vieille ville, arrêtez-vous ici pour reprendre des forces au coin du feu. En dégustant crêpes traditionnelles et produits fermiers, vous pourrez admirer la collection de percolateurs et de cafetières.

• Valeur sûre

Mère Pourcel – *3 pl. des Merciers – ☎ 02 96 39 03 80 – fermé vac. de fév., dim. soir et lun. sf été – 162/370F.* Avec sa façade à colombages de guingois, cette maison bretonne du 15e s. vaut surtout par son décor et notamment son escalier et ses grosses poutres en bois sombre, très typiques des demeures dinannaises... Cuisine traditionnelle.

Le Bistrot du Viaduc – *rte de Dol-de-Bretagne – ☎ 02 96 85 95 00 – fermé 20 déc. au 15 janv., dim. soir hors sais., sam. midi et lun. – 160/185F.* À la sortie du viaduc, ce bistrot surplombe le port de Dinan et offre une belle vue sur les remparts et la ville. Vous passerez devant le fourneau avant de découvrir la généreuse cuisine traditionnelle servie dans un cadre rétro de bon ton.

Où boire un verre

Le Bistrot d'en bas – *20 r. Haute-Voie, ☎ 02 96 85 44 00. Oct.-mai : mar.-dim. 11h-1h. Juin-sept. : tlj 11h-1h.* Bar à vins qui offre une belle carte de vins d'Anjou. Avec en fond musical du jazz et des chansons françaises, vous mangerez des tartines de charcuterie ou de fromage sur du pain au levain. Terrasse dans rue piétonne.

À la Truye qui file – *14 r. de la Cordonnerie, ☎ 02 96 39 72 29. Mar.-sam. 12h-1h, dim. 17h30-1h.* Au 15e s., une truie fila la laine avec sa queue en place de Grève, numéro considéré à l'époque comme un acte de sorcellerie : la truie et son dresseur furent donc brûlés vifs. En hommage « à la truye qui file », une dizaine de bars en France portent aujourd'hui ce nom, et l'un d'eux se trouve à Dinan. Il arrive souvent au patron, dit Nounours, un ancien musicien professionnel, de filer des sons tendres en souvenir de cette « grasse bébête ».

La Licorne – *6 r. de la Poissonnerie, ☎ 02 96 39 08 13. Lun.-sam. 10h-1h.* Datant de 1495, c'est l'une des plus vieilles maisons de Dinan, devenue aujourd'hui un bar des plus fréquentés, surtout par une clientèle juvénile. Un verre à la main, on se presse autour de la cheminée, classée monument historique.

Le Myrian – *3 r. du Port, ☎ 02 96 87 93 36. Mai-sept. : tlj 10h-1h. Oct.-avr. : fermé le jeu.* À l'écart des flâneries classiques, ce bar jouit du considérable avantage de se lover au bord de la Rance et de regarder en même temps le viaduc et le vieux pont. C'est l'une des meilleures haltes entre deux promenades. La pizzeria située à côté appartient au même patron.

Le Poche Café – *1 r. Haute-Voie, ☎ 02 96 39 98 60. Lun. 14h-19h, mar.-sam. 10h-19h.* C'est d'abord « une librairie de 6 000 titres au format de poche » explique le patron, mais c'est aussi un bar où boire une tasse de café et les mots d'un auteur. Exposition de peintures et de photographies chaque mois. Soirée littéraire deux samedis par mois.

Rue de la Cordonnerie – La rue de la Cordonnerie est un lieu idéal pour étancher sa soif. On compte en effet dans cette ruelle pas moins de 8 bars aux styles bien différents.

À savoir

La descente de la Rance peut, en saison, se faire en bateau, mais le retour, dans la même journée, devra être effectué en car ou en train.

Achats

Marché aux puces – Il se tient chaque mercredi en juillet et août, le reste de l'année le premier mercredi du mois.

Boutique Locmaria – *9, rue du Château. Ouvert tous les jours en juillet et août.* Trois spécialités gourmandes dinannaises : les « gavottes » (au beurre), les « corbelets » (à la pâte d'amande) et les « clopinettes » (au praliné).

se promener

LA VIEILLE VILLE**

Une promenade à pied dans les rues du vieux Dinan permet de plonger dans l'atmosphère du Moyen Âge et d'admirer un grand nombre de maisons à pans de bois, remarquablement remises en valeur.

Place Du Guesclin

Cet ancien champ de foire est bordé d'hôtels des 18e et 19e s. ; la statue équestre du connétable est de Frémiet.

Hôtel Kératry

Cette charmante construction du 16e s., aux trois piliers de granit, abrite l'Office de tourisme.

Maison du Gisant

Une restauration de cette maison à porche du 17e s. permit de découvrir le gisant (14e s.) exposé à l'extérieur.

La tour de l'Horloge renferme le gros bourdon nommé Anne, offert en 1507 par la duchesse Anne.

Tour de l'Horloge

Dans ce beffroi se trouve l'horloge achetée par la communauté de ville en 1498. Du sommet (158 marches) se révèle un immense **panorama**** sur la ville et ses principaux monuments, ainsi que sur la campagne environnante. Exposition Anne de Bretagne. *Juin-sept. : 10h-18h ; avr.-mai : 14h-18h. 16F. ☎ 02 96 39 22 43.*

Place des Merciers*

Elle est habillée de belles maisons à pignons triangulaires et à porches de bois. Jeter un coup d'œil dans les rues avoisinantes de la Cordonnerie et du Petit-Pain aux maisons en encorbellement. Dans la rue de la Mittrie voisine naquit au n° 10 le chansonnier Théodore Botrel (1868-1925).

Emprunter la pittoresque rue de l'Apport.

Du carrefour de l'Apport, on peut apprécier des maisons à pans de bois typiquement dinannaises des 15e, 16e et 17e s. : maisons à étages en encorbellement, à porches reposant sur piliers de bois, ou à vitrines aux hautes fenêtres en avancée.

Église St-Malo

Commencée en 1490 et terminée au 19e s., cette église de style gothique flamboyant retient l'attention par son chœur, son chevet et son transept (fin du 15e s.). Les **vitraux** (20e s.) évoquent différents quartiers de Dinan : le Jerzual, le Vieux-Pont, la place des Cordeliers.
Avant de gagner la basilique St-Sauveur, on peut voir le puits de la rue la Lainerie ainsi que le chemin de ronde de la porte St-Malo. Belle **vue**** depuis la tour du Gouverneur.

La rue du Jerzual : charrettes aux cargaisons diverses s'y croisaient autrefois dans un brouhaha permanent.

Rue du Jerzual*

Pavée et en pente raide, elle est bordée de **boutiques** des 15e et 16e s. qui abritent tisserands, fileurs de verre et sculpteurs. Cette ancienne voie d'accès au port était jadis la rue des bourgeois, artisans et marchands.

Ancien hôtel Beaumanoir

Un beau portail Renaissance, dit du Pélican, en commande l'entrée. Dans la cour, observer la décoration des fenêtres et une tourelle du 16e s. abritant un bel escalier.

Basilique St-Sauveur

La façade s'ouvre par un porche roman, surmonté d'un pignon gothique flamboyant. La construction de l'édifice s'est étalée du 12e s. (mur de droite) au 16e s. Le dôme de la tour a été remplacé par une flèche au 18e s.
À l'intérieur, la dissymétrie de la construction est frappante ; la partie droite est romane, tandis que la partie gauche, le chœur et le transept sont flamboyants. Dans l'aile gauche du transept, derrière la pierre tombale du 14e s. englobée dans un tombeau du 19e s., est conservé le cœur de Du Guesclin. Les vitraux modernes ont été créés par l'atelier Barillet.

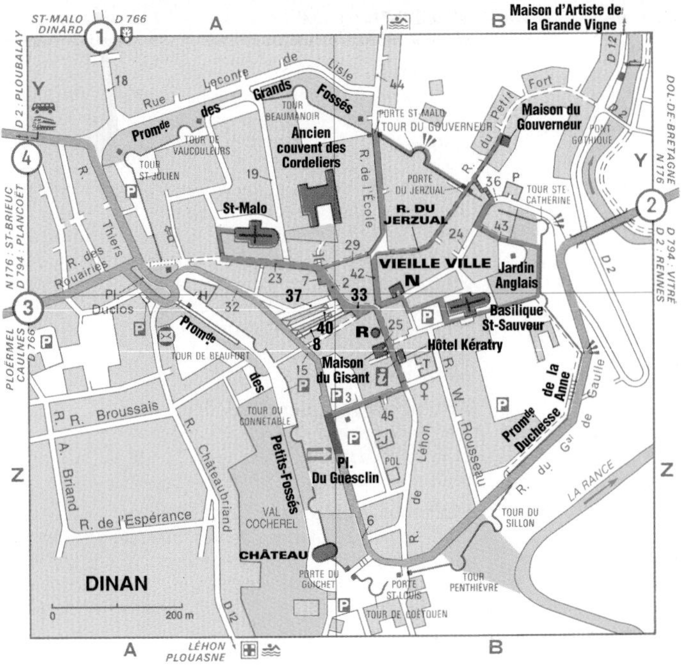
ST-MALO
DINARD
D 766
A
B
Maison d'Artiste de la Grande Vigne
Y
D 2 : PLOUBALAY
Rue Leconte de Lisle
Promde des Grands Fossés
TOUR BEAUMANOIR
TOUR DE VAUCOULEURS
TOUR ST-JULIEN
Ancien couvent des Cordeliers
PORTE ST-MALO
TOUR DU GOUVERNEUR
Maison du Gouverneur
R. du Petit Fort
PONT GOTHIQUE
DOL-DE-BRETAGNE N 176
D 12
St-Malo
R. de l'École
PORTE DU JERZUAL
R. DU JERZUAL
TOUR STE CATHERINE
N 176 : ST-BRIEUC
D 794 : PLANCOET
R. des Rouairies
R. Thiers
VIEILLE VILLE
Jardin Anglais
D 794 : VITRÉ
D 2 : RENNES
Pl. Duclos
Promde des Petits-Fossés
Basilique St-Sauveur
Hôtel Kératry
Maison du Gisant
TOUR DE BEAUFORT
PLOËRMEL
CAULNES
D 766
R. Broussais
TOUR DU CONNÉTABLE
R. W. Rousseau
R. de Léhon
Promde de la Duchesse Anne
R. du Gal de Gaulle
Pl. Du Guesclin
POL
Z
R. A. Briand
R. de l'Espérance
R. Châteaubriand
VAL COCHEREL
LA RANCE
TOUR DU SILLON
CHÂTEAU
PORTE DU GUICHET
PORTE ST-LOUIS
TOUR DE COËTQUEN
TOUR PENTHIÈVRE
DINAN
0
200 m
D 12
LÉHON
PLOUASNE

Rue	Carreau	N°
Apport (R. de l')	ABY	2
Champ (Pl. du)	ABZ	3
Château (R. du)	BZ	6
Cordeliers (Pl. des)	AY	7
Cordonnerie (R. de la)	AZ	8
Ferronnerie (R. de la)	AZ	15
Gambetta (R.)	AY	18
Garaye (R. Comte de la)	AY	19
Grande-Rue	AY	23
Haute-Voie (R.)	BY	24
Horloge (R. de l')	BZ	25
Lainerie (R. de la)	BY	29
Marchix (R. du)	AYZ	32
Merciers (Pl. des)	BYZ	33
Michel (R.)	BY	36
Mittrie (R. de la)	AZ	37
Petit-Pain (R. du)	AZ	40
Poissonnerie (R. de la)	BY	42
Rempart (R. du)	BY	43
St-Malo (R.)	BY	44
Ste-Claire (R.)	BZ	45

Curiosité	Carreau	
Ancien couvent des Cordeliers	ABY	
Ancien hôtel Beaumanoir	BYZ	
Basilique St-Sauveur	BZ	
Château	AZ	
Église St-Malo	AY	
Hôtel Kératry	BZ	
Jardin Anglais	BY	
Maison du Gisant	BZ	
Maison du Gouverneur	BY	
Promenade des Grands-Fossés	ABZ	
Promenade de la Duchesse Anne	BZ	
Tour de l'Horloge	BY	R

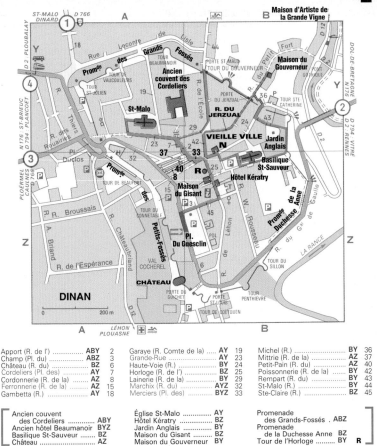

En sortant sur la place St-Sauveur, on peut voir à gauche une maison à piliers où naquit, en 1847, Auguste Pavie, diplomate et explorateur en Indochine.

Jardin anglais

Il offre, de la tour Ste-Catherine en particulier, une belle **vue**★★ d'ensemble sur la Rance, le port et le viaduc long de 250 m et haut de 40 m, et sur les remparts.

Maison du Gouverneur

24, rue du Petit-Fort. Belle **demeure** du 15e s. abritant un atelier de tissage et de tapisserie de haute lice.

AUTOUR DES REMPARTS

Promenade de la Duchesse-Anne

Tracée sur les remparts, elle offre une belle **vue**★ sur la Rance, le viaduc et le port.

Promenade des Petits-Fossés

Elle longe extérieurement les remparts (13e-15e s.) et est dominée, à droite, par la masse du château et les tours du Connétable et de Beaufort.

Promenade des Grands-Fossés

Ce magnifique mail est embelli par les tours St-Julien, de Vaucouleurs, Beaumanoir et la porte St-Malo.

Bords de la Rance

1h à pied. Descendre vers la Rance et traverser le pont gothique. Prendre à droite l'ancien chemin de halage qui passe sous le viaduc et longe la rivière dans un **site** verdoyant et encaissé où il est agréable de flâner.

visiter

Château*

De mi-mars à mi-nov. : tlj sf mar. 10h-12h, 14h-18h (de juin à mi-oct. : 10h-18h30) ; de mi-nov. à mi-mars : tlj sf mar. 13h30-17h30. Fermé en janv. et 25 déc. 25F. ☏ 02 96 39 45 20.

La porte du Guichet, encadrée de deux tours percées d'archères, date du 13e s. Élevé au 14e s., le donjon présente de beaux mâchicoulis. Il abrite un **musée** consacré à l'histoire de Dinan, de la préhistoire au début du 20e s., et à l'artisanat local. De la terrasse qui domine le chemin de ronde, on jouit d'un beau **panorama*** sur la région. La tour de Coëtquen (15e s.), ancienne tour d'artillerie, expose dans une salle au rez-de-chaussée des pierres tumulaires.

Ancien couvent des Cordeliers

De l'ancien couvent, on verra du 15e s. le cloître gothique et la cour d'honneur avec tourelles en poivrière. *De juil. à fin août : 10h-18h. Gratuit.*

Maison d'artiste de la Grande Vigne

La demeure de **Yvonne Jean-Haffen** (1895-1993), élève et amie de Mathurin Méheut, conserve des centaines de peintures et dessins représentant la Bretagne d'autrefois. *De juin à mi-sept. : 10h-18h ; mai : 14h-18h. 16F. Mairie. ☏ 02 96 39 22 43.*

alentours

Léhon *2 km au Sud.*

Ce bourg, niché dans la vallée de la Rance, conserve le **prieuré de St-Magloire**, construit au 12e s. *Visite 3/4h.*

Abbatiale – Reconstruite au 13e s.,et restaurée à la fin du 19e s. La nef, aux voûtes bombées et nervurées à la façon angevine, abrite les pierres tombales des Beaumanoir et un bénitier (13e s.) sur le rebord duquel les moissonneurs, soucieux d'une bonne récolte, venaient aiguiser les faucilles.

> Les combles permettent de découvrir une belle charpente en forme de carène renversée et de curieux box qui ont été réalisés pour le tournage d'un feuilleton télévisé, *Les Compagnons du Nouveau Monde*.

◄ **Bâtiments conventuels** – *De juil. à fin août : tlj sf dim. 10h-12h, 15h-18h. 15F. ☏ 02 96 39 07 19.*

Un petit **musée lapidaire** expose des chapiteaux de l'ancien cloître roman. Le **réfectoire**, la plus ancienne salle de l'abbaye (13e s.), a été joliment restauré. On y remarque la chaire du lecteur avec son escalier et sa tribune. Le **dortoir** abrite quelques éléments du trésor dont un reliquaire contenant les reliques de saint Magloire.

Jardins – Les fouilles ont mis au jour un canal couvert reliant l'abbaye à la Rance qui coule plus bas.

Corseul *11 km à l'Ouest*

Quitter Dinan par ③ du plan et prendre à droite la route de Plancoët.

Déjà connu des Celtes et des Gaulois, Corseul est ensuite romanisé comme l'ensemble de l'Armorique. De nombreux vestiges subsistent de ces périodes, notamment dans le jardin des Antiques (colonnes, chapiteaux) et dans le **musée de la Société archéologique de Corseul**, au 2e étage de la mairie (entre autres : fossiles de la mer des Faluns, pierres taillées et polies, urnes funéraires, peintures murales romaines, objets gallo-romains de la vie quotidienne). *Tlj sf dim. 8h30-12h, 14h-17h30, sam. 8h30-12h (juil.-août : fermeture à 18h). Fermé j. fériés. 5F, gratuit hors sais. ☏ 02 96 27 90 17.*

Mais le vestige le plus remarquable demeure le **temple du Haut-Bécherel** dit temple de Mars *(1,5 km en direction de Dinan et une route à droite en montée)*. Cette tour polygonale, construite en petit appareil, daterait de l'époque de l'empereur Auguste.

Château de la Bourbansais* *14 km au Sud-Est.*
Dans un vaste domaine, cet imposant édifice (fin du 16e s. et 18e s.) fut embelli durant trois générations par les Huart, conseillers au Parlement de Bretagne.
Parc zoologique et jardin – Ce parc protège et sauvegarde des espèces animales des cinq continents. *Avr.-sept. : 10h-19h ; oct.-mars : 14h-18h. 55F (enf. : 35F). ☎ 02 99 69 40 07.*

Gagner le château, dont le corps de logis est flanqué de tourelles et de pavillons aux toits à double pente caractéristiques du 18e s.
Intérieur du château – Le rez-de-chaussée présente une décoration et un mobilier du 18e s., des tapisseries d'Aubusson du 17e s., une belle collection de porcelaines de la Compagnie des Indes. Dans le péristyle (19e s.), documents et objets évoquent le passé de cette demeure. *Avr.-sept. : visite guidée (3/4h) à 11h, 14h, 15h, 16h, 17h ; oct.-mars : à 15h30, dim. et j. fériés à 15h et 16h. 55F (enf. : 35F), 68F billet combiné : jardins, parc zoologique et château (enf. : 40F). ☎ 02 99 69 40 07.*

La grande vénerie du château, forte de plus de 70 chiens.

Dinard

Station balnéaire mondaine, Dinard est la première du genre en France à avoir sauvegardé son patrimoine architectural de la fin du 19e s. en faisant classer 407 villas et immeubles. Face à St-Malo, cet ancien petit village de pêcheurs recèle une insouciance d'un autre âge, peut-être parce qu'elle est fréquentée par une clientèle aisée et cosmopolite.

La situation

Cartes Michelin nos 59 pli 5 ou 230 pli 11 - Département d'Ille-et-Vilaine (35). Sur la rive gauche de l'estuaire de la Rance, Dinard fait exactement face à Saint-Malo. *2 boulevard Féart - 35802 - ☎ 02 99 46 94 12.*

Le nom

Étymologiquement, Dinard proviendrait du gaulois *dunum*, colline et du breton *arzh*, ours. Mais l'ours de la colline a depuis bien longtemps laissé place aux vacanciers.

Les gens

9 918 Dinardais. L'impératrice Eugénie aurait dû en être, mais suite à une dispute avec Napoléon III, elle n'habita jamais la villa construite pour elle.

Hors saison, les plages sont rendues aux promeneurs et à l'atmosphère délicieusement surannée de la station.

carnet pratique

Où dormir

• *Valeur sûre*

Hôtel Printania – *5 av. George-V – ☎ 02 99 46 13 07 – fermé 21 nov. au 19 mars – 59 ch. : 270/450F – ☕ 40F – restaurant 95/135F.* Ceux qui aiment le folklore vont être servis ! La salle à manger et le salon de cet hôtel avec vue sur la mer sont bretons à souhait : mobilier massif et tableaux anciens en décorent les moindres recoins... Même les serveuses du restaurant sont en costume régional !

Résidence Crystal Appartements – *15 r. Malouine – ☎ 02 99 46 66 71 – 18 appart. : 2/4 pers., sem. 2500/5900F.* Ce bâtiment moderne est très bien situé avec son accès direct à la plage et sa belle vue sur la mer et St-Malo. Ses appartements disposent d'aménagements fonctionnels et souvent de terrasses. Pour un court séjour, préférez son hôtel.

Hôtel du Golf – *6 km à l'O de Dinard par D 786 – bd Houle – 35800 St-Briac-sur-Mer – ☎ 02 99 88 30 30 – P – 40 ch. : 400/520F – ☕ 45F – restaurant 90/149F.* Construction moderne tranquille et bien située pour visiter les alentours. Ses chambres spacieuses sont bien équipées, le bar et le salon sont clairs et accueillants... Et bien sûr, la proximité du plus vieux golf du continent sera un plus pour les aficionados.

• *Une petite folie !*

Hôtel Reine Hortense et Castel Eugénie – *19 r. Malouine – ☎ 02 99 46 54 31 – fermé 16 nov. au 25 déc. et 4 janv. au 24 mars – P – 13 ch. : 780/980F – ☕ 60F.* Deux villas 1900 sur la mer. À la manière des gravures d'un livre d'histoire, les meubles et les objets anciens, le décor luxueusement raffiné évoquent le souvenir de la reine Hortense qui dut, en son temps, apprécier la superbe vue sur St-Malo... Accès privé à la plage.

Où se restaurer

• *À bon compte*

Présidence – *29 bd du Prés.-Wilson – ☎ 02 99 46 44 27 – fermé vac. de Noël, de fév., dim. soir hors sais. et lun. – 92/135F.* En face du casino, ce restaurant familial sans prétention vous servira des poissons du jour et des produits régionaux frais dans sa petite salle colorée tout en longueur. Menus dont un pour les petits.

Restaurant du Yacht-Club de Dinard – *9 prom. du Clair-de-Lune (1er étage) – ☎ 02 99 16 48 74 – fermé 3 sem. en janv., mar. soir et mer. hors sais. – 85/169F.* Inutile d'être membre de cette vénérable institution pour profiter de la vue remarquable sur l'estuaire de la Rance et de la superbe terrasse d'été aménagée sur le toit. Atmosphère de club privé au milieu de photos et trophées.

• *Valeur sûre*

La Brasserie du Casino – *4 bd Wilson – ☎ 02 99 16 30 30 – 120/220F.* S'il vous reste quelque argent après avoir traversé la salle des machines à sous, vous pourrez vous attabler dans cette grande brasserie au mobilier « croisière », juste au-dessus de la grande plage. Vous ferez votre choix sur une carte très éclectique...

Petite faim

L'Amirauté – *1 pointe du Décollé, 35800 St-Lunaire, ☎ 02 99 46 33 38. Hors saison : lun.-mar., jeu.-sam. 12h-15h, 19h-22h, dim. 12h-22h. Juil.-août : tlj 10h-23h.* Sur la pointe du Décollé, ce bar-crêperie jouit d'une vue panoramique sur la baie de Saint-Malo, la mer et les rochers qui émergent de l'écume... On y déguste des glaces fabriquées par un maître-glacier. Grande terrasse au calme.

Sortir

Rue Yves-Verney – *R. Yves-Verney.* C'est dans cette rue que se fomentent les nuits palpitantes de Dinard grâce à une demi-douzaine de bars à l'ambiance très différente : américaine au Davy's, marine au Newport, sélecte à la Croisette, et branchée à la Fonda.

La Chaumière – *Pointe du Décollé, 35800 St-Lunaire, ☎ 02 99 46 01 76. Hors saison : ven.-sam. Juil.-août : jeu.-dim.* Située sur la pointe du Décollé, c'est la discothèque la plus réputée de la région. Au petit matin, les frais embruns et la vue grandiose sur la baie apaiseront les fièvres de la nuit.

Spectacles – La promenade du Clair de Lune est le cadre d'animations musicales (son et lumière). *De juin à fin sept. : tlj.*

Achats

Marché de Dinard – *Pl. Crolard. Mar., jeu, sam. matin.* Ce marché de réputation régionale attire une clientèle fidèle, qui vient parfois de très loin, spécialement le samedi.

Sports

Wishbone Club Dinard – *Plage de l'Écluse, ☎ 02 99 88 15 20. Mars-juin, sept.-déc. : tlj 10h-12h, 14h-18h. Juil.-août : tlj 9h-22h.* Ce centre nautique organise des stages de voile et loue des planches à voile, des catamarans, des dériveurs et des kayaks.

Dinard Équitation – *20 r. du Val-Porée, ☎ 02 99 46 23 57. Accueil : tlj 9h-12h, 14h-18h.* Ce centre équestre donne des cours, organise des stages et des randonnées. Compétition internationale de jumping en août.

Promenades en bateau

St-Malo★★★ – *Traversée : 10 mn. Voir ce nom.*

Dinan, par la Rance★★ *(voir Vallée de la Rance)*

Croisières au cap Fréhel★★★ *(voir ce nom)*

Croisières sur la Rance et vers l'île de Cézembre – Elles permettent la découverte de petites criques et de malouinières accrochées à flanc de coteau, ou de se rendre à l'île de Cézembre et sa vaste plage de sable fin exposée plein Sud. *S'adresser à l'embarcadère ou à l'Office de tourisme.*

Escapades en avion

Services réguliers pour les îles anglo-normandes de Jersey et Guernesey ainsi que pour Southampton et Londres. S'adresser à l'aéroport de Dinard/Pleurtuit, ☎ 02 99 46 18 46 ; à l'Aéro-club de la Côte d'Émeraude, ☎ 02 99 88 23 42 ; à Aurigny-Air-Services ou à British Airways, ☎ 02 99 46 70 28 ; à Assistance et Loisirs, ☎ 02 99 46 96 86 ou à l'Office de tourisme.

DINARD

Abbé-Langevin (R.) .... AY 2
Albert-Ier (Bd) .... AB 3
Ampère (R.) .... AZ
Anciens Combattants
(R. des) .... AZ 5
Bara (R. E.) .... BZ
Barbine (R. de) .... AZ 7
Boutin (Pl. J.) .... BY 9
Clemenceau (R. G.) .... BY 10
Coppinger (R.) .... BY 12
Corbinais (R. de la) .... AZ 13
Croix-Guillaume (R. de la) .. AZ 15
Dr. Derrien (R. du) .... AZ
Douet-Fourchet (R. du) ...... AZ 17
Dunant (R. H.) .... AY 19
Édouard VII (Av.) .... AY
Féart (Bd) .... BYZ
Français-Libres (R.) .... AZ 22
Gare (R. de la) .... AYZ
Gardiner (R.) .... AY
Gaulle (Pl. du Gén.-de) .... BZ 25
George V (Av.) .... BYZ
Giraud (Av. du Gén.) .... BZ 26
Gouyon Matignon (R.) .... AZ
Isle Celée (R. de l') .... BZ
Lacroix (Bd Albert) .... ABY
Leclerc (R. Mar.) .... BYZ 28
Levasseur (R.) .... BY 29
Lhotellier (Bd) .... AY 31
Libération (Bd de la) .... AZ 32
Malouine (R. de la) .... BY 34
Maréchaux (Bd des) .... ABZ
Marettes (R. des) .... AY
Mer (Bd de la) .... ABY
Mettrie (R. de la) .... BZ 35
Pionnière (R. de la) .... ABY 38
Prés.-Wilson (Bd) .... BY 40
Renan (R. E.) .... AY 43
République (Pl. de la) .... BY 44
St-Alexandre (R.) .... AZ
St-Énogat (R. de) .... ABY
St-Lunaire (R. de) .... AY 48
Vallée (R. de la) .... BYZ 50
Verdun (R. de) .... AYZ
Vergers (R. des) .... AY
Verney (R. Y.) .... BY 52
Vicomté (Av. de la) .... BZ

Aquarium et musée
de la Mer .... BY M1
Jardin du Port-Riou .... AY
Musée du Site Balnéaire ... BZ M2
Plage de l'Écluse .... BY
Plage de St-Énogat .... AY
Plage du Prieuré .... BZ
Pointe des Étêtés .... AY
Pointe du Moulinet .... BY
Promenade
du Clair-de-Lune .... BYZ

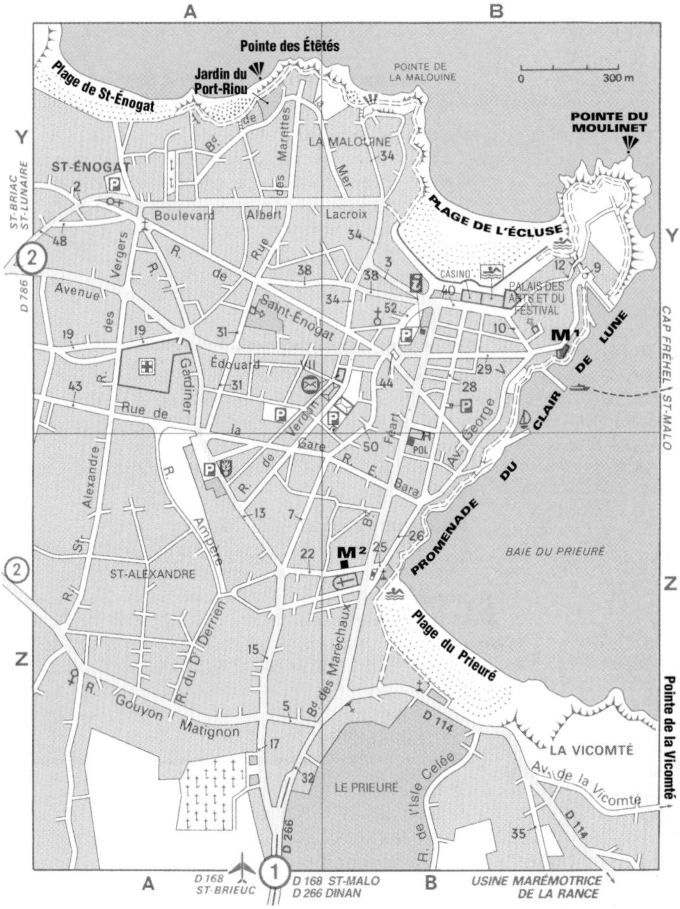
A
B
Y
Z
Pointe des Étêtés
Jardin du Port-Riou
Plage de St-Énogat
POINTE DE LA MALOUINE
0
300 m
POINTE DU MOULINET
ST-ÉNOGAT
LA MALOUINE
PLAGE DE L'ÉCLUSE
CASINO
PALAIS DES ARTS ET DU FESTIVAL
M1
PROMENADE DU CLAIR DE LUNE
BAIE DU PRIEURÉ
M2
ST-ALEXANDRE
Plage du Prieuré
LA VICOMTÉ
Pointe de la Vicomté
LE PRIEURE
ST-BRIAC ST-LUNAIRE
D 786
CAP FRÉHEL ST-MALO
D 168 ST-BRIEUC
D 168 ST-MALO
D 266 DINAN
USINE MARÉMOTRICE DE LA RANCE
Boulevard Albert Lacroix
Rue de Saint-Énogat
Avenue
Édouard VII
Rue de la Gare
Gouyon Matignon
Bd des Maréchaux
Av. de la Vicomté
D 114
D 266

se promener

C'est un riche Américain nommé Coppinger, puis des Anglais qui ont « lancé » Dinard vers 1850. La station offre un contraste extraordinaire avec St-Malo : là, une vieille cité resserrée dans ses remparts, une plage familiale, un port de commerce ; ici, une station raffinée aux villas luxueuses, aux jardins et aux parcs splendides.

AU NORD

Pointe du Moulinet★★

Partir de la Grande Plage. Des **vues** magnifiques sur la côte, du cap Fréhel, à gauche, à St-Malo, à droite, puis sur l'estuaire de la Rance.

RECHERCHE BELLES MAISONS AISÉMENT

Sachez que pour découvrir les principales villas du site balnéaire de Dinard, l'Office de tourisme propose trois parcours (de 3/4h à 1h1/4).

Grande Plage ou plage de l'Écluse★

Cette belle plage est bordée par le palais des Arts et du Festival, le casino et de luxueux hôtels. En suivant la promenade qui longe la plage à gauche, on arrive à une terrasse d'où l'on découvre St-Malo.

Au-delà, on se dirige vers la **pointe des Étêtés**, le beau **jardin** en terrasse **du Port-Riou** (vue jusqu'au cap Fréhel) et la **plage de St-Énogat**, située au bas de rochers escarpés.

À L'EST

Promenade du Clair-de-Lune★

Contrairement à ce que suggère son nom, elle est à faire de jour, et même le matin pour profiter du soleil !

Réservée aux piétons, cette digue-promenade suit le bord de l'eau. Outre de beaux parterres fleuris et une remarquable végétation méditerranéenne, on apprécie la beauté des villas et de jolies vues sur l'estuaire de la Rance.

La **plage du Prieuré**, à l'extrémité de la promenade, doit son nom à un prieuré fondé en 1324 à cet emplacement.

Pointe de la Vicomté★★

Ce beau domaine loti devient peu à peu l'un des quartiers les plus agréables de Dinard. Le chemin de ronde *(à faire à pied)*, au départ de l'avenue Bruzzo, offre de splendides **échappées** sur la rade et l'estuaire de la Rance.

visiter

Musée du Site balnéaire

La villa Eugénie, qui abrite le musée du Site balnéaire, fut construite en l'honneur de l'épouse de Napoléon III, qui devait inaugurer la saison balnéaire de 1868.

Ce musée fait une place importante à la vie balnéaire de la fin du 19e s. et du début du 20e s., époque qui a vu la construction de villas somptueuses et de grands hôtels de luxe à la table prodigieuse. *Fermé temporairement. ☎ 02 99 46 81 05.*

Aquarium et musée de la Mer

Les 24 bassins de l'aquarium sont habités par des poissons et crustacés des côtes bretonnes, juste à côté du **musée de la Mer** consacré aux souvenirs des expéditions polaires du commandant Charcot. ♿ *De mi-mai à mi-sept. : 10h30-12h30, 15h30-19h30, dim. 10h30-12h30, 14h30-19h30. 15F. ☎ 02 99 46 13 90.*

alentours

Que ce soit à Dinard ou à St-Lunaire, la plage reste une activité estivale bien éprouvante.

St-Lunaire

À 4 km par la D 786. Cet élégant centre balnéaire possède deux belles plages : à l'Est, St-Lunaire, la plus animée, regarde St-Malo ; à l'Ouest, Longchamp, la plus vaste, tournée vers le cap Fréhel.

Pointe du Décollé★★ – Elle est reliée à la terre ferme par un pont naturel qui franchit la profonde crevasse du saut du Chat ; au-delà du pont s'étendent les promenades.

Prendre, à gauche de l'entrée du pavillon du Décollé, le chemin conduisant à la pointe où est érigée une croix en granit. De là, la **vue★★** sur la Côte d'Émeraude, depuis le cap Fréhel jusqu'à la pointe de la Varde, est splendide.

Grotte des Sirènes★ – Du pont qui franchit la faille par laquelle cette grotte s'ouvre vers la mer, on en voit le fond ; à marée haute, la mer y donne de puissants coups de bélier.

À VOIR
Dans le bras droit du transept, le tombeau richement sculpté d'une dame de Pontual (13e et 14e s.).

Vieille église St-Lunaire – Dressé parmi les arbres dans un ancien cimetière, l'édifice a conservé sa nef du 11e s. où se trouve le tombeau de saint Lunaire ; sur un sarcophage gallo-romain repose le gisant du saint (14e s.). Sept autres tombeaux sont visibles dans le transept. *De Pâques à mi-oct. ☎ 02 99 46 30 51.*

Dol-de-Bretagne★

Ancienne cité épiscopale et métropole religieuse de la Bretagne, Dol est située sur le bord d'une falaise que le flot venait encore battre au 10e s. Idéalement située entre St-Malo et le Mont-St-Michel, la ville propose aux nombreux touristes de passage un patrimoine architectural de grande qualité.

La situation

Cartes Michelin nos 59 pli 6 ou 230 pli 12 – Ille-et-Vilaine (35). Presque à la limite Nord-Est de la Bretagne, Dol se situe entre Saint-Malo et le Mont-Saint-Michel, juste à l'intérieur des terres.

3 grande rue des Stuarts – 35120.

Le nom

Il est possible qu'il dérive du mot pré-latin *tüll* qui désignait une hauteur, ici une falaise d'une vingtaine de mètres.

Les gens

4 629 Dolois. Dans son combat avec Satan, saint Michel perce un trou dans le roc du mont Dol et y précipite son ennemi. Mais le diable reparaît sur le Mont-St-Michel. Le bond que fait l'archange pour franchir la distance de Dol au Mont nécessite une vigoureuse détente. La preuve : la trace de son pied s'est imprimée dans le rocher.

ORTHOPEDIE

Vous voici ici grande rue des Stuarts.

carnet d'adresses

OÙ DORMIR

• À bon compte

Camping Les Ormes – *7,5 km au S de Dol-de-Bretagne par D 795, rte de Combourg puis chemin à gauche – ☎ 02 99 73 53 00 – ouv. 20 mai-10 sept. – 600 empl. : 159F.* Dans le parc de ce magnifique château du 16e s., un hôtel, des cottages, des chalets et un camping sont à la disposition des touristes... Pendant votre séjour, ne manquez pas la visite de la jolie chapelle du domaine. Golf, piscines, étang. Club-enfants.

• Valeur sûre

Chambre d'hôte La Croix Gaillot – *35120 Cherrueix – 8 km rte de Cherrueix par D 82, puis dir. Baguer-Pican par D 85 – ☎ 02 99 48 90 44 – ⊠ – 5 ch. : 230F.* À 3 km de la plage de Cherrueix – réputée pour le char à voile – cette ferme céréalière dispose de chambres confortables, au calme, et d'un salon qui s'ouvre en véranda sur le jardin. Deux gîtes et six emplacements de camping sont aussi disponibles.

OÙ SE RESTAURER

• À bon compte

Bresche Arthur – *36 bd Deminiac – ☎ 02 99 48 01 44 – fermé vac. de Noël, fév., dim. et lun. de nov. à avr. – 78/195F.* Vous trouverez l'étape gourmande de la ville au détour d'un boulevard un peu bruyant. En partie sous une véranda, la salle à manger est joliment cossue avec ses murs couleur pêche et ses meubles en bois cirés à l'ancienne. Quelques chambres.

visiter

Cathédrale St-Samson★★

Ce très vaste édifice (12e et 13e s., et complété aux trois siècles suivants) donne une idée de l'importance qu'avait alors l'évêché de Dol. À l'extérieur, la partie la plus intéressante comporte, côté Sud, le **grand porche★** (14e s.) et le petit porche (13e s.). Au Nord, la cathédrale offre l'aspect d'une forteresse.

À l'intérieur, les 100 m de long du vaisseau font impression. À signaler dans le chœur : la **verrière★★** à médaillons du 13e s. (restaurée), les 80 stalles (14e s.) et le trône épiscopal (16e s.) en bois sculpté. Dans le croisillon gauche, on remarque le tombeau de l'évêque Thomas James, gouverneur du château Saint-Ange à Rome, exécuté par les Florentins Antoine et Jean Juste (16e s.). Bas-côté Nord : remarquer le Christ aux outrages.

Une présentation moderne d'un thème ancien.

Cathédraloscope★

Mai-sept. : 9h-19h ; oct.-avr. : 10h-18h. Fermé de déb. janv. à déb. fév. 40F. ☎ 02 99 48 35 30.

Cette exposition installée dans l'ancien palais épiscopal fait revivre l'histoire des cathédrales à l'aide d'une scénographie très accrocheuse ; on ne peut parler de muséographie puisque aucune collection n'est présentée. Symbolique de l'élévation, techniques et vocabulaire de la construction, maquettes, corps de métiers, vitraux et sculptures sont ici fort bien évoqués comme pour percer l'âme des cathédrales, tout cela dans une atmosphère très dépouillée, d'une modernité très contemplative.

se promener

PROMENADE DES DOUVES★

Ce jardin public, appelé aussi promenade Jules-Revert, longe la douve des remparts Nord. On peut y voir encore la grosse tour des Carmes, l'une des 12 tours de défense. Il offre une belle **vue★** sur le Mont Dol et le « Marais ».

Maisons anciennes

La ville conserve de belles maisons à colombages au cœur de la cité médiévale, hôtels particuliers et commerces.

Grande-Rue des Stuarts – Au n° 17, « les Petits Palets » (11e et 12e s.) présentent une belle arcature romane ; au n° 27, « maison de la Guillotière » (13e s.) ; au n° 33, demeure de 1617 à belles lucarnes ; au n° 18, le logis de la Croix verte et du donjon est une ancienne auberge des templiers avec cave voûtée (12e s.) ; au n° 32, charmante cour « es Chartier et Hostel es Pledran » (16e s.).

Rue Le-Jamptel – Au n° 31, « la Grisardière » (12e ou 13e s.) ; au n° 27, maison à piliers (15e s.).

Rue Ceinte – Au n° 1, dans la portion de rue jadis de la Poissonnerie, vieille maison de marchand (15e s.) avec étal de granit, de même qu'au n° 4, « la Grabottais » ; au n° 16, manoir du Grand Chantre (1668).

DOL DE BRETAGNE

Briand (Av. Aristide)	2
Carmes (R. des)	3
Cathédrale (Pl. de la)	4
Ceinte (Rue)	6
Chateaubriand (Pl.)	7
Écoles (R. des)	8
Grande-Rue des Stuarts	10
Le-Jamptel (R.)	12
Mairie (R. de la)	13
Normandie (Bd de)	14
Paris (R. de)	15
Saint-Malo (Rue de)	17
Touliers (Place)	19

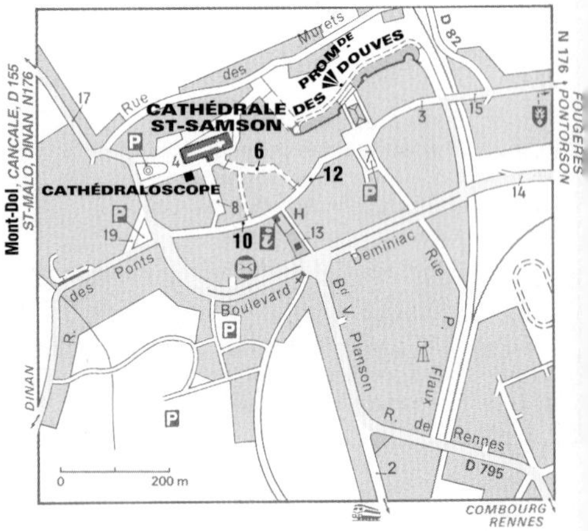
CATHÉDRALE ST-SAMSON
CATHÉDRALOSCOPE
PROMDE DES DOUVES
Mont-Dol, CANCALE, D 155
ST-MALO, DINAN N176
N 176 FOUGÈRES PONTORSON
D 82
DINAN
COMBOURG
RENNES
D 795
200 m

[Cathédrale St-Samson
Cathédraloscope
Promenade des Douves]

alentours

Mont Dol★

Quitter Dol-de-Bretagne en direction de Cancale, 2 km.

À VOIR

Dans la nef de l'église restaurée de Mont-Dol *(au bourg)*, un bel ensemble de fresques des 12e et 14e s. retraçant la vie du Christ.

Cette éminence granitique, haute de 65 m, domine une vaste plaine et fait figure de petite montagne. Le chemin de ronde permet d'effectuer en voiture le tour du mont.

Panorama★ – On découvre : du haut de la tour, au Nord les îles Chausey, Cancale et la pointe du Grouin ; au Nord-Est, le Mont-St-Michel, Avranches, Granville ; du calvaire, au Sud, à la lisière du Marais, Dol et sa cathédrale et, à l'arrière-plan, les hauteurs d'Hédé ; enfin, à ses pieds, le bocage du Marais de Dol.

Musée Les « Trésors du mariage ancien » – ♿ *De juin à mi-nov. : 10h-18h ; avr.-mai : 12h-18h ; de mi-nov. à fin mars : dim. et j. fériés 10h-18h. 25F. ☏ 02 99 48 26 31.*
Collection★ de 350 globes de mariage, de quenouilles emblématiques, de robes de mariée, et évocation de plus d'un siècle de l'histoire du mariage (de 1835 à 1950).

LE MARAIS DE DOL

On appelle ainsi le terrain gagné sur les marais et la mer dans la baie du Mont-St-Michel. D'aspect assez monotone, il offre, vu du Mont, un curieux paysage qui s'étend sur 15 000 ha, depuis l'embouchure du Couesnon jusqu'au voisinnage de Cancale.

Cette ancienne zone marécageuse est constituée du marais blanc, fait de sable vaseux provenant d'un remplissage de dépôts marins, et du marais noir, terre boueuse résultant de la décomposition des végétaux.

Voici environ 12 000 ans, la mer recouvrait le marais de Dol, puis elle se retira, découvrant une grande partie de la baie. Grâce au travail d'assèchement accompli pendant des siècles, le Marais se présente aujourd'hui comme une plaine de polyculture.

Petit-Mont-St-Michel

11 km à l'Est par la D 80 (direction St-Broladre) et une route à droite vers St-Marcan. Juil.-août : 10h-19h ; avr.-juin et sept. : w.-end et j. fériés 11h-19h. Fermé oct.-mars. 20F. ☏ 02 99 80 22 15.

Dans un enclos à flanc de colline sont présentés des monuments de la région au 1/50 : église de Pontorson, Mont-St-Michel, château de Fougères... Jeux pour enfants.

circuit

AU PAYS DE DOL-DE-BRETAGNE

Circuit de 30 km – Environ 1h3/4

Quitter Dol au Sud-Est du plan par la D 795. Laisser la route d'Épiniac à gauche ; 600 m après, tourner à gauche, puis prendre un chemin goudronné, à droite.

Menhir de Champ-Dolent

C'est l'un des plus beaux menhirs de Bretagne (9,50 m de haut, 8,70 m de circonférence). Il provient du filon granitique de Bonnemain situé 5 km au Sud.

Faire demi-tour et reprendre la route de Combourg.

L'appellation Champ-Dolent, champ de douleur, évoque un combat légendaire qui se serait livré ici.

Musée de la Paysannerie (à Baguer-Morvan)

Il retrace plus d'un siècle de vie paysanne : reconstitution d'intérieurs, présentation de matériel agricole, véhicules hippomobiles, outils d'autrefois, vieilles reproductions de scènes agricoles. Dégustation de cidre en fin de visite. ♿ *De mai à fin sept. : 10h-19h. 24F. ☏ 02 99 48 04 04.*

Poursuivre sur la D 795 et tourner à gauche vers Épiniac.

Épiniac

Dans le bas-côté gauche de l'**église**, l'autel présente une Dormition de la Vierge, haut relief polychromé du 16e s.

Suivre la D 85, puis tourner à gauche.

Broualan

Au centre du village se dresse l'église du 15e s., agrandie au 16e s., dont le chevet est orné de contreforts à pinacles et de belles fenêtres flamboyantes. À l'intérieur, on peut voir de nombreux petits autels de granit et des crédences ouvragées, le tabernacle du maître-autel soutenu par des anges et une Pietà du 16e s., statuette en pierre polychrome.

Par la Boussac, regagner Dol.

Douarnenez★

Niché au fond de la baie qui a pris son nom, Douarnenez est un port de pêche, une capitale de la conserve de poisson, un centre de thalassothérapie et une station balnéaire. Avec ses façades colorées et ses ruelles sympathiques qui ont séduit jadis des artistes comme Renoir ou Boudin, celle qui fut la première municipalité communiste de France en 1921 attire aujourd'hui de nombreux vacanciers.

La situation

Cartes Michelin n°s 58 pli 14 ou 230 pli 17 – Finistère (29). Accessible depuis Quimper, directement par la D 765, ou par les D 39 puis D 7 si l'on veut profiter d'une belle vue sur la baie du même nom.

2 rue du Docteur-Mével – 29172 – ☎ 02 98 92 13 35.

Le nom

Douar an enez veut dire « la terre de l'île », celle qui se trouve à l'entrée de l'estuaire de Pouldavid et qui porte le nom Tristan, neveu du roi Marc'h.

Les gens

L'acteur Noël Roquevert (1892-1973), Bénévent de son vrai nom, fut également douarneniste.

16 457 Douarnenistes. Au 16e s., l'île Tristan fut le repaire de Guy Eder de La Fontenelle, le plus cruel des chefs de bande qui, durant les troubles de la Ligue, ont dévasté le pays. Après bien des exactions, La Fontenelle s'empare de l'île Tristan et démolit les fortifications de Douarnenez. En 1598, il ne met bas les armes qu'à la condition de garder le gouvernement de l'île Tristan, ce qu'Henri IV lui accorde. Mais, en 1602, La Fontenelle est impliqué dans une conspiration. Arrêté, traduit devant le Parlement, il est condamné au supplice de la roue à Paris, en place de Grève.

carnet pratique

Où dormir

• *À bon compte*

Hôtel Ty Mad – *Près de la chapelle St-Jean – 29100 Tréboul – 3 km au NO de Douarnenez – ☎ 02 98 74 00 53 – fermé 1er oct. au 31 mars – P – 23 ch. : 250/340F – 40F – restaurant 70/190F.* Toute simple, cette villa où vécut Max Jacob s'entoure d'un joli jardin dont vous profiterez dès le matin en y prenant votre petit-déjeuner au soleil ou lors d'un des barbecues organisés en été. Chambres modernes, charmant restaurant avec véranda.

Chambre d'hôte Manoir de Kervent – *4 km de Douarnenez – rte d'Audierne (D 765) puis à droite suivre fléchage – ☎ 02 98 92 04 90 – – 3 ch. : 200/280F.* En pleine campagne, cette demeure familiale abrite trois chambres des plus classiques. Un copieux petit-déjeuner, empreint de saveurs bretonnes, vous sera servi par la maîtresse de maison avant une visite (facultative) de la tonnellerie voisine.

Où se restaurer

• *À bon compte*

Crêperie Tudal – Au Goûter Breton – *36 r. Jean-Jaurès – ☎ 02 98 92 02 74 – fermé 8 au 23 juin, 15 nov. au 8 déc., dim. et lun. sf vac. scol. – 46/87F.* Tout le monde en parle... L'ambiance jeune et bruyante plaît à la clientèle venue déguster ici des crêpes originales, aux sardines marinées ou à la gelée de chouchen, dans un cadre chaleureux entre la cheminée et la fresque murale...

Promenades en vedettes touristiques

Il est possible de faire des promenades en mer à la découverte de grottes marines, des parties de pêche et des croisières à Morgat. *D'avr. à mi-juil. : au dép. du port de pêche, excursions à la réserve ornithologique du cap Sizun ; d'avr. à mi-sept. : parties de pêche en mer, visites guidées de la baie de Douarnenez. ☎ 02 98 92 83 83.*

Pour les petits

En juillet et août, ils peuvent naviguer sur des bateaux miniatures à propulsion électrique : embarcadère du Treiz, Port-Rhu, ☎ 06 81 12 32 53.

Sports

Voile et planche à voile – *Fun Evasion, plage des Sables-Blancs à Tréboul. ☎ 02 98 74 33 33 ; e-mail fun-evasion@kerys.com.* Toute l'année.

DOUARNENEZ

Anatole-France (R.)	Y	2
Baigneurs (R. des)	Y	5
Barré (R. J.)	YZ	7
Berthelot (R.)	Z	8
Centre (R. du)	Y	10
Croas-Talud (R.)	Z	14
Duguay-Trouin (R.)	YZ	15
Enfer (Pl. de l')	YZ	16
Grand-Port (Quai du)	Y	19
Grand-Port (R. du)	Y	20
Jaurès (R. Jean)	YZ	
Jean-Bart (R.)	Y	24
Kerivel (R. E.)	YZ	21
Laennec (R.)	Z	25
Lamennais (R.)	Z	27
Marine (R. de la)	Y	32
Michel (R. L.)	Y	36
Monte-au-Ciel (R.)	Z	37
Péri (Pl. Gabriel)	Y	42
Petit-Port (Quai du)	Y	43
Plomarc'h (R. des)	YZ	44
Stalingrad (Pl.)	Z	56
Vaillant (Pl. Édouard)	Y	59
Victor-Hugo (R.)	Z	60
Voltaire (R.)	Y	62

Chapelle Ste-Hélène	Y	
Chapelle St-Michel	Y	
Musée du Bateau	YZ	M
Nouveau Port	Y	
Plage des Dames	Y	
Port du Rosmeur	Y	
Port Musée	YZ	
Sentier des Plomarc'h	Z	

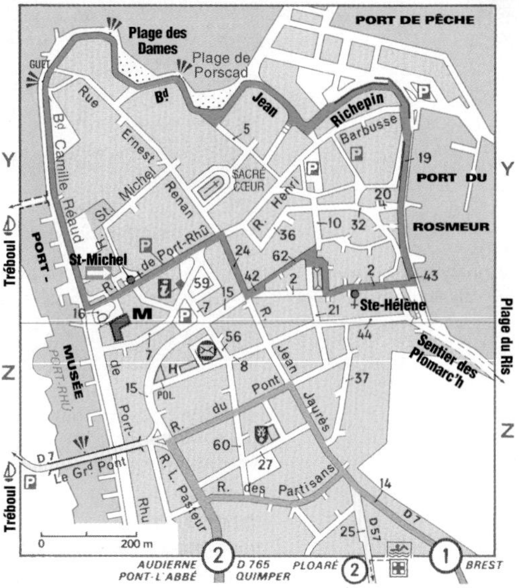

PORT DE PÊCHE
Plage des Dames
Plage de Porscad
Bd Jean Richepin
Barbusse
PORT DU ROSMEUR
Bd Camille Réaud
Rue Ernest Renan
Michel
SACRÉ CŒUR
R. Henri
St-Michel
R. de Port-Rhû
Ste-Hélène
Sentier des Plomarc'h
Plage du Ris
PORT-RHÛ
MUSÉE
Tréboul
R. Jean Jaurès
R. du Pont
R. des Partisans
R. L. Pasteur
Le Grd Pont
R. de Port-Rhu
200 m
AUDIERNE
PONT-L'ABBÉ
D 765
QUIMPER
PLOARÉ
BREST

se promener

Chapelle St-Michel

Construite en 1663, elle renferme une voûte décorée de peintures du 17e s.

En cas de fermeture, s'adresser au presbytère, 10 r. Ernest-Renan. ☏ 02 98 92 03 17.

Chapelle Ste-Hélène

De style gothique flamboyant, cette chapelle a été remaniée aux 17e et 18e s. Au bas de la nef, deux vitraux du 16e s.

Port du Rosmeur★

Poumon de l'économie locale, le port de pêche est aujourd'hui le sixième de France en tonnage débarqué. On assiste ici aux scènes de la vie maritime : débarquement du poisson à partir de 23 heures et vente à la criée dès 6h30 *(l'Office de tourisme organise des visites).*

Boulevard Jean-Richepin et Nouveau Port★

Suivre ce boulevard qui offre des **vues★** superbes sur la baie de Douarnenez. La promenade côtoie la **plage Porscad**, puis la **plage des Dames.** ▶

Plus loin, un boulevard en corniche offre des vues pittoresques sur l'île Tristan, sur la baie, sur le quartier de Tréboul aux venelles ramassées autour du port, et sur l'estuaire, que franchit un viaduc haut de 24 m. Là se trouve **Port-Rhu**, l'ancien port de commerce de Douarnenez.

> **VIE LOCALE**
> À mi-chemin entre les deux chapelles St-Michel et Ste-Hélène, la place Gabriel-Péri, cœur de la cité, abrite les halles. Tous les matins s'y tient un agréable marché en plein air.

> Le nouveau port de pêche se développe à l'abri d'un môle de 741 m. S'engager sur cette jetée pour bénéficier d'une vue encore plus dégagée sur la baie, que domine le Ménez-Hom.

visiter

Port-Musée

Le musée du Bateau – ♿ *De mi-juin à fin sept. : 10h-19h ; d'oct. à mi-juin : tlj sf lun. 10h-12h30, 14h-18h. Fermé en janv. et 25 déc. 30F. ☏ 02 98 92 65 20.*

☺ Installé dans une ancienne conserverie, il rassemble une **exceptionnelle collection★** (60 unités) de bateaux de pêche, de transport et de plaisance français et étrangers. Le curragh irlandais côtoie le coracle gallois ou l'oselvar norvégien, les bateaux bordés à clins rencontrent les bateaux à franc bord.

Musée à flot★★ – *Réouv. prévue courant 2000. Se renseigner. ☏ 02 98 92 65 20.*

Créé en 1985, le Port-Musée a été doté en 1992 d'un bassin à flot. Ces installations, à la fois conservatoire de bateaux et atelier, sont actuellement fermées et attendent un repreneur privé. Les visites sont suspendues et il faut se contenter de caresser du regard les bateaux

L'entrée colorée du musée du Bateau. De nombreuses embarcations y sont présentées toutes voiles déployées.

amarrés (remorqueur britannique *St Denys*, bateau-feu *Scarweather*, caboteur à voile norvégien centenaire *Anna Rosa*, yawl *Ariane*).

alentours

Sentier des Plomarc'h et plage du Ris★

2h1/2 à pied AR. Accès par la rue des Plomarc'h à l'Est du plan. Ce sentier commence au port du Rosmeur et se développe à flanc de pente en offrant sur Douarnenez des **vues★** pittoresques, pour atteindre la plage du Ris.

SE BAIGNER À TRÉBOUL
La belle plage des Sables-Blancs occupe un très beau site près de la pointe de Leydé.

Tréboul

Tréboul est relié à Douarnenez par la passerelle piétonne délimitant l'estuaire du Port-Rhu (ce circuit piéton offre une jolie promenade) et par le Grand Pont métallique permettant aux automobilistes de franchir l'estuaire du Port-Rhu. Le **port de plaisance**, aménagé dans l'anse de Tréboul, peut accueillir plus de 700 embarcations.

Pointe de Leydé★

Circuit de 6 km à l'Ouest. De la plage des Sables-Blancs, prendre à gauche la route des Roches-Blanches et se garer sur le parking juste après le village de vacances. Prendre le sentier côtier des Roches-Blanches (balisage « orange ») qui mène, en longeant la mer, jusqu'à la pointe de Leydé. De la pointe, très belle **vue★** sur la baie de Douarnenez. *Retour par la route ramenant à Tréboul ou continuant par le sentier vers Poullan-sur-Mer et Beuzec.*

Dans le cimetière est enterré **Laennec** (1781-1826), auteur de la méthode de l'auscultation en médecine.

Ploaré

Accès par ② du plan, D 57. Son **église** *(rue Laennec)* est dominée par une belle **tour★** flamboyante et Renaissance, haute de 55 m, dont la flèche à crochets est cantonnée de quatre clochetons (deux gothiques et deux Renaissance). À l'intérieur, remarquer le retable sculpté du maître-autel et le groupe de bois peint du 17e s. représentant la Sainte-Trinité. *De juil. à fin août : 10h-12h.*

Le Juch

8 km. Quitter Douarnenez par ② du plan, D 765. À 6 km, tourner à gauche vers le Juch (prononcer le Juc). Très jolie **vue** sur la baie de Douarnenez, la presqu'île de Crozon et le Ménez-Hom. À l'intérieur de **l'église** (16e-17e s.), le vitrail (16e s.) du chevet représente des scènes de la Passion. Dans le bas-côté gauche, à droite de la porte de la sacristie, la statue de saint Michel terrasse le démon à forme humaine appelé « Diable du Juch ». Un pardon a lieu le 15 août. *En cas de fermeture, s'adresser à Mme Pennanéac'h. ☎ 02 98 74 73 21 et 02 98 74 71 38.*

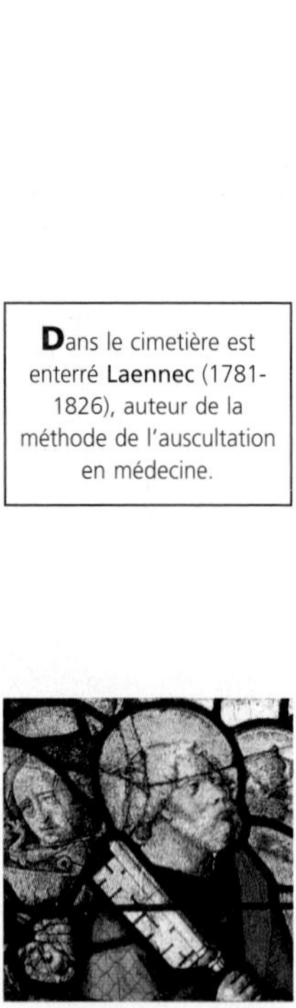

Saint Pierre muni de sa clef du paradis accueillant les élus au cœur du Jugement dernier (Guengat)

Guengat

14 km par ② du plan, D 765 et la route à gauche, à 11 km. L'**église** gothique conserve dans le chœur des **vitraux★** du 16e s. ; on reconnaît la Passion, avec à gauche le Jugement dernier et à droite la Vierge entre saint Jean-Baptiste et saint Michel. Remarquer la frise sculptée à la voûte du chœur : animaux (lièvres, renards, sangliers), petits personnages, décor floral. Joli calvaire dans le cimetière.

Côte d'Émeraude★★★

Cette partie de la côte qui s'étend de la pointe du Grouin au Val-André a reçu un bien joli nom de baptême. Et quelle succession de sites majestueux, de villes historiques, de stations paisibles ! Vraiment, la Côte d'Émeraude a tout pour plaire. Et elle plaît.

La situation

Cartes Michelin nos 59 plis 4, 5, 6 ou 230 plis 9, 10, 11 - Ille-et-Vilaine (35) et Côtes-d'Armor (22). Globalement la côte située entre la baie du Mont-St-Michel et celle de St-Brieuc.

Le nom

La couleur de la pierre précieuse, bien sûr, évidente quand on regarde la mer au printemps.

Les gens

Déjà fréquentés par les Anglais dès le milieu du 19e s., les environs de St-Malo appréciés pour les vertus curatives des bains de mer furent baptisés Côte d'Émeraude par un certain Eugène Herpin, vers 1890, en opposition à la Côte d'Azur.

UNE ROUTE, TROIS ITINÉRAIRES

La route qui longe la Côte d'Émeraude est une des plus touristiques de France. Si elle ne borde pas la mer sur tout son parcours, elle permet des excursions vers les sites côtiers, dont les vues et les panoramas révèlent le caractère de cette côte très découpée.

itinéraires

1 DE CANCALE À ST-MALO

23 km - Environ 5h

Quitter Cancale par ② du plan, à 300 m tourner à droite vers la pointe du Grouin.

Pointe du Grouin★★ *(voir Cancale)*

La route, en corniche jusqu'au Verger, suit la côte, en offrant de belles vues.

carnet pratique

OÙ DORMIR

- ***Valeur sûre***

Manoir de la Salle – *r. du Lac – 22240 Sables-d'Or-les-Pins – Sud-Ouest : 1 km par D 34 – ☎ 02 96 72 38 29 – fermé 1er oct. au 31 mars – P – 14 ch. : 250/700F – ☕ 40F.* Cette demeure bretonne du 16e s. entièrement rénovée a gardé son caractère : ses façades en pierres apparentes sont superbes. À l'intérieur, toutes les pièces, à l'exception d'une grande salle avec cheminée, sont modernes et les chambres sont fonctionnelles.

Manoir St-Michel – *À la Carquois – 22240 Sables-d'Or-les-Pins – Est : 1,5 km par D 34 – ☎ 02 96 41 48 87 – fermé 3 nov. au 31 mars – P – 17 ch. : 280/600F – ☕ 42F.* Dans cet ancien manoir aux murs de grès rose, vous pourrez profiter du grand jardin en surplomb de la mer et du plan d'eau où s'ébattent des canards. Ses chambres un peu désuètes sont accueillantes. Duplex pour les familles, prix attractifs hors-saison.

Hôtel Les Pins – *22240 Sables-d'Or-les-Pins – ☎ 02 96 41 42 20 – fermé 1er oct. au 31 mars – 22 ch. : 290F – ☕ 36F – restaurant 68/140F.* Une grosse maison accueillante dans un jardin planté de pins, bien sûr ! Correctement tenu, cet hôtel garde un esprit pension de famille qui sied à son décor simple et accueillant : les chambres sont claires et la salle à manger chaleureuse.

SPORT

Golf de St-Briac-sur-Mer – *54, boulevard Houle, ☎ 02 99 88 32 07.* Ouvert toute l'année, ce parcours 18 trous est un des plus anciens du continent.

NAVIGUER SUR UN VIEUX GRÉEMENT

La Sainte-Jeanne – *Office du tourisme d'Erquy – ☎ 02 96 72 30 12.* Ce sloop de cabotage accueille une vingtaine de personnes pour une promenade en baie de St-Brieuc.

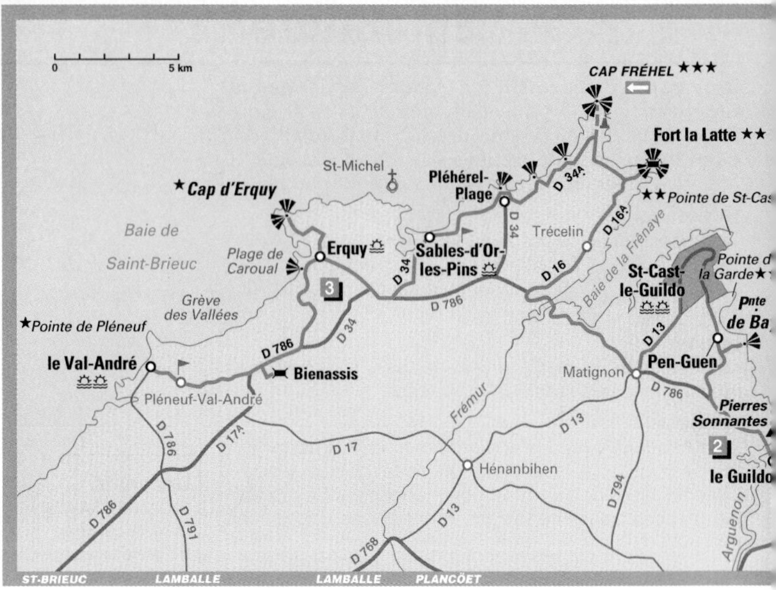
0
5 km
CAP FRÉHEL ★★★
Fort la Latte ★★
St-Michel
★ Cap d'Erquy
Pléhérel-Plage
D 34A
Baie de Saint-Brieuc
Plage de Caroual
Erquy
Sables-d'Or-les-Pins
D 34
Trécelin
D 16A
D 16
Baie de la Frênaye
St-Cast-le-Guildo
Grève des Vallées
★Pointe de Pléneuf
D 786
le Val-André
Bienassis
Pléneuf-Val-André
Matignon
D 13
Pen-Guen
Pierres Sonnantes
Frémur
D 17
D 17A
Hénanbihen
le Guildo
D 794
Arguenon
D 791
D 768
ST-BRIEUC
LAMBALLE
LAMBALLE
PLANCOËT

Chapelle N.-D.-du-Verger

Prendre à droite vers la plage. Vénérée par les marins de Cancale (pèlerinage le 15 août), cette petite chapelle, reconstruite au 19e s., abrite de nombreuses maquettes de navires : bisquines, sloops, goélettes, trois-mâts.

La Guimorais

La plage des Chevrets s'allonge entre la pointe du Meinga et la presqu'île Bénard.

La route contourne le havre de Rothéneuf, fermé par une passe étroite. Cette étendue d'eau se vide presque complètement à marée basse. Remarquer sur la droite le **château du Lupin**, élégante malouinière construite au 17e s. par un riche armateur de St-Malo.

Rothéneuf et le Minihic *(voir St-Malo)*

Paramé *(voir St-Malo)*

St-Malo★★★ *(voir ce nom)*

LA ROUTE

Entre St-Malo et le cap Fréhel, la route ne suit pas toutes les découpures de la côte. Elle possède cependant d'intéressantes sections en corniche et dessert de beaux panoramas. Les stations se succèdent, ainsi que les nombreuses plages.

Ceux qui critiquent le climat breton en sont pour leurs frais : la côte est bien émeraude.

2 DE DINARD AU CAP FRÉHEL

73 km – Environ 4h. Quitter Dinard à l'Ouest.

St-Lunaire *(voir Dinard)*

Pointe de la Garde Guérin★

1/4h à pied AR. En franchissant la pointe à sa racine, prendre à droite, au cours de la descente, un chemin qui conduit à la base de la colline, truffée de casemates *(parc*

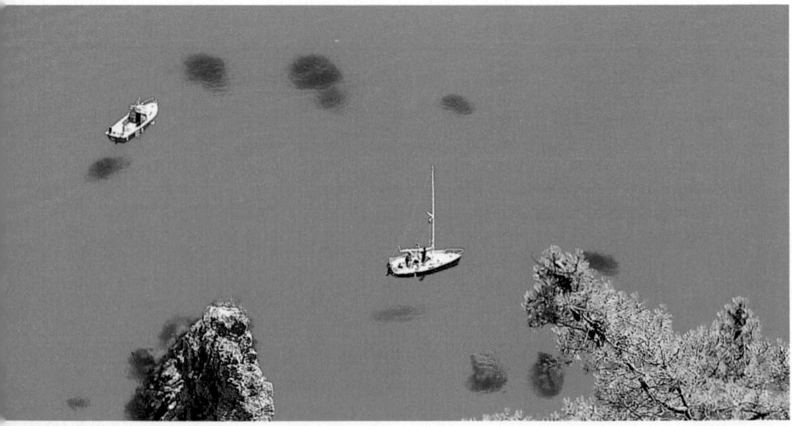

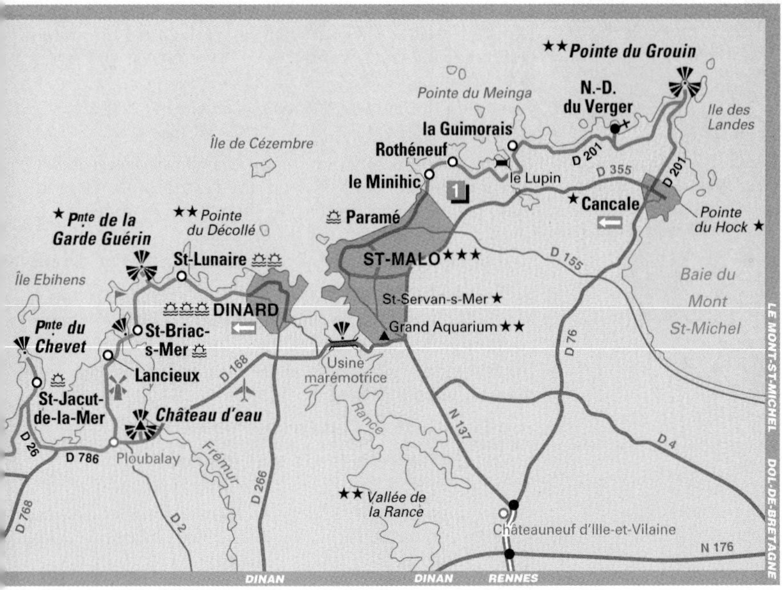
★★Pointe du Grouin
Pointe du Meinga
N.-D. du Verger
Île des Landes
la Guimorais
Île de Cézembre
Rothéneuf
D 201
D 355
le Minihic
le Lupin
★Cancale
★ Pnte de la Garde Guérin
★★Pointe du Décollé
Paramé
Pointe du Hock ★
St-Lunaire
ST-MALO★★★
D 155
Baie du Mont St-Michel
Île Ebihens
DINARD
St-Servan-s-Mer★
Pnte du Chevet
St-Briac-s-Mer
Grand Aquarium★★
D 76
Lancieux
Usine marémotrice
D 168
St-Jacut-de-la-Mer
Château d'eau
Rance
N 137
D 4
D 26
D 786
Ploubalay
Frémur
D 266
D 768
D 2
★★Vallée de la Rance
Châteauneuf d'Ille-et-Vilaine
N 176
DINAN
DINAN
RENNES
LE MONT-ST-MICHEL
DOL-DE-BRETAGNE

de stationnement). Atteindre le haut du promontoire : beau **panorama**★★ du cap Fréhel à la pointe de la Varde.

La route traverse le Dinard-golf, magnifique terrain de 60 ha.

St-Briac-sur-Mer

Cet aimable séjour balnéaire possède un port de pêche et de plaisance, plusieurs belles plages. Du « Balcon d'Émeraude », route tracée en corniche, et de la croix des Marins *(accès : à partir du Balcon d'Émeraude, par un sentier à gauche avant un pont)*, jolies vues sur la côte.

En sortant de St-Briac-sur-Mer, on traverse le Frémur sur le nouveau pont de 300 m. Belle vue à droite sur la station et sur un îlot au centre duquel se dresse un château.

Lancieux

Ce village possède une plage très étendue de sable fin, d'où l'on a une belle vue sur l'île Ebihens et les pointes avancées de la côte, St-Jacut-de-la-Mer, St-Cast et le cap Fréhel. À la sortie du village, à gauche de la route, remarquer le moulin restauré du 16e s.

Gagner Ploubalay, prendre la direction de Dinard et à 800 m tourner à gauche.

Château d'eau de Ploubalay

Il offre une terrasse circulaire de 54 m de hauteur, permettant un **tour d'horizon**★★ complet sur Ploubalay et le pays de Dinan, la rivière Frémur, St-Jacut, la pointe de St-Cast, le cap Fréhel, St-Malo et, par temps clair, les îles Chausey. ♿ *D'avr. à fin sept. : 12h-22h, w.-end et j. fériés 12h-1h.* ☎ *02 96 27 31 17.*

St-Jacut-de-la-Mer et pointe du Chevet

La route suit une longue presqu'île, passe à St-Jacut. Après avoir longé la plage du Rougeret, on atteint la pittoresque falaise de la **pointe du Chevet**, appelée « chef de l'île » ; belle **vue**★ en face sur l'île Ebihens et sa tour, à gauche sur la baie de l'Arguenon (bouchots à moules) et St-Cast, à droite sur la baie de Lancieux.

PLAGES
Petit port de pêche, St-Jacut possède 11 plages. Les mieux équipées pour un séjour familial sont La Pissote et Le Rougeret.

Le Guildo

Du pont, on aperçoit, sur la rive droite de l'Arguenon, les ruines du château. Ce fut, au 15e s., la résidence de Gilles de Bretagne. Insouciant, galant et poète, il menait joyeuse vie, d'où l'expression « courir le guilledou ». Gilles, soupçonné de machinations par son frère, fut emprisonné. Comme il ne mourait pas assez vite, on l'étouffa. Avant d'expirer, il soumit son frère au jugement de Dieu, et le duc, bourrelé de remords, passa de vie à trépas.

Des phonolithes

Les « Pierres Sonnantes » sont connues depuis la plus haute Antiquité. Ces pierres se présentent sous forme de laves compactes. Lorsqu'on les frappe avec des cailloux de même nature, elles rendent un son quasi métallique. Cette sonorité est due au grain parfaitement homogène des pierres.

Les Pierres Sonnantes – À hauteur des ruines du château (à droite, sur l'autre rive), on rencontre un amoncellement de rocs connu sous le nom de « Pierres Sonnantes ».

Prendre la direction de St-Cast par la côte.

Pointe de Bay

Une belle route, à droite, mène à une vaste aire de stationnement. La **vue★** s'étend sur l'estuaire de l'Arguenon planté de rangées de bouchots à moules, la presqu'île de St-Jacut et l'île Ebihens.

La route longe l'élégante plage de sable fin de **Pen-Guen.**

St-Cast-le-Guildo *(voir ce nom)*

Au départ de St-Cast, la route décrit un long crochet, pour contourner la baie de la Frênaye, dont elle longe le fond.

Après Trécelin, prendre la D 16^A menant à l'entrée du fort (parc de stationnement).

Fort la Latte★★ et Cap Fréhel★★★ *(voir Fréhel)*

3 DU CAP FRÉHEL AU VAL-ANDRÉ

34 km – Environ 2h1/2. Longer la côte vers l'Ouest.

La route touristique qui serpente dans la lande offre des **vues★★** remarquables sur la mer, les falaises et les grèves blondes. Elle traverse un paysage de pinèdes.

Pléhérel-Plage

La plage se trouve sur la droite après des bois de conifères.

Sables-d'Or-les-Pins

La station fut créée en 1922, au bord de la grève de Minieu. Avec ses villas, ses hôtels anglo-normands et son cachet très « in », elle connut un succès immédiat, surtout auprès des vedettes de l'époque.

◄ La Manche y apparaît à travers les fûts sombres des pins. Son immense plage de sable fin, assurément une des plus belles de Bretagne, regarde un ensemble d'îlots, en particulier celui de St-Michel, coiffé d'une chapelle.

À l'entrée d'Erquy, prendre la direction du cap.

Cap d'Erquy★

1/2h à pied AR. Au terminus de la route, la vue s'étend, à gauche sur une mer transparente, en face sur la plage de Caroual, la grève des Vallées, la pointe de Pléneuf et l'îlot Verdelet, au loin la baie de St-Brieuc, la pointe de l'Arcouest et l'île de Bréhat. Des visites guidées, organisées en juillet et août, permettent une agréable promenade par les sentiers bordés de fougères, à travers les landes rousses aux fleurs dorées ou mauves, et laissent apercevoir les récifs.

Erquy

Au 19e s., certains historiens estimaient qu'Erquy se situait à l'emplacement de l'ancienne *Reginea* gallo-romaine. Bien que probablement faux, les habitants d'Erquy ont gardé leur nom charmant de « Régineens ». Dans un joli site de falaises, cet actif port de pêche côtière continue à prendre de l'extension. Parmi les nombreuses plages, la plus belle, celle de Caroual, se distingue non seulement par sa **vue** sur la baie et le cap, mais aussi par une configuration qui assure aux enfants une sécurité totale.

À noter, en bordure de la route d'accès au cap, un petit corps de garde, vestige des défenses de Vauban, ainsi qu'un curieux et rarissime « four à boulets » (il en existe un autre au fort la Latte) qui permettait aux batteries de canons de tirer à... boulets rouges sur les navires anglais du 17e s.

Le port d'Erquy est spécialisé dans la sole, le turbot, le saint-pierre, le grondin, les coquilles Saint-Jacques...

Château de Bienassis

Le mur crenelé témoigne de l'enceinte du 15e s. ; les tours d'angle et les tourelles sont du 17e s. On visite le rez-de-chaussée, enrichi de porcelaines de Chine, du Japon et de Bayeux. La façade Nord (sur jardin) a conservé deux tours du 15e s. *De mi-juin à mi-sept. : visite guidée (3/4h) 10h30-12h30, 14h-18h30, dim. et j. fériés 14h-18h30. 24F.* ☎ *02 96 72 22 03.*

Par Pléneuf-Val-André, regagner le **Val-André** *(voir ce nom).*

Enclos paroissiaux★★

Les enclos paroissiaux sont une réalisation originale de l'art breton, que l'on rencontre principalement en Basse-Bretagne. Ils sont l'expression artistique de la prospérité des ports bretons du 15e au 17e s.

La situation

Cartes Michelin n°s 58 plis 5, 6 ou 230 plis 4, 5, 18, 19 – Finistère (29). Entre Landerneau et Morlaix, les enclos sont regroupés un peu au Nord des monts d'Arrée.

Le nom

Les enclos paroissiaux sont les ensembles monumentaux les plus typiques que l'on rencontre dans les bourgs bretons.

Les gens

Les différents personnages de la Passion, inlassablement mis en scène sur les calvaires des enclos, se retrouvent avec toutes sortes de variantes selon les lieux.

circuit

130 km au départ de Morlaix (par ③ du plan) – Compter environ la journée

À SAVOIR
Notre circuit, empruntant seulement la vallée de l'Élorn et les contreforts des monts d'Arrée, se limite à la description d'un petit nombre de ces enclos, parmi les plus représentatifs. D'autres, plus au Sud, resteront à découvrir, en particulier celui de **Pleyben**.

St-Thégonnec★★ *(voir ce nom)*

Contourner le chevet de l'église et prendre à gauche.

Guimiliau★★ *(voir ce nom)*

Lampaul-Guimiliau★ *(voir ce nom)*

Landivisiau

Église St-Thivisiau – Cette église moderne, de style gothique, conserve le clocher et le très beau **porche★**, en kersanton, d'un édifice du 16e s.

Chapelle Ste-Anne – Ancien ossuaire du 17e s. bâti au centre du cimetière. Sa façade est ornée de six cariatides ; celle à gauche de la porte d'entrée figure l'Ankou (la Mort).

Les amateurs d'architecture religieuse noteront qu'à 8 km au Nord, **Lambader** possède en sa **chapelle Notre-Dame** (15e s.) un très beau **jubé★** gothique flamboyant (1481), en bois, portant les statues de la Vierge et des Apôtres.

Suivre direction Landerneau, puis tourner à droite, pour passer par l'échangeur de la Croix-des-Maltotiers.

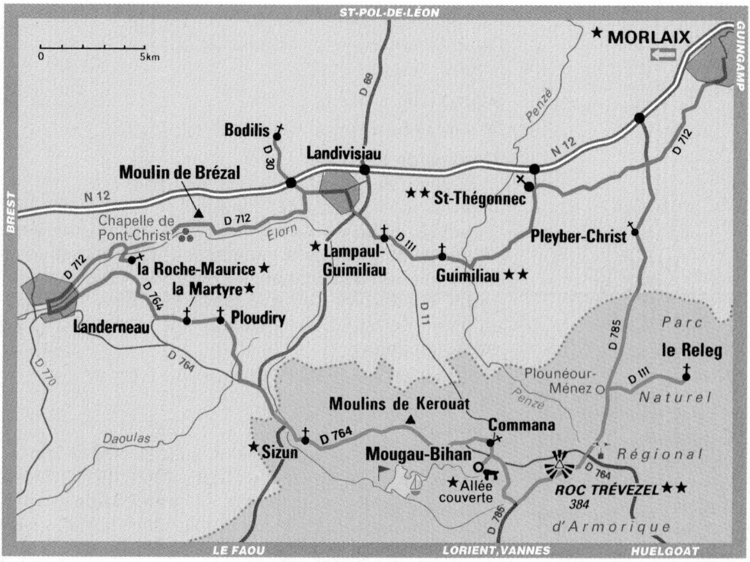
ST-POL-DE-LÉON
★ MORLAIX
GUINGAMP
0
5km
D 69
Penzé
Bodilis
D 30
Landivisiau
N 12
D 712
Moulin de Brézal
N 12
★★ St-Thégonnec
BREST
Chapelle de Pont-Christ
D 712
Elorn
★ Lampaul-Guimiliau
D 111
Pleyber-Christ
D 712
la Roche-Maurice ★
la Martyre★
D 764
Guimiliau ★★
Landerneau
Ploudiry
D 11
D 785
Parc
le Releg
D 770
D 764
Plounéour-Ménez
D 111
Naturel
Penzé
Moulins de Kerouat
Commana
Daoulas
★ Sizun
D 764
Mougau-Bihan
Régional
D 764
★Allée couverte
ROC TRÉVEZEL★★
384
D 785
d'Armorique
LE FAOU
LORIENT, VANNES
HUELGOAT

Un intérieur remarquable
Grâce à sa **décoration★** : sablières, entraits et têtes de blochets, retables dorés, statues anciennes. Le baldaquin des fonts baptismaux est en granit de Kersanton ; au revers du porche, Mise au tombeau polychrome.

Bodilis

L'**église★** (16e s.) est précédée d'un clocher flamboyant percé à la base de trois ouvertures. Sa toiture en forme de carène renversée, sa corniche richement décorée, ses contreforts ornés de niches lui confèrent une grande élégance. Un beau porche s'ouvre sur le côté droit.

Revenir à la route de Landerneau et prendre à droite.

Moulin de Brézal

En contrebas d'un étang, le moulin est embelli d'une porte flamboyante. De l'autre côté de la route se dressent les ruines de la chapelle de Pont-Christ (1533).

À 3,5 km, tourner à gauche vers la Roche-Maurice.

La Roche-Maurice★

Le village, situé à flanc de coteau et dominé par les ruines d'un château, possède un bel **enclos paroissial★**. Trois croix portant le Christ et les larrons en marquent l'entrée.

À la Roche-Maurice, l'Ankou (la Mort) de l'ossuaire, armé d'une flèche, ne nous invite pas à en rire...

Église – Du 16e s. Le **porche Sud★** est finement sculpté de grappes de raisin et de statuettes de saints. À l'intérieur, le **jubé★** Renaissance est orné, côté nef, de douze statues en ronde bosse, neuf apôtres et trois papes, côté chœur, de figures de saints en bas-relief. Derrière le maître-autel, un grand **vitrail★** de 1539 illustre la Passion et la Résurrection du Christ. *De juil. à fin août : possibilité de visite guidée.*

Ossuaire★ – Il date de 1640. C'est l'un des plus importants de Bretagne. Au-dessus du bénitier extérieur, l'Ankou menace de petits personnages représentant différentes classes de la société : un paysan, une femme, un homme de loi, un évêque, saint Yves, un pauvre et un riche. Une inscription laconique l'accompagne : « Je vous tue tous. »

Landerneau *(voir ce nom)*

Quitter Landerneau par ② du plan, vers Sizun. À 7 km, tourner à gauche.

La Martyre★

Cet **enclos paroissial★**, le plus ancien du Léon, s'ouvre par une porte triomphale surmontée d'une balustrade flamboyante et d'un petit calvaire.

L'église (14e-16e s.) offre un beau **porche★** historié (vers 1450), sur le flanc Sud.

Le chœur de l'église de La Martyre est éclairé par un bel ensemble de **vitraux★** du 16e s. représentant la Passion, la Crucifixion, la Résurrection.

Ploudiry

Ce village, anciennement la plus vaste paroisse du Léon, possède un enclos intéressant. L'ossuaire (1635) présente une façade où la Mort frappe des hommes de toutes catégories sociales. L'église, reconstruite au 19e s., a conservé, au flanc Sud, un beau **porche★** de 1665.

Par le Traon, rejoindre la route de Sizun où l'on tourne à gauche.

Sizun★ *(voir ce nom)*

Prendre la direction de Carhaix-Plouguer.

Moulins de Kerouat

Tlj sf sam. 10h-12h, 14h-18h, dim. et j. fériés 14h-18h (juin : tlj, juil.-août : 11h-19h). 18F. ☎ 02 98 68 87 76.

Dans le cadre du Parc naturel régional d'Armorique, un village du 19e s. a été ramené à la vie avec ses moulins, sa maison d'habitation, ses dépendances et son four à pain. On découvre ainsi le fonctionnement d'un moulin à eau, le travail du meunier, son mode de vie, ses objets familiers...

Continuer vers Carhaix-Plouguer, et à Ty Douar tourner à gauche.

Commana

Le village est bâti sur un mamelon isolé, au pied de la montagne d'Arrée. Dans l'enclos, l'**église★** (16e-17e s.) recèle trois retables intéressants, celui de l'**autel Sainte-Anne★**, daté de 1682, est le plus remarquable. On peut voir sur un pilier du transept, à droite, un *Ecce Homo* en bois.

Calendrier de Commana
En été, exposition d'art sacré dans l'ossuaire.

À Commana, le porche méridional de l'église semble vouloir nous transporter du côté de la Renaissance italienne.

Mougau-Bihan
À la sortie de ce hameau, à droite, belle **allée couverte★**, longue de 14 m, dont certains supports sont gravés, à l'intérieur, de lances et de poignards.

Revenir à la route de Carhaix, prendre à droite. À 1 km, tourner encore à droite, dans une route en montée ; on arrive à la route de Morlaix où l'on tourne à gauche.

Roc Trévezel★★ *(voir monts d'Arrée)*
Poursuivre en direction de Morlaix.

La route passe non loin de la tour-relais de Roc Trédudon et offre au cours de la descente de belles **vues** sur le pays de Léon. *À hauteur de Plounéour-Ménez, tourner à droite.*

Le Releg
Au creux d'un vallon se dresse cette ancienne abbaye cistercienne dont il reste des ruines de bâtiments conventuels et l'église des 12e et 13e s. Malgré une restauration de la façade au 18e s., l'édifice est très simple et sévère.

Faire demi-tour, puis prendre à droite vers Morlaix.

Deux pardons intéressants
Celui de N.-D.-du-Releg, et celui de Ste-Anne, avec concert de musique celtique.

Pleyber-Christ
Dans ce petit enclos paroissial, l'**église**, gothique et Renaissance, est précédée d'une porte triomphale élevée en 1921 et consacrée aux morts de la guerre de 1914-1918. À l'intérieur, belles sablières et remarquables poutres engoulées, ainsi que des stalles anciennes.

Continuer vers Ste-Sève ; à 3,5 km, la D712 à droite ramène à Morlaix.

Rivière d'Étel

Cette rivière, cette ria faut-il préciser, ne s'étend que sur quinze kilomètres avant d'atteindre la mer. Or, son pourtour, particulièrement dentelé, en totalise une centaine. C'est dire si ce site est découpé, pour la plus grande joie des promeneurs.

La situation
Carte Michelin n° 230 pli 35 – Morbihan (56). La rivière coupe la côte quasi rectiligne qui sépare la presqu'île de Quiberon et Lorient.

Le nom
Il vient d'un mot qu'on n'utilise plus, *ételle,* qui désignait naguère les vagues qui suivent une barre ou un mascaret.

Les gens
Toute allusion à l'Étel évoque sa dangereuse barre. **Alain Bombard** voulut la braver en 1958 pour tester les qualités de son radeau de survie. Malheureusement, l'expérience fut dramatique, coûtant la vie à neuf sauveteurs.

itinéraires

La fameuse barre
Il s'agit ici d'une barre d'estuaire. Sous l'effet des courants, des accumulations marines se constituent juste avant l'embouchure de la rivière. Cette barre rend très malaisée l'entrée des navires dans le goulet, car elle est instable. Même par temps calme, le passage reste redoutable.

Barre d'Étel

L'océan s'ouvre devant la rivière d'Étel connue pour sa barre, dangereux banc de sable mouvant qui offre un paysage spectaculaire par mauvais temps. La navigation, difficile, est placée sous une surveillance constante. La vue se porte au large sur l'île de Groix, Belle-Île, la presqu'île de Quiberon.

Étel occupe la rive gauche. Ce petit port de pêche arme encore une dizaine de thoniers œuvrant au large des Açores et une petite flottille de chalutiers consacrés à la pêche côtière.

Pont-Lorois

Ce court et très joli passage permet d'apercevoir le vaste estuaire qui, à gauche, se dessine en golfe et, à droite, s'étrangle en un goulet découpé et sinueux.

Rive gauche

Saint-Cado – Ce hameau occupe une île reliée à la terre par une digue. Avec ses petites maisons de pêcheurs, le **site★** est charmant.

La **chapelle St-Cado** est un des rares édifices romans du Morbihan (arcs en plein cintre non ornés, chapiteaux très simples, éclairage réduit) ; les sourds venaient y demander la guérison de leur infirmité à saint Cado dont on voit le lit et l'oreiller de pierre.

Le pardon de Saint-Cado et son bateau processionnel, le 3e dimanche de septembre.

Pointe du Verdon – Comme ses voisines, cette pointe est occupée par les ostréiculteurs. Dès le franchissement du petit isthme, avant la montée dans les pins prendre à droite pour gagner un terre-plein : jolie vue sur la zone ostréicole. À marée basse, il est possible de faire le tour de la pointe à pied.

Rive droite

Presqu'île de Nestadio – Ce village a conservé ses maisons du 16e s. Au bout du bout de la presqu'île, on voit la petite chapelle St-Guillaume (7,5 m sur 3,7 m).

Pointe de Mané Hellec – *À hauteur d'un petit transformateur, tourner à gauche dans un chemin revêtu.* Une belle vue se développe sur St-Cado et sa chapelle, Pont-Lorois, la rivière d'Étel et la forêt de Locoal-Mendon.

Merlevenez★ – L'**église★** de ce petit bourg est une autre des rares églises romanes bretonnes qui ait conservé intacts ses élégants portails aux archivoltes à chevrons et en dents de scie, ses arcades en tiers-point de la nef, ses chapiteaux historiés et sa coupole sur trompes à la croisée du transept. Des vitraux modernes de Grüber retracent des épisodes de la vie de la Vierge.

Le Faouët

Ce bourg est au centre d'une région très pittoresque s'étendant entre le Stêr-Laër et l'Ellé, rivières venues des Montagnes Noires.

La situation

Cartes Michelin nos 58 pli 17 ou 230 pli 20 – Morbihan (56). En pleine Bretagne intérieure, Le Faouët se situe sur la D 769 qui relie Lorient à Carhaix-Plouguer. Ses grandes halles du 16e s., au toit d'ardoise couronné d'un clocheton à dôme, accueille un marché animé.

RANDONNÉE À CHEVAL
Association à cheval au pays du roi Morvan, 56320 Le Faouët, ☎ 02 97 34 42 59.

Le nom

Au cœur de l'Argoat, le hêtre (*faou* en breton) régnait autrefois en maître aux côtés du chêne. Aujourd'hui seule la toponymie se souvient de ces grandes forêts.

Les gens

2 869 habitants. **Corentin Carré**, enfant du pays, fut le plus jeune « poilu » de France. Engagé à 15 ans en 1915, il meurt adjudant en 1918, dans un combat aérien. Un monument a été érigé en son honneur sur la Grand-Place.

alentours

Chapelle St-Fiacre*

2,5 km au Sud-Est par la D 790. D'avr. à mi-nov. : 10h-12h, 14h-18h ; de mi-nov. à fin mars : sam.-lun. 14h-17h. ☎ 02 97 23 23 23.

La chapelle est un bel édifice du 15e s. La façade offre l'un des plus beaux exemples bretons de clocher-pignon. À l'intérieur, le **jubé**** (1480) capte l'attention du visiteur : côté nef, statues figurant les scènes de la Tentation d'Adam et Ève, de l'Annonciation et du Calvaire ; côté chœur, curieuses statues personnifiant le vol (un homme cueillant des fruits sur un arbre), l'ivresse (un homme vomissant un renard), la luxure (un homme et une femme), la paresse (un sonneur breton). La décoration des panneaux de la tribune et des culs-de-lampe est remarquablement variée. Le retable de pierre, contre le pilier de gauche, représente le martyre de Saint Sébastien. À voir également, les beaux **vitraux** du 16e s. : dans le chœur, la Passion, dans le bras droit du transept, vie de saint Jean-Baptiste, dans le bras gauche, Arbre de Jessé et vie de saint Fiacre.

Véritable dentelle de bois, le jubé de St-Fiacre est une perfection de l'art flamboyant.

Chapelle Ste-Barbe

3 km au Nord-Est du Faouët. D'avr. à mi-nov. : 10h-12h, 14h-18h ; de mi-nov. à fin mars : sam.-lun. 14h-17h. ☎ 02 97 23 23 23.

La chapelle de style flamboyant, bâtie à flanc de coteau, se loge dans une anfractuosité rocheuse. Le **site*** domine d'une centaine de mètres le vallon dans lequel court l'Ellé.

Le monumental escalier (1700) menant à la chapelle est relié par une arche à l'oratoire St-Michel, édifié sur un éperon rocheux. Tout près se trouve la cloche que l'on peut faire sonner pour s'attirer les bénédictions du ciel. Par suite de sa position et de son orientation, la chapelle ne comprend qu'un transept et une petite abside. Des sentiers permettent de descendre à la fontaine sacrée, en contrebas de la chapelle. D'une plate-forme rocheuse que l'on atteint par un sentier ouvrant sur la droite, à mi-parking, belle vue sur la vallée encaissée et boisée de l'Ellé.

Le Folgoët★★

Le grand pardon

C'est le plus célèbre du Léon et l'un des plus importants de Bretagne. La veille, à partir de 18h, et le jour même se déroulent les cérémonies religieuses. Le dernier dimanche de juillet, le pardon de la Saint-Christophe voit la bénédiction des voitures.

Ce village situé au Nord de Brest et de Landerneau est connu par son grand pardon et sa magnifique basilique Notre-Dame.

La situation

Cartes Michelin nos 58 pli 4 ou 230 plis 3, 4 – Finistère (29).
À la verticale Nord de Landerneau, Le Folgoët se situe sur la D 788 reliant Brest à Plouesact.

Le nom

Ar Folgoat veut dire « bois du fol » ou bois du fou.

Les gens

3 094 Folgoatiens et quelques milliers de personnes de plus chaque 8 septembre à l'occasion du grand pardon.

visiter

La tour Nord★ de la façade est l'un des beaux clochers de Bretagne.

Basilique★★

La basilique a une forme en équerre inhabituelle : du chœur se détache la chapelle de la Croix dont le mur oriental prolonge le chevet plat. Cette chapelle a un beau **porche★**. La fontaine de Salaün, où viennent boire les pèlerins, est placée contre le mur du chevet, à l'extérieur de l'édifice. Elle est alimentée par la source située sous l'autel.
À l'intérieur, on verra un chef-d'œuvre de l'art breton du 15e s. : le **jubé★★** admirablement sculpté dans le granit. De belles roses du 19e s. ornent la chapelle de la Croix et l'abside. La statue de N.-D.-du-Folgoët date du 15e s.
À gauche en sortant de la basilique, le Doyenné, petit manoir du 15e s., forme un bel ensemble avec l'église et l'auberge des pèlerins. Cette dernière abrite un **musée** groupant des statues, des archives et un mobilier qui servit à la reine Anne lors de ses deux pèlerinages au Folgoët. ♿ *De mi-juin à mi-sept. : 10h-12h30, 14h30-18h30, dim. et j. fériés 14h30-18h30. 10F.* ☎ *02 98 83 03 78.*

La légende du « bois du fou »

Au milieu du 14e s., un pauvre innocent nommé Salaün vit dans un bois, près d'une source située aux environs de Lesneven. Il ne connaît que quelques mots : « Itron Gwerc'hez Vari » (Dame Vierge Marie). Après sa mort, un lys pousse sur sa tombe ; le pistil dessine en lettres d'or : « Ave Maria ». En creusant la terre, on s'aperçoit que la plante sort de la bouche de Salaün. On se trouve alors en pleine guerre de Succession. Le prétendant Montfort fait vœu, s'il triomphe, d'élever à la Vierge une somptueuse chapelle. Après sa victoire d'Auray, il fait commencer l'édifice : l'autel sera placé au-dessus de la source où buvait le fol. Les travaux sont terminés en 1423 par son fils.
La chapelle est saccagée à la Révolution. Pour la sauver de la pioche des démolisseurs, douze paysans se cotisent et l'achètent. Rendue au culte à la Restauration, elle a été peu à peu remise en état.

Lesneven

Nord-Est du Folgoët.
Fondée au 5e s. par le chef breton Even, Lesneven conserve quelques vieilles maisons en granit des 17e et 18e s.
Son **musée du Léon,** installé dans l'ancienne chapelle du couvent des Ursulines (début 18e s.), donne un bon aperçu de l'histoire de la région. On y remarque l'ordonnance signée par Louis XIV autorisant l'installation des ursulines. ♿ *De mi-avr. à mi-oct. : tlj sf mar. 14h-18h (juil.-août : tlj sf mar. 14h30-18h30) ; de mi-oct. à mi-avr. : tlj sf mar. et ven. 14h-18h. Fermé de janv. à mi-fév., 1er nov., 25 déc. 10F.* ☎ *02 98 21 17 18.*

Fouesnant★

Célèbre pour son cidre mais également pour sa coiffe, cette vaste commune est au centre d'une des régions les plus verdoyantes de Bretagne. De Cap-Coz à la pointe de Mousterlin, de grandes plages de sable blanc exposées au Sud alternent avec les petites criques, de telle sorte que Fouesnant est l'une des plus importantes stations balnéaires de l'Ouest.

La situation

Cartes Michelin nos 58 pli 15 ou 230 pli 32 – Finistère (29). ▶ Tout au fond de la baie de la Forêt qui ouvre sur Concarneau, au Sud de Quimper, Fouesnant est la plus grande station touristique du Finistère. Il ne faut pas oublier que Beg-Meil, Cap-Coz, Mousterlin et les îles de Glénan font partie de la commune. *49 rue de Kerourgue – 29170 – ☎ 02 98 56 00 93.*

À VOIR

Construite au 12e s., l'**église** remaniée au 18e s., a été restaurée. À l'intérieur, les hauts piliers de granit sont ornés de beaux chapiteaux romans.

Le nom

Il signifie « ruisseau dans la vallée » en breton. La ville se situe en effet dans une contrée verdoyante à l'embouchure d'une rivière.

Les gens

6 524 Fouesnantais. Lors de la fête des Pommiers, des pardons de Ste-Anne, de St-Guénolé ou de Kerbader, les célèbres coiffes et costumes fouesnantais sont de sortie !

UN CIDRE A.O.C.

Derrière les plages, un bocage aux chemins creux et aux talus plantés de chênes et de châtaigniers forme un abri idéal pour les vergers de cerisiers et de pommiers. Ici est produit le meilleur des cidres bretons dont la qualité vient d'être reconnue par l'AOC « cidre de Cornouaille ».

carnet pratique

OÙ DORMIR

• ***Valeur sûre***

Manoir du Stang – *29940 La Forêt-Fouesnant – 1,5 km au Nord de la Forêt-Fouesnant par V 7 – ☎ 02 98 56 97 37 – fermé 26 sept. au 4 mai – P – 24 ch. : 490/950F – ☕ 45F – restaurant 180/190F.* Installée depuis deux siècles dans cette magnifique demeure du 16e s., cette famille de « gentlemen-farmers » accueille ses clients en hôtes... La reine mère d'Angleterre leur fit même l'honneur de sa visite en 1990 ! Son grand parc fleuri, ses chambres élégantes vous séduiront à votre tour...
Le restaurant est ouvert uniquement l'été pour le dîner.

Pointe Mousterlin – *6 km au SO de Fouesnant par D 145 et D 134 – ☎ 02 98 56 04 12 – fermé 16 oct. au 1er avr. – P – 47 ch. : 465F – ☕ 43F – restaurant 95/200F.* Dans ses trois bâtiments, cet hôtel alterne chambres traditionnelles et modernes, vues sur mer et plage ou sur jardin. À vous de choisir en fonction de vos préférences... et des disponibilités. Sympathique, il est rondement mené par une mère et sa fille.

FOUESNANT EN FÊTE

Les « Festimusicales » – En été, 120 concerts en plein air gratuits sont organisés face à l'océan.

SORTIES « NATURE »

L'Office de tourisme organise des « sorties nature » de février à novembre, avec des escapades aux îles de Glénan en avril pour découvrir le narcisse des Glénans (☎ 02 98 56 00 93, prévoir de quoi pique-niquer).

ACCÈS AUX ÎLES DE GLÉNAN

De Fouesnant – *En sais., 2 dép. par jour : matin et ap.-midi. Office de tourisme. ☎ 02 98 56 00 93.*

De Bénodet – *En sais., 2 dép. par jour : matin et ap.-midi. Office de tourisme. ☎ 02 98 57 00 14.*

De Concarneau – *En sais., 2 dép. par jour : matin et ap.-midi. Office de tourisme. ☎ 02 98 97 01 44.*

De Loctudy – *En sais., 2 dép. par jour : matin et ap.-midi. Office de tourisme. ☎ 02 98 87 53 78.*

Le monument aux morts de Fouesnant, par Quillivic, remarquable par l'expression digne et grave de sa paysanne en coiffe du pays.

alentours

La Forêt-Fouesnant

3,5 km à l'Est. Autre station estivale dont les rivages boisés permettent de superbes randonnées, ce bourg possède un petit **enclos paroissial** et un calvaire du 16e s. original avec ses quatre pilastres d'angle. Dans l'église (1538), on remarque un baptistère sculpté (1628) abritant une piscine et une cuve taillées dans le même bloc de pierre. Toute la journée, fond musical de mélodies bretonnes et celtes.

Port-la-Forêt – Ce port de plaisance construit entre la plage et le bourg, peut accueillir 800 bateaux. Des vedettes mènent aux îles de Glénan et remontent l'Odet.

Cap-Coz

2 km au Sud-Est. Ce petit centre balnéaire est bâti sur une langue sablonneuse entre les falaises de Beg-Meil et le chenal d'accès à Port-la-Forêt. En suivant le sentier côtier jusqu'à la Roche-Percée, agréable promenade dominant ou traversant de petites criques aux eaux limpides.

Beg-Meil

5,5 km au Sud. À l'entrée de la baie de la Forêt, face à Concarneau, Beg-Meil (pointe du Moulin) adosse ses plages, côté baie, à de petites anses rocheuses : plage des Oiseaux, plage de la Cale, plage de Kerveltrec. Outre les vedettes d'excursion, la cale de Beg-Meil accueille quelques petits pêcheurs côtiers qui vendent directement le produit de leur pêche. À la **pointe de Beg-Meil**, au-delà du sémaphore, un grand menhir d'environ 7 m de hauteur a été couché par les Allemands pendant la dernière guerre.

Promenades en bateau – *En saison : Concarneau par la baie ; l'île St-Nicolas. S'adresser à l' Office du tourisme de Fouesnant-Les Glénans. ☎ 02 98 56 00 93.*

Pointe de Mousterlin

6,5 km au Sud-Ouest. Vue étendue sur le littoral.

Îles de Glénan★

Cet archipel compte une douzaine d'îles principales formant un cercle avec en son centre une mer plus calme et peu profonde baptisée *« La Chambre »*. Ce site naturel classé abrite une réserve ornithologique et une espèce botanique unique au monde, le **narcisse des Glénans**, découverte en 1803 par un pharmacien de Quimper. Floraison éphémère (trois semaines) mi-avril.

On s'y rend en bateau d'avril à septembre, au départ de Beg-Meil, Bénodet, Concarneau ou Loctudy (1h de traversée). Le bateau accoste à l'île **St-Nicolas** qui abrite quelques

Les îles de Glénan, véritable lagon aux eaux transparentes, à seulement 20 km du continent.

maisons, le Centre international de plongée et un vivier. Un sentier fait le tour de l'île et offre de belles vues sur la côte. Près de l'éolienne, principale source d'électricité de l'île, des fosses à goémon témoignent de l'activité de production de soude qui débuta à la fin du 18e s.
Au Nord, la petite **île Brunec** et, au Sud, l'**île du Loch** avec sa cheminée, vestige d'une ancienne usine de traitement du goémon, sont des propriétés privées. **Penfret**, avec son phare de même nom, **Cigogne**, reconnaissable aux vestiges du fort du 18e s. et à l'annexe du laboratoire maritime de Concarneau, **Bananec**, qui jouxte St-Nicolas à marée basse, et **Drénec** sont les îles occupées par le Centre nautique des Glénans, première école de voile d'Europe, de renommée internationale. L'**île Giautec** et les îlots inhabités sont autant de réserves protégées où se reproduisent des goélands, sternes, pies huîtrières, cormorans.

Sous l'eau
Au départ de l'île St-Nicolas, on peut aller à la découverte des fonds sous-marins de l'archipel lors d'une croisière à vision sous-marine (la limpidité de l'eau est extraordinaire).

Fougères★★

Cette ancienne ville forte domine la vallée sinueuse du Nançon. En contrebas, sur une éminence rocheuse presque entièrement entourée par la rivière, se dresse un magnifique château féodal dont l'enceinte compte parmi les plus considérables d'Europe. À son propos, Lawrence d'Arabie a dit : « Il n'y a pas d'extérieur plus beau, j'en suis certain. »

La situation
Cartes Michelin nos 59 pli 18 ou 230 pli 28 – Ille-et-Vilaine (35). Ancienne marche, Fougères se situe donc à la frontière de la Bretagne, juste à l'Est de la nouvelle autoroute A 84. **i** *1 place Aristide-Briand – 35300 – ☎ 02 99 94 12 20.*

Le nom
En 1144, il est attesté que la ville se nommait « Fulgeriis », du latin *filicaria*, c'est-à-dire fougère. Étonnant non !

Les gens
22 239 Fougerais. Le marquis de La Rouërie (1751-1793), instigateur de la Chouannerie, dont la vie fut un véritable roman d'aventures, est natif de Fougères

comprendre

Fougères, à la frontière de la Bretagne et de la France, a toujours eu une grande importance militaire. Le plus célèbre de ses barons, Raoul II, vit au milieu du 12e s. sous la suzeraineté du duc de Bretagne Conan IV, soumis à Henri II Plantagenêt, roi d'Angleterre et duc de Normandie. Le fier Raoul, révolté, forme une ligue avec une partie de la noblesse bretonne et entre en lutte contre Plantagenêt. En 1166, Henri II investit Fougères et démolit le château. Raoul le reconstruit aussitôt ; une partie de son œuvre reste encore debout.

La ville de la chaussure
Dès le 13e s., et pendant 300 ans, Fougères gagna beaucoup d'argent à fabriquer du drap. Puis le chanvre succéda à la laine : la toile à voile fougeraise claquait alors aux vergues de la flotte française, jusqu'au triomphe de la navigation à vapeur. En 1832 commença la fabrication des chaussons de laine. En 1852, on y ajouta la chaussure, cousue à la main. L'année 1870 vit arriver la machine qui coud mécaniquement ; en 1890, il existait une trentaine d'usines qui produisaient en série des chaussures bon marché. Après la guerre de 1914-1918, les 80 fabriques de la ville subirent les effets de la concurrence étrangère et de la crise mondiale. De nos jours, quelques entreprises sont encore en activité et fabriquent principalement des articles pour dames.

carnet pratique

Où dormir

• À bon compte

Chambre d'hôte Ferme de Mésauboin – *10 km rte de Vitré par Billé (D 179) puis rte de St-Georges-de-Chesne – ☎ 02 99 97 61 57 – ⊠ – réserv. obligatoire – 5 ch. : 180/232F – repas 92F.* Le calme et la simplicité de cette ferme-manoir du 17e s. devraient séduire les amateurs de campagne. Ils pourront s'y restaurer en goûtant les produits du terroir, dormir dans ses petites chambres d'hôte ou même, en été, préférer l'un des deux gîtes.

Où se restaurer

• À bon compte

Crêperie des Remparts – *102 r. de la Pinterie – ☎ 02 99 94 53 53 – fermé janv., mer. et jeu. hors sais. sf. vac. scol. – 40/80F.* À deux pas du château, l'une des plus vieilles maisons de Fougères abrite cette crêperie aux poutres massives et aux murs ornés de photos anciennes. Aux beaux jours, elle installe sa terrasse le long du jardin public qui borde les remparts.

• Valeur sûre

Haute Sève – *37 bd J.-Jaurès – ☎ 02 99 94 23 39 – fermé 20 juil. au 16 août, 1er au 15 janv., dim. soir et lun. – 120/280F.* Un jeune couple tient depuis quelques années les rênes de ce petit restaurant gourmand de Fougères. Dans une salle à manger tout en longueur, vous pourrez goûter une cuisine fraîche conçue autour des produits du cru. Accueil aimable et attentif.

Boire un verre

Les Oubliettes – *71 r. de la Pinterie, ☎ 02 99 94 15 62. Mar.-dim. 15h-1h.* Ce petit bar à cocktails est dirigé rondement par un jeune couple de Parisiens, une danseuse et un restaurateur, dont la devise fera peut-être quelques émules : « un cocktail vaut mieux que plusieurs bières. »

Le Coquelicot – *18 r. de Vitré, ☎ 02 99 99 82 11. Mar. 16h-1h, mer.-sam. 16h-3h.* Chaque jeudi, depuis vingt ans, ce petit bar musical au décor pourtant quelconque accueille des groupes de rock, de jazz et de blues renommés. Plus de 800 concerts ont déjà eu lieu depuis les débuts houleux qui valurent à son propriétaire quinze jours de fermeture pour tapage nocturne.

Visite commentée

Le petit train touristique – *Départ place Pierre-Symon, ☎ 02 99 99 71 72.* C'est l'occasion d'un circuit commenté de 30mn.

Curiosité

Marché – Le marché de l'Aumaillerie est le plus important marché aux bestiaux pour l'Ouest de la France : il se tient chaque vendredi matin à partir de 5h30.

Loisirs

Ferme de Chênedet – *Rte forestière de la Villebœuf, à Landéan, 8 km au NO de Fougères, ☎ 02 99 97 35 46. Lun.-sam. 9h-18h.* Au cœur de la forêt domaniale de Fougères, ce centre de loisirs regroupe à la fois des activités équestres (cours d'équitation, promenades), et nautiques (location de kayaks et de barques en été) sur le plan d'eau situé juste à côté. Location de VTT toute l'année.

Une fée pour marraine

Au 13e s., le fief passe par mariage à des seigneurs poitevins, les Lusignan. Ils prétendent descendre de la fée Mélusine (mère Lusigne) et donnent son nom à la plus belle des tours qu'ils ajoutent à l'enceinte.

Fougères offre l'exemple, assez rare, d'une forteresse formidable très souvent prise. Y sont entrés notamment Saint Louis, Du Guesclin, Surienne, capitaine aragonais au service des Anglais, La Trémoille, le duc de Mercœur, les Vendéens. Après la réunion de la Bretagne à la France, des gouverneurs se succèdent à Fougères : dix des tours portent leurs noms. Au 18e s., le château devient propriété privée. La ville l'achète en 1892.

découvrir

LE CHÂTEAU**

Avr.-sept. : 9h30-12h, 14h-18h (de mi-juin à mi-sept. : 9h-19h) ; oct.-mars : 10h-12h, 14h-17h. Fermé en janv. et 25 déc. 30F (enf. : 11F). ☎ 02 99 99 79 59.

Son site en contrebas de la ville haute est inhabituel. Un méandre de la rivière, qui baignait une éminence rocheuse en forme de presqu'île très étroite, fournissait un excellent site défensif. L'architecture militaire a tiré parti de cet emplacement en y élevant des remparts et des tours et en transformant la presqu'île en île, par une courte dérivation du Nançon. Reliée à la ville haute par des remparts, la garnison pouvait participer à sa défense et même s'y replier en cas de chute de la ville, pour jouer son rôle de garde-frontière du duché de Bretagne.

Beau mais peut-être inefficace

L'histoire nous apprend que les défenseurs ont souvent succombé et que les assaillants ont pu se rendre maîtres de ces hautes murailles, soit par surprise, soit par de longs sièges. Le tour extérieur du château permettra de comprendre le point de vue de l'assaillant ; la visite intérieure celui du défenseur.

La forteresse, telle qu'elle subsiste, a beaucoup souffert au cours des siècles. L'enceinte est complète avec ses courtines et ses treize tours. On ne voit malheureusement plus l'imposant donjon qui, du point le plus élevé du rocher, commandait toutes les défenses et fut rasé en 1166 par le roi d'Angleterre. Le grand logis, qui occupait une partie de la cour intérieure, a été également réduit à ses substructures au début du 19e s.

Le château, excellent exemple de l'architecture militaire moyenâgeuse, occupe une courbe du Nançon.

Tour extérieur*

Partir de la place Raoul-II, longer les fortifications (dans le sens inverse des aiguilles d'une montre) puis suivre, à gauche, la rue Le Bouteiller. On voit, au centre du rempart Nord, la **tourelle de Guibé** (14e s.), poste de guet élevé en encorbellement sur la courtine. En contournant l'éperon que forment à l'Ouest les remparts, on remarque la puissance des défenses réunies en ce point. La poterne du 15e s. s'ouvre aujourd'hui sur le vide, mais se prolongeait autrefois par une double arcade qui franchissait le fossé, pour communiquer avec un ouvrage avancé.

La **tour du Gobelin** des 13e et 14e s., à sa gauche, et la **tour Mélusine** du 14e s., à droite, sont rondes. Jadis munies de mâchicoulis et probablement remaniées dans leurs parties hautes, elles ont perdu de leur fière allure.

> La tour Mélusine est considérée comme un chef-d'œuvre de l'architecture militaire de l'époque : 13 m de diamètre extérieur, 3,50 m d'épaisseur de mur et 31 m de hauteur au-dessus du rocher.

Plus loin, deux tours en fer à cheval et trapues, les **tours Surienne et Raoul** (15e s.), marquent la dernière étape de la reconstruction du château. Construites pour servir de plate-formes d'artillerie, elles contiennent des canonnières très puissantes et bien conservées. Le dessin des mâchicoulis montre qu'à cette époque l'art militaire n'excluait pas la décoration.

> **La défense au 15e s.**
> Pour résister aux tirs d'artillerie en usage depuis près d'un siècle et demi, les murs des tours Surienne et Raoul ont 7 m d'épaisseur : à la fin du 15e s., la guerre de siège prend souvent la forme d'un duel d'artillerie à courte portée.

Face aux deux tours s'élèvent l'église St-Sulpice et le quartier du Marchix.

En suivant toujours l'enceinte, on voit la tour du Cadran (13e s.). Carrée et de dimension réduite, elle est très endommagée. Plus loin, la **porte Notre-Dame** est la seule qui subsiste des quatre portes des boulevards précédant les quatre portes de l'enceinte fortifiée qui entourait la ville elle-même. La tour de gauche, plus élevée et percée d'étroites archères, date du 14e s. ; la tour de droite, pourvue de mâchicoulis très décorés, date du 15e s.

Passer sous la porte et suivre la rue de la Fourchette ; monter à droite dans la rue de la Pinterie. À 50 m, traverser à droite les jardins aménagés en bordure du chemin de ronde reconstitué : belle vue sur la vallée du Nançon et l'ensemble du château.

Passer sous les ruines d'un joli portail de chapelle pour sortir du jardin et reprendre à gauche la rue de la Pinterie, qui conduit à l'entrée du château.

Intérieur**

L'entrée, précédée d'un fossé alimenté par une dérivation du Nançon, se fait par la **tour carrée de la Haye-St-Hilaire**.

Le château comprend **trois enceintes** successives. Percée d'archères, l'avancée (13e s.) constituait le premier obstacle. Cette ligne franchie, les assaillants pénétraient dans une petite cour et y étaient soumis aux tirs convergents des défenseurs postés sur les quatre côtés. Ainsi exposés, les assaillants devaient donc franchir un second fossé avant d'atteindre l'enceinte principale défendue par quatre tours (12e et 15e s.). Ces deux lignes de défense enlevées, c'était la ruée dans la grande cour où

s'élevaient le **logis seigneurial** et la **chapelle**. Mais la défense pouvait se ressaisir. Une troisième enceinte, le réduit, située au point le plus élevé, et le donjon, existant encore au 12e s., permettaient une longue résistance ; délogée de ces positions, la garnison pouvait encore trouver le salut en fuyant par la poterne.
La visite permet de se rendre compte de ce que fut la puissance d'une telle forteresse. Par la courtine la plus élevée du château, on atteint la tour Mélusine (75 marches jusqu'au sommet). On gagne ensuite les vestiges du donjon, puis la courtine Nord ; au-delà de la tourelle de Guibé, on se rend à la tour de Coigny (13e et 14e s.), dont les 2e et 3e étages ont été transformés en chapelle, au 17e s. ; le sommet a été défiguré par l'adjonction d'une loggia au 19e s.

se promener

Pour rendre hommage à la ferveur de ses ouailles, l'église St-Sulpice soutenait déjà les armes de la Bretagne au 16e s.

Église St-Sulpice★

Construite en gothique flamboyant du 15e au 18e s., elle présente une grande homogénéité. On remarquera une flèche d'ardoise très élancée du 15e s., d'une facture originale. L'intérieur s'enrichit, dans le chœur, de boiseries du 18e s., mais on notera surtout les **retables★** de granit du 15e s. des chapelles. Celle de gauche ou chapelle Notre-Dame abrite le retable dédié à Anne de Bretagne, sa donatrice.

La place du Marchix et ses belles maisons.

Quartier du Marchix

Au centre d'un quartier de maisons anciennes, la place du Marchix se situe à l'emplacement de l'ancien marché au cœur de la vieille ville.
La rue Foskéraly longe le Nançon et offre une belle vue sur les anciens remparts aménagés en jardin public. On se promènera ensuite dans la rue du Nançon, bordée de maisons du 16e s. ; remarquer au passage d'autres maisons intéressantes à l'angle de la rue de la Providence et de la rue de Lusignan ; jeter aussi un coup d'œil dans la rue de Lusignan. Aux nos 13 et 15 de la place du Marchix s'élèvent deux belles maisons du 16e s. Prenant la rue des Tanneurs, passer le pont sur le Nançon.

Jardin public★

Fort apprécié de Victor Hugo et d'Honoré de Balzac, qui l'a introduit au cœur de son roman *Les Chouans*, il est établi en partie en terrasse, sur l'emplacement des anciens remparts de la ville, en partie sur les pentes qui descendent dans la vallée du Nançon. En suivant le mur bas qui prolonge la balustrade jusque vers l'entrée, on a une vue étendue sur la campagne bocagère. De la partie de la terrasse clôturée par la balustrade : **vue★** d'ensemble intéressante sur le château.

Hôtel de ville

16e s. Ancienne porte Renaissance en partie murée.

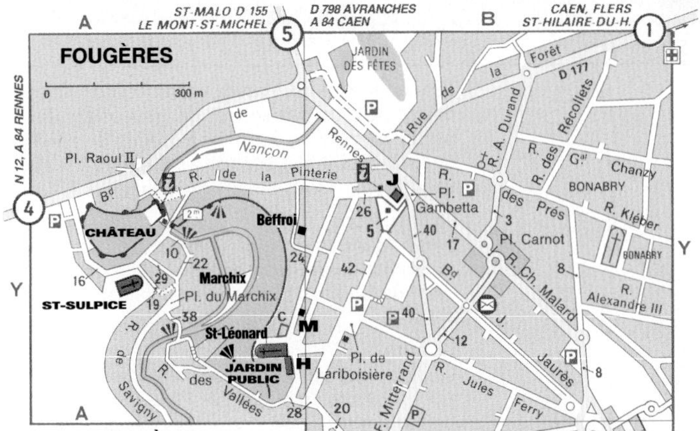
FOUGÈRES
ST-MALO D 155
LE MONT-ST-MICHEL
D 798 AVRANCHES
A 84 CAEN
CAEN, FLERS
ST-HILAIRE-DU-H.
N 12, A 84 RENNES
300 m
JARDIN DES FÊTES
Nançon
Pl. Raoul II
CHÂTEAU
ST-SULPICE
Beffroi
Marchix
Pl. du Marchix
St-Léonard
JARDIN PUBLIC
Pl. Gambetta
Pl. Carnot
BONABRY
R. Chanzy
R. Kléber
R. Alexandre III
Pl. de Lariboisière
R. Jules Ferry
Jaurès
Av. F. Mitterrand

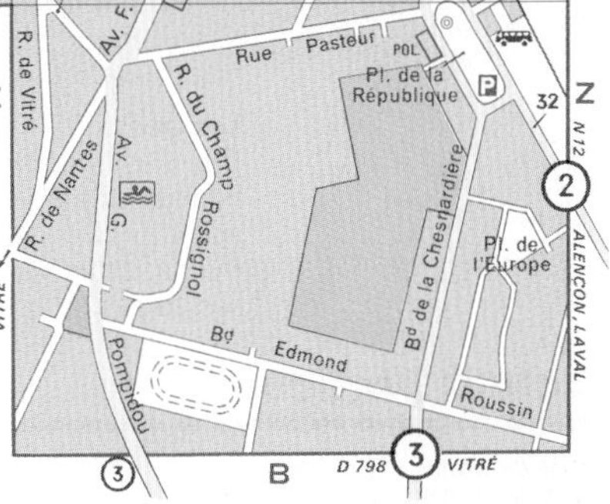
Rue Pasteur
Pl. de la République
R. du Champ Rossignol
R. de Nantes
R. de Vitré
Bd de la Chesnardière
Pl. de l'Europe
Bd Edmond Roussin
N 12 ALENÇON, LAVAL
D 798 VITRÉ

FOUGÈRES

Baron (R.)	BY	3
Briand (Pl. A.)	BY	5
Feuteries (R. des)	BY	8
Forêt (R. de la)	BY	
Foskéralix (R.)	AY	10
Gaulle (Av. Gén.-de)	BY	12
Jaurès (Bd J.)	BY	
Le Bouteiller (R.)	AY	16
Leclerc (Bd Mar.)	BY	17
Lusignan (R. de)	AY	19
Mendès-France (R. P.)	BYZ	20
Nançon (R. du)	AY	22
Nationale (R.)	ABY	24
Porte-Roger (R.)	BY	26
Porte-St-Léonard (R.)	AY	28
Providence (R. de la)	AY	29
Sévigné (R. Mme de)	AY	38
Tribunal (R. du)	BY	40
Verdun (R. de)	BY	42

Beffroi	AY	
Église St-Léonard	AY	
Église St-Sulpice	AY	
Hôtel de la Bélinaye (Tribunal d'instance)	BY	J
Hôtel de ville	AY	H
Jardin public	AY	
Musée Emmanuel-de-la-Villéon	AY	M
Quartier du Marchix	AY	

Église St-Léonard

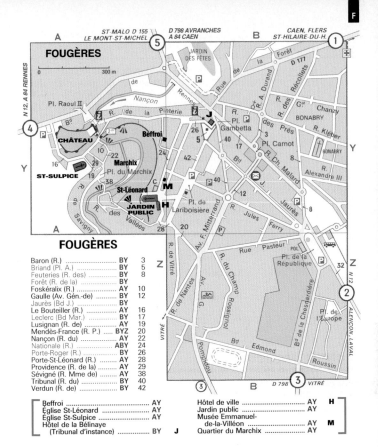

Construite aux 15e et 16e s. avec une façade richement ornée sur le bas-côté Nord, elle est dominée par une tour du 17e s.

> **À VOIR**
> Vitraux modernes de Lorin. Dans la chapelle de la Croix, à gauche en entrant, deux scènes de la vie de saint Benoît du 12e s., et, dans la chapelle des fonts baptismaux, incorporées dans un vitrail, deux parcelles arrondies de **vitraux★** du 16e s.

Musée Emmanuel-de-la-Villéon

De mi-juin à mi-sept. : 10h-12h30, 14h30-18h ; de mi-sept. à mi-juin : tlj sf lun. et mar. 10h-12h, 14h-17h. Fermé en janv., 1er mai, 25 déc. Gratuit. ☏ 02 99 99 19 98 ou 02 99 94 88 60.

Installé dans une maison du 16e s., il présente, outre une collection des 17e et 18e s., des œuvres d'Emmanuel de la Villéon (1858-1944), peintre impressionniste né à Fougères.

Beffroi

Il se dresse fièrement au-dessus des remparts. Cette tour octogonale (14e et 15e s.) est décorée de gargouilles et surmontée d'une flèche recouverte d'ardoise.

Place Aristide-Briand

L'**hôtel de la Bélinaye** (tribunal d'instance) est la maison natale de **Charles Armand Turpin de La Rouërie**.

alentours

Forêt domaniale de Fougères

3 km au Nord-Est. Quitter Fougères par ① du plan, route de Flers. Cette promenade en forêt permet de parcourir de belles futaies de hêtres. On pourra voir deux dolmens ruinés et un alignement mégalithique appelé Cordon des Druides, ce dernier près du carrefour de Chennedet. En poursuivant en direction de Landéan, à l'orée de la forêt, près du carrefour de la Recouvrance, se trouvent des celliers du 12e s., aujourd'hui fermés, ancienne cachette des seigneurs de Fougères.

Cap Fréhel★★★

Le site du cap est l'un des plus grandioses de la côte bretonne. Ses falaises rouge, gris, noir, dominant à pic la mer de 70 m, sont bordées de récifs sur lesquels la houle déferle avec violence. Un spectacle à ne manquer sous aucun prétexte.

La situation

Cartes Michelin n°s 59 pli 5 ou 230 pli 10 – Côtes-d'Armor (22). Entre Saint-Brieuc et Dinard, le cap pointe en plein cœur de la Côte d'Émeraude, un peu au Nord de St-Cast-le-Guildo.

Le nom

La commune de Fréhel a été créée en 1973 après fusion des villages de Pléhérel et de Plévenon. Ces deux « Plou » (village en celte, d'où « Plé ») furent fondés au 5e s. par des Bretons d'outre-Manche nommés respectivement Hérel (nous y voilà presque) et Venon.

Les gens

Une légende raconte que dans les temps anciens, on pouvait gagner les îles anglo-normandes à pied. Les scientifiques ont prouvé l'absurdité du récit ; néanmoins, dans la baie de la Frênaye, certains aperçoivent sous les eaux les plus basses une allée dallée !

carnet pratique

Où dormir

• ***À bon compte***

Hôtel du Fanal *–22240 Fréhel – 2,5 km au S du cap Fréhel par D 16 – ☎ 02 96 41 43 19 – fermé 26 sept. au 6 avr. – P – 9 ch. : 240/340F – ☕ 35F.* Sur la route qui mène au cap, cette maison à la façade lambrissée de bois est simple et bien tenue. Ses quelques chambres sont classiques, meublées de pin ou de bois rustique. L'accueil aimable ajoute aux avantages de cette petite étape paisible.

• ***Valeur sûre***

Voir aussi les adresses à Côte d'Émeraude.

Où se restaurer

• ***Valeur sûre***

Fauconnière *– À la pointe – 22240 Fréhel – ☎ 02 96 41 54 20 – fermé 1er oct.-19 mars et le soir hors sais. – 105/175F.* On y accède à pied : ce restaurant qui a été construit au bord des falaises dans un site sauvage exceptionnel ouvre une vue magnifique sur la mer et les côtes... Très touristique, il propose quelques menus à des prix raisonnables.

découvrir

Le panorama★★★

Accès au cap : juin-sept. : 10F par voiture ; oct.-mai : gratuit. Particulièrement beau en fin d'après-midi, il est immense par temps clair : il s'étend de la pointe du Grouin à droite, jusqu'à l'île de Bréhat à gauche ; les îles anglo-normandes sont parfois visibles ; à droite se dresse l'illustre silhouette du fort la Latte.

Le phare

De juil. à mi-sept. : visite guidée 14h30-18h. ☎ 02 96 41 40 03. De la galerie de la tour, on aperçoit l'île de Bréhat à l'Ouest, l'île de Jersey au Nord, Granville, une partie du Cotentin et l'île Chausey au Nord-Est.

Caractéristiques du phare

Construit en 1950 (145 marches), il comporte une lampe à arc au xénon. La portée de son feu varie de 200 m (brouillard très dense) à 120 km (beau temps). À 400 m du phare, une sirène émet par temps de brume un groupe de deux sons toutes les minutes.

Faire le tour du cap *(circuit de 1/2h).* Après avoir dépassé la pointe extrême, on domine les rochers de la Fauconnière, peuplés de goélands et de cormorans ; le contraste entre le rouge violacé de la roche et le bleu ou le vert de la mer est étonnant. Près du restaurant, on peut prendre sur la droite un sentier en forte pente ; il aboutit, à mi-hauteur, à une plate-forme d'où la vue est saisissante sur les rochers ruiniformes.

Des **vedettes** partant de **St-Malo** avec escale à Dinard permettent d'arriver devant le cap Fréhel par mer. C'est sous cet aspect qu'il est le plus impressionnant. *Promenade commentée (2h3/4). Émeraude Lines à St-Malo. ☎ 02 23 18 15 15.*

alentours

Site légendaire, réserve ornithologique, le cap domine une mer au bleu teinté d'émeraude.

Fort la Latte★★

De mi-avr. à fin sept. : 10h-12h30, 14h30-18h30 (juil.-août : 10h-19h) ; d'oct. à mi-avr. : vac. scol. et w.-end 14h30-18h. 20F. ☎ 02 99 30 38 84 ou 02 96 41 40 31.

Ce château, construit au 14e s. par les Goyon-Matignon, remanié au 17e s., restauré au début du 20e s., a conservé son aspect féodal et occupe un **site★★** très spectaculaire. Un portail marque l'entrée du parc de la Latte. Suivre l'allée qui mène à l'entrée du fort et passe devant un menhir dit « doigt de Gargantua ». Dominant la mer de plus de 60 m, le fort est séparé de la terre ferme par deux crevasses que l'on franchit sur des ponts-levis.

Féodal... comme au cinéma !

Dans le fort, on visite les deux enceintes, la cour intérieure autour de laquelle s'ordonnent le corps de garde, le logis du gouverneur, la citerne et la chapelle. Passé l'épais mur pare-boulets, on atteint la tour de l'Échauguette et le curieux four à rougir les boulets, et, par un poste de guetteur, on accède au donjon. Du chemin de ronde, on découvre un **panorama★★** étonnant sur toute la côte d'Émeraude : l'anse des Sévignés, le cap Fréhel, la baie de la Frênaye, la pointe de St-Cast, l'île Ebihens, St-Briac et St-Lunaire, la pointe du Décollé, St-Malo, Paramé et Rothéneuf, l'île de Cézembre et la pointe du Meinga. Il est également possible d'accéder au sommet de la tour.

La Grande Brière★★

Des canaux et des roseaux à perte de vue, tel apparaît le second marais de France après la Camargue. Également nommé Grande Brière Mottière, il occupe en effet 7 700 des 40 000 ha du Parc naturel régional de Brière, juste au Nord de l'estuaire de la Loire. Ce désert caché, enserré dans le Parc que se partagent dix-huit communes, est l'occasion de promenades en chaland.

Pendant que les uns découvrent de vastes horizons, d'autres pêchent l'anguille.

La situation

Cartes Michelin nos 63 plis 14, 15 ou 230 pli 52 – Loire-Atlantique (44). Au Nord de Saint-Nazaire et de l'estuaire de la Loire, la Grande Brière impose sa dentelle de marais entre la N 171 et la N 165.

Le nom

Il proviendrait du latin *brica*, la terre voire la boue. C'est vrai que nous sommes en terrain humide !

Les gens

Soit pêcheur, soit observateur patient de la faune et de la flore, en tout état de cause celui qui parcourt la Grande Brière reste très attentif à cette nature fragile.

carnet pratique

Promenade en chaland★★

Pour vous promener, reportez-vous à la carte du parc où sont précisés les embarcadères. En toute saison, la Brière garde son charme : fleurie au printemps, verte en été avec ses berges noires et ses racines de saules apparentes, rousse en automne avec ses vols de canards, argentée en hiver avec ses terres inondées.

Où dormir

• *À bon compte*

Chambre d'hôte Ty Gwen – *25 île d'Errand – 44550 St-Malo-de-Guersac – 3 km de St-Malo, après l'église tout droit – ☎ 02 40 91 15 04 – fermé oct. à mars – ≠ 4 ch. : 220/300F – repas 120F.* Romantique à souhait, cette jolie chaumière briéronne accueille ses hôtes dans un confort douillet. Poutres, cheminée et tissus créent un décor raffiné. Son charmant jardin et sa piscine ajoutent au plaisir d'un séjour... réservé aux seuls non-fumeurs !

Où se restaurer

• *Valeur sûre*

Auberge de Kerbourg – *à Kerbourg – 44410 St-Lyphard – 6 km au SO de St-Lyphard par D 51 (rte de Guérande) – ☎ 02 40 61 95 15 – fermé 15 déc. au 15 fév., dim. soir hors sais., lun. sf le soir en sais. et mar. midi – 200/350F.* L'authenticité de cette ancienne chaumière briéronne a été scrupuleusement conservée. Ses propriétaires accueillent leurs clients en amis dans les deux salles à manger, décorées avec beaucoup de soin, pour un repas qui sera forcément sympathique...

Auberge du Parc – *44720 St-Joachim – Île de Fedrun – ☎ 02 40 88 53 01 – fermé mars, dim. soir et lun. hors sais. – 150/380F.* Cette auberge pimpante avec ses volets bleus et son toit de chaume vous reçoit dans sa salle à manger aux douces teintes pour un repas raffiné ou dans une de ses cinq jolies chambres pour une nuit paisible... Une étape de charme !

Petite faim, petite soif

Auberge de Breca – *Rte de Breca (suivre la signalisation du restaurant). Juil.-août : tlj. 10h-18h. Sept.-juin : ven.-mer.* Au cœur du Parc naturel de la Brière, ce restaurant-glacier, aménagé dans un ancien relais de chasse, est le lieu idéal pour se désaltérer à l'issue d'une longue balade en barque.

comprendre

Brière d'autrefois – La Grande Brière occupe une ancienne cuvette vallonnée et boisée qui s'étendait au pied du Sillon de Bretagne. Ses populations néolithiques en furent chassées par une invasion momentanée de la mer. Le marais s'est formé derrière une digue constituée par les alluvions de la Loire. Dans les plantes aquatiques, transformées en **tourbe**, se trouvent des arbres fossiles, les **mortas**, vieux de 5 000 ans, durs et imputrescibles.

Brière du 15e au 20e s. – Par le travail de l'homme, cette lagune se compartimente, s'assèche, se draine. En 1461, le duc de Bretagne François II reconnaît aux Briérons un droit de propriété indivis, confirmé par les édits royaux de François Ier à Louis XVI. Le Briéron exploite la tourbe, le « **noir** » (terreau servant d'engrais), cueille les roseaux et les joncs dont il recouvre les chaumières, la bourdaine qu'il tresse en paniers, cultive son jardin. Il récolte aussi les sangsues, harponne les **pimpeneaux**, anguilles au ventre argenté, pose dans les **piardes** (plans d'eau) des **bosselles**, nasses en osier pour capturer brochets, tanches et gardons, chasse à l'affût avec ses chiens dans son **chaland**, caché derrière une **bosse** plantée de saules. Il pousse de sa longue perche son **blin**, grande barque plate chargée de vaches ou de moutons qui vont paître sur la **plattière**. Mais son gain reste incertain et les femmes n'hésitent pas à travailler « aux fleurs ». Au 19e s. et au début du 20e s., deux ateliers de **St-Joachim** employant près de 140 ouvrières confectionnent des fleurs d'oranger en cire.

Au 20e s., le Briéron quoique attaché à sa terre se tourne vers les industries métallurgiques de Trignac, les chantiers navals et aéronautiques de St-Nazaire. Des routes relient les anciennes îles, des écluses sont construites, le marécage devient pâturage. Mais la Grande Brière a gardé son attrait et le Briéron revenu chez lui pêche et chasse pour son plaisir. Il n'hésite pas à conduire le visiteur sur son chaland à travers les canaux et les piardes miroitantes où poussent les iris jaunes *(mi-mai à mi-juin)* et les nénuphars blancs *(mi-juin à fin juillet)*.

Le Parc naturel régional de Brière

Créé en 1970, il propose des animations parmi lesquelles des fêtes traditionnelles, des randonnées guidées à pied, à bicyclette ou en canoë-kayak. C'est, de plus, un site de tout premier ordre pour l'étude et l'observation de l'avifaune.

Maison du Parc – *177 rte de Fédrun, 44720 Saint-Joachim ☎ 02 40 91 68 68.*

circuit

TOUT AUTOUR DU PARC

83 km au départ de St-Nazaire – Compter une demi-journée.

Quitter St-Nazaire par la N 171, route de Nantes, et sortir à Montoir pour prendre la D 50.

St-Malo-de-Guersac

Île la plus vaste de la Brière, elle offre du haut de ses 13 m une **vue** allant de Guérande à l'Ouest au Sillon de Bretagne à l'Est.

Rozé

Maison de l'Éclusier – *Avr. et juin-sept. : visite guidée (1h) 10h30-13h, 14h30-18h30 ; fév. et vac. scol. Toussaint : 14h30-18h30 ; 8 et 9 mai, Ascension, Pentecôte, oct.-déc. : dim. et j. fériés 14h30-18h30. Fermé en janv. et 25 déc. 18F, 22F billet combiné avec le parc animalier.*

Placée sur le canal de Rosé, elle présente la faune et la flore du marais, la formation du marais et son évolution. Sur le bord du canal, on peut voir une reconstitution de la *Théotiste*, chaloupe qui servait au transport de la tourbe.

Parc animalier – *Location de jumelles possible. Se garer après avoir franchi le pont sur le canal, continuer tout droit puis emprunter le chemin à droite pendant 800 m pour atteindre le pavillon d'accueil. Juil.-août : 9h-19h ; juin et de sept. à fin vac. scol. Toussaint : 9h-18h. 18F.* ☎ *02 40 66 85 01.*

ROZÉ AUTREFOIS

De ce petit port, berceau de la construction navale, partaient les chalands, chargés de tourbe, vers Nantes, Belle-Île, La Rochelle ou Vannes.

UN PEU DE PATIENCE !

Ce parc d'une superficie de 26 ha est sillonné par un sentier émaillé de postes d'observation où seuls la patience et le silence peuvent être récompensés.
Des panneaux permettent d'identifier la faune et la flore rencontrées.

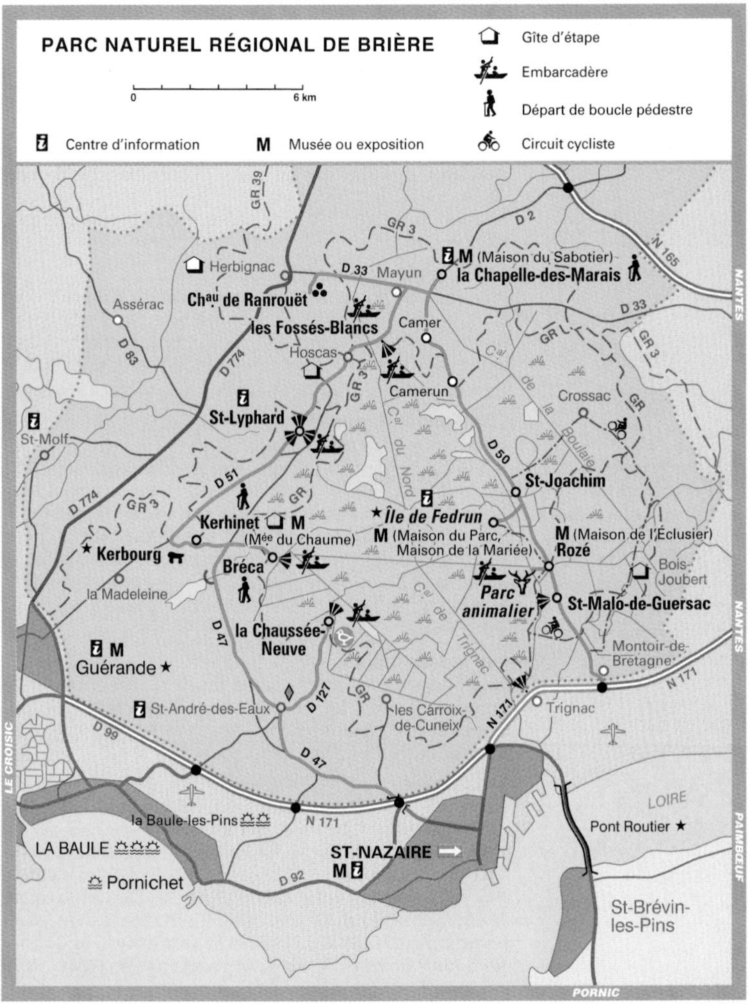
PARC NATUREL RÉGIONAL DE BRIÈRE
0
6 km
Gîte d'étape
Embarcadère
Départ de boucle pédestre
Circuit cycliste
Centre d'information
M Musée ou exposition
Herbignac
D 33 Mayun
M (Maison du Sabotier)
la Chapelle-des-Marais
Assérac
Chau de Ranrouët
les Fossés-Blancs
Camer
Hoscas
Camerun
Crossac
St-Lyphard
St-Molf
St-Joachim
Kerhinet M
(Mée du Chaume)
Île de Fedrun
M (Maison du Parc, Maison de la Mariée)
M (Maison de l'Éclusier)
Rozé
Kerbourg
Bréca
la Madeleine
Parc animalier
St-Malo-de-Guersac
Bois-Joubert
la Chaussée-Neuve
M
Guérande
Montoir-de-Bretagne
St-André-des-Eaux
les Carroix-de-Cuneix
Trignac
la Baule-les-Pins
LA BAULE
Pornichet
ST-NAZAIRE
M
LOIRE
Pont Routier
St-Brévin-les-Pins
NANTES
NANTES
PAIMBŒUF
PORNIC
LE CROISIC
N 165
N 171
D 2
D 33
D 83
D 774
D 51
D 50
D 47
D 127
D 99
D 92
GR 3
GR 39

Cette vue d'avion de l'île de Fédrun permet de se faire une bonne idée de la réalité du paysage briéron.

Dans une bâtisse de bois et de roseaux, exposition sur les activités du marais.

Avant St-Joachim, prendre à gauche.

Île de Fédrun★

Reliée à la route de St-Joachim par deux ponts, c'est la plus attachante de ces îles entourées de prairies marécageuses. Traversée par une voie médiane, elle est cernée par une rue dessinant ses contours : au n° 130, la **maison de la Mariée** présente, dans un intérieur briéron, une étonnante collection de parures de mariage aux fleurs d'oranger en cire et permet d'en découvrir la fabrication ; au n° 308, la **chaumière briéronne** offre un intérieur typique. *Juin-sept. et vac. scol. Pâques : visite guidée (1h) 10h30-13h, 14h30-18h30 ; ponts de mai et oct.-déc. : dim. et j. fériés 14h30-18h30. Fermé en janv. et 25 déc. 14F. ☎ 02 40 66 85 01.*

> La *chaumière briéronne* expose des costumes de Guérande et de St-Joachim ainsi que des outils agricoles (montage audiovisuel sur le marais, la récolte de la tourbe, le mariage briéron).

St-Joachim

Ancien berceau de la fleur d'oranger en cire, le bourg s'allonge sur les îles de **Brécun** (8 m d'altitude) et de **Pendille**, dominé par la haute flèche blanche de son **église** du 19e s. *Tlj sf w.-end.*

La route traverse les îles de **Camerun** et de **Camer**, peu habitées.

La Chapelle-des-Marais

À l'entrée du bourg, à droite, la **maison du Sabotier** était la demeure du dernier artisan briéron. Dans l'**église** se trouve une statue de saint Corneille, protecteur des bêtes à cornes (chapelle à droite du chœur, au-dessus de l'autel).

Prendre la route d'Herbignac et, à 4 km, tourner à gauche.

Château de Ranrouët

Garer sur le terre-plein herbeux. D'avr. à fin sept. : tlj sf lun. 14h30-18h30, dim. et j. fériés 14h-19h (juil.-août : 10h-19h). Fermé 1er mai. 15F. ☎ 02 40 88 96 17. Cette forteresse des 12e et 13e s., démantelée en 1618 par Louis XIII puis brûlée sous la Révolution, offre des ruines imposantes avec six tours rondes entourées de larges douves sèches.

> **À REMARQUER**
> Les aménagements du 16e s. destinés à contrer les progrès de l'artillerie (barbacane, enceinte bastionnée).

Faire demi-tour et prendre à droite vers Pontchâteau. À Mayun, où les vanniers tressent encore la bourdaine, tourner à droite.

Les Fossés-Blancs

De l'embarcadère sur le canal du Nord, on a une belle vue de la Brière. La visite du marais permet de découvrir la flore et la faune entre canaux et piardes (ces étendues de terre envahies d'eau toute l'année).

St-Lyphard

Un belvédère a été aménagé dans le clocher de l'**église** (135 marches). Un vaste **panorama**★★ s'étend sur la Brière et de l'estuaire de la Loire à l'embouchure de la Vilaine en passant par Guérande et ses marais salants. *Juil.-août : visite guidée (1/2h) 10h-12h, 13h30-18h, sam. 10h-12h, 13h30-17h30, dim. 10h30-12h, 13h30-17h ; fév.-juin et sept. : 10h30-12h, 13h30-17h ; oct.-janv. : mer., ven., sam. 11h-12h, 14h-17h. Fermé 1er mai et vac. scol. Noël. 10F. ☎ 02 40 91 41 34.*

Prendre la route de Guérande et, à 7 km de St-Lyphard, tourner à gauche.

Dolmen de Kerbourg★

Près d'un moulin, cette tombe à couloir (du néolithique moyen) est un ancien cairn dont il ne reste plus que le couloir et la chambre funéraire.

Continuer en direction du Brunet.

Kerhinet

L'une des chaumières du village présente un modeste intérieur briéron (sol en terre battue, meubles, ustensiles de cuisine) et ses dépendances ainsi que le **musée du Chaume**. *Avr. et juin-sept. : visite guidée (1h) 10h30-13h, 14h30-18h30 ; fév., vac. scol. Toussaint : 14h30-18h30 ; 8-9 mai, Ascension, Pentecôte, oct.-déc. : dim. et j. fériés 14h30-18h30. Fermé en janv. et 25 déc. 12F. ☎ 02 40 66 85 01.*

Gagner le Brunet, la route se prolonge jusqu'à **Bréca** : belle vue sur la Brière et le canal de Bréca.

Revenir au Brunet et, par St-André-des-Eaux, gagner la Chaussée-Neuve.

Un ensemble de chaumières restaurées compose le hameau de Kerhinet que l'on visite à pied.

La Chaussée-Neuve

De cet ancien port, d'où les blins partaient chargés de tourbe, **vue★** étendue sur la Brière.

Revenir à St-André-des-Eaux et tourner à gauche pour rentrer à St-Nazaire.

alentours

Pontchâteau

12 km au Nord-Est de St-Joachim par la D 16. Perchée sur une colline, dans une région peuplée d'anciens moulins à vent, l'église de Pontchâteau domine la petite ville aux maisons étagées sur les rives du Brivet.

Calvaire de la Madeleine

4 km à l'Ouest. Quitter Pontchâteau par la D 33 en direction d'Herbignac. Garer sur le parking à gauche de la route, face à la chapelle du pèlerinage.

Partir du temple de Jérusalem, construction mi-forteresse, mi-palais oriental ; une belle allée traverse le parc vers le prétoire de Pilate ou Scala Sancta dont les cinq hauts-reliefs représentent les premières scènes de la Passion. Après la 1e station, le chemin de croix se continue, à gauche, par de grandes statues peintes en blanc sorties de l'imagerie populaire. Du calvaire, vue étendue sur la Brière, St-Nazaire et Donges.

Fuseau de la Madeleine – *À 800 m du calvaire. Prendre la route à gauche de la statue du Sacré-Cœur, traverser le parc, puis tourner à gauche au premier carrefour.* Ce menhir de 7 m de haut et de 5 m de circonférence se dresse au milieu d'un pré.

Saint Louis-Marie Grignion de Montfort

C'est ce prédicateur célèbre (1673-1716), qui fit élever le calvaire en 1709 dans la lande de la Madeleine, sur un Golgotha artificiel ; démoli sur l'ordre de Louis XIV, il fut reconstruit en 1821.

Côte de Granit rose★★

Il y a quelque chose de magique tout au long de cette côte. La couleur bien sûr, mais surtout la forme érodée, surprenante, multiple, des rochers de granit qui émergent le long des grèves, des criques et des îlots qui composent ce rivage inoubliable.

La situation

Cartes Michelin nos 59 pli 1 ou 230 plis 6, 7 – Côtes-d'Armor (22). La Côte de Granit rose définit la route reliant Perros-Guirec à Trébeurden (en fait elle porte ce nom depuis la pointe de l'Arcouest).

Le nom

Est-il besoin de l'expliquer...

Roses ou beige orangé, les rochers de Ploumanac'h surprennent toujours ceux et celles qui les découvrent.

Les gens

En 1887, **Joseph Le Bihan** (dont le nom trahit les origines) quitte Paris, où il était maître d'hôtel, pour s'installer à Trestraou (une plage de Perros-Guirec conserve l'appellation du lieu-dit). Après quelques installations, il y reçoit toutes les personnalités de l'époque : hommes politiques, artistes, écrivains... À l'exemple de la Côte d'Émeraude, la Côte de Granit rose prend ainsi son envol.

UN GRANIT HAUT EN COULEUR

Les formes curieuses des énormes rochers de granit rose qui font l'attrait de cette corniche sont dues à l'érosion. Le granit est composé de quartz, de mica et de feldspath. Ce dernier se transforme en kaolin qui est lessivé par l'eau et le résidu des grains de quartz donne le sable que les pluies ou les vagues emportent. Peu à peu, la pierre se façonne et présente des aspects surprenants, dont des empilements à l'équilibre hardi, des pierres branlantes. L'érosion a été ici très vigoureuse parce qu'il s'agit de roches à gros grain. Les imaginations locales ont doté de noms les plus typiques ces rochers : chapeau de Napoléon, sorcière, tête de mort, éléphant, baleine, bélier, tortue, cheval, fauteuil, parapluie, sentinelle, tire-bouchon, etc.

itinéraire

DE PERROS-GUIREC À TRÉBEURDEN

27 km – Environ 6h. Quitter Perros-Guirec vers l'Ouest.

Chapelle N.-D.-de-la-Clarté★ et Ploumanac'h★★ *(voir Perros-Guirec)*

Trégastel-Plage⛱⛱ *(voir ce nom)*

La route passe en bordure de la mer. Le regard se porte sur une côte étrange, parsemée de nombreux îlots et récifs. *Tourner à gauche en direction de Pleumeur-Bodou. Au hameau de Penvern, après le café du Menhir, prendre à gauche.*

Gigantesque, le menhir de St-Uzec porte des motifs chrétiens ajoutés au 17e s.

Menhir de St-Uzec★

Il est surmonté d'une croix ; des instruments de la Passion entourent l'effigie d'une femme en prière.

Par la chaussée en contrebas du menhir, gagner la route de Pleumeur-Bodou, tourner à gauche et, 400 m plus loin, prendre encore à gauche.

Pleumeur-Bodou

Ce petit village a donné son nom au « radôme » auprès duquel s'est ouvert le Parc scientifique du Trégor.

Radôme et musée des Télécommunications★ – ♿ *Juil.-août : 10h-19h ; mai-juin : 10h-18h ; sept. : 10h-18h, sam. 14h-18h ; avr. : tlj sf sam. 10h-18h ; nov. et janv. : tlj sf w.-end 13h30-17h30 ; fév. et déc. : tlj sf sam. 13h30-17h30 ; mars et oct. : tlj sf sam. 13h30-17h30, dim. 14h-17h. Fermé 1er janv., 11 nov., 5 et 12 déc. 45F, 65F (radôme et planétarium). ☎ 02 96 46 63 80.*

Inauguré en 1962, le Centre des télécommunications de Pleumeur-Bodou est le lieu historique de la première liaison transatlantique par le satellite **Telstar** entre la France et les États-Unis, le 11 juillet 1962. Outre le radôme et le musée, le site est occupé par une quinzaine d'antennes géantes qui communiquent avec les cinq continents.

Installé dans un bâtiment en forme d'aile Delta gigantesque, le **musée** retrace un siècle et demi d'inventions, de progrès et de technologies. Sept espaces thématiques présentent cette évolution de plus en plus rapide (navire câblier *Agamemnon*, fusée *Ariane*, écran de l'A.F.P. informant des derniers événements mondiaux, images de Météosat).

Planétarium du Trégor★ – ♿ *Juil.-août : séances d'astronomie (1h) à 11h, 12h, 14h, 15h, 16h, 17h, 18h ; sept.-juin : sur demande (au moins une séance par j. vers 16h). 40F (enf. : 30F). ☎ 02 96 15 80 30.*

Sous une coupole de 20 m de diamètre, un simulateur émet l'image d'un ciel étoilé. Le spectateur est ensuite transporté en divers points de l'espace et du temps (différents thèmes sont abordés suivant les séances).

Île Grande

La côte Nord y est violemment exposée à la houle du large, tandis que l'intérieur offre un paysage de landes bordées de nombreuses grèves à l'Est et au Sud.

Centre de soins pour oiseaux marins, la **station ornithologique** présente une exposition sur les espèces d'oiseaux de l'archipel des Sept-Îles. À l'étage, la vie en direct des fous de Bassan est retransmise par un système vidéo à faisceau hertzien. *Juin-sept. : 10h-12h, 14h-18h, w.-end 14h30-18h ; vac. scol. : 10h-12h, 14h-18h, w.-end 14h-18h ; oct.-mai : w.-end 14h-18h. Gratuit. ☎ 02 96 91 91 40.*

Revenir à la route de corniche qui, à gauche, mène à Trébeurden.

PIERRE DE BEL EFFET

Le granit bleuté de Île Grande a alimenté des chantiers aussi divers que le viaduc de Morlaix, le boulevard Haussmann à Paris, des bâtiments de Londres ou d'Anvers.

Trébeurden

Cette station balnéaire du Trégor a récemment défrayé la chronique avec son nouveau et imposant port de plaisance.

Sous le radôme, un spectacle son et lumière★ retrace l'histoire de l'énorme antenne-cornet de 340 t.

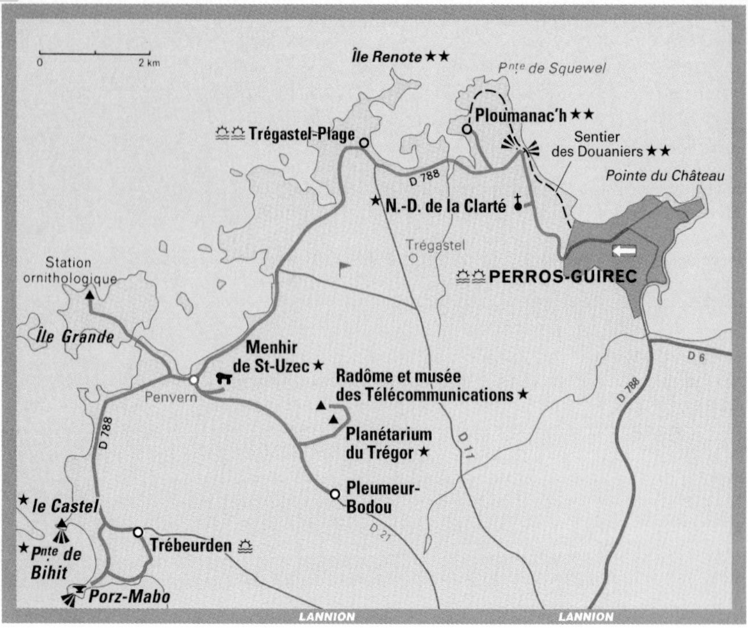

0
2 km
Île Renote ★★
Pnte de Squewel
Ploumanac'h ★★
Trégastel-Plage
Sentier des Douaniers ★★
Pointe du Château
D 788
★N.-D. de la Clarté
Trégastel
PERROS-GUIREC
Station ornithologique
Île Grande
Menhir de St-Uzec ★
D 6
Radôme et musée des Télécommunications ★
Penvern
D 788
Planétarium du Trégor ★
D 11
Pleumeur-Bodou
★ le Castel
D 21
★ Pnte de Bihit
Trébeurden
Porz-Mabo
LANNION
LANNION

Les plages
Trébeurden dispose de plusieurs plages bien exposées au Sud. Les deux principales sont séparées par la presqu'île rocheuse du Castel : la plage de Pors-Termen à droite de celle de Trozoul qui constitue le port, la plage de Tresmeur, beaucoup plus vaste et très fréquentée.

Le Castel★ – *1/2h à pied. Emprunter l'un des sentiers qui part du parking aménagé sur l'isthme séparant les plages de Trozoul et de Tresmeur.* De cet amas rocheux, **vue★** étendue sur la côte et les îles Milliau *(accès à pied selon les marées ou en bateau),* Molène, Grande et Losquet.

Pointe de Bihit★

La route de Porz-Mabo domine la plage de Tresmeur et procure des vues sur les îles. Prendre le chemin sur la droite. De la table d'orientation, une **vue★** panoramique permet de découvrir la côte, de l'île de Batz et Roscoff à Île Grande en passant par le phare des Triagoz en mer.

La route, qui a effectué un quart de cercle, descend vers **Porz-Mabo**, à la vaste plage de sable fin.

Île de Groix★

À trois-quarts d'heure de Lorient, Groix, bien que de dimensions plus modestes, présente le même aspect géologique que Belle-Île. À Groix, les rochers géants masquent des vallons, la côte sauvage tout en ajoncs et en bruyères est découpée de falaises et de criques sablonneuses. Pour les amoureux de la nature.

Bienvenue sur l'Île de Groix

C'est évidemment l'une des premières choses à faire lorsque l'on débarque, mais nous vous en avons prévu une au cas où vous vous perdriez.

La situation

Cartes Michelin nos 58 pli 12 ou 230 pli 34 – Morbihan (56).
Au large de Lorient, l'île de Groix a une longueur de 8 km, une largeur de 2 à 3 km, et une superficie de 1 476 ha.

Le nom

Un adage dit « Qui voit Groix voit sa croix », mais ce n'est guère étymologique !

Les gens

2 472 Groisillons. Pays natal de Jean-Pierre Calloc'h, poète de langue celtique connu sous le nom de **Bleimor**, et tué à la guerre en 1917.

carnet pratique

Accès à l'île

Dép. quotidien de Lorient (3/4h, 4 à 8 rotations par j. selon la période). 105F AR basse sais., 110F AR haute sais. Société morbihannaise et nantaise de navigation (Lorient). ☎ 02 97 64 77 64.

Où dormir

• ***À bon compte***

Hôtel de la Marine – *au Bourg – ☎ 02 97 86 80 05 – fermé 3 janv. au 3 fév., dim. soir et lun. hors sais. sf vac. scol. – 22 ch. : 248/450F – ☕ 46F – restaurant 80/140F.* Quel délice ! Ce petit hôtel a bien des atouts avec sa jolie terrasse ensoleillée, son charmant jardin et ses chambres toutes simples et bien tenues. Quand, en plus, vous saurez que sa cuisine soignée attire les gourmands de la région, vous y courrez à coup sûr !

• ***Valeur sûre***

Hôtel Ty Mad – *au port – ☎ 02 97 86 80 19 – fermé janv. – P – 32 ch. : 300/400F – ☕ 40F – restaurant 80/180F.* Sur le port, cet hôtel propose des chambres récentes dans son aile moderne. Elles n'ouvrent certes pas leurs fenêtres sur le quai, mais elles sont plus spacieuses et plus claires que celles du bâtiment ancien. Piscine chauffée.

Où boire un verre

Ty Beudeff – *R. du Général-de-Gaulle, ☎ 02 97 86 80 73. Ouv. tlj 18h-2h.* Café INGROYABLE et de réputation mondiale, qui est « plutôt un bateau qu'un bar d'ailleurs, tant tout y est bancal » explique son légendaire patron, Alain. Il n'y a en effet que des bancs, occupés par des marins et de belles sirènes qui chantent à l'unisson des chansons de matelots dans une ambiance festive et un brin licencieuse, même si le patron se défend de posséder autre chose que la licence IV.

itinéraire

Port-Tudy

L'ancien port thonier (de 1870 à 1940, Groix était le premier port français d'armement au thon) n'accueille plus guère de chalutiers. Il reçoit en revanche de nombreux bateaux de plaisance, les navettes entre l'île et Lorient ainsi que des bateaux-taxis.
Installé dans une ancienne conserverie, l'**écomusée de l'île de Groix** présente une intéressante exposition sur la géographie, l'histoire et l'ethnographie de l'île. *Juin-sept. : 9h30-12h30, 15h-19h ; oct.-mai : tlj sf lun. 10h-12h30, 14h-17h (de mi-avr. à fin mai : tlj). Fermé 1er janv., 24 déc. ap.-midi, 25 déc. 24F. ☎ 02 97 86 84 60.*

Pour « voileux »
Le *Kenavo,* dernier cotre à voile de pêche côtière construit à Groix, peut être loué pour faire le tour de l'île : s'adresser à l'Office du tourisme de Port-Tudy.

St-Tudy (le Bourg)

Bourg principal de l'île, il groupe ses maisons basses aux toits d'ardoise autour de l'église dont le clocher est surmonté d'un thon en place de girouette.
À **Port-Mélite,** la vue se développe de la barre d'Étel à la pointe du Talud. ►

Deux belles plages
L'une, au fond de la crique rocheuse de Port-Mélite. L'autre, la plus vaste de l'île, est la plage des Grands Sables, unique par sa forme d'éperon qui s'avance dans la mer.

Locmaria

Village aux rues tortueuses, face au grand large.

Pointe des Chats

Partie la plus basse de l'île avec ses rochers qui tombent en pente douce vers la mer. Belle vue sur la côte Sud. Dans la réserve minéralogique, on peut observer des grenats, des aiguilles de glaucophane bleue, de l'épidote vert, mais le prélèvement est rigoureusement interdit.

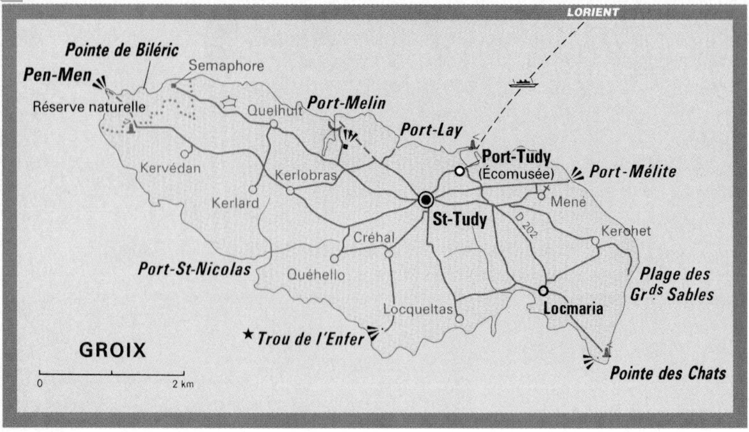
LORIENT
Pointe de Biléric
Pen-Men
Semaphore
Réserve naturelle
Quelhuit
Port-Melin
Port-Lay
Port-Tudy
(Écomusée)
Port-Mélite
Kervédan
Kerlobras
Kerlard
St-Tudy
Mené
D 202
Kerohet
Créhal
Port-St-Nicolas
Quéhello
Plage des Grds Sables
Locqueltas
Locmaria
Trou de l'Enfer
GROIX
0
2 km
Pointe des Chats

Trou de l'Enfer★
Profonde échancrure taillée dans la falaise, où la mer s'engouffre avec violence. Site sauvage, aride, avec belle **vue** sur la pointe St-Nicolas et la côte rocheuse.

Port-St-Nicolas
Vaste ria aux eaux claires dans un beau site de falaises.

Pen-Men
Pointe extrême Ouest de l'île, à droite du phare de même nom. Cette avancée rocheuse, peuplée de milliers d'oiseaux, offre de belles vues sur la côte morbihannaise, de la pointe du Talud à Port-Manech. La zone, protégée, constitue la **réserve naturelle** François Le Bail.

POINTE DE BILÉRIC
Proche du sémaphore de Beg-Melen *(accès interdit)*, une réserve naturelle pour mouettes tridactyles occupe les lieux.

Port-Melin
On accède à pied et par une descente rapide à cette petite crique. Statue élevée à la mémoire de Jean-Pierre Calloc'h.

Port-Lay
Dans un très beau **site★**, ce havre sûr accueillait les premiers thoniers de l'île.

Presqu'île de Guérande★

Le pays guérandais a joué un rôle capital dans l'histoire de la région, mais la presqu'île doit aujourd'hui sa notoriété à son sel produit dans ses marais où stationnent une multitude d'oiseaux migrateurs. À deux pas de l'agitation estivale de La Baule, Guérande offre la calme image d'une petite ville médiévale fortifiée.

Le paludier et son geste séculaire, hermétique à toute mécanisation d'une récolte vieille comme le monde.

La situation
Cartes Michelin nos 63 plis 13, 14 ou 230 plis 51, 52 – Loire-Atlantique (44). Agréablement placée sur un sillon qui domine son marais, Guérande n'est distante que de 6 km de La Baule. *1 place du Marché-au-Bois – 44350 – ☎ 02 40 24 96 71.*

Le nom
Les mots bretons *gwen* et *ran* donnent « blanc » et « pays, parcelle ». Toutefois, contrairement à ce que l'on pourrait penser, le « blanc » de cette étymologie ne ferait pas référence au sel, mais plutôt à l'aspect sacré du site.

Les gens
Le métier par excellence de la presqu'île est certainement celui du paludier (qui travaille aux marais salants), terme préféré ici à celui de *saunier* employé ailleurs.

comprendre

L'ancien golfe – Les apports des courants ont relié l'île de Batz au continent par la langue de sable qui porte La Baule et Le Pouliguen. À l'Ouest, la flèche sableuse de Pen Bron n'a pu rejoindre tout à fait l'île : face au Croisic un passage permet à la mer de pénétrer, à marée haute, dans le Grand et le Petit Trait, débris de l'ancien golfe et réservoirs naturels pour l'alimentation en eau de mer des marais salants. Cette vaste étendue est propre à l'élevage des huîtres et des moules, et l'on peut y pêcher des palourdes et des bigorneaux.

À l'époque romaine
Entre l'île rocheuse de Batz et le coteau de Guérande se serait étendu alors un vaste golfe marin. Pour certains auteurs, c'est là qu'aurait eu lieu la bataille navale où fut détruite la flotte vénète.

Les marais salants – Ils s'étendent sur 2 000 ha répartis en deux bassins, et forment un immense quadrillage délimité par des fossés. La mer irrigue le marais par un canal ou étier au rythme quotidien des marées. Tous les 15 jours, en période de saunaison, le paludier, grâce à une trappe, admet l'eau dans un réservoir de décantation (vasière). De là, sous l'effet d'une légère dénivellation, l'eau est mise à circuler dans la saline en traversant une suite de bassins aménagés dans l'argile (cobiers, fares, adernes). Sous l'action du soleil et du vent, l'eau s'échauffe, s'évapore et devient saumure (augmentation de sa teneur en sel). Dans les œillets, bassins de 70 m^2, où elle parvient finalement, le sel se cristallise.

De juin à septembre, le paludier récolte deux sortes de sel : la fleur de sel, sel de surface (3 à 5 kg par jour et par œillet), et le gros sel ou sel gris, déposé au fond, remonté sur la ladure (40 à 70 kg par jour et par œillet). La récolte est ensuite roulée jusqu'au trénet, petite plateforme aménagée sur le talus, pour former le mulon, tas important sur le bord de la saline, avant d'être stockée dans le magasin à sel en septembre. En dehors de la période de saunaison, les paludiers entretiennent les marais.

La Maison du Sel
À Pradel (sur la D 92),
☏ 02 40 62 08 80. Les visites qu'elle organise sont guidées soit par des paludiers, soit par des animateurs de la Ligue pour la Protection des Oiseaux (LPO).

Une lutte difficile – Ces salines furent très prospères jusqu'à la Révolution : le sel pouvait en effet circuler dans toute la Bretagne sans être soumis à la gabelle ; les marchands pouvaient l'échanger dans les provinces voisines contre des céréales. La contrebande des « faux sauniers » s'exerçait souvent malgré la menace des galères. Aujourd'hui, on exploite environ 7 000 œillets qui produisent en moyenne 10 000 t de gros sel par an. Le sel guérandais est d'une très haute qualité nutritive du fait de sa richesse en divers oligoéléments.

Les marais salants et leur spectaculaire mosaïque d'étiers, de vasières, cobiers, adernes, salines et œillets.

GUÉRANDE

Bizienne (Fg)	2
Bouton d'Or (R. du)	3
Brière (Av. de la)	4
Capucins (R. des)	5
Marché-au-Bois (Pl.)	8
Peupliers (R. des)	12
Pourieux (Bd Émile)	13
Psalette (Pl. de la)	14
St-Armel (Fg)	16
St-Aubin (Pl.)	17
St-Michel (Fg)	19
St-Michel (R.)	
Ste-Anne (Fg)	21
Saulniers (R. des)	24
Sœurs-Grises (R. des)	25
Tricot (R. du)	27
Vannetaise (R.)	29
Vieux-Marché (Pl. du)	31

Collégiale St-Aubin	
Musée de la Poupée	M¹
Porte St-Michel (Château-Musée)	M²

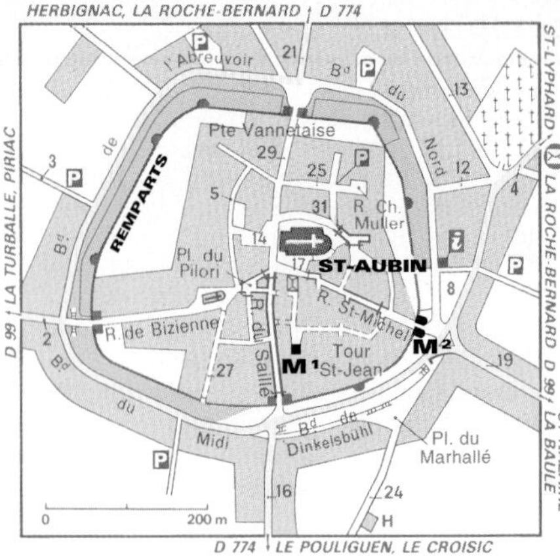
HERBIGNAC, LA ROCHE-BERNARD D 774
ST-LYPHARD
LA ROCHE-BERNARD D 99
ST NAZAIRE LA BAULE
D 774 LE POULIGUEN, LE CROISIC
D 99 LA TURBALLE, PIRIAC
L'Abreuvoir
Pte Vannetaise
REMPARTS
Pl. du Pilori
R. Ch. Muller
ST-AUBIN
R. St-Michel
R. de Bizienne
R. du Saillé
Tour St-Jean
M¹
M²
Midi
Bd de Dinkelsbühl
Pl. du Marhallé
200 m

Falaises et dunes – Les falaises et les rochers de la Côte Sauvage, entre la pointe de Penchâteau et Le Croisic, offrent un contraste saisissant avec les marais et l'immense plage de La Baule. En 1527, un vent violent répandit sur le village d'**Escoublac** le sable accumulé à l'estuaire de la Loire. Après cette tempête de plusieurs jours, l'apport des sables continua et au 18e s., les derniers habitants quittèrent les lieux définitivement. Le village dut être reconstruit plusieurs kilomètres en arrière. Les pins qui furent plantés pour fixer les dunes ont formé le bois d'Amour de La Baule. Au milieu du 19e s., le littoral devenu accueillant prenait le nom de « **Côte d'Amour** ».

découvrir

MARCHÉ DE GUÉRANDE
Il se tient le mercredi et le samedi matin, dans les halles et sur la place St-Aubin.

GUÉRANDE★

Cette localité qui domine la région des marais salants est entièrement ceinturée de remparts baignés en partie par des douves. D'importants travaux de restauration des murailles offrent aux visiteurs une vision nouvelle de la ville, des marais salants et de l'océan. Le charme de cette petite cité médiévale incite à la flânerie à travers ses vieilles rues.

Porte St-Michel ou « Château-Musée »

Avr.-sept. : 10h-12h30, 14h30-19h ; oct. : 10h-12h, 14h-18h ; nov.-mars : sur demande. 20F. ☎ 02 40 42 96 52.

Cette ancienne et imposante demeure des gouverneurs (15e s.) abrite un musée régional dont les étages sont reliés par un escalier à vis. Remarquer le mobilier (ciré pour le briéron, peint au sang de bœuf pour le paludier), la faïence du Croisic, une partie du jubé de la collégiale, ainsi qu'une importante collection d'anciens costumes de bourgeois, de paludiers et de métayers. Le plan en relief d'un marais salant en fait comprendre l'installation et l'exploitation.

Il est agréable de faire le tour des remparts de la cité médiévale. L'endroit est paisible, même en été...

Promenade autour des remparts

Construits aux 14e et 15e s., les remparts, qui ne comportent aucune brèche, sont flanqués de six tours et s'ouvrent par quatre portes fortifiées. Au 18e s., le duc d'Aiguillon, gouverneur de Bretagne, fit combler les fossés, dont les sections Nord et Ouest sont encore en eau, et aménager la promenade circulaire que l'on peut suivre en auto ou à pied. L'on pourra se balader sur le **chemin de ronde** depuis la porte St-Michel jusqu'au-delà de la tour St-Jean.

Collégiale St-Aubin*

Élevée du 12e au 16e s., elle présente une belle façade Ouest de granit agrémentée de fins clochetons et pinacles à crochets. L'**intérieur** est imposant. Les colonnes romanes de la nef supportant des arcs gothiques ont des **chapiteaux** à sujets grotesques ou à décor floral. Le chœur profond, du 15e s., à collatéraux s'ouvrant sur quatre chapelles du 16e s., est éclairé par une superbe **verrière** du 18e s. représentant l'Assomption et le Couronnement de la Vierge. Sur la gauche, un petit vitrail du 14e s. en fer de lance illustre des scènes de la vie de saint Pierre. Sur la droite, la chapelle curieusement dénommée **crypte** recèle un sarcophage du 6e s. découvert sous le chœur, un gisant du 16e s. et une pierre tombale du même siècle.

Une rareté, la chaire extérieure de St-Aubin, encastrée dans un contrefort de la façade Ouest (15e s.).

Musée de la Poupée

23 r. de Saillé. Il regroupe des centaines de poupées de porcelaine ou de bois. ♿ *De mai à mi-nov. et vac. scol. : 10h30-13h, 14h30-19h ; de mi-nov. à fin avr. : tlj sf lun. 14h-18h, dim. et j. fériés 10h30-13h, 14h30-18h30. Fermé de mi-janv. à mi-fév. et 1er mai. 20F.* ☎ *02 40 15 69 13.*

carnet pratique

Où dormir

Un accueil **camping-cars** est aménagé rue Jean-Baptiste-Legeay.

• *À bon compte*

Chambre d'hôte Ker Kayenne – *744 bd Lauvergnac – 44420 La Turballe – 1 km de La Turballe, sur D 333, axe Guérande – Piriac – ☎ 02 40 62 84 30 – fermé 15 nov. au 15 mars – ⊄ – 8 ch. : 210/300F.* Dans son jardin fleuri, cette maison bretonne a belle allure avec ses pierres apparentes et ses ardoises à l'ancienne. Crépis blancs et boiseries décorent les petites chambres. La dépendance a moins de caractère. Une piscine pour les beaux jours.

• *Valeur sûre*

Chambre d'hôte Les Rochasses – *58 r. Bellevue – 44420 La Turballe – ☎ 02 40 23 31 29 – ⊄ – 5 ch. : 300F.* Vous apprécierez le parc, la piscine couverte, le confort indéniable des chambres et l'accueil chaleureux de la propriétaire de cette grande villa récente. Le petit-déjeuner servi dans la jolie véranda qui ouvre sur le jardin est un moment délicieux...

Où se restaurer

• *À bon compte*

Chaudron – *rte de Guérande 1,5 km – 44420 La Turballe – ☎ 02 40 23 32 52 – fermé 12 nov. au 10 déc., mar. soir et mer. sf. été – 85/170F.* Sur la route de Guérande, cette petite maison ancienne accueille ses clients sur sa jolie terrasse dès les beaux jours. Dans la salle à manger, chaleureuse et arrangée avec soin, vous goûterez une cuisine de marché présentée sur de belles ardoises du pays...

Crêperie la Flambée – *12 r. Saillé (Guérande intra-muros) – ☎ 02 40 24 73 82 – ouv. vac. scol., Pâques-oct. et w.-ends sf. janv., fermé le soir en nov., déc. et mars – 40/80F.* En face du grand comptoir de l'ancienne biscuiterie nantaise Lu et de deux fresques murales évoquant les marais et les salines voisines, la cheminée crépite gaiement pendant que se préparent les crêpes à la farine biologique.

Ar Blaz Mad – *40 r. St-Michel à Guérande- ☎ 02 40 15 63 70 – fermé lun. hors sais. et le soir en hiver sf. vac. scol. – 50/80F.* « Au bon goût » : cette boutique de produits régionaux cache une coquette petite salle à manger où l'on s'attarde avec plaisir pour grignoter des tartines gourmandes aux garnitures variées et pour savourer les pâtisseries familiales. Joli jardin en été.

• *Valeur sûre*

Remparts – *bd Nord à Guérande- ☎ 02 40 24 90 69 – fermé 1er déc. au 15 janv., dim. soir et lun. sf été – 105/250F.* Face aux remparts de Guérande, cette maison familiale toute simple avec sa façade typique vous accueillera pour un repas gentiment tourné dans sa petite salle à manger moderne. Plusieurs menus dont un pour les petits. Quelques chambres en dépannage.

circuit

ENTRE MER ET BRIÈRE

Circuit de 62 km au départ de La Baule – 1/2 journée

Château de Careil

Juin-août : visite guidée (1/2h) 10h30-12h, 14h30-19h, juil.-août : mer. et sam. visite aux chandelles à 21h30. 25F (visite aux chandelles : 30F). ☎ 02 40 60 22 99.

Ancienne place forte au 14e s., remanié aux 15e et 16e s. et toujours habité, il présente deux ailes ; une façade Renaissance aux gracieuses lucarnes à coquille ; un bâtiment plus rustique dont les mansardes sont ornées de frontons armoriés. La salle des gardes et le grand salon qui lui fait suite possèdent de belles poutres. Par un escalier à vis on accède à la salle qu'occupaient les soldats. Dans la chambre du capitaine, la cheminée porte la croix de Malte.

QUELQUES PLAGES

De petites plages familiales s'animent autour de Piriac et à Lerat. La Turballe possède, au Sud de la localité, une longue plage de sable fin, plein Ouest.

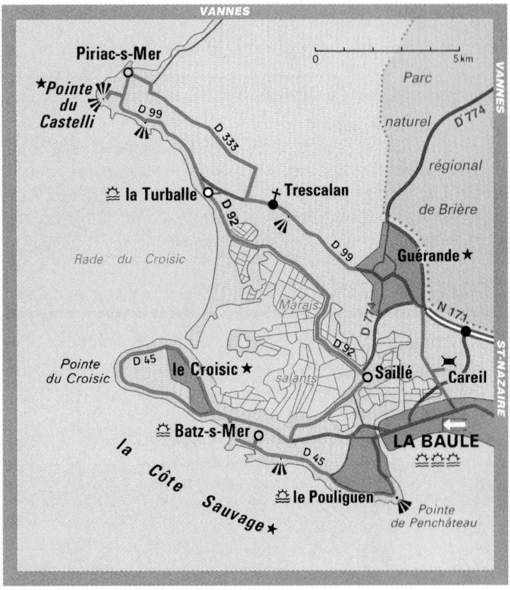
VANNES
Piriac-s-Mer
★Pointe du Castelli
D 99
D 333
0
5km
Parc naturel régional de Brière
D 774
la Turballe
Trescalan
D 92
D 99
Rade du Croisic
Guérande★
Marais
D 774
N 171
D 92
Pointe du Croisic
D 45
le Croisic★
salants
Saillé
Careil
ST-NAZAIRE
Batz-s-Mer
LA BAULE
D 45
la Côte Sauvage★
le Pouliguen
Pointe de Penchâteau

Guérande★ *(voir ci-dessus)*

Prendre la direction de La Turballe puis Piriac

Du coteau de Guérande, que suit la route, belle vue sur les marais salants, la rade du Croisic. En fin de journée, les effets de lumière sur les marais sont étonnants.

Trescalan

L'**église** épaulée de contreforts présente de belles colonnes à chapiteaux et abrite dans le bas-côté droit une statue de sainte Brigitte, parée d'un tissu argenté.

Piriac-sur-Mer

Petit port de pêche et centre balnéaire. Sur la place de l'église, bel ensemble de maisons du 17e s.

Un sentier mène à la **Pointe du Castelli★** en empruntant la crête de la falaise. De la pointe, à droite, on distingue l'île Dumet et la côte basse de la presqu'île de Rhuys ; à gauche, la rade et la presqu'île du Croisic, avec les clochers du Croisic et de Batz.

La Turballe

Très animé, ce port artificiel abrite des bateaux de plaisance et de pêche (anchois).

De la route qui longe la Côte sauvage, une belle vue se dégage sur le rivage, au Sud de la Loire, jusqu'à la pointe de St-Gildas et au phare de la Banche.

◀ Belle vue sur la côte à partir de **Lerat**.

Saillé
Construite sur une île au milieu des marais salants, c'est la capitale du sel. Une ancienne chapelle abrite la **maison des Paludiers** (outils, meubles, costumes). ♿ *De déb. mars à fin oct. : visite libre 10h-12h30, 14h-18h. 19F. Juil.-août : tlj sf j. de pluie, visite guidée (2h) d'une saline à 16h30. 40F. ☎ 02 40 62 21 96.*

Le Croisic★ *(voir ce nom)*

La Côte Sauvage★ et Batz-sur-Mer *(voir Le Croisic)*

Le Pouliguen *(voir La Baule)*

Retour à La Baule

La Guerche-de-Bretagne

Cette ancienne baronnie qui eut Du Guesclin pour seigneur se situe à la frontière de la Bretagne et du Maine, une belle région d'agriculture, également terre de légendes.

La situation
Cartes Michelin nos 63 pli 8 ou 230 plis 41, 42 – Ille-et-Vilaine (35). Entre Châteaubriant et Vitré, sur la D 178, la Guerche se situe juste au Nord de la forêt du même nom.
place Général-de-Gaulle – 35130 – ☎ 02 99 96 30 78.

Le nom
Il dérive du francique *werki*, « fortification » (comme 50 hameaux ou lieux-dits de l'Ouest), et serait de là même représentatif d'un point de défense franc contre les Bretons !

Les gens
4 123 Guerchais. Robert d'Arbrissel, fondateur de la célèbre abbaye de Fontevraud, est né tout près, à Arbrissel.

se promener

Église
De l'époque de sa fondation (1206), il ne subsiste que le chœur, son abside et la tour romane. La nef et le collatéral Sud ont été reconstruits au 16e s. Le bas-côté Nord et le clocher à galeries hautes datent de la fin du 19e s. On remarquera les sablières ornant la voûte en bois de la nef et, au fond de l'abside, un vitrail représentant l'Assomption.

Sa richesse est constituée par ses stalles du 16e s. aux amusantes miséricordes gothiques, dont les boiseries accusent par leur décoration nettement Henri II une période plus avancée.

Maisons anciennes
Une quinzaine de maisons à porches et à pans de bois (16e-17e s.) logent place du Général-de-Gaulle, et près de l'église, rue du Cheval-Blanc, rue de Nantes.

circuit

AU PAYS DES LÉGENDES
Circuit de 43 km – Environ 2h1/2. Quitter la Guerche à l'Ouest par la D 463, route de Rennes. À Visseiche, prendre à gauche.

On atteint une branche de l'étang de Marcillé formé au confluent des vallées de la Seiche et de l'Ardenne, ce qui explique sa forme en accolade.

À la sortie de Marcillé-Robert, prendre à gauche vers Retiers ; on longe la seconde branche du lac. Tourner à droite 800 m plus loin en direction du Theil, puis encore à droite, à 3 km. À 800 m à droite de la route se trouve la Roche-aux-Fées.

La Roche-aux-Fées. Si aucune tempête n'a jamais pu renverser cette puissante masse de pierres, c'est bien grâce aux pouvoirs magiques des lieux.

La légende
Des recherches ont prouvé que les pierres ont été déplacées sur près de 4 km. On se demanda comment jusqu'à ce qu'on se rappelle qu'une légende locale contait que des fées les avaient transportées en les mettant dans leur tablier.

La Roche-aux-Fées★
C'est un des beaux monuments mégalithiques de Bretagne. Vraisemblablement construit au néolithique moyen (4e millénaire) à partir de schiste rouge, il s'agit d'une tombe à couloir. Elle est composée de 42 pierres, dont une demi-douzaine de 40 à 45 t chacune, et comprend une entrée monumentale en portique suivie d'un couloir bas conduisant à une vaste chambre compartimentée (14 m de long, 4 de large et 2 de hauteur).

Faire demi-tour, gagner le Theil et prendre à gauche vers Ste-Colombe. De la route, vue sur le **lac des Mottes,** charmant plan d'eau artificiel entouré d'arbres superbes. *En vue de Ste-Colombe, tourner à gauche.*

Retiers
Coquette petite localité dont l'église abrite cinq tableaux et trois retables des 17e et 18e s. en bois sculpté.

Regagner La Guerche par Arbrissel et Rannée.

Lac de Guerlédan★★

Au cœur de la très pittoresque région de l'Argoat, le lac de Guerlédan, aux rives sinueuses et boisées, est un magnifique plan d'eau formé par la retenue des eaux du Blavet. C'est incontestablement un des plus beaux sites de la Bretagne intérieure, où le visiteur aura le loisir de pratiquer la pêche, la voile ou le motonautisme.

La situation
Cartes Michelin nos 59 pli 12 ou 230 plis 21, 22 – Côtes-d'Armor (22) et Morbihan (56). Au bord de la forêt de Quénécan, le lac s'ouvre juste à l'Est de Mur-de-Bretagne, au Sud de la route de Rostrenen.

Le nom
Gwern en breton signifie aulne. La région était donc bien humide avant que le lac artificiel n'envahisse les lieux.

Les gens
Aux 18e et 19e s., l'extraction de l'ardoise était une des activités importantes de la région. Une partie des carrières est aujourd'hui au-dessous du niveau du lac, serpent d'eau de 12 km qui depuis les années 1920 recouvre la vallée des ardoisiers.

circuit

TOUR DU LAC
Circuit de 44 km – Environ 3h1/2

Mur-de-Bretagne
Au Nord du bourg, dans un très joli cadre de verdure, s'élève la **chapelle Ste-Suzanne,** entourée de splendides **chênes** qui inspirèrent Corot à maintes reprises.

À voir
Dehors, l'élégant clocher-porche (1760) et, dedans, un remarquable plafond peint★ (18e s.).

carnet pratique

Où se restaurer

• ***À bon compte***

Beau Rivage – *au Lac de Guerlédan : 2 km par D 111 – 22530 Caurel – ☎ 02 96 28 52 15 – fermé 15 au 30 oct., vac. de fév., lun. soir et mar. – 90/350F.* Ce petit hôtel ouvre les baies de son restaurant sur le lac. En plus de la très jolie vue, vous pourrez profiter d'une petite cuisine familiale simple et fraîche. Ses quelques chambres sont sobres et proprettes.

Loisirs

Promenades en bateau★★ – Depuis Beau-Rivage ou l'anse de Sordan, des vedettes assurent des promenades sur le lac et permettent d'apprécier la beauté de ce site. *Juil.-août : croisière (1h1/2) dép. à 14h30, 15h, 16h ; avr.-juin et sept.-oct. : se renseigner. 40F (enf. : 22F). Déjeuner-croisière (3h) sur réservation et croisière sur le canal de Nantes à Brest. ☎ 02 96 28 52 64.*

Ski nautique – *Ski club de Guerlédan, ☎ 02 96 26 02 18.* À Beau-Rivage et en saison.

Pédalos – Des bases de pédalos se trouvent à Beau-Rivage, à l'anse de Sordan et au rond-point du Lac à Mur-de-Bretagne.

Baignade – Que ce soit à Beau-Rivage ou à l'anse de Sordan, la baignade n'est pas surveillée. À Gouarec, une piscine avec solarium (L'Aquadélis, ☎ 02 96 24 86 15) est ouverte toute l'année.

Dans le bourg, qui compte parmi les plus animés de la Bretagne intérieure, une rue à droite mène au **rond-point du Lac** au d'où la **vue★** sur le lac est superbe.

Prendre la D 35 au Sud-Ouest. Après avoir franchi les deux ponts enjambant le canal et le Blavet, tourner à droite.

St-Aignan

Dans l'**église** (12e s.), à gauche du chœur, on voit une très belle représentation en bois sculpté de l'Arbre de Jessé, et à droite, de même facture, une Trinité entourée des évangélistes.

À la sortie du village, sur la gauche, l'**Électrothèque** évoque la construction du barrage de Guerlédan, ainsi que l'historique de l'électricité. Le visiteur a la possibilité de faire fonctionner certains appareils. *Visite sur demande préalable. 20F. ☎ 02 97 27 51 39.*

Barrage de Guerlédan

Un rond-point belvédère domine ce barrage haut de 45 m, long de 206 m à la crête et épais de 33 m à la base. Sa retenue de 55 millions de m^3 se développe sur 12 km dans les gorges du Blavet.

Faire demi-tour, puis tourner à droite. À l'entrée de la forêt de Quénécan, prendre à droite.

Anse de Sordan

Agréable crique dans un joli site où s'abritent de nombreux bateaux de plaisance.

Les Forges-des-Salles

Pâques-Toussaint : w.-end 14h-18h30 (juil.-août : tlj). 25F. ☎ 02 96 24 90 12.

Niché au fond d'un vallon boisé, le hameau des Forges est un ancien site sidérurgique des 18e et 19e s. témoi-

Forêt de Quénécan

Située sur un plateau très accidenté dominant la vallée, elle s'étend sur 2 500 ha. De belles futaies de hêtres et d'épicéas entourent l'étang du Fourneau et les Forges-des-Salles.

Le lac est le cadre idéal d'un tourisme dit « vert ». Loin des plages du littoral, il permet lui aussi de pratiquer le ski nautique ou la baignade.

À VOIR
Certains logements ont été réaménagés selon leur fonction d'origine : l'école, le bureau de paye, la cantine, la chapelle, une petite forge et la menuiserie.

gnant d'un passé industriel révolu. L'endroit intrigue, car depuis la cessation de l'exploitation du minerai de fer en 1880, cet ensemble n'a pas été modifié.

À l'Est du château, berceau des Rohan, au sommet du jardin d'agrément en terrasses (le **Thabor**), on a une très belle vue sur les cours d'eau de la vallée.

Poursuivre en direction de Ste-Brigitte. Ce petit détour permet de profiter de belles échappées sur l'étang du Fourneau. *Par les Forges- des-Salles, regagner le grand carrefour et prendre à gauche. Laisser la voiture au parc de stationnement avant le pont, à gauche.*

Écluse de Bon-Repos

Située sur le Blavet, elle forme, avec le vieux pont, la maison de l'éclusier et le déversoir, un charmant tableau.

Franchir le pont et sur la droite emprunter l'ancien chemin de halage.

Abbaye de Bon-Repos

Avr.-sept : tlj ; oct.-mars : tlj sf sam. 15F. ☎ 02 96 24 82 20.
Pillée et ruinée sous la Révolution, cette abbaye cistercienne fondée au 12ᵉ s. tomba en désuétude complète. La visite permet de découvrir les sobres bâtiments conventuels et la vaste église.

Gagner la route nationale, tourner à gauche vers Gouarec et, sitôt franchi le pont, prendre à droite vers les gorges du Daoulas.

Gorges du Daoulas★

Les eaux rapides du Daoulas coulent dans une vallée sinueuse et étroite, aux versants tapissés d'ajoncs, de genêts et de bruyères. C'est une véritable cluse sciée par la rivière dans une bande de schiste et de quartzite pour rejoindre le Blavet devenu le canal de Nantes à Brest. Les bancs de roches sont redressés presque verticalement ; quelques-uns se terminent en de curieuses aiguilles, en lames tranchantes.

À 2 km, faire demi-tour dans un chemin précédant deux maisons au lieu-dit Toulrodez. Sur la route de Loudéac, parcourir 5 km et prendre à droite.

Après une descente dans un boqueteau de pins, on apprécie la **vue★** qui s'ouvre sur le lac de Guerlédan.

Beau-Rivage

Ce village, qui possède une plage, est un petit havre pour la plaisance et le ski nautique.
Gagner Caurel, tourner à droite vers Loudéac. À 3,5 km, prendre à droite pour rejoindre Mur-de-Bretagne.

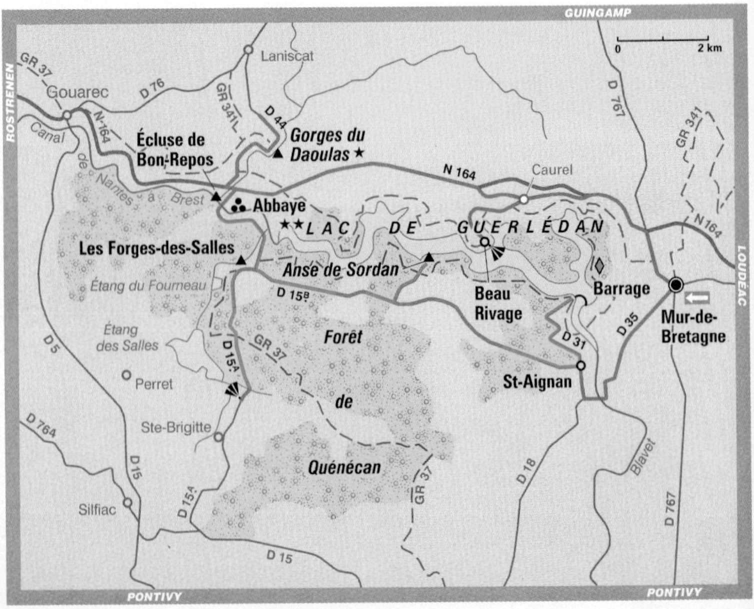
GUINGAMP
0
2 km
ROSTRENEN
GR 37
Gouarec
D 76
Laniscat
GR 341
D 44
Canal
de Nantes à Brest
N 164
Écluse de Bon-Repos
Gorges du Daoulas ★
Caurel
D 767
GR 341
Abbaye
★★LAC DE GUERLÉDAN
N 164
Les Forges-des-Salles
Anse de Sordan
LOUDÉAC
Étang du Fourneau
D 15B
Beau Rivage
Barrage
Mur-de-Bretagne
D 35
D 5
Étang des Salles
D 15A
GR 37
Forêt
D 31
Perret
St-Aignan
de
D 764
Ste-Brigitte
Blavet
Quénécan
D 18
D 15
GR 37
Silfiac
D 15A
D 767
D 15
PONTIVY
PONTIVY

Guimiliau★★

La célébrité du petit village de Guimiliau est due à son remarquable enclos paroissial qui compte parmi les plus riches du Finistère.

La situation

Cartes Michelin nos 58 plis, 5, 6 ou 230 plis 4, 5 – Finistère (29). Juste au Sud de la N 12, entre Morlaix et Landivisiau, Guimiliau est proche d'autres localités connues pour leur enclos.

Le nom

Gwik donne « bourg » ; Miliau est le saint patron local.

Les gens

791 Guimiliens. Au 6e s., Miliau, prince de Cornouaille, fut décapité par son frère. Depuis, on reconnaît ses représentations au fait qu'il porte le sceptre et l'épée dont il fut victime... parfois même sa tête.

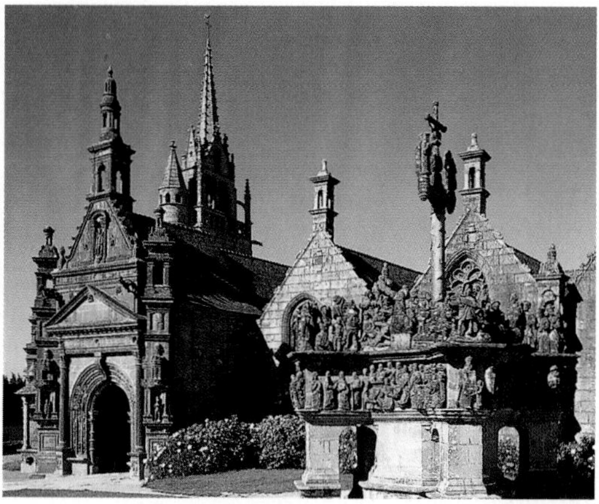

Chef-d'œuvre de granit, l'enclos de Guimiliau est un des plus importants de l'Argoat.

découvrir

L'ENCLOS PAROISSIAL★★

Calvaire★★

Il date de 1581-1588 et comprend plus de 200 personnages. Sous une grande croix portant la Vierge, saint Jean, saint Pierre et saint Yves, on remarque 17 scènes de la Passion et un motif représentant l'histoire de **Catell-Gollet**, au-dessus de la Cène. Aux extrémités des contreforts sont représentés les évangélistes.

> Les personnages de la frise sont d'une facture naïve ; particulièrement nombreux, ils composent, sans ordre chronologique, 15 épisodes de la vie de Jésus.

Église★

De déb. juil. à fin août : possibilité de visite guidée tlj sf dim. 10h-13h, 15h-18h.

Cet édifice du 16e s. a été reconstruit dans les styles flamboyant et Renaissance au début du 17e s.

Le **porche méridional★★** est remarquable. Les voussures constituent une intéressante imagerie de la Bible et de l'Évangile. L'intérieur du porche offre un bel exemple de décoration fréquente en Bretagne : au-dessous des classiques statues des Apôtres, frise décorée de rosaces, de tresses et de scènes de l'Ancien Testament. On peut voir du côté gauche, près de la date 1606, la Création de la Femme.

> **UN PRINCE BRETON**
> Au-dessus du fronton surmontant le porche, statue de saint Miliau, patron du lieu.

À l'intérieur, à gauche de l'entrée, se trouve un magnifique **baptistère★★** en chêne sculpté (1675). À la **tribune d'orgue**, trois **bas-reliefs★** du 17e s. : face au baptistère, le Triomphe d'Alexandre ; du côté de la nef, David jouant de la harpe et sainte Cécile de l'orgue. Le

La chaire★ (1677) est ornée, aux angles, des statues de quatre sibylles ; les panneaux représentent, dans des médaillons, les quatre évangélistes entourés des vertus cardinales.

chœur, au vitrail central datant de 1599, est fermé d'une balustrade du 17ᵉ s. On trouve de droite à gauche : le **retable de saint Joseph**, avec deux petits groupes de saint Yves, patron des avocats, entre le riche et le pauvre, et saint Hervé accompagné de son loup ; le **retable de saint Miliau** ; le **retable du Rosaire** aux quinze mystères en médaillon, surmonté d'une Trinité.

Chapelle funéraire

De style Renaissance, elle date de 1648. Remarquer la chaire extérieure pratiquée dans l'une des fenêtres.

Guingamp

Au carrefour de l'Armor et de l'Argoat, Guingamp est une des rares villes bretonnes proches de la côte à ne pas se nicher au fond d'une ria. Commerçante et industrielle, elle s'est fortement développée au cours de ces deux dernières décennies.

La situation

Cartes Michelin nᵒˢ 59 pli 2 ou 230 plis 7 – Côtes-d'Armor (22). Entre Morlaix et Saint-Brieuc, Guingamp est un carrefour routier alimentant tout le Nord du département. *Place du Champ-au-Roy – 22202 – ☎ 02 96 43 73 89.*

L'En Avant de Guingamp. Pas la meilleure équipe de football de Bretagne, mais certainement une des plus sympathiques.

Le nom

Guingamp vient du breton *guen gamp*, autrement dit « camp blanc » dans le sens de « camp favorable ». Cette appellation insiste sur l'emplacement privilégié de la ville : cuvette que les vents marins favorisent d'une douceur clémente.

Les gens

7 905 Guingampais. L'En Avant, l'équipe de football de Guingamp, a été finaliste de la Coupe de France en 1997.

se promener

Basilique N.-D.-de-Bon-Secours★

Cet édifice (14ᵉ s.) de style gothique (du roman subsiste à la croisée) voit sa tour s'effondrer au 16ᵉ s. et abattre son côté droit. Pour la reconstruction, la ville interroge plusieurs architectes. Un vieux maître présente un projet gothique ; le jeune Le Moal soumet des plans où s'accuse le style Renaissance, encore peu connu en Bretagne à cette époque. Contre toute attente, les Guingampais donnent la palme au novateur. Depuis, l'église a cette originalité d'être gothique du côté gauche, Renaissance du côté droit. À l'intérieur, dans la partie haute de la nef, le triforium présente une arcature trilobée avec balustrade à quadrilobes, dans la partie basse, une décoration Renaissance du plus bel effet.

Un grand pardon rassemble des milliers de pèlerins. La procession se déroule la nuit, aux flambeaux. Après la procession, trois feux de joie sont allumés sur la place du Centre en présence de l'évêque qui préside la cérémonie.

Fontaine de fraîcheur, la « Plomée » doit son nom à ses deux vasques en plomb surmontant une vasque en granit.

Place du Centre

Populaire fontaine Renaissance dite la « **Plomée** », et maisons anciennes à pans de bois aux nᵒˢ 31, 33, 35, 39, 48 et à l'angle des rues St-Yves et du Cosquer.

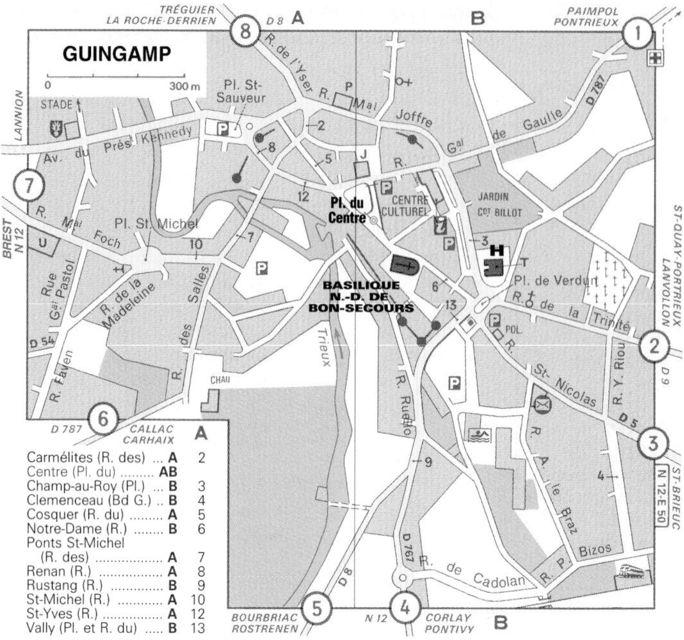
GUINGAMP
0
300 m
TRÉGUIER
LA ROCHE-DERRIEN
D 8
A
B
PAIMPOL
PONTRIEUX
LANNION
BREST
N 12
ST-QUAY-PORTRIEUX
LANVOLLON
D 9
ST-BRIEUC
N 12-E 50
D 787
CALLAC
CARHAIX
BOURBRIAC
ROSTRENEN
N 12
CORLAY
PONTIVY
D 54
D 787
D 5
D 8
D 767
STADE
Pl. St-Sauveur
R. de l'Yser
R. Mal Joffre
R. Gal de Gaulle
Av. du Prés. Kennedy
Pl. du Centre
CENTRE CULTUREL
JARDIN Cot BILLOT
Pl. St-Michel
R. Mal Foch
Rue Gal Pastol
R. de la Madeleine
R. des Salles
R. Faven
BASILIQUE N.-D. DE BON-SECOURS
Trieux
CHAU
R. Ruello
Pl. de Verdun
R. de la Trinité
POL.
R. St-Nicolas
R. Y. Riou
R. A. le Braz
R. de Cadolan
R. P. Bizos
H
J
T
P

Carmélites (R. des) ... A 2
Centre (Pl. du) .... AB
Champ-au-Roy (Pl.) ... B 3
Clemenceau (Bd G.) .. B 4
Cosquer (R. du) .... A 5
Notre-Dame (R.) .... B 6
Ponts St-Michel (R. des) .... A 7
Renan (R.) .... A 8
Rustang (R.) .... B 9
St-Michel (R.) .... A 10
St-Yves (R.) .... A 12
Vally (Pl. et R. du) ..... B 13

Basilique N.-D.-de-Bon-Secours .... B
Hôtel de ville .... B H
Remparts .... B

Hôtel de ville (1699)

Tlj sf dim. 8h30-12h, 13h30-17h30, sam. 8h30-12h. Gratuit. ☎ *02 96 40 64 40.*
Ancien Hôtel-Dieu, autrefois monastère des augustines. On voit le cloître, l'escalier monumental et la belle chapelle de style italien (1709) qui, en saison, abrite des expositions. On peut y voir des toiles de Sérusier, de l'école de Pont-Aven.

Remparts

Sur la place du Vally. Seuls vestiges du château fort élevé par Jean de Beuves entre 1438 et 1442. Des vestiges des fortifications qui enserraient la ville peuvent se voir non loin de la rue du Maréchal-Joffre et de la place St-Sauveur.

alentours

Grâces

3,5 km à l'Ouest. Quitter Guingamp par la D 54, à l'Ouest du plan. À 2 km, tourner à droite. Au centre du village, s'élève l'importante église **Notre-Dame** de Grâces. À l'origine, ce fut une chapelle de pèlerinage dont la fondation semble être due à la reine Anne. Élevée au 16e s., elle fut légèrement modifiée au 17e s. et restaurée au 19e s. Au Sud, les quatre pignons de son unique bas-côté lui donnent un profil en dents de scie. ▶

Une satire autorisée
À l'intérieur, remarquer les entraits de la nef et les magnifiques sablières sculptées. La satire de l'ivrognerie en est le thème principal, à côté de scènes de chasse, de monstres et d'une émouvante Sainte Face encadrée d'angelots.

Châtelaudren

14 km à l'Est par la N 12. Châtelaudren est à la frontière des pays gallo et bretonnant. Située au fond de la vallée du Leff, elle conserve une vocation commerciale et artisanale. (promenade, pêche, camping) sur les anciennes fortifications.

Chapelle N.-D.-du-Tertre★ – Perchée sur une butte, on l'atteint à pied par la venelle Notre-Dame, ou en auto à partir de la place des Sapeurs-Pompiers, par les rues Aribart et Notre-Dame. La chapelle, dont la construction n'est guère homogène, date du début du 14e s., mais fut agrandie aux 16e et 17e s. À noter au maître-autel le très beau **retable★** en bois doré (1650). ▶

Les 96 panneaux★ du 15e s. décorant la voûte du chœur, qui constituent un ensemble rare en France, évoquent l'Ancien et le Nouveau Testament.

circuit

VALLÉE DU TRIEUX

Circuit de 39 km – Environ 2h. Quitter Guingamp par ⑤ du plan. La route suit la vallée du Trieux.

Bourbriac

L'église est dominée par son clocher haut de 64 m. Du premier édifice subsiste une crypte (10e ou 11e s.) ; de l'église romane, il reste le carré du transept. En 1535, on commence la tour Ouest, qui illustre le passage d'un style au style suivant : alors que le grand porche voûté d'ogives et tout l'étage inférieur sont de tradition flamboyante, le reste de la tour est Renaissance. La flèche a été refaite en 1869. À l'intérieur, sarcophage de saint Briac, invoqué pour la guérison des épileptiques, de l'époque mérovingienne.

Prendre la direction de Plésidy, puis celle de St-Péver. Au carrefour, tourner à gauche et, avant le pont sur le Trieux, prendre une petite route à droite.

À 2 km, sur la gauche, en contrebas de la route, remarquer le petit **manoir de Toul-an-Gollet**, charmante demeure du 15e s. en granit ; une tourelle coiffée en poivrière et des fenêtres à meneaux agrémentent la façade.

Chapelle N.-D.-de-Restudo

Sur demande, l'ap.-midi de préférence, auprès de Mme Melou, maison voisine. ☎ 02 96 21 43 01.

Cet édifice des 14e et 15e s. a conservé dans la nef et le chœur, séparés par un imposant arc ogival, des traces de fresques du 14e s. On reconnaît la Cène et des scènes de chevalerie. Pardon le 30 juin en l'honneur de saint Éloi.

Faire demi-tour et reprendre la route vers Guingamp.

On retrouve la vallée du Trieux aux multiples horizons.

À 2 km, tourner à droite vers Avaugour.

Chapelle d'Avaugour

Elle s'élève dans un joli site et abrite un beau sacraire (meuble) en bois sculpté du 16e s. *Visite : sur demande auprès de Mme Mallégol. ☎ 02 96 43 48 08.*

Revenir à la vallée du Trieux et rentrer à Guingamp par ④ du plan.

OÙ DORMIR

Château de Brélidy – *22140 Brelidy – 15 km au N de Guingamp – ☎ 02 96 95 69 38 – fermé 3 nov. au 1er avr. – P – 10 ch. : à partir de 500F – ☕ 55F – restaurant 145/185F.* Pimpant, ce petit château du 16e s. est une étape très reposante : dans un parc de 22 ha, il met à la disposition de ses hôtes des chambres spacieuses d'un calme remarquable, meublées et tapissées à l'ancienne. Parcours de pêche privé et piscine.

Îles d'Houat et de Hœdic

Ces îles de l'archipel du Ponant se situent à environ 15 km des côtes, au centre d'îlots et d'écueils qui n'ont ménagé que trois passes. Isolement et dépaysement sont toujours au rendez-vous.

La situation

Cartes Michelin nos 63 pli 12 ou 230 plis 49, 50 – Morbihan (56). Situées entre la presqu'île de Rhuys (qui ferme le golfe du Morbihan) et Belle-Île, on y accède par services réguliers depuis Quiberon ou même de Loire-Atlantique (La Turballe).

Le nom

Houat est « grande » tandis que Hœdic est « petite ».

Les gens

Résistant au vent, ces quelques insulaires vivent principalement de la pêche et du tourisme.

carnet pratique

ACCÈS AUX ÎLES

Depuis Quiberon – *De juil. à mi-sept. : dép. quotidien de Quiberon (1h1/2, 1 à 6 rotations par j. selon la période) ; de mi-sept. à fin juin : tlj sf jeu. 105F AR (basse sais.), 110F AR (haute sais.) Société morbihannaise et nantaise de navigation. ☎ 02 97 50 06 90.*

Depuis La Turballe (rade du Croisic) – *De juil. à déb. sept. : dép. tlj à 8h30. 135F (enf. : 95F). Compagnie des vedettes Armor. ☎ 02 40 15 76 27.*

OÙ DORMIR

• ***À bon compte***

Hôtel de la Sirène – *Île de Houat ☎ 02 97 30 66 73 – fermé 12 nov. au 14 mars – 14 ch. : 1/2 pension 410/450F – ☕ 50F – restaurant 100/250F.* Dans cet hôtel à la façade avenante, mais sans charme particulier, les chambres sont récentes et la salle à manger, qui se prolonge en été d'une terrasse couverte, est aménagée dans un style classique. Menus à prix doux, dont un pour les petits.

se promener

HOUAT

390 Houatais. Très convoitée de par sa position à l'entrée de la baie de Quiberon, elle a été occupée trois fois par les Anglais aux 17e et 18e s. La pêche constitue l'essentiel de l'économie de l'île.

LES PLAGES

Des sentiers tracés en bordure de mer permettent de faire le tour de l'île et de découvrir les nombreuses plages entrecoupées de pointes rocheuses (les principales étant; à l'Ouest : Treach er Venigued, la plus belle, et à l'Est : Treac'h er Goured) ainsi que les **vues** qui s'offrent sur le continent, Houat, Belle-Île et les nombreux récifs précédant le grand large.

Le bourg

De coquettes maisons blanchies à la chaux et largement fleuries bordent les rues et ruelles sinueuses conduisant à deux placettes. Tout semble ici conçu pour résister au vent.

Contourner l'église et suivre le sentier qui longe le cimetière. On débouche sur un petit belvédère offrant une très belle **vue★** sur le port et la presqu'île de Rhuys.

HŒDIC

140 Hœdicais. Séparée de Houat par le passage des Sœurs, elle est de dimensions plus modestes (2,5 km sur 1 km). Une lande où croissent les œillets sauvages, quelques cyprès, de beaux figuiers, des tamaris, telle est la végétation de l'île.

Le bourg

Toutes tournées au Sud, les maisons s'alignent par trois ou quatre, formant des amorces de rues. Près de l'ancien sémaphore se dresse l'**église** (voir les ex-voto) dédiée à saint Goustan venu de Cornouaille anglaise pour passer quelques années de sa vie retiré dans cette île.

Ancien fort

Construit en 1859 et en partie enfoui dans les dunes, il se voit en empruntant la route qui conduit au port de la Croix.

Longue de 5 km et large de 1,3 km, Houat se présente comme une table granitique frangée de falaises.

Huelgoat★★

Forêt, lac, eaux vives, chaos de rochers se combinent à Huelgoat pour former un site★★ parmi les plus beaux de la Bretagne intérieure, protégé par la création du Parc naturel régional d'Armorique.

La situation

Cartes Michelin nos 58 pli 6 ou 230 pli 19 – Finistère (29). Au cœur d'une région boisée, à l'Est des monts d'Arrée, Huelgoat se situe à une trentaine de kilomètres au Sud de Morlaix. *Rue des Cendres – 29690 – ☎ 02 98 99 71 55.*

Le nom

Le breton *Uhel-Coat* se traduit par « le bois du haut ».

Les gens

1 742 Huelgoatains. Le site est fréquenté par les pêcheurs qui viennent y appâter les carpes et les perches du lac, et par les randonneurs, qui choisissent la localité d'Huelgoat comme base d'excursions très séduisantes.

L'univers mystérieux de la forêt de Huelgoat et de ses énormes blocs de granit est l'occasion de belles randonnées pédestres.

se promener

Les rochers★★

1h1/2 à pied. Dans la rue de Berrien, à la sortie du lac. Suivre le sentier fléché.

Chaos du Moulin – Le sentier s'enfonce immédiatement parmi un amoncellement de blocs granitiques dominant le lit de la rivière d'Argent.

Grotte du Diable – *On y accède par une échelle de fer.* Sous les rochers bruit la rivière.

Roche Tremblante – *Sur la rive gauche de la rivière.* En s'adossant en un point très précis de cet énorme bloc de 100 t, on le fait osciller sur son arête de base.

Par un sentier en montée, appelé « sentier des Amoureux », il est possible de gagner la grotte d'Artus et la mare aux Sangliers (voir explications ci-après dans la « Promenade du Clair-Ruisseau).

Allée Violette – Longeant la rive gauche de la rivière d'Argent qui serpente sous bois, cette allée termine agréablement la promenade dans les rochers.

Pour regagner le centre de Huelgoat, au Pont-Rouge, tourner à droite dans la route venant de Carhaix, puis suivre la rue du Docteur-Jacq.

OÙ DORMIR

Hôtel du Lac – *☎ 02 98 99 71 14 – fermé 11 nov. au 11 janv. – P – 15ch. : 260/320F – 36F – restaurant 100/160F.* Derrière une façade banale, cet hôtel rénové peut être une bonne petite étape à un prix tout à fait raisonnable. Ses chambres, claires et bien meublées, sont proprettes et son restaurant ouvre une belle vue sur le lac. Également un grill-pizzeria.

Le bourg

L'**église** du 16e s., au clocher moderne, se dresse en bordure de la grande place, au cœur de la cité. À l'intérieur, sablières sculptées et, à gauche du chœur, groupe de saint Yves, patron de la paroisse, entre le pauvre et le riche.

Dominant Huelgoat, la chapelle Renaissance **N.-D.-des-Cieux** (clocher du 18e s.) conserve de curieux bas-reliefs peints figurant des scènes de la vie de la Vierge et de la Passion. Un pardon a lieu le 1er dimanche d'août.

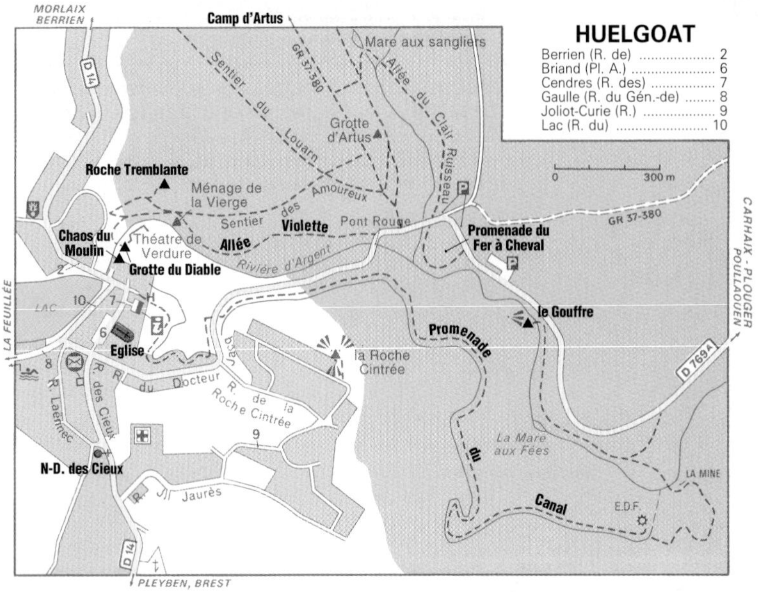

HUELGOAT
Berrien (R. de) 2
Briand (Pl. A.) 6
Cendres (R. des) 7
Gaulle (R. du Gén.-de) 8
Joliot-Curie (R.) 9
Lac (R. du) 10
MORLAIX BERRIEN
Camp d'Artus
Mare aux sangliers
Sentier du Louarn
GR 37-380
Allée du Clair Ruisseau
Grotte d'Artus
Roche Tremblante
Ménage de la Vierge
Amoureux
Sentier des Amoureux
Chaos du Moulin
Théâtre de Verdure
Grotte du Diable
Allée Violette
Pont Rouge
Rivière d'Argent
Promenade du Fer à Cheval
0 300 m
GR 37-380
CARHAIX - PLOUGER POULLAOUEN
le Gouffre
D 769A
LA FEUILLÉE
LAC
Eglise
Promenade du Canal
la Roche Cintrée
R. du Docteur Jacq
R. de la Roche Cintrée
R. Laënnec
R. des Cieux
N-D. des Cieux
Jaurès
La Mare aux Fées
LA MINE
E.D.F.
D 14
PLEYBEN, BREST

La forêt*

D'une superficie de plus de 1 000 ha, la forêt de Huelgoat est accrochée au pied du versant sud de la chaîne des monts d'Arrée. *(Fléchage et parcs de stationnement permettent de découvrir les sites).*

> **S**on relief tourmenté est formé d'une série de collines séparées par des vallées souvent profondes et renfermant bien des sites étranges et pittoresques, riches en contes et légendes.

Promenade du Fer-à-Cheval et le Gouffre – *1/2h à pied. Après le Pont-Rouge, à droite, suivre la promenade du Fer-à-Cheval.* Flânerie dominant la rivière d'Argent. *Puis reprendre à droite la route de Carhaix pendant 300 m.* Un escalier de 39 marches mène au gouffre. La rivière d'Argent, venue du lac de Huelgoat, se perd dans une excavation profonde pour ne reparaître que 150 m plus loin. On peut gagner un belvédère *(1/4 h AR – accès difficile et manque de protection)* dominant le chaos du gouffre. Cette promenade peut se poursuivre le long de la rivière – on passe près de la mare aux Fées – et se combiner avec la promenade du Canal. *Suivre le fléchage « La Mine », tourner à droite, au pont, sur la route non revêtue, et, à l'ancienne mine, monter par un sentier s'embranchant sur la droite jusqu'au collecteur de l'usine électrique. Une petite passerelle franchit le canal.*

Promenade du Canal – *2h à pied AR, au départ de la rue du Docteur-Jacq.* Elle emprunte la berge du canal supérieur. Du canal, il est possible de gagner le gouffre ; la description de cette fin de parcours est donnée en sens inverse ci-dessus.

> **Toujours les Romains !**
> C'est pour l'exploitation des mines de plomb argentifère, déjà connues des Romains, qu'un lac de barrage et deux canaux ont été aménagés au 19e s. ; les eaux étaient employées au lavage du minerai et comme force motrice d'un concasseur.

Promenade du Clair-Ruisseau – *1h1/2 AR. Au parc de stationnement situé après le Pont-Rouge, prendre l'allée du Clair-Ruisseau.* Elle offre des vues sur le lit du ruisseau encombré de rochers et d'arbres enchevêtrés. Un escalier (25 marches), à gauche, descend à la **mare aux Sangliers**, petit bassin limpide dans un joli site de rochers parmi lesquels l'imagination croit reconnaître des têtes de sangliers, d'où le nom. Un ponceau rustique permet de franchir le ruisseau et de gagner l'allée de la Mare que l'on prend à gauche. Après l'impressionnant escalier (218 marches) qui peut conduire plus rapidement au **camp d'Artus**, on découvre, sur la droite, en contre-haut, l'entrée de la **grotte d'Artus**. *Poursuivre par le chemin en montée qui, en 800 m, mène au camp.* Des rochers en marquent l'entrée qui était commandée par une motte artificielle. C'est un important exemple typique d'oppidum gaulois limité par deux enceintes. Malgré l'envahissement de la végétation, il est possible de faire le tour du camp par un sentier *(1 km environ)* qui suit la deuxième enceinte elliptique, la seule qui soit assez bien conservée.

Josselin★★

Voici le Porhoët, « pays à travers bois », que Josselin et Ploërmel caractérisent par leur caractère ancien et un peu charmeur. Voici donc la Bretagne intérieure, à la frontière du pays gallo et du pays bretonnant, tout en séduction et en mystères.

La situation

Cartes Michelin nos 63 pli 4 ou 230 pli 37 – Morbihan (56). Sur la N 24 reliant Rennes à Lorient, Josselin se trouve au Nord des landes de Lanvaux qui précèdent le golfe du Morbihan. *Place de la Congrégation – 56120 – ☎ 02 97 22 36 43.*

Le nom

Josselin était le fils de Guethenoc, qui fit construire le château en 1008.

Les gens

2 338 Josselinais. Olivier de Clisson (1336-1407) et sa femme Marguerite de Rohan reposent dans l'église.

carnet pratique

Où dormir

• *À bon compte*

Hôtel France – *pl. Notre-Dame – ☎ 02 97 22 23 06 – fermé janv., dim. soir et lun. hors sais. – P – 20 ch. : 200/280F – 36F – restaurant 81/205F.* En face de la basilique, cet hôtel à la façade ancienne a rénové son décor intérieur. Ses chambres un peu étroites sont assez récentes et bien équipées. Les six chambres mansardées ont seulement une douche. Petite terrasse aux beaux jours.

• *Valeur sûre*

Hôtel du Roi Arthur – *56800 Ploërmel – 14 km à l'E de Josselin par N 24 et D 8 – au lac au Duc – ☎ 02 97 73 64 64 – fermé 6 au 20 fév. – P – 46 ch. : 400/560F – 55F – restaurant 135/240F.* Un hôtel moderne installé entre lac et golf, dans un cadre verdoyant planté d'arbres variés. Ses chambres de bonne taille sont bien équipées. Une piscine intérieure et un fitness pour les accros de la forme. Des duplex pour les familles et les séjours.

Sports

L'Office du tourisme de Josselin propose trois circuits de **randonnées à vélo** (de 11 à 18 km).

Lac au Duc – *☎ 02 97 74 14 51.* Ce lac de 250 ha offre des possibilités de pêche et de baignades ; sa base nautique permet de pratiquer ski nautique et voile.

comprendre

Le combat des Trente – Au milieu du 14e s., le château de Josselin appartient à la maison de France et Jean de Beaumanoir en est le capitaine. Nous sommes alors en pleine guerre de Succession. Josselin soutient la cause de Charles de Blois ; le parti de Jean de Montfort tient Ploërmel où commande l'Anglais Bemborough, dit Bembro. Les deux chefs arrangent un combat qui mettra en présence trente chevaliers de chaque camp : on se battra à pied, en usant de l'épée, de la dague, de la hache et de l'épieu. Après avoir communié, la troupe de Beaumanoir se rend au lieu de la rencontre. Le camp adverse compte vingt Anglais, six Allemands et quatre Bretons ; la journée se déroule en corps à corps acharnés jusqu'à l'épuisement. Josselin est vainqueur : le capitaine anglais est tué avec huit de ses hommes, les autres sont faits prisonniers. Au cours de la lutte, restée fameuse sous le nom de combat des Trente, le chef breton, blessé, demande à boire : « Bois ton sang, Beaumanoir, la soif te passera ! » réplique Geoffroy du Bouays, l'un de ses rudes compagnons.

> Le combat a eu lieu le 27 mars 1351, dans la lande de Mi-Voie, entre Josselin et Ploërmel. À 5 km de Josselin, au lieu dit la Pyramide, une colonne de granit en indique aujourd'hui l'emplacement.

Le connétable de Clisson – Le connétable Olivier de Clisson acquiert le château en 1370. Son enfance est tragique. Il a 7 ans quand son père, accusé de trahir le parti français dans la guerre de Succession, est décapité. Sa mère, Jeanne de Belleville, se transforme en furie. Elle court à Nantes avec ses enfants et, devant la tête sanglante de leur père clouée au rempart, leur fait jurer de le venger. Elle se met ensuite en campagne avec 400 hommes, passe au fil de l'épée les garnisons de six châteaux favorables à la cause française. Elle arme un vaisseau et coule tous les navires du parti adverse qu'elle rencontre. À cette école, Olivier devient un rude homme de guerre et sa carrière, d'abord chez les Anglais puis dans l'armée de Charles V, est particulièrement brillante. Compagnon d'armes de Du Guesclin, il lui succède comme connétable. Tout puissant sous Charles VI, il est banni quand le roi devient fou et il meurt, en 1407, à Josselin.

Les Rohan à Josselin – En 1488, pour punir Jean II de Rohan d'avoir pris le parti du roi de France, le duc de Bretagne François II s'empare de Josselin et le fait démanteler. Quand sa fille Anne devient reine de France, elle accorde réparation à Jean II qui, autorisé à reconstruire, réalise un chef-d'œuvre digne de l'orgueilleuse devise de sa famille : « Roi ne puis, prince ne daigne, Rohan suis. »

En 1629, le général-duc Henri de Rohan est le chef des huguenots, les ennemis jurés de Richelieu. Le Cardinal fait alors démolir à Josselin le donjon et cinq des neuf tours. Croisant le duc dans l'antichambre du roi, il lui annonce avec ironie : « Je viens, Monsieur le duc, de jeter une bonne boule dans votre jeu de quilles. ».

Les propriétaires
Après Olivier de Clisson, le château, entièrement reconstruit, devient une place forte très importante. Il passe alors dans la famille de Rohan (aujourd'hui, de Rohan-Chabot), qui le possède encore.

visiter

Le château★★

Juil.-août : visite guidée (3/4h) 10h-18h ; juin et sept. : 14h-18h ; avr.-mai et oct. : mer., w.-end, j. fériés, vac. scol. 14h-18h. 32F (enf. : 23F), 59F château et musée des Poupées (enf. : 42F). ☎ 02 97 22 36 45.

Côté Oust, l'édifice présente son aspect de forteresse, avec des tours et des mâchicoulis. Les fenêtres et les lucarnes qui dominent les murailles appartiennent au palais élevé par Jean II au 16e s. Le château est bâti sur une terrasse de plan irrégulier ; des murailles ne subsistent que les bases, sauf sur la face vue depuis le pont Ste-Croix. La « tour-prison », isolée, marquait l'angle Nord-Est de l'enceinte.

Donnant sur le parc qui occupe l'ancienne cour, la ravissante **façade★★** du corps de logis forme un contraste extraordinaire avec l'appareil fortifié de la face extérieure.

Une façade à détailler du regard
Nulle part, en Bretagne, on n'a poussé plus loin l'art de sculpter ce dur matériau qu'est le granit : accolades, fleurons, pinacles, gâbles, couronnes, feuilles frisées décorent à profusion hautes lucarnes et balustrades.

Seul le rez-de-chaussée, restauré au 19e s., se visite. La salle à manger conserve une statue équestre d'Olivier de Clisson, œuvre de Frémiet. Après l'antichambre, véritable galerie de portraits de la famille de Rohan, le grand salon au riche mobilier possède une belle cheminée fine-

Pour avoir une bonne vue★ du château, se placer sur le pont Ste-Croix qui enjambe l'Oust : l'à-pic des murailles est saisissant.

JOSSELIN

Beaumanoir .... A 2
Chapelle (R. de la) .... A 3
Clisson (R. O. de) .... B 4
Coteaux (R. des) .... A 5
Devins (R. des) .... A 6
Douves-du-Lion-d'Or (R.) ...... A 7
Douves-du-Noyer (R. des) .... B 8
Duchesse-Anne (Pl.) .... B 9
Fontaine (R. de la) .... B 10
Gaulle (R. Gén.-de) .... A 11
Le-Berd (R. Georges) .... B 12
Libération (Pl. de) .... B 13
Notre-Dame (Pl.) .... B 14
Rohan (Cours J.-de) .... B 17
Rohan (Pl. A.-de) .... B 16
St-Jacques (R.) .... B 18
St-Martin (R.) .... A 22
St-Michel (R.) .... B 23
St-Nicolas (R. et Pl.) .... B 24
Ste-Croix (Pont) .... A 27
Ste-Croix (R.) .... A 28
Texier (R. Alphonse) .... A 29
Trente (R. des) .... B 30
Vierges (R. des) .... B 32

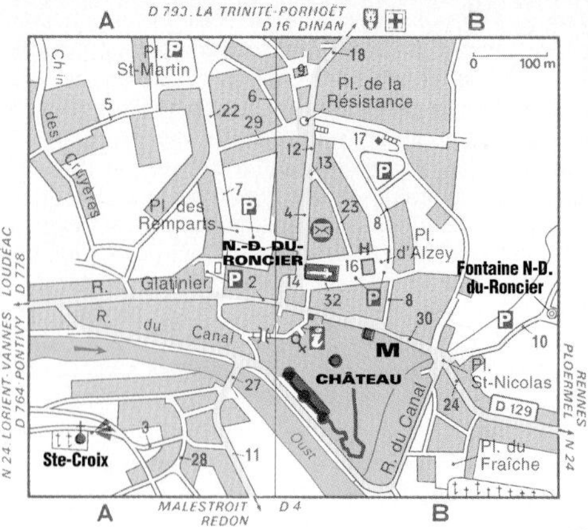
A
B
D 793 LA TRINITÉ-PORHOËT
D 16 DINAN
0
100 m
Pl.
St-Martin
Pl. de la
Résistance
Ch. des Cruyères
Pl. des Remparts
N.-D. DU-RONCIER
Pl. d'Alzey
Fontaine N-D. du-Roncier
R. Glatinier
R. du Canal
M
CHÂTEAU
Pl. St-Nicolas
D 129
Pl. du Fraîche
Ste-Croix
Oust
R. du Canal
N 24 LORIENT, VANNES D 764 PONTIVY
LOUDÉAC D 778
RENNES PLOËRMEL N 24
MALESTROIT REDON
D 4

[Basilique N.-D.-du-Roncier ..... B   Chapelle Ste-Croix .... A   Musée des Poupées ...... B]

ment sculptée où se lit la devise actuelle des Rohan : « A plus » devise qui signifierait : « sans plus, sans supérieur... » ; la bibliothèque renferme plus de 3 000 volumes et quelques portraits.

Musée des Poupées – *Juil.-août : 10h-18h ; juin et sept. : 14h-18h ; avr.-mai et oct. : mer., w.-end, j. fériés, vac. scol. 14h-18h. 30F (enf. : 22F), 59F musée et château (enf. : 42F). ☎ 02 97 22 36 45.*

Installé dans les anciennes écuries du château, il expose environ 600 poupées de la collection Rohan réunissant des figurines d'une étonnante diversité (du 17e s. au 20e s.). Expositions temporaires en été.

se promener

Basilique N.-D.-du-Roncier★

Possibilité de visite guidée. ☎ 02 97 22 20 18.

Le vocable N.-D.-du-Roncier repose sur une tradition : vers l'an 800, un paysan, coupant les ronces de son champ, découvre une statue de la Vierge, d'où le nom N.-D.-du-Roncier. Fondée au 11e s. à l'emplacement d'un oratoire en branchages, elle apparaît, dans son ensemble, de style gothique flamboyant. À l'extérieur, remarquer les pittoresques gargouilles qui ornent les trois faces de l'édifice ainsi que la Vierge en pierre du portail d'entrée.

UN NOM CURIEUX
Le grand pardon de l'église était naguère appelé « pardon des aboyeuses » parce qu'en 1728, trois enfants furent guéris de cette forme d'épilepsie.

À l'intérieur, dans la chapelle de droite, on verra le **mausolée★** de marbre d'Olivier de Clisson et de sa femme Marguerite de Rohan (15e s.).

Montée au clocher – *Accès place A.-de-Rohan.* La vue plonge sur la façade Nord-Est et la cour intérieure du château et s'étend sur la campagne environnante. *Juil.-août : 10h30-12h30, 14h30-18h ; sept.-juin : sur demande au café de la Mairie. Gratuit. ☎ 02 97 22 20 18.*

Chapelle Ste-Croix

Été : pdt les expos. ☎ 02 97 22 24 17.

Elle est bâtie à flanc de colline et conserve une nef du 11e s. Le quartier voisin Ste-Croix est pittoresque avec ses rues étroites et ses vieilles maisons.

Fontaine N.-D.-du-Roncier

C'est toujours un but de pèlerinage. Elle date de 1675.

Maisons anciennes

On peut en voir autour de la basilique, rue des Vierges et place Notre-Dame, mais les plus belles se trouvent rue des Trente : au n° 7, demeure fort pittoresque datée de 1624, la maison « Lovys Piechel », qui abrite l'Office de tourisme et, contiguë, une deuxième de 1663.

Avec le temps, le bois des maisons à colombages prend des teintes superbes. Ici, rue O.-de-Clisson.

alentours

Guéhenno★

10 km au Sud-Ouest par la N 24 puis D 778.

Au cœur d'un paysage vallonné, Guéhenno est traversé par le Lay et le Sedon. Quelques belles maisons en pierre de taille des 16e et 17e s. ont conservé un décor riche et soigné.

Calvaire★ – Dressé dans le cimetière près de l'église, le calvaire date de 1550. Toute sa valeur réside dans la parfaite ordonnance de sa composition. L'entrée du petit ossuaire est protégée par deux statues de gardes en faction.

Une colonne, sculptée des instruments de la Passion, précède le calvaire ; elle est surmontée d'un coq (allusion au reniement de saint Pierre).

Ploërmel

13 km à l'Est par la N 24.

Cette petite ville fut une résidence des ducs de Bretagne.

Église St-Armel★ – Saint Armel est le fondateur de la ville (6e s.). On le représente vainqueur d'un dragon qu'il mène en laisse avec son étole. L'église date du 16e s. Le **portail★** Nord, de style gothique flamboyant et Renaissance, offre deux portes géminées au décor finement sculpté : enfance du Christ, Vertus piétinant les Vices, scènes burlesques.

Dans la chapelle, à gauche du chœur, statues funéraires en marbre blanc des ducs Jean II et Jean III de Bretagne (14e s.). Dans le croisillon droit, derrière le tombeau de Philippe de Montauban et de sa femme, beau gisant en marbre blanc du 14e s. Les voûtes en bois sont ornées de sablières très intéressantes (éclairage).

À VOIR

Les magnifiques **verrières★** des 16e et 17e s., qui ont été restaurées : dans le bas-côté, l'Arbre de Jessé, et dans le transept gauche, la vie de saint Armel. Les vitraux modernes sont de Jacques Bony et ont remplacé les verrières détruites en 1944.

Maisons anciennes – Rue Beaumanoir se trouvent au n° 7 la **maison des Marmousets** (16e s.), ornée de sculptures sur bois et en face, la maison des ducs de Bretagne (16e s.). Autres maisons anciennes rue des Francs-Bourgeois.

Maison mère des Frères de Ploërmel – La communauté des Frères de l'Instruction Chrétienne de Ploërmel fut fondée en 1819 par l'abbé Jean-Marie de La Mennais (1780-1860), frère aîné de Félicité, l'écrivain bien connu qui signa Lamennais à partir de 1835.

L'horloge astronomique est placée dans un kiosque vitré, cette horloge (1855) fut exécutée par frère Bernardin pour instruire les futurs enseignants des écoles de la côte. Toujours en fonctionnement, la précision de cette horloge astronomique a été chiffrée en 1978, de l'ordre du dix millième de seconde. *Pénétrer dans la cour par la place Jean-Marie-de-La-Mennais.*

Le musée du Père Jean-Marie de La Mennais est installé dans les bâtiments de la communauté ; il est précédé d'une exposition sur les Frères de Ploërmel. ♿ *De mi-avr. à fin oct. : 9h-12h, 14h-18h, dim. et j. fériés 10h-12h, 14h-18h ; de nov. à mi-avr. : dim. et j. fériés 10h-12h, 14h-18h. Gratuit.* ☎ *02 97 74 06 67.*

Lac au Duc – *2,5 km au Nord de Ploërmel par le boulevard du Maréchal-Foch.* D'une superficie de 250 ha, équipé d'une base nautique et d'une plage artificielle, cet agréable but de promenade est doté d'un circuit de randonnée (16 km – 4h) balisé à partir du parking de l'hôtel du *Roi Arthur*.

Château du Crévy

18 km au Sud-Est par la D 4 jusqu'à la Chapelle-Caro.

Ce château, dont l'origine remonte au 3e s., a été reconstruit au 14e s. puis maintes fois remanié. *Juil.-août : visite guidée (1h1/4) 10h-18h ; vac. scol. Pâques, juin, sept. : 14h-18h ; mai : w.-end fériés 14h-18h. 30F.* ☎ *02 97 74 91 95.*

Un **musée du Costume★** rassemble une étonnante collection de vêtements du 18e s. à nos jours. Rivalisant d'élégance et de beauté, les vêtements sont présentés sur des mannequins placés en tableaux dans des salles meublées et décorées selon le goût de l'époque. On y découvrira entre autres le costume porté par Jacques Brel dans le film *Mon oncle Benjamin*.

Ce détail de la « Maison de la truie qui file » nous conte peut-être quelque fable moyenâgeuse (voir le « carnet pratique » de Dinan)

Malestroit

25 km au Sud-Est par la D 4 que prolonge la D 764.
Proche des landes de Lanvaux, cette coquette cité baignée par l'Oust canalisée conserve d'intéressantes demeures gothiques et Renaissance. Malestroit fut au Moyen Âge l'une des neuf baronnies de Bretagne. Elle conserve encore des **maisons anciennes** à pans de bois ou en pierre, principalement près de l'église St-Gilles. Place du Bouffay, la façade de l'une d'elles présente des sujets sculptés humoristiques, une autre a gardé son pélican de bois. Il faut aussi parcourir la rue au Froment, la rue aux Anglais, la rue des Ponts et la rue du Général-de-Gaulle.

Église St-Gilles – Au portail Sud de cette église des 12e et 16e s., on remarque les attributs symboliques des quatre évangélistes : le lion de saint Marc est monté par le jeune homme de saint Matthieu, le bœuf de saint Luc repose sur un socle orné de l'aigle de saint Jean. L'après-midi vers 15h (heure solaire), l'ombre du bœuf et celle de l'aigle dessinent sur la muraille le profil classique de Voltaire.

Musée de la Résistance bretonne★ – *À St-Marcel : 3 km à l'Ouest par la D 321.* ♿ *De mi-juin à mi-sept. : 10h-19h ; de mi-sept. à mi-juin : tlj sf mar. 10h-12h, 14h-18h. Fermé 1er janv. et 25 déc. 35F.* ☎ *02 97 75 16 90.*

À environ 1 km, à gauche en sortant, s'élève un **monument** commémorant la bataille qui eut lieu le 18 juin 1944 entre maquisards, S.A.S. (plus de 200 commandos de la France Libre furent parachutés après le Débarquement) et soldats allemands.

Le musée retrace une page importante de l'histoire régionale. Audiovisuels, panneaux explicatifs, armes, photos et uniformes font revivre le conflit sur le plan régional. La reconstitution d'une rue avec épicerie-bazar, d'une pompe à essence, d'un restaurant, et des évocations des restrictions, du marché noir et de la collaboration complètent ces évocations. Dans le parc, reconstitution d'un chantier de construction du mur de l'Atlantique, d'un garage sous l'Occupation, d'un camp de l'armée américaine.

Domaine de Kerguéhennec

À l'écart des sentiers battus, ce domaine classé a été acquis en 1972 par le département du Morbihan afin d'en faire un centre d'art contemporain. Un but de promenade à la fois agréable et insolite.

La situation

Cartes Michelin nos 69 pli 3 ou 230 plis 36, 37 – Morbihan (56). Après avoir suivi la direction de Bignan, prendre la D 123 en direction du domaine ; parking dans l'enceinte du parc.

Richard Long, Un cercle en Bretagne, *ou la confrontation entre le site et ce laboratoire de la création contemporaine.*

Le nom
« Ville blanche » ou « maison blanche », bref le *White Hall* de Bretagne.

Les gens
Les artistes et le public entrent ici en contact grâce aux œuvres permanentes qui habitent les lieux ou encore aux œuvres plus éphémères que sont les concerts, représentations théâtrales et de ballets organisés pendant l'été.

découvrir

De l'art contemporain dans un écrin classique

Tlj sf lun. 10h-18h (de mi-juin à mi-sept. : fermeture à 19h). Fermé de mi-déc. à mi-janv. 25F (gratuit oct.-avr.). 02 97 60 44 44.

Parc de sculptures – Les parcs de ce type sont rares en France. Une trentaine d'œuvres sont dispersées dans celui-ci, dont certaines réalisées spécialement dans le cadre des résidences d'artistes, avec, entre autres, Giuseppe Penone, Dan Graham, François Morellet, Tony Cragg, Mario Merz, Michelangelo Pistoletto, Richard Long ou le Français Jean-Pierre Raynaud dont les *1 000 pots bétonnés* (1986) questionnent de nombreux visiteurs sur le statut de l'œuvre.

À VOIR ET À SAVOIR
En mai, les nombreuses variétés de rhododendrons bordant les allées transforment ce parc de 195 ha dessiné par les frères Bühler en 1872 en véritable enchantement. Pour une bonne visite, munissez-vous d'un plan du domaine au château ou au café du Parc qui le jouxte.

Château et dépendances – Cette belle demeure construite au début du 18e s. par Olivier Delourme, un architecte de la région, s'ordonne avec ses communs symétriques autour d'une vaste cour d'honneur. Expositions temporaires et séminaires.

alentours

Locminé

8 km à l'Ouest par les D 123 et D 1. Locminé, «lieu des moines», doit son nom à une abbaye fondée au 6e s., qui possédait deux églises jumelées, l'église St-Sauveur du 16e s. et la chapelle St-Colomban. Seules leurs façades subsistent ; en 1975, une église moderne a été construite en retrait, en remplacement des nefs.

À REMARQUER
La chapelle N.-D.-du-Plasker du 16e s. (à gauche du chevet de l'église moderne) présente une riche décoration flamboyante.

Kernascléden★★

Ce petit village, au cœur du pays Pourlet, possède une remarquable église, fondation de la famille de Rohan.

La situation
Cartes Michelin nos 58 pli 18 ou 230 plis 21, 35 – Département du Morbihan (56). À la verticale Nord de Lorient, Kernascléden se situe sur la charmante D 110 qui longe la forêt de Pont-Calleck.

Le nom
Ker signifie « ville », « village » ou « maison », le reste fait peut-être allusion au nom du seigneur des lieux ?

Les gens
382 Kernascléens. Bien que l'église de Kernascléden ait été consacrée en 1453, au moins trente ans avant la chapelle de St-Fiacre *(voir Le Faouët)*, la légende rapporte qu'elles ont été bâties par les mêmes ouvriers, les anges transportant les compagnons et leurs outils d'un chantier à l'autre.

découvrir

Église★★

Sur le flanc droit s'ouvrent deux porches. Le **porche★** de gauche, le plus vaste, est orné des statues des douze apôtres.
À l'intérieur, les voûtes et les murailles surmontant les arcades sont décorées de **fresques★★** (15e s.) représentant des épisodes de la vie de la Vierge et du Christ. Les plus belles sont le Mariage et l'Annonciation (côté gauche du chœur), les Funérailles de la Vierge (côté droit). Au-dessus de l'arc triomphal (côté chœur) : la Résurrection du Christ.
Dans le bras gauche du transept : huit anges musiciens. Sur les murailles du croisillon droit, fragments d'une danse macabre et d'une représentation de l'Enfer (face à l'autel), œuvre originale par la variété des supplices imaginés.

La voûte légère de l'église de Kernascléden est magnifiquement décorée de fresques du 15e s.

alentours

Château et forêt de Pont-Calleck

4 km au Sud. Prendre la D 782 en direction du Faouët et, à Kerchopine, tourner à gauche.
La route longe l'institution de N.-D.-de-Joie, installée dans le **château de Pont-Calleck** *(seul le parc est ouvert)* reconstruit en 1880 et transformé en foyer d'enfants.
Ouv. toute la journée. Fermé en août. Gratuit. ☎ 02 97 51 61 17.

Poursuivre vers Plouay.

On entre dans la belle **forêt de Pont-Calleck**. Une petite route à gauche en forte descente mène à un barrage d'où l'on jouit d'une vue très agréable sur le joli site du château en bordure de l'étang.
Revenir à la route de Plouay pour prolonger la promenade en forêt ; un pittoresque parcours s'offre alors dans l'étroite vallée du Scorff.

Ploërdut

11 km au Nord. Prendre la D 782 en direction de Guémené-sur-Scorff et, à Lignol, tourner à gauche.
Comme Lanildut en Finistère, Ploërdut, paroisse primitive celtique fondée à la fin du 6e s., est le village de saint Ildut. Située en plein cœur de la Bretagne intérieure, quasiment à la source du Scorff, la commune est intéressante par la richesse architecturale de ses manoirs et fermes traditionnelles des 16e et 17e s.

> **À VOIR**
> Dans l'église, à la très belle nef et aux bas-côtés romans, les lourds **chapiteaux★** carrés, ornés de motifs purement géométriques.

Lamballe

Ville commerçante, l'ancienne capitale du duché de Penthièvre vit de l'industrie agroalimentaire, un peu à l'écart du tourisme bien que toute proche de la Côte d'Émeraude. La ville et ses environs offrent toutefois des attraits qui en séduiront plus d'un.

La situation

Cartes Michelin n°s 59 plis 4, 14 ou 230 plis 23, 24 - Côtes-d'Armor (22). À 20 kilomètres à l'Est de Saint-Brieuc par la N 12. *Place du Martray - 22400 - ☎ 02 96 31 05 38.*

Le nom

En breton, *lan* signifie « ermitage », probablement associé ici à une dérivation du prénom Pal ou Pol, saint qui évangélisa la région au 6e s.

Les gens

9 894 Lamballais. Le peintre **Mathurin Méheut** (1882-1958), dont l'œuvre constitue un témoignage incomparable de la vie en Bretagne, y naquit.

LA PRINCESSE DE LAMBALLE

En 1767, le prince de Lamballe (c'est le titre qui a été donné à l'héritier du duché de Penthièvre) mène à vingt ans une vie si dissolue que son père, dans l'espoir de l'amender, le marie à une gentille princesse piémontaise de 17 ans. L'héritier ne se range pas et meurt, épuisé, trois mois après.

En 1770, Marie-Antoinette épouse le futur Louis XVI. Elle prend en amitié la jeune veuve. Quand éclate la tragédie révolutionnaire, la princesse de Lamballe reste courageusement auprès de la reine. Elle la précède d'un an dans la mort : lors des massacres de septembre 1792, des émeutiers hystériques lui coupent la tête et la promènent au bout d'une pique.

OÙ DORMIR

Tour d'Argent – *2 r. du Dr-Lavergne – ☎ 02 96 31 01 37 – 31 ch. : 290/380F – ☕ 40F – restaurant 88/210F.* Ne vous méprenez pas, vous n'êtes pas dans le célèbre restaurant parisien, mais dans un hôtel à la façade ancienne ornée de colombages. Ses chambres, réparties dans trois bâtiments, sont régulièrement revues et plutôt modernes comme le reste de la maison.

se promener

Collégiale Notre-Dame

Juil.-août : visite guidée tlj sf dim. 10h-12h, 14h-18h ; sept.-juin : sur demande auprès de l'Office de tourisme ou du presbytère. ☎ 02 96 31 02 55.

De style gothique, elle présente des parties romanes. À l'intérieur, on verra un intéressant jubé en bois sculpté, de style gothique flamboyant. Sur le flanc droit de la collégiale, une terrasse a été construite au 19e s. Elle offre une jolie vue sur la ville et la vallée du Gouessant. À gauche de la collégiale, une très belle promenade ombragée a été aménagée à l'emplacement du château.

Place du Martray

Cette petite place triangulaire est bordée de maisons anciennes à pans de bois ; parmi celles-ci, la **maison du Bourreau**, du 15e s.

La maison du Bourreau devrait son nom à un photographe désireux de mieux distribuer une carte postale qui se vendait mal !

Église St-Martin

Ancien prieuré de l'abbaye de Marmoutier, cet édifice (15e-18e s.) comporte sur le flanc droit un petit porche original des 11e et 12e s., surmonté d'un auvent de bois datant de 1519.

visiter

Musée du Pays de Lamballe

Avr.-sept. : tlj sf dim. 10h-12h30, 14h-18h (juil.-août : 9h30-18h30, dim. 10h-12h) ; oct.-mars : tlj sf dim. 10h-12h30, 14h-17h. Fermé en janv., 1er et 8 mai, 14 juil., 15 août. 10F. ☎ 02 96 34 77 63.

Au rez-de-chaussée de la maison du Bourreau. Musée des Arts et Traditions populaires (poterie de Lamballe, gravures, coiffes et pièces de costumes de la région).

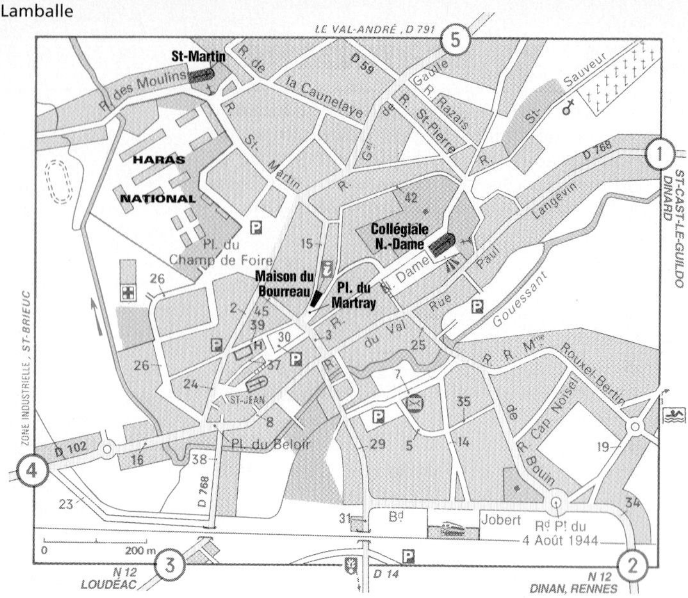
LE VAL-ANDRÉ, D 791
St-Martin
HARAS
NATIONAL
Pl. du
Champ de Foire
Maison du
Bourreau
Pl. du
Martray
Collégiale
N.-Dame
ST-JEAN
Pl. du Beloir
ST-CAST-LE-GUILDO
DINARD
ZONE INDUSTRIELLE, ST-BRIEUC
N 12
LOUDÉAC
D 14
N 12
DINAN, RENNES
Bd Jobert
Rd Pt du
4 Août 1944
200 m

LAMBALLE

Augustins (R. des) 2
Bario (R) 3
Blois (R. Ch.-de) 5
Boucouets (R. des) 7
Cartel (R. Ch) 8
Charpentier (R. Y.) 14
Dr-A.-Calmette (R. du) 15
Dr-Lavergne (R. du) 16
Foch (R. Mar.) 19
Gesle (Ch. de la) 23
Grand Boulevard (R. du) 24
Hurel (R. du Bg) 25
Jeu-de-Paume (R. du) 26
Leclerc (R. Gén.) 29
Marché (Pl. du) 30
Martray (Pl. du)
Mouëxigné (R.) 31
Poincaré (R.) 34
Préville (R.) 35
St-Jean (R.) 37
St-Lazare (R.) 38
Tery (R.G.) 39
Tour-aux-Chouettes (R.) 42
Val (R. du)
Villedeneu (R.) 45

[Collégiale Notre-Dame
Église St-Martin
Maison du Bourreau (Musées)]

Musée Mathurin-Méheut

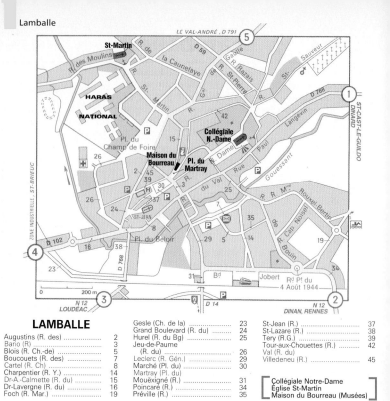

Juin-sept. : tlj sf dim. 10h-12h, 14h30-18h ; vac. scol. Printemps : 10h-12h, 14h30-17h ; oct.-mai : mar., ven., sam. 14h30-17h. Fermé en janv. et j. fériés. 15F. ☎ 02 96 31 19 99. Au 1er étage de la maison du Bourreau. Exposition thématique des œuvres de Mathurin Méheut (1882-1958).

FAIRE DU CHEVAL ?
Dans la ville du cheval, des promenades sont organisées toute l'année par le Centre équestre Manoir des Portes (*☎ 02 96 31 12 66*) et le club hippique de Lamballe « Le Haras » (*☎ 02 96 31 37 95*), qui propose aussi des randonnées à 17 chevaux.

Haras national*

♿ *De mi-juin à mi-sept. : visite guidée 10h30-12h30, 14h-18h ; vac. scol. (hors vac. Noël) : à 14h30, 15h30, 16h30 ; de mi-sept. à mi-juin : mer. et w.-end 14h-18h. 25F (enf. : 15F). ☎ 02 96 50 06 98.*

Ce haras fondé en 1825 héberge une soixantaine d'étalons (races de trait ou de sang). De début mars à la mi-juillet, ces étalons sont répartis dans les stations de monte des Côtes-d'Armor et du Nord-Finistère. Un concours hippique a lieu en août, à l'issue duquel est présenté un **carrousel** des attelages. Au cours de la visite, on découvre les écuries et leurs hôtes, la forge, la remise des voitures hippomobiles, la sellerie d'honneur, le manège, la cour d'honneur.

Palefrenier *de Mathurin Méheut, artiste lamballais réputé pour ses croquis de marins.*

alentours

Château de la Hunaudaye★

À 4 km à l'Est de Plédéliac (direction Pléven). Juil.-août : visites animées (comédiens en costumes) 11h-12h30, 14h30-18h, w.-end 14h30-18h ; juin : dim. 14h30-18h. 30F (enf. : 15F). Juil.-août : visite guidée sam. 14h30-18h ; avr.-mai et sept. : dim. et j. fériés 14h30-18h ; vac. scol. Pâques : tlj sf lun. 14h-17h30. 15F. ☎ 02 96 34 82 10.

Les ruines s'élèvent dans un cadre boisé, à l'orée des forêts de St-Aubin et de la Hunaudaye. Imposantes et sévères, elles reflètent encore la puissance des grands seigneurs qui l'édifièrent, les seigneurs de Tournemine. Construit à l'origine en 1220, le château est agrandi au 14e s. et embelli au début du 17e s. Démantelé, puis incendié sous la Révolution.

Son plan dessine un pentagone irrégulier dont chaque angle est occupé par une tour. Deux d'entre elles, les plus petites, appartiennent à la première construction ; les trois autres furent édifiées aux 14e et 15e s. Un pont remplaçant l'ancien pont-levis donne accès à une grande porte en plein cintre surmontée d'un blason, et permet de pénétrer dans la cour.

Après avoir vu les vestiges des cuisines, on gagne la **tour de la Glacière**, du 15e s. Un escalier à vis permet d'admirer l'élégante construction et les cheminées.

Le **logis seigneurial** (15e-16e s.) était un imposant manoir, orné d'un magnifique escalier Renaissance. Le **donjon seigneurial** (15e s.) est lui desservi par un escalier à vis de 73 marches. Remarquer les cheminées monumentales et les canonnières percées dans les murs pour assurer la défense.

Mise en scène médiévale

Ce site sert de cadre à une présentation, en costumes d'époque, des différents aspects de la vie dans une châtellenie au Moyen Âge par les acteurs de la Compagnie médiévale « Mac'htiern ».

Ferme d'antan de St-Esprit-des-Bois-en-Plédéliac

11 km à l'Est par la N 12 puis les N 176 et D 55.

☺ C'est l'occasion de visiter une petite exploitation, ses dépendances et son outillage. La pièce commune d'habitation a conservé le mobilier traditionnel breton. Film illustrant la vie quotidienne paysanne au début du 20e s.

Château de la Touche-Trébry

17 km au Sud par la D 14 puis prendre la D 25 à droite, juste après Penguily. De juil. à fin août : visite guidée (3/4h) 14h-19h. 18F. ☎ 02 96 42 78 55.

Bien qu'édifié à la fin du 16e s., la Touche-Trébry a l'allure d'un château médiéval, protégé par son enceinte. La cour, de plan régulier, est entourée, au fond, du logis principal à la façade régulière, de chaque côté en retour d'équerre, de deux pavillons à combles aigus auxquels font suite des communs plus bas, se raccordant aux pavillons de l'entrée.

Lampaul-Guimiliau★

À deux pas de Landivisiau, cette petite localité a le bonheur de posséder un enclos paroissial complet.

La situation

Cartes Michelin nos 58 pli 5 ou 230 pli 4 – Finistère (29). À 4 kilomètres au Sud-Est de Landivisiau, sur la D 11.

Le nom

Lan signale un territoire consacré à un saint, ici un monastère consacré à saint Paul (Pol) ; Guimiliau vient de *gwik*, bourg, associé à Miliau, le saint patron du village.

Les gens

2 037 Lampaulais et saint Pol-Aurélien, premier évêque du Léon, qui trône sur le pignon de l'église.

découvrir

L'ENCLOS PAROISSIAL*

La **porte triomphale** en plein cintre est surmontée de trois croix (1669). L'ancien ossuaire appelé **chapelle funéraire** (1667) est accolé à l'arc et possède des contreforts couronnés de lanternons. À l'intérieur, on peut voir l'autel de la Trinité, les statues de saint Roch, de saint Sébastien, de saint Pol et de son dragon. Plus ancien le **calvaire** du début du 16e s. a été mutilé.

L'église est dominée par une tour-clocher du 16e s. dont la flèche a été tronquée par la foudre en 1809.

Église*

L'abside avec la sacristie ajoutée en 1679 forment un bel ensemble où se mêlent les styles gothique et classique.

Intérieur** – Une **poutre de gloire** du 16e s. traverse la nef et porte un crucifix entre les statues de la Vierge et de saint Jean. Les deux faces sont ornées de sculptures : épisodes de la Passion (côté nef), douze sibylles séparées par le groupe de l'Annonciation (côté chœur). Au bas du bas-côté droit, voir la **cuve baptismale** et son très beau baldaquin (1651), et, plus haut, à droite du retable de Saint-Laurent, un curieux bénitier (17e s.) représentant deux diables se débattant dans l'eau bénite. Dans le chœur, stalles du 17e s. ; de chaque côté du maître-autel, boiseries sculptées : à gauche, saint Paul, le Chemin de Damas et l'Évasion du saint ; à droite, saint Pierre, son martyre et les Vertus théologales.

À droite du chœur, autel de Saint Jean-Baptiste orné de bas-reliefs dont le plus intéressant, à gauche, représente la Chute des anges, scène inspirée de Rubens. À gauche du chœur, l'autel de la Passion est orné d'un **retable** de huit compartiments figurant des personnages d'un réalisme saisissant de vie. Deux panneaux, évoquant à gauche la Nativité de la Vierge (scène rare en Bretagne), à droite le Martyre de saint Miliau, roi de Cornouaille qui eut la tête tranchée par son frère jaloux du trône, encadrent l'autel.

À VOIR
Impressionnante **Mise au tombeau** (1676) en tuffeau polychrome due à un sculpteur de la Marine, Anthoine. Remarquer particulièrement l'expression du Christ.

Dans le bas-côté gauche, remarquable Pietà du 16e s. dont les six personnages sont taillés dans un seul bloc de bois. Une armoire ouverte contient une bannière de velours du 17e s., brodée au fil d'argent. Le buffet d'orgue est du 17e s.

Landerneau

Située aux portes du Léon et de la Cornouaille, Landerneau, ancienne capitale du Léon, est une petite ville portuaire de l'estuaire de l'Élorn, rivière riche en saumons et en truites, et un centre animé de marchés.

La situation

Cartes Michelin nos 58 pli 5 ou 230 pli 4 – Finistère (29). À mi-chemin entre Brest et Landivisiau, sur la D 712 qui longe l'Élorn.

Pont de Rehan – 29220 – ☎ 02 98 85 13 09.

Le nom

En breton, *lan* signale un territoire consacré à un saint, et nous sommes ici sur la terre de saint Ernoc ou Ternoc.

La ville est surtout connue par l'expression : « il y aura du bruit dans Landerneau » dont une origine possible est le charivari que les habitants faisaient aux veuves qui se remariaient.

Les gens

14 269 Landernéens. Édouard Leclerc a installé son premier magasin à Landerneau, en 1949, dans un hangar et une petite chapelle désaffectée près de l'église St-Houardon.

se promener

Pont de Rohan

S'avancer devant l'hôtel de ville *(un peu en amont sur la rive droite)* pour apprécier son aspect pittoresque avec ses maisons en encorbellement aux façades recouvertes d'ardoise.

> **ÉTONNANT**
> Construit au 16e s., c'est l'un des derniers ponts habités d'Europe. Il accueille d'ailleurs l'Office de tourisme.

Gagner la rive gauche.

Église St-Thomas-de-Cantorbéry

De mi-juil. à mi-août : possibilité de visite guidée lun.-ven. 9h30-12h, 14h-18h.

Cet édifice du 16e s. possède un clocher-porche de 1607 à trois balcons superposés. En face de l'église, a été construite en 1635 une **chapelle-ossuaire**, qui dépendait d'elle.

Maisons anciennes

Hormis la maison dite des Rohan (1639) avec cadran solaire, située à l'angle du pont de Rohan et du quai de Cornouaille, elles se trouvent principalement sur la rive droite de l'Élorn. Dans le prolongement du pont, gagner la place du Gal-de-Gaulle *(pl. du Marché)* : au n° 9 maison dite de la Duchesse Anne, de 1664, avec tourelle. En poursuivant dans la même direction, au n° 4 rue de la Fontaine-Blanche, ancienne façade, et au n° 5 rue du Commerce *(1re à gauche sur la partie piétonne de la rue de la Fontaine-Blanche)*, maison de 1667 avec tourelle et lucarnes ouvragées.

Église St-Houardon

Construit en pierre de Kersanton, le porche servit de modèle aux bâtisseurs des enclos paroissiaux de la vallée de l'Élorn.

Landévennec★

Petite station estivale entourée d'eau et de bois, occupant un joli site★ à l'embouchure de l'Aulne, Landévennec respire la douceur. N'y voit-on pas une belle végétation méditerranéenne et des camélias y fleurir jusqu'au cœur de l'hiver ?

La situation

Cartes Michelin nos 58 plis 4, 5 ou 230 pli 18 – Finistère (29).

On ne passe pas à Landévennec, on y va : par la D 791 qui relie Le Faou à Crozon, puis jusqu'au terme de la D 60. Une forte descente mène à la localité.

> Pour apprécier le village au mieux, il faut, à Gorréquer, prendre la route à droite en descente. Du belvédère aménagé sur la droite, belle **vue★** sur Landévennec, le méandre de l'Aulne avec l'île de Térénez et le cimetière des bateaux de guerre, la presqu'île de Landévennec et la rivière du Faou.

Le nom

Il est le reflet des lieux et de leur histoire, nous sommes sur le *lan* (monastère) de *Wenn* (abréviation de Guénolé).

Les gens

374 Landévenneciens. Venu au 5e s. du pays de Galles comme beaucoup de saints bretons, Guénolé fonde l'abbaye de Landévennec. Son culte se répand dès le début du Moyen Âge dans toute la Bretagne et au-delà. Il est invoqué pour le salut des marins et contre la stérilité.

visiter

Nouvelle abbaye bénédictine St-Guénolé

Prendre à droite, à mi-pente, une allée bordée d'arbres et suivre la signalisation.

Très sobre, l'église renferme une statue de saint Guénolé en bois polychrome (15e s.) ; l'autel est constitué d'un bloc monolithe en granit rose. On peut assister aux offices.

Saint Guénolé, de pierre et de lichen !

Ruines de l'ancienne abbaye

Entrée 200 m plus bas à droite, au centre du bourg. De mi-juin à fin sept. : 10h-19h, dim. et j. fériés 14h-19h ; d'oct. à mi-juin : w.-end et vac. scol. 14h-18h. 25 F. ☎ 02 98 27 35 90.
Fondée vers 493 par saint Guénolé, et maintes fois remaniée, l'abbaye disparaît à la Révolution. Les ruines de l'église romane permettent d'en découvrir le plan : nef de six travées avec bas-côtés, transept et chœur à déambulatoire sur lequel s'ouvraient trois chapelles rayonnantes. À l'entrée du bras droit du transept, un monument carré serait le tombeau du roi Gradlon.
Un **musée** de conception très moderne expose les objets exhumés lors des fouilles, dont un sarcophage en bois antérieur au 10e s., ainsi que des maquettes situant les différentes étapes de construction de l'abbaye.

alentours

Pont de Térénez

Lancé sur l'Aulne, cet élégant ouvrage a une travée centrale de 272 m. La vue est fort belle sur la vallée.

Le Faou

Le bourg occupe, à l'origine de l'estuaire du Faou, un **site**★ qui prend beaucoup de caractère à marée haute. L'**église** du 16e s., qui se dresse en bordure de la rivière, présente un élégant clocher à dôme du 17e s., un double transept et un chevet à pans coupés.

À VOIR AUSSI
La rue principale et ses belles maisons anciennes en granit dont les étages sont en encorbellement et les façades recouvertes d'ardoise.

Lannion★

Ville spécialisée dans les télécommunications et la téléphonie, Lannion conserve un élégant cachet de « vieille Bretagne » avec un vieux quartier aujourd'hui largement débordé par le récent développement de cette commune que baigne le Léguer.

La situation

Cartes Michelin nos 59 pli 1 ou 230 pli 6 – Côtes-d'Armor (22). À 3 km au Nord de la ville a été installé le CNET, Centre National d'Études des Télécommunications. ℹ *Quai de l'Aiguillon – 22300 – ☎ 02 96 37 07 35.*

Le nom

Lan (ou *lann*), hérité de la langue celtique, signifie sanctuaire ou église. Ici, c'est l'église de saint Yon.

Les gens

16 958 Lannionnais. Pays natal de l'écrivain Charles le Goffic (1863-1932), auteur de *L'Âme bretonne.*

carnet pratique

OÙ SE RESTAURER

• ***À bon compte***

Crêperie La Sarrazine – *13 r. Jeanne-d'Arc – ☎ 02 96 37 06 48 – fermé 15 au 30 nov., dim. sf le soir en sais. et lun. hors sais. – 40/70F.* Des crêpes traditionnelles vous seront servies dans la salle aux murs de pierres apparentes de ce petit restaurant ou, à la belle saison, dans le jardin derrière la vieille maison. Les habitués aiment son atmosphère familiale.

• ***Valeur sûre***

Ville Blanche – *5 km de Lannion par la rte de Paimpol sur la D 786 – ☎ 02 96 37 04 28 – fermé 13 au 20 oct., 3 janv. au 11 fév., dim. soir sf été et lun. – 120/360F.* Quelle agréable étape que ce restaurant étoilé aux murs jaunes, avec ses jolies tables apprêtées et son charmant jardin potager... où les deux frères cuisiniers vont cueillir les herbes qui relèvent subtilement leurs mets... Réservation conseillée.

VISITES GUIDÉES

Du 1er juillet au 31 août, l'Office de tourisme organise des visites guidées, avec notamment des journées « Terroir et patrimoine ».

SPORTS

Kayak – *☎ 02 96 37 43 90.* Des stages en mer (en baie de Lannion) ou en rivière (sur le Léguer) sont organisés en juillet et août (tous les matins du mardi au vendredi).

Golf de St-Samson – *Route de Kérénoc à Pleumeur-Bodou, ☎ 02 96 23 87 34.* À 9 km de Lannion, ce golf est un parcours 18 trous.

se promener

Maisons anciennes★

À colombages, en encorbellement ou recouvertes d'ardoise, les façades de ces maisons des 15e et 16e s. sont remarquables. On les trouve principalement place du Général-Leclerc (nos 23, 29, 31, 33), rue des Chapeliers (nos 1 à 9), rue Geoffroy-de-Pont-Blanc (nos 1 et 3), rue Cie-Roger-de-Barbé (nos 1 et 7). À l'angle de cette dernière rue, à gauche, une croix de granit a été scellée dans le mur à l'endroit où s'illustra le chevalier de Pont-Blanc, défenseur héroïque de la ville au moment de la guerre de Succession.

Joli contraste de matières et de formes, place du Général-Leclerc.

Église St-Jean-du-Baly

Du 16e-17e s., elle accueille chaque année le festival d'orgue et de musique de la ville *(se renseigner auprès de l'Office de tourisme). Fermé dim. ap.-midi.*

Église de Brélévenez★

Escalier dit « de la Trinité » de 140 marches. Édifiée sur la colline par les templiers au 12e s., remaniée à l'époque gothique. Le clocher à flèche de granit est du 15e s. Sa terrasse offre une jolie vue sur la ville et la vallée. Avant d'entrer dans l'église, il faut aller voir la curieuse abside romane ; colonnes rondes engagées, chapiteaux sculptés et modillons la décorent. Sous le chœur à déambulatoire, une crypte romane remaniée au 18e s. abrite une superbe **Mise au tombeau★**. Les personnages, sculptés en pierre polychrome, sont représentés en grandeur nature (18e s.).

LANNION

Aiguillon (Quai d') ..... Z 2	Keriavily (R. de) ..... Z 14	St-Malo (R. de) ..... Z 29
Augustins (R. des) ..... Z 3	Kermaria (R. et Pont) ..... Z 16	St-Nicolas (R.) ..... Z 30
Buzulzo (R. de) ..... Z 4	Leclerc (Pl. Gén.) ..... Y 17	Trinité (R. de la) ..... Y 32
Chapeliers (R. des) ..... Y 6	Le-Dantec (R.F.) ..... Y 18	
Cie-Roger-de-Barbé (R.) ..... Y 7	Le-Taillandier (R. E.) ..... Z 20	
Coudraie (R. de la) ..... Y 8	Mairie (R. de la) ..... Y 21	
Du Guesclin (R.) ..... Z 9	Palais-de-Justice (Allée du) .. Z 24	
Frères-Lagadec (R. des) ..... Z 12	Pont-Blanc (R. Geoffroy-de) .. Z 25	
	Pors an Prat (R. de) ..... Y 26	
	Roud Ar Roc'h (R. de) ..... Z 28	

Église de Brélévenez ..... Y
Église St-Jean-du-Baly ..... Y

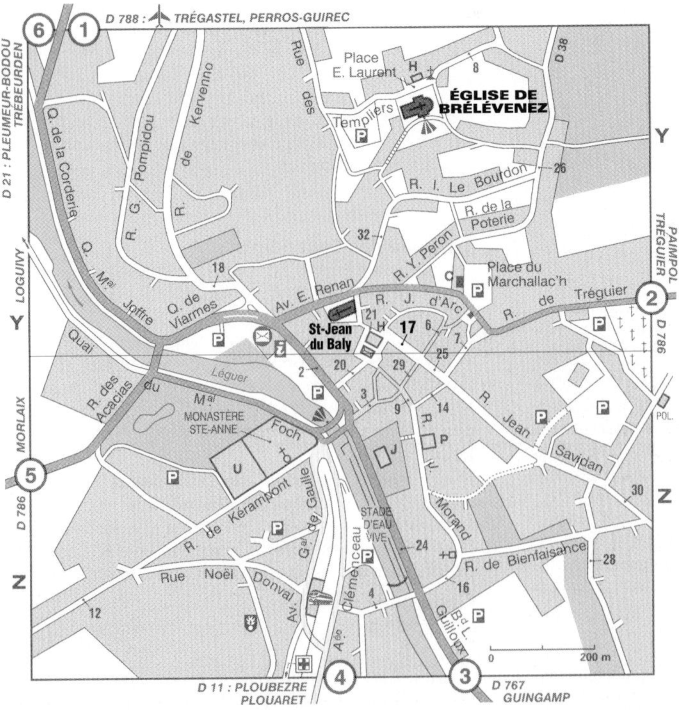
D 788 : TRÉGASTEL, PERROS-GUIREC
D 21 : PLEUMEUR-BODOU TREBEURDEN
LOGUIVY
MORLAIX
D 786
PAIMPOL TRÉGUIER
D 786
D 38
D 11 : PLOUBEZRE PLOUARET
D 767 GUINGAMP
Place E. Laurent
ÉGLISE DE BRÉLÉVENEZ
Rue des Templiers
R. I. Le Bourdon
R. de la Poterie
R. Y. Peron
Place du Marchallac'h
R. de Tréguier
R. J. d'Arc
Av. E. Renan
St-Jean du Baly
Q. de la Corderie
R. G. Pompidou
R. de Kervenno
Q. Mal Joffre
Q. de Viarmes
Quai du Mal Foch
Léguer
R. des Acacias
MONASTÈRE STE-ANNE
R. de Kérampont
Rue Noël Donval
Gal de Gaulle
Av. Clémenceau
STADE D'EAU VIVE
R. Morand
R. Jean Savidan
R. de Bienfaisance
Bd L. Guilloux
Y
Z
0
200 m

circuits

1 CHAPELLES ET CHÂTEAUX

Circuit de 50 km – Environ 3h

Quitter Lannion par ④ du plan, route de Plouaret. 1,5 km après Ploubezre, à un embranchement où se dressent cinq croix de granit, prendre à gauche et, à 1,2 km, encore à gauche.

Chapelle de Kerfons★

Juil.-sept. : 10h-12h, 14h-18h ; oct.-juin : sur demande. Mairie de Ploubezre. ☎ 02 96 47 15 51.

Entourée de châtaigniers, elle fut bâtie aux 15ᵉ et 16ᵉ s. Une corniche à modillons court sur le flanc droit, un clocheton décoré d'atlantes coiffe le pignon du bras droit du transept. Elle renferme un très beau **jubé★** en bois, sculpté à la fin du 15ᵉ s.

Faire demi-tour, puis prendre à gauche.

La route descend bientôt en lacet dans la vallée du Léguer. Sitôt franchie la rivière aux eaux rapides et bruyantes, les ruines du château se dressent sur la gauche.

Les murs du château de Tonquédec frisent par endroits les 4 m d'épaisseur !

Château de Tonquédec★

Élevé au début du 13ᵉ s., il a été démantelé par ordre de Jean IV en 1395 ; reconstruit au début du 15ᵉ s., il fut à nouveau démantelé par ordre de Richelieu en 1622.

Visite – *Juin-août : 10h-19h ; Pâques-mai et sept. : 15h-19h. 20F. ☎ 02 96 47 18 63 ou 02 96 47 15 47.*

On pénètre dans une première cour fortifiée, puis, par une poterne, à la deuxième cour. Un escalier de pierre (70 marches) conduit à la plate-forme du donjon (murs de près de 4 m d'épaisseur) : la vue permet de découvrir le plan du château et révèle la nature du pays trégorrois, vaste plateau horizontal coupé de profondes vallées en pente raide et pratiquement inhabitées.

Faire demi-tour et, au premier carrefour, prendre à gauche pour gagner la route de Plouaret où l'on tourne encore à gauche. À 1 km, prendre à nouveau à gauche.

Château de Kergrist

Juin-sept. : 11h-18h30 ; vac. scol. Pâques, w.-end et ponts de mai : 14h-18h. 30F, 20F (jardins seuls). ☎ 02 96 38 91 44.

Un de ses principaux attraits réside dans la variété de ses façades. Gothique au Nord, avec ses lucarnes à hauts gâbles flamboyants, le corps de logis, élevé aux 14ᵉ et 15ᵉ s., présente à l'opposé une façade du 18ᵉ s., tandis que les ailes en retour, qui lui sont antérieures, sont classiques sur les jardins. Ces derniers, tracés à la française, s'allongent jusqu'à la terrasse qui surplombe un parc anglais et les bois.

Revenir à la route de Plouaret où l'on tourne à gauche. À 2,2 km, prendre à gauche.

Chapelle des Sept-Saints

Visite (hors période estivale) : s'adresser à la mairie du Vieux-Marché ou à l'adresse indiquée sur la porte de la chapelle. ☎ 02 96 38 91 13.

On y vénère les Sept Saints Dormants d'Éphèse, culte venu d'Asie Mineure où, selon la légende, sept jeunes chrétiens, emmurés dans une caverne au 3ᵉ s., se sont réveillés au bout de deux siècles. Chaque année, un pèlerinage islamo-chrétien se déroule dans cette chapelle bretonne.

ÉTONNANT
Noyée dans la verdure, cette chapelle du 18ᵉ s. présente la particularité d'être en partie édifiée sur un imposant dolmen. On accède à la crypte située sous le dolmen, de l'extérieur, par une petite porte pratiquée dans le bras droit du transept.

Par Pluzunet et Bardérou, gagner la route de Lannion où l'on tourne à gauche. Dépasser **Caouënnec** *et continuer vers Lannion. Dans Buhulien, prendre à gauche la direction de Ploubezre ; 100 m après la ferme de Pont-Keriel, tourner à gauche dans un chemin non revêtu qui s'enfonce dans le bois.*

Château de Coatfrec

Il reste de belles ruines de cette imposante demeure du 16ᵉ s.

Gagner Ploubezre où l'on tourne à droite pour revenir à Lannion.

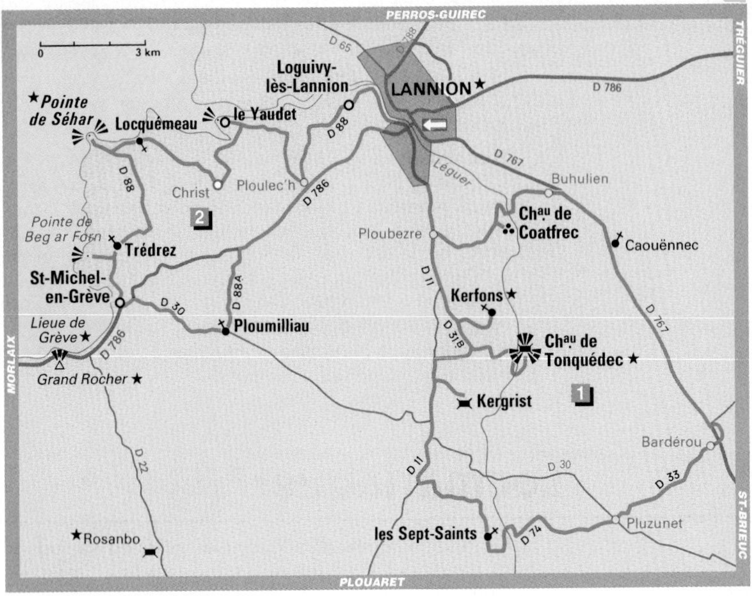
PERROS-GUIREC
TRÉGUIER
MORLAIX
ST-BRIEUC
PLOUARET
0
3 km
Loguivy-lès-Lannion
LANNION★
★Pointe de Séhar
Locquémeau
le Yaudet
D 65
D 788
D 786
D 88
D 767
Léguer
Buhulien
Christ
Ploulec'h
2
Chau de Coatfrec
Caouënnec
Pointe de Beg ar Forn
Trédrez
Ploubezre
D 11
St-Michel-en-Grève
Kerfons★
D 30
D 88A
Ploumilliau
Lieue de Grève★
D 318
Chau de Tonquédec★
Grand Rocher★
Kergrist
1
Bardérou
D 22
D 33
Pluzunet
★Rosanbo
les Sept-Saints
D 74

2 PAYSAGES MARITIMES

Circuit de 32 km – Environ 2h. Quitter Lannion par le quai du Maréchal-Foch.

Loguivy-lès-Lannion

Ce faubourg de Lannion s'étage à flanc de colline dans un cadre agréable. L'**église**, nichée dans un théâtre de verdure sur les bords du Léguer, date du 15e s. Un curieux escalier extérieur mène au clocher-mur construit en 1570. *(Pâques-Toussaint : 9h-18h).*
Dans le cimetière, sous des ifs plusieurs fois centenaires, une **fontaine** en granit est datée de 1577.

> **TYPIQUE, MAIS RARE**
> Dans la chapelle à droite du chœur, remarquer le **retable** de l'Adoration des mages en bois sculpté, du 17e s., avec bergers en costumes bretons jouant du biniou et de la bombarde.

La route s'élève en direction du Yaudet.

Le Yaudet

Dans un site superbe de hautes falaises, ce hameau, qui fut siège épiscopal aux premiers siècles de notre ère et fut ensuite détruit par les Danois vers 848, possède des vestiges de murs romains et une **chapelle** intéressante. Du parking, le sentier du Corps de Garde mène à une plate-forme : jolie **vue** sur le Léguer.

Revenir au centre du Yaudet et tourner à droite. Dans Christ, prendre à droite vers Locquémeau.

Locquémeau

Le bourg domine la plage et le port de pêche. On y accède par la route en corniche qui s'embranche à gauche à l'entrée de la localité. Une école de voile et la récolte du goémon animent les lieux.

Pointe de Séhar★ – Laisser la voiture près du port de Locquémeau et gagner la pointe. **Vue★** à l'Ouest, jusqu'à la pointe de Primel et, à l'Est, jusqu'à Trébeurden.

Trédrez

Saint Yves fut recteur de Trédrez de 1284 à 1292. Les environs sont riches en calvaires, manoirs et en fontaines. Dans l'**église Notre-Dame**, achevée en 1500, au caractéristique clocher-mur de la région, remarquer les fonts baptismaux en granit du 14e s. dont le baldaquin (1540) polychrome est un beau travail de sculpture sur bois. *Juil.-août : visite guidée 10h-12h, 15h-18h ; sept.-juin : visite libre.*

Quitter Trédrez en direction de Kerbiriou et suivre la route qui mène à la pointe de Beg-ar-Forn.

On découvre, peu avant le parking, une belle vue sur la baie et la Lieue de Grève.

Faire demi-tour, et au 2e carrefour, tourner à droite vers St-Michel-en-Grève.

St-Michel-en-Grève *(voir Côte des Bruyères)*

À la sortie de St-Michel-en-Grève, en direction de Lannion, prendre à droite.

Ploumilliau

L'**église** du 17e s. possède, dans le bras droit du transept, treize **panneaux** en bois sculpté polychrome retraçant des épisodes de la vie du Christ et, sur le mur face à la porte de la sacristie, une curieuse représentation de l'Ankou (la Mort) que l'on retrouve si fréquemment dans les légendes bretonnes. *Été : visite guidée 14h-18h ; hors sais. : sur demande. M. L'Escop. ☎ 02 96 35 44 44.*

Rejoindre la route Morlaix-Lannion au Nord et tourner à droite pour rentrer à Lannion.

Locmariaquer★★

Ce village commande l'entrée du golfe du Morbihan et conserve d'importants monuments mégalithiques.

La situation

Cartes Michelin nos 63 pli 12 ou 230 pli 50 – Morbihan (56). Au Sud d'Auray, Locmariaquer commande, avec son vis-à-vis Port-Navalo, l'entrée du golfe du Morbihan. ℹ *Place de la Mairie – 56740 – ☎ 02 97 57 33 05.*

OÙ DORMIR

Hôtel Les Trois Fontaines – *rte d'Auray – ☎ 02 97 57 42 70 – fermé 16 nov. au 22 déc. et 3 janv. au 24 mars – P – 18 ch. : 400/600F – ☕ 53F.* Avec sa façade avenante précédée d'un joli jardin, cet hôtel de construction récente est la bonne étape des environs. Ses chambres sont spacieuses et leur mobilier « bateau » en bois leur donne une petite touche marine, que l'on retrouve dans le salon.

Le nom

Le breton *loc* vient du latin *locus*, lieu : en breton, il prend une couleur religieuse et signifie lieu saint, ici consacré à Marie.

Les gens

1 309 Locmariaquérois. Les hommes du néolithique ont laissé quelques gravures sur leurs mégalithes, livrant un peu de leurs croyances : par exemple la déesse mère (sous forme d'écusson) et une une figure en forme de crosse, symbole de pouvoir et de puissance. Dans tous les cas, de grands ancêtres ou des divinités tutélaires veillent sur ces lieux.

découvrir

Ensemble mégalithique de Locmariaquer★★

À hauteur du cimetière, prendre le chemin signalisé jusqu'au parking. Juin-sept. : 10h-19h (dernière entrée 1/2h av. fermeture) ; avr.-mai : 10h-13h, 14h-18h ; oct.-mars : 14h-17h. Fermé de mi-déc. à mi-fév. 32F, 25F basse sais. ☎ 02 97 57 37 59.

Dans le cadre d'un programme de sauvegarde et de mise en valeur des sites mégalithiques, cet ensemble présente un groupe de trois monuments importants.

EN SAVOIR PLUS

Il est en orthogneiss, une roche qu'on ne trouve aujourd'hui qu'à 12 km de là ! Une hache gravée sur l'une de ses faces renforce son caractère symbolique.

Le Grand Menhir Brisé – Appelé *Men-er-Hroeg* (la pierre de la fée), ce monolithe, aujourd'hui brisé en quatre morceaux, atteignait 20m et pesait 48 t. Au néolithique ancien (vers 4 500 avant J.-C.), il faisait partie d'un sanctuaire très important, pivot d'un alignement de 50 m. Pour une raison inconnue, il fut renversé avec les autres menhirs du site vers la fin du 5e millénaire avant notre ère.

La Table des Marchand – Daté du néolithique moyen (3 700 avant J.-C.), ce monument a été restauré et a retrouvé son cairn. Un couloir de 7m conduit à la chambre funéraire. La dalle du plafond est une partie d'un grand menhir dont on retrouve deux autres morceaux dans le tumulus d'Er-Grah et dans le cairn de l'île de Gavrinis à 4 km de là. Cette dalle est ornée d'une grande hache, d'une crosse et d'un fragment de taureau.

Le tumulus d'Er-Grah – Situé au Nord de l'ensemble, ce monument très allongé, dont on estime la longueur d'origine à plus de 170 m, est en cours d'étude.

À VOIR
Sur la dalle de chevet de la Table des Marchand : une belle idole en « écusson », probablement la déesse mère avec une pseudo-chevelure ; un double registre de crosses symétriques. La gazelle est un graffiti moderne.

Dolmen de Mané-Lud★

À l'entrée de Locmariaquer, sur la droite, dans un groupe de maisons, se trouve le dolmen. À l'intérieur de la chambre, les pierres debout sont sculptées.

Dolmen de Mané-Rethual★

Au cœur du village, à droite de l'ancienne mairie, prendre une allée qui se faufile entre des maisons et traverse des jardins. Il se compose d'une longue allée couverte menant à une vaste chambre présentant des supports sculptés.

Tombe fermée recouverte de terre, le tumulus de Locmariaquer possède une belle entrée un rien inquiétante...

circuit

LES MÉGALITHES

Circuit de 5 km. Sur la place Évariste-Frick, prendre la rue Wilson.

À la sortie du village, sur la droite, s'embranche une route menant au hameau de **Kerlud**. Face à la dernière maison se trouve le **dolmen de Kerlud**, en partie enfoui.

Revenir à la grande route et prendre à droite ; en bordure de plage, encore à droite.

Dolmen des Pierres-Plates★

Un menhir marque l'entrée de ce dolmen. Deux chambres sont reliées par une longue allée coudée, de remarquables gravures ornent les supports.

LARGE VUE
Du terre-plein, belle vue sur la pointe de Port-Navalo et la pointe du Grand-Mont, l'île d'Houat, en arrière Belle-Île, la presqu'île de Quiberon.

Faire demi-tour et suivre la grève pour gagner la pointe de Kerpenhir.

Pointe de Kerpenhir★

S'avancer au-delà du blockhaus. **Vue★** sur le goulet du golfe. À la pointe, statue de granit de N.-D.-de-Kerdro protégeant les marins (*kerdro* signifie « bon retour »).

Tumulus de Mané-er-Hroech★

Au lieu-dit Kerpenhir, emprunter une allée, à gauche de la route, qui s'élève vers le tumulus. Un escalier de 23 marches permet d'accéder à une chambre funéraire et de découvrir les pierres sèches composant le tumulus.

Locronan★★

Locronan se confond souvent avec sa merveilleuse place centrale, si authentique qu'elle a servi de cadre à plusieurs films historiques. La localité, jadis prospère grâce à l'industrie de la toile à voile, l'est encore aujourd'hui, grâce au tourisme toujours à la recherche des ensembles architecturaux idéalement conservés.

Pardons
Celui de la **Montagne de Locronan**, l'un des plus beaux et des plus pittoresques de Bretagne (dernier dimanche d'août), attire plusieurs dizaines de milliers de personnes. Lors du pardon de **Ste-Anne-la-Palud**, le samedi à 21h débute une grande procession aux flambeaux qui parcourt la dune au-dessus de la chapelle.

La situation

Cartes Michelin nos 58 plis 14, 15 ou 230 pli 18 – Finistère (29). À l'Est de Douarnenez et au Nord-Ouest de Quimper, Locronan se situe à l'intersection des D 7 et D 63. Parking payant à l'extérieur du bourg. *Place de la Mairie – 29180 – ☎ 02 98 91 70 14.*

Le nom

« Le lieu de Ronan », *loc Ronan* (jadis Renan).

Les gens

796 Locronanais. Saint Ronan est un ermite irlandais venu en Cornouaille vers le 5e s. La crosse, présente sur ses représentations, rappelle qu'elle lui fut utile pour faire un croc-en-jambe au diable !

La célèbre place. Ses maisons étaient autrefois habitées par des officiers du roi ou des négociants prospères.

se promener

La place★★

Avec ses maisons de granit élevées à la Renaissance, son vieux puits, sa vaste église et sa jolie chapelle, elle incarne la ville qui est classée monument historique depuis 1936. D'élégantes demeures bordent les rues avoisinantes (Lann, Moal, St-Maurice).

Église St-Ronan et chapelle du Pénity★★ – Ces deux édifices accolés communiquent. L'église (15e s.) frappe par son homogénéité. La décoration de la **chaire★** (1707) retrace la vie de saint Ronan ; le beau **vitrail★** (15e s.) de l'abside, des scènes de la Passion.

carnet d'adresses

Où dormir

• ***Valeur sûre***

Manoir de Moëllien – *29550 Plonévez-Porzay – 3 km au NO de Locronan par C 10 – ☎ 02 98 92 50 40 – fermé 13 nov. au 14 déc. et 3 janv. au 24 mars – P – 18 ch. : 370/740F – 50F – restaurant 128/300F.* Cette demeure du 17e s. en pleine campagne vous accueillera dans ses dépendances. Ses chambres coquettes ouvrent leurs portes-fenêtres sur la nature et jouissent d'un calme remarquable. Seul le restaurant, avec une cheminée, est dans le manoir.

Où se restaurer

• ***À bon compte***

Crêperie Breiz Izel – *pl. de l'Église – ☎ 02 98 91 82 23 – fermé oct. à Pâques et dim. hors sais. – – 35/60F.* Pendant la visite du bourg, n'hésitez pas à faire étape dans cet ancien hôtel particulier du Comptoir de la Compagnie des Indes pour apprécier la vieille cheminée, la belle salle et les crêpes aux prix sages.

La chapelle (16e s.) abrite la dalle funéraire de saint Ronan (le gisant, du début du siècle, est l'une des premières œuvres en granit de Kersanton).
Pour avoir une bonne vue du chevet plat de l'église, s'avancer dans le cimetière.

À VOIR
La *Descente de croix* (16e s.) en pierre polychrome, à six personnages, dont le soubassement est orné de deux beaux **bas-reliefs★** représentant les apparitions de Jésus ressuscité à Marie-Madeleine et aux disciples d'Emmaüs.

Chapelle N.-D.-de-Bonne-Nouvelle

À 300 m, par la rue Moal qui part de la place et descend à flanc de coteau. Elle date du 16e s. Avec le calvaire et la fontaine (1698) proches, elle compose un paysage typiquement breton. *Pâques-Toussaint : 10h-19h.*

visiter

Musée

Rte de Châteaulin. Faïences de Quimper, grès, costumes du pays locronanais, évocation des troménies, anciens métiers, peintures et gravures contemporaines se rapportant à Locronan. *Pâques-Toussaint : 10h-12h, 14h-18h (de mi-juin à mi-sept. : 10h-19h) ; Toussaint-Pâques : 14h-18h. Fermé janv.-fév. 20F. ☎ 02 98 91 70 14.*

Skritelleoueg Breizh, conservatoire de l'Affiche en Bretagne

Installé dans un ancien manoir, ce musée se consacre à la conservation et la restauration d'affiches de toutes origines. Expositions temporaires thématiques. *D'avr. à mi-oct. : tlj sf sam. 10h-13h, 14h-18h (de fin juin à fin août : 10h-18h). Fermé j. fériés (hors sais.). 20F. ☎ 02 98 51 80 59.*

LES TROMÉNIES

À Locronan, les pardons se nomment « troménies ». Lors de la **petite troménie**, la procession se rend au sommet de la montagne, reprenant la promenade que, selon la tradition, faisait tous les matins à jeun et pieds nus saint Ronan qui serait venu d'Irlande au 5e s. **La grande troménie★★** a lieu tous les six ans, les 2e et 3e dimanches de juillet *(la prochaine se tiendra en 2001).* Les pèlerins, portant les bannières, font le tour de la montagne (12 km), en s'arrêtant à douze stations. Aux reposoirs, chaque paroisse expose ses saints et ses reliques. Ce circuit s'effectue aux limites de l'ancien prieuré bénédictin – construit à l'emplacement de la forêt sacrée, le « Nemeton », servant de temple naturel – fondé au 11e s., qui était un lieu d'asile. De là viendrait le nom du pardon : *Tro Minihy* ou « tour de l'asile », francisé en « troménie ».

Lors de la grande troménie de 1995, même les hortensias étaient au rendez-vous !

alentours

Montagne de Locronan★

2 km à l'Est. Quitter Locronan par la route de Châteaulin. Du sommet (289 m) couronné par une **chapelle** (vitraux de Bazaine), beau **panorama★** sur la baie de Douarnenez ; à gauche, on distingue Douarnenez et la pointe du Leydé ; à droite, le cap de la Chèvre, la presqu'île de Crozon, le Ménez-Hom et les monts d'Arrée.

Ste-Anne-la-Palud

8 km au Nord-Ouest. Quitter Locronan par la D 63 en direction de Crozon. À la sortie de Plonévez-Porzay, prendre à gauche. La **chapelle**, bâtie au 19e s., abrite une statue vénérée de sainte Anne, en granit peint, de 1548. *Pâques-Toussaint : 9h-19h. ☎ 02 98 96 50 17.*

Manoir de l'Automobile à Lohéac★★

Installée dans l'ancien manoir de La Courneuve, cette collection réunit plus de 230 voitures de tous types, de tous âges et de toutes nationalités, mais plus particulièrement des modèles grand tourisme et sport.

La situation

Cartes Michelin nos 63 pli 6 ou 230 pli 39 – Ille-et-Vilaine (35). Lohéac se situe sur la D 177 reliant Rennes à Redon, le musée sur la D 50 en direction de Lieuron.

Le nom

Comme Loudéac dans les Côtes-d'Armor, il dériverait du nom latin *Laudius*, c'est-à-dire Louis.

Les gens

Ici se retrouvent (quoique sans se connaître) les amateurs, voire les passionnés de voitures anciennes.

visiter

L'ancien manoir

Tlj sf lun. 10h-12h, 14h-19h (été : ouv. tlj). 38F. ☎ 02 99 34 02 32.

Il réunit les « ancêtres » du début du siècle, puis une succession impressionnante d'Alpine. Plus loin, c'est la famille quasi complète des Lamborghini, auxquelles s'ajoutent des Maserati, Ferrari, Porsche, Rolls-Royce, Renault, Citroën, Peugeot ou Volkswagen.

La visite se poursuit par la **chapelle des moteurs** (présentation originale de moteurs anciens) où un garage et une station-service d'autrefois sont reconstitués. Le grand premier étage, peuplé de « belles étrangères », se termine par un mur d'enseignes lumineuses des grandes marques liées à l'automobile. Maquettes, dioramas minutieux et plus de 3 000 modèles réduits de toutes marques et de toutes formules sont également au rendez-vous.

Enfin, l'espace hippomobile présente une cinquantaine d'attelages : berline de voyage ou berline de gala, dogcart, omnibus, coupé... Une salle de projection complète la visite en présentant des films sur l'automobile.

Toutes les formes, toutes les époques, pour tous les goûts, pour tous les rêves.

Lorient

Ville nouvelle du 18e s., Lorient est en outre une ville « renouvelée » après la destruction quasi totale que lui valut sa position stratégique durant la Seconde Guerre mondiale. Port de plaisance, de passagers, de commerce, de pêche (deuxième port français après Boulogne) et militaire, Lorient réaffirme chaque année son identité celte grâce à son Festival interceltique de Lorient dont la renommée a dépassé depuis longtemps les limites de la Bretagne.

La situation

Cartes Michelin nos 63 pli 1 ou 230 plis 34, 35 – Morbihan (56). Au confluent du Scorff et du Blavet, le port de Lorient est bien protégé de l'océan par ses deux sentinelles : Larmor-Plage et Port-Louis.

Quai de Rohan – 56100 – ☎ 02 97 21 24 29.

REMARQUER

Lorsqu'on arrive à Lorient en venant de Lanester, on longe le Scorff et on aperçoit, à marée basse, un champ de pieux noirâtres : les probables vestiges de la fosse aux mâts inaugurée en 1826. Le bois destiné à la construction navale était enfoui dans la vase afin d'être protégé de la pourriture.

Le nom

Fondée en 1666 par Colbert à la suite de la création de la Compagnie des Indes orientales, la ville doit son nom à un navire baptisé *Soleil d'Orient* (sorti des chantiers navals de Port-Louis) et au fait qu'elle devient le point d'embarquement pour l'Orient.

Les gens

L'agglomération compte 107 088 Lorientais, sans compter le bagad de Lann-Bihoué, chanté par Alain Souchon.

Où dormir

• À bon compte

Léopol – *11 r. W.-Rousseau – ☎ 02 97 21 23 16 – fermé 24 déc. au 5 janv. – 26 ch. : 190/270F – ☕ 32F.* On a fait beaucoup d'efforts pour donner une seconde jeunesse à cet hôtel : ses chambres rénovées et son salon aux meubles de rotin restent simples, mais l'ensemble est propre et accueillant. Une bonne petite adresse pour budgets serrés.

• Valeur sûre

Hôtel Les Mouettes – *56260 Larmor-Plage – 7 km au S de Lorient par D 29 et D 152 – Anse de Kerguélen – ☎ 02 97 65 50 30 – P – 21 ch. : 350/420F – ☕ 42F – restaurant 100/250F.* Vous serez un peu au bout du monde sur la plage de cet hôtel construit sur un site naturel protégé. Son architecture un peu austère et son décor, plus que sobre à force de modernisme, pondéreront sans doute un peu le bonheur de l'isolement trouvé...

Où se restaurer

• À bon compte

Tea For Two – *23 r. Paul-Bert – ☎ 02 97 64 27 70 – fermé dim. et le soir – 60/80F.* Seul ou à plusieurs, vous aimerez l'atmosphère sereine et les couleurs chaudes de ce ravissant salon de thé où pâtisseries maison, assiettes gourmandes, brunchs et thés ont déjà solide réputation.

Crêperie du Gaillec – *Hameau de Gaillec – de Lorient : 9 km, voie express, sortie Plœmeur – Lann-Bihoué, à gauche, suivre fléchage Gaillec – ☎ 02 97 83 00 26 – fermé 3 dernières sem. de sept., dim. soir et lun. – 30/80F.* Les bonnes adresses se méritent ! L'accès à cette ancienne ferme n'est pas des plus aisés. Mais une fois à table, vous savourerez ses crêpes à la farine biologique et les produits des artisans locaux avec d'autant plus de plaisir...

• Valeur sûre

Jardin Gourmand – *46 r. Jules-Simon – ☎ 02 97 64 17 24 – fermé 1er au 12 août, vac. de fév., dim. et lun. – 105/160F.* Dans une petite maison à la façade de pierre, ce restaurant joue la carte de la cuisine du marché, fraîche et savoureuse. Servie en été dans le petit jardin, elle se savoure en hiver dans la salle beige et lavande. Menus à déjeuner, carte le soir.

Où boire un verre

Jame'son – *48 r. Jules-Simon, ☎ 02 97 64 49 99. Lun.-sam. 18h-2h.* Renommé pour ses punchs fameux, ce bar à cocktails est animé par un amoureux de Brassens, Brel et Piaf. Sa courtoisie est également proverbiale, forte de trente années de service.

Villa Vanny – *10 pl. Jules-Ferry, ☎ 02 97 64 57 81. Lun.-sam. 12h-2h, dim. 18h-2h.* La Villa Vanny est actuellement le bar à la mode de Lorient. Il rassemble toute la jeunesse dorée de la ville grâce à ses spécialités de rhums et à sa musique branchée.

The Galway Inn – *18 r. de Belgique, ☎ 02 97 64 50 77. Ouv. tlj. 11h-1h.* Ce pub à l'ambiance très conviviale est tenu par un Irlandais depuis 1988. Nombreux concerts de musique celtique. Bondé le week-end.

Place Jules-Ferry – *Pl. Jules-Ferry.* C'est autour de cette place que s'organise la vie nocturne lorientaise. Tous les genres sont représentés, des jeunes branchés (à la Villa Vanny) aux moins jeunes (à l'Admiral Benbow). On trouve également un café-théâtre, un pub, un bar australien et deux discothèques...

Villa Margaret – *Port de plaisance de Kernevel, 56260 Larmor-Plage, ☎ 02 97 33 67 19. Hors saison : tlj 9h-0h. Juil.-août : 7h30-1h.* Dans ce paisible bistrot, établi dans une splendide demeure de la fin du 18e s., les jeunes de Larmor-Plage viennent se mêler aux vétérans. En été, on profite, sur des rythmes jazzy, d'une terrasse ombrée sur jardin qui regarde le port de Kernevel.

Visite de Lorient, années 1930 et 1950

L'Office de tourisme distribue un fascicule qui guidera les amateurs d'architecture à travers la ville.

Loisirs

Théâtre de l'Océan – *À Larmor-Plage. Renseignements à l'Office de tourisme, ☎ 02 97 33 70 02.* Spectacles et concerts face à la mer.

Centre nautique de Kerguelen – *R. de Kerguélen, 56260 Larmor-Plage, ☎ 02 97 33 77 78. Lun.-ven. 8h45-12h15, 13h45-18h, w-e et j. fériés 9h-12h, 14h-17h.* Ce gigantesque complexe nautique propose des activités de plongée, de voile (dériveurs et planches à voile), mais aussi de kayak, de char à voile, de surf et de ski nautique.

Promenades en bateau

Belle-Île★★ (voir ce nom)

Port-Louis★ – Traversée : 1/2h (voir ce nom)

Île de Groix★ (voir ce nom)

La pêche au port et en mer

Moulin Lorient Marée – *Port de pêche, ☎ 02 97 37 30 00. Lun.-sam. 8h-12h.* Dans le port de pêche de Keroman, lieu de vente des poissons à la criée, c'est le seul magasin qui propose aux particuliers des produits frais tirés de la mer.

Visite guidée du port de pêche – Organisée par l'Office de tourisme (avec petit-déjeuner au port), du lundi au mercredi à partir de 4h30 (19F + 21F pour le petit-déjeuner).

Pêche en mer – *☎ 02 97 21 00 52.* Au départ du port de plaisance de Larmor-Plage, partez pêcher une demi-journée ou une journée.

Le Festival interceltique★ de Lorient est devenu au fil des ans une manifestation très importante qui attire les Celtes d'Irlande et du pays de Galles.

comprendre

L'orgueilleuse devise de la Compagnie est *Florebo quocumque ferar* : « Je prospérerai où que j'aille. »

La Compagnie des Indes – La première Compagnie des Indes, fondée par Richelieu à Port-Louis, n'ayant pas réussi, Colbert reprend le projet en 1664, au Havre. Mais les navires de la Compagnie sont arraisonnés trop facilement dans la Manche par les Anglais et l'on décide de transporter le siège de l'exploitation sur l'Atlantique. Le choix se fixe sur des terres « vagues et vaines » sur la rive droite du Scorff. Très vite, toute l'activité portuaire est tournée vers les Indes et la Chine – les installations élevées à cet endroit prennent alors le nom de « L'Orient » –, puis Seignelay organise un arsenal royal où les plus illustres corsaires viennent se faire radouber. Au 18e s., sous l'impulsion du célèbre financier Law, les affaires se développent beaucoup ; soixante ans après sa fondation, la ville compte déjà 18 000 habitants. La perte des Indes cause la ruine de la Compagnie et, en 1770, l'État prend possession du port et de ses installations. En 1794, Napoléon en fait un port militaire.

visiter

Église N.-D.-de-Victoire

Plus connue sous le nom de St-Louis par les Lorientais, elle s'élève sur la place Alsace-Lorraine qui constitue une réussite de l'urbanisme moderne. Construite en béton armé, l'église recèle un très bel **intérieur★** dont la rotonde est agréablement éclairée par de petits vitraux jaunes et blancs.

Arsenal

Entrée par la porte Gabriel. De mi-mai à mi-sept. S'adresser à l'officier des relations publiques : Comar Lorient BP 1, 56998 Lorient-Naval, ☎ 02 97 12 17 22 ou 02 97 12 17 55.
On remarque sur la droite le pavillon Gabriel de la Compagnie des Indes, reconstruit dans le style original. L'arsenal du Scorff offre quatre bassins prévus pour le carénage des navires de guerre de surface et pouvant recevoir les plus grosses unités.
La tour de la Découverte, bâtie en 1786, servait autrefois de sémaphore et de tour de guet.

Seuls les initiés comprennent
La vente du poisson se pratique encore selon un rituel compréhensible des seuls initiés. Au petit matin, le spectacle haut en couleur de la criée mérite que l'on s'y arrête.

Port de pêche de Keroman

À voir de préférence le matin au moment du retour des pêcheurs (en fonction de la marée).
En partie gagné sur la mer, le port de Lorient est conçu et aménagé pour les besoins de la pêche industrielle ; il se compose de deux bassins en équerre : le Grand Bassin et le Bassin Long et totalise 1850 m de quais.
Avec une halle de criée longue de 600 m, une « gare de marée » permettant de charger des camions en partance pour toutes les régions de France, un « service glace »

dont la production peut être de 200 t par jour, et un slipway composé de 6 voies, le port de Keroman arme toute l'année et pour toutes sortes de pêches. Les plus grosses unités prennent la mer pour environ une semaine et pêchent essentiellement des espèces des grands fonds.

Base des sous-marins Ingénieur-Général-Stosskopf★

Entrée par la porte de Keroman. De mi-juin à mi-sept. : visite guidée (1h1/4) tlj sf lun. 10h-17h (juil.-août : 9h30-18h15). 25F (circuit A), 35F (circuit B). ☎ *02 97 21 07 84.*

Les trois blocs de la base ont été construits à une vitesse record. Les deux premiers (1941), longs de 130 m et hauts de 18,50 m, disposent de treize alvéoles pouvant accueillir des sous-marins. Le troisième bloc (1943), long de 170 m et haut de 20 m, possède une toiture épaisse de 7,50 m de béton armé.

Au lendemain de la guerre, la Marine française prit possession de la base pour y installer la deuxième escadrille des sous-marins de l'Atlantique (dissoute en 1995). L'ultime carénage s'est achevé en décembre 1996 et la *Sirène*, dernier submersible en activité, a quitté la base

► Cet ouvrage gigantesque porte le nom de l'ingénieur-général du génie maritime qui, sous les apparences de la collaboration, participait à la vie de la base et informait les Alliés. Il fut fusillé par les Allemands.

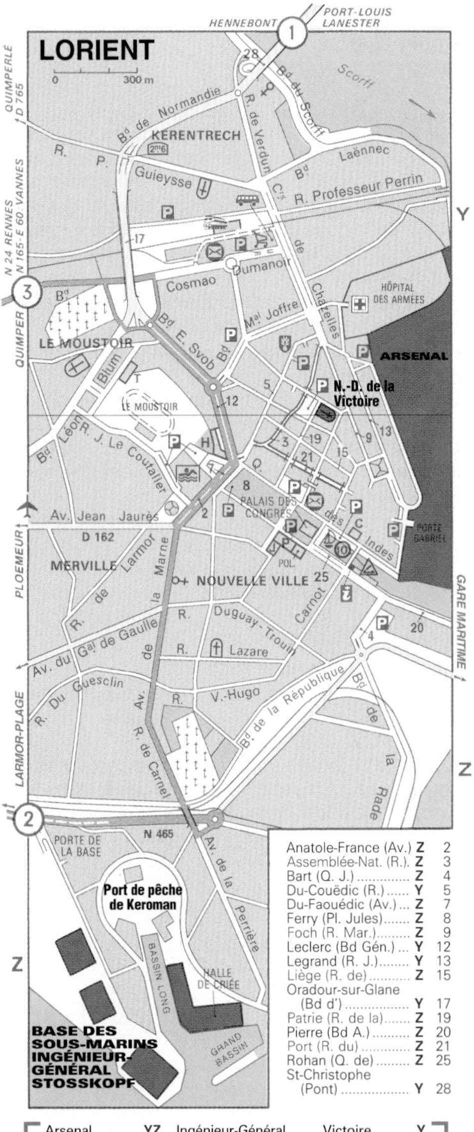
LORIENT
0
300 m
HENNEBONT
PORT-LOUIS
LANESTER
QUIMPERLÉ D 765
N 24 RENNES N 165-E 60 VANNES
QUIMPER
PLOEMEUR
LARMOR-PLAGE
GARE MARITIME
KERENTRECH
LE MOUSTOIR
MERVILLE
NOUVELLE VILLE
ARSENAL
HÔPITAL DES ARMÉES
N.-D. de la Victoire
PALAIS DES CONGRÈS
PORTE GABRIEL
PORTE DE LA BASE
Port de pêche de Keroman
HALLE DE CRIÉE
BASSIN LONG
GRAND BASSIN
BASE DES SOUS-MARINS INGÉNIEUR-GÉNÉRAL STOSSKOPF
N 465
D 162
Y
Z

Anatole-France (Av.)	Z	2
Assemblée-Nat. (R.)	Z	3
Bart (Q. J.)	Z	4
Du-Couëdic (R.)	Y	5
Du-Faouëdic (Av.)	Z	7
Ferry (Pl. Jules)	Z	8
Foch (R. Mar.)	Z	9
Leclerc (Bd Gén.)	Y	12
Legrand (R. J.)	Y	13
Liège (R. de)	Z	15
Oradour-sur-Glane (Bd d')	Y	17
Patrie (R. de la)	Z	19
Pierre (Bd A.)	Z	20
Port (R. du)	Z	21
Rohan (Q. de)	Z	25
St-Christophe (Pont)	Y	28

[Arsenal .... YZ — Base des sous-marins Ingénieur-Général Stosskopf .... Z — Église N.-D.-de-Victoire .... Y — Port de pêche de Keroman .... Z]

L'Académie Tabarly

C'est dans la base sous-marine que l'académie (dont le nom est provisoire) s'installera. Elle réunira 5 Pen-Duick, dont le n° I, cotre aurique que le grand navigateur a toujours chéri.

SM 303402

Le Victor Pleven, 3 500 litres de vin pour 90 jours d'autonomie !

pour rejoindre Toulon en février 1997. Désormais, il ne reste que la *Flore*, désarmée, mais conservée en l'état et toujours visible sur le terre-plein entre les blocs 1 et 2. La cession progressive, par la Marine, des terrains de la base à la ville de Lorient est en cours : divers projets d'utilisation de ces espaces à des fins industrielles ou touristiques sont à l'étude.

Le Victor Pleven – *Juin-août : 9h-19h ; sept.-mai : 9h-12h30, 13h30-18h. Fermé 1er janv. et 25 déc. 50F (enf. : 35F). ☎ 02 97 88 15 12.*

Lancé à Gdansk en 1971, il fut le plus grand chalutier-usine à pêcher dans les eaux canadiennes de Terre-Neuve (90 m de long). Ce géant des mers aux conditions de vie un peu frustes était capable de ramener quelque 1 000 t de poisson congelé.

itinéraire

LA CÔTE ENTRE SCORFF ET LAÏTA

Circuit de 47 km – Environ 2h1/2 Quitter Lorient par ② du plan, on laisse à gauche la route de Kernével.

LE SABRE ET LE GOUPILLON

Chaque année, le dimanche qui précède ou suit le 24 juin, a lieu la bénédiction des Coureaux : la tradition veut que les navires de guerre quittant Lorient saluent N.-D.-de-Larmor de trois coups de canon tandis que le curé fait sonner les cloches et hisser le pavillon tricolore.

Larmor-Plage

S'ouvrant sur l'océan, face à Port-Louis, Larmor-Plage possède de belles plages fréquentées par les Lorientais (Toulhars, Port-Maria, Kerguelen, le Nourriguel).

L'**église,** bâtie au 12e s., a été remaniée jusqu'au 17e s. Le porche du 15e s. s'ouvre inhabituellement au Nord, afin de se protéger des vents dominants. L'intérieur révèle un intéressant mobilier et, à l'autel des Juifs, un retable du 16e s. d'inspiration flamande rassemblant sur les pentes du calvaire une quarantaine de personnages très expressifs.

L'ancienne route suit d'assez près la côte où se disséminent de petits centres balnéaires.

Après Kerpape, le parcours offre des vues étendues sur la côte du Finistère, au-delà de l'anse du Pouldu, et sur l'île de Groix avec, comme premier plan, les découpures du littoral rocheux du Morbihan où se nichent les petits ports de Lomener, de Perello, de Kerroch, du Courégant et la grande plage de **Fort-Bloqué** dominée par le fort de même nom.

On traverse Guidel-Plages, à l'embouchure de la Laïta. De Guidel, on peut pousser jusqu'au pont de St-Maurice *(6 km AR)* sur la Laïta d'où la **vue★** sur la vallée encaissée est magnifique. *De Guidel, gagner Pont-Scorff en passant par Coatermalo et Gestel. Dans Pont-Scorff, prendre la direction de Quéven.*

Un petit bisou, en passant !

Zoo de Pont-Scorff

Avr.-sept. : (dernière entrée 1h av. fermeture) 9h30-18h (de mi-juil. à mi-août : 9h30-22h) ; oct.-mars : 9h30-17h. 57F (enf. : 32F). ☎ 02 97 32 60 86.

Installé sous bois, sur les rives escarpées du Scave, petit affluent du Scorff, ce zoo spécialisé dans la reproduction des félins rassemble plus de 450 animaux du monde entier. Des spectacles d'animaux dressés sont présentés à certaines heures.

Par Quéven, regagner Lorient.

Loudéac

Au cœur de la Bretagne, dans une région boisée aux rivières poissonneuses, cette petite ville est connue pour ses courses de chevaux. Loudéac et ses environs ont développé un tourisme « vert » allant du cyclotourisme à la randonnée en passant par la pêche dite à la mouche.

La situation

Cartes Michelin nos 59 pli 13 ou 230 plis 22, 23. – Côtes-d'Armor (22). Au Nord-Est de Pontivy, Loudéac se positionne sur la D 700 qui monte vers Saint-Brieuc. *Place du Général-de-Gaulle – ☎ 02 96 28 25 17.*

Le nom

L'origine est le nom propre latin *Laudius*, qui a donné Louis.

Les gens

9 820 Loudéaciens. La ville a vu naître Jeanne Malivel (1885-1926), peintre actif au sein du groupe *Ar Seiz Breur*.

À LA PÊCHE
Tout pêcheur à la mouche qui se respecte connaît la **Maison Ragot**, fondée en 1920 et toujours spécialiste en leurres à base de plumes de coq ou de perdrix écossaise.

découvrir

UNE TRADITION CHEVALINE

La ville possède le deuxième hippodrome de l'Ouest, ce qui nous rappelle que jadis, c'est-à-dire au Moyen Âge, la maison de Rohan possédait ici un haras d'une centaine de têtes. Les amoureux de la plus belle conquête de l'homme pourront s'essayer à des randonnées transarmoricaines.

Courses de chevaux – Elles ont lieu 15 jours avant Pâques (le dimanche), le dimanche et le lundi de Pâques, le dimanche suivant (Quasimodo), fin mai ou début juin, ainsi que le 14 juillet et le 15 août. *Tlj sf w.-end. Gratuit. ☎ 02 96 28 08 42.*

alentours

Querrien

À 11 km à l'Est. Siège d'une apparition de la Sainte Vierge à une petite bergère au 17e s., le village accueille un pèlerinage annuel.

La Chèze

10 km au Sud-Est par la D 778. Le **musée régional** s'adresse aux amoureux des vieux métiers ; on y voit une machine à imprimer (1930) en état de marche. *Juil.-août : 10h-12h, 14h-18h ; mai-juin et sept. : 14h-18h ; oct. : w.-end et j. fériés 14h-18h. Fermé nov.-avr. 19F. ☎ 02 96 26 63 16.*

Ménez-Hom★★★

Sommet détaché des Montagnes Noires dont il prolonge l'extrémité occidentale, le Ménez-Hom est l'un des grands belvédères bretons malgré ses 330 m. Le panorama offert par cette position clé à l'entrée de la presqu'île de Crozon est exceptionnel.

Vu du ciel
Parapente :
Club Celtic du Vol Libre
☎ 02 98 81 50 27.
ULM :
☎ 02 98 81 28 47.

La situation

Cartes Michelin nos 58 pli 15 ou 230 pli 18 – Finistère (29).
Entre Châteaulin et Crozon, le Ménez-Hom domine la D 887 et la D 83 qui y conduit. On y accède (2 km) par une petite route qui s'embranche sur l'axe reliant Châteaulin à Crozon, 1,5 km après la chapelle Ste-Marie.

Le nom

Menez signifie « montagne », Ménez-Hom veut dire « montagne du lieu ».

Les gens

Les jours de beau temps, des parapentistes forment un ballet coloré autour du mont.

découvrir

Aller jusqu'à la borne de l'Institut géographique pour avoir un tour d'horizon complet. On peut apercevoir dans la vallée de la Doufine le bourg de Pont-de-Buis.

Le panorama★★★

On découvre la baie de Douarnenez limitée à gauche par la côte de Cornouaille, jusqu'à la pointe du Van, et à droite par la côte de la presqu'île de Crozon jusqu'au cap de la Chèvre. Vers la droite, la vue s'étend sur la pointe de St-Mathieu, les « Tas de Pois », la pointe de Penhir, Brest et sa rade en avant de laquelle se détachent l'île Longue à gauche, l'île Ronde et la pointe de l'Armorique à droite ; l'estuaire commun de la rivière du Faou et de l'Aulne dont les vallées se séparent vers l'arrière. La vallée de l'Aulne, la plus proche, décrit un beau méandre que franchit le pont suspendu de Térénez. Vers l'arrière : les monts d'Arrée, la montagne St-Michel et sa chapelle, le bassin de Châteaulin, les Montagnes Noires, la montagne de Locronan, Douarnenez et Tréboul.

Chapelle Ste-Marie-du-Ménez-Hom

De Pâques au 1er nov. : 9h-19h.
Dans un petit enclos paroissial (1739), la chapelle garde des **retables★**, assez chargés, formant un bel ensemble qui occupe tout le mur Est. Le retable Sud marque par la souplesse et l'élégance de l'exécution une évolution surprenante de la statuaire bretonne.

Musée de l'École rurale en Bretagne

4 km au Nord, à Trégarvan. Juil.-août : 10h30-19h ; juin : 13h30-19h ; avr.-mai et sept. : 14h-18h ; oct.-nov. : tlj sf sam. 14h-17h ; déc.-mars : tlj sf w.-end (hors vac. scol.) 14h-17h. Fermé 1er janv. et 25 déc. 22F. ☎ 02 98 26 04 72.
Créé par le Parc naturel régional d'Armorique, ce musée permet de découvrir une grande salle de classe du début du 20e s. et l'appartement de l'instituteur.

Il est rare que la table d'orientation du Ménez-Hom gèle. Par temps clair, le panorama est immense.

Montagnes Noires★★

Soixante kilomètres de grès armoricain et de schiste noirâtre composent, avec les monts d'Arrée, l'« épine dorsale de la péninsule ». Un superbe but de balade pour tous ceux qui souhaitent s'écarter un moment de l'attirant littoral breton.

La situation

Cartes Michelin n°s 58 plis 16, 17 ou 230 plis 19, 20 - Finistère (29) et Morbihan (56). Les Montagnes Noires s'étendent d'Est en Ouest au Sud de Carhaix-Plouguer.

Un peu moins hautes que les monts d'Arrée (326 m contre 384 m), les Montagnes Noires n'ont pas tout à fait le même caractère : crêtes plus étroites, pentes peu accentuées et landes moins étendues.

Le nom

De grandes forêts de feuillus ont jadis donné leur nom à ces sommets qui furent mis à nu au cours des temps. Mais le reboisement a été entrepris et les sapinières justifient à nouveau leur appellation.

carnet d'adresses

OÙ DORMIR

• *À bon compte*

Relais de Cornouaille – *rte de Carhaix – 29119 Châteauneuf-du-Faou – ☎ 02 98 81 75 36 – fermé oct., dim. soir et sam. – P – 20 ch. : 210/280F – ☕ 35F – restaurant 70/200F.* Installé dans deux maisons de village accolées – l'une récente, l'autre ancienne – cet hôtel a peu à peu modernisé ses chambres, son salon et sa réception. Les menus généreux du restaurant attirent une clientèle locale nombreuse. Menu enfant.

OÙ SE RESTAURER

• *À bon compte*

Bienvenue – *56110 Roudouallec – 9 km à l'O de Gourin rte de Quimper par D 1 – ☎ 02 97 34 50 01 – fermé dim. soir et lun. d'oct. à mai – 72/235F.* Derrière une façade très quelconque se cache une petite table qui séduira sans doute les gourmands de passage... Dans une salle sans prétention mais claire et soignée, vous goûterez une cuisine qui met en avant les saveurs de la région.

circuit

UNE VIE MONTAGNARDE BRETONNE

85 km - Compter une 1/2 journée

Carhaix-Plouguer *(voir ce nom)*

Quitter Carhaix à l'Ouest en direction de Pleyben et, à 2,5 km tourner à gauche.

La route s'engage dans la pittoresque vallée de l'Hyère.

À Port-de-Carhaix, après avoir franchi le canal de Nantes à Brest, tourner à droite.

À environ 1,5 km, remarquer sur la gauche le **calvaire de Kerbreudeur**, curieusement replacé et dont certains éléments dateraient du 15e s.

St-Hernin

Dans ce lieu où se serait installé saint Hernin, moine venu d'Irlande, subsiste un enclos paroissial du 16e s. Le calvaire très élancé est fort beau ; on reconnaît saint Michel terrassant le dragon de sa longue épée.

Regagner à Moulin-Neuf la route de Carhaix à Gourin et tourner à droite.

On aperçoit de-ci de-là d'anciennes ardoisières.

Chapelle St-Hervé

Le chemin d'accès se détache sur la gauche. C'est un petit édifice du 16e s. à décor flamboyant et clocheton ajouré.

On franchit la ligne de faîte avant d'amorcer la descente sur Gourin.

Gourin

Ancien centre ardoisier, Gourin est aussi un centre d'élevage de chevaux, de bovins et de volailles.

LA TRINITÉ-LANGONNET
À 13 km à l'Est de Gourin, ce village possède une **église** de style flamboyant. À l'intérieur, la **charpente★** de 1568 à motifs Renaissance témoigne d'une grande maîtrise artisanale et souligne l'élévation de la nef. Dans le chœur, remarquer les enfeus sculptés et les sablières.

Dans Gourin, prendre la direction de Quimper et en bas de la descente à droite vers Châteauneuf-du-Faou. On se dirige à nouveau vers la crête des Montagnes Noires.

Roc de Toullaëron★

1/2h à pied AR. À 5 km de Gourin, après un virage, laisser la voiture et prendre à droite un chemin rocailleux (pique-nique interdit) qui s'élève dans un taillis de chênes ; à son extrémité, escalader les blocs rocheux.

Du sommet, point culminant des Montagnes Noires (326 m), on découvre par temps clair un immense **panorama**★ : vers l'Ouest s'étale le bassin de Châteaulin dont le bocage semble une forêt ; vers le Nord se dessinent les monts d'Arrée ; vers le Sud, on voit, au loin, le plateau breton s'incliner doucement vers l'Atlantique.

Gagner Spézet et, à la sortie vers Châteauneuf-du-Faou, tourner à gauche.

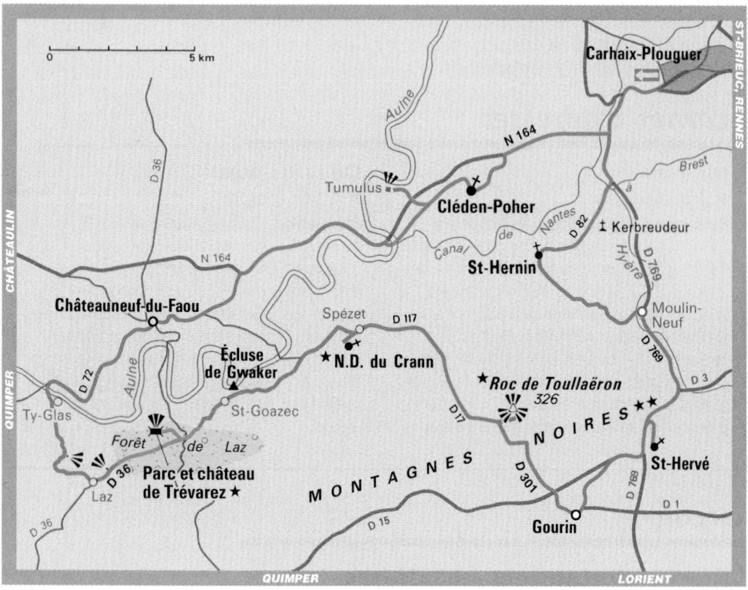
0
5 km
Carhaix-Plouguer
ST-BRIEUC, RENNES
N 164
Aulne
D 36
Brest
Tumulus
Cléden-Poher
Nantes
D 82
Kerbreudeur
de
Canal
St-Hernin
Hyère
D 769
N 164
CHÂTEAULIN
Châteauneuf-du-Faou
Spézet
D 117
Moulin-Neuf
Écluse de Gwaker
★N.D. du Crann
D 769
D 72
Aulne
★Roc de Toullaëron
326
D 3
QUIMPER
Ty-Glas
St-Goazec
D 17
NOIRES★★
Forêt
de
Laz
St-Hervé
D 36
Parc et château de Trévarez★
MONTAGNES
D 301
D 769
D 1
Laz
D 15
Gourin
D 36
QUIMPER
LORIENT

Chapelle N.-D.-du-Crann★

Mai-sept. : visite guidée 13h30-18h30 ; oct.-avr. : visite guidée sur demande auprès de M. Unvoas. ☎ 02 98 93 86 03.

Bâtie en 1532, cette chapelle possède une splendide série de **vitraux**★★ du 16e s. Le programme le plus important (12 panneaux) est celui qui orne le chœur et illustre les scènes de la Passion.

Revenir à l'entrée de Spézet où l'on tourne à gauche et à 2 km encore à gauche. À l'entrée de St-Goazec, tourner à droite.

Convoitise

On raconte qu'au 19e s., un amateur parisien, éclairé si l'on peut dire, voulut faire l'acquisition des vitraux de N.-D.-du-Crann ; le curé demeura incorruptible !

Écluse de Gwaker

C'est l'une des nombreuses écluses du canal de Nantes à Brest. Belle chute en fin de plan d'eau.

Traverser St-Goazec, puis prendre à droite vers Laz.

Parc et château de Trévarez★

Juil.-août : 11h-18h30 ; avr.-juin et sept. : 13h-18h ; oct.-mars : mer., w.-end, j. fériés 14h-17h30 ; vac. scol. de Noël : 13h30-17h30. 25F (enf. : gratuit). ☎ 02 98 26 82 79.

Ce parc de 85 ha s'ordonne autour d'un imposant château « Belle époque », de style néo-gothique. Des sentiers balisés à travers bois permettent d'agréables promenades au rythme des saisons : camélias (particulièrement en avril), azalées, hortensias (en juillet), fuchsias et rhododendrons. Des fontaines, un jardin d'eau et un étang apportent une fraîcheur agréable lorsque l'été est chaud. La terrasse du château offre une **belle vue** sur la région de Châteauneuf-du-Faou. À voir avant de repartir, les anciennes écuries, qui ont conservé leurs stalles et leurs box.

Agréments du parc

Petit train touristique et « goûter breton » rendent encore plus séduisante cette belle promenade.

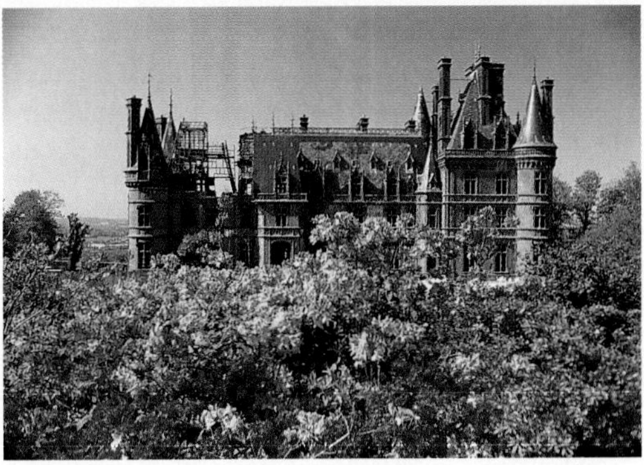

Le parc du château de Trévarez peut s'enorgueillir de ses rhododendrons. Ils sont réellement exceptionnels.

Dans Laz, tourner à droite vers Kerohan. Après avoir admiré les arêtes rocheuses et la vallée de l'Aulne, à Ty-Glas, prendre à droite vers Châteauneuf-du-Faou. La route franchit, puis longe l'Aulne.

Châteauneuf-du-Faou

Au penchant d'une colline qui domine l'Aulne, la ville est le lieu rêvé des pêcheurs de saumons et de brochets. Dans l'église, on verra la chapelle des fonts baptismaux décorée en 1919 par **Paul Sérusier** (1864-1927), peintre appartenant au groupe des nabis. Il a retracé des épisodes de la vie du Christ.

À 1,5 km après le confluent avec le canal de Nantes à Brest, tourner à gauche vers la Roche, puis à droite à environ 500 m.

La route longe des cours de fermes avant d'atteindre un terre-plein. Du sommet du tumulus, belle **vue** sur un méandre de l'Aulne.

Reprendre la direction de Carhaix-Plouguer.

Cléden-Poher

Ce village possède un bel **enclos paroissial★** en grande partie du 16e s. L'église des 15e et 16e s. renferme d'intéressants retables. Une grande partie de la voûte conserve ses lambris peints en 1750. On verra aussi un ossuaire transformé en chapelle (jolie charpente), un beau calvaire de 1575 et deux sacristies couvertes en carène.

Regagner Carhaix-Plouguer.

Le Mont-St-Michel★★★

Pourquoi le Mont-St-Michel fascine-t-il autant ? Certainement parce qu'au-delà de la beauté de son architecture et de la richesse de son histoire, un mystère s'en dégage, lié au rythme des marées, à la tombée du jour, au cri des mouettes rieuses, au sable mélangé à l'herbu... On ne peut comprendre le Mont-St-Michel sans prendre la mesure de l'immensité sauvage qui l'entoure. Le rocher et la baie ne font qu'un. C'est la raison pour laquelle l'un comme l'autre sont classés par l'Unesco comme « sites du Patrimoine Mondial ».

La situation

Cartes Michelin nos 59 pli 7 ou 231 pli 38 – Manche (50). Le Mont-St-Michel est un îlot granitique d'environ 900 m de tour et 80 m de haut, relié au continent par une digue construite en 1877. La baie étant déjà comblée en partie, le Mont se dresse, le plus souvent, au milieu d'immenses bancs de sable. Ces sables, par le jeu des marées, déplacent souvent l'embouchure des rivières côtières, la Sée, la Sélune et le Couesnon.

🅸 *Le Mont-Saint-Michel,* ☎ *02 33 60 14 30.*

Le Couesnon

Le Couesnon, dont les divagations menaçaient les digues et les polders côtiers, a été canalisé. Son cours historique, orienté au Nord-Ouest à partir de Pontorson, constituait la frontière entre les duchés de Normandie et de Bretagne, ce qui faisait dire aux Bretons, fort marris :
« Le Couesnon a fait folie. Cy est le Mont en Normandie. »

Le nom

L'archange saint Michel étant apparu, par trois fois, en songe, à Aubert, évêque d'Avranches, celui-ci fonda sur le Mont-Tombe, un oratoire que remplaça une abbaye carolingienne. Les origines de l'abbaye remontent ainsi au début du 8e s. Le nom de Mont-St-Michel était né.

Autre surnom : pour les milliers de pèlerins qui affluent au Mont en ses débuts, la traversée de la baie ne va pas sans enlisements ou noyades : c'est alors que naît l'appellation de St-Michel-au-Péril-de-la-Mer.

Les gens

Les habitants du Mont s'appellent les Montois et il ne sont que 72. Les pèlerins qui viennent par dizaine de milliers chaque année s'appellent eux les miquelots.

comprendre

Les premiers pèlerinages – Très tôt, les pèlerins affluent au Mont (peu de temps après la fondation du sanctuaire). Ils viendront même pendant la guerre de Cent Ans. Les Anglais, alors maîtres de la région, accordent, moyennant finances, des sauf-conduits aux fidèles. On voit ainsi arriver pêle-mêle des nobles, de riches bourgeois, et des gueux qui vivent d'aumônes pendant leur voyage et sont hégergés gratuitement par les moines à l'Aumônerie. L'industrie hôtelière et le commerce des « souvenirs » sont déjà florissants. Les pèlerins achètent des insignes portant l'effigie de saint Michel et des ampoules de plomb qu'ils remplissent du sable de la grève.

De l'abbaye à la prison – Au 17e s., les mauristes, religieux de St-Maur, sont chargés de réformer le monastère. Mais ils font ici œuvre décevante en matière architecturale, se contentant de tailler et de rogner dans les bâtiments. La transformation de l'abbaye en prison ajoutera encore aux déprédations. De « Bastille » provinciale qu'elle était déjà avant la Révolution, elle devient, en 1811, prison pour les condamnés de droit commun et quelques détenus politiques, comme Barbès, Blanqui, Raspail. En 1874, l'abbaye et les remparts du Mont sont confiés au Service des Monuments historiques.

ET AUJOURD'HUI ?
Depuis 1969, quelques religieux occupent à nouveau l'abbaye et assurent une présence spirituelle permanente.

Les étapes de la construction – L'abbaye, bien fortifiée, ne sera jamais prise. La construction de ces édifices est un véritable tour de force. Amener des blocs de granit, parfois des îles Chausey ou de Bretagne, et les hisser à pied d'œuvre ne fut pas une petite affaire. L'arête du sommet étant fort étroite, on dut aller chercher appui sur les flancs du rocher.

11e-12e s. Une église est bâtie (1017-1144) au sommet du rocher. L'édifice carolingien antérieur est utilisé comme crypte **(N.-D.-sous-Terre)** pour soutenir la plateforme sur laquelle s'élèvent les trois dernières travées de la nef romane.

13e-16e s. Construction de l'abbaye gothique. Sont également construits à cette époque :
– au Nord, les magnifiques bâtiments de la Merveille (1211-1228) affectés aux moines, aux pèlerins, à la réception des hôtes de marque ;

D'EST EN OUEST
Les bâtiments conventuels sont élevés sur le flanc Ouest du Mont et de part et d'autre de la nef. L'entrée de l'abbaye, elle, est à l'Ouest.

– au Sud, les bâtiments abbatiaux (13e-15e s.) consacrés à l'administration, au logement de l'abbé, à la garnison ;
– à l'Est, le châtelet et les défenses avancées (14e s.) qui protègent l'entrée, disposée de ce côté du Mont.

Le chœur roman de l'église, écroulé, est refait (1446-1521), plus magnifique encore, en gothique flamboyant, sur une nouvelle crypte.

18e-19e s. En 1780, les trois dernières travées de la nef sont démolies ainsi que la façade romane. Le clocher actuel, surmonté d'une belle flèche que termine le Saint Michel de Frémiet, date de 1897 ; il culmine à 157 m.

20e s. Depuis 1995, un projet mené conjointement par l'État et les collectivités locales cherche à rendre le Mont à la mer. L'idée retenue serait, d'une part, de permettre de nouveau le passage des courants traversiers entre la terre ferme et l'île sous un pont-passerelle qui remplacerait l'actuelle digue-route et, d'autre part, de restituer son effet de chasse au Couesnon ainsi qu'aux deux autres petits fleuves côtiers (le Guintre et le Ruisseau Landais).

Le Mont des années 2000
Les réalisations concernant le réaménagement du Couesnon verront le jour dans les premières années du troisième millénaire

La Grande-Rue est extraordinairement vivante et agitée pendant la saison.

se promener

LE BOURG

Les défenses avancées

La porte de l'Avancée est la seule ouverture des remparts. Elle donne accès à une première cour fortifiée. À gauche, on voit le corps de garde des Bourgeois (16e s.), actuellement siège de l'Office de tourisme ; à droite, les « michelettes », bombardes anglaises (machines de guerre lançant des boulets) prises au cours d'une attaque militaire pendant la guerre de Cent Ans. Seconde porte et seconde cour fortifiée, puis une troisième porte, la porte du Roi (15e s.), qui possède encore ses mâchicoulis et sa herse. On l'appelle ainsi parce qu'y était logé le contingent symbolique que le roi entretenait au Mont, pour rappeler ses droits. On débouche, enfin, dans la Grande-Rue. La jolie maison de l'Arcade, à droite, servait de caserne aux soldats de l'abbé.

carnet d'adresses

Où dormir

• *À bon compte*

Hôtel le Bretagne – *59 r. Couesnon – 50170 Pontorson – 9 km au S du Mt-St-Michel par D 976 – ☎ 02 33 60 10 55 – fermé 10 janv. au 15 fév. et lun. hors sais. ☒ – 12 ch. : 200/380F – ☕ 39F – restaurant 85/260F.* Maison de style régional. Admirez les jolies boiseries du 18e s., la cheminée en marbre gris et le radiateur chauffe-plats (très original !) dans la première petite salle... Bar feutré très « british » et chambres spacieuses agréablement meublées.

• *Valeur sûre*

Beauvoir – *50170 Pontorson – 4 km du Mont-St-Michel par D 976 rte de Pontorson – ☎ 02 33 60 09 39 – fermé 12 nov. au vac. de fév. – ☒ – 18 ch. : 270/340F – ☕ 42F – restaurant 90/250F.* Au bord de la route, cette grosse maison à la façade couverte de vigne vierge se trouve dans le dernier village avant le Mont St-Michel. Correctement tenues, ses chambres de différentes tailles sont sobrement meublées. Demi-pension obligatoire. Menu-enfant.

Hôtel Manoir de la Roche Torin – *Au Bas Courtils – 50220 Courtils – 8,5 km du Mont-St-Michel rte d'Avranches – ☎ 02 33 70 96 55 – fermé 15 nov. au 15 déc. et déb. janv. à mi-fév. – **P** – 13 ch. : 460/810F – ☕ 62F – restaurant 120/320F.* L'endroit est parfait pour admirer la baie avec, en premier plan, les prés salés avec leurs moutons et, en toile de fond, le Mont-Saint-Michel. Quant au manoir, il vous séduira avec son décor raffiné, ses chambres feutrées et sa belle tranquillité.

Où se restaurer

• *À bon compte*

La Sirène – *50116 Le Mont-St-Michel – ☎ 02 33 60 08 60 – 60/80F.* Cette maison du 14e s. a toujours abrité une auberge. Aujourd'hui, point d'auberge mais une crêperie accessible par un escalier en colimaçon. Fenêtres de bois et carreaux non polis entrecoupés d'étain confirment l'authenticité des lieux.

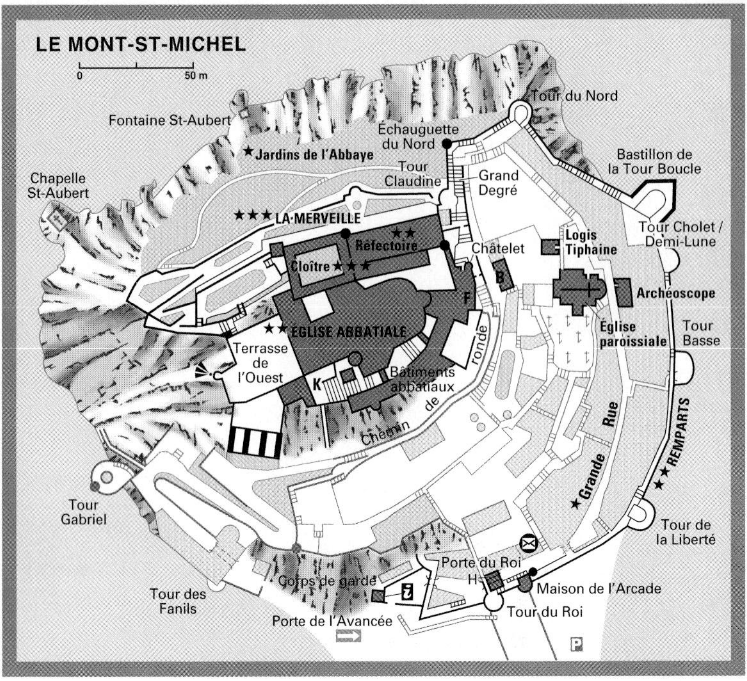
LE MONT-ST-MICHEL
0
50 m
Fontaine St-Aubert
★Jardins de l'Abbaye
Échauguette du Nord
Tour du Nord
Bastillon de la Tour Boucle
Chapelle St-Aubert
Tour Claudine
Grand Degré
★★★LA·MERVEILLE
★★ Réfectoire
Cloître★★★
Châtelet
Logis Tiphaine
Tour Cholet / Demi-Lune
Archéoscope
★★ÉGLISE ABBATIALE
Église paroissiale
Tour Basse
Terrasse de l'Ouest
Bâtiments abbatiaux
Chemin de ronde
Grande Rue
★★REMPARTS
Tour Gabriel
Tour de la Liberté
Porte du Roi
Maison de l'Arcade
Corps de garde
Tour des Fanils
Porte de l'Avancée
Tour du Roi

Grande-Rue★

Étroite et en montée, la Grande-Rue est bordée de maisons anciennes (15e-16e s.) dont plusieurs ont gardé leur nom d'antan, *le Logis Saint-Étienne, le Vieux Logis, la Sirène, la Truie-qui-file*. Coupée de marches à son sommet, elle est extrêmement animée et encombrée pendant la saison : les étalages de marchands de souvenirs l'envahissent, ni plus ni moins d'ailleurs qu'à l'époque des plus fervents pèlerinages, au Moyen Âge. C'est dans la Grande-Rue que se trouve le restaurant de la Mère Poulard où, du monde entier, les gens viennent pour manger la fameuse omelette.

Remparts★★

13e-15e s. La promenade sur le chemin de ronde offre de belles **vues** sur la baie, particulièrement de la tour Nord d'où l'on distingue très bien le rocher de Tombelaine sur lequel Philippe Auguste avait fait bâtir des fortifications.

Jardins de l'abbaye★

Promenade très reposante qui permet de découvrir la face Ouest du Mont et la chapelle St-Aubert. *Ouv. en sais. seulement, se renseigner aux caisses de l'abbaye.*

Archéoscope

De déb. fév. à mi-nov. : 9h-18h (1/4h, dernière entrée 17h30). 45F (enf. : 30F). ☎ 02 33 48 09 37.

Ce spectacle, à voir de préférence après la visite de l'abbaye, met en scène l'histoire du Mont depuis la disparition de la forêt de Scissy et l'apparition de saint Michel Archange à l'évêque Aubert, jusqu'aux différentes étapes de l'édification de l'abbaye. Une maquette, sortant de l'eau et pivotant sur elle-même, entraîne le spectateur dans un monde de magie et de mystère.

Église paroissiale St-Pierre

Datant du 11e s., elle a été très remaniée. L'abside enjambe une ruelle menant au cimetière. L'église abrite du mobilier provenant de l'abbaye ; dans la chapelle du bas-côté droit, une statue de saint Michel recouverte d'argent ; dans celle à droite de l'autel, une statue d'une Vierge et l'Enfant (15e s.) et de sainte Anne.

Saint-Michel-Montjoie !

À l'un des moments les plus sombres de l'histoire de France, au 15e s., alors que Henri V d'Angleterre parvient à se faire couronner roi de France à Paris, correspond le rayonnement le plus intense du Mont-St-Michel, seul point de la France de l'Ouest et du Nord à ne jamais tomber aux mains de l'envahisseur. Jeanne d'Arc choisira pour cri de ralliement « St-Michel-Montjoie ». Louis XI instituera l'ordre de chevalerie de St-Michel.

La Mère Poulard

Dans la Grande-Rue, l'enseigne du restaurant de la Mère Poulard : une enseigne et tout est dit...

L'omelette de la Mère Poulard

C'est en 1851 que naît à Nevers Annette Boutiaut. Femme de chambre de son état, elle accompagne la famille d'Édouard Corroyer (1837-1904), élève de Viollet-le-Duc et architecte des Monuments historiques chargé de la restauration de l'abbaye. Elle y rencontre Victor Poulard, l'un des fils du boulanger local. Ils se marient et prennent en gérance l'hôtel-restaurant de Saint-Michel Tête d'or. À cette époque (vers 1875) la digue n'existe pas encore, touristes et pèlerins accèdent au Mont à pied, à cheval ou en « maringotte » (petite voiture à cheval à deux roues) selon l'heure où la marée le permet. Ils sont affamés et ne supportent pas que l'attente soit trop longue avant de pouvoir se restaurer. Annette sait qu'une bonne aubergiste ne doit pas se laisser prendre au dépourvu. Elle a donc toujours des œufs en réserve et, pour faire patienter ses hôtes, vite, elle leur bat une omelette en attendant des plats plus substantiels. Son accueil ainsi que la qualité des produits qu'elle cuisine font grandir sa notoriété. Annette Poulard disparaît en 1931; les critiques gastronomiques s'interrogent sur le secret de l'omelette... Certains parlent d'un ajout de crème fraîche, d'autres vantent la qualité des œufs et du beurre, d'autres encore s'intéressent à la cuisson aussi vive que rapide ; Annette elle-même dans une lettre de 1922 explique : « Je casse de bons œufs dans une terrine, je les bats bien, je mets un bon morceau de très bon beurre dans la poêle, j'y jette les œufs et je remue constamment. »

Logis Tiphaine

Des vac. scol. fév. à mi-nov. et vac. scol. Noël : 9h30-18h, vac. scol. et j. fériés 9h-19h (juil.-août : 9h30-22h ou 23h). 25F. ☎ 02 33 60 23 34.

Du Guesclin, qui fut capitaine du Mont, fit construire en 1365 ce logis (très restauré au 19e s.) pour sa femme Tiphaine Raguenel, jolie Dinannaise cultivée, pendant qu'il allait combattre en Espagne.

visiter

L'ABBAYE★★★

Mai-sept. : 9h-17h30 ; oct.-avr. : 9h30-16h30, vac. scol. 9h30-17h. Fermé 1er janv., 1er mai, 1er et 11 nov., 25 déc. 40F, 65F (visite conférence, sur demande préalable). ☎ 02 33 60 14 14.

La visite s'effectue à travers un dédale de couloirs et d'escaliers, par étage et non par bâtiment ou par époque.

Défenses avancées de l'Abbaye

On atteint le Grand Degré, escalier qui conduit à l'Abbaye. Une porte pivotante pouvait l'obstruer. En haut et à droite s'ouvre l'entrée des jardins, puis s'amorce l'escalier des remparts.

On ne peut comprendre le Mont sans prendre la mesure de l'immensité qui l'entoure...

On passe sous l'arche d'une ancienne porte pour pénétrer dans une cour fortifiée que domine le Châtelet. Il se compose de deux hautes tours, en forme de bombardes dressées sur leur culasse et reliées par des mâchicoulis. Même dans cet ouvrage militaire apparaît le souci d'art du constructeur : la muraille est bâtie en assises alternées de granit rose et gris, d'un heureux effet. De là part un escalier couvert d'une voûte en berceau surbaissé, peu éclairé, abrupt et appelé, pour ces raisons, escalier du Gouffre. ►

GOUFFRE
L'escalier du Gouffre aboutit à la belle porte qui donne accès à la salle des Gardes ou Porterie.

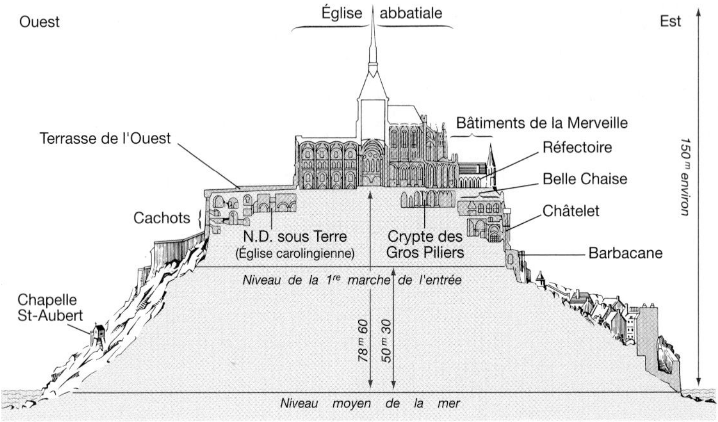
Ouest
Église abbatiale
Est
Terrasse de l'Ouest
Bâtiments de la Merveille
Réfectoire
Belle Chaise
Cachots
Châtelet
N.D. sous Terre
(Église carolingienne)
Crypte des
Gros Piliers
Barbacane
Niveau de la 1re marche de l'entrée
Chapelle
St-Aubert
78 m 60
50 m 30
150 m environ
Niveau moyen de la mer

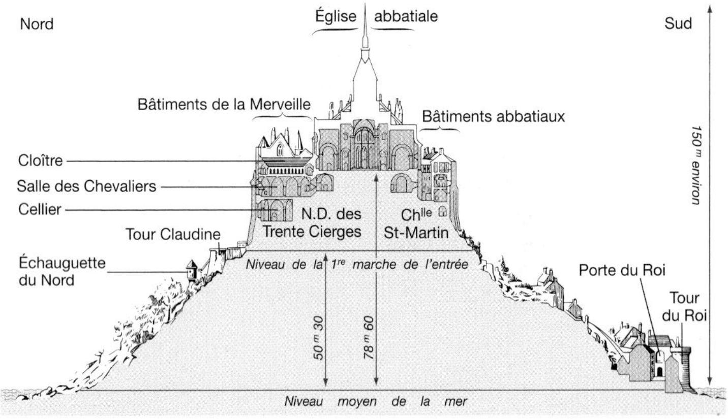
Nord
Église abbatiale
Sud
Bâtiments de la Merveille
Bâtiments abbatiaux
Cloître
Salle des Chevaliers
Cellier
N.D. des
Trente Cierges
Chlle
St-Martin
Tour Claudine
Échauguette
du Nord
Niveau de la 1re marche de l'entrée
Porte du Roi
Tour
du Roi
50 m 30
78 m 60
150 m environ
Niveau moyen de la mer

Salle des Gardes ou Porterie

C'était la plaque tournante de l'abbaye. Les pèlerins indigents étaient dirigés, en passant par la cour de la Merveille, vers l'Aumônerie. Les visiteurs de l'abbé les fidèles se rendant à l'église empruntaient l'escalier abbatial.

Escalier abbatial

On gravit cet imposant escalier qui se développe entre les bâtiments abbatiaux à gauche et l'église à droite. Il était défendu par un pont fortifié (15e s.). L'escalier aboutit, devant le portail Sud de l'église, à une terrasse appelée le « Saut Gautier » du nom d'un prisonnier qui, de là, se serait jeté dans le vide. C'est également de ce point que partent les visites. De la plate-forme de l'Ouest, vaste terrasse créée par l'arasement des trois dernières travées de l'église, la **vue★** s'étend sur la baie du Mont-St-Michel.

Église★★

Le chevet, avec ses contreforts, arcs-boutants, clochetons, balustrades, est un chef-d'œuvre de grâce et de légèreté. À l'intérieur, le contraste entre la nef romane, sévère et sombre, et le chœur gothique, élégant et lumineux, est saisissant.

L'Archange du Mont-St-Michel

La Merveille★★★

Ce nom désigne les superbes bâtiments gothiques qui occupent la face Nord. La partie Est de ces constructions, la première construite (1211-1218), comprend, de bas en haut, l'Aumônerie, la salle des Hôtes et le Réfectoire ; dans la partie Ouest (1218-1228) leur correspondent : le Cellier, la salle des Chevaliers et le Cloître.
Extérieurement, la Merveille a l'aspect puissant d'une forteresse, tout en accusant, par la noblesse et la pureté de ses lignes, sa destination religieuse.
À l'intérieur, on se rendra compte de l'évolution accomplie par le gothique depuis la simplicité, encore presque romane, des salles basses jusqu'au chef-d'œuvre de finesse, de légèreté et de goût qu'est le cloître, en passant par l'élégance de la salle des Hôtes, la majesté de la salle des Chevaliers et la luminosité mystérieuse du Réfectoire.

Cloître★★★

Il est comme suspendu entre mer et ciel. Les arcades des galeries comportent des sculptures remarquablement fouillées, dans un décor de feuillage orné çà et là de formes humaines et d'animaux ; on y découvre également quelques motifs poétiques illustrant l'art sacré. Les arcades sont soutenues par de ravissantes colonnettes disposées en quinconce afin de donner une impression de légèreté. La coloration même des divers matériaux employés ajoute à l'harmonie de l'ensemble.

> **À** droite de l'entrée du cloître, un *lavatorium* (lavabo) évoque la célébration du « lavement des pieds » qui se renouvelait tous les jeudis à l'abbaye.

Réfectoire★★

L'impression est étonnante : il règne une belle lumière diffuse qui, à l'évidence, ne peut provenir des deux baies percées dans le mur du fond ; l'acoustique y est remarquable. En avançant, on découvre l'artifice de l'architecte : pour éclairer la salle sans affaiblir la muraille soumise à la forte pression de la charpente, il a ménagé des ouvertures très étroites et très hautes au fond d'embrasures. Une voûte lambrissée coiffe l'ensemble.

Ancienne abbaye romane

Ses voûtes d'ogives marquent la transition entre le roman et le gothique. On visite le Promenoir des Moines. Une partie du dortoir subsiste.

Grande roue

Elle rappelle l'époque où l'abbaye faisait office de prison. Mue par cinq ou six prisonniers qui marchaient à l'intérieur, cette roue servait à faire monter provisions et matériaux.

Cryptes

Des trois cryptes qui supportent les croisillons et le chœur de l'église abbatiale, la plus émouvante est **Notre-Dame-sous-Terre** *(accès possible uniquement lors des visites guidées)*. L'édifice carolingien, qui s'élève à l'endroit même où saint Aubert avait officié, est un simple rectangle de 8 m sur 9, divisé en deux petites nefs par deux arcades retombant sur un pilier central. Le lieu est saisissant tant par le silence absolu qui y règne que par le souvenir des événements survenus il y a plus d'un millénaire !

> **La** plus impressionnante est la **crypte des gros piliers★** (15e s.), avec ses dix piliers de 5 m de tour, en granit provenant des îles Chausey. L'ensemble produit à la fois une impression de force et de grâce.

Salle des Hôtes★

L'abbé y accueillait les rois (Saint Louis, Louis XI, François Ier) et les visiteurs de marque. La salle (35 m de longueur), aux voûtes gothiques, présente deux nefs séparées par de fines colonnes. Elle est fort élégante. En fait cette salle était divisée en deux par un grand rideau de tapisseries. Une partie servait de cuisine (2 cheminées) et l'autre de salle à manger (cheminée d'ambiance). On peut imaginer le faste de certaines réceptions.

Salle des Chevaliers★

Ce nom fait peut-être allusion à l'ordre militaire de Saint-Michel qui fut fondé en 1469 par Louis XI et dont l'abbaye était le siège. Très vaste (26 m sur 18 m), majestueuse, la pièce est divisée en quatre vaisseaux par trois rangs de robustes colonnes.

> **La** salle des Chevaliers était la salle de travail des moines, le « scriptorium ». Les travaux d'enluminures, la copie de manuscrits ou, plus simplement, la lecture et l'étude des textes religieux ou profanes nécessitant une certaine température, cette salle était chauffée par deux grandes cheminées.

Cellier
Il est divisé en trois par deux lignes de piliers carrés qui soutiennent des voûtes d'arêtes. C'était le magasin d'approvisionnement.

Aumônerie
Cette salle gothique, partagée en deux par une rangée de colonnes, a conservé ses voûtes romanes.

découvrir

LA BAIE DU MONT-ST-MICHEL**
Environ 100 km de côtes bordent la baie du Mont-Saint-Michel. Les îles, les falaises, les plages et les dunes forment une succession de zones riches d'une faune et d'une flore très variées.
Le parcours du littoral cotentinois réserve des vues étonnantes sur le Mont et ménage de bien agréables promenades entre les polders et les herbus.
Si vous souhaitez suivre nos propositions de visite, consultez LE GUIDE VERT Normandie Cotentin, où la baie du Mont-St-Michel est décrite.

Patrimoine mondial
L'UNESCO a inscrit la baie du Mont-Saint-Michel dans la liste du Patrimoine mondial naturel et culturel en 1979.

La marée au Mont
L'amplitude des marées dans la baie est considérable et peut atteindre 14 m de différence entre les niveaux de basse mer et de haute mer. C'est le record de France. Comme le fond est plat, les bancs de sable découvrent très loin : jusqu'à 15 km en vive eau. Le flot monte très rapidement, non pas à l'allure d'un cheval au galop comme on a pu le dire, mais à l'allure d'un homme marchant d'un bon pas. Ce phénomène, accompagné d'un phénomène d'encerclement dû aux nombreux courants qui grossissent, peut mettre en danger les imprudents. Depuis des décennies le Mont s'ensable. En effet, la mer dépose annuellement dans la baie environ 1 000 000 m³ de sédiments. L'homme y est pour beaucoup, car depuis le milieu du 19e s. jusqu'en 1969 il a bâti un certain nombre d'ouvrages qui ont accentué cette poldérisation (canalisation du Couesnon, digue-route, barrage de la caserne...).

Golfe du Morbihan**

D'une largeur de 20 km, cette petite mer intérieure parsemée d'une multitude d'îles est une destination recherchée pour la beauté de ses paysages. La lumière des couchers de soleil est ici particulièrement séduisante, surtout à marée basse. L'idéal est bien entendu d'apprécier les contours du golfe depuis un avion, mais le découvrir en bateau demeure une expérience inoubliable et à la portée de tous.

La situation
Cartes Michelin nos 63 plis 2, 3, 12, 13 ou 230 plis 36, 37, 50, 51 - Morbihan (56). Le golfe est pratiquement plat, témoignant que la côte est beaucoup moins élevée dans le Sud de la Bretagne que dans le Nord.

Le nom
Du breton *mor-bihan*, petite mer.

Les gens
La beauté des îloises « patriciennes de la mer », célébrée par les poètes bretons, est sans doute à l'origine des galantes appellations des bosquets de l'île aux Moines : bois des Soupirs, bois d'Amour, bois des Regrets.

comprendre

César chez les Vénètes – Au 1er s. avant J.-C., les Vénètes formaient le peuple le plus puissant d'Armor, avec une flotte rendant vaine toute attaque terrestre. Conquérant, César décida de rassembler à l'embouchure de la Loire un grand nombre de galères commandées par son lieutenant Brutus.

Ce qui devait arriver arriva, et cela aurait eu lieu devant Port-Navalo, sous le regard implacable de Jules – des géologues affirment que le golfe du Morbihan n'existait pas encore lors de la guerre des Gaules, mais on est sûr que le combat s'est déroulé sur la côte Sud-Est de la Bretagne.

Aux 220 gros voiliers des Gaulois, les Romains opposèrent leurs grandes barques plates, marchant à l'aviron. Le triomphe de Brutus, inespéré, tint à plusieurs causes : une mer calme et sans vent favorisant des galères incapables de résister au mauvais temps et condamnant les voiliers vénètes à l'immobilité, mais aussi ces faux que les Romains avaient attachées à l'extrémité de longues perches et qui sectionnaient les cordages. Après cette victoire, César occupa le pays vénète : tous les membres du Sénat furent mis à mort et le peuple fut vendu comme esclave.

Une petite mer – *Mor-bihan* signifie donc petite mer, par opposition à *Mor-braz*, la grande mer océane. Ce golfe est né d'un affaissement relativement récent. La mer s'est largement étalée sur un terrain déjà modelé par l'érosion des cours d'eau : de là proviennent ces découpures et ces estuaires, ces îles et îlots innombrables qui font l'originalité du Morbihan. Une quarantaine d'îles sont habitées par des amateurs de solitude et sont des propriétés privées ; les deux plus grandes, Arz et l'île aux Moines, sont les seules communes du golfe. Barques de pêche, bateaux de plaisance et barges ostréicoles qui fréquentent Auray et le port de Vannes animent ce golfe où pointe perpétuellement une voile.

Attention aux courants !

Le golfe est soumis à la marée : à mer haute, l'eau scintille autour des îles basses, plates, souvent boisées ; à mer basse, de vastes bancs vaseux séparent les chenaux qui subsistent. Un étroit goulet d'un kilomètre devant Port-Navalo sert de porte au flot et au jusant.

L'entrée du golfe, avec la petite plage de Port-Navalo au premier plan.

découvrir

LE GOLFE EN BATEAU★★★

À moins de disposer d'un aéroplane, c'est indiscutablement la meilleure façon de voir le golfe du Morbihan. Cette excursion en vedette s'effectue au départ de Vannes, de Locmariaquer, de Port-Navalo ou d'Auray.

Île d'Arz

Cette île longue de 3,5 km où habitent les Îledarais possède plusieurs monuments mégalithiques.

Île aux Moines★

Cet ancien fief de monastère est la plus grande des îles du golfe du Morbihan (7 km de long) et la plus peuplée. C'est un lieu de séjour balnéaire tranquille où poussent à profusion mimosas, camélias, palmiers et où croissent aussi orangers et citronniers. Quelques sites sont à visiter : le bourg aux ruelles pittoresques ; au Nord de l'île, la pointe du Trech (curieux calvaire à paliers), avec vue parmi les arbres sur la pointe d'Arradon et le golfe ; vers le Sud, les dolmens de Boglieux et de Penhap ; à l'Est, la pointe de Brouël et la vue sur l'île d'Arz.

FIL D'ARIANE
Les différents sites de l'île aux Moines sont fléchés au sol par un balisage de couleur. Ayez soin de prendre note de ces codes couleur dès votre sortie de bateau.

circuits

LES BORDS DU GOLFE★

1 De Vannes à Locmariaquer

49 km - Environ 3h1/2

Quitter Vannes (visite : 1/2 journée) par la D 101 (Ouest du plan). À 5 km, prendre à gauche vers la pointe d'Arradon. La route contourne Arradon.

Pointe d'Arradon★

Prendre à gauche vers la cale de la Carrière. La **vue★** sur le golfe du Morbihan y est très caractéristique : on distingue, de gauche à droite : les îles de Logoden ; au loin, l'île d'Arz, ensuite, l'île Holavre, rocheuse, et l'île aux Moines. Pour gagner la pointe, emprunter le sentier derrière l'hôtel. Il longe les roches.

Faire demi-tour et gagner le Moustoir où l'on tourne à gauche. Au lieu-dit Moulin de Pomper, remarquer sur la gauche le vieux moulin à marée. *Prendre à gauche vers Port-Blanc, point d'embarquement pour l'île aux Moines.*

carnet pratique

Où dormir

• À bon compte

Village de vacances Île de Berder – *56870 Île de Berder – ☎ 02 97 57 03 74 – fermé nov. à fév. – ⊄ – 90 ch. pension complète 220/295F.* Dans une île de 23 ha, cet ancien couvent au confort très modeste (sanitaires communs) est admirablement situé. L'ambiance familiale, la convivialité, le calme et les animations proposées en été font oublier les installations spartiates. Pension obligatoire.

• Valeur sûre

Kerdelan – *56870 Larmor-Baden – Locqueltas- rte de Vannes 2 km – ☎ 02 97 57 05 85 – fermé 15 juil. au 30 août – ⊄ – 4 ch. : 310/360F.* Dans un beau parc en face du golfe et de l'île aux Moines, cette villa blanche ravira les amateurs de farniente. Toutes ses chambres ouvrent sur une terrasse ; la bibliothèque, le billard et le salon créent une vraie ambiance de maison de vacances.

Glann Ar Mor – *27 r. des Fontaines – 56640 Port-Navalo – ☎ 02 97 53 88 30 – 8 ch. : 295F – ☕ 38F – restaurant 98/120F.* Gentille maison à quelques mètres du golfe. Restaurant aux accents marins et petites chambres blanches rénovées avec simplicité. Formule pension ou demi-pension en saison.

• Une petite folie !

Hôtel Miramar – *56640 Port du Crouesty – ☎ 02 97 67 68 00 – fermé 29 nov. au 26 déc. – P – 120 ch. : à partir de 1155F – ☕ 105F – restaurant 255/275F.* Comme un paquebot, ce bel hôtel étire son imposante façade blanche sur l'eau. Coursives et bastingages à l'extérieur, mobiliers de bois et larges baies vitrées, tout invite au rêve... Que vous soyez là pour une thalasso ou pour le plaisir, laissez-vous séduire par son confort et son luxe !

Résidence Pierre et Vacances – *56640 Port du Crouesty – ☎ 02 97 53 85 35 – fermé 15 nov. au 19 déc. et 6 janv. au 6 fév. – 350 appart. : 4/5 pers., sem. à partir de 6000F.* Bien situé, entre port de plaisance et océan, ce village moderne inspiré de l'architecture locale loue des appartements fonctionnels, mais sans chaleur. Animations et services adaptés à une clientèle familiale. Piscines privées et thalasso à deux pas.

Où se restaurer

• Valeur sûre

Grand Largue – *à l'embarcadère – 56640 Port-Navalo – ☎ 02 97 53 71 58 – fermé 13 nov. au 20 déc., 3 janv. au 7 fév., lun. midi en été, lun. soir et mar. de sept. à juin – 150/330F.* Au bout du débarcadère, ce restaurant ouvre ses baies sur la mer... Sur sa terrasse ornée d'hortensias en été ou dans son décor fleuri et coquet, vous serez accueilli par une équipe enthousiaste, ravie de vous faire découvrir la cuisine originale de son chef.

Découvrir le golfe autrement

En kayak de mer – *Base nautique Varec'h à Baden, ☎ 02 97 57 16 16.* Du débutant à l'adepte expérimenté. Des sorties avec moniteur sont possibles en juillet et août.

Le paradis des enfants

Arzon – *Office de tourisme, ☎ 02 97 53 69 69.* Cette localité, qui a reçu le « label Kid » du ministère du Tourisme, leur propose des ateliers cerfs-volants, des ateliers scientifiques et musicaux ainsi que des randonnées, sans oublier les traditionnels clubs de plage.

Les marchés

À Port du Crouesty, tous les lundis matin l'été. À Port-Navalo, le mardi matin et le vendredi matin. À Sarzeau, le jeudi matin, ainsi qu'une foire le 3e mercredi du mois.

Se baigner

On trouve de nombreuses petites plages dans le golfe, notamment sur l'île aux Moines. Cependant, la belle plage de Suscinio (à deux pas du château de Suscinio) présente deux avantages : elle est longue de 3 km, et si l'eau y est plus fraîche que dans le golfe, elle est aussi plus limpide.

Incessant va-et-vient des visiteurs et des îliens, entre Port-Blanc et l'île aux Moines.

Île aux Moines★

2,5 km, plus 1/4h de traversée AR. Sur l'île, location de vélos. Description plus haut. Juil.-août : passage toutes les 1/2h (5 mn) 7h-22h ; sept.-juin : 7h-19h30. 20F AR. ☎ 02 97 57 23 24.

La route longe bientôt l'anse de Kerdelan – à gauche, jolie vue sur le golfe, et au fond, l'île aux Moines – puis laisse les marais de Pen-en-Toul, à droite.

Larmor-Baden

Petit port et centre ostréicole important.

Cairn de Gavrinis★★

Le cairn de Gavrinis, un des plus intéressants monuments mégalithiques de Bretagne construit au néolithique, est situé dans l'île de Gavrinis, à l'entrée du golfe du Morbihan, au Sud de Larmor-Baden d'où l'on s'y rend.

Le décor recouvrant les supports de la galerie du cairn de Gavrinis est fait de magnifiques piquetages aux motifs concentriques.

Passage et visite – *Dép. depuis la cale de Penn-Lannic tous les 1/4h précédant la visite. Juin-sept. : visite guidée (1h) 10h-12h, 14h-18h ; avr.-mai : 14h-18h, w.-end, j. fériés, vac. scol. 10h-12h, 14h-18h ; oct. : tlj sf mar. 14h-17h. 56F, 51F hors sais. Il est recommandé de réserver sa place en haute sais. Sagemor. ☎ 02 97 57 19 38 ou 02 97 42 63 44.*

Ses 6 m de haut et 50 m de diamètre sont faits de pierres amoncelées sur une petite butte. Une galerie couverte de 14 m de longueur formée de vingt-trois supports sur lesquels reposent neuf tables mène à la chambre funéraire. Cette pièce de 2,50 m de côté environ est recouverte d'une seule pierre de granit reposant sur des supports ornés de dessins.

De belles échappées s'offrent à gauche sur la rivière d'Auray.

Un peu au Sud de Gavrinis, le petit îlot **Er Lanic** porte deux cromlechs, cercles tangents de menhirs en forme de 8 dont la moitié est immergée, ce qui met en évidence la remontée générale du niveau de la mer, d'où est né le golfe à l'époque préhistorique. À marée basse, une partie de ces menhirs réapparaît.

Le Bono

Du nouveau pont, **vue★** pittoresque sur le village, la rivière du Bono, le port et le vieux pont suspendu. Remarquer des tas de tuiles chaulées qui servent à recueillir le naissain d'huîtres.

Avant de franchir le nouveau pont, en direction d'Auray, prendre sur la gauche une route en descente.

À la sortie de Kernours, dans un petit bois de pins à droite, dolmen coudé de Kernours qui fait penser à une allée couverte. Par la route, on peut continuer jusqu'à **Man-Vehr**, petit port ostréicole (nombreuses tuiles chaulées), pour jouir d'un beau coup d'œil sur la rivière d'Auray.

Auray★ *(voir ce nom)*

Sortir d'Auray par ② du plan. À 8 km, tourner à gauche.

On passe à proximité de célèbres monuments mégalithiques.

Locmariaquer★★ *(voir ce nom)*

2 De Vannes à Port-Navalo

79 km – Environ 4h

Quitter Vannes (visite : 1/2 journée) par la route de Nantes. Après St-Léonard, prendre à droite la D 780.

PRATIQUE

La réserve naturelle de Séné *(voir Vannes)* met des longues-vues à votre disposition pour observer les oiseaux.

Presqu'île de Rhuys★

On y pénètre à St-Colombier. Elle ferme au Sud le golfe du Morbihan. Sa flore rappelle celle du Midi.

Château de Kerlévenan ♿ *De juil. à mi-sept. : visite guidée tlj sf ven. 13h30-18h. 15F. ☎ 02 97 26 46 79.*

Ce château du 18e s., de style « Louis XVI », a été construit en tuffeau provenant de Touraine. Sa façade, aux lignes harmonieuses, rappelle le petit Trianon à Versailles avec ses quatre colonnes ioniques couronnées d'une galerie.

UN PEU DE REPOS ?

Profitez du parc de 30 ha qui domine le golfe du Morbihan. Il comporte deux petites « fabriques » à la mode du 18e s. : un petit pavillon chinois et une chapelle (temple à l'Amour à l'origine).

Sarzeau

Pays natal de **Alain René Lesage** (1668-1747), auteur entre autres de *Gil Blas*, de *Santillanne* et de *Turcaret*. Sur la petite place à droite de l'église se voient deux belles maisons Renaissance.

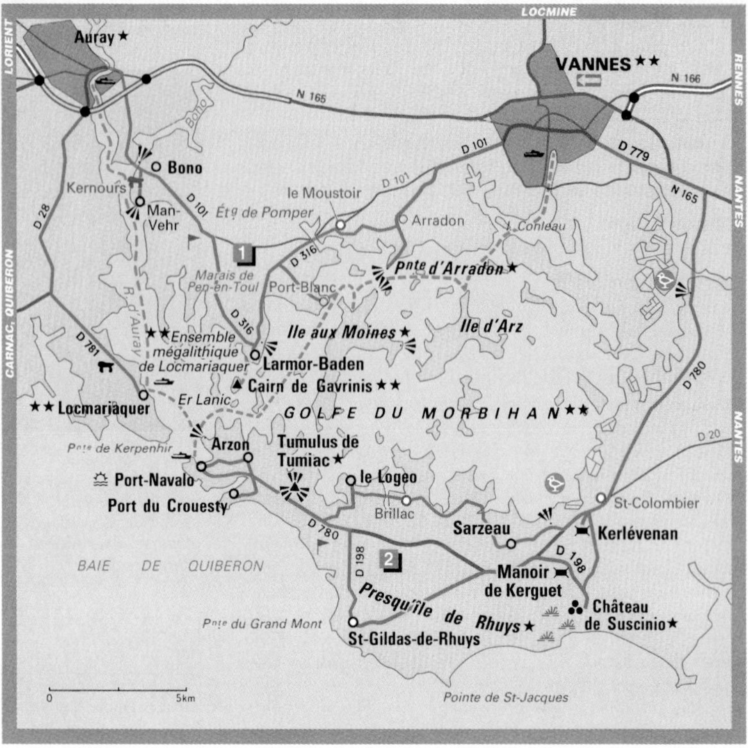
LOCMINE
LORIENT
RENNES
NANTES
NANTES
CARNAC, QUIBERON
Auray ★
VANNES ★★
N 166
N 165
D 101
D 779
N 165
Bono
Kernours
Man-Vehr
le Moustoir
Arradon
Conleau
Ét? de Pomper
D 28
1
Marais de Pen-en-Toul
Port-Blanc
D 316
Pnte d'Arradon ★
Ile aux Moines ★
Ile d'Arz
★★ Ensemble mégalithique de Locmariaquer
Larmor-Baden
Cairn de Gavrinis ★★
D 781
D 780
★★ Locmariaquer
Er Lanic
GOLFE DU MORBIHAN ★★
D 20
Pnte de Kerpenhir
Arzon
Tumulus de Tumiac ★
le Logeo
Port-Navalo
Port du Crouesty
Brillac
St-Colombier
Sarzeau
Kerlévenan
D 780
D 198
2
D 198
BAIE DE QUIBERON
Manoir de Kerguet
Presqu'île de Rhuys ★
Château de Suscinio ★
Pnte du Grand Mont
St-Gildas-de-Rhuys
0
5km
Pointe de St-Jacques

ARZON

Conséquence d'un vœu fait à sainte Anne en 1673, durant la guerre de Hollande, les marins d'Arzon vont, chaque année, le lundi de Pentecôte, prendre part, en corps, à la procession de Ste-Anne d'Auray.

Dans Sarzeau, prendre la direction de Brillac ; la route suit la côte en partie. **Le Logeo** est un joli petit port dans l'anse du même nom abritée par les îles Gouihan et Stibiden. *Gagner le Net et tourner à droite.*

Tumulus de Tumiac ou butte de César★

1/4 h à pied. Garer au parking et prendre à droite un chemin de terre. De cet observatoire, César aurait suivi la bataille navale contre les Vénètes. Beau **panorama★**.

Port-Navalo

Petit port et centre balnéaire. Sa rade est fermée au Sud par un promontoire portant un phare (promenade sympathique) et au Nord par la pointe de Bilgroix, offrant une très belle **vue★** sur le golfe du Morbihan.

Si l'envie de « plonger une tête » vous prend, songez à la plage de Port-Navalo, belle comme une petite carte postale.

Port du Crouesty

Ce port de plaisance au vaste ensemble résidentiel peut accueillir plus de 1 100 bateaux. Belles promenades le long du quai des voiliers.

St-Gildas-de-Rhuys

Ce village doit son origine au monastère fondé au 6e s. par saint Gildas. Parmi les abbés qui le gouvernèrent, le plus célèbre est, au 12e s., Abélard.

Église★ – *Tlj sf dim., lun. matin, sam. ap.-midi. Possibilité de visite guidée. S'adresser au presbytère. ☎ 02 97 45 24 71.* Ancienne abbatiale du début du 11e s., l'église a été reconstruite en grande partie aux 16e et 17e s. À l'intérieur, le **chœur★** roman est remarquable. Derrière le maître-autel, de style baroque, on verra le tombeau de saint Gildas (11e s.). Dans le croisillon gauche se trouve le tombeau de saint Goustan (11e s.) et dans le déambulatoire, les pierres tombales des enfants de Bretagne (13e et 14e s.), ainsi que celles d'abbés et de chevaliers. Au bas de la nef, deux beaux chapiteaux sculptés servent de bénitier.

À VOIR

Dans l'abside romane, simple et harmonieuse, ornée de modillons : une petite sculpture représentant une scène de tournoi.

Le **trésor★** comprend des objets anciens de valeur : châsses (14e et 18e s.), reliquaires (15e s.), chef de saint Gildas (16e s.) en argent rehaussé d'or, mitre brodée, etc.

ABÉLARD OU LA SÉDUCTION MALHEUREUSE

Ce savant philosophe, chanoine de Notre-Dame de Paris, fut émasculé pour avoir séduit et épousé son élève Héloïse. Il se retira ensuite en cette abbaye de Saint-Gildas pour trouver la paix dans la solitude bretonne. Sa désillusion fut rapide et cruelle : « J'habite, écrit-il à Héloïse, un pays barbare dont la langue m'est inconnue et en horreur ; je n'ai de commerce qu'avec des peuples féroces ; mes promenades sont les bords inaccessibles d'une mer agitée ; mes moines n'ont d'autre règle que de n'en point avoir. Je voudrais que vous vissiez ma maison ; vous ne la prendriez jamais pour une abbaye ; les portes ne sont ornées que de pieds de biches, de loups, d'ours, de sangliers, de dépouilles hideuses de hiboux. J'éprouve, chaque jour, de nouveaux périls ; je crois, à tout moment, voir sur ma tête un glaive suspendu. » Ce ne fut pas le glaive qu'employèrent les moines, mais le poison. Abélard s'en tira par miracle et s'enfuit, en 1132, par un passage secret.

« L'amour est vainqueur de tout, l'amour est maître de tout : seuls s'en libèrent les amants qui le fuient. » Abélard.

Manoir de Kerguet

Installé dans l'ancien manoir (15e s.) des gouverneurs du château de Suscinio, le **musée régional des Petits Commerces et des Métiers** présente plus d'une soixantaine de métiers dans des boutiques ou des ateliers reconstitués. *Juil.-août : visite guidée (1h1/4) 10h-12h, 14h-19h, dim. 14h-19h ; sept.-juin : tlj sf lun. (hors vac. scol.) 14h-19h. 25F. ☎ 02 97 41 75 36.*

Château de Suscinio★

Les imposants vestiges de Suscinio se dressent près de la mer. Édifié au 13e s. et remanié aux 14e s. et 15e s. par les ducs de Bretagne, le château fut confisqué par François Ier, la couronne de France en disposant ensuite pour ses favoris et favorites. Exploité comme carrière de pierres durant la Révolution, il ne conserve que six tours. Les toitures du logis Ouest et de la tour Neuve (15e s.) ont été restituées à l'identique en 1995. Les salles du logis d'entrée, restaurées, abritent un **musée** consacré à l'histoire de Bretagne.

À VOIR

Les splendides **pavements** en céramique vernissée (13e et 14e s.) provenant d'une chapelle située hors de l'enceinte et disparue depuis. La variété et la qualité de leur décor constituent un beau témoignage de l'art décoratif médiéval.

Visite – *Avr.-sept. : 10h-12h, 14h-19h (juin-sept. : 10h-19h) ; oct.-mars : tlj sf mar. 14h-17h, w.-end et j. fériés 10h-12h, 14h-17h. Fermé de mi-déc. à mi-janv. 30F (enf. : 10F). ☎ 02 97 41 91 91.*

Les douves franchies, on pénètre dans la salle des Gardes et dans la tour attenante où est présentée l'histoire du château et sa restauration. Aux étages supérieurs, l'histoire de la Bretagne est évoquée à l'aide de documents, de portraits, de tableaux et d'objets de production locale (relief équestre d'Olivier de Clisson par Frémiet). La salle des cérémonies, dans laquelle s'ouvre une chapelle, donne accès à la courtine Nord, ainsi qu'aux terrasses qui offrent un beau **panorama** sur la presqu'île et le proche océan.

Jadis, c'était la marée qui remplissait les fossés de ce beau et massif quadrilatère.

Baie de Morlaix★★

Cette baie est l'une des plus belles de France, un site enchanteur qu'il faut découvrir idéalement lorsque le crépuscule d'été jette ses dernières lueurs. Tout au fond de son estuaire, à cheval sur le Léon et le Trégor, se niche Morlaix, ville active qui conserve un beau quartier ancien.

La situation

Cartes Michelin nos 58 pli 6 ou 230 pli 5 – Finistère (29). La baie s'ouvre plein Nord à partir de Morlaix, à l'Est jusqu'à Plougasnou, à l'Ouest jusqu'à Roscoff.

Place des Otages – 29203 Morlaix – ☎ 02 98 62 14 94.

Le nom

Dérive peut-être du nom propre latin *Maurilus.*

Les gens

Au Nord de Morlaix, la commune de Plouejan (rive droite de la baie) est la patrie du poète Tristan Corbière (1845-1875) et de Jean-Loup Chrétien, premier « spationaute » français (le 24 juin 1982).

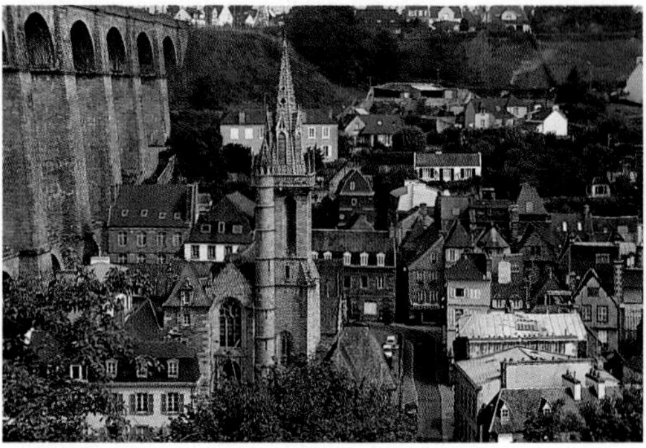

À Morlaix, il est quasiment impossible de ne pas apercevoir le viaduc, avec l'église St-Mélaine en contrebas.

visiter

LE VIEUX MORLAIX★

Viaduc★

Cette impressionnante construction à double étage et quatorze arches mesure 58 m de haut sur 285 m de long.

Église St-Mélaine

De style gothique flamboyant, elle date de 1489.*Tlj sf w.-end.*

Rue Ange-de-Guernisac

Elle est bordée de belles maisons en encorbellement et pans de bois : hôtel du Relais de France, au n° 13, et les demeures des nos 9, 6 et 5. Au passage, jeter un coup d'œil dans les pittoresques venelles du Créou et au Son.

Grand'Rue★

Réservée aux piétons. On y voit des demeures du 15e s. ornées de petites statuettes de saints et de grotesques ; certaines boutiques basses prennent jour par une large fenêtre (l'étal), en particulier aux nos 8-10.

Maison « de la Reine Anne »

Juil.-août : tlj sf dim. 10h-18h30 ; mai-juin : tlj sf dim. 10h-12h, 14h-18h ; sept. : tlj sf dim. 10h-12h, 14h30-17h ; avr. : tlj sf dim. et lun. 10h-12h, 14h30-17h30. Fermé oct.-mars et j. fériés. 10F. ☎ 02 98 88 23 26.

C'est une maison de trois étages en encorbellement (16e s.). La façade est ornée de statues de saints et de grotesques. L'**intérieur★** est l'exemple même d'une maison à lanterne. On voit une cour close éclairée par une grande verrière. Dans l'un des angles, un très bel

S'ILS TE MORDENT, MORDS-LES

En 1522, les Anglais pillent la ville, puis s'attardent un peu trop dans les celliers. Les Morlaisiens, revenus de leur surprise, leur taillent bientôt des croupières. À cette occasion, la ville ajoute à ses armes un lion faisant face à un léopard anglais avec la devise : « S'ils te mordent, mords-les ! »

carnet pratique

Où dormir

• *À bon compte*

Hôtel de l'Europe – *1 r. Aiguillon – 29600 Morlaix – ☎ 02 98 62 11 99 – 60 ch. : 195/440F – ☕ 40F – restaurant 85/180F.* Une bonne adresse pour dormir à Morlaix : bien situé, cet hôtel a du caractère. Si ses chambres sont moins charmantes que l'entrée et le restaurant avec leurs belles moulures et leur décor rétro, elles sont assez agréables...

Où se restaurer

• *À bon compte*

Marée Bleue – *3 rampe St-Mélaine – 29600 Morlaix – ☎ 02 98 63 24 21 – fermé oct., dim. soir et lun. sf été – 78/230F.* À quelques pas du viaduc, ce petit restaurant sert dans ses trois salles une cuisine gentiment menée. Tenu depuis quelques années par un jeune couple aimable, sa carte et son menu qui changent régulièrement sont d'un bon rapport qualité/prix.

Boire un verre

Le Grand Café de la Terrasse – *31 pl. des Otages, ☎ 02 98 88 20 25. Ouv. tlj 7h30-1h.* Née en 1885, cette belle brasserie était fréquentée à l'époque par les nobles, qui y jouaient à la manille, divertis par les chansonniers et les prestidigitateurs. Entre 1907 et 1914, le pointage du Tour de France s'y déroula. Les Allemands s'y installèrent pendant la guerre et razzièrent absolument tout, sauf le billard, qui pesait trop lourd. Assoupie jusqu'en 1996, la brasserie a été ressuscitée grâce aux Quenech'du qui l'ont rachetée pour lui redonner son lustre d'antan. Une réussite !

Tempo – *Quai de Tréguier, ☎ 02 98 63 29 11. Lun.-jeu. 11h-0h, ven. 11h-1h, sam. 17h-1h.* En bord du port de plaisance de Morlaix, ce bar au décor moderne et métallisé est un endroit de choix pour boire un verre au soleil sur la terrasse. Exposition mensuelle. Une douzaine de vins au verre.

Achats

Rue Ange-de-Guernisac – *R. des Arts.* C'est la rue des arts, des artistes et des artisans où se succèdent peintre, céramiste, sculpteur, couturier, ébéniste...

Maison des vins – *Pl. des Viarmes, ☎ 02 98 88 72 43. Mar.-sam. 9h30-12h, 14h-19h.* Cette cave à vins est installée dans une magnifique maison du 17e s. Parmi les traits remarquables du lieu, remarquez son puits de lumière (ou lanterne) qui balaye de son faisceau lumineux le centre de la boutique et les vestiges de la cheminée. Côté vins, cette maison s'enorgueillit de plus d'un millier de références.

Martin – *29 pl. des Otages, ☎ 02 98 88 01 65. Mar.-sam. 9h-12h30, 14h-19h30, dim. 9h-13h, 14h30-19h.* Pâtisserie-salon de thé reconnaissable à sa singulière façade et à ses deux baigneurs datant de 1830. La famille Martin officie avec brio dans les gâteaux depuis quatre générations. Spécialité : la galette bretonne.

Morlaix en fête

Festival des arts dans la rue – De mi-juillet à mi-août, chaque mercredi, un périmètre piétonnier est livré aux comédiens et au public pour un vaste théâtre convivial.

escalier à vis, colonne de 11 m de haut faite d'une seule pièce, dessert les galeries des étages. Le pilier est orné de statues de saints sculptées dans la masse. Entre le 1er et le 2e étage, remarquer une belle sculpture représentant un acrobate sur un tonneau.

Musée des Jacobins★

♿ *Pâques-oct. : tlj sf mar. 10h-12h, 14h-18h, sam. 14h-18h (juil.-août : 10h-12h30, 14h-18h30) ; nov.-Pâques : tlj sf mar. 10h-12h, 14h-17h, sam. 14h-17h, dim. 10h-12h, 14h-18h. Fermé 1er janv., 1er mai, 25 déc. 26F. ☎ 02 98 88 68 88.*

Le musée est installé dans l'ancienne église des Jacobins, qui conserve au chevet une très belle **rosace★** du début du 15e s. Transformé voici quelques années, il a perdu le charme de son cabinet de curiosités au profit d'une muséologie plus rationnelle. On y voit le produit des fouilles archéologiques pratiquées dans la région, ainsi que des évocations du vieux Morlaix et des Morlaisiens célèbres. Belle collection de toiles modernes, don de la société des Amis de Gustave Geffroy (1855-1926, critique d'art né à Morlaix), et vieux canon provenant du bateau corsaire *Alcida* perdu à l'entrée de la rivière de Morlaix fin 1747 et retrouvé au fond de la mer en 1879.

Église St-Mathieu

Tlj sf w.-end.

Reconstruite en 1824, excepté la tour (16e s.), elle renferme, à gauche du maître-autel, une curieuse statue ouvrante de la **Vierge★**, en bois, datant peut-être du 14e s. : fermée, elle représente la Vierge allaitant l'Enfant Jésus ; ouverte, elle abrite une Sainte-Trinité.

Une exclusivité morlaisienne

La « maison à lanterne » (15e et 16e s.) s'articule en trois parties : une façade à encorbellement ornée de statues, une cour intérieure qui s'élève jusqu'aux combles et un pignon arrière. L'éclairage zénithal provient d'une verrière enchâssée dans la toiture, un peu comme le ferait une lanterne.

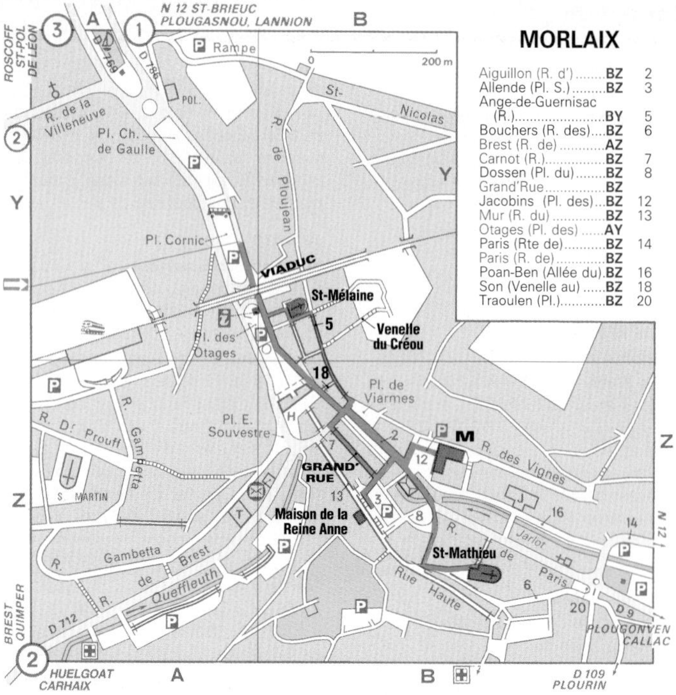
MORLAIX
Aiguillon (R. d') BZ 2
Allende (Pl. S.) BZ 3
Ange-de-Guernisac (R.) BY 5
Bouchers (R. des) BZ 6
Brest (R. de) AZ
Carnot (R.) BZ 7
Dossen (Pl. du) BZ 8
Grand'Rue BZ
Jacobins (Pl. des) BZ 12
Mur (R. du) BZ 13
Otages (Pl. des) AY
Paris (Rte de) BZ 14
Paris (R. de) BZ
Poan-Ben (Allée du) BZ 16
Son (Venelle au) BZ 18
Traoulen (Pl.) BZ 20
N 12 ST-BRIEUC
PLOUGASNOU, LANNION
ROSCOFF
ST-POL DE LÉON
HUELGOAT
CARHAIX
BREST
QUIMPER
D 109
PLOURIN
PLOUGONVEN
CALLAC
VIADUC
St-Mélaine
Venelle du Créou
GRAND' RUE
Maison de la Reine Anne
St-Mathieu
Pl. Cornic
Pl. Ch. de Gaulle
Pl. des Otages
Pl. E. Souvestre
Pl. de Viarmes
R. des Vignes
Rue Haute
R. de Brest
R. de Queffleuth
R. Gambetta
R. Dr Prouff
R. de la Villeneuve
R. de Ploujean
Rampe St-Nicolas
S. MARTIN
200 m

Église St-Mathieu .... BZ
Église St-Mélaine .... BY
Maison « de la Reine Anne » .... BZ
Musée des Jacobins .. BZ **M**
Viaduc .... ABY

alentours

Plougonven★

12 km au Sud-Est par la D 9, route de Callac.

Situé au pied des monts d'Arrée, ce bourg conserve un **calvaire★★** élevé en 1554. La croix à deux branches porte, en haut, les statues de la Vierge et de saint Jean, au-dessous, deux gardes ; de chaque côté, les croix des larrons. Au pied de la croix principale, Descente de croix. Sur la plate-forme et autour du socle, plusieurs scènes de la vie du Christ.

L'**église** (1523) est coiffée d'un élégant clocher à balcon avec tourelle d'escalier ; voir aussi les gargouilles, véritable bestiaire où se reconnaissent chiens, lions, sangliers, etc.

La baie de Morlaix, par une belle fin de journée estivale.

itinéraires

1 DE MORLAIX À TÉRÉNEZ*

19 km. Quitter Morlaix par ① du plan.

La route longe en corniche la rivière de Morlaix (port de plaisance et port sablier). Passé le pont, on gagne le port de **Dourduff** où s'abritent les bateaux des mareyeurs de ce petit port ostréicole et l'on découvre la belle route bordée d'arbres de la pittoresque vallée du Dourduff.

Cairn de Barnenez*

Mai-sept. : (dernière entrée 3/4h av. fermeture) 10h-12h30, 14h-18h30 (juil.-août : 10h-13h, 14h-18h30) ; avr. : 10h-12h, 14h-18h30 ; oct.-mars : tlj sf lun. 10h-12h, 14h-17h. Fermé 1er janv., 1er mai, 1er et 11 nov., 25 déc. 25F. ☎ 02 98 67 24 73.

Situé sur la presqu'île de Kernéléhen prolongée par l'îlot de Stérec, cet imposant tumulus à gradins de pierres sèches, appelé **cairn**, domine la baie de Térénez et l'estuaire de la rivière de Morlaix. À la suite de fouilles entreprises de 1955 à 1968, onze chambres funéraires sous des tables de pierre furent découvertes ; leurs entrées sont orientées au Sud, précédées chacune d'un couloir de 7 à 12 m. On distingue deux étapes de construction d'après la couleur des pierres : le 1er cairn, 4600 avant J.-C., en dolérite, roche verte du pays, le 2e, vers la pente, deux siècles plus jeune, où domine le granit clair dont le gisement le plus proche se trouve dans l'île Stérec.

Faire demi-tour et tourner à gauche à la sortie de St-Gonven. ▶

Le parcours en bord de mer procure des **échappées*** sur la baie de Morlaix, le château du Taureau et la presqu'île abritant le cairn de Barnenez.

Térénez

Très agréable petit port typiquement breton. Centre de voile.

2 DE MORLAIX À L'ÎLE CALLOT**

14 km. Quitter Morlaix par ③ du plan.

La route longe la rive gauche de la rivière de Morlaix. La **vue***, superbe, particulièrement à marée basse, s'élargit à mesure que l'estuaire s'ouvre sur la baie que l'on découvre parsemée d'écueils et d'îlots.

Carantec

Située sur une presqu'île, entre l'estuaire de la Penzé et la rivière de Morlaix, Carantec est un centre balnéaire familial.

Son église moderne abrite en son abside une belle **croix de procession*** (1652) en argent.

Musée maritime – *De déb. avr. à fin avr. et de mi-juin à déb. sept. : tlj sf jeu. 10h-12h, 15h-18h. 12F. ☎ 02 98 67 00 43.*

La vie maritime régionale est ici évoquée : ostréiculture, flore et faune de la baie de Morlaix, ramassage du goémon.

La « Chaise du Curé » – De cette plate-forme rocheuse, la **vue*** se développe de gauche à droite sur la grève de Porspol et la grève Blanche avec en fond St-Pol-de-Léon et Roscoff, jusqu'à la pointe de Pen-al-Lann.

carnet pratique

PLAGES ABRITÉES

Les plages les plus importantes sont la grève Blanche et la grève du Kélenn, la plus étendue. Elles sont bien agréablement protégées du noroît.

OÙ SE RESTAURER À CARANTEC

• ***Valeur sûre***

Cabestan – *au port – ☎ 02 98 67 01 87 – fermé nov., janv., mar. sf le soir en été et lun. de sept. à juin – 120/260F.* Dans cette maison du port, le restaurant et la brasserie sont tenus par la même famille. Préférez le restaurant : il n'a pas de terrasse comme sa voisine, mais sa table gourmande sera à la hauteur des attentes des amateurs de cuisine bien tournée.

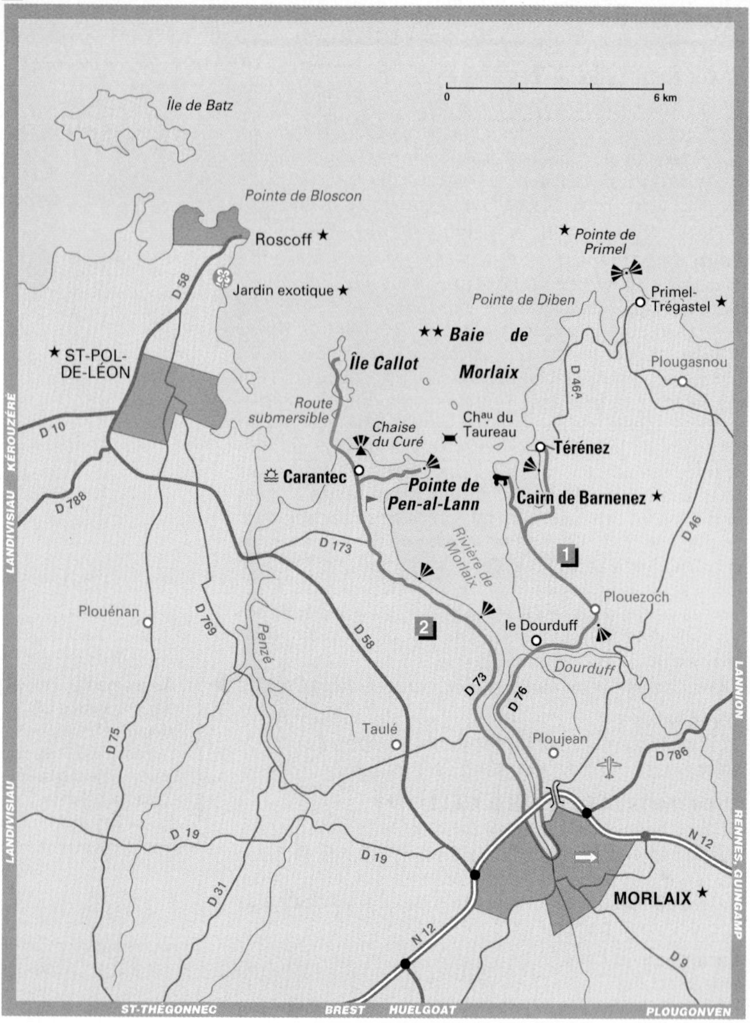

0
6 km
Île de Batz
Pointe de Bloscon
Roscoff ★
★ Pointe de Primel
Jardin exotique ★
Pointe de Diben
Primel-Trégastel ★
★★ Baie de Morlaix
★ ST-POL-DE-LÉON
Île Callot
Plougasnou
Route submersible
Chau du Taureau
Chaise du Curé
Térénez
Carantec
Pointe de Pen-al-Lann
Cairn de Barnenez ★
Rivière de Morlaix
Plouezoch
Plouénan
le Dourduff
Dourduff
Penzé
Taulé
Ploujean
MORLAIX ★
D 58
D 10
D 788
D 173
D 769
D 46A
D 46
D 73
D 76
D 75
D 19
D 31
D 786
N 12
D 9
LANDIVISIAU
KÉROUZÉRÉ
LANNION
RENNES, GUINGAMP
ST-THÉGONNEC
BREST
HUELGOAT
PLOUGONVEN

Pointe de Pen-al-Lann

1,5 km à l'Est, plus 1/4h à pied AR. Prendre la rue de Pen-al-Lann et laisser la voiture à un rond-point. Emprunter le sentier en descente qui conduit à travers pins à une éminence rocheuse.

La **vue**★★ s'étend sur la côte depuis la pointe de Bloscon, à l'Ouest, jusqu'à celle de Primel, à l'Est. En face, le château de l'île du **Taureau** fut construit en 1542 pour se protéger d'une nouvelle attaque anglaise. Louis XIV, l'estimant trop cher à entretenir, en fit une prison d'État en 1660 après avoir demandé à Vauban de le restaurer.

À l'île Callot, du clocher de la chapelle Notre-Dame, la vue sur la rade est superbe.

Île Callot

Une chaussée submersible, praticable cependant par les autos à mi-marée, relie le port de la grève Blanche à l'île (parc de stationnement à l'entrée). Faites attention à l'heure de la marée si vous ne souhaitez pas dormir sur l'île... 2 h suffisent à visiter l'île.

Celle-ci est un excellent lieu de pêche et connaît deux plages charmantes, la grève du Guerzit et la plage de St-Samson.

Nantes★★★

Capitale historique des ducs de Bretagne, cité d'art, grand centre industriel et ville universitaire, Nantes est une ville à la fois maritime et continentale. Située au confluent de la Sèvre, de l'Erdre et de la Loire qui lui a tout apporté, la métropole de l'Ouest cultive son rôle de carrefour économique tout en développant sa démographie. Mais les visiteurs seront davantage frappés par son superbe château, ses quelques quartiers du 18e et 19e s. épargnés par les bombardements de la dernière guerre et le nombre de festivités qui s'y tiennent.

La situation

Cartes Michelin nos 67 pli 3, ou 230 plis 54, 55 - Loire-Atlantique (44). La capitale de la région des Pays de la Loire est un casse-tête pour l'automobiliste ! Garez-vous aux abords du centre et optez pour la marche à pied. ℹ *7 rue de Valmy - 44041 - ☎ 02 40 20 60 00.*

Le nom

Naoned est une bretonnisation : le nom vient des Namnètes, dont elle était la capitale.

Les gens

L'agglomération compte 492 255 Nantais. Le général Cambronne (1770-1842), Jules Verne (1828-1905), Aristide Briand (1862-1932), Éric Tabarly (1931-1998) y sont nés. Jacques Demy (1931-1990) y a vécu.

comprendre

Nantes, capitale de la Bretagne - Nantes, gauloise, puis romaine, est mêlée aux luttes sanglantes qui opposent les rois francs aux comtes et ducs bretons. Mais ce sont les Normands qui lui portent les coups les plus terribles. En 939, le jeune Alain Barbe-Torte, descendant des grands chefs bretons réfugiés en Angleterre revient au pays et chasse les pirates de Bretagne. Devenu duc, il choisit Nantes comme capitale et la relève de ses ruines.
Au Moyen Âge, Nantes lutte pour son titre de capitale contre Rennes. Les Montfort, principalement **François II**, gouvernent en souverains incontestés et rendent à la ville son titre de capitale et son prestige.

L'édit de Nantes - En 1597, la Bretagne, lasse des troubles engendrés par la Ligue et par les ambitions séparatistes de son gouverneur, adresse un pressant appel à Henri IV pour qu'il vienne rétablir l'ordre. Devant le château, celui-ci s'écrie admiratif : « Ventre Saint-Gris, les ducs de Bretagne n'étaient pas de petits compagnons ! » Durant son séjour, le 13 août 1598, il signe l'édit de Nantes qui, en 92 articles, règle la question religieuse ; du moins le croit-il.

Sucre et « bois d'ébène » - Du 16e au 18e s., Nantes a deux grandes sources de richesse : le sucre et la traite des Noirs, pudiquement dénommée commerce du « bois d'ébène ». La vente aux Antilles des Noirs achetés sur la côte de Guinée permet l'achat du sucre de canne qui sera raffiné à Nantes. Le « bois d'ébène » laisse couramment 200 % de bénéfice. Les philosophes tonnent contre ce commerce inhumain. Mais Voltaire, dont on connaît le sens aigu des affaires, a une part de 5 000 livres dans un négrier nantais.

Les noyades - En juin 1793, Nantes compte de nombreux royalistes ; début octobre, la Convention y envoie comme représentant **Carrier**, qui vient de passer quelque temps à Rennes. Sa mission consiste à « purger le corps politique de toutes les mauvaises humeurs qui y circulent ».

À la fin du 18e s., la prospérité de Nantes est éclatante. C'est le premier port de France. Sa flotte compte 2 500 navires et barques. Les gros armateurs forment de véritables dynasties. Ils se font construire les hôtels du quai de la Fosse ou de l'ancienne île Feydeau.

carnet pratique

Où dormir

• À bon compte

Hôtel Graslin – *1 r. Piron – ☎ 02 40 69 72 91 – 47 ch. : 250/400F – ☕ 40F.* Bien situé dans la ville, cet hôtel est une étape pratique pour concilier affaires et tourisme. Dans un immeuble ancien, ses aménagements sont récents. Si vous avez un budget plus important, préférez l'une des huit grandes chambres.

• Valeur sûre

Hôtel La Pérouse – *3 allée Duquesne – ☎ 02 40 89 75 00 – 47 ch. : 430/560F – ☕ 50F.* Résolument contemporain, le décor de cet hôtel allie pureté des formes et confort des matières. Avec ses murs blancs passés à l'huile de lin, ses parquets blonds, son mobilier « zen » et ses vasques transparentes, il séduira les amateurs de design.

Où se restaurer

• À bon compte

Crêperie Heb-Ken – *5 r. de Guérande – ☎ 02 40 48 79 03 – fermé 15 juil. au 20 août et dim. – 40/80F.* Prix très raisonnables pour des crêpes de qualité, servies dans deux salles sans fioritures, décorées de photos du pays bigouden. Une escale sympathique à faire au cours de vos flâneries nantaises, entre la place Royale et la rue Crébillon.

Au Coup d'Canon – *12 r. Jean-Jacques-Rousseau – ☎ 02 40 71 88 04 – 80/110F.* Mieux qu'un coup de fusil ! Au comptoir, les vins de propriétaires coulent à flot et quelques plats solides vous éviteront de tanguer dans son ambiance bruyante. En revanche, le solex de la maison ne vous sera d'aucune aide pour rentrer, il est solidement accroché au plafond !

Chez l'Huître – *5 r. des Petites-Écuries – ☎ 02 51 82 02 02 – fermé 24 déc. au 2 janv. et dim. – 85/130F.* Huîtres ou poissons fumés ? Amateurs de coquillages, ce minuscule bistrot est fait pour vous plaire : vous y prendrez une grande bouffée d'air iodé en dégustant ses plateaux sans pour autant casser votre tirelire. Terrasse d'été dans la rue piétonne.

• Valeur sûre

Cigale – *4 pl. Graslin – ☎ 02 51 84 94 94 – 150F.* Avec son décor de céramiques 1900 qui lui a valu d'être classée, cette brasserie est un des rendez-vous préférés des Nantais. Au coude à coude, ils profitent de sa cuisine rondement menée dans une ambiance animée. Un menu du marché à déjeuner, des brunchs le week-end.

L'Atlantide – *quai Renaud (4e étage) – ☎ 02 40 73 23 23 – fermé 1er au 23 août, sam. midi et dim. – 200/330F.* Ce restaurant étoilé, au design d'une grande sobriété, se trouve au 4e étage d'un immeuble moderne. Sa cuisine gastronomique s'accorde bien avec son décor : contemporaine et originale, vous la dégusterez en admirant la belle vue sur la Loire.

Le Bouche à Oreille – *14 r. Jean-Jacques-Rousseau – ☎ 02 40 73 00 25 – fermé 1er au 21 août, dim. et j. fériés – 125/180F.* Ça marche fort ici ! Il faut donc réserver pour déguster la copieuse cuisine de terroir de ce bistrot au décor étonnant où de vieilles plaques émaillées et d'amusants bibelots côtoient une insolite collection de cochons... Quelques spécialités lyonnaises.

La Maison du Change – *2 pl. du Change – ☎ 02 40 47 18 49 – fermé dim. – 110/180F.* Remontez le temps en admirant la façade de cette maison nantaise du 15e s., franchissez la porte pour découvrir son cadre médiéval et attablez-vous autour de plats inspirés par l'histoire de ce monument classé. Bar en dehors des heures de repas.

Où boire un verre

La Civelle – *21 quai Marcel-Boissard à Trentemout, ☎ 02 40 75 46 60. Lun.-ven. 11h-0h, sam. 19h-0h.* Si vous êtes en voiture, ce bar-restaurant sur la rive Sud de la Loire permet de découvrir le charmant petit port de plaisance de Trentemout. De la terrasse, on profite le soir d'une vue merveilleuse sur la Loire quand le soleil embrase le fleuve.

Le Flesselles – *3 allée Flesselles, ☎ 02 40 47 66 14.* Déjà mythique à Nantes, c'est le café du milieu artistique un peu « branché ». Il se remplit par vagues successives au gré des habitués. S'il vous semble bondé, sachez qu'il reste une salle au 1er étage dont la décoration généralement amusante est régulièrement renouvelée.

Le Graslin – *1 r. Racine, ☎ 02 40 69 81 79. Lun.-sam. 11h-2h.* En matière de bière, les Nantais affichent une prédilection particulière pour ce bar qui voit mousser sur son comptoir environ 400 marques de bière par an et en propose en général quelque 200 en permanence. Incollables sur le sujet, les patrons ont créé et édité un jeu sur cette fille de l'orge et du houblon, jeu auquel vous pourrez vous essayer dans une ambiance des plus conviviales.

Le Remorqueur – *Quai Malakoff, ☎ 02 40 20 49 99. Mar.-sam. 21h-5h.* Caché au fond d'une péniche construite au début du siècle, ce bar de nuit insolite et incontournable est tenu par un personnage atypique, qui a mis des années à la retaper. Contrairement aux apparences, Le Remorqueur est aux normes de sécurité. Les musiques du monde ont les faveurs de la programmation.

Achats

Marchés – Le marché de Talensac (rue de Talensac) se tient tous les jours sauf le lundi ; le marché du Bouffay (place du Bouffay), tous les jours sauf le lundi ; le marché de la Petite Hollande (place de la Petite-Hollande), le samedi.

Marché aux puces – Il se tient place Viarme, le samedi et le dimanche matin.

George Gautier – *R. de la Fosse. Mar.-sam. 9h-19h.* Magnifique chocolaterie, datant de 1850, et classée monument historique. Gourmands de tous les pays, salivez devant les macarons, les berlingots nantais ou les vieux pavés... La brûlerie d'à côté appartient au même propriétaire.

Sortir

Pannonica – *9 r. Basse-Porte, ☎ 02 51 72 10 10. www.pannonica.com. Mar.-ven. 10h-13h, 15h-18h30, sam. 10h-13h.* Salle de spectacles de jazz, blues, rock... Un lieu incontournable des nuits nantaises à la programmation de très haute volée.

Théâtre Graslin – *Pl. Graslin, ☎ 02 40 69 77 18. Lun.-ven. 13h-18h, sam. 10h-17h.* De style classique corinthien, cet édifice du 18e s. abrite un haut lieu de la culture nantaise. Grandes pièces classiques, opéras...

Théâtre de Poche – *5 r. Lekain, ☎ 02 40 47 34 44. Ouv. les soirs de spectacles.* Seul café-théâtre de la ville, sa vocation est essentiellement humoristique.

Orchestre national des Pays de la Loire – *Cité des Congrès, ☎ 02 51 25 29 29.* Il s'y produit deux fois par mois.

Nantes en fête

Les Folles Journées – *☎ 02 51 88 20 00 ; follejournée@congres-nantes.fr.* De plus en plus populaires, elles draînent un public très large qui déborde les amateurs de musique classique. La Folle Journée, consacrée chaque année à un compositeur différent, a lieu le dernier week-end du mois de janvier.

Autres manifestations – Nantes ne lésine pas sur les manifestations, tant culturelles que simplement festives : Carnaval (mars-avril), Printemps des Arts (mai-juin), festival d'été (juillet), Rendez-vous de l'Erdre (fin août-début septembre), festival des 3 Continents (fin novembre-début décembre), etc. Renseignez-vous auprès de l'Office de tourisme.

Promenades sur l'Erdre

Bateaux Nantais – *Voir Croisière-promenade dans la rubrique Les Alentours.* Cette compagnie organise quotidiennement des croisières (déjeuners, dîners dansants...) sur l'Erdre, «la plus belle des rivières de France» selon François Ier. La nuit venue, sous le feu des projecteurs, la promenade revêt un caractère féerique. Pendant les vacances scolaires, de mystérieuses chasses aux trésors sont concoctées pour les enfants.

Bateaux électriques – *☎ 02 51 81 04 24.* Une promenade en bateau électrique sans permis, à partir de l'île de Versailles.

Canoë-kayak – *Canoë-kayak nantais, route de la Jonelière, ☎ 02 40 29 25 71.* Ce club organise des stages sur cette rivière que ne borde aucune route.

Visites de la ville

Visites guidées thématiques – En été, l'Office de tourisme en organise pour tous les publics et sur réservation au ☎ 02 40 20 60 00 ou à l'Office de tourisme. La durée des visites est de 2h à 2h30.

En calèche – *Face à l'entrée du château, ☎ 02 40 38 34 16.* Départ toutes les heures (de 11h à 17h), du 1er avril au 30 septembre ; le reste de l'année sur réservation.

Transports urbains

En tramway – Les 2 lignes de tramway (27 km, le plus long réseau de France), et bientôt une troisième, permettent des déplacements rapides et pratiques (toute l'année sauf le 1er mai). Le ticket (8F), valable 1h indifféremment dans les bus et les tramways de l'ensemble du réseau, s'achète aux distributeurs automatiques des différentes haltes, chez les dépositaires TAN ainsi qu'aux kiosques TAN dont le principal est situé à la station Commerce (2/4 allée Brancas). Pour visiter la ville, le « ticket 24h » (21F) permet un nombre illimité de voyages pendant une journée. Info Allô TAN ☎ 0 801 444 444.

En bus – Le ticket s'achète auprès du conducteur, ou aux distributeurs des arrêts de tramway et dans les kiosques TAN.

Informations régionales

Être informé des spectacles et manifestations en cours – *Ouest-France* (édition Nantes) et le magazine Nantes-Poche vous renseigneront sur les programmes des manifestations et des cinémas. Consultez également le programme mensuel « *Des Jours et des Nuits* » édité par l'Office de tourisme. Enfin, le 3615 Nantes (borne à l'Office de tourisme) donne des informations sur les activités culturelles et sportives.

Les radios – Radio Sud-Loire 88, 8 MHz ; Radio Nantes 100,9 MHz, Radio-France Bretagne Ouest 101,4 MHz.

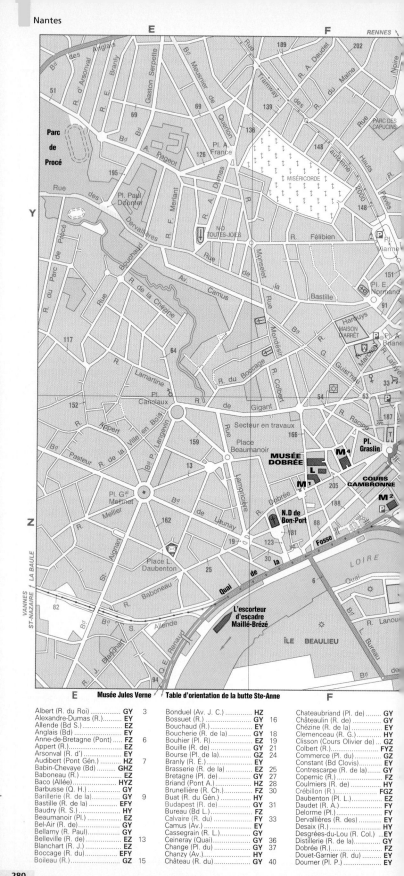

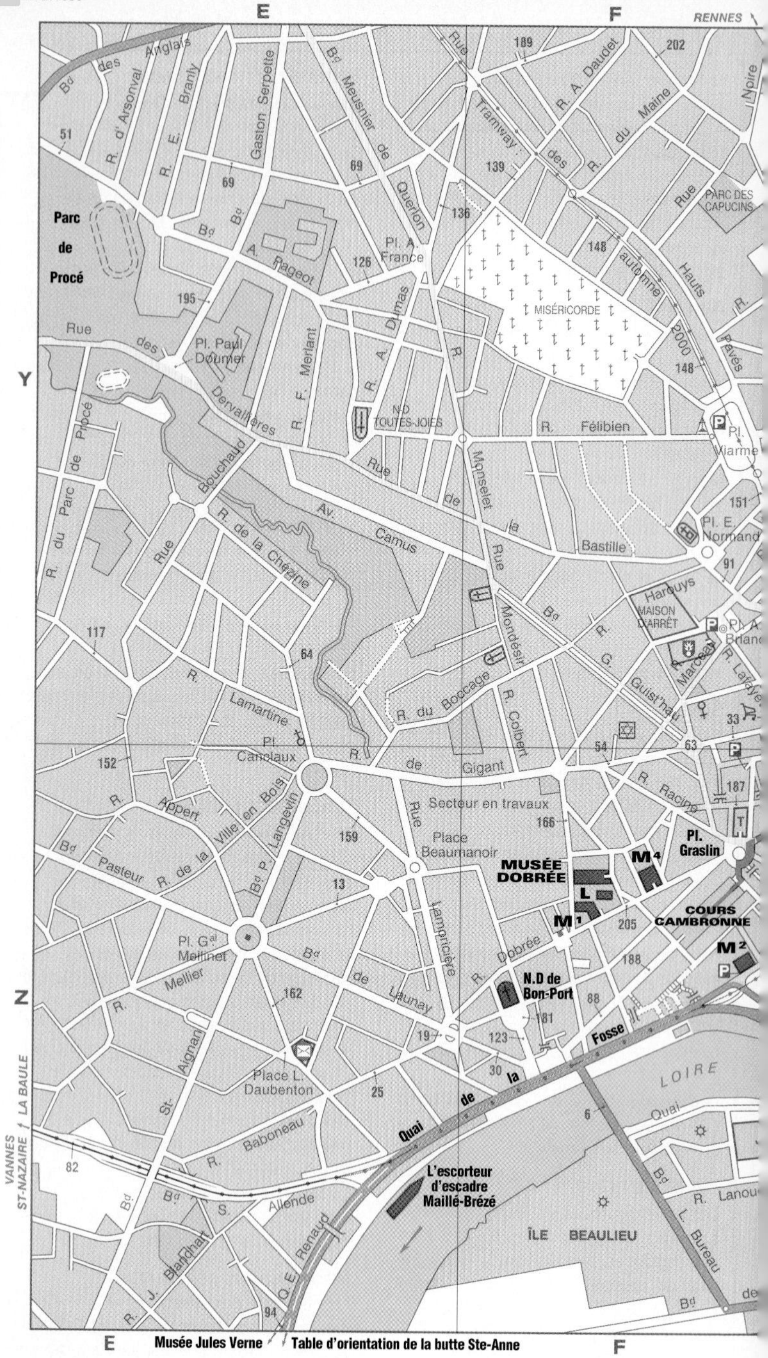
E
F
RENNES
Y
Z
VANNES
ST-NAZAIRE
LA BAULE
Parc
de
Procé
Bd des Anglais
R. d' Arsonval
R. E. Branly
Gaston Serpette
Bd Meusnier de Querlon
Rue Tramway
R. A. Daudet
R. du Maine
Rue des Hauts Pavés
PARC DES CAPUCINS
Pl. A. France
Bd A. Rageot
MISÉRICORDE
Rue des Dervallières
Pl. Paul Doumer
R. F. Merlant
R. A. Dumas
N.D TOUTES-JOIES
R. Félibien
Pl. Viarme
Rue du Parc de Procé
Bouchaud
Av. Camus
Rue de la Bastille
Monselet
Pl. E. Normand
R. de la Chézine
Rue Mondésir
MAISON D'ARRÊT
Harouys
Bd G. Guist'hau
Pl. A. Briand
Marceau
R. du Boccage
R. Colbert
R. Lamartine
Pl. Canclaux
R. de Gigant
R. Racine
Secteur en travaux
R. Appert
R. de la Ville en Bois
Bd P. Langevin
Place Beaumanoir
MUSÉE DOBRÉE
Pl. Graslin
COURS CAMBRONNE
Bd Pasteur
R. de la Lamoricière
Pl. Gal Mellinet
Mellier
Bd de Launay
R. Dobrée
N.D de Bon-Port
R. St-Aignan
Place L. Daubenton
Quai de la Fosse
LOIRE
R. Baboneau
L'escorteur d'escadre Maillé-Brézé
Bd S. Allende
Bd J. Blanchart
Q. E. Renaud
ÎLE BEAULIEU
Bd L. Bureau
R. Lanoue
Musée Jules Verne
Table d'orientation de la butte Ste-Anne

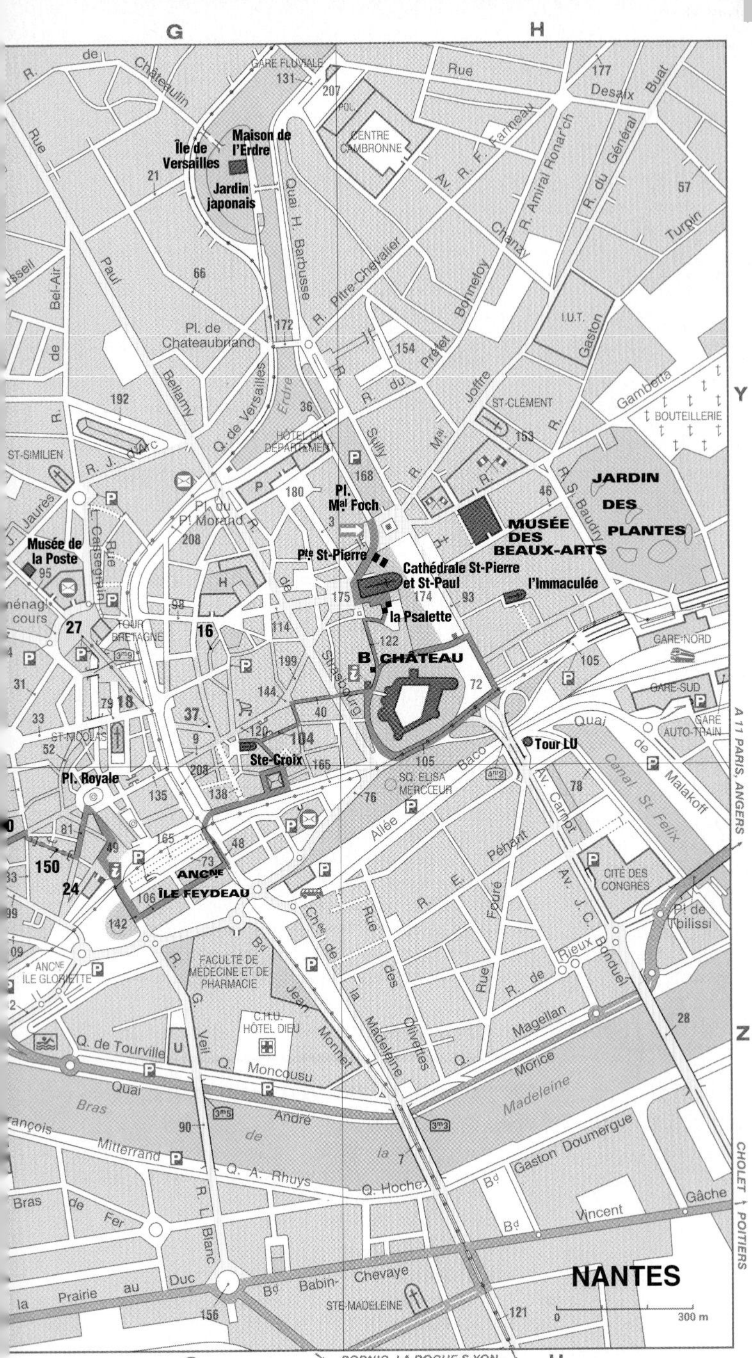
G
H
Y
Z
NANTES
0
300 m
GARE FLUVIALE
CENTRE CAMBRONNE
POL.
Île de Versailles
Maison de l'Erdre
Jardin japonais
Quai H. Barbusse
R. Pître-Chevalier
Av. R. F. Farineau
R. Amiral Ronar'ch
R. du Général Buat
Rue Desaix
Turpin
Chanzy
I.U.T.
Gaston
Pl. de Chateaubriand
Bellamy
Q. de Versailles
Erdre
R. du Préfet Bonnefoy
Joffre
ST-CLÉMENT
BOUTEILLERIE
Gambetta
HÔTEL DU DÉPARTEMENT
ST-SIMILIEN
R. J. d'Arc
Jaurès
Pl. du Pt Morand
Pl. Mal Foch
Pte St-Pierre
Cathédrale St-Pierre et St-Paul
la Psalette
MUSÉE DES BEAUX-ARTS
JARDIN DES PLANTES
l'Immaculée
R. St-Baudry
Sully
Musée de la Poste
TOUR BRETAGNE
ST-NICOLAS
Pl. Royale
CHÂTEAU
Strasbourg
Ste-Croix
SQ. ELISA MERCŒUR
Allée Baco
Tour LU
GARE-NORD
GARE-SUD
GARE AUTO-TRAIN
Quai de Malakoff
Canal St Félix
Av. Carnot
CITÉ DES CONGRES
Pl de Tbilissi
ANCNE ÎLE FEYDEAU
ANCNE ÎLE GLORIETTE
FACULTÉ DE MÉDECINE ET DE PHARMACIE
C.H.U. HÔTEL DIEU
Bd Jean Monnet
Chée de la Madeleine
Rue des Olivettes
R. E. Péhant
Rue Fouré
R. de Rieux
Av. J. C. Bonduel
Q. Magellan
Morice
Madeleine
Q. de Tourville
Quai Moncousu
R. G. Veil
Bras de la Madeleine
Quai François Mitterrand
Q. A. Rhuys
Q. Hoche
Bd Gaston Doumergue
Bd Vincent Gâche
Bras de Fer
R. L. Blanc
la Prairie au Duc
Bd Babin-Chevaye
STE-MADELEINE
A 11 PARIS, ANGERS
CHOLET POITIERS
PORNIC, LA ROCHE-S-YON LA ROCHELLE

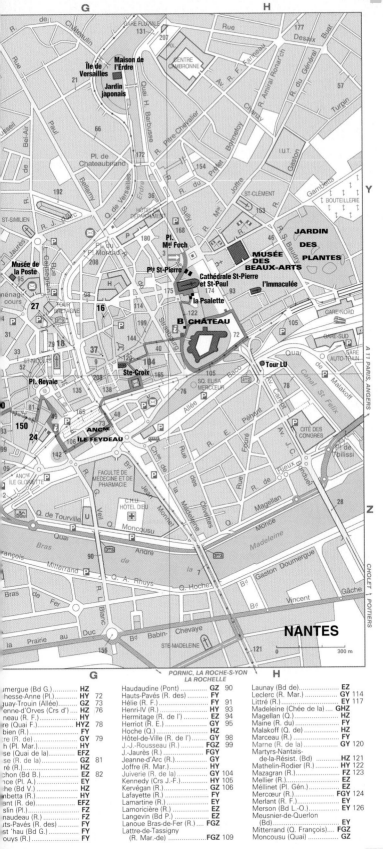

Mondésir (R.) **FY**
Monnet (Bd Jean) **GZ**
Monselet (R. Ch.) **EFY**
Morice (Q. André) **GHZ**
Motte Rouge (Q. de la) **GY** 131
Nations-Unies (Bd des) **GZ** 132
Noire (R.) **FY**
Normand (Pl. E.) **FY**
Olivettes (R. des) **HZ**
Orléans (R. d') **GZ** 135
Pageot (Bd A.) **EY**
Painlevé (R. Paul) **EY** 136
Paix (R. de la) **GZ** 138
Pasteur (Bd) **EZ**
Pard de Procé (R. du) **EY**
Péhant (R. E.) **HZ**
Pelleterie (R. de la) **EFY** 139
Petite-Hollande (Pl.) **GZ** 142
Pilori (Pl. du) **GY** 144
Pitre-Chevalier (R.) **GHY**
Poitou (R. du) **FY** 148
Pommeraye (Pas.) **GZ** 150
Pont-Morand (Pl. du) **GY**
Porte-Neuve (R.) **FGY** 151
Prairie-au-Duc (Bd) **FGZ**
Préfet Bonnefoy (R. du) **HY**
Racine (R.) **FZ**
Raspail (R.) **EYZ** 152
Refoulais (R. L. de la) **HY** 153
Reine Margot (Allée de la) **HY** 154
Renaud (Q. E.) **EZ**
République (Pl. de la) **GZ** 156
Rhuys (Q. A.) **GZ**
Ricordeau (Pl. A.) **GZ** 157
Rieux (R. de) **HZ**
Riom (R. Alfred) **EZ** 159
Rollin (R.) **EZ** 162
Ronar'ch (R. Amiral) **HY**
Roosevelt (Crs F.) **GZ** 165
Rosière d'Artois (R. de la) **FZ** 166
Royale (Pl.) **GZ**
Russeil (R.) **FGY**
St-Aignan (Bd) **EZ**
St-André (Cours) **HY** 168
St-Mihiel (Pont) **GY** 172
St-Pierre (Crs) **HY** 174
St-Pierre (Pl.) **GY** 175
St-Rogatien (R.) **HY** 177
Salengro (Pl. R.) **GY** 180
Sanitat (Pl.) **FZ** 181
Santeuil (R.) **GZ** 183
Scribe (R.) **FZ** 187
Serpette (R. Gaston) **EY**
Sibille (R. M.) **FZ** 188
Simon (R. Jules) **EY** 189
Strasbourg (R. de) **GY**
Sully (R.) **GHY**
Talensac (R.) **GY** 192
Tbilissi (Pont de) **ZH**
Thomas (Bd A.) **EY** 195
Tourville (Quai de) **GZ**
Turenne (Allée de) **GZ** 198
Turpin (R. Gaston) **HY**
Veil (R. G.) **GZ**
Verdun (R. de) **GY** 199
Versailles (Q. de) **GZ**
Viarme (Pl.) **FY**
Villebois-Mareuil (R.) **FY** 202
Ville-en-Bois (R. de la) **EZ**
Voltaire (R.) **FZ** 205
Waldeck-Rousseau (Pl.) **GHY** 207
50-Otages (Crs des) **GYZ** 208

Ancienne Ile Feydeau **GZ**
Cathédrale St-Pierre et St-Paul **HY**
Chapelle de l'Immaculée **HY**
Château des Ducs de Bretagne **HY**
Église Notre-Dame-de-Bon-Port **FZ**
Église Ste-Croix **GY**
Ile de Versailles **GY**
Jardin des Plantes **HY**
L'escorteur d'escadre Maillé-Brézé **FZ**
La Psalette **HY**
Maison « de la duchesse de Berry » **HY B**
Manoir de la Touche **FZ L**
Musée archéologique **FZ M** [1]
Musée des Beaux-Arts **HY**
Musée Dobrée **FZ**
Musée de l'imprimerie **FZ M** [2]
Musée de la Poste **GY**
Muséum d'Histoire naturelle **FZ M** [4]
Palais de justice **FGZ J**
Parc de Procé **EY**
Porte St-Pierre **HY**

Les prisons sont déjà remplies de Vendéens, de prêtres, de suspects. Pour faire de la place, Carrier recourt à la noyade. Les condamnés sont empilés dans des chalands qu'on saborde en Loire. La Convention, informée, rappelle aussitôt son représentant. Renvoyé devant le tribunal révolutionnaire de Nantes, il est condamné à mort et guillotiné en décembre. En 1832, la tragédie fait place à la comédie-bouffe. La **duchesse de Berry**, qui cherche à rallier les légitimistes à sa cause pour relancer l'insurrection contre le roi Louis-Philippe, parcourt le pays nantais. L'échec est total. Réfugiée à Nantes, elle est dénoncée. Les gendarmes s'installent en surveillance dans la maison où elle se cache ; ils allument du feu dans l'une des pièces et ont la surprise de voir s'abattre la plaque de la cheminée et sortir, à croupetons, la duchesse et trois de ses fidèles, noirs de suie et à demi asphyxiés : ils sont restés seize heures dans un étroit réduit ménagé dans l'épaisseur du mur.

se promener

UN VOYAGE À TRAVERS LE TEMPS

Place Maréchal-Foch

Communément appelée place Louis-XVI pour sa colonne (qu'une colonne ponctuée d'une statue de Louis XVI soit encore debout est une rareté), elle est entourée d'hôtels du 18e s. élevés sur des plans de Ceineray (1722-1821).

Porte St-Pierre

À VOIR
L'éclairage nocturne, discret mais précis, de l'enveloppe de la cathédrale.

Bâtie sur les fondations d'une enceinte gallo-romaine du 3e s., cette porte du 15e s. traverse un élégant logis à tourelle.

Cathédrale St-Pierre-et-St-Paul

Commencé en 1434, achevé en 1893, détruit par le feu en 1972 et restauré depuis, cet édifice imposant surprend par l'austérité de sa façade : deux tours sans fantaisie encadrent une grande baie flamboyante. Les trois portails, par contre, présentent des voussures finement sculptées. Une statue de saint Pierre se dresse au milieu du portail central.

À l'**intérieur★★**, la pierre blanche ou tuffeau remplace, à Nantes, le granit des cathédrales purement bretonnes. Moins lourde, cette pierre a permis d'établir à l'intérieur des voûtes à 37,50 m de hauteur, plus hautes que celles de Notre-Dame de Paris. La pureté des lignes de ce vaisseau de style gothique est remarquable.

On se placera sous la tribune d'orgues pour apprécier les cinq travées : une double haie de lignes verticales monte d'un trait jusqu'aux clefs de voûte où elles s'entrecroisent. Les nervures des piliers masquent les pans de mur qui les séparent et toutes les lignes des arcades ou du triforium qui pourraient rompre l'harmonie de cette perspective.

Faire le tour du vaisseau par la droite.

Dans le croisillon droit, le **tombeau de François II★★** ▶ est l'œuvre maîtresse de la décoration de la cathédrale et l'une des grandes productions de la Renaissance. Le duc et la duchesse sont couchés sur une dalle de marbre noir recouvrant une dalle de marbre blanc. Les statues qui les entourent sont autant de symboles. Les anges qui soutiennent la tête des gisants représentent l'accueil céleste, le lion couché aux pieds de François est l'emblème de la puissance, le lévrier de Marguerite celui de la fidélité. Les quatre grandes statues des angles personnifient les vertus cardinales : Justice (couronne en tête, glaive en main) et Force (casque, armure, arrachant un dragon d'une tour) ; à la duchesse reviennent la Prudence et la Tempérance. La Prudence a deux visages : une jeune fille au miroir symbolisant l'avenir, et un vieillard figurant le passé (la prudence s'inspire du passé pour envisager l'avenir) ; la Tempérance tient un mors, rappelant la retenue des passions, et une horloge qui apporte l'idée de mesure. Au-dessous des gisants, douze niches abritent les statuettes des Apôtres encadrées de celles de saint François d'Assise et de sainte Marguerite (patron et patronne du duc et de la duchesse) et de celles de Charlemagne et de saint Louis. Au-dessous encore, seize pleureuses, statuettes en partie mutilées, symbolisent la douleur du peuple. Ce magnifique ensemble est éclairé par une superbe **verrière** moderne ▶ haute de 25 m consacrée aux saints bretons, et particulièrement nantais ; c'est une œuvre de Chapuis.

Dans la crypte, petit musée traitant des restaurations successives.

Longer la façade de la cathédrale et franchir le porche à gauche.

Petite histoire d'un monument

Commandé par Anne de Bretagne pour contenir les restes de son père et de sa mère, Marguerite de Foix, le tombeau de François II (1507) a été sculpté par Michel Colombe. Le tribunal révolutionnaire en ordonna la démolition, mais l'architecte de la ville cacha chez des amis les divers fragments du monument.

Dans le croisillon gauche, le **cénotaphe de Lamoricière★** a été exécuté par le sculpteur Paul Dubois en 1879. Le général (grand soldat d'Afrique qui captura Abd el-Kader ; exilé par Napoléon III) est représenté couché sous un linceul. Quatre statues en bronze figurent la Méditation et la Charité, le Courage et la Foi.

La Psalette

Cette ancienne maison (15ᵉ s.) du chapitre à tourelle polygonale forme un tout avec la sacristie. Emprunter le passage voûté à droite, pour voir du petit square, l'autre face de la Psalette.

Prendre à droite l'impasse St-Laurent, puis à gauche la rue Mathelin-Rodier (du nom de l'architecte de la cathédrale et d'une partie du château).

Dans la maison du n° 3 fut arrêtée la duchesse de Berry *(voir « Les noyades » plus haut).*

Château des ducs de Bretagne★★

Juil.-août : expo 9h-18h, cour et remparts 9h-19h ; sept.-juin : tlj sf mar. 9h-12h, 14h-18h. Fermé 1er janv., Pâques, 1er et 8 mai, 1er et 11 nov., 25 déc. 20F, gratuit 2e dim. du mois. ☎ 02 40 41 56 56.

Voici à peu près la vue que vous auriez si vous étiez tombé dans le beau puits du château.

HISTOIRE
De Charles VIII à Louis XIV, maints rois de France ont séjourné au château. Louis XII y a épousé Anne de Bretagne en 1499. Henri IV y a élaboré, sinon signé, en 1598 les termes de l'édit de Nantes. La grande époque fut celle du duc de Bretagne, François II. Le train de vie y était royal : cinq ministres, dix-sept chambellans et une foule de domestiques. La cour était fastueuse, les mœurs très libres. Un bras de la Loire baignait alors la forteresse.

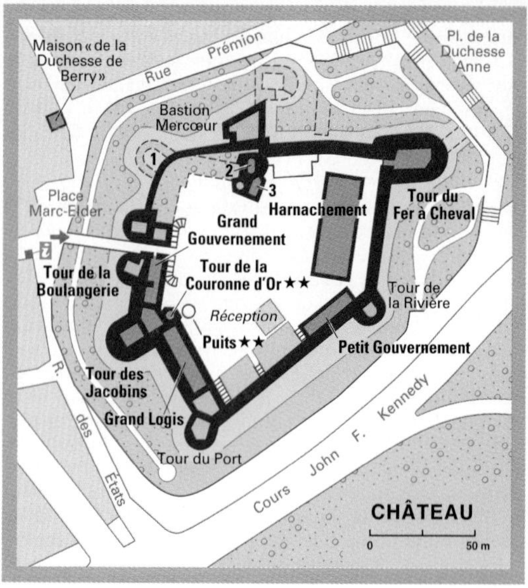
Maison « de la Duchesse de Berry »
Rue Prémion
Pl. de la Duchesse Anne
Bastion Mercœur
1
2
3
Place Marc-Elder
Harnachement
Tour du Fer à Cheval
Grand Gouvernement
Tour de la Boulangerie
Tour de la Couronne d'Or★★
Tour de la Rivière
Réception
Puits★★
Petit Gouvernement
Tour des Jacobins
Grand Logis
R. des États
Tour du Port
Cours John F. Kennedy
CHÂTEAU
0
50 m

L'édifice actuel, commencé en 1466 par François II, est continué par sa fille Anne de Bretagne. À partir du 18e s., l'administration militaire en prend possession, taille, rogne, élève des bâtiments au style sans apprêt. La tour des Espagnols (**1**), transformée en poudrière, saute en 1800 *(la partie Nord du château démolie est indiquée par un tireté sur le schéma ci-après)*. Au 19e s., la construction d'un quai, puis, au 20e s., le comblement d'un bras de la Loire ont modifié le site.

La forteresse – Elle a fière allure, depuis la remise en eau des douves, et avec ses fossés profonds traités en jardins. Un pont du 18e s. rejoint l'ancien pont-levis flanqué de tours massives du temps de François II.

Le palais – Son double aspect de palais et de place forte surprend par le contraste entre le granit des lourdes murailles et le tuffeau ouvragé des logis.

La **tour de la Boulangerie** du 15e s. *(ne se visite pas)*, appelée également tour de l'Enfer, servit de prison comme en témoignent les graffitis que l'on pouvait voir sur les murs. Le cardinal de Retz apprit à la connaître.

UN PETIT BIJOU
Le **puits★★**, qui remonte probablement à François II, est surmonté d'une magnifique armature en fer forgé, figurant la couronne ducale, avec sept poulies et sept gargouilles sculptées sur une margelle à sept côtés.

◄ La gracieuse **tour de la Couronne d'Or★★**, qui doit sans doute son nom à la proximité du **puits★★**, possède de belles loggias à l'italienne et relie les deux corps de bâtiments aux nombreuses fenêtres. La **tour des Jacobins** (15e s.) servit également de prison (graffitis sculptés dans le tuffeau).

Le **Grand Logis**, construit par François II et rehaussé par Anne de Bretagne, était le lieu d'habitation des ducs. Il est orné de cinq lucarnes gothiques à pinacles ouvragés. Le **Grand Gouvernement** ne prit ce nom qu'après l'incendie de 1670 qui détruisit toute une aile du château. Il devint alors la résidence du gouverneur de Bretagne. Le **Petit Gouvernement**, de style Renaissance, a été édifié sous François Ier, tandis que le bâtiment militaire du **Harnachement** date de 1784.

Le vieux donjon (**2**) est l'une des quatre tours polygonales qui encadraient le château primitif construit au 13e s. et agrandi au 14e s. : il est en partie enclavé dans un pavillon du 18e s. abritant la conciergerie (**3**). La **tour du Fer à Cheval** est du 16e s. Dans les salles restaurées, un éclairage par le sol met en valeur les voûtes à clefs armoriées.

Les musées du château, riches de collections prestigieuses, bénéficient d'un vaste programme de restructuration. Le futur **musée de l'Histoire de Nantes** sera

installé dans les bâtiments de la fin du 15e s. : Grand Logis, Grand Gouvernement et tours de la façade Ouest de l'édifice. En attendant, c'est le bâtiment dit « le Harnachement » qui accueille les grandes expositions temporaires.
Avant de gagner le quartier Ste-Croix, il sera peut-être agréable à certains de contourner le château pour en apprécier toute l'envergure. Cette petite promenade circulaire est également l'occasion d'apercevoir, de l'autre côté du cours J.-F.-Kennedy, la **tour LU**, récemment réhabilitée, vestige de l'ancienne biscuiterie nantaise.
Passer ensuite par la place du Pilori aux maisons du 18e s.

Plateau Ste-Croix

Il faut parcourir les rues de ce quartier pour découvrir un ensemble de maisons à colombages des 15e et 16e s. : rues de la Juiverie (n° 7), Ste-Croix (n° 7), de la Boucherie (nos 8 et 10), Bossuet (n° 5), place du Change. L'**église Ste-Croix** (17e s.) surprend par sa façade classique surmontée du beau **beffroi**★ de la ville couronné d'anges sonnant de la trompette. À l'intérieur, chœur à voûte nervurée en palmier contrastant avec la voûte ronde de la nef.

Un labyrinthe animé
La soirée venue, le quartier Ste-Croix se gonfle de population. Bars et restaurants s'y succèdent, et les terrasses gagnent le pavé dès les premiers beaux jours.

Ancienne île Feydeau★

Marécageuse, l'île fut lotie au début du 18e s. selon un cahier des charges très strict qui lui a donné toute sa régularité. Il est amusant de détailler ces immeubles d'opulents négociants - lisez négriers - pour découvrir ici des mascarons, là des balcons galbés élégamment forgés. Certaines demeures penchent diablement, témoignant d'une construction difficile et d'un sol friable. L'île a été rattachée à la ville entre 1926 et 1938 par le comblement des bras de la Loire.
Le **quartier Graslin**★ est l'œuvre du financier du même nom qui permit la réalisation d'un lotissement au 19e s. qui transforma les lieux. Par la place du Commerce et sa Bourse (qui abrite la FNAC), et aussi ses cafés, on atteint la **place Royale**, construite par l'architecte Crucy, auteur de la Bourse. Au centre, la fontaine érigée en 1865 symbolise la ville de Nantes.
Par la rue de la Fosse, on gagne le **passage Pommeraye**★, créé en 1843 et étagé sur plusieurs niveaux. Cette galerie commerciale a beaucoup de charme, par sa perspective, mais aussi par sa décoration (colonnes cannelées, statues d'enfants surmontées de torchères, balustrades ajourées, etc.). Par la **rue Crébillon** , étroite et commerçante, on atteint la **place Graslin** où s'élève le grand théâtre (1783) de style corinthien. À l'angle de la brasserie La Cigale (intérieur 1900 aux belles mosaïques classé monument historique) s'amorce le noble **cours Cambronne**★, bordé sur 180 m de maisons à pilastres construites de la fin du 18e s. au début du 19e s., une harmonieuse réalisation de Mathurin Crucy.

Savez-vous crébillonner ?
Oui, si vous remontez ou descendez la rue en flânant, tout en faisant du lèche-vitrine.

Le passage Pommeraye, véritable institution nantaise. Jacques Demy y tourna Lola *en 1961.*

visiter

> **CONSEIL**
> Le visiteur restera attentif au calendrier des expositions temporaires organisées au musée des Beaux-Arts et régulièrement de grande valeur.

Musée des Beaux-Arts★★

Tlj sf mar. 10h-18h, ven. 10h-21h, dim. 11h-18h. Fermé j. fériés. 20F, gratuit ven. 16h30-21h. ☎ *02 40 41 65 65.*

Créé par arrêté consulaire en 1801 (l'édifice est fin 19e s.), le musée sert de cadre à d'importantes collections, enrichies par des pièces en dépôt, illustrant l'histoire de la peinture du 13e s. à nos jours. Autour d'un patio central diffusant un doux éclairage zénithal s'ordonnent de grandes galeries où les œuvres sont exposées dans un ordre chronologique.

Écoles anciennes – Parmi les nombreuses œuvres, remarquer plus particulièrement un *Saint Sébastien* du Pérugin (vers 1448-1523), *Le Joueur de vielle, Le Songe de saint Joseph, Le Reniement de saint Pierre* de Georges de La Tour (1593-1652), où l'influence du Caravage est sensible dans les couleurs éteintes et les tonalités sourdes, *Le Guitariste* de Greuze (1725-1805) et *Arlequin, empereur de la lune* de Watteau (1684-1721).

Mme de Senones *(1816) de Jean-Dominique Ingres, d'une précision presque indiscrète.*

Le 19e s. – Trois toiles s'en dégagent : le très beau portrait de Mme de Senones d'Ingres, *Kaïd, chef marocain* de Delacroix, *Les Cribleuses de blé* de Courbet, toile d'une grande modernité. Mais l'ensemble d'œuvres romantiques conservées ici méritent aussi l'intérêt, ainsi que l'indolente *Esclave blanche* de Lecomte du Nouy.

Art moderne – Une première série est consacrée à l'impressionnisme et au fauvisme, avec *Gondoles à Venise* de Monet, l'école de Pont-Aven et *Le Gaulage des pommes* d'Émile Bernard, et enfin *Nu jaune* de Sonia Delaunay et *Le Roulis transatlantique* du Nantais Laboureur.

On apprécie ensuite un ensemble, sans doute unique dans un musée de province, d'œuvres de Wassily Kandinsky peintes à l'époque où il enseignait au Bauhaus (1922-1933). L'homogénéité de cette collection, dont on retiendra l'important *Trame noire* et le lumineux *Événement doux*, est fondée sur la notion de « microcosme ». À voir aussi, les *Deux femmes debout* d'un Magnelli à la croisée du futurisme et du cubisme, le *Cheval rouge* de Chagall, un ensemble abstrait de l'école de Paris où se distinguent Manessier, Poliakoff, Hartung et Soulage.

> Le musée n'oublie pas les écoles étrangères, notamment l'Italie avec Fabro, Paolini, Spalleti, Penone et Boetti, aux côtés de Richter, Rebecca Horn et Joan Mitchell.

Art contemporain – Les quatre salles d'art contemporain, dont l'accrochage est souvent remanié, présentent des réalisations tardives de Dubuffet et Picasso, des ensembles d'œuvres de Martin Barré et François Morellet, originaires de la région, ainsi que des sections consacrées au nouveau réalisme (Tinguely, Raysse, Villeglé, Dufrêne) et au groupe Support-Surface (Viallat, Dezeuze).

Muséum d'Histoire naturelle★★

♿ *Tlj sf lun. 10h-12h, 14h-18h, dim. 14h-18h. Fermé j. fériés. 20F, gratuit 3e dim. du mois.* ☎ *02 40 99 26 20.*

Ouvert en 1799, le muséum actuel a été inauguré dans cet ancien hôtel de la Monnaie en 1875. Il abrite d'importantes collections dans des domaines aussi variés que la zoologie générale, la faune régionale, l'ostéologie, la paléontologie, la préhistoire, les sciences de la terre, la minéralogie ou l'ethnographie. La section de conchyliologie est remarquable par la beauté et la variété des coquillages présentés. Un vivarium présente quelques reptiles et batraciens de toutes origines.

Outre un amphithéâtre (animations pédagogiques ou conférences) et une bibliothèque scientifique publique, l'établissement dispose d'un espace « science et nature » spécialement conçu pour les écoliers.

Musée Dobrée★

Tlj sf lun. 10h-12h, 13h30-17h30. Fermé j. fériés. 20F (billet combiné manoir de la Touche et Musée archéologique). ☎ *02 40 71 03 50.*

Le reliquaire en or rehaussé d'émail du cœur de la duchesse Anne de Bretagne (1514), conservé au musée Dobrée.

Ce palais néo-roman (19e s.) a été construit par Thomas Dobrée, armateur nantais d'origine anglo-normande. Il abrite les collections qu'il a rassemblées, notamment : des sculptures romanes et gothiques (voir quatre grandes statues du clocher de la cathédrale), une salle d'armes rassemblant des pièces de l'âge du bronze au 19e s, et surtout, autour du précieux reliquaire du cœur d'Anne de Bretagne, des ivoires et des albâtres médiévaux, des émaux champlevés (12e-14e s.), ainsi que des bijoux. Aux 1er et 2e étages : « Thomas Dobrée (1810-1895) – un collectionneur, un musée », commémoration des goûts et des passions d'un grand collectionneur nantais au 19e s.

Manoir de la Touche

Des travaux de réarrangement dans les salles d'expositions temporaires sont en cours. Tlj sf lun. 10h-12h, 13h30-17h30. Fermé j. fériés. 20F (billet combiné Musée archéologique et musée Dobrée). ☎ *02 40 71 03 50.*

Appelé aussi manoir Jean V, car ce duc de la maison de Montfort y mourut en 1442, cette ancienne maison de campagne, construite au début du 15e s. par l'évêque Jean de Malestroit, se dresse à côté du musée Dobrée.

Musée archéologique*

Entrée rue Voltaire. Tlj sf lun. 10h-12h, 13h30-17h30. Fermé j. fériés. 20F (billet combiné manoir de la Touche et musée Dobrée). ☎ *02 40 71 03 50.*

Les amateurs de pièces anciennes y verront de la céramique grecque et étrusque, une section égyptologique (sarcophages, vases canopes, statuettes de bronze et de bois, stèles), une section consacrée à la civilisation régionale (de la préhistoire à l'arrivée des Vikings avec notamment des armes, des outils, des vases, des bijoux, des statuettes et des collections néolithiques et de l'âge du bronze provenant de St-Nazaire et de Rezé).

Nouveau conseil
Au musée archéologique, autre cycle d'expositions temporaires auquel le visiteur prêtera attention.

alentours

Palais de justice

Sur l'île Beaulieu, récemment rebaptisée **île de Nantes**, ► face à l'ancienne île Gloriette, l'architecte Jean Nouvel a réalisé le nouveau palais de justice de la ville *(ouverture prévue en janvier 2000)*, imposante structure de verre et de béton couvrant quelque 16 000 m^2.

L'île de Nantes est l'objet d'un vaste programme d'urbanisme mené par l'architecte Dominique Perrault, qui verra la transformation progressive de la partie Ouest de ce site encadré par deux bras de la Loire.

Quai de la Fosse

Plusieurs demeures du 18e s. se succèdent ; on remarque les nos 17, 54, 70 et principalement le n° 86, l'hôtel Durbé dont les communs servaient d'entrepôt à la Compagnie des Indes.

Musée de l'Imprimerie – ♿ *Mars-juil. : tlj sf w.-end 14h-17h ; sept.-fév. : tlj sf dim. et lun. 14h-18h, sam. 10h-12h, 14h-17h. Fermé en août et j. fériés. 30F. ☎ 02 40 73 26 55.* Lithographies, enluminures, bois gravés, avec présentation des techniques de composition et d'impression par des professionnels au moyen d'un matériel en parfait état de marche.

L'escorteur d'escadre Maillé-Brézé – *Juin-sept. : visite guidée bord (1h), bord et machines (1h1/2) 14h-18h ; oct.-mai : mer., w.-end, j. fériés, vac. scol. 14h-17h. 30F, 45F (bord et machines). ☎ 02 40 69 56 82.*
Ce bâtiment (132,65 m de long, 12,70 m de large) a été mis en service en 1957 et désarmé en 1988. On découvre ses différentes pièces d'armement anti-sous-marines et antiaériennes, ses systèmes de détection, son poste de commandement, ainsi que plusieurs locaux réservés à l'équipage. Intéressante visite des machines.

Dans le carré des officiers mariniers, un petit musée évoque la vie de l'amiral français Jean Armand de Maillé (1619-1646), duc de Brézé.

Église N.-D.-de-Bon-Port

Appelée aussi **église St-Louis**, coiffée d'un dôme majestueux, elle domine la place Sanitat. Cet édifice de 1846 possède, à l'intérieur, de lourds piliers hexagonaux soutenant la coupole couronnée alternativement de vitraux et de fresques.*Tlj sf w.-end.*

Vue de la butte Ste-Anne*

Sud de la ville : accès par le quai E.-Renaud et la rue de l'Hermitage. De cette plate-forme rocheuse aménagée en terrasse, on a une bonne vue du port : au premier plan, on aperçoit l'île de Nantes et les anciens chantiers de construction navale. La **table d'orientation** permet de situer quelques monuments et constructions nouvelles.

Musée Jules-Verne*

3, r. de l'Hermitage. ♿ Tlj sf mar. 10h-12h, 14h-17h, dim. 14h-17h. Fermé j. fériés. 8F. ☎ 02 40 69 72 52.
Une demeure du 19e s. sert de cadre à ce musée consacré à Jules Verne (1828-1905). De nombreux souvenirs retracent la vie de l'écrivain nantais : autographes, meubles, objets lui ayant appartenu, portraits, bustes, affiches évoquant ses ouvrages publiés chez Hetzel, jeux et objets divers inspirés par ses livres, planisphère lumineux reproduisant *Les Voyages extraordinaires.*

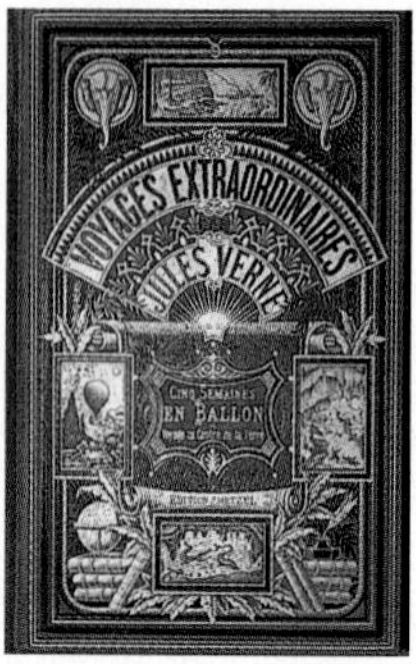
VOYAGES EXTRAORDINAIRES
JULES VERNE
CINQ SEMAINES EN BALLON
Une édition originale Hetzel de Cinq semaines en ballon.

Jules Verne à Nantes

Les vingt années passées à Nantes par Jules Verne, de sa naissance en 1828 dans l'île Feydeau à son installation à Paris en 1848, ont sans doute contribué à fortifier sa vocation de romancier à l'imagination débordante, mêlant avec un exceptionnel talent le rêve, la science et l'aventure. Le spectacle du grand port encombré de navires aux cales odorantes, celui, tout aussi fascinant, offert par les machines à vapeur dans l'usine d'Indret, les récits de voyages entendus chez l'oncle Prudent, ancien armateur, comme l'apprentissage de la lecture et de l'écriture avec Mme Sambin, veuve d'un capitaine au long cours, ou les naufrages inventés en jouant autour des îlots de la Loire ne manqueront pas, à l'heure des *Voyages extraordinaires*, d'inspirer ce génie visionnaire, plébiscité par plus de 25 millions d'adolescents avant d'être universellement reconnu comme un très grand écrivain.

Près du musée se dresse la statue de **sainte Anne** bénissant le port.

Traverser la place des Garennes, ombragée de féviers, et prendre la rue des Garennes pour gagner le square Maurice-Schwob.

Square Maurice-Schwob

Accès par le boulevard Saint-Aignan. Ce jardin, orné d'une sculpture expressive de Bretonne maudissant la mer, domine la Loire. On aperçoit une partie du port, la pointe de l'île de Beaulieu et Rezé.

Planétarium

Accès par le quai E.-Renaud et la rue de l'Hermitage. 8 r. des Acadiens. ♿ Tlj sf sam. : séances (1h) à 10h30, 14h15, 15h45, dim. à 15h et 16h30. Fermé j. fériés. 28F (enf. : 14F). ☎ 02 40 73 99 23.

Il offre un voyage dans l'espace et constitue une initiation à l'astronomie ; on découvre le mouvement des planètes, de la lune, les saisons ; chaque séance est organisée sur un thème différent (5 en tout).

Musée de la Poste

2 bis r. du Président-Herriot. ♿ Tlj sf dim. 8h-19h, sam. 8h-12h. Fermé j. fériés. Gratuit. ☎ 02 51 83 39 99.

Panorama historique : de la poste aux chevaux à la messagerie moderne (nombreux objets exposés dont des costumes de postillon et de facteur, des pèse-lettres, des appareils à confectionner les carnets de timbres).

Une petite envie de fraîcheur ?

Avec ses longues perspectives, ses doux vallonnements, le parc de Procé est un bien agréable lieu de promenade au Nord-Ouest de la ville. Ses 16 ha sont plantés de rhododendrons, d'azalées et de chênes. En outre, on a l'autorisation d'en fouler le gazon.

Le jardin des Plantes. Il conserve le plus ancien magnolia d'Europe, planté en 1807.

Jardin des Plantes★

Face à la gare, ce beau jardin, créé en 1805, offre aux voyageurs en transit une salle d'attente hors du commun. De style paysager, agrémenté de pièces d'eau, il possède de remarquables variétés de camélias blancs, rosés, pourpres, jaunes, des plantes d'ornement, des magnolias, des rhododendrons et des arbres magnifiques. Un buste de Jules Verne rappelle que le romancier est né à Nantes.

Chapelle de l'Immaculée

Dans un vieux quartier aux porches du 17e s. et où les rues s'étranglent en ruelles, cette ancienne chapelle des Minimes, de style flamboyant, fut construite au 15e s. par le duc François II. Les bas-côtés et la façade datent du 17e s. *Visites interdites pour des raisons de sécurité.*

Île de Versailles

Jadis marécageuse, cette île a été remblayée lors du creusement du canal de Nantes à Brest. Un bucolique **jardin japonais** y a été aménagé avec ses rocailles, ses cascades, ses lanternes. La **maison de l'Erdre** présente la flore et la faune de cette rivière qui jusqu'au 19e s. desservait l'entrée du canal de Bretagne. *Tlj sf mar. 11h30-18h, w.-end et j. fériés 10h-12h, 15h-18h. Gratuit. ☎ 02 40 29 41 11.*

De la verdure

Dès le 17e s., la botanique et les jardins eurent leur place à Nantes, dont la situation portuaire favorisa l'entrée des plantes exotiques. Aujourd'hui, parcs, squares et jardins agrémentent la ville. Parmi eux, citons le jardin des Plantes, le parc de Procé, le parc de la Beaujoire, le cimetière paysager.

Croisière-promenade sur l'Erdre★

Gare fluviale : Quai de la Motte-Rouge. Juil.-août : croisières commentées à 15h et 17h ; sept.-juin : variable selon les sais. 55F (enf. : 25F). Toute l'année croisière-déjeuner 12h-15h, 255F et croisière-dîner 20h-23h, 295F, sur réservation. Bateaux nantais. ☎ 02 40 14 51 14.

Les **Bateaux nantais** organisent d'agréables croisières. Les berges verdoyantes sont jalonnées d'une vingtaine de gentilhommières, anciennes résidences de campagne de riches armateurs nantais. Le château de la Gascherie (16e s.) aux fenêtres ouvragées retient plus particulièrement l'attention. *Voir carnet pratique en début de chapitre.*

Vous entrez dans le vignoble nantais qui s'étend au Sud de la ville, et dont le muscadet est la fierté.

Château de Goulaine

13 km au Sud-Est par la N 149, puis la D 119 en direction de Haute-Goulaine. De fin mars à fin oct. : visite guidée (1h) w.-end et j. fériés 14h-18h (de mi-juin à mi-sept. : tlj sf mar. 14h-18h). 30F. ☎ 02 40 54 91 42.

Ce château fut bâti entre 1480 et 1495 par Christophe de Goulaine, gentilhomme de la chambre des rois Louis XII et François Ier. De son passé militaire subsistent une tour à mâchicoulis et un castelet que précède un pont enjambant des douves. Cette belle demeure se compose d'un corps de logis du 15e s., construit en tuffeau du Saumurois dans le style ogival, et de deux ailes ajoutées au début du 17e s.

À l'**intérieur,** un escalier à vis conduit à l'étage qui s'ouvre sur le grand salon (cheminée Renaissance), le salon bleu (plafond à caissons bleu et or), le salon gris (panneaux en lambris et scènes de mythologie figurant sur les trumeaux).

Volière à papillons – ☺ Accolée au mur d'enceinte du château, une vaste serre plantée de fleurs et d'arbustes tropicaux abrite des papillons exotiques.

Île d'Ouessant★★

On ne peut se trouver plus à l'Ouest de la France. Pour mériter cette île située à la rencontre de l'Atlantique et de la Manche, la traversée est souvent houleuse, mais le jeu en vaut la chandelle, car une fois les récifs et les courants violents vaincus, on gagne comme une sérénité inattendue.

La situation

Cartes Michelin nos 58 pli 2 ou 230 pli 1 – Finistère (29).
C'est le bout de terre le plus à l'Ouest de la Bretagne, le vrai *finistère.*

Le nom

Déjà au 4e s. avant J.-C., l'île s'appelait *Ouxisamé,* superlatif du *ux* gaulois, haut, c'est-à-dire la Très haute.

Les gens

1 062 Ouessantins. L'adage précise : « qui voit Ouessant voit son sang » alors, prudence !

carnet pratique

Accès à l'île

Au dép. de Brest (ligne régulière) à bord de l'Enez Eussa ou du Fromveur, dép. à 8h30 pour Ouessant ou Molène via Le Conquet. Au dép. du Conquet (ligne régulière) dép. à 9h45 ; d'avr. à fin sept. : dép. supplémentaires. Au dép. de Brest ou de Camaret (ligne estivale) : de mi-juil. à fin août : à bord de l'André Colin, dép. de Brest à 7h45, dép. d'Ouessant à 18h (sf dim.) ; mai et juin : mer. Location de bicyclettes au Stiff pdt vac. scol. ; à Lampaul, toute l'année. Renseignements : Compagnie maritime Penn Ar Bed. ☎ 02 98 80 24 68. Accès en avion au dép. de Brest-Guipavas. ☎ 02 98 84 64 87.

Où dormir

● ***Valeur sûre***

Hôtel Roc'h Ar Mor – *à Lampaul – 29242 – ☎ 02 98 48 80 19 - 15 ch. : 280/350F – ☕ 40F – restaurant 90/180F.* À la lisière du village de Lampaul, cette grande bâtisse face à la baie a été rénovée et offre désormais un confort de qualité. La véranda et la majorité des chambres jouissent d'une vue sur la mer.

Où se restaurer

● ***À bon compte***

Crêperie Ti A Dreuz – *à Lampaul, bas du bourg – 29242 – ☎ 02 98 48 83 01 – fermé oct. à Pâques sf vac. scol. – 35/75F.* Dans cette vieille maison à la façade inclinée, vous dégusterez des crêpes en vous laissant conter l'histoire insolite des assiettes de faïence qui ornent le buffet de sa salle blanc et bleu ... Une autre salle ouvre sur un joli jardin fleuri.

comprendre

La nature – Longue de 7 km, large de 4 km, Ouessant domine la mer de 60 m en sa partie la plus élevée. Elle est célèbre dans les annales maritimes pour les difficultés de navigation qu'offrent ses parages, par suite de la brume fréquente, d'innombrables récifs et des courants violents. Les naufrages ne s'y comptent plus.
En hiver, le vent règne en maître et pousse sur les côtes rocheuses et déchiquetées les flots qui déferlent rageusement pendant des périodes qui peuvent atteindre dix jours. Le tableau prend souvent un aspect sinistre, quand le brouillard se mêle aux lugubres avertissements des sirènes et aux mugissements du vent. L'été y ramène le calme et une atmosphère plus sereine, analogue à celle des côtes de Bretagne. Le climat est très doux. En janvier et février, la température moyenne y est la plus élevée de France.
Le rattachement de l'île au **Parc naturel régional d'Armorique** contribue depuis 1969 à préserver l'intégrité de ses sites et le caractère de son habitat traditionnel.

DES COURANTS REDOUTABLES
Les plus connus sont le **Fromrust**, au Nord-Ouest, et le **Fromveur** (chanté par H. Queffélec), ramification du Gulf Stream, au Sud-Est, et l'un des plus rapides d'Europe (13 km/h).

Au large du phare du Créac'h, il est très très très vivement déconseillé de faire trempette.

Les hommes et leurs activités – Les femmes et les retraités de la Marine nationale ou marchande constituent l'essentiel de la population dont les activités principales restent l'élevage et la culture vivrière. Dans des enclos fort bien entretenus poussent légumes et pommes de terre. Les céréales cultivées sur de plus grandes parcelles servent à l'alimentation des volailles et bêtes d'élevage. Celles-ci, surtout constituées de moutons, broutent une herbe maigre, mais chargée de sel, qui leur donne une chair aussi appréciée que les prés-salés de la baie du Mont-Saint-Michel. De février, avant les agnelages, à septembre, ils sont attachés deux par deux à un piquet ; le reste de l'année, ils vivent en liberté. Le premier jeudi de février donne lieu à une grande foire où chaque propriétaire vient reconnaître ses bêtes – rassemblées par des rabatteurs – grâce aux entailles pratiquées aux oreilles, et acquitte un droit modeste avant de les emmener. La culture des algues et l'élevage des moules tendent à développer une aquaculture très prometteuse.
Bon nombre d'hommes originaires de l'île travaillent sur le continent (région brestoise) ou en mer : Marine nationale, marine marchande ; pêche hauturière, lointaine ou côtière ; plates-formes pétrolières.

se promener

Des routes au départ de Lampaul mènent aux sites les plus remarquables de l'île, mais de nombreux chemins et sentiers permettent de la parcourir en tous sens, et de découvrir la flore ouessantine mais aussi la faune marine.

Lampaul

La capitale de l'île se caractérise par ses maisons anciennes très bien entretenues, aux volets peints en bleu ou en vert, couleurs traditionnelles de l'île. Le port très exigu et exposé à l'Ouest est pittoresque ; à proximité s'étend la vaste plage de sable de Corz.

Côte sauvage★★★

Quitter Lampaul à l'Ouest par une rue en montée. À 500 m, tourner à droite.

Insolite
L'une des maisons de l'écomusée conserve, dans un aménagement intérieur caractéristique de l'île, un mobilier typique fabriqué avec du bois provenant d'épaves, peint en bleu (symbole de la protection de la Vierge).

Écomusée de l'île d'Ouessant – *Juin-sept. et vac. scol. : 10h30-18h30 ; avr.-mai : tlj sf lun. 14h-18h30 ; oct.-mars : tlj sf lun. 14h-16h. Tarif non communiqué.* ☎ *02 98 48 86 37.*

Au hameau de **Niou Uhella**, deux habitations traditionnelles, aménagées par le Parc naturel régional d'Armorique, retracent la vie ouessantine à travers divers collections (costumes, outils agraires et domestiques, géologie de l'île).

Moulin de Karaes – Restauré, c'est le dernier moulin en bois de l'île. Bien campé sur sa base cylindrique en pierre, il servait à moudre grossièrement le seigle avec lequel les Ouessantins confectionnaient leur pain au début de ce siècle.

Le phare de Créac'h indique, avec le phare anglais de Lands End, l'entrée de la Manche. Le feu est constitué par quatre lampes donnant une puissance lumineuse de 20 millions de candelas et une portée moyenne dépassant 60 km.

Phare de Créac'h – Dans l'ancienne salle des machines, le **Centre d'interprétation des phares et balises** retrace l'histoire de ces tours à feu depuis l'Antiquité jusqu'à nos jours : à l'origine, l'éclairage des phares consistait à faire brûler du charbon, du bois ou de l'huile dans un récipient placé au sommet d'une tour ; il rassemble turbine, lentilles, lampes et réflecteurs et évoque la fonction et la vie de gardien. ♿ *Mai-sept. et vac. scol. : 10h30-18h30 ; avr. : tlj sf lun. 14h-18h30 ; oct.-mars : tlj sf lun. 14h-16h. 25F.* ☎ *02 98 48 80 70.*

Contourner le phare par la droite afin de découvrir cette côte. Elle fait une impression profonde par ses **rochers★★★** extraordinairement déchiquetés et continuellement battus par les flots. Une passerelle située en avant du phare permettait autrefois d'accéder à la pointe du Créac'h où se trouvait la sirène de brume. Cargos ou

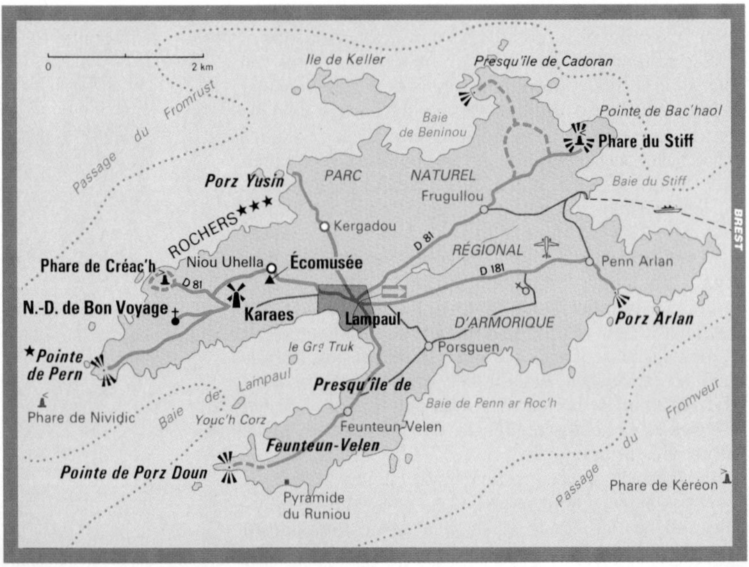

0
2 km
Ile de Keller
Presqu'île de Cadoran
Passage du Fromrust
Baie de Beninou
Pointe de Bac'haol
Phare du Stiff
Porz Yusin
PARC
NATUREL
Frugullou
Baie du Stiff
ROCHERS★★★
Kergadou
BREST
D 81
RÉGIONAL
Phare de Créac'h
Niou Uhella
Écomusée
D 181
Penn Arlan
D 81
N.-D. de Bon Voyage
Karaes
Lampaul
D'ARMORIQUE
Porz Arlan
★Pointe de Pern
le Grš Truk
Porsguen
Baie de Lampaul
Presqu'île de
Baie de Penn ar Roc'h
Phare de Nividic
Youc'h Corz
Feunteun-Velen
Passage du Fromveur
Feunteun-Velen
Pointe de Porz Doun
Phare de Kéréon
Pyramide du Runiou

pétroliers animent l'horizon ; près de trois cents bateaux empruntent chaque jour le « rail d'Ouessant » surveillé nuit et jour par des patrouilleurs de la Marine nationale.

Faire demi-tour, puis prendre à droite vers la pointe de Pern.

Pointe de Pern★ – Extrémité Ouest de l'île, elle se prolonge par des rochers et récifs sur lesquels vient écumer la houle. Au large, le petit phare de Nividic fonctionne automatiquement, de même que celui de la Jument, au Sud-Ouest de l'île.

Rendez-vous religieux

La **chapelle N.-D.-de-Bon-Voyage**, appelée aussi St-Gildas en souvenir de ce saint venu de Grande-Bretagne au 5e s., a été édifiée à la fin du 19e s. Les gens d'Ouessant y viennent tous les ans, en pèlerinage, le 1er ou le 2e dimanche de septembre, jour du pardon de l'île.

Presqu'île de Feunteun-Velen

Dans Lampaul, emprunter la rue qui longe le cimetière. On passe à proximité du petit port de Lampaul. Derrière sa jetée, les barques des pêcheurs trouvent un abri sûr. La route contourne la profonde baie de Lampaul bordée par les plages de Corz et du Prat – en son milieu se dressent les rochers du Grand Truk et Youc'h Corz –, puis descend doucement vers la pointe de Porz Doun. Remarquer sur la gauche la pyramide blanche du Runiou qui sert d'amer pour la navigation.

Pointe de l'extrême Sud de l'île, la **pointe de Porz Doun** est bordée de falaises. Belle **vue** sur Lampaul, la pointe de Pern, le phare de la Jument. Construit de 1904 à 1912, ce phare culmine à 42 m et abrite une corne de brume.

Phare du Stiff

Quitter Lampaul par la rue qui longe le flanc gauche de l'église. La route atteint doucement le point culminant de l'île, 60 m à la pointe de Bac'haol.

Le phare du Stiff, construit par Vauban en 1695, comprend deux tours accolées ; l'une abrite l'escalier à vis (126 marches), l'autre trois petites chambres superposées. Le feu porte à environ 50 km grâce à une lampe de 1 000 W halogène donnant une puissance de 600 000 candelas. Du sommet, un vaste **panorama★★** se développe sur les îles, le continent, du phare de la Vierge à la pointe du Raz. À proximité du phare se dresse la nouvelle tour radar (140 m de hauteur) équipée pour surveiller la route maritime passant au large de l'île.

Des sentiers permettent de gagner la pointe de la **presqu'île de Cadoran** d'où l'on jouit d'une jolie vue sur la baie de Beninou où évolue parfois une petite colonie de phoques, et sur l'île de Keller, propice à la nidification des oiseaux.

Le phare du Stiff et la tour radar.

Crique de Porz Yusin

Quitter Lampaul au Nord par la rue qui passe devant la centrale électrique alimentant l'île. On traverse plusieurs hameaux, aux maisons blanches et volets colorés, entourées de jardinets, avant d'arriver au joli site rocheux de Porz Yusin, un des rares abris de la côte Nord.

Observer

Les différentes espèces d'oiseaux marins vivant sur l'île et de très belles algues.

Crique de Porz Arlan

Quitter Lampaul par la rue qui longe le cimetière, puis tourner à gauche. La route laisse sur la droite la chapelle N.-D.-d'Espérance (1863) et sur la gauche l'aérodrome avant d'obliquer sur la droite pour atteindre Porz Arlan. Dans cette crique se sont nichés une minuscule plage de sable et un petit port abrité par une jetée ; le site est charmant et la **vue** fort belle sur la côte rocheuse, le Fromveur et le phare de Kéréon, l'île de Bannec.

Excursion à Ouessant

L'excursion en bateau à Ouessant est du plus haut intérêt : elle permet de voir le goulet de Brest, la pointe de St-Mathieu, le chenal du Four et le fameux écueil des Pierres-Noires, les îles de Béniguet et Molène, le passage du Fromveur. L'île, elle-même, est fort curieuse. L'arrivée à Ouessant se fait dans la baie du Stiff protégée par une grande jetée en béton. Au cours de la traversée, on mouille ou parfois on accoste à **Molène**. L'exiguïté des parcelles livrées à l'élevage, dans les minuscules radeaux de terres émergées qui composent cet archipel, est évoquée dans la plaisanterie suivant laquelle une vache de Molène ayant les quatre pattes dans un champ en broute un second et en... fume un troisième.

Paimpol

Le roman *Pêcheur d'Islande* de Pierre Loti lui a donné la célébrité littéraire ; *La Paimpolaise* du chansonnier Théodore Botrel lui a valu la popularité. La falaise dont parle la chanson s'élève vers la pointe de Guilben, au cœur de l'anse de Paimpol, baie bien abritée qui séduit nombre de plaisanciers.

La situation

Cartes Michelin nos 59 pli 2 ou 230 pli 8 – Côtes-d'Armor (22). Au Nord du département, à 15 km à l'Est de Tréguier, Paimpol est une bonne halte pour ceux qui veulent visiter l'île de Bréhat.

Rue Pierre-Feutrun – 22500 – ☎ 02 96 20 83 16.

Le nom

Probablement du breton *pen-poul*, « tête de l'étang ».

Les gens

7 856 Paimpolais. *La Paimpolaise*, naturellement, cette chanson qui a fait le tour du monde.

se promener

La vie a bien changé depuis les « pêcheurs d'Islande » de Pierre Loti : la grande pêche à la morue a fait place à la pêche côtière et à la navigation de plaisance. L'ostréiculture est devenue une des richesses de la région et Paimpol est connu comme marché de primeurs.

Place du Martray

Cœur de la cité, elle conserve de belles demeures du 16e s. ; remarquer, à l'angle de la rue de l'Église, la maison à tourelle d'angle, carrée, où descendait Loti et où il a situé la maison de Gaud, héroïne de son roman.

Square Théodore-Botrel

Il abrite un clocher isolé (18e s.), reste de l'ancienne église, et le monument en souvenir du poète chansonnier.

Musée de la Mer

R. de la Benne. De mi-juin à mi-sept. : 10h30-13h, 15h-19h ; vac. scol. Pâques et de mi-mai à mi-juin : 15h-18h. Fermé sept.-avr. 21,50F. ☎ 02 96 22 02 19.

Évocation des activités maritimes de Paimpol, de la période islandaise à nos jours.

alentours

TRÈS ÉMOUVANT

Le tribut payé durant quelque 80 années par les travailleurs de la mer est insensé. Seules des plaques en témoignent puisque ces morts sont des disparus, au sens strict du mot.

Tour de Kerroc'h

Elle se dresse dans un joli site boisé. De la première plate-forme, belle **vue★** sur la baie de Paimpol.

Ploubazlanec

Au cimetière, on voit le mur où se succèdent les noms des disparus en mer, principalement lors des campagnes de pêche en Islande. 117 goélettes et environ 2 000 marins disparurent entre 1852 et 1935.

carnet pratique

OÙ DORMIR

• *À bon compte*

Pension Bocher – *r. P.-Loti – 22620 Ploubazlanec – 5 km au NE de Paimpol – ☎ 02 96 55 84 16 – fermé 4 nov. au 31 mars – P – 15 ch. : 160/300F – 32F – restaurant 110/225F.* Avec sa façade avenante couverte de lierre, ce petit hôtel de village est sans prétention. Ses chambres simples et bien tenues et sa salle à manger où l'on sert les mêmes plats régionaux depuis des années lui donnent des airs de pension de famille...

• *Valeur sûre*

Relais Brenner – *r. St-Julien – 5 km rte de Tréguier, au pont de Lézardrieux – ☎ 02 96 22 29 95 – fermé 1er nov. au 14 mars – P – 11 ch. : 380/650F – 50F.* Entièrement rénové, ce relais dans un jardin fleuri est à quelques pas du pont de Trieux. De son salon panoramique, vous aurez une belle vue sur l'estuaire. Ses chambres spacieuses ne manquent pas de caractère avec leur parquet blond...

SORTIE SUR UN VIEUX GRÉEMENT

Le Vieux Copain – *☎ 02 96 20 59 30.* Ce vieux thonier en bois embarque jusqu'à 30 passagers pour une balade maritime au large de l'archipel de Bréhat.

Le paysage de la pointe de l'Arcouest : un très beau prétexte à la randonnée pédestre ou à la flânerie.

Pointe de l'Arcouest**

La descente à la cale de l'Arcouest offre des **vues** remarquables à marée haute sur la baie et sur Bréhat. Un monument à la mémoire de Frédéric et Irène Joliot-Curie, qui venaient souvent en Arcouest, est érigé à gauche de la route : deux blocs identiques de granit rose, dont les faces se regardant sont seules polies, se dressent côte à côte.

Loguivy-de-la-Mer

Ce port de pêche a gardé son cachet d'antan. À marée basse, les barques s'y échouent encore.

Île de Bréhat** *(voir ce nom)*

circuit

LA CÔTE DU GOËLO*

Circuit de 47 km - Environ 4h.

Prendre la D 786 au Sud en direction de St-Quay-Portrieux et, à la sortie de Paimpol, tourner à gauche.

Pointe de Guilben

C'est la falaise chantée par Théodore Botrel. Belle vue.

Après Kérity, une rue à gauche mène à l'abbaye de Beauport.

Abbaye de Beauport*

10h-12h, 14h-17h (de mi-juin à mi-sept. : 10h-19h). Fermé 1er janv. et 25 déc. 25F. ☏ 02 96 55 18 58.

Cette abbaye fondée au 13e s. par des chanoines de l'ordre de Prémontré a constitué un important foyer spirituel et économique dans le diocèse de St-Brieuc. De l'église élevée au 13e s., il reste la façade, la nef à ciel ouvert, le bas-côté Nord et le bras gauche du transept. La longue salle capitulaire à abside polygonale est un excellent exemple de l'art gothique anglo-normand, dans la tradition du Mont-St-Michel. On visite le cloître et le vaste réfectoire (élégante entrée) qui s'ouvre sur la mer, ainsi que la cour basse, le bâtiment au Duc, hôtellerie destinée à l'accueil des pèlerins, le cellier situé sous le réfectoire, et enfin l'aumônerie où les moines recevaient l'impôt sur le sel et les grains.

Le Conservatoire du littoral a établi un programme de sauvegarde et d'animation sur l'ensemble du domaine abbatial, dont il s'est rendu propriétaire.

À l'abbaye de Beauport, les découpes du gothique se prêtent bien à l'éclairage nocturne.

Regagner la route de St-Quay-Portrieux, tourner à gauche et, après l'étang, tourner encore à gauche dans une route en montée.

Ste-Barbe

À 250 m après la chapelle, laisser la voiture et emprunter un sentier à gauche qui mène à une table d'orientation : on voit l'anse de Paimpol avec ses îles proches, la zone ostréicole, Port-Lazo et le phare de Mez-du-Goëlo.

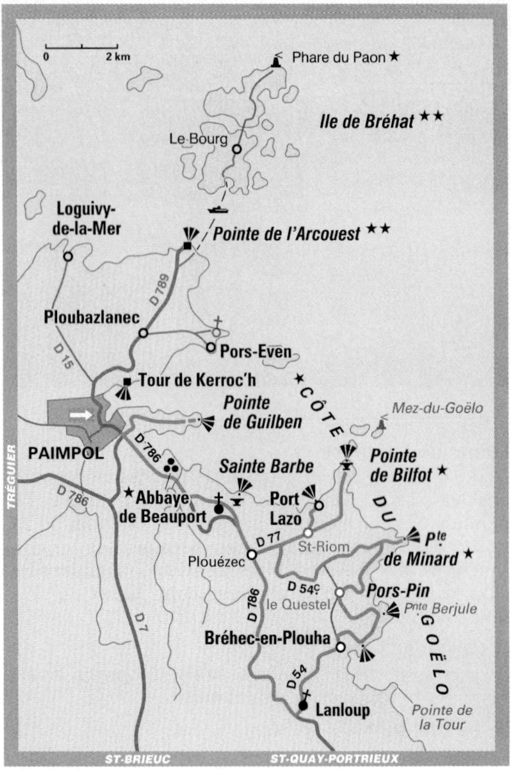
0
2 km
Phare du Paon ★
Ile de Bréhat ★★
Le Bourg
Loguivy-de-la-Mer
Pointe de l'Arcouest ★★
D 789
Ploubazlanec
Pors-Even
D 15
Tour de Kerroc'h
Pointe de Guilben
CÔTE DU GOËLO
Mez-du-Goëlo
PAIMPOL
TRÉGUIER
D 786
Sainte Barbe
Pointe de Bilfot ★
★ Abbaye de Beauport
Port Lazo
D 77
St-Riom
Pte de Minard ★
Plouézec
D 54c
le Questel
Pors-Pin
Pnte Berjule
D 786
D 7
Bréhec-en-Plouha
D 54
Lanloup
Pointe de la Tour
ST-BRIEUC
ST-QUAY-PORTRIEUX

Gagner **Plouézec** *où l'on prend à gauche et, dans St-Riom, tourner une nouvelle fois à gauche.*

Port-Lazo

Au terminus de la route, vue sur l'anse de Paimpol.

Revenir à St-Riom et prendre à gauche.

Pointe de Bilfot★

De la table d'orientation, la **vue** s'étend de l'île de Bréhat à l'Ouest au cap Fréhel à l'Est. Entre le petit phare de Mez-du-Goëlo tout proche et celui plus lointain du Paon à Bréhat, la baie est hérissée de rochers.

L'OPÉRATION FAHRENHEIT

Une stèle célèbre le cinquantième anniversaire de l'opération *Fahrenheit*, à savoir le débarquement d'un commando britannique de 11 hommes en novembre 1942 venu attaquer le sémaphore occupé par les Allemands.

Faire demi-tour et prendre à gauche la D 54c à l'entrée de Plouézec.

Pointe de Minard★

Autre pointe, autre **vue** étendue, ici sur la baie de St-Brieuc et le cap d'Erquy, l'anse de Paimpol et l'île de Bréhat.

Après un parcours pittoresque en bordure du littoral, on atteint le Questel ; à la sortie de ce hameau, prendre deux fois à gauche. Après un crochet par Pors-Pin, revenir au premier carrefour et obliquer à gauche.

Dans un paysage aride, la route suit le bord de la falaise, puis débouche sur un vaste **parking-belvédère** et sa **vue**★ sur le site de Bréhec-en-Plouha, la pointe de la Tour, les roches de St-Quay et la côte, d'Erquy au Val-André.

Bréhec-en-Plouha

C'est dans ce petit port perdu au fond d'une anse fermée par les pointes de la Tour à droite et Berjule à gauche qu'abordèrent, au 5e s., saint Brieuc et les premiers émigrants venus de Grande-Bretagne.

Remonter le verdoyant vallon du ruisseau de Kergolo.

Lanloup

L'église (15e et 16e s.) possède un intéressant porche Sud flanqué de contreforts à niches, avec saint Loup et saint Gilles au fronton. Dans le cimetière, tombe du compositeur Guy Ropartz (1864-1955) dont la famille habite le manoir.

Regagner Paimpol par Plouézec.

Forêt de Paimpont★

La légendaire Brocéliande du célèbre enchanteur Merlin et de la fée Viviane survit dans cette forêt qui entoure la ville de Paimpont. Elle se compose de futaies, de landes, d'étangs et de ruisseaux et constitue un excellent but d'excursions « vertes ».

La situation

Cartes Michelin nos 59 pli 15 et 63 pli 5 ou 230 plis 38, 39 – Ille-et-Vilaine (35).

À une trentaine de kilomètres au Sud-Ouest de Rennes, la forêt s'étend entre la N 24 et la D 766.

Elle est le dernier vestige, à l'Est, de l'immense forêt qui couvrait, aux premiers siècles de notre ère, une notable partie de la Bretagne intérieure, sur près de 140 km. Les défrichements opérés de siècle en siècle ont réduit la forêt de Paimpont à une surface actuelle de 7 067 ha, dont 500 ha appartiennent à l'État.

Le nom

La forêt s'appela Brécilien jusqu'à la Révolution (et Brocéliande dans le *Cycle breton*). Paimpont dériverait de *Pen Ponthi* ou « tête de pont ».

Les gens

Les lieux sont ici hantés par quelques grandes figures du roman de la Table ronde : le chevalier Lancelot, Merlin l'Enchanteur, la fée Viviane...

circuit

BROCÉLIANDE, TERRE DE LÉGENDES

L'itinéraire proposé part de St-Léry et permet de faire un circuit complet à travers la forêt de Paimpont, en passant par les sites les plus connus. Après l'immense incendie de septembre 1990, la nature reprend le dessus et, si des arbres centenaires sont à jamais disparus, les ajoncs, les bruyères, les genêts et les fougères ont recomposé un paysage nouveau, dont le charme est indéniable.

OÙ SE RESTAURER
Auberge du Presbytère – *35380 Treffendel – 15 km à l'E de Paimpont par les D 773 et N 24 – ☎ 02 99 61 00 76 – fermé dim. soir et lun. – 165/198F.* En dehors du village, ce presbytère campagnard transformé en restaurant cuisine entre autres les pigeons et poulets de son élevage... Servis dans ses deux salles, ils sont particulièrement appréciés de la clientèle régionale...

St-Léry

L'**église** (14e s.) présente sur le flanc droit un porche Renaissance abritant deux belles portes en anse de panier surmontées d'accolades finement sculptées. Des personnages encadrent celle de droite, on reconnaît la Vierge, l'ange de l'Annonciation, saint Michel terrassant le dragon et un damné.

Près de l'église, on remarque une maison du 17e s. ornée de trois belles lucarnes.

Château de Comper

Juin-août : tlj sf mar. 10h-19h ; avr.-mai et sept. : tlj sf mar. et ven. 10h-19h. 25F. ☎ 02 97 22 79 96.

Les Montfort, les Charette, les Rieux, les Laval, les Coligny, les La Trémoille, les Rosmadec sont les grands noms qui furent un temps les propriétaires du lieu. Du château deux fois ruiné aux 14e s. et 18e s., il ne reste que deux courtines, la poterne et une grosse tour ; le corps de logis a été restauré au 19e s.

LA FÉE VIVIANE Y SERAIT NÉE
Et y aurait élevé Lancelot, le preux chevalier de la Table ronde, dont les aventures ont été contées par Chrétien de Troyes.

Le château est le siège du Centre arthurien qui organise chaque année des expositions et des animations sur l'univers celtique, les légendes arthuriennes ou le Moyen Âge.

Tombeau de Merlin

Deux dalles de schiste et un pied de houx pour le signaler, voilà le tombeau de l'Enchanteur.

Fontaine de Jouvence

Ce simple trou d'eau serait une fontaine merveilleuse.

Étang du Pas-du-Houx

Dans un site très agréable, c'est le plus vaste plan d'eau de la forêt (86 ha). Deux châteaux ont été construits sur ses berges en 1912, Brocéliande et Pas-du-Houx.

Paimpont

Ce bourg, situé en pleine forêt, auprès d'un étang bordé de grands arbres, date de la Révolution. Il doit son origine à la fondation au 7e s. d'un monastère qui, érigé en

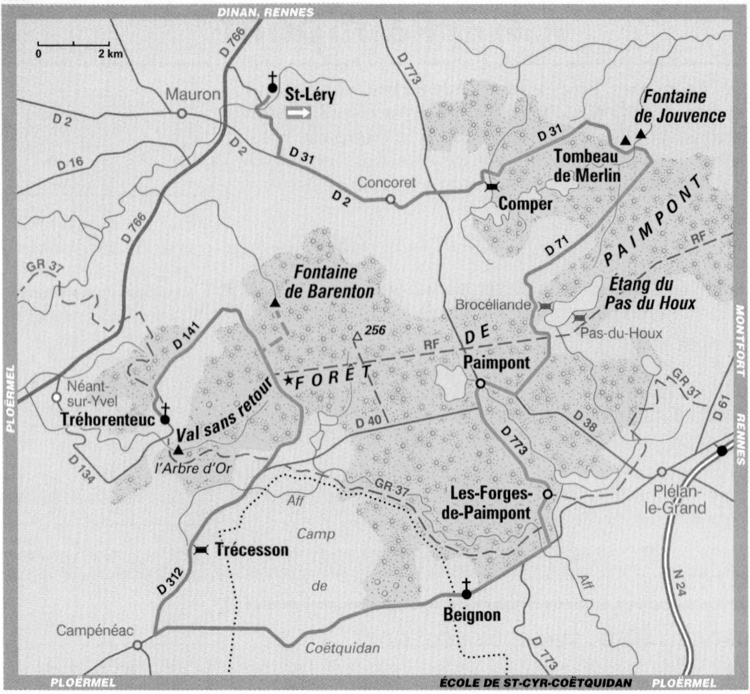
DINAN, RENNES
0
2 km
D 766
St-Léry
Mauron
D 773
Fontaine de Jouvence
D 2
D 31
Tombeau de Merlin
D 16
Concoret
Comper
PAIMPONT
D 71
RF
GR 37
Fontaine de Barenton
Étang du Pas du Houx
Brocéliande
Pas-du-Houx
D 141
256
RF
DE
Paimpont
MONTFORT
PLOËRMEL
Néant-sur-Yvel
FORÊT
GR 37
Tréhorenteuc
Val sans retour
D 40
D 38
D 61
RENNES
l'Arbre d'Or
D 134
GR 37
Les-Forges-de-Paimpont
Plélan-le-Grand
Aff
Camp
Trécesson
N 24
D 312
de
Aff
Beignon
Campénéac
Coëtquidan
D 773
PLOËRMEL
ÉCOLE DE ST-CYR-COËTQUIDAN
PLOËRMEL

abbaye à la fin du 12e s., subsista jusqu'à la Révolution. L'**église abbatiale** du 13e s. a été décorée au 17e s. de **boiseries** d'une riche ornementation. Des bustes, des médaillons sculptés, des guirlandes de fleurs et de fruits ont été réalisés avec un talent remarquable. *De fin juin à déb. sept. : possibilité de visite guidée. M. Rebour, Abbaye, 35380 Paimpont. ☎ 02 99 07 81 37.*

Le **trésor**, dans la sacristie, présente une statue de sainte Anne portant la Vierge et l'Enfant Jésus (15e s.), un curieux bras reliquaire de saint Judicaël du 15e s. et surtout un magnifique **Christ** en ivoire du 18e s. ♿ *(de Pâques à fin sept. : w.-end et j. fériés 10h-12h, 15h-18h30 (juil.-août : tlj). Gratuit. ☎ 02 99 07 81 37).*

Les Forges de Paimpont

Ce hameau pittoresque, auprès d'un étang, tire son nom des forges qui s'y trouvaient du 16e s. à la fin du 19e s.

Beignon

L'église renferme de beaux vitraux du 16e s. ; dans le chœur, derrière l'autel, on reconnaît le Crucifiement de saint Pierre et, dans le transept gauche, l'Arbre de Jessé.

Château de Trécesson

Accès seulement à la cour intérieure.

Entouré des eaux de son étang, ce château construit en schiste rougeâtre à la fin du 14e s. a conservé son aspect médiéval. Un imposant châtelet flanqué de tourelles en encorbellement en commande l'entrée.

La fontaine de Barenton

Elle recélait des pouvoirs merveilleux, comme par exemple celui de déchaîner des tempêtes lorsqu'on versait de l'eau sur le « Perron de Merlin », pierre proche de la fontaine. Elle ne fut jamais christianisée (malgré la visite du clergé lors des sécheresses).

Tréhorenteuc

Dans l'**église** et la sacristie, des mosaïques et des tableaux illustrent la légende du Val sans Retour et de la fontaine de Barenton. Dans le chœur, vitrail consacré au Saint-Graal et tableau des chevaliers de la Table ronde. *9h30-12h, 14h-17h30, dim. 14h-17h30. ☎ 02 97 93 05 12.*

La « Table ronde » selon l'abbé Gillard qui réalisa ce vitrail pour l'église de Tréhorenteuc.

Val sans retour

C'est l'un des sites les plus légendaires de la forêt de Brocéliande. Emprunter le chemin non revêtu, après le deuxième parking. On atteint le Miroir aux fées et le Rocher des faux amants. D'après la légende, la fée Morgane, jalouse d'un chevalier, aurait jeté un sort à travers le Val pour empêcher d'en sortir tous ceux qui auraient quelque faute à se reprocher. Seul Lancelot, fidèle à Guenièvre, put mettre fin à l'enchantement.
Au Miroir aux fées, le majestueux **Arbre d'Or**, œuvre de Fr. Davin, marque la limite extrême de l'incendie de 1990.

alentours

Le canton de Guer-Coëtquidan

École de St-Cyr-Coëtquidan – Elle compte l'École spéciale militaire créée en 1802 par Napoléon Bonaparte, communément appelée St-Cyr, l'École militaire interarmes créée en 1961 par le général de Gaulle, l'École militaire du corps technique et administratif créée en 1977.
Le **musée du Souvenir★**, à droite de la cour Rivoli, retrace l'histoire des écoles et de la formation des officiers de l'Ancien Régime à nos jours ; il rassemble de nombreux documents, uniformes, décorations, objets personnels, armes se rattachant à ces hommes d'élite. Son mémorial conserve le souvenir des 17 000 officiers morts au champ d'honneur. *Tlj sf lun. 10h-12h, 14h-18h. Fermé de mi-déc. à mi-fév. et 1er mai. 22F. ☎ 02 97 73 53 06.*

Le camp de Coëtquidan abrite les écoles de formation des officiers de l'armée de terre.

Site mégalithique de Monteneuf

Juil.-août : 10h30-18h30 ; avr.-juin et sept.-oct. : w.-end et j. fériés 14h30-18h. 10F. ☎ 02 97 22 04 78.
Implanté sur la lande entre Guer et Monteneuf, ce **site** ► mégalithique est en cours de fouilles et de restauration.
Deux circuits piétonniers de 7 km permettent de découvrir la Loge Morinais (allée couverte en schiste), les menhirs de Chomet, de Coëplan, des Pierres droites, la Pièce couverte, le Rocher Maheux et les Bordoués (autres allées couvertes). Le long de la D 776, plus de 420 monolithes, abattus vers la fin du 1er millénaire, probablement sur décision de l'autorité religieuse, sont actuellement recensés.

ÉTAT DES LIEUX
Aujourd'hui, une quarantaine de blocs de schiste pourpre sont redressés sur le site de Monteneuf : en particulier un monolithe de 36 t.

St-Méen-le-Grand

Au 6e s., saint Méen, moine venu de Grande-Bretagne, fonda en ce lieu une abbaye. L'**église** conserve une belle **tour** carrée du 12e s. À l'intérieur, on voit dans le transept droit la statue et le monument funéraire de saint Méen. Récemment découvertes sous l'enduit, des fresques des 13e et 14e s. sont en cours de restauration.
Musée Louison-Bobet– ♿ *Tlj sf mar. (hors sais. estivale) 14h-17h. 10F. ☎ 02 99 09 67 86.*
Né à St-Méen, Louison Bobet (1925-1983) fut ce légendaire coureur cycliste plusieurs fois vainqueur du Tour de France dans les années 50. Il fut aussi un précurseur dans le domaine de l'entraînement sportif et de la diététique. Le musée rappelle la brillante carrière du champion à travers divers livres, documents, objets et souvenirs.

Perros-Guirec ☼☼

Bâti en amphithéâtre sur la Côte de Granit rose, ce port de pêche et de plaisance se transforme en site merveilleux dès que le beau temps recouvre ses treize kilomètres de côte. Station balnéaire familiale par excellence, « Perros » a un petit air de riviera bretonne.

La situation

Cartes Michelin nos 59 pli 1 ou 230 plis 6, 7 – Côtes-d'Armor (22). Au Nord du département, Perros est joignable à partir de Guingamp par la D 767 puis la D 788 à partir de Lannion. *21 place de l'Hôtel-de-Ville – 22700 – ☎ 02 96 23 04 72.*

Le nom

De *Pen Ros*, « tête de colline », et Guirec, évangélisateur qui débarqua au 6e s. à Ploumanac'h.

Les gens

7 497 Perrosiens. Le romancier polonais Henryk Sienkiewicz (1846-1916), auteur de *Quo Vadis ?*, habita le château de Costaérès, face à la plage de Ploumanac'h.

carnet pratique

Où dormir

• *À bon compte*

Chambre d'hôte La Ferme de l'Étang – *22660 Tréleven – 9 km de Perros-Guirec, rte de Paimpol puis D 73 (direc. Tréléven) – ☎ 02 96 91 70 44 – ⊭ – 4 ch. : 250/300F.* Les canards s'ébattent dans l'étang et se prélassent sur la pelouse devant les hôtes qui apprécient le charme rustique de cette longère du 19e s., son calme, son vaste salon, sa collection de poupées et ses chambres pour non-fumeurs.

• *Valeur sûre*

Hôtel Europe – *à Ploumanac'h – 6 km de Perros-Guirec par D 788 – ☎ 02 96 91 40 76 – fermé 4 au 17 janv. – P – 18 ch. : 260/360F – ☕ 43F.* À 30 m de la plage, cette maison régionale flanquée d'une aile récente vous permettra de profiter des eaux claires de la petite crique de Ploumanac'h... Ses chambres modernes sont simples et fonctionnelles. Prix attractifs hors-saison.

• *Une petite folie !*

Manoir du Sphinx – *67 chemin de la Messe – ☎ 02 96 23 25 42 – fermé 4 janv. au 20 fév. – P – 20 ch. : à partir de 580F – ☕ 47F – restaurant 130/280F.* Le jardin de cette élégante villa du début du 20e s. descend en terrasses successives jusqu'à la mer. Les amoureux de la grande bleue seront comblés : toutes ses chambres et son restaurant, modernes et chaleureux, donnent sur l'océan et ses îles...

Où se restaurer

• *À bon compte*

Crémaillère – *Pl. de l'Église – ☎ 02 96 23 22 08 – fermé 15 nov. au 2 déc. et lun. hors sais. – 98/189F.* Dans une ancienne maison de village du 19e s., ce petit restaurant sert essentiellement des grillades, cuites dans la cheminée de la salle à manger, assez chaleureuse avec ses murs en pierres apparentes et bois. Menus pour les petits.

Crêperie Les Vieux Gréements – *19 r. Anatole-Lebras (au port de plaisance) – ☎ 02 96 91 14 99 – fermé janv. et oct., lun., mar. et mer. de nov. à mars – 40/80F.* Crêpes ou moules ? Dans cette demeure d'armateurs du 19e s., vous aurez le choix des mets et des décors. En bas, boiseries, hublots et appliques artisanales pour accentuer l'esprit « bord de mer », en haut, lambris de bois et vue sur le port pour déguster les fruits de mer.

Achats

Marché – Il se tient place du Marché, le vendredi matin.

Plages

Deux superbes plages : celles de Trestraou et de Trestrignel, toutes deux bien abritées. Leur sable fin et la douceur de leurs pentes en font d'excellentes plages pour les enfants.

Sports

Plongée sous-marine – *Perros-Plongée, ☎ 02 96 23 22 13.* Des moniteurs diplômés d'État vous emmènent plonger en bateau.

Surf – *Surf Club, 102 boulevard de la Corniche, ☎ 02 96 91 46 20.* D'initiation ou de compétition, à la plage de Trestraou.

Voile – *Centre nautique, ☎ 02 96 49 81 21.*

Promenade en vieux gréement

L'Argentilez – *☎ 02 96 23 25 62.* Jadis, ce flambart ramassait du goémon, aujourd'hui il vous promènera le long de la Côte de Granit rose.

Loisirs

Casino – *9 boulevard Joseph-Le-Bihan, ☎ 02 96 49 80 80.*

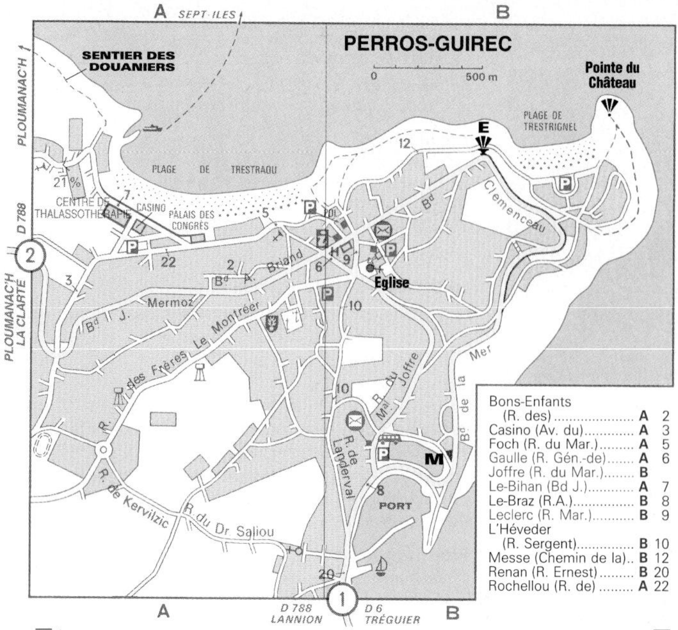

PERROS-GUIREC
SEPT-ILES
SENTIER DES DOUANIERS
Pointe du Château
PLAGE DE TRESTRIGNEL
PLAGE DE TRESTRAOU
CENTRE DE THALASSOTHERAPIE
CASINO
PALAIS DES CONGRÈS
PLOUMANAC'H
D 788
PLOUMANAC'H LA CLARTÉ
Bd J. Le Bihan
Mermoz
Bd A. Briand
Bd des Frères Le Montréer
R. de Kervilzic
R. du Dr Saliou
Clemenceau
Eglise
R. du Mal Joffre
R. de Landerval
Bd de la Mer
PORT
D 788 LANNION
D 6 TRÉGUIER
0 500 m
Bons-Enfants (R. des) A 2
Casino (Av. du) A 3
Foch (R. du Mar.) A 5
Gaulle (R. Gén.-de) A 6
Joffre (R. du Mar.) B
Le-Bihan (Bd J.) A 7
Le-Braz (R.A.) B 8
Leclerc (R. Mar.) B 9
L'Héveder (R. Sergent) B 10
Messe (Chemin de la) B 12
Renan (R. Ernest) B 20
Rochellou (R. de) A 22

Église .... B
Musée de Cire – Chouannerie Bretonne B **M**
Table d'orientation .... B **E**

se promener

Église

En sem. 9h30-12h, 14h30-17h30. Presbytère. ☎ 02 96 23 21 64.

Au puissant clocher du 14e s., coiffé en 1669 d'un dôme surmonté d'une flèche, est accolé un porche présentant une fine arcature trilobée. À l'intérieur, on remarque une poutre de gloire, un bénitier en granit (12e s.) décoré de petits personnages, et de nombreuses statues anciennes. Un petit porche en plein cintre s'ouvre sur le flanc droit.

> **À VOIR**
> La **nef romane★**, vestige de la première chapelle élevée en ce lieu. De massives colonnes, cylindriques à gauche, à colonnettes engagées à droite, y supportent les chapiteaux historiés ou ornés de motifs géométriques

Table d'orientation

Vue★ sur la pointe du Château, la plage de Trestrignel, Port-Blanc, Trélevern, Trévou, l'île Tomé, les Sept-Îles et, en contrebas, les rochers.

Pointe du Château

De ce belvédère escarpé se révèle une jolie **vue★** sur le site de Perros-Guirec, les Sept-Îles, l'île Tomé et la côte jusqu'à Port-L'Épine.

Musée de Cire – Chouannerie bretonne

Il reproduit, grandeur nature, des scènes historiques allant de La Chalotais à Auguste Renan, et expose une collection de coiffes de Basse-Bretagne. *De mi-juin à mi-sept. : 10h-18h ; vac. scol. fév., des vac. scol. Pâques à fin juin, de mi-sept. à fin oct. : 14h-18h. 18F. ☎ 02 96 91 23 45.*

alentours

La Clarté

3 km à l'Ouest par ② du plan. La jolie **chapelle N.-D.-de-la-Clarté★**, de granit rose, se trouve à 200 m en retrait du boulevard. Au 16e s., le seigneur de Barac'h, dont le navire se trouvait en danger dans les parages, aurait fait vœu d'élever une chapelle à Notre-Dame à l'endroit de la côte qui sortirait le premier du brouillard. Ainsi aurait été bâtie cette chapelle, sur la hauteur qui permit de faire le point. Le portail Sud s'agrémente de sculptures en bas-relief : au linteau, Annonciation et Pietà. La nef, à la belle élévation, comprend trois travées ; choux,

rosaces, feuillages sculptés la décorent ; remarquer aussi le bénitier du 15e s. orné de trois têtes de Maures et le chemin de croix de Maurice Denis créé en 1931.
Par la rue du Tertre, qui s'ouvre sur le flanc gauche de la chapelle, gagner le sommet pour profiter de la **vue★**.

Le sentier des douaniers, une promenade de 5 km au milieu d'un site naturel d'une exceptionnelle beauté.

Sémaphore★

3,5 km à l'Ouest par ② du plan. Du belvédère aménagé en bordure de la route, la **vue★** s'étend en avant sur les rochers de Ploumanac'h ; au large sur les Sept-Îles, en arrière sur les plages de Perros-Guirec et sur la côte de Port-Blanc.

Le sentier des douaniers★★

3h à pied AR. Cette promenade magnifique (l'appareil photo est indispensable) est à faire de préférence le matin et à marée haute dans le sens Est-Ouest, en fin d'après-midi dans l'autre sens.
Peut-être le plus beau sentier de la côte bretonne. À partir de la plage de Trestraou, on suit le bord de la falaise jusqu'à Porz Rolland où l'aspect de la côte change complètement. En serpentant parmi les extraordinaires rochers du parc municipal, on atteint la pointe de Squéouel, le phare de Ploumanac'h (Men-Ruz) et la Maison du littoral.

Ploumanac'h★★

En gagnant le phare
Il est recommandé d'emprunter le sentier qui longe la plage et l'hôtel St-Guirec et qui, en montée à travers de superbes **rochers★★** de granite rose, conduit au phare. Au passage, remarquer la « Tête de Mort », le « Sabot Rrenversé », le « Pied ».

C'est à hauteur de cette station balnéaire et petit port de pêche que la Côte de Granit rose est la plus expressive.

Parc municipal★★ – Il s'étend de Porz Rolland à Porz ar Mor. C'est, en quelque sorte, une réserve où l'on maintient l'originalité du **site rocheux**. Le point le plus intéressant est la pointe de Squéouel, constituée par d'innombrables rochers séparés par des anses. En parcourant le parc, on découvre des rochers aux formes curieuses où on reconnaît la « Tortue », le « Champignon », le « Lapin », etc.

La Maison du littoral – Elle présente diverses expositions destinées à faire découvrir et comprendre la formation du granit ainsi que les méthodes d'exploitation de cette pierre d'hier à aujourd'hui. ♿ *De mi-juin à mi-sept. : 10h30-19h ; vac. scol. : tlj sf lun. 14h30-17h30. Gratuit.* ☎ *02 96 91 62 77.*

Plage – À son extrémité gauche, sur un rocher baigné par la mer à marée haute, s'élève l'oratoire dédié à saint Guirec, qui débarqua ici au 6e s. Une statue du saint, en granit, a remplacé l'effigie primitive en bois, qui avait souffert d'une tradition peu respectueuse : les jeunes filles désirant se marier venaient planter une épingle à chignon dans le nez de l'apôtre.

Bellevue (Q. de) 2
Centre (Pl. du) 3
Centre (R. du) 4
Fournier (R. A.) 5
Pointe (R. de la) 6
Port (R. du) 7

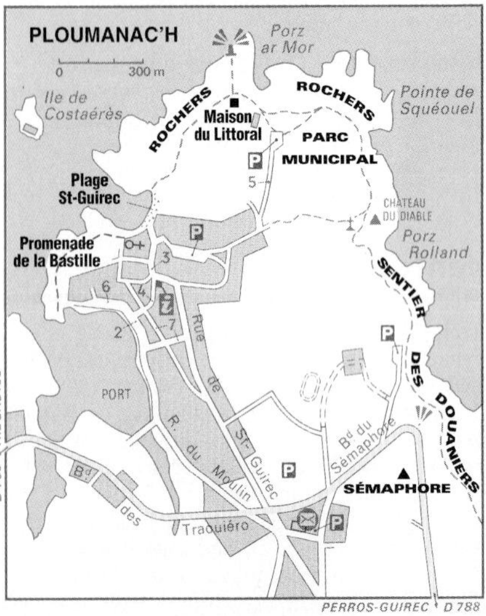
PLOUMANAC'H
0
300 m
Porz ar Mor
Ile de Costaérès
ROCHERS
ROCHERS
Pointe de Squéouel
Maison du Littoral
PARC MUNICIPAL
Plage St-Guirec
CHÂTEAU DU DIABLE
Porz Rolland
Promenade de la Bastille
SENTIER DES DOUANIERS
PORT
Rue de St-Guirec
R. du Moulin
Bd du Sémaphore
Bd des Traouïéro
SÉMAPHORE
TRÉBEURDEN TRÉGASTEL D 788
PERROS-GUIREC
PERROS-GUIREC D 788

Quand les 20 places réservées aux visiteurs dans le petit port sont prises, il reste l'anse de St-Guirec et sa plage.

découvrir

LES SEPT-ÎLES

Un service de vedettes, partant de la gare maritime de Trestraou, permet de faire le tour des îles.
De mi-mars à fin sept. : vedettes "Les 7 îles en Vedettes", plage de Trestraou (durée : 2h à 2h1/2) ; pêche en mer à 8h30, sorties LPO (Ligue pour la Protection des Oiseaux). Certaines vedettes sont équipées de puits de vision sous-marine. 99F (enf. : 64F). ☎ 02 96 91 10 00.
Accès direct aux Îles :
Quatre compagnies disposent d'une centrale de réservation à la gare maritime de Trestraou. Certaines vedettes sont équipées de « vision sous-marine ». De fév. à déb. nov. : excursions (1h1/2 à 3h1/2) selon circuit (avec ou sans escale) ou durée de visite sur les îles. ☎ 02 96 91 10 00.

Cet archipel a été déclaré réserve ornithologique en 1912.
Les oiseaux marins sont plus nombreux le matin et le soir, il est donc particulièrement recommandé de choisir le premier ou le dernier départ.

Île Rouzic

Débarquement interdit. Le bateau s'approche de cette île, appelée aussi île aux Oiseaux, où séjourne, sur la face Nord, de février à septembre, une impressionnante **colonie★** de fous de Bassan : environ 12 000 couples que l'on peut observer de la station ornithologique de l'île Grande grâce à une liaison vidéo télécommandée. On peut voir également, se reproduisant sur l'île en mars et quittant l'île fin juillet, des guillemots, des pingouins Torda, des goélands bruns, argentés ou marins, des cormorans huppés, des macareux, des mouettes tridactyles, des huîtriers-pies et quelques fulmars. Autre intérêt : la présence d'une petite colonie de phoques gris (une dizaine d'individus).
Le bateau longe ensuite les îles Malban et Bono.

Le macareux moine (30 cm) au bec coloré de rouge et de jaune niche en colonies sur les falaises et les îles herbeuses.

Île aux Moines

L'escale *(1h environ)* permet de découvrir l'ancienne poudrière, le **phare** (83 marches ; portée 40 km) d'où se développe un beau panorama sur l'archipel et la côte, puis le fort, en partie ruiné, construit par Vauban à l'extrême pointe de l'île, et en contrebas l'ancien monastère avec sa minuscule chapelle. *De déb. juin à fin sept. : visite guidée (1/2h) en fonction des h. d'arrivée des bâteaux. ☎ 02 96 23 92 10.*
Au retour, on peut admirer du large l'extraordinaire chaos de rochers granitiques roses de la pointe de Ploumanac'h.

Pleyben★★

La grande curiosité de cette localité où l'on produit d'excellentes galettes est son magnifique enclos paroissial, élevé du 15e au 17e s.

La situation

Cartes Michelin nos 58 plis 15, 16 ou 230 plis 18, 19 – Finistère (29).

Au pied des monts d'Arrée, Pleyben se trouve à 10 kilomètres à l'Est de Châteaulin, sur la N 164.

Sur le calvaire, pour suivre les scènes de la vie de Jésus, commencer par l'angle où est représentée l'Annonciation et tourner dans le sens inverse des aiguilles d'une montre.

Le nom

La première syllabe vient du latin *plebs* dans le sens de « paroisse », la seconde viendrait du breton *penn*, « tête ».

Les gens

3 446 Pleybennois. On afflue de bien plus loin pour assister au pardon célébré chaque 1er dimanche d'août.

découvrir

L'ENCLOS PAROISSIAL★★

Calvaire★★

C'est le plus imposant de Bretagne. Construit en 1555 près du porche latéral de l'église, il fut déplacé en 1738 et prit l'aspect du monument actuel en 1743. Entre-temps, de nouveaux motifs vinrent l'enrichir : la Cène et le Lavement de pieds datent de 1650. L'énorme piédestal aux portes triomphales met en valeur les personnages de la plate-forme qui se détachent sur le ciel en une très belle ordonnance.

Église★

Juil.-août : possibilité de visite guidée sur demande ; visite guidée des 7 chapelles de Pleyben une fois par sem. ☎ 02 98 26 60 11.

> **À VOIR**
> Au centre du chevet, le **vitrail★** de la Passion, du 16e s.

Cet édifice est dominé par deux clochers dont le plus remarquable est celui de droite. Il s'agit d'une **tour★★** Renaissance couronnée par un dôme à lanternons. L'autre clocher, de style cornouaillais, porte une flèche gothique reliée à la tourelle d'angle par une galerie aérienne. À l'intérieur, la nef présente une **voûte★** lambrissée du 16e s. dont les nervures et la remarquable **sablière** sont sculptées et peintes de sujets mythologiques ou sacrés. Sont également intéressants : la chaire, le buffet d'orgue, le groupe du Baptême du Christ (au-dessus des fonts baptismaux) et de nombreuses statues polychromes.

Chapelle funéraire

Cet ancien ossuaire du 16e s. abrite des expositions.

Presqu'île de Plougastel★

Entre les rias Élorn et Daoulas, cette presqu'île plante sa dent de terre dans la rade de Brest. Le paysage y est bien plus découpé que dans le proche pays du Léon, et c'est, avec Plougastel, le centre breton de la culture de la fraise.

La situation

Cartes Michelin nos 58 pli 4 ou 230 pli 17 – Finistère (29).

On accède à la presqu'île par la N 165. **i** *4 place du Calvaire – 29470 – ☎ 02 98 40 34 98.*

Le nom

Le latin *plebs* dans le sens de « paroisse » est ici associé à *castellum*, « château ».

Les gens

À l'écart des grandes routes, c'est l'un des coins où la campagne bretonne se montre encore sous son aspect traditionnel. Les petites routes sinueuses se faufilent dans ce pays bocager où l'on ne rencontre que peu de maisons, car tout ici paraît se cacher.

visiter

PLOUGASTEL-DAOULAS

Calvaire★★

Construit de 1602 à 1604 après la peste de 1598, il est plus harmonieux que celui de Guimiliau, mais les attitudes de ses 180 personnages semblent plus figées. Encadrant la grande croix à double traverse, les larrons (absents à Guimiliau) portent sur leur gibet un ange ou un démon. Dans le socle massif, un autel est creusé sous un portique dominé par la haute statue de Jésus.
L'église, en granit et béton, est à l'intérieur vivement décorée dans les tons bleu, vert, orange, violet. *Juil.-août : 9h-12h, 14h-18h ; sept.-juin : 9h-12h.*

Musée du Patrimoine et de la Fraise

♿ *Juin-sept. : 10h-12h, 14h-18h30, w.-end 14h-18h30 ; avr.-mai, oct. et vac. scol. : tlj sf mar. 14h-18h. Fermé j. fériés. 25F. ☎ 02 98 40 21 18.*
Les thèmes sont l'histoire, les traditions et l'ethnologie locales. On y évoque plus particulièrement la culture du lin, la culture de la fraise et l'activité maritime liée à l'exportation de ces cultures, ainsi que le dragage de la coquille St-Jacques en baie de Brest.

Depuis 1870, cet appétissant fruit rouge a rendu Plougastel célèbre. Malheureusement, la production baisse.

Chapelle St-Jean

4,5 km au Nord-Est. Prendre la D 29 en direction de Landerneau et, après avoir franchi la voie express Brest-Quimper, tourner à gauche, puis à droite.
Cette petite chapelle (15e et 17e s.) s'élève dans un **site**★ charmant, au milieu de la verdure et au bord de l'Élorn.

circuit

LA PRESQU'ÎLE★

Circuit de 35 km – Environ 3h

Quitter Plougastel-Daoulas par la rue à droite de l'église ; l'accès vers Kernisi est fléché.

Panorama de Kernisi★

À l'entrée du hameau de Kernisi, laisser la voiture et gagner le tertre rocheux.
On découvre Brest et son avant-port, une partie de la rade, l'estuaire de l'Élorn et le pont Albert-Louppe.

Faire demi-tour et, au deuxième grand carrefour, prendre à droite vers Langristin. Après avoir dépassé la **chapelle Ste-Christine** du 16e s. et son petit calvaire de 1587, on bénéficie d'une bonne vue sur Brest et la pointe des Espagnols depuis l'**anse du Caro.**

Remonter vers Plougastel-Daoulas et, à 3 km, tourner à droite.

Pointe de Kerdéniel★★

1/4h à pied AR. Laisser la voiture dans le bas de Kerdéniel, gagner le groupe de maisons, tourner à droite, puis emprunter le chemin de gauche (accès fléché). Gagner la plate-forme du blockhaus. De gauche à droite, la vue se porte sur la pointe Doubidy, la pointe de Lagonna, l'estuaire du Faou, l'embouchure de l'Aulne, le Ménez-Hom, l'Île-Longue, la côte Est de la presqu'île de Crozon jusqu'à la pointe des Espagnols, le goulet de Brest.

Lauberlach

Dans une belle anse s'abrite ce petit port de pêche, en même temps centre nautique.

TONALITÉ GÉNÉRALE

Hors quelques hameaux groupés autour de leurs simples chapelles, tout semble se dissimuler derrière les haies et les talus. Toutefois, on remarque de grandes surfaces vitrées abritant légumes et fleurs, car nous sommes ici dans le « jardin de Brest ». En mai et juin, la récolte des fraises suscite une grande animation.

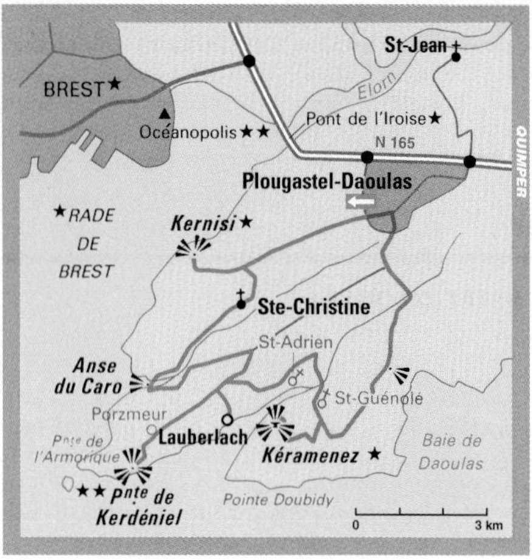
St-Jean
BREST★
Elorn
Océanopolis★★
Pont de l'Iroise★
N 165
QUIMPER
Plougastel-Daoulas
★RADE
DE
BREST
Kernisi★
Ste-Christine
St-Adrien
Anse
du Caro
St-Guénolé
Porzmeur
Pnte de
l'Armorique
Lauberlach
Kéramenez ★
Baie de
Daoulas
★★ pnte de
Kerdéniel
Pointe Doubidy
0
3 km

Reprendre la route à droite vers St-Adrien et sa chapelle (1549), tourner ensuite à droite vers St-Guénolé. À Pennaster, on contourne le fond de l'anse de Lauberlach. Au premier carrefour après St-Guénolé tourner à droite, dans la montée encore à droite, et immédiatement à gauche dans un chemin caillouteux.

Panorama de Kéramenez★

Table d'orientation. Le panorama est étendu sur la presqu'île de Plougastel et la partie Sud de la rade de Brest.

Regagner Plougastel par le port de pêche de Tinduff, Lestraouen et Lanriwaz.

Pont-Aven★

Autrefois animé de nombreux moulins, ce bourg tranquillement installé sur la jolie rivière Aven a connu une célébrité planétaire grâce au groupe de peintres venu à la fin du 19e s. le fréquenter assidûment pour jouir de la qualité exceptionnelle de la lumière des lieux.

La situation

Cartes Michelin nos 58 pli 11 ou 230 pli 33 – Finistère (29). Pont-Aven est petit, et très fréquenté en été. Il y a un grand parking un peu au-delà de la poste. *5 place de l'Hôtel-de-Ville – 29930 – ☎ 02 98 06 04 70.*

Le nom

L'étymologie est manifeste dès que l'on connaît les lieux. Pour ceux qui ne s'y sont jamais rendus, le nom évoque la fameuse école post-impressionniste qui a apporté une notoriété mondiale à ce petit bourg.

Les gens

3 031 Pontavenistes. Le poète et chansonnier dinannais **Théodore Botrel** (1868-1925), auteur de *La Paimpolaise*, est enterré au fond du cimetière.

Paysage du bois d'Amour ou Le Talisman *(1888)* par Paul Sérusier.

se promener

Bois d'Amour★

Accès par la promenade Xavier-Grall. Un sentier de randonnée suit les méandres de l'Aven et escalade les hauteurs du bois. Cette promenade permet de découvrir les lieux qui ont inspiré les peintres de l'école de Pont-Aven.

carnet pratique

Où dormir

• À bon compte

Chambre d'hôte Château du Hénan – *Le Hénan – 29920 Névez – 4 km rte de Concarneau, puis fléchage rte de Kerdruc – ☏ 02 98 06 62 69 – ⊭ – 7 ch. : 290/520F – ☕ 45F.* Dans son vaste parc en bordure de l'Aven, cette demeure, dont les origines remontent au 15e s., accueille ses hôtes dans trois belles chambres distribuées par de luxueux salons. Les chambres de la maison des gardes, plus simples, sont tout aussi plaisantes.

Chambre d'hôte Kermentec – *1 km rte de Quimper, puis chapelle de Trémalo – ☏ 02 98 06 07 60 – fermé déc. et janv. – ⊭ – 3 ch. : 260F.* Nichée sur les hauteurs de Pont-Aven, cette petite maison bretonne couverte de lierre vous propose trois chambres d'hôte (non-fumeurs) spacieuses et confortables. Le calme et la proximité du bourg en font une belle halte champêtre.

Où se restaurer

• À bon compte

Crêperie la Petite Tourte – *r. de la Petite-Tourte – ☏ 02 98 06 13 62 – fermé janv. et ven. hors sais. – ⊭ – 40/80F.* Vous vous sentirez parfaitement bien dans cette petite crêperie installée à l'entrée d'une ruelle. Son décor intime, avec ses jolies tables de bois, sa cheminée et ses murs de pierres apparentes ornés de tableaux, évoque un peu celui d'une maison de famille.

• Valeur sûre

Moulin de Rosmadec – *près du pont, en centre-ville – ☏ 02 98 06 00 22 – fermé 15 au 30 nov., fév., dim. soir hors sais. et mer. – 165/300F.* Ce moulin-là est très couru ! Tant pour sa table étoilée que pour ses quatre chambres régulièrement prises d'assaut ! Il faut dire qu'ici tout contribue au charme du lieu : le cadre parfaitement préservé, la qualité de l'accueil et la belle situation au bord de l'Aven.

Achats

Traou mad – En boîtes de fer ou sous emballage carton, il y a l'embarras du choix. La Boutique de Pont-Aven (place Gauguin) vend en outre une « confiture de vieux garçon ».

Promenade Xavier-Grall

Accès par la rue Émile-Bernard. Aménagée le long de l'Aven, cette promenade porte le nom du poète-journaliste **Xavier Grall** (1930-1981) qui vécut à Pont-Aven pendant plusieurs années. On découvre les biefs et les vannes qui assuraient la distribution de l'eau aux moulins ainsi que d'anciens lavoirs répartis de chaque côté de la rivière. Plusieurs passerelles enjambent l'Aven qui se faufile entre les chaos du Poche-Menu.

Les bords de l'Aven

1/2 h à pied AR. Prendre à droite du pont la direction du port. ► On longe l'Aven qui se faufile parmi les rochers et les vestiges des anciens moulins. La promenade se prolonge pendant environ 800 m, permettant de découvrir le beau plan d'eau formé par l'Aven. Le port, autrefois source de prospérité pour la région (huîtres, vin, sel, céréales y transitaient), est aujourd'hui réservé aux plaisanciers.

À remarquer

Sur la rive gauche, un immense rocher en forme de soulier, d'où son appellation de soulier de Gargantua. Dans le square, en bordure du port, la statue de Théodore Botrel et, sur l'autre rive, la maison qu'il habita (parmi les frondaisons).

Chapelle de Trémalo

Accès par la rue Émile-Bernard puis la D 24 (route de Quimper), à droite. Suivre ensuite la signalisation. Cette chapelle rurale (début 16e s.), dont un des pans du toit dissymétrique touche presque le sol, conserve un **Christ en bois** du 17e s.

Détail du Christ jaune (1889) de Paul Gauguin, qui s'est inspiré du Christ en bois de la chapelle de Trémalo.

visiter

Musée

♿ *Avr.-oct. : 10h-12h30, 14h-18h30 (juil.-août : 10h-19h) ; fév.-mars et nov.-déc. : 10h-12h30, 14h-18h. Fermé 4 j. entre chaque expo. temporaire. 25F, 20F basse sais.* ☎ *02 98 06 14 43.*

Le 1er étage abrite la collection permanente et donne une place de choix aux peintres de l'école de Pont-Aven avec *Feux de la St-Jean à Loctudy* de Maurice Denis, *La Chapelle de Trémalo* d'Émile Jourdan, et *Vue de Pont-Aven* de Gustave Loiseau.

Ceux qui s'attendent à voir des œuvres de Gauguin en seront pour leurs frais, en revanche, les expositions temporaires sont souvent très intéressantes. De vieux documents photographiques font revivre l'histoire de Pont-Aven : la ville, le port, la fête des Fleurs d'Ajoncs, les peintres, la pension Gloanec où les artistes logeaient.

L'École de Pont-Aven

Élève et ami de Pissarro, Paul Gauguin n'est encore « qu'un impressionniste » désireux d'inventer de nouvelles formes d'expression artistique lorsqu'il arrive en 1886 dans ce charmant village breton. Il y débarque parce qu'il s'y trouvait une pension peu chère, connue des artistes. En 1888, au sein d'un groupe d'une vingtaine d'artistes, sa rencontre avec Émile Bernard donne naissance au « synthétisme » ou « symbolisme pictural » : *l'œuvre doit être expressive par elle-même et non par le sujet.* Cette aspiration, consacrée par deux tableaux d'avant-garde, *Les Bretonnes dans la prairie verte* d'Émile Bernard et *La Vision après le sermon* de Gauguin, révolutionne la peinture. Malgré sa courte vie (1886 à 1894), le petit groupe de peintres, réunissant les noms de Paul Sérusier, Maurice Denis, Maxime Maufra, Charles Filiger parmi tant d'autres, et connu plus tard sous le nom d'école de Pont-Aven, est célèbre dans le monde entier.

alentours

Nizon

3 km au Nord-Ouest. Quitter Pont-Aven par la D 24, route de Rosporden.

Le calvaire roman très fruste, qui s'élève sur la place du bourg, a servi de modèle à Gauguin pour son *Christ vert.*

La petite **église** (15e et 16e s.) renferme de splendides vitraux, œuvre du maître verrier Guével.

Kerdruc

4 km au Sud. Ce petit port occupe un joli **site★** sur l'Aven et conserve encore quelques maisons à toits de chaume.

Névez

7,5 km au Sud-Ouest. Pays du granit où nombre de carrières étaient encore en activité au début du siècle, cette commune conserve quelques maisons ou clôtures en « pierres debout » *(mein zao).* Ce type de construction (fin 18e s.) utilise de grands blocs de granit dressés constituant à eux seuls toute la hauteur des murs des chaumières.

Port-Manech

4,5 km au Sud-Est de Névez. Agréable centre balnéaire dont la plage se blottit en bordure du double estuaire de l'Aven et du Belon. Un sentier tracé en corniche mène de la plage au port et offre de belles vues sur la côte et les îles.

Pont-Aven, c'est aussi ses galettes moulées, produit phare de la « ville des meuniers ».

Pont-l'Abbé

La capitale du pays bigouden se loge au fond de l'estuaire de la rivière de Pont-l'Abbé. Très connue pour son costume et sa coiffe, la ville la plus bretonne de toutes, selon Maupassant, demeure spécialisée dans la broderie tout en restant tournée vers la mer avec ses chantiers navals.

La situation
Cartes Michelin nos 58 plis 14, 15 ou 230 plis 31, 32 – Finistère (29). Deux solutions pour gagner Pont-l'Abbé : soit depuis Quimper par la D 785, soit depuis Bénodet par la D 44 et son beau pont de Cornouaille. *3 rue du Château – 29120 – ☎ 02 98 66 09 09.*

Le nom
La ville doit son nom au premier pont construit par les abbés de Loctudy entre le port et l'étang.

Les gens
7 374 Pont-l'Abbistes. On est certain de voir quelques Bigoudènes à l'occasion de la fête des Brodeuses, le 2e week-end de juillet.

carnet pratique

Où dormir
- *Valeur sûre*

Bretagne – *24 pl. de la République – ☎ 02 98 87 17 22 – fermé 15 janv. au 5 fév. – 20 ch. : 240/400F – ☕ 40F – restaurant 125/250F.* En plein centre, sur la place du marché, cet hôtel dans une maison pimpante, avec sa façade en pierres grises, est une sympathique adresse familiale. Ses chambres ne sont pas très grandes mais bien tenues et le restaurant, plutôt chaleureux, sert une cuisine du cru. Terrasse en été.

Ou se restaurer
- *À bon compte*

Crêperie Bigoudène – *33 r. du Gén.-de-Gaulle – ☎ 02 98 87 20 41 – fermé 15 au 30 nov., 8 au 30 janv., dim. et lun. sf vac. scol. – 40/80F.* En sortant du château, longez la rue commerçante et passez à table dans une ambiance rustique et plaisante pour découvrir les crêpes au pays bigouden.

se promener

Église N.-D.-des-Carmes
Cette ancienne chapelle conventuelle (fin 14e s.) possède quelques curiosités : un baldaquin provenant de l'église de Lambour ; une belle verrière (15e s.) à rosace de 7,20 m de diamètre ; une bannière de procession moderne. En sortant, tourner à droite et aller voir le chevet plat coiffé d'un curieux clocher à dôme, peu commun en Basse-Bretagne.
Dans le jardin sur le flanc gauche de l'église, le **monument aux Bigoudens**, œuvre du sculpteur F. Bazin (1931) se dresse dans un cadre de verdure, en bordure du quai.

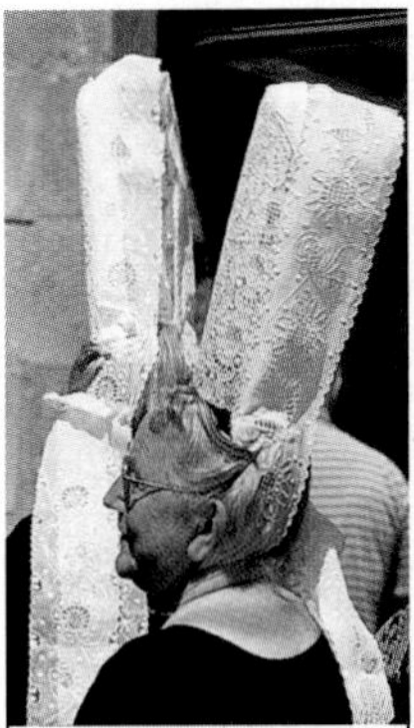

Une coiffe en tube
Le costume bigouden, très original, n'est plus guère porté par les femmes, mais il arrive au visiteur de croiser une Bigoudène embellie de cette haute coiffe si caractéristique.

Château
Cette forteresse (14e-18e s.) présente une grosse tour ovale ou donjon et un corps de bâtiment. À l'intérieur, on peut visiter le **Musée bigouden** (commentaire enregistré dans chaque salle). Les trois étages du donjon (79 marches) renferment des souvenirs du pays bigouden dont des lits clos, des armoires à clous, des coiffes et des costumes richement brodés. *De mi-juil. à fin août : 10h-12h, 14h-18h, jeu. 10h-18h ; de juin à mi-juil. et sept. : 10h-12h, 14h-18h ; avr.-mai : tlj sf dim. 10h-12h, 14h-17h. Fermé oct.-mars, 1er mai. 20F.* ☎ *02 98 66 09 09.*

Église de Lambour
Cette ruine située sur la rive gauche présente encore une belle façade (16e s.) et des travées de la nef (13e s.).

alentours

Chapelle N.-D.-de-Tréminou

2 km à l'Ouest par la rue Jean-Moulin. De juil. à déb. sept. : 14h-18h. Presbytère. ☎ 02 98 82 00 76.

Dans un enclos ombragé, cette chapelle des 14ᵉ et 16ᵉ s., restaurée, possède un clocher chevauchant la nef. Le pardon a lieu le 4ᵉ dimanche de septembre.

La révolte des Bonnets rouges

Aux abords de la chapelle N.-D.-de-Tréminou, fut voté en 1675 le « code paysan » par les paysans cornouaillais révoltés, ou Bonnets rouges. En effet Colbert, pour financer la guerre de Hollande, avait levé des impôts terriblement impopulaires.

Maison du pays bigouden

2 km au Sud, rte de Loctudy. De juin à fin sept. : tlj sf dim. 10h-12h, 14h-18h. Fermé j. fériés (seulement 14 juil. en 1999). 15F. ☎ 02 98 87 35 63 ou 02 98 66 09 09.

Une belle allée de châtaigniers conduit à la cour de la ferme de Kervazégan et ses dépendances. La ferme est une solide maison trapue aux murs de moellons recouverts de chaux, dont les deux pièces d'habitation sont meublées de mobilier bigouden. Les dépendances conservent des instruments aratoires, broyeur à pommes, pressoir, etc.

Manoir de Kérazan★

3 km au Sud, rte de Loctudy. ♿ De mi-juin à fin août : 10h30-19h ; de Pâques à mi-juin et sept. : tlj sf lun. 14h-18h. 32F. ☎ 02 98 87 40 40.

Situé dans un grand parc planté de hautes futaies, le **manoir** se compose d'un corps de logis reconstruit au 18ᵉ s., et d'une aile en retour d'équerre du 16ᵉ s. Les salles, abondamment décorées et richement meublées, témoignent du cadre luxueux qu'avaient voulu créer les Astor.

Au cours de la visite, on peut observer des boiseries Louis XV authentiques, des panneaux peints par Théophile Deyrolle (1844-1923), une bibliothèque intacte, une collection de peintures et de dessins se rapportant à la Bretagne (du 16ᵉ au 20ᵉ s.), ainsi que de nombreuses œuvres d'**Alfred Beau** (1829-1907), peintre céramiste qui s'associa à la faïencerie Porquier de Quimper (d'où le célèbre sigle PB) et qui réalisa un violoncelle en faïence polychrome grandeur nature (sa fabrication exigea une quinzaine d'essais de cuisson).

Retour de pêche à Loctudy

Tous les soirs sur le port, du lundi au vendredi, le débarquement de la pêche (principalement la « demoiselle de Loctudy », c'est-à-dire la langoustine) constitue un spectacle vivant et coloré.

Loctudy

Les Loctudystes habitent un petit port situé à l'embouchure de la rivière de Pont-l'Abbé, un centre balnéaire tranquille et familial aux plages abritées. Le **port** de pêche artisanale a été créé en 1847. Des quais, jolie vue sur l'île Chevalier, dans l'estuaire de Pont-l'Abbé, et sur Île-Tudy et sa plage.

Église – *Fermé dim. ap.-midi.*

Du début du 12ᵉ s., l'église a subi de nombreux remaniements bien que son **intérieur★** ait conservé la pureté du style roman (nef, chœur avec déambulatoire et chapelles rayonnantes). Il faut détailler les sculptures des chapiteaux et des bases des colonnes où petits personnages et animaux côtoient entrelacs, volutes et croix pattées.

Dans le cimetière, à gauche de l'allée menant à l'église, se dresse une stèle gauloise de 2 m de haut, surmontée d'une croix.

Les belles voiles colorées d'antan ont refait surface à Île-Tudy.

Promenades en bateau

Descente de l'Odet★★ – *Voir Quimper.*

Île-Tudy– *La presqu'île est accessible par le CD 144 ou par la mer, au dép. de Loctudy. Plusieurs AR par j. (sf dim. de mi-sept. à mi-juin). 10F AR.*

Juste en face, de vocation maritime antérieure à Loctudy, ce joli port de pêche bâti sur une presqu'île – malgré son nom – est accessible depuis Loctudy par bateau *(pour passagers et cycles seulement).*

Port-Louis★

Une citadelle et des remparts, voici l'image parfois austère que les cartes postales donnent de Port-Louis. Mais cet ancien petit port de pêche qui recèle plusieurs vieilles maisons intéressantes est également une plage très fréquentée par les Lorientais.

La situation

Cartes Michelin nos 63 pli 1 ou 230 pli 34 – Morbihan (56).
Face à Lorient, Port-Louis est accessible par la D 781.

Le nom

Jadis dénommée Blavet, la ville a été rebaptisée en l'honneur de Louis XIII.

Les gens

2 986 Port-Louisiens. Louis Napoléon Bonaparte, le futur empereur Napoléon III, eut cet honneur, lorsqu'il fut emprisonné dans la citadelle.

visiter

La citadelle★★

La construction de cette place forte commandant l'entrée de la rade de Lorient fut commencée en 1590 par don Juan del Aguila durant l'occupation espagnole, poursuivie de 1616 à 1622 par le maréchal de Brissac et achevée en 1637 sur l'ordre de Richelieu. Elle présente un plan rectangulaire bastionné aux angles et sur les côtés, deux ponts et une demi-lune en protègent l'accès. Un parcours fléché emprunte le chemin de ronde (on pourra voir d'anciens canons dans les bastions tournés vers l'île de Groix) et permet de découvrir les deux cours, la crypte et les différentes installations qui abritent les **musées de la citadelle**. *Juin-sept. : 10h-18h30 ; avr.-mai : tlj sf mar. 10h-18h30 ; oct.-mars : tlj sf mar. 13h30-18h. Fermé en déc., 1er janv., 1er mai. 29F. ☎ 02 97 12 10 37.*

Musée de la Compagnie des Indes★★ – Il retrace avec beaucoup d'intérêt l'historique de cette prestigieuse compagnie. La fondation de Lorient, l'essor du 18e s., les équipages, les cargaisons, les comptoirs en Inde, en Afrique et en Chine, des cartes et des meubles illustrent cet important et fructueux négoce des 17e et 18e s. Une salle est consacrée à la marine de la Compagnie des Indes, la flotte notamment avec des maquettes de vaisseaux : *Comte d'Artois* avec son équipage et ses passagers, et *Comte de Provence*, tous deux sortis des chantiers de Lorient.

Salle de l'Arsenal★ – Sous la belle charpente de l'Arsenal, une salle abrite des maquettes de navires de la Compagnie des Indes (corvettes, frégates, bâtiments de commerce et de pêche, croiseurs, torpilleurs, etc.), des portraits de grands marins, ainsi que de nombreux documents et peintures se rapportant à la navigation dans l'océan Atlantique.

Poudrière – L'ancienne poudrière sert de cadre à un musée où sont réunies des collections d'armes du 17e au 20e s.

Conservatoire de bateaux – La pièce principale est un canot de sauvetage à avirons, le *Commandant Philippe de Kerhallet*, qui assura le sauvetage en mer à partir de Roscoff de 1897 à 1939, avec un équipage de 12 hommes.

Remparts

Bâtis de 1649 à 1653 par le maréchal de la Meilleraye, ces remparts bien conservés enserrent la ville sur deux côtés. Sur la promenade des Pâtis, une porte ménagée dans la muraille donne accès à la plage de sable fin. ►

Du fort au port

Richelieu installe la première Compagnie des Indes à Port-Louis, sans succès. Quand Colbert fonde la seconde, Lorient est créé pour la recevoir. Dès lors, Port-Louis périclite. Sous Louis-Philippe, il revit grâce à la pêche à la sardine.
La ville possède deux ports de pêche : celui de Locmalo dans l'anse du Gâvres et, face à Lorient, celui de la Pointe qui s'est vu équiper de deux cents postes d'amarrage pour les bateaux de plaisance.

Vue depuis la plage...

... sur la pointe de Gâvres, l'île de Groix, Larmor-Plage et le bastion de Groix de la citadelle.

Langue de rochers et de falaises plongée dans l'océan, brise-lames à la vaste baie qu'elle a baptisée, la presqu'île s'amarre à son Morbihan par un long cordon de sable de 7 km. La Côte sauvage porte ici particulièrement bien son nom.

La situation

Cartes Michelin nos 63 plis 11, 12 ou 230 plis 35, 49 - Morbihan (56). Face à Belle-Île, Quiberon ne connaît qu'un seul accès routier : la D 768 qui s'amorce à Auray.
7 rue de Verdun - 56170 - ☎ 02 97 50 07 84.

Les gens

En 1795, Quiberon a vu le désastre infligé aux royalistes. Cent mille émigrés, les princes en tête, devaient passer en Bretagne, s'unir aux Chouans et balayer les « Bleus ». En fait, ils ne sont que dix mille : les princes se sont abstenus. Le débarquement a lieu à partir du 27 juin. Les Chouans de Cadoudal sont au rendez-vous. Mais la Convention est alertée : Hoche refoule dans la presqu'île les royalistes qui ne peuvent regagner leurs vaisseaux en raison d'une forte houle. Faits prisonniers, ils sont fusillés à Quiberon, Auray et Vannes.

se promener

La presqu'île est à vrai dire une ancienne île que les apports d'alluvions ont rattachée à la terre par un isthme étroit. Ses paysages sont variés : les dunes de l'isthme sont fixées par des pins maritimes ; la côte du large, la « Côte sauvage », est un chaos impressionnant de falaises, de rochers, de grottes et de récifs ; à l'Est et au Sud, on trouve de larges plages et deux ports de pêche animés.

Quiberon

Située à la pointe de la presqu'île, Quiberon est une station balnéaire recherchée pour sa belle plage de sable fin, bien exposée au Sud, et la proximité de la pittoresque Côte sauvage.

carnet pratique

Où dormir

• *Valeur sûre*

Hôtel Petite Sirène – *15 bd R.-Cassin – ☎ 02 97 50 17 34 – fermé 21 oct. au 31 mars – P – 14 ch. : 342/533F – 42F – restaurant 100/320F.* Cet hôtel à la façade moderne, entre le centre-ville et le centre de thalassothérapie, est en face de la mer. Ses chambres proprettes ouvrent leurs baies et leur petit balcon sur l'océan... Ne manquez pas la table, c'est une petite étape gourmande du coin...

Où se restaurer

• *À bon compte*

Relax – *27 bd Castero à la plage de Kermorvan – ☎ 02 97 50 12 84 – fermé 1er janv. au 15 fév., dim. soir d'oct. à déc. et lun. sf été – 78/190F.* Sur la côte, séparé de la route par un parking, ce restaurant de construction récente ouvre ses baies sur la mer. Sur deux niveaux, ses tables sont toutes orientées vers l'océan et sa terrasse, installée par temps calme, est appréciée... Produits de la mer.

Crêperie La Closerie St-Clément – *36 r. St-Clément – ☎ 02 97 50 40 00 – 45/100F.* Derrière le palais des Congrès, cette jolie maison traditionnelle bretonne vous accueille dans une ambiance mi-pub, mi-bistrot. Bien calé dans votre fauteuil, vous savourerez à votre aise les crêpes et les fruits de mer de cette sympathique adresse.

Le Vivier – *Beg er Goalennec (Côte sauvage) – ☎ 02 97 50 12 60 – fermé de nov. à janv. et lun. hors sais. – 80/150F.* Posé sur les rochers de la Côte sauvage, ce bar est le repaire des amateurs de fruits de mer. Vous les savourerez dans sa véranda, en admirant la vue spectaculaire sur l'océan...

Thalasso

Institut de thalassothérapie – *Entre Quiberon et la pointe de Conguel. ☎ 02 97 50 20 00.* Y sont traités par hydrothérapie marine les arthroses, les rhumatismes, les suites de traumatismes. On peut y suivre aussi simplement pour le plaisir des cures de diététique, de remise en forme et de beauté.

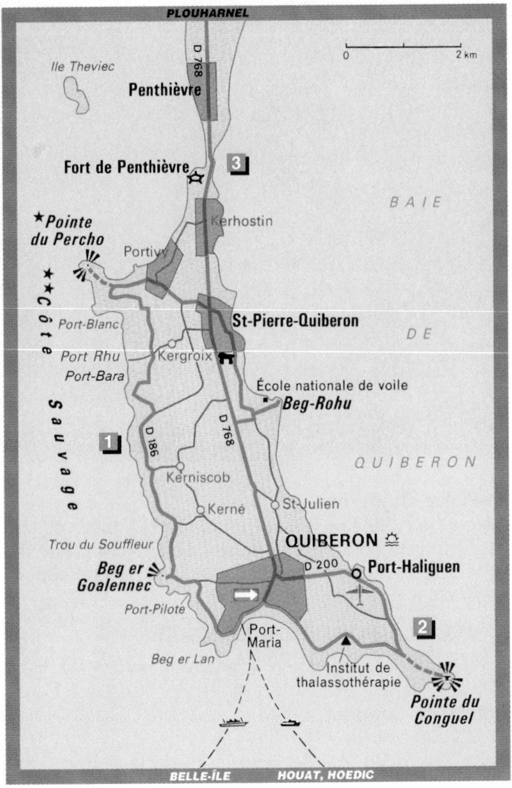
PLOUHARNEL
0
2 km
Ile Theviec
D 768
Penthièvre
Fort de Penthièvre
3
BAIE
Kerhostin
★Pointe du Percho
Portivy
★★ Côte Sauvage
Port-Blanc
St-Pierre-Quiberon
DE
Port Rhu
Port-Bara
Kergroix
École nationale de voile
Beg-Rohu
1
D 186
D 768
QUIBERON
Kerniscob
Kerné
St-Julien
Trou du Souffleur
QUIBERON
Beg er Goalennec
D 200
Port-Haliguen
Port-Pilote
2
Port-Maria
Beg er Lan
Institut de thalassothérapie
Pointe du Conguel
BELLE-ÎLE
HOUAT, HOEDIC

Beg-Rohu
Sur cette avancée rocheuse est installée, depuis 1966, l'**École nationale de voile**, un des centres d'entraînement les plus renommés du monde.

Port-Maria – Port d'embarquement pour Belle-Île, Houat et de Hœdic, ce port de pêche bénéficie ou pâtit d'une animation permanente.

Promenades en bateau

Belle-Île★★ *(voir ce nom)*

Îles d'Houat et de Hœdic *(voir ce nom)*

On peut encore voir quelques bateaux sardiniers qui alimentent la conserverie de Port-Maria.

itinéraires

1 LA « CÔTE SAUVAGE »★★

18 km – Environ 2h. Gagner Port-Maria, puis prendre à droite la route signalée « route côtière ».

Cette côte inhospitalière est une succession de falaises déchiquetées où grottes, crevasses, gouffres alternent avec de petites plages de sable où les vagues viennent se briser en rouleaux *(baignade interdite, lames de fond)*. Des rocs de toutes tailles et de toutes formes créent des couloirs où la mer tourbillonne en mugissant.

Beg-er-Goalennec

En contournant le café « Le Vivier », on gagne, sur les rochers, l'extrémité du promontoire d'où l'on jouit d'une jolie vue sur toute la Côte sauvage.

Après le Kroh-Kollé, tourner à gauche.

La route descend vers **Port-Bara**, belle anse piquetée de rochers déchiquetés. Des chemins revêtus mènent à Port-Rhu et Port-Blanc à l'agréable plage de sable blanc.

Pour les marcheurs
Des petites stèles de granit jalonnent la route à gauche et marquent l'emplacement de sites qu'il faut découvrir à pied : Port-Pilote, trou du Souffleur, pointe du Scouro, grotte de Kerniscob, etc.

Pointe du Percho★

Gagner à pied l'extrémité de la pointe. Belle **vue**★ sur la Côte sauvage, sur l'isthme de Penthièvre, son fort et sa plage, au large Belle-Île et l'île de Groix. La dernière stèle situe Beg en Aud, avancée extrême de cette côte.

Traverser Portivy et rejoindre St-Pierre-Quiberon.

La « Côte sauvage » semble toujours agitée, même par temps calme, aussi faut-il s'en méfier lorsqu'on s'y promène.

St-Pierre-Quiberon

Ce centre balnéaire possède deux plages situées de part et d'autre du petit port d'Orange. En suivant la rue des Menhirs, on découvre sur la droite le bel alignement de St-Pierre, composé de 22 menhirs.

2 VERS LA POINTE DU CONGUEL

6 km – Environ 1h1/2. Quitter Quiberon par le boulevard Chanard.

Pointe du Conguel

1/2h à pied AR.

De la pointe, on aperçoit le phare de la Teignouse, qui vit le cuirassé *France* couler en 1922, éventré par une roche.

On a une belle vue de l'extrémité de la pointe (table d'orientation).

À gauche, l'aérodrome communal est équipé d'une piste pour appareils légers. Après le Fort-Neuf, le Centre nautique de l'éducation nationale, le Cercle de voile et la Société nautique créent une grande activité sur la plage. On dépasse la stèle commémorative de la reddition des émigrés en 1795, sur la droite.

Port-Haliguen

Petit port de pêche et de plaisance animé l'été par des régates.

3 ISTHME DE PENTHIÈVRE

Quitter Quiberon par la D 768 en direction de Saint-Pierre-Quiberon.

Fort de Penthièvre

Reconstruit au 19e s., il commande l'entrée de la presqu'île. Un monument et une crypte rappellent le souvenir des 59 résistants fusillés en 1944.

Penthièvre

Deux belles plages de sable fin sont situées de part et d'autre de l'isthme.

Plouharnel

Le **galion de Plouharnel** abrite une collection de coquillages et de compositions créées à l'aide de ceux-ci : la place St-Marc de Venise, le port d'Auray en 1760, etc. *Juil.-août : 9h30-19h (dernière entrée 1/2h av. fermeture) ; avr.-juin et sept. : 10h-12h, 14h-18h. 20F. ☎ 02 97 52 39 56.*

De l'autre côté de la route, un ancien blockhaus abrite le **musée de la Chouannerie** (grands dioramas, armes, habits, guillotine) qui permet de comprendre ce mouvement dont l'un des héros fut Georges Cadoudal. ♿ *Avr.-sept. : 10h-12h, 14h-18h ; oct.-mars : sur demande 3 j. av. S'adresser à M. Halna du Fretay. 25F. ☎ 02 97 52 31 31.*

Dressé en bordure de l'anse de Bégo, le galion de Plouharnel *est une réplique moderne d'un navire de haute mer du 18e s.*

Quimper★★

Si cette ville de vocation tertiaire vit aujourd'hui en grande partie du tourisme, c'est d'une part que cette industrie se développe sans cesse, d'autre part qu'elle a de très beaux arguments à faire valoir. Chargée d'histoire, Quimper est tout simplement une belle ville, une ville où il est agréable de flâner, une ville à mi-chemin entre la Bretagne intérieure et la mer, une ville que l'on croirait volontiers sans défauts.

Portrait prophétique de Max Jacob *est une toile de Christopher Wood conservée au musée des Beaux-Arts de la ville.*

La situation

Cartes Michelin nos 58 pli 15 ou 230 pli 18 – Finistère (29). Il est très difficile de trouver une place de stationnement dans le centre de la ville. Le mieux est donc de garer sur l'un des quatre parkings précisés sur le plan. 🅸 *Place de La Résistance – 29000 – ☎ 02 98 53 04 05.*

Le nom

Quimper vient du breton *kemper* qui désigne un confluent (du Steir et de l'Odet). À noter que sous la Révolution, la ville fut appelée Montagne-sur-Odet.

Les gens

59 437 Quimpérois. Le poète et dessinateur **Max Jacob** (1876-1944) y naquit.

Trois de Quimper

Le médecin **Laennec** (1781-1826), inventeur du stéthoscope et fondateur de l'anatomoclinique. **Yves de Kerguelen** (1734-1797), explorateur des mers australes ; un groupe d'îles, appartenant à la France, porte son nom. Et **René Madec** (1738-1784) : embarqué comme mousse sur un vaisseau de la Compagnie des Indes, il déserte et gagne Pondichéry. Il sert un rajah et devient un très grand personnage. Il revient en France, colossalement riche. Le roi l'anoblit et lui donne la croix de St-Louis avec un brevet de colonel. C'est *Le Nabab* d'Irène Frain.

comprendre

LA FAÏENCE DE QUIMPER

Une dynastie de faïenciers – En 1690, Jean-Baptiste Bousquet, faïencier venu de St-Zacharie, près de Marseille, s'installe dans le site prédestiné de Locmaria, faubourg de Quimper sur les rives de l'Odet, où il est attesté que des potiers travaillaient déjà à l'époque gallo-romaine. Tout imprégné du style de Moustiers, il crée la première faïencerie de Quimper. Son fils Pierre, qui lui succède en 1708, s'associe à un faïencier de Nevers, Pierre Belleveaux, et plus tard à Pierre-Clément Caussy, faïencier rouennais. Tous deux joueront un rôle important pour la faïence de Quimper, l'un en l'enrichissant de formes, de couleurs (jaune) et de décors nivernais, l'autre en ajoutant à la palette des couleurs de Quimper le rouge de fer, et quelque 300 poncifs (calques) de décors. Deux autres faïenceries y seront créées vers la fin du 18e s., la faïencerie Porquier fondée par François Éloury vers 1772 et à laquelle Alfred Beau sera associé, et la faïencerie Dumaine dont Jules Henriot prendra la tête en 1884. C'est A. Beau qui est l'auteur de la série des « scènes bretonnes » et de celle des « légendes bretonnes », réellement incontournables jusqu'à aujourd'hui.

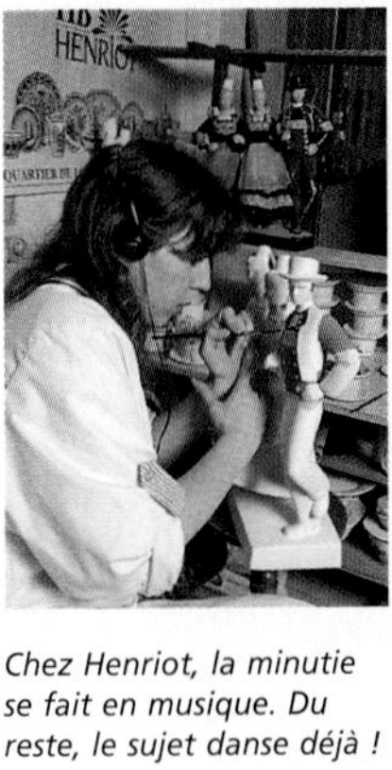
HENRIOT

Chez Henriot, la minutie se fait en musique. Du reste, le sujet danse déjà !

« Le temps des artistes » – À l'esprit d'entreprise et au métier de faïencier est venue s'ajouter la créativité d'artistes qui réaliseront des pièces uniques. Bon nombre d'artistes vont ainsi se succéder à Quimper dès 1920. L'un des tout premiers, **René Quillivic** (1879-1969), sculpteur et peintre céramiste, réalise des pièces surprenantes, aux dessins influencés par la gravure sur bois.

Où dormir

• *À bon compte*

Hôtel Coudraie – *impasse du Stade – 29700 Pluguffan – 7 km de Quimper, rte de Pont-l'Abbé et D 40 – ☎ 02 98 94 03 69 – fermé vac. de Toussaint, de fév. et dim. en hiver – P – 11 ch. : 220/280F – ☕ 32F.* Ce pavillon dans un jardin a des airs de maison de famille, entretenus par les propriétaires qui vous accueilleront très aimablement. Simple et propre, ce petit hôtel pratique des prix raisonnables qui le mettent à la portée de toutes les bourses.

• *Valeur sûre*

Hôtel Mascotte – *6 r. Th.-Le-Hars – ☎ 02 98 53 37 37 – 63 ch. : 345/490F – ☕ 42F – restaurant 80/95F.* Le plus récent des hôtels du centre de la ville. Bien conçu et fonctionnel, ses chambres sont de bonne taille – préférez celles de devant plus spacieuses et bien insonorisées. Accueil sympathique et bon rapport qualité/prix.

Où se restaurer

• *À bon compte*

Café de l'Épée – *14 r. du Parc – ☎ 02 98 95 28 97 – 85/149F.* Artistes du cinéma, du théâtre, écrivains et hommes politiques ont fréquenté cette institution quimpéroise. La brasserie propose plusieurs menus de fruits de mer, poissons, choucroutes et viandes.

Crêperie du Guéodet – *6 r. du Guéodet – ☎ 02 98 95 40 38 – fermé 1er au 22 oct., 8 au 23 mars, dim. et lun. soir – ⊄ – 35/75F.* Minuscule crêperie très fréquentée par les Quimpérois qui apprécient les crêpes de farine biologique, les faïences accrochées aux murs, l'atmosphère simple et conviviale. Si c'est complet, faites un tour dans le vieux Quimper et retentez votre chance.

Salon de thé Boule de Neige – *14 r. des Boucheries – ☎ 02 98 95 88 22 – fermé le soir et lun. hors sais. – 40/60F.* Peu de flocons ici, mais de fameuses pâtisseries réalisées par un « meilleur ouvrier de France ». En plus de la carte du salon de thé, un petit choix de tartes salées et de salades est proposé au déjeuner. Essayez la « Torchette », spécialité de la maison.

Où boire un verre

Le Ceili – *4 av. Aristide-Briand, ☎ 02 98 95 17 61. Ouv. tlj 18h-1h.* Ce bar demeure l'un des plus importants débits de bières bretons (850 hectolitres en 1998). Un chiffre qui laisse la concurrence pantoise... D'autant qu'il n'a rien d'extraordinaire ce bar, avec sa décoration quelconque ! Rien sauf la légendaire gentillesse de ses patrons, qui depuis 20 ans viennent serrer la main de chacun de leurs clients.

Molly Malone – *8 r. de Falkirk, ☎ 02 98 53 40 42. Ouv. tlj 11h-1h.* C'est certainement l'un des plus beaux bars de Bretagne : il a été construit par un charpentier de Douarnenez en mémoire énamourée de Molly Malone, une Dublinoise du 14e s., qui vendait du poisson le jour et ses charmes la nuit. L'escalier central mène, paraît-il, à sa chambre... La dernière chanson, vers minuit trente, lui est dédiée.

Manoir du Kinkiz – *Chemin du Quinquis, ☎ 02 98 90 20 57. Mar.-sam. 9h-12h30, 13h-18h30.* Cette cidrerie familiale existe depuis cinq générations. La visite des vergers et de la cave est possible. Dégustation gratuite de jus de pomme, de cidre et de pommeau.

Sorties culturelles

Théâtre de Cornouaille – *4 pl. de la Tour-d'Auvergne, ☎ 02 98 55 98 55.* theatrequimper@eurobretagne.frwww.bagadoo.tm.fr/fr/culture/theatre. Accueil : mar.-sam. 14h-19h. Scène nationale de Quimper, ce nouveau théâtre propose des spectacles de danse, de musique, des pièces de théâtre...

Le Quartier – *10 parc du 137e-RI (face au théâtre de Cornouaille).* Le Centre d'art contemporain de la ville organise des expositions temporaires.

Être informé des spectacles et manifestations en cours – *Le Télégramme de Brest* (édition du mercredi) et *Ouest-France* (édition Quimper).

Sports

Aquarive – *Bd de Creac'h Gwen, ☎ 02 98 52 00 15. Hors vac. scol. : lun., jeu. 13h-20h, mar., ven. 12h-22h, mer. 10h-20h, sam. 11h-20h, dim. 9h-19h. Vac. scol. lun., mer. jeu., sam. 10h-20h, mar., ven. 10h-22h, dim. 9h-19h.* Complexe nautique avec un bassin à vagues, un toboggan de 60 mètres, des bains bouillonnants, des saunas et des solariums...

Canoë-kayak – *Base nautique de Locmaria, 34 route de Bénodet, ☎ 02 98 53 33 65.* Sur l'Odet et même dans le centre-ville.

Transports urbains

En bus – Le ticket unité (6F), valable 1h, s'achète auprès du conducteur ; le ticket journée (18F) s'achète auprès du conducteur ou auprès du point d'accueil QUB (2 quai de l'Odet).

Quimper en fête

Le festival de Cornouaille★ – *☎ 02 98 55 53 53.* Importante manifestation folklorique organisée en juillet, ce festival de musique et de traditions populaires draine plus de 250 000 visiteurs.

Promenades en vieux gréement

Gouelia – *☎ 02 98 65 10 00.* Cette association organise des balades sur sa flotille de vieux gréements : *La Belle Angèle, Le Corentin* et le *Dalh Mad* sortent jusqu'aux îles de Glénan.

Le mouvement « Ar Seiz Breur » (« les sept frères », allusion à sept héros bretons), fondé par René-Yves Creston, Jeanne Malivel et Jorg Robin en 1923, cherche à moderniser l'art populaire breton traditionnel en le mariant au style Art déco et au cubisme.
Sous la marque Odetta, déposée en 1922, sont produites des pièces en grès, aux teintes sombres irisées d'émaux. Parmi les artistes qui ont signé ces œuvres, citons Georges Renaud, René Beauclair, Louis Garin, Paul Fouillen, Jacques Nam.

se promener

LE VIEUX QUIMPER*

Ce quartier s'étend en avant de la cathédrale, entre l'Odet et le Steir. Ce petit affluent, maintenant canalisé et couvert avant son confluent, offre une vaste zone piétonne.

Place Terre-au-Duc

Pittoresque avec ses vieilles maisons à colombages. C'était, en face de la cité épiscopale, la ville laïque avec le tribunal, la prison, le marché du duc de Bretagne.

La rue Kéréon, la plus belle de la ville, était celle des cordonniers, kereon *en breton.*

Rue Kéréon*

Commerçante et animée, elle témoigne de son passé cossu. La perspective sur la cathédrale et ses flèches, surgissant entre les deux lignes de vieilles demeures en encorbellement, compose un tableau aussi joli que typique.

Dans son prolongement *(avant même d'atteindre la place de la cathédrale)*, la **rue du Guéodet** conserve une maison dite « des cariatides » dont le rez-de-chaussée est orné d'hommes et de femmes en costumes Henri II.

Cathédrale St-Corentin**

De juil. à fin août : possibilité de visite guidée 10h-12h, 14h-18h. SPREV (Sauvegarde du Patrimoine Religieux en Vie). ☎ 02 98 95 06 19.

Ce bel édifice gothique date du 13e s. (chœur) et du 15e s. (transept et nef) ; or, les deux flèches (76 m) n'ont été élevées qu'en 1856, sur le modèle breton de la flèche de Pont-Croix. L'air salin a vite patiné les pierres neuves, donnant ainsi à la façade un aspect parfaitement homogène, quasi miraculeux.

LE ROI GRADLON

Entre les flèches de la cathédrale, la statue d'un personnage à cheval : le roi Gradlon. Jusqu'au 18e s., on célébrait une grande fête en son honneur. Un homme montait en croupe derrière le roi d'Ys et jetait un verre sur la place. Le spectateur qui pouvait l'attraper avant qu'il ne se brisât touchait cent écus d'or.

QUIMPER

Astor (R.) **AYZ** 2
Bécharles (Av. de) **BV** 3
Bénodet (Rte de) **ABX**
Beurre (Pl. au) **BY** 4
Boucheries (R. des) **BY** 6
Brest (Rte de) **BV**
Brest (R. de) **BY**
Briand (R. A.) **BZ**
Chapeau-Rouge (R. du) **AY** 9
Concarneau (R. de) **BX** 10
Douarnenez (Rte de) **AV**
Douanenez (R. de) **AY**
Douves (R. des) **BY**
Dupleix (Bd) **BZ**
Ergué-Armel (Bd d') **BX**
Flandres-Dunkerque 1940 (Bd) **BX**
France (Bd de) **AX**
France Libre (Av. de la) **BV**
Fréron (R. Elie) **BY**
Frugy (R. du) **ABX**
Gardiens (Croix des) **BV**
Gare (Av. de la) **BX** 15
Gourmelen (R. E.) **BY**
Guéodet (R. du) **BY** 16
Gutenberg (Bd) **BX** 17
Jacob (Pont Max) **AZ** 18
Jean-Jaurès (R.) **BZ**
Kéréon (R.) **ABY**
Kerguelen (Bd de) **BZ** 23
Le Guennec (Bd) **AX**
Le-Hars (R. Th.) **BZ** 24
Libération (Av. de la) **BX** 25
Loch (Rte du) **BV**
Locmaria (Allées) **AZ** 26
Luzel (R.) **BY** 28
Mairie (R. de la) **BY** 29
Massé (Pl. A.) **BY**
Moulin-Vert (R. du) **AV** 30
Odet (Q. de l') **AZ**
Oiseaux (Av. des) **AX**
Palais (R. du) **AZ**
Parc (R. du) **ABZ** 34
Plogonnec (Rte de) **ABV**
Pont-l'Abbé (R. de) **AX** 35
Potiers (Ch. des) **BX** 37
Poulguinan (Bd de) **AX** 38
Président Allende (Bd du) **BVX**
Providence (Rte de la) **AY**
Réguaires (R.) **BYZ**
Résistance-et-du-Gén. de-Gaulle (Pl. de la) **AZ** 40
Ronarc'h (R. Amiral) **AZ** 42
St-Corentin (Pl.) **BZ** 43
St-François (R.) **BZ** 45
St-Mathieu (R.) **AZ** 47
Ste-Catherine (R.) **BZ** 48
Ste-Thérèse (R.) **BZ** 50
Sallé (R. du) **BY** 52
Steir (Q. du) **AZ** 53
Terre-au-Duc (Pl.) **AY** 54
Thépot (Av. Y) **BX**
Tourbie (Pl. de la) **BY**
Tour-d'Auvergne (Pl. de la) **AZ**
Tour-d'Auvergne (R. de la) **BX** 58
Ty-Nay (Rte de) **BV** 60
4 Chemins (Les) **BX**

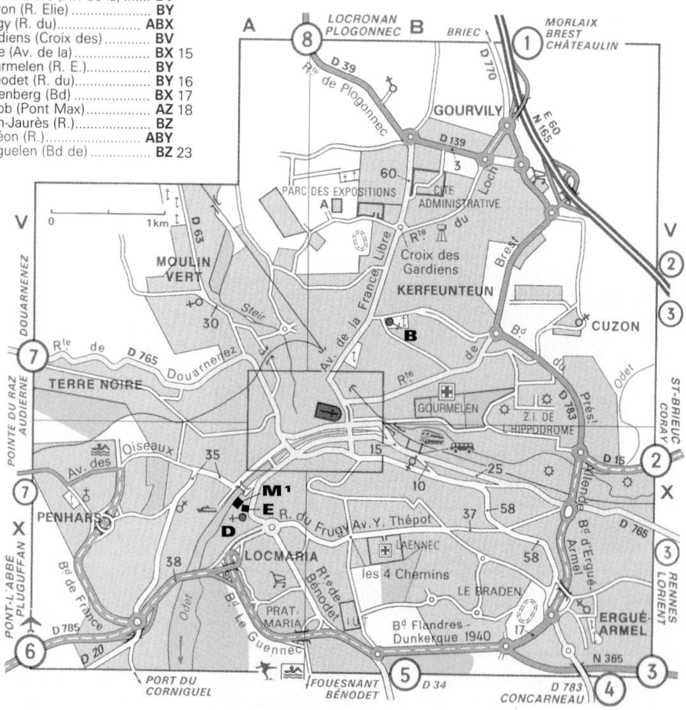

LOCRONAN
PLOGONNEC
BRIEC
MORLAIX
BREST
CHÂTEAULIN
D 39
Rte de Plogonnec
D 770
GOURVILY
E 60
N 165
D 139
PARC DES EXPOSITIONS
CITÉ ADMINISTRATIVE
Loch
1km
MOULIN VERT
Croix des Gardiens
KERFEUNTEUN
Brest
CUZON
Steir
Av. de la France Libre
Rte de Douarnenez
D 765
TERRE NOIRE
GOURMELEN
Z.I. DE L'HIPPODROME
D 783
Bd du Prés. Allende
Odet
ST-BRIEUC
CORAY
POINTE DU RAZ
AUDIERNE
DOUARNENEZ
Av. des Oiseaux
D 15
PENHARS
R. du Frugy
Av. Y. Thépot
LAENNEC
LOCMARIA
les 4 Chemins
LE BRADEN
Bd d'Ergué-Armel
D 765
RENNES
LORIENT
PONT-L'ABBÉ
PLUGUFFAN
Bd de France
Rte de Bénodet
PRAT-MARIA
Bd Le Guennec
Bd Flandres-Dunkerque 1940
ERGUÉ-ARMEL
N 365
D 785
D 20
PORT DU CORNIGUEL
FOUESNANT
BÉNODET
D 34
D 783
CONCARNEAU

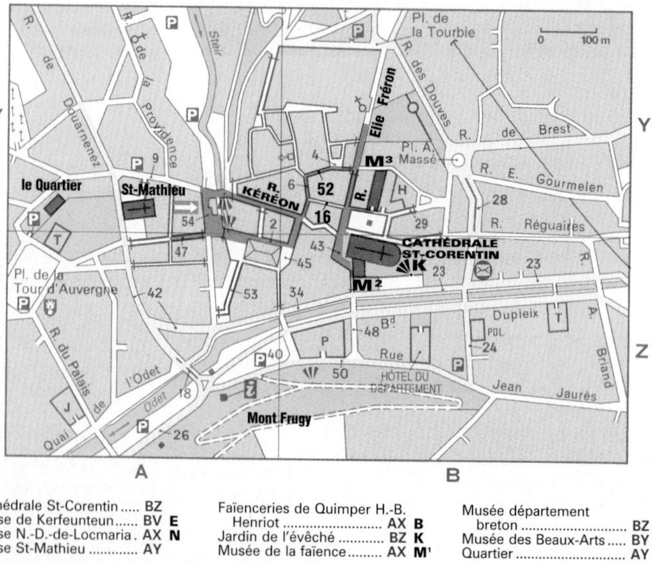

R. de Douarnenez
R. de la Providence
Steir
Pl. de la Tourbie
R. des Douves
0 100 m
Elie Fréron
R. de Brest
Pl. A. Massé
R. E. Gourmelen
le Quartier
St-Mathieu
R. KÉRÉON
R. Réguaires
CATHÉDRALE ST-CORENTIN
Pl. de la Tour d'Auvergne
R. du Palais
Bd Dupleix
A. Briand
Rue Jean Jaurès
l'Odet
HÔTEL DU DÉPARTEMENT
Quai de l'Odet
Mont Frugy

Cathédrale St-Corentin **BZ**
Église de Kerfeunteun **BV E**
Église N.-D.-de-Locmaria **AX N**
Église St-Mathieu **AY**
Faïenceries de Quimper H.-B. Henriot **AX B**
Jardin de l'évêché **BZ K**
Musée de la faïence **AX M[1]**
Musée départemental breton **BZ M[2]**
Musée des Beaux-Arts **BY M[3]**
Quartier **AY**

Ce qui frappe dès l'entrée, c'est la déviation accusée que présente le chœur et qui proviendrait de l'existence d'un édifice antérieur. Au début du 13e s., les constructeurs de la cathédrale décidèrent de lui donner comme chapelle absidiale un petit sanctuaire séparé de l'ancien chœur roman par une petite rue et décalé sur la gauche. Le nouveau chœur reliait cette chapelle et la nef.
La cathédrale possède une remarquable collection de **vitraux**★★ du 15e s. ; ils représentent des chanoines, des seigneurs, des châtelaines, entourés de leurs saints patrons. En faisant le tour du beau **vaisseau,** long de 92 m, on verra, dans les chapelles, quatre **tombeaux** du 15e s., des autels, des fresques, des retables, des statues, œuvres anciennes (saint Jean-Baptiste en albâtre du 15e s.) ou modernes, une Mise au tombeau, copie de celle de Bourges (18e s.), dans la chapelle, sous la tour de droite, la chaire du 17e s. ornée de bas-reliefs retraçant la vie de saint Corentin.

Les vitraux de St-Corentin garnissent les fenêtres hautes principalement dans la nef et le transept.

Jardin de l'évêché

Contigu à l'ancien évêché, il s'inscrit entre la cathédrale et les remparts d'où l'on a une jolie **vue**★ sur les flèches et le chevet, l'Odet bordé par la préfecture aux lucarnes ouvragées, ancien hôpital Ste-Catherine, et le mont Frugy.
Des vestiges des anciens remparts sont visibles boulevard de Kerguélen ainsi que rue des Douves.

Regagner le parvis et remonter la **rue Élie-Fréron** jusqu'au n° 20, au joli porche Renaissance. Gagner ensuite la ravissante **place au Beurre.**
Au n° 10 de la **rue du Sallé**, l'ancienne demeure des Mahault de Minuellou, à la belle architecture.

Par la rue des Boucheries et la rue St-François, on atteint la rue Astor où se dressent les halles.

Jolie vue sur le Steir en amont et les maisons fleuries qui le bordent avant de s'avancer dans la rue St-Mathieu, qui possède elle aussi quelques belles maisons.

Église St-Mathieu

Reconstruite en 1898, elle a conservé, au centre du chœur, un beau vitrail de la Passion du 16e s.

visiter

Musée départemental breton★

Juin-sept. : 9h-18h ; oct.-mai : tlj sf lun. et j. fériés 9h-12h, 14h-17h, dim. 14h-17h. 25F. ☎ *02 98 95 21 60.*
Consacré à l'histoire et aux arts et traditions populaires du Finistère, il occupe l'ancien palais épiscopal, important bâtiment construit du 16e au 19e s., jouxtant la cathédrale.

Préhistoire – Habitat et mode de vie dans une des cités gallo-romaines des Osismes : monnaies, mosaïque monumentale, vases et urnes funéraires, vaisselle d'argent, figurines de Vénus et de déesses-mères, etc. Ne pas rater le collier de Tréglonou et la ceinture torsadée d'Irvillac.

Sculpture sur pierre et statuaire sacrée – Avec, entre autres, deux mausolées aux gisants des 16e et 17e s., et une vingtaine d'effigies, en bois polychrome, de saints notamment bretons.

Traditions vestimentaires et mobilier – Vêtements du Finistère des 19e et 20e s. Évolution du mobilier du 17e au 20e s. (coffres, armoires de mariage, lit clos...) et présentation d'artisanat domestique.

Céramique quimpéroise – Le clou du musée grâce à une collection d'une exceptionnelle richesse : faïences et grès du 18e s. à nos jours. Les salles réservées à la faïence ouvrent sur la section vouée aux expositions temporaires régulièrement organisées par le musée.

Ce détail de lit clos n'est pas sans rappeler les fuseaux des dentelières.

Dans la **tour de Rohan**, richement sculptée, s'enroule un remarquable **escalier à vis★** terminé par un magnifique « parasol » en chêne.

Musée des Beaux-Arts★★

♿ *Avr.-oct. : tlj sf mar. 10h-12h, 14h-18h (juil.-août : 10h-19h) ; nov.-mars : tlj sf mar. 10h-12h, 14h-18h, dim. 14h-18h. Fermé 1ᵉʳ janv., 1ᵉʳ mai, 1ᵉʳ et 11 nov., 25 déc. 25F. ☎ 02 98 95 86 85 ou 02 98 95 45 20.*

Derrière la façade du 19ᵉ se cache une muséographie résolument moderne au service d'un ensemble de tableaux représentatif de la peinture du 14ᵉ s. à nos jours. Une ambiance particulière due au mélange de la lumière naturelle avec la lumière artificielle permet une approche nouvelle des œuvres.

Face à la cathédrale, ce musée a été créé en 1864 grâce au legs de Jean-Marie de Silguy à sa ville natale. Dons et achats sont venus étoffer ce fonds.

Écoles du Nord – Bel ensemble avec des œuvres de Jordaens, Van Mol, Grebber, Rubens et son *Martyre de sainte Lucie* (vers 1620), etc.

École italienne – Ensemble plus modeste malgré la présence de Bartolo di Fredi et surtout Guido Reni et Solimena.

École française – Belle collection comptant des Boucher, des Fragonard, des Chassériau, mais surtout la *Vue du château de Pierrefonds* de **Jean-Baptiste Corot**, ainsi que *Vue du port de Quimper* (1857) d'**Eugène Boudin**.

Peintures d'inspiration bretonne – On touche ici à la section qui fait toute la valeur du musée, avec des peintres tels que Luminais et sa *Fuite du roi Gradlon*, Jules Breton et son *Pardon de Kergoat★* (1891), Leleux et sa *Noce en Bretagne*, Renouf et sa *Veuve de l'île de Sein*, mais surtout avec l'école de Pont-Aven malgré l'absence de tout Gauguin. Sont exposées des œuvres d'Émile Bernard, de Paul Sérusier et sa *Jeune Bretonne à la cruche* (1892), de Maxime Maufra, de Georges Lacombe, de Maurice Denis, du Suisse Félix Vallotton.

La Forêt au sol rouge★ *(1891) par Georges Lacombe.*

Peinture et sculpture en Bretagne – Des années 1930 à nos jours avec Gruber, Tal Coat, Bazaine concernant la peinture, René Quillivic pour la sculpture.

Une salle est dédiée à **Max Jacob** (1876-1944) qui est né et a grandi à Quimper. Sa vie et son œuvre sont évoquées à travers des documents, des souvenirs, des dessins, des gouaches, notamment une série de portraits signés de ses amis Picasso, Cocteau et d'autres. Au premier étage ont été mises en valeur les 23 peintures de la salle à manger de l'hôtel de l'Épée, réalisées entre 1905 et 1909 par le peintre **Lemodant**.

Musée de la faïence★

♿ *De mi-avr. à fin oct. : tlj sf dim. 10h-18h. Fermé j. fériés. 26F. ☎ 02 98 90 12 72.*

Situé au bord de l'Odet, le musée est installé dans l'ancienne Maison Porquier construite en 1797 et retrace plusieurs siècles de l'histoire de Quimper et de sa faïence. Très centrée sur l'évolution des styles de la production quimpéroise (formes et couleurs), la visite permet de mieux appréhender ce métier et ses techniques de fabrication. Illustration du mélange des différents

La scène de pardon, thème on ne peut plus traditionaliste, issue d'un inépuisable catalogue de scènes bretonnes.

styles : le Rouen et ses décors essentiellement floraux, ses couleurs variées et denses ; le Nevers avec ses scènes bibliques ou mythologiques, ses camaïeux de bleu, ses deux jaunes, sa technique du décor au blanc fixe. Parmi la production du 20e s., on remarque les motifs complexes de Quillivic ou **Mathurin Méheut**, ceux très épurés de René Beauclair ou bien les pièces uniques de Giovanni Leonardi.

Faïenceries de Quimper H.B. Henriot

Visite des ateliers de fabrication et de décoration. ♿ *Juil.-août : visite guidée (3/4h) tlj sf w.-end 9h-11h15, 14h-16h45, ven. à 15h45 ; sept.-juin : 9h-11h15, 14h-16h15, ven. à 15h. Fermé de mi-déc. à fin déc. 20F.* ☎ *02 98 90 09 36.*

Église N.-D.-de-Locmaria

L'intérieur de cet édifice roman en bordure de l'Odet conserve, dans le bas-côté gauche, trois pierres tombales des 14e, 15e et 17e s., et, sur la poutre de gloire, un Christ en robe. Dans le bas-côté droit, une porte donne dans le jardin de l'ancien prieuré bénédictin (16e et 17e s.) qui conserve une galerie du cloître de 1669 et deux arcs du 12e s.

Mont Frugy

De la place de la Résistance, un chemin *(1/2h à pied AR)* mène au sommet du mont, colline haute de 70 m. Du belvédère, belle **vue★** sur la ville.

circuits

1 ENTRE JET ET ODET

Circuit de 27 km – Environ 2h1/2. Quitter Quimper par l'avenue de la Libération ; au 1er grand rond-point, tourner à gauche en direction de Brest et au deuxième, à droite vers Coray. À 700 m, prendre la direction d'Elliant. La route emprunte la vallée du Jet.

Ergué-Gabéric

L'église (16e s.) renferme dans le chœur un vitrail de la Passion de 1571 et un groupe de la Trinité du 17e s.

Prendre à droite de l'église vers la chapelle de Kerdévot.

Chapelle de Kerdévot

Dans un joli site ombragé, la chapelle remonte au 15e s. Dans sa nef, on note entre autres une statue en bois polychrome du 17e s., N.-D. de Kerdévot. *Juil.-août : 14h-18h ; mai-juin et sept. : dim. 14h-18h.*

À VOIR
Retable★ flamand (fin 15e s.) retraçant en six tableaux des épisodes de la vie de la Vierge.

Prendre la voie longeant la chapelle à gauche, puis encore à gauche vers Quimper. À 3 km, tourner à droite vers le hameau de Lestonan. À la sortie de Quellénec, prendre à droite un chemin en partie revêtu qui conduit en 600 m au parking de Griffonès.

Site du Stangala★

Après avoir traversé l'arboretum (chênes rouges d'Amérique, hêtres pourpres...), obliquer à gauche pour gagner à travers bois deux plates-formes rocheuses. Le site est remarquable : l'escarpement rocheux domine de 70 m l'Odet dont le beau méandre s'encaisse entre des versants boisés. En face et vers la droite, le hameau de Tréauzon s'accroche aux pentes. En avant et au loin, à gauche de la tour-relais, on distingue le profil caractéristique de la montagne de Locronan et sa chapelle, au sommet.
Au retour, on peut prendre à gauche un chemin en descente qui mène sur la rive de l'Odet *(1/2h AR)*.

Pour regagner Quimper, prendre à droite en quittant le chemin étroit.

2 DE CALVAIRE EN CHAPELLE

Circuit de 57 km – Environ 3h. Quitter Quimper par la rue des Douves. Peu après le cimetière situé à l'entrée de Kerfeunteun, tourner à droite.

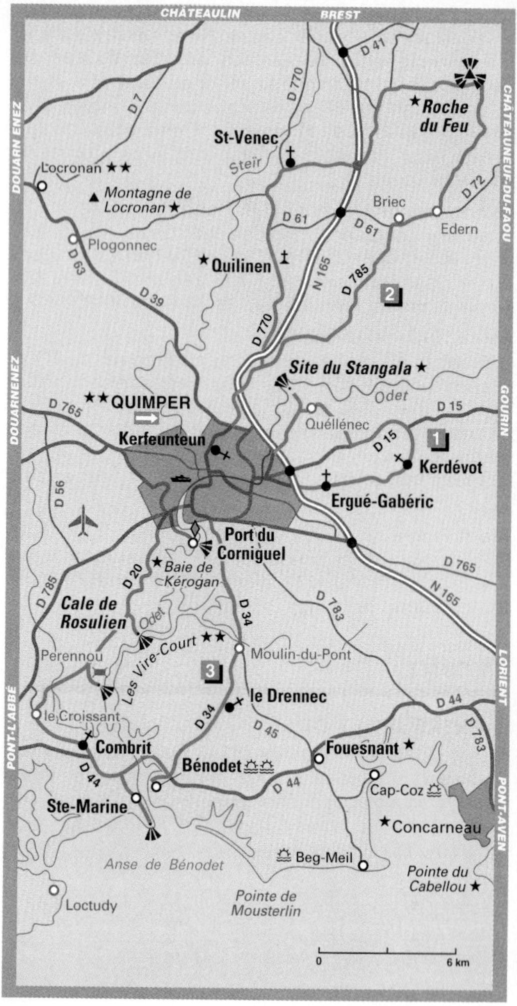
CHÂTEAULIN
BREST
CHÂTEAUNEUF-DU-FAOU
DOUARN ENEZ
DOUARNENEZ
GOURIN
LORIENT
PONT-L'ABBÉ
PONT-AVEN
Roche du Feu
St-Venec
Steïr
Locronan ★★
Montagne de Locronan ★
Briec
Edern
Plogonnec
Quilinen
Site du Stangala ★
Odet
★★ QUIMPER
Kerfeunteun
Quéllénec
Kerdévot
Ergué-Gabéric
Port du Corniguel
Baie de Kérogan
Cale de Rosulien
Perennou
Les Vire-Court ★★
Moulin-du-Pont
le Drennec
le Croissant
Combrit
Bénodet
Fouesnant ★
Cap-Coz
Ste-Marine
Concarneau
Beg-Meil
Anse de Bénodet
Pointe du Cabellou ★
Loctudy
Pointe de Mousterlin
D 41
D 770
D 7
D 72
D 61
D 63
D 39
N 165
D 785
D 765
D 15
D 56
D 20
D 34
D 783
D 44
D 45
0
6 km

Où se restaurer
Crêperie la Misaine – *Quai Jacques-de-Thézac – 29120 Ste-Marine – ☎ 02 98 51 90 45 – fermé d'oct. à mars sf vac. scol. et w.-end, mar. sf été – 40/80F.* Entre la chapelle et le port de Sainte-Marine, cette petite maison de pierres offre une des meilleures vues sur l'estuaire de l'Odet et la station balnéaire de Bénodet. Les crêpes et la petite terrasse sont très appréciées.

Église de Kerfeunteun

Un fin clocher carré à flèche de pierre la signale (16ᵉ et 17ᵉ s.), mais le transept et le chœur ont été refaits. Elle conserve au maître-autel un beau vitrail du 16ᵉ s. représentant un Arbre de Jessé surmonté d'une Crucifixion.

À 800 m, au rond-point, tourner à droite vers Brest, ensuite à gauche vers Briec et, à Ty Sanquer, encore à gauche.

Calvaire de Quilinen★

Isolés par un bouquet d'arbres, la **chapelle N.-D.-de-Quilinen** et son étonnant calvaire datent de 1550. Sur deux bases triangulaires superposées, à pointes inversées, le calvaire surprend par son élégante rusticité. Les statues s'élèvent en s'affinant jusqu'au supplicié dominant les deux larrons très rapprochés. Au revers de la Croix apparaît le Christ ressuscité. *Possibilité de visite guidée. S'adresser à la mairie de Landrévarzec. ☎ 02 98 57 90 44.*

Revenir à la grande route où l'on tourne à droite et, à 5 km, prendre à droite vers la chapelle de St-Venec toute proche.

Chapelle de St-Venec

Visite sur demande auprès du Syndicat d'initiative. ☎ 02 98 57 70 73.

Une particularité étonnante
Sainte Blanche (sainte Guen ici) possédait trois mamelles, une pour chacun de ses triplés !

Gothique, elle renferme le groupe en pierre de sainte Guen et de ses triplés : saint Guénolé, saint Jacut et saint Venec. Devant la chapelle, le calvaire (1556), sur base triangulaire, est du même atelier que celui de Quilinen. De l'autre côté de la route se trouve une charmante fontaine du 16ᵉ s.

Suivre la route de la chapelle, passer sous le grand axe routier Quimper-Brest et tourner à gauche vers la chapelle N.-D.-des-Trois-Fontaines. Continuer jusqu'à la route de Gouézec où l'on tourne à droite.

La Roche du Feu (Karreg an Tan)★

1/2h à pied AR. Du parking, un sentier mène au sommet (281 m) : on jouit d'un vaste **panorama★** sur les Montagnes Noires, le Ménez-Hom et la vallée de l'Aulne.

Regagner Quimper par Édern et Briec.

3 LES BORDS DE L'ODET

Circuit de 48 km – Environ 2h1/2. Quitter Quimper par le bd de Poulguinan en direction de Pont-l'Abbé. Après le rond-point, dans la montée, tourner à gauche.

Port du Corniguel

C'est le port de Quimper où transitent les vins, les bois, le sable. Belle vue sur l'Odet et la baie de Kérogan.

Reprendre la direction de Pont-l'Abbé, puis tourner à gauche vers Plomelin. Au carrefour suivant, prendre à gauche vers la cale de Rosulien.

ABRI DU MARIN
318 456

Le mignonnet Abri du Marin de Ste-Marine.

Cale de Rosulien

Route non revêtue en fin de parcours. De la cale, belle vue sur l'entrée des **Vire-Court★★**.

Revenir au carrefour, tourner à gauche et, après l'entrée du château de Perennou, tourner à gauche vers l'Odet (accès fléché).

Du parc de stationnement, un sentier *(1/4h à pied AR)* mène sur les bords de l'Odet. Avant le carrefour du Croissant, où l'on tourne à gauche vers Combrit, la route franchit la profonde anse de Combrit, beau site à marée haute.

Combrit

Église du 16e s., au clocher carré à dôme flanqué de deux tourelles ; petit ossuaire (17e s.) contigu au porche Sud.

Prendre la direction de Bénodet, puis tourner à droite vers Ste-Marine.

Ste-Marine

Cette petite station balnéaire, installée sur la rive droite de l'Odet, possède une belle plage de sable fin (vue sur Loctudy et la pointe de Lesconil, l'île aux Moutons et l'archipel de Glénan) et un petit port de plaisance (belle vue sur Bénodet et l'Odet).

Marcheurs
En saison, un passeur pour piétons relie Ste-Marine à Bénodet.

Bénodet *(voir ce nom)*

La route de retour s'éloigne de la rive gauche de l'Odet et traverse **Le Drennec**. Devant la chapelle, en bordure de la route, charmante fontaine du 16e s. Une niche trilobée surmontée d'un gâble à crochets abrite une Pietà.

Par Moulin-du-Pont, regagner Quimper.

découvrir

DESCENTE DE L'ODET EN BATEAU★★

D'avril à fin sept. : jusqu'à 5 croisières par j. (2h1/2) ; croisière-déjeuner tlj sf lun. Possibilité de faire escale à Bénodet, selon heures de marée, ou de prolonger l'excursion jusqu'aux îles de Glénan. Renseignements à l'Office du tourisme de Quimper ou aux Vedettes de l'Odet. ☏ 02 98 57 00 58.

Les bois et les parcs des châteaux qui bordent la rivière forment un beau décor verdoyant. Le port du **Corniguel**, à l'entrée de la baie de Kérogan, met une touche moderne dans le paysage.

Les bateaux ancrés : une vue typique de l'Odet.

Baie de Kérogan★

Cette baie a l'aspect d'un lac.

Les Vire-Court★★

L'Odet décrit ici des méandres entre de hautes falaises boisées. Cet endroit sauvage a ses légendes. Deux rochers s'appellent le Saut de la Pucelle. Un autre rocher

est la Chaise de l'Évêque ; des anges l'auraient façonné en forme de siège à l'usage d'un saint prélat de Quimper qui aimait se recueillir en ce lieu.
Un peu plus loin, le coude est si brusque qu'une flotte espagnole, remontant l'Odet pour s'emparer de Quimper, n'osa pas s'y risquer. Après avoir fait de l'eau à la fontaine dénommée depuis « fontaine des Espagnols », elle rebroussa chemin. En aval de cette fontaine, sur la rive droite, avant Pérennou, ruines de bains romains.

Quimperlé★

Au Nord de la forêt de Carnoët que longe la Laïta, cette petite ville conserve des quais qui témoignent de l'importance de son ancien port fréquenté aujourd'hui par la plaisance.

La situation

Cartes Michelin nos 58 pli 12 ou 230 pli 34. – Finistère (29).
Au Nord-Ouest de Lorient par la N 165, Quimperlé se situe juste au Nord de la belle forêt de Carnoët bordant la Laïta. *Le Bourgneuf – 29391 – ☎ 02 98 96 04 32 ou 02 98 96 37 37.*

Le nom

Etymologiquement, « au confluent de la rivière Ellé » (avec l'Isole, celle-ci forme la Laïta qui s'en va vers le large).

Les gens

10 748 Quimperlois. Le peintre Tal Coat (1905-1985) est né à Clohars-Carnoët, à quelques kilomètres de Quimperlé.

Flaubert a vanté la douceur de vivre de Quimperlé. À vous de juger s'il a toujours raison !

se promener

À VOIR
Vestige de l'église primitive, la **crypte**★★ possède de remarquables chapiteaux et deux tombeaux du 15e s. à gisants ; celui de saint Curloës guérirait les maux de tête.

Église Ste-Croix★★

Élevée au 12e s., elle a dû être réédifiée (sauf l'abside et la crypte) en 1862, quand son clocher s'est effondré. Le plan de l'édifice imite celui du Saint Sépulcre de Jérusalem.
L'**abside**★★, avec ses arcatures, ses colonnes, ses chapiteaux, ses fenêtres, est la plus belle que l'art roman ait produite en Bretagne. On verra, adossé à la façade, le **retable**★ Renaissance en pierre, partie d'un ancien jubé.
En sortant de l'église, s'avancer dans la rue Ellé qui longe le flanc gauche et offre une jolie vue sur le chevet et le clocher.

Rue Brémond-d'Ars

On y verra les imposantes ruines de l'église St-Colomban, des maisons à colombages et des demeures du 17e s. (nos 8, 10, 11 et 12). Au n° 15 bis, remarquer le bel escalier du Présidial, ancien tribunal.

carnet d'adresses

Où se restaurer

• *À bon compte*

Crêperie le Préau – *3 r. des Plages – 29350 Moëlan-sur-Mer – ☎ 02 98 96 50 91 – fermé 12 au 27 nov., 11 au 22 janv. et lun. sf juil.-août – 35/70F.* À côté de l'église, cette ancienne école abrite une petite crêperie jaune et bleue. Les cartes de géographie, en bonne place sur les murs, réveilleront sans doute de vieux souvenirs d'enfance, aiguisés encore par l'odeur des crêpes faites sous vos yeux.

• *Valeur sûre*

Chez Jacky – *au Port de Bélon – 29340 Riec-sur-Bélon – ☎ 02 98 06 90 32 – fermé oct. à Pâques et lun. sf j. fériés – 105/450F.* Sur la rivière de Bélon, ce petit restaurant sert les huîtres de ses parcs en plus des produits de la mer. Très apprécié avec son décor de bistrot marin, il ouvre ses baies vitrées sur l'embouchure du Bélon. Les habitués s'installent près du comptoir.

Où boire un verre

Le Surcouf – *1 quai Surcouf, ☎ 02 98 39 25 28. Oct.-mai : dim.-jeu. 12h-0h, ven.-sam. jusqu'à 1h. Juin.-sept. : tlj 12h-1h.* Le plus vieux bar de nuit de Quimperlé se trouve au bord de la Laïta. Ouvert depuis 20 ans, il attire toujours autant de monde malgré sa décoration sommaire. La recette de ce succès non démenti : une ambiance qui prend à tous les coups.

La Cordée – *24 pl. St-Michel, ☎ 02 98 39 20 75. Hors vac. scol. : lun.-jeu. 9h-19h, ven. 8h-0h, sam. 9h-1h, dim. 14h-19h. Vac. scol. : tlj 9h-0h.* Ce bar sans alcools a été monté par une association de lutte contre l'alcoolisme qui fait œuvre de thérapie pour les malades, et de pédagogie pour les autres, notamment les plus jeunes. « Nous montrons qu'on peut s'amuser sans alcool » explique l'un des gérants, psychologue de métier... Le remède consiste entre autres en expositions, soirées philo et théâtre chaque mois, et en deux ordinateurs connectés à Internet.

Rue Dom-Morice★

C'est une ruelle étroite bordée de logis du 16e s. Au n° 7, très belle **maison des Archers** de 1470, qui abrite un petit musée retraçant l'histoire de la demeure et des archers qu'elle abritait. *Juil.-août : tlj sf mar. 11h-19h ; sept.-juin : ouv. ponctuelle lors des expos ou des animations temporaires. 10F. ☎ 02 98 96 04 32.*

Église N.-D.-de-l'Assomption

Connu aussi sous le nom de St-Michel, cet édifice des 13e et 15e s. est surmonté d'une grosse tour carrée. Passer sous l'arcade ouverte à droite dans l'un des contreforts de l'église pour voir le beau porche sculpté de 1450.

alentours

Les roches du Diable★

12 km au Nord-Est, plus d'1/2h à pied AR. Quitter Quimperlé par la D 790 vers Le Faouët et à 4,5 km tourner à droite vers Locunolé que l'on traverse. La descente sur l'Ellé est fort belle. *Franchir le pont et tourner aussitôt à gauche vers Meslan ; à 400 m laisser la voiture à gauche.* Un lacis de sentiers permet d'atteindre le sommet des roches d'où l'on domine, dans un à-pic impressionnant, les eaux torrentueuses de l'Ellé.

QUIMPERLÉ

Bourgneuf (R. du) 3
Brémond-d'Ars (R.) 4
Carnot (Pl.)
Couëdic (R. du) 8
Dom-Morice (R.) 9
Écoles (Pl. des) 10
Gaulle (Pl. Ch.-de) 18
Genot (R.) 19
Jaurès (Pl. Jean) 22
La-Tour-d'Auvergne (R. de) 23
Leuriou (R.) 24
Madame-Moreau (R.) 25
Mellac (R. de)
Moulin-de-la-Ville (Pont du) 29
Paix (R. de la) 32
St-Michel (Pl.)
Salé (Pont) 37
Savary (R.)

Église Notre-Dame-de-l'Assomption
Maison des Archers M

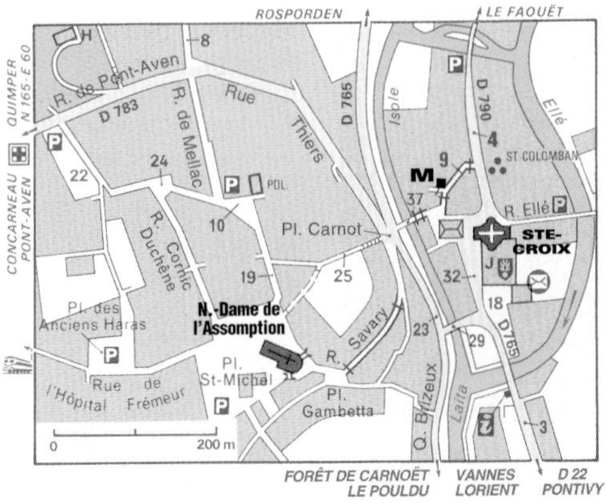
ROSPORDEN
LE FAOUËT
QUIMPER N 165-E 60
CONCARNEAU PONT-AVEN
R. de Pont-Aven
D 783
R. de Mellac
Rue Thiers
D 765
D 790
Isole
Ellé
ST COLOMBAN
R. Ellé
STE-CROIX
Pl. Carnot
R. Cornic
R. Duchêne
Pl. des Anciens Haras
N.-Dame de l'Assomption
Pl. St-Michel
Rue de l'Hôpital Frémeur
Pl. Gambetta
R. Savary
Q. Brizeux
Laïta
0
200 m
FORÊT DE CARNOËT LE POULDU
VANNES LORIENT
D 22 PONTIVY

circuits

1 DOMAINE DE CLOHARS-CARNOËT

Circuit de 43 km – Environ 2h1/2. Quitter Quimperlé par le quai Brizeux.

Forêt de Carnoët

Un ouragan ravageur
Celui d'octobre 1987 a malheureusement dévasté près de 120 ha de hêtres et de chênes sur les 850 que possède la forêt domaniale.
Sa reconstitution est entreprise et lui permettra de retrouver son aspect primitif.

Bordée par la Laïta, elle offre de jolis sites et d'agréables promenades (certains chemins sont réservés aux piétons et aux cavaliers).

À 500 m après Toulfoën, tourner à gauche vers le Rocher Royal.

La route serpente dans la forêt avant d'atteindre la Laïta où l'on peut voir le **rocher Royal**, escarpement rocheux dominant la rivière, et les quelques vestiges du château de Carnoët. Il serait, selon la légende, la demeure du comte de Commore, le « Barbe-Bleue » cornouaillais.

Revenir à la route du Pouldu, tourner à gauche et, à un grand carrefour, encore à gauche.

Enjambant la Laïta, le **pont de St-Maurice** offre une belle **vue★** sur les abrupts et les ombrages de la rivière.

Faire demi-tour et à 700 m tourner à droite.

St-Maurice

Le **site★** est agréable et verdoyant : à droite, la Laïta, à gauche, un étang. À proximité : vestiges de la salle capitulaire de l'**abbaye St-Maurice** (12e s.). ♿ *De mi-juin à mi-sept. : 11h-19h (dernière entrée 1h av. fermeture) ; vac. scol. zones A et C : 14h-18h ; hors vac. scol. : dim. et j. fériés 14h-18h. Fermé en janv., sept.-oct., 1er mai, 25 déc. 20F. ☎ 02 98 71 65 51.*

Le Pouldu

La chapelle N.-D.-de-la-Paix se trouve près de la plage des Grands Sables, dans un enclos herbeux. Son entrée est marquée par un monument en hommage à Gauguin.

Petit port situé à l'embouchure de la Laïta. La **chapelle N.-D.-de-la-Paix** a été sauvée de la ruine par un déplacement de 26 km. Rebâtie, elle présente des baies à meneaux en forme de flammes ou de lis avec des vitraux de Manessier et Le Moal. Sous la charpente boisée se remarquent une poutre de gloire au Christ en pagne rouge et des statues. *De juil. à fin août : visite possible, selon bénévolat 10h-11h30.*

Longer la plage des Grands Sables, puis tourner à gauche vers Doëlan.

Doëlan

Ce petit port commande l'entrée d'un estuaire bien abrité.

Par Clohars-Carnoët, regagner Quimperlé.

2 À LA DÉCOUVERTE DU BÉLON

Circuit de 37 km – Environ 1h1/2. Quitter Quimperlé au Sud-Ouest par la D 16 et à Gare-de-la-Forêt prendre à droite.

Moëlan-sur-Mer

Plusieurs petits ports. L'**église** recèle quatre beaux confessionnaux. *Tlj sf w.-end 9h-18h.*

Brigneau

Minuscule port de pêche où s'abritent quelques bateaux de plaisance. La route longe la côte ; on voit de-ci de-là, quelques maisons à toits de chaume.

À Kergroës, tourner à gauche.

Un bateau sur le Bélon, c'est beau, non ?

Kerfany-les-Pins

Sur l'estuaire du Bélon, ce petit séjour balnéaire offre un joli site et une plage de sable fin. Belle vue sur Port-Manech et l'estuaire de l'Aven.

Suivre la route en montée au-delà de la plage et à Lanriot tourner à gauche.

Bélon

Située sur la rive gauche du Bélon, cette localité est célèbre comme centre ostréicole. À marée basse, remarquer les parcs à huîtres sur la rive droite.

Par Moëlan-sur-Mer, regagner Quimperlé.

Quintin

Cette « petite cité de caractère », connue jadis pour ses toiles dites « de Bretagne », conserve une atmosphère typique des villes de Bretagne intérieure. On y apprécie ses vieilles demeures qui s'étagent sur une colline au pied de laquelle le Gouët forme un beau plan d'eau.

La situation

Cartes Michelin nos 59 plis 12, 13 ou 230 pli 22 – Côtes-d'Armor. Au carrefour des D 7 et D 790, Quintin se trouve à un peu moins de vingt kilomètres au Sud-Ouest de Saint-Brieuc. *Place-1830 – 22800 –* ☎ 02 96 74 01 51.

MAISONS ANCIENNES À VOIR
De belles demeures des 16e et 17e s. bordent la pittoresque place 1830, la rue au Lait (nos 12 et 13), la Grande Rue (nos 37 et 43). Du 18e s., on pourra voir place du Martray, l'hôtel du Martray, l'hôtel de ville et la maison sise au n°1.

Le nom

Certains avancent qu'il dérive de *Kistinn*, c'est-à-dire « le pays des châtaignes ».

Les gens

2 602 Quintinais. Les tisserands firent la renommée de la ville avec leur fines toiles servant à la confection des bonnets et des cols ; aux 17e et 18e s., cette industrie s'étendit aux toiles dites « de Bretagne » exportées jusqu'en Amérique, mais le déclin vint avec la Révolution ; la ville comptait alors 300 tisserands.

visiter

Basilique

Tlj sf mer. ap.-midi. ☎ *02 96 74 92 17.*
Reconstruite à l'emplacement de l'ancienne collégiale en 1887, elle conserve, avec les reliques de saint Thurian, un morceau de la ceinture de la Vierge, rapporté de Jérusalem au 13e s. par un seigneur de Quintin (Geoffroy Botrel ou Botherel), ainsi qu'une vieille statue couronnée de N.-D.-de-Délivrance, vénérée spécialement par les femmes qui attendent un enfant.

AU CHEVET DE LA BASILIQUE
La Porte-Neuve, du 15e s., est un vestige des anciens remparts qui ceinturaient la ville.

Château

Accès par la place 1830. ♿ *De mi-juin à mi-sept. : visite guidée (1h1/4, dernière entrée 1/2h av. fermeture) 10h30-12h30, 13h30-18h30 ; de mai à mi-juin et de mi-sept. à fin sept., vac. scol. Pâques et Toussaint : 14h-17h ; avr. et oct. : w.-end 14h30-17h. Fermé nov.-mars. 30F (enf. : 15F).* ☎ *02 96 74 94 79.*
Cet édifice se compose d'un vieux château construit au 17e s. et d'un château à la noble allure du 18e s., flanqué d'une aile basse que l'on découvre sitôt la porte d'entrée franchie.
Un **musée** fait revivre l'histoire de la ville et des familles qui se sont succédé au château. On verra également une belle collection d'éventails, des assiettes de la Compagnie des Indes entièrement décorées à la main, de la vaisselle de Saxe, des toiles de Quintin et les anciennes cuisines renfermant une pièce unique : un potager en granit du 18e s., fourneau à sept trous utilisé pour faire chauffer les plats.

alentours

Menhir de Roche-Longue

800 m. Emprunter la route qui s'embranche après le calvaire, puis longe l'étang. En haut de la montée, dans un champ à gauche, se dresse ce menhir de 4,70 m.

Château de Beaumanoir*

À 6 km. Prendre la D 7 au Nord vers Châtelaudren et tourner à gauche en suivant les indications.
Une allée de hêtres de 1,5 km conduit à la cour d'honneur du château. Le château, les communs et le parc

À Beaumanoir furent tournés les films Tess *(1979) de Roman Polanski, avec Nastassia Kinski, et* Je suis le seigneur du château *(1987) de Régis Wargnier.*

constituent l'exemple, rare en France, d'un domaine complet de style victorien, tel que les riches familles férues de progrès le concevaient à la fin du siècle dernier en Grande-Bretagne.

Visite – ♿ *De fin juin à mi-sept. : 14h-19h. 30F (enf. : 15F). ☎ 01 47 55 19 46 ou ☎ 02 96 74 90 82.*

Les salons restituent le quotidien de la vie familiale. Chaque année, des œuvres d'artistes contemporains connus viennent renouveler l'intérêt de la visite.

Les **communs** témoignent de l'évolution des mentalités au regard de l'organisation du travail à la fin du 19e s. et au tout début du 20e s. Remarquer particulièrement les **écuries** dont l'architecture de fer, de verre, de bois et de briques est tout à fait révélatrice de l'engouement de cette époque pour l'alliance de ces matériaux.

Vallée de la Rance★★

Exemple parfait des rivières bretonnes, la Rance, dont le cours est long de 100 km, forme entre Dinan et la mer un golfe étiré et entaillé dans un plateau uniforme. Son estuaire, encadré par St-Malo et Dinard, compte parmi les endroits les plus fréquentés de Bretagne.

La situation

Cartes Michelin nos 59 plis 5, 6, 15, 16 ou 230 plis 11, 25 – Côtes-d'Armor (22) et Ille-et-Vilaine (35). La vallée de la Rance est parfaitement desservie par la N 137 qui relie Rennes à St-Malo. Trois ponts la traversent entre Dinan et son estuaire.

Les gens

On saluera leur ingéniosité à utiliser la force des marées à travers les siècles pour produire de l'énergie.

Des moulins à l'usine marémotrice

L'utilisation des marées à des fins énergétiques n'est pas nouvelle dans la vallée de la Rance. Déjà, au 12e s., des riverains avaient imaginé de construire des petits bassins de retenue qui, en se vidant, au reflux, actionnaient des moulins à aubes appelés **moulins à marée.** En 1966, innovant dans la technique de production d'électricité, EDF a mené à bien dans la basse vallée de la Rance, la construction d'une usine hydro-électrique actionnée par la marée et utilisant des « groupes bulbes », qui travaillent alternativement dans un sens et dans l'autre, suivant le mouvement des flots. Une digue de 750 m ferme l'estuaire de la Rance, constituant un bassin de retenue de 22 km² de superficie. La route qui relie St-Malo et Dinard la surmonte ; au moyen de ponts-levants, elle traverse l'écluse, longue de 65 m, permettant aux bateaux de franchir la digue.

carnet d'adresses

Où dormir

• *À bon compte*

Chambre d'hôte Les Mouettes – *Grande-Rue – 35430 St-Suliac – ☎ 02 99 58 30 41 – ⊄ – 5 ch. : 250/290F.* De bien jolies chambres colorées, avec leur plancher massif et leurs tableaux choisis par la jeune maîtresse de maison, vous attendent dans cette bâtisse du 19e s. Au cœur du village, avec un petit jardin, voilà un nid douillet où il fait bon séjourner.

• *Valeur sûre*

Manoir de Rigourdaine – *Rte de Langrolay puis rte secondaire : 3 km – 22490 Plouer-sur-Rance – ☎ 02 96 86 89 96 – fermé 15 nov. au 1er avr. – P – 19 ch. : 330/450F – ☕ 40F.* En pleine campagne, cette ancienne ferme domine l'estuaire de la Rance. Ses bâtiments entièrement rénovés ne manquent pas de charme et si ses chambres modernes ont moins de caractère, elles vous permettront de profiter de la tranquillité

découvrir

Promenades en bateau★★

5h AR – Escale et visite de Dinan non comprises. Pour tous renseignements, s'adresser aux bureaux des vedettes ou aux offices de tourisme de ces villes : vedettes à St-Malo, ☎ 02 99 40 11 11 ; à Dinard, ☎ 02 99 46 10 45 ; à Dinan, ☎ 02 96 39 18 04. De mi-mai à mi-oct. : croisière gourmande (3h) à bord du Chateaubriand, *embarquement au port de la Richardais.* ☎ *02 99 16 35 30.*

Quittant St-Malo, le bateau longe le môle des Noires pour gagner Dinard et y faire une courte escale. Il s'engage dans la Rance, laissant sur la gauche la corniche d'Aleth (St-Servan), passe à hauteur de la pointe de la Vicomté et du rocher Bizeux, puis emprunte l'écluse du barrage de la Rance. Par une suite de plans d'eau, on remonte la rivière, encaissée entre des versants verdoyants. Après l'écluse du Chatelier, la Rance, se rétrécissant de plus en plus, finit par n'être plus qu'un canal au moment où apparaît Dinan.

Dinan★★ *(voir ce nom)* – La durée de l'escale peut varier d'un quart d'heure à 8 heures. Au retour, le sens de l'éclairage et son intensité renouvellent l'aspect des sites.

La formation

Ce golfe est dû à l'invasion par la mer d'une vallée encaissée dont il reste les versants escarpés. La Rance proprement dite se réduit à une petite rivière que transforme le va-et-vient de la marée.

circuit

LES BORDS DE LA RANCE★

87 km – Compter une journée.

St-Malo★★★ *(voir ce nom)*

Quitter St-Malo par ③ du plan. Prendre à droite pour gagner **La Passagère**. *De cette cale, belle vue sur la Rance. Par la chapelle du Bosc et St-Jouan-des-Guérets, gagner St-Suliac. Sur la droite, remarquer le moulin du Beauchet, ancien moulin à marée ancré sur sa digue. Dans St-Suliac, avant l'église, tourner à gauche en direction du mont Garrot. 1 km plus loin, laisser la voiture près d'une ancienne tour de guet crénelée.*

Du pied de la tour, vaste **panorama★** sur l'anse de St-Suliac et St-Malo, le pays de Dol, la Rance et le pont St-Hubert.

Mont Garrot

1/4h à pied AR. Un chemin à droite se dirige vers la pointe et passe derrière une ferme. Belles vues sur la Rance.

Gagner la Ville-ès-Nonais et pousser une pointe jusqu'au **pont St-Hubert**. De ce pont suspendu, très belle vue sur la Rance, la cale de Port-St-Jean et, sur l'autre rive rocheuse, la cale de Port-St-Hubert.

Revenir à la Ville-ès-Nonais où l'on prendra à droite.

Pleudihen-sur-Rance

Les dépendances d'une ferme abritent le **musée de la Pomme et du Cidre**. Le verger est planté de différentes espèces de pommiers aux noms savoureux (doux évêque, chevalier, bénédiction de Ste-Anne). La visite évoque l'origine du fruit, ses différentes espèces, ses maladies, sa récolte et la fabrication du cidre (dégustation). ♿ *Juin-août : 10h-19h ; avr.-mai et sept. : tlj sf dim. 14h-19h. 20F.* ☎ *02 96 83 20 78.*

Des pommes en pagaille, pour tirer un des meilleurs cidres.

Cale de Mordreuc

De ce très joli site, belles vues sur le pont St-Hubert en aval, le promontoire du Chêne vert que couronnent les vestiges d'un château, la vallée encaissée en amont.

Lanvallay

Au cours de la descente, **vue★** remarquable sur Dinan, ses remparts et ses clochers.

Dinan★★ *(voir ce nom)*

Emprunter la route qui passe sous le viaduc de Dinan et longe le port.

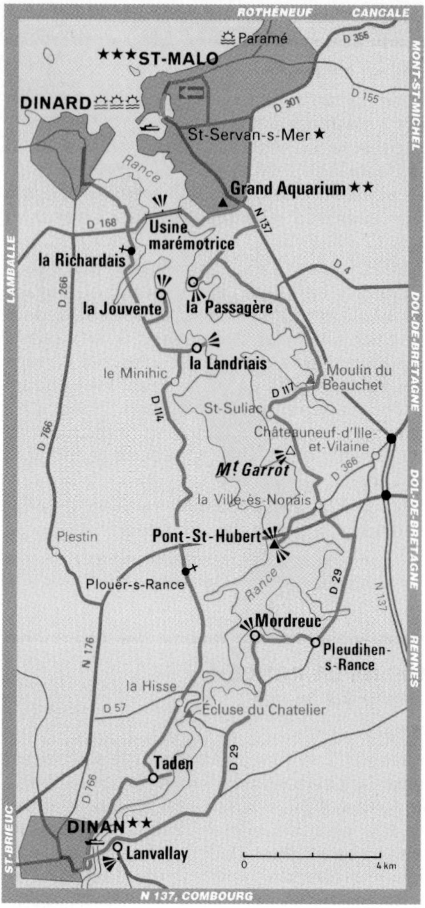
ROTHÉNEUF
CANCALE
Paramé
D 355
★★★ST-MALO
DINARD
D 155
D 301
MONT-ST-MICHEL
St-Servan-s-Mer★
Rance
Grand Aquarium★★
N 137
D 168
Usine marémotrice
la Richardais
LAMBALLE
D 4
D 266
la Jouvente
la Passagère
DOL-DE-BRETAGNE
la Landriais
le Minihic
Moulin du Beauchet
D 117
D 114
St-Suliac
Châteauneuf-d'Ille-et-Vilaine
D 766
Mt Garrot
D 366
la Ville-ès-Nonais
Plestin
Pont-St-Hubert
Plouër-s-Rance
Rance
D 29
N 137
Mordreuc
Pleudihen-s-Rance
RENNES
N 176
la Hisse
D 57
Écluse du Chatelier
D 29
Taden
D 766
ST-BRIEUC
DINAN★★
Lanvallay
0
4 km
N 137, COMBOURG

Taden

7 KM DE RANDONNÉE
Ce chemin de halage, site très apprécié des pêcheurs, constitue la promenade favorite des Dinannais. Il suit le cours sinueux de la Rance.

Par ce bourg (donjon flanqué d'une tourelle du 14e s.), on atteint le chemin de halage qui reliait Dinan à l'écluse du Chatelier. De nombreux oiseaux aquatiques (foulques, mouettes rieuses, goélands argentés...) sont visibles.

Regagner la route de Dinard. À la sortie de la Hisse, tourner à droite avant le passage à niveau.

Gagner **Plouër-sur-Rance** dont l'église du 18e s. présente, à l'intérieur, deux pierres tumulaires sculptées.

Après Plouër-sur-Rance et le Minihic, prendre à droite, puis, à 250 m, encore à droite.

La Landriais

Du parking part la promenade des Hures (chemin de ronde des douaniers, à faire à pied) qui longe sur 2 km la rive de la Rance et offre de beaux points de vue.

Au retour, à 1 200 m, reprendre à droite et, à 1 km, tourner encore à droite.

Cale de la Jouvente

Face à la Passagère. Belle vue sur la Rance et l'île Chevret.

La Richardais

L'église est dominée par un clocher à jour surmonté d'un calvaire. Les murs de la nef portent une fresque de Xavier de Langlais (1955) figurant le chemin de croix ; dans le transept, la fresque représente l'arrivée sur les côtes bretonnes de saint Lunaire et de saint Malo. Belle voûte de bois en carène renversée ; cinq vitraux sont de Max Ingrand.

À la sortie de La Richardais, **vue** sur l'usine marémotrice et l'estuaire de la Rance.

Gagner Dinard par ① du plan.

Le barrage de l'usine marémotrice produit l'équivalent de la consommation annuelle d'une ville de la taille de l'agglomération rennaise.

Usine marémotrice de la Rance

De mi-juin à mi-sept. : visite guidée mar. et jeu. à 14h et à 16h sur demande quelques j. av. Gratuit. ☎ 02 99 16 37 14.
C'est dans le vaste tunnel de 390 m de long, construit dans le cœur même de la digue, que se trouve la **centrale** (du type « bulbe »), qui produit 600 millions de kWh par an. ►
Parcourir à pied la digue jusqu'à la plate-forme aménagée.
De ce belvédère, la **vue★** porte sur l'estuaire de la Rance. Située entre l'usine et la rive droite, la digue prend appui sur l'îlot de Chalibert. Elle comprend à son extrémité Est 6 vannes qui permettent d'accélérer le vidage et le remplissage du bassin, régularisant ainsi le débit de l'eau utilisable.

Regagner St-Malo par l'itinéraire direct qui emprunte la crête du barrage.

Le groupe « bulbe » est un ensemble turbine-alternateur monobloc. 24 exemplaires équipent cet ouvrage d'une puissance totale de 240 000 kW.

Pointe du **Raz★★★**

À l'extrémité Ouest de la Cornouaille, la pointe du Raz occupe un site d'exception attirant énormément de monde en été. Piétinée et livrée jusqu'il y a peu aux marchands du temple, la belle pointe est désormais classée « grand site national », ce qui assurera, espérons-le, la sauvegarde de cet éperon de roche s'enfonçant dans le terrible raz de Sein que, d'après le dicton, « nul n'a passé sans peur ou sans douleur ».

La situation

Cartes Michelin nos 58 pli 13 ou 230 pli 16 – Finistère (29).
À partir du parking payant obligatoire (1 000 places), il faut compter quinze minutes de marche par des sentiers balisés pour parvenir à la pointe. Une navette gratuite est à la disposition des visiteurs qui ont de la difficulté à se déplacer.

Le nom

Un raz est un courant violent ou un passage resserré.

Les gens

L'enthousiasme des touristes est sans borne. Preuve en est : la carte postale de la pointe du Raz est celle la plus vendue en Bretagne.

Conseil
Vous cherchez une adresse où dormir ou vous restaurer, consultez le carnet pratique du chapitre Cornouaille.

découvrir

LE SITE

Parking obligatoire à 800 m. 20F. Compter environ 1h AR à pied. Navette gratuite (fonctionnant au gaz naturel) à la disposition des visiteurs. Juil.-août : Maison de la pointe du Raz et du cap Sizun : 9h30-19h30 ; avr.-juin et sept. : 10h30-18h. Promenade guidée « découverte du site » 25F par personne à partir d'un groupe de 4. ☎ 02 98 70 67 18.

Adresse
Se reporter au chapitre Cornouaille pour lire la description de l'hôtel « La Baie des Trépassés » (hôtel, bar-glacier et restaurant)

Le phare de la Vieille, juste au large de la figure de proue bretonne qu'est cette pointe sauvage.

Les récents travaux de protection, de réhabilitation et de reconquête naturelle du site se sont achevés par l'ouverture d'un nouvel espace d'accueil : la **Porte du cap Sizun** *(Maison de la pointe du Raz et du cap Sizun, salle d'exposition, restaurants, boutiques...).*

Près de la statue de N.-D.-des-Naufragés, le **panorama★★** sur le large permet de distinguer l'île de Sein, au-delà de laquelle on aperçoit par temps clair le phare d'Ar Men ; au Nord-Ouest, on aperçoit, sur un îlot, le phare de Tévennec.

Le sentier suit le bord de gouffres vertigineux *(câble de sécurité)*. L'Enfer de Plogoff est un long éperon étroit, déchiqueté par les lames, qui domine les flots de plus de 70 m. Il se prolonge en mer par une chaîne de récifs dont le dernier porte le phare de la Vieille. Le site est particulièrement impressionnant lorsque la mer est déchaînée.

Sensations très fortes

Venir à la pointe du Raz sans en faire le tour serait plus que dommage. L'à-pic de l'Enfer de Plogoff précipitera votre regard sur des lames assourdissantes.

Redon

Au contact de trois départements (Ille-et-Vilaine, Loire-Atlantique et Morbihan), Redon est également un carrefour de voies navigables, ce qui en fait un centre de tourisme fluvial grâce à son port de plaisance reliant la Vilaine et le canal de Nantes à Brest.

La situation

Cartes Michelin nos 63 pli 5 ou 230 plis 38, 39 – Ille-et-Vilaine (35). À éviter à l'heure de pointe ! Surtout si l'on arrive de Nantes ou de la Roche-Bernard. ℹ *Place de la République – 35600 – ☎ 02 99 71 06 04.*

Le nom

La Vilaine qui baigne la ville départageait les Celtes et les Redones (rive droite) des Namnetes (rive gauche).

Les gens

9 260 Redonnais. On se souvient de la série Belphégor, mais peut-être pas de son auteur, Arthur Bernède (1871-1937), né rue du Port.

se promener

Église St-Sauveur

Possibilité de visite guidée. S'adresser à l'Office de tourisme. ☎ 02 99 71 06 04.

Lumineux

L'éclairage nocturne de la tour haute de près de 28 m et les quatre massifs piliers sculptés de la croisée du transept qui soutiennent une voûte octogonale en pierre.

◀ Cette ancienne abbatiale fondée en 832 fut un grand centre de pèlerinage jusqu'au 17e s., ce qui explique les dimensions imposantes de l'édifice. En 1622, Richelieu

carnet pratique

Où se restaurer

• *Valeur sûre*

Moulin de Via – *3 km de la Gacilly par D 177 et D 873 – ☎ 02 99 71 05 16 – fermé 3 au 10 janv., 30 août au 6 sept., dim. soir et lun. – 130/290F.* Un ancien moulin dans un parc arboré. En été, la terrasse prend le pas sur le jardin et c'est dans cet écrin de verdure que vous serez invité à découvrir une cuisine imaginative autour des produits du terroir. En hiver, profitez de la cheminée.

Où boire un verre

Couleur Café – *12 quai de Brest, ☎ 02 99 71 39 75. Mar.-sam. 10h-1h, dim. 16h-1h.* C'est l'histoire de deux soeurs, qui un beau jour décident d'ouvrir un bar, bar qui est devenu un lieu connu et apprécié de tous, et où sont organisés des concerts, des pièces de théâtre et des expositions. Charmante déco mêlant tables de bistrot et fauteuils en cuir.

Achats

Grande-Rue – *Grande-Rue.* Principale rue commerçante et piétonne de la ville.

Olivier Perrichet – *6 Grande-Rue, ☎ 02 99 71 01 98. Lun., mer.-sam. 7h30-19h, dim. 7h30-13h, 15h-19h.* Pâtissier préparant des spécialités locales : le bonbon châtaigne, le délice aux marrons, et les marrons glacés en hiver.

Foire

La plus importante, « la Teillouse », se tient le 4e sam. d'oct. : cette foire aux marrons est l'occasion d'un grand rassemblement populaire.

en était l'abbé commendataire. Depuis l'incendie de 1780, elle est séparée de son clocher gothique (14e s.). Une belle **tour★** romane à arcades, en grès et granit, coiffe le transept (à voir depuis la cour du **cloître** qu'occupe le collège St-Sauveur). L'**intérieur** surprend par sa nef basse et obscure (11e s.), à voûte de bois, séparée des bas-côtés par des piliers plats.

La vieille ville

En se promenant, on voit de belles maisons des 15e, 16e, 17e et 18e s., témoignages d'une architecture variée et du rôle historique tenu par Redon. Une fois franchi le pont fleuri qui enjambe le canal, on gagne la rue du Port où trois maisons en encorbellement font face à l'hôtel Carmoy (n° 6) qui date de la fin du 17e s. S'avancer dans la rue du Jeu-de-Paume pour découvrir l'ancienne caserne des douaniers (n° 10), austère façade à 4 étages, ainsi qu'un mur peint représentant des marchands de cochons et de poissons en costumes anciens. Revenir rue du Port ; au n° 40 se trouvent d'anciens greniers à sel. On verra aussi l'hôtel Richelieu qui se dresse au n° 3 de la rue du Plessis. On revient au point de départ par le quai St-Jacques où se voient encore quelques vestiges de remparts, et la rue Richelieu.

► À voir

Les riches demeures d'armateurs (17e et 18e s.) du quai Duguay-Trouin, en particulier aux nos 15 et 5 ; les nos 7 et 6 appartenaient à la Compagnie des Indes.

REDON

Bonne-Nouvelle (Bd)	Y	2
Bretagne (Pl. de)	Y	3
Desmars (R. Joseph)	Y	5
Douves (Pont des)	Z	6
Douves (R. des)	YZ	
Duchesse-Anne (Pl.)	Y	7
Duguay-Trouin (Quai)	Z	8
Du Guesclin (R.)	YZ	9
Enfer (R. d')	Z	13
États (R. des)	Y	14
Foch (R. du Mar.)	Y	16
Gare (Av. de la)	Y	17
Gascon (Av. E.)	Y	19
Grande-Rue	Z	23
Jeanne-d'Arc (R.)	Z	25
Jeu-de-Paume (R. du)	Z	26
Liberté (Bd de la)	Y	30
Notre-Dame (R.)	Y	32
Parlement (Pl. du)	Y	33
Plessis (R. du)	Z	34
Port (R. du)	Z	36
Richelieu (R.)	Y	39
St-Nicolas (Pont)	Z	43
Victor-Hugo (R.)	Y	50

Clocher	Y	D
Église St-Sauveur	Y	

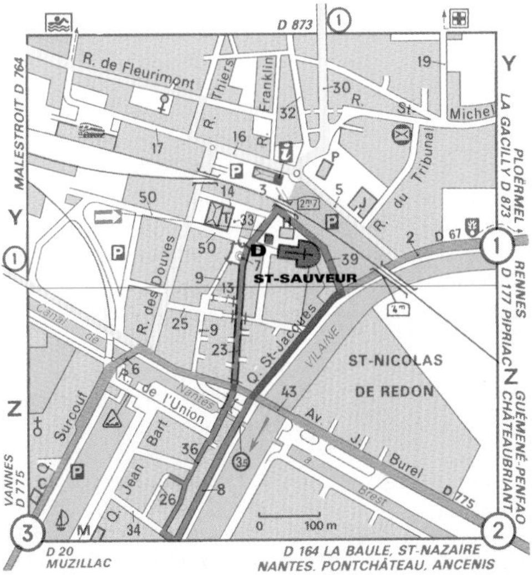
D 873
R. de Fleurimont
Thiers
Franklin
R. St-Michel
R. du Tribunal
MALESTROIT D 764
PLOËRMEL LA GACILLY D 873
RENNES D 177 PIPRIAC
GUÉMENÉ-PENFAO CHÂTEAUBRIANT
ST-SAUVEUR
ST-NICOLAS DE REDON
R. des Douves
Canal de Nantes à Brest
R. de l'Union
Surcouf
Jean Bart
Q. St-Jacques
VILAINE
Av. J. Burel
D 775
VANNES D 775
D 20 MUZILLAC
D 164 LA BAULE, ST-NAZAIRE
NANTES, PONTCHÂTEAU, ANCENIS
0 100 m

alentours

Rieux

7 km au Sud par ③ du plan vers Vannes. L'**église** (1952) possède des **vitraux★** dus à Job Guével. À l'entrée du bourg, à gauche dans un virage, une route mène à un parc de stationnement d'où l'on jouit d'une belle vue sur la vallée de la Vilaine et Redon.

Basse vallée de l'Oust

De Saint-Martin à Saint-Jean-la-Poterie, la basse vallée de l'Oust (classée grand site naturel) présente des paysages contrastés de marais, de coteaux escarpés et de cluses.

Quitter Redon par les D 65 et D 764 en direction de Ploërmel ; dans St-Vincent-sur-Oust, tourner à droite.

La route conduit, au bord de l'Oust, aux sites de l'**Île-aux-Pies**, escarpement rocheux dominant la rivière à Bain-sur-Oust, du Pont-d'Oust à Peillac, du Mortier de Glénac, des cluses de Saint-Congard et Roussinel-sur-Aff.

La lande de Cojoux est l'occasion d'une belle promenade à pied *(sentier balisé)* ; l'étang de Val est un site d'escalade.

St-Just

19 km au Nord-Est. Quitter Redon au Nord. Ce petit bourg est le centre d'une région très riche en mégalithes (alignements, tumulus, allées couvertes).

Carentoir : La ferme du Monde

22 km au Nord par la D 873 en direction de Guer. ♿ D'avr. à mi-nov. : 9h-19h (dernière entrée 17h30). 40F (enf. : 25F). ☎ 02 99 93 70 70.

☺ Le parc du manoir Le Bois Brassu rassemble des animaux d'élevage du monde entier : 55 espèces domestiques parmi les plus représentatives des différents continents. Une ferme pour enfants (ils peuvent sans danger caresser les animaux) et un mini-golf complètent ces installations réalisées et entretenues par les travailleurs handicapés du Centre d'aide par le travail de Carentoir.

Rennes★★

La capitale régionale de la Bretagne, agréable mélange d'atmosphère classique et médiévale, a récemment valorisé son patrimoine architectural avec succès. Bien que très attachée à l'élégante solennité de ses édifices publics et particuliers, Rennes offre aujourd'hui, grâce à ses nombreux étudiants et à son industrie musclée, le visage d'une ville universitaire tournée vers les technologies de pointe.

La situation

Cartes Michelin nos 59 pli 17 ou 230 pli 26 – Ille-et-Vilaine (35). Un conseil : évitez de chercher à vous garer dans le centre. Les parkings sont nombreux et pratiques.

ℹ 11 rue St-Yves – 35064 – ☎ 02 99 67 11 11.

Le nom

Au 4e s., Condate prit le nom des Redones, tribu gauloise qui avait peuplé cette partie de la Bretagne.

Les gens

245 065 Rennais, dont une productive génération de chanteurs, du groupe Niagara à Étienne Daho.

Les débuts de Du Guesclin (14e s.) – Né près de Dinan, Bertrand Du Guesclin est l'aîné de dix enfants. À une époque où, pour un chevalier, la beauté physique s'avère essentielle, il est d'une laideur marquante. Cependant, son courage et son bon sens lui valent très jeune l'admiration de ses compagnons. Force, adresse et ruse compensent mal ses manières de rustre. Sa famille, honteuse, le tient à l'écart.

carnet pratique

OÙ DORMIR

• À bon compte

Garden Hôtel – *3 r. Duhamel – ☏ 02 99 65 45 06 – 24 ch. : 245/320F – ☕ 34F.* La plupart des chambres de cet hôtel ouvrent leurs fenêtres sur un petit patio intérieur où vous pourrez prendre votre petit-déjeuner aux beaux jours. Bon point de départ pour découvrir la vieille ville, il a été agréablement rénové.

• Valeur sûre

Hôtel Anne de Bretagne – *12 r. Tronjolly – ☏ 02 99 31 49 49 – 43 ch. : 435/560F – ☕ 43F.* Une bonne adresse au cœur du centre-ville pour ceux qui souhaitent concilier affaire et tourisme lors de leur étape à Rennes. Ses chambres récentes sont fonctionnelles, climatisées et toutes équipées de baignoire jacuzzi... idéales pour se détendre !

• Une petite folie !

Hôtel Lecoq-Gadby – *156 r. Antrain – ☏ 02 99 38 05 55 – P – 11 ch. : à partir 650F – ☕ 60F – restaurant 140/185F.* Une petite adresse cosy : derrière une maison ancienne où se trouvent des salons de réception, la nouvelle aile accueille les chambres, aménagées avec soin et toutes personnalisées. Son agréable salle à manger ouvre sur un jardin qui accueille la terrasse en été.

OÙ SE RESTAURER

• À bon compte

Four à Ban – *4 r. St-Mélaine – ☏ 02 99 38 72 85 – fermé 1er au 22 août, 15 au 22 fév., sam. et dim. – 98/275F.* Sis dans une maison datant du 17e s., ce restaurant au décor rouge et vert est chaleureux avec ses belles poutres anciennes et sa cheminée. Sa cuisine soignée et ses menus très attractifs lui valent un franc succès. Il est donc prudent de réserver... Menu-enfant.

Brasserie Le Picadilly – *pl. de la Mairie – ☏ 02 99 78 17 17 – 88/145F.* Une envie de choucroute à 4 h du matin ? Cette institution rennaise, fondée en 1832, accueille ses clients de jour comme de nuit sur les banquettes capitonnées de sa belle salle décorée de boiseries. Belle terrasse adossée au théâtre.

Crêperie des Portes Mordelaises – *6 r. des Portes-Mordelaises – ☏ 02 99 30 57 40 – fermé dim. midi – 40/80F.* Au pied de l'une des anciennes entrées de la ville, face à la maison d'Anne de Bretagne, on ne peut rêver de meilleure situation pour déguster auprès de la cheminée des crêpes traditionnelles dans un cadre simple et familial.

Thé au Fourneau – *6 r. du Capit.-Alfred-Dreyfus – ☏ 02 99 78 25 36 – fermé dim. et le soir – 🚭 – 60/80F.* Salé ou sucré ? Tartes, salades, thés mais aussi petits-déjeuners pour composer en toute liberté votre escale gourmande dans cette maison du 17e s. très bien située. À quelques pas des musées de Bretagne et des Beaux-Arts, cette adresse vaut le détour.

• Valeur sûre

Des Souris et des Hommes – *6 r. Nationale – ☏ 02 99 79 75 76 – fermé dim. – 138/185F.* Dans une rue piétonne proche de l'ancien hôtel du parlement de Bretagne, murs ocre, bibelots et fleurs séchées donnent à ce bistrot « mode » une atmosphère chaleureuse et feutrée. Cuisine de marché à prix doux.

OÙ BOIRE UN VERRE

Le Chatham – *5 r. de Montfort, ☏ 02 99 79 55 48. Lun.-sam. 18h-3h.* Un des plus beaux pubs de la ville. Maquettes de bateaux, roue de gouvernail, immense lanterne en cuivre, tout invite ici au grand large. Ambiance chaleureuse et néanmoins bon chic bon genre. Musique principalement irlandaise.

Le Zing – *3-5 pl. des Lices, ☏ 02 99 79 64 60. Ouv. tlj 16h-3h. Fermé 1er janv.* Bar branché situé au cœur névralgique de la vie nocturne rennaise. Il existe en effet pas moins de 25 cafés sur la place et la petite rue piétonne Saint-Michel. Belle terrasse au calme et au soleil. Décor très stylisé à la gloire des aviateurs.

Le Dejazey – *54 r. de St-Malo, ☏ 02 99 38 70 72. Mar.-dim. 18h-3h.* Pour les amoureux de jazz et de rythm and blues. Concerts de jazz tous les dimanches à 18h. Concerts de salsa et autres musiques du monde, le mercredi, le jeudi et/ou le vendredi.

Café Méliès – *13 quai Lamennais, ☏ 02 99 79 61 40. Lun.-sam. 10h-3h.* Ce café cumule les activités : brasserie avec ses nombreuses bières ; concerts de jazz le jeudi et le vendredi soir ; café philo (21h-23h) deux mardis par mois. Ambiance 30 à 40 ans bon chic bon genre.

La Prison St-Michel – *Impasse Rallier-du-Baty.* L'ancienne prison St-Michel loge une crêperie, le pub « L'Aventure » et la discothèque « Delicatessen ». Le bâtiment, qui date du 15e s., est majestueux et l'on imagine mal que ce fut un lieu de réclusion.

Café-Théâtre Le Bacchus – *23 r. de la Chalotais, ☏ 02 99 78 39 93. Lun.-sam. 11h-1h.* Il faut y venir pour sa carte des vins, servis au verre. Ambiance chaleureuse et conviviale. Spectacles du mercredi au samedi, à 21h30.

Visites guidées
Des visites à thèmes sont organisées à travers la ville. Elles se font à pied et durent approximativement deux heures. Renseignements auprès de l'Office de tourisme.

Les salles de spectacles
Théâtre de la ville/Opéra – *Place de la Mairie, ☎ 02 99 28 55 87.*

Théâtre national de Bretagne – *1 rue St-Hélier, ☎ 02 99 31 12 31.* Créé en 1990, sa programmation comprend principalement du théâtre et de la danse.

Théâtre de l'ADEC – *45 rue Papu, ☎ 02 99 33 20 01.*

Le Triangle – *30 boulevard de Yougoslavie,* ☎ 02 99 53 01 92.

Espace instrumental du conservatoire – *26 rue Hoche, ☎ 02 99 28 55 72.*

Péniche-Spectacle L'arbre d'eau – *Quai St-Cyr, ☎ 02 99 59 35 38.*

Le marché
Samedi matin, place des Lices : un des plus grands de France.

Rennes en fête
« Transmusicales » de Rennes – *☎ 02 99 31 12 10.* Trois jours de musique et de fêtes.

Tombées de la Nuit – Dernière semaine de juillet. Ce festival d'été réunit spectacles de rue, pièces de théâtre, concerts, opéras, reprises ou créations contemporaines, au cœur historique de la capitale bretonne.

Informations régionales
Être informé des spectacles et manifestations en cours – *Ouest-France* (édition Rennes) et le magazine *Contact.* Le petit journal *Spectacle Info*, édité et distribué par l'Office de tourisme, annonce les manifestations et spectacles culturels du trimestre.

Les radios – Radio-France Bretagne Ouest 101.4 MHz.

En 1337, un tournoi rassemble à Rennes la noblesse du pays. Notre héros, âgé de 17 ans, s'y rend en costume paysan, monté sur un cheval de labour. Il ne peut prendre part aux joutes. Son désespoir est tel qu'un de ses cousins lui prête son armure et son destrier. Bertrand abat nombre d'adversaires. Son père le reconnaît et s'écrie fièrement : « Beau fils, je ne vous traiterai plus vilainement. »

Précoce
Lorsqu'elle épouse Maximilien d'Autriche en 1490 (par procuration), Anne, héritière de François II, n'est âgée que de 12 ans.

La Bretagne rattachée à la France (1491) – En 1489, Anne de Bretagne décide de prendre pour époux Maximilien d'Autriche, futur empereur. Charles VIII, qu'un mariage blanc lie à Marguerite d'Autriche, fille de Maximilien, sollicite pour lui-même la main de la duchesse. Éconduit, il vient l'assiéger dans Rennes, en 1491. La population, qui souffre de la disette, presse la souveraine de consentir au mariage. Elle se résigne et rencontre Charles VIII. Anne est petite, maigre, boite légèrement, mais elle a de la vivacité et de la grâce. Charles est court, assez mal bâti, plutôt lent d'esprit, avec de fortes lèvres toujours entrouvertes, mais il a le souci de la grandeur et le goût du faste. Contre toute attente, une sympathie

Une pause bienvenue, place de l'Hôtel-de-Ville.

naît entre les deux jeunes gens, qui deviendra, par la suite, tendre inclination. Les fiançailles sont célébrées à Rennes. Reste à libérer les deux fiancés. La Cour de Rome y consent et les noces ont lieu au château royal de Langeais, dans le Val de Loire, le 6 décembre 1491. Ce mariage rattache la Bretagne à la France.

Le grand incendie de 1720 – Au 18e s., la ville a encore son aspect moyenâgeux : ruelles étroites, maisons en torchis et en bois. Le 22 décembre 1720 au soir, un menuisier ivre enflamme, avec sa lampe à huile, un tas de copeaux. La maison flambe comme une torche et le feu se propage.

Les quartiers brûlés sont reconstruits sur les plans de **Jacques Gabriel**. Toute une partie de la ville actuelle lui doit ses belles rues rectilignes, bordées de maisons de granit, d'aspect uniforme et d'élégance plutôt sévère.

Une idée de précurseur
Pour que les constructions neuves trouvent plus vite des occupants, on les divise en appartements, vendus séparément. C'est la naissance de la copropriété.

L'affaire La Chalotais – En 1762, le duc d'Aiguillon, gouverneur de Bretagne, entre en conflit avec le Parlement à propos des jésuites. Les robins, plutôt jansénistes, sont les adversaires de la Société de Jésus, très puissante en Bretagne. Le procureur général La Chalotais fait voter par le Parlement la dissolution de l'ordre. Son rapport a un succès foudroyant : 12 000 exemplaires sont vendus en un mois. Aiguillon, qui défend les jésuites, demande au Parlement de revenir sur son vote. Refus. Pire, il démissionne pour ne pas se soumettre. Le roi fait arrêter La Chalotais et l'expédie à Saintes, mais le Parlement de Paris prend fait et cause pour celui de Rennes et Louis XV hésite à pousser plus avant les choses. Aiguillon se retire (1768). La basoche triomphe de l'autorité royale : la révolution est en marche.

se promener

LE VIEUX RENNES**

C'est la partie de l'ancienne ville qui a échappé au grand incendie de 1720.

À découvrir en flânant
Le vieux Rennes a conservé de nombreuses vieilles maisons des 15e et 16e s. aux étages à encorbellement, et des hôtels aristocratiques aux façades sculptées.

Basilique St-Sauveur

Elle a été édifiée aux 17e et 18e s. À l'intérieur, beau **baldaquin** en bois doré et **buffet d'orgue** du 17e s. À droite en entrant, chapelle dédiée à N.-D.-des-Miracles qui sauva Rennes lors du siège de la ville par les Anglais en 1357. Nombreux ex-voto.

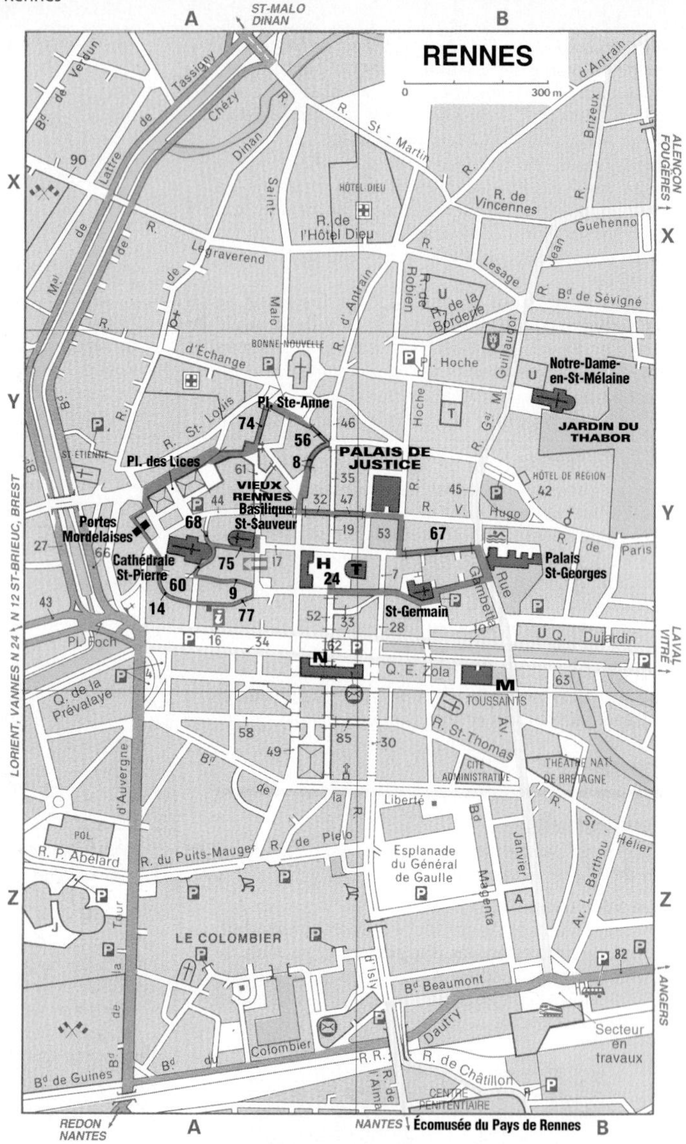
RENNES
0
300 m
A
B
X
Y
Z
ST-MALO
DINAN
ALENÇON
FOUGÈRES
LAVAL
VITRÉ
ANGERS
LORIENT, VANNES N 24 N 12 ST-BRIEUC, BREST
REDON
NANTES
NANTES
Écomusée du Pays de Rennes
HÔTEL DIEU
R. de l'Hôtel Dieu
BONNE-NOUVELLE
Pl. Ste-Anne
PALAIS DE JUSTICE
Notre-Dame-en-St-Mélaine
JARDIN DU THABOR
HÔTEL DE REGION
ST-ETIENNE
Pl. des Lices
VIEUX RENNES
Basilique St-Sauveur
Portes Mordelaises
Cathédrale St-Pierre
Palais St-Georges
St-Germain
Pl. Foch
Q. de la Prévalaye
Q. E. Zola
Q. Dujardin
TOUSSAINTS
CITÉ ADMINISTRATIVE
THÉÂTRE NAT. DE BRETAGNE
Liberté
Esplanade du Général de Gaulle
POL.
R. P. Abélard
R. du Puits-Mauger
LE COLOMBIER
Bd Beaumont
Secteur en travaux
R. de Châtillon
CENTRE PÉNITENTIAIRE
Bd de Guines
R. St-Martin
R. de Vincennes
Guehenno
Bd de Sévigné
Pl. Hoche
R. de Paris
Av. L. Barthou
R. St-Thomas
R. St-Hélier
Bd de la Tour d'Auvergne
Bd de Verdun
Bd de Tassigny
Bd de Chézy
R. de Dinan
R. Legraverend
R. d'Échange
R. St-Louis
R. Lesage
R. de la Borderie
R. Robien
R. Gal M. Guillaudot
R. V. Hugo
Rue Gambetta
Av. Janvier
Bd Magenta
R. d'Isly
R. d'Antrain
Bd de la Liberté
R. de Plélo
Colombier
Dautry
R. R.
R. de l'Alma

Abélard (R. P.) .... AZ
Alma (R. de) .... BZ
Antrain (R. d') .... ABXY
Auvergne (Bd de la Tour d') .... AZ
Barthou (Av. L.) .... BZ
Beaumont (Bd) .... BZ
Borderie (R. de la) .... BXY
Bretagne (Pl. de) .... AY 4
Brizieux (R.) .... BX
Cavell (R. Édith) .... BY 7
Champ-Jacquet (R. du) .... AY 8
Chapitre (R. du) .... AY 9
Châteaubriant (Quai) .... BY 10
Châtillon (R. de) .... BZ
Chézy (Bd de) .... AXY
Colombier (Bd du) .... AZ
Dames (R. des) .... AY 14
Dautry (R. R.) .... BZ
Dinan (R. de) .... AXY
Duguay-Trouin (Quai) .... AY 16
Du-Guesclin (R.) .... AY 17
Dujardin (Q.) .... BY
Échange (R. d') .... AXY
Emile-Zola (Q.) .... BY
Estrées (R. d') .... AY 19
Foch (Pl.) .... AY
Gambetta (R.) .... BY
Gaulle (Esplanade du Gén.-de) .... BZ
Guéhenno (R. Jean) .... BX
Guillaudot (R. Gén.-M.) .... BY
Guines (Bd de) .... AZ
Hoche (Pl.) .... BY
Hoche (R.) .... BY
Hôtel-de-Ville (Pl. de l') .... AY 24
Hôtel-Dieu (R. de) .... ABX
Ille-et-Rance (Quai) .... AY 27
Isly (R. de) .... BZ
Janvier (Av.) .... BZ
Jaurès (R. Jean) .... BY 28
Joffre (R. Mar.) .... BZ 30
La-Fayette (R.) .... AY 32
Lamartine (Quai) .... ABY 33
Lamennais (Quai) .... AY 34
Le-Bastard (R.) .... AY 35
Legraverend (R.) .... AX
Lesage (R.) .... BX
Liberté (Bd de la) .... ABZ
Lices (Pl. des) .... AY
Magenta (Bd) .... BZ
Martenot (R.) .... BY 42
Mitterrand (Mail F.) .... AY 43
Monnaie (R. de la) .... AY 44
Motte (Cont. de la) .... BY 45
Motte-Fablet (R.) .... AY 46
Nationale (R.) .... ABY 47
Nemours (R. de) .... AZ 49
Orléans (R. d') .... AY 52
Palais (Pl. du) .... BY 53
Paris (Rte de) .... BY
Plélo (R. de) .... AZ
Pont-aux-Foulons (R.) .... AY 56
Poullain-Duparc (R.) .... AZ 58
Prévalaye (Q. de la) .... AYZ
Psalette (R. de la) .... AY 60
Puits-Mauger (R. du) .... AZ
Rallier du Baty (R.) .... AY 61
République (Pl. de la) .... AY 62
Richemont (Q. de) .... BY 63
Robien (R. de) .... BX
St-Cast (Quai) .... AY 66
St-Georges (R.) .... BY 67
St-Guillaume (R.) .... AY 68
St-Hélier (R.) .... BZ
St-Louis (R.) .... AY
St-Malo (R.) .... AX
St-Martin (R.) .... ABX
St-Michel (R.) .... AY 74
St-Sauveur (R.) .... AY 75
St-Thomas (R.) .... BZ
St-Yves (R.) .... AY 77
Ste-Anne (Pl.) .... AY
Sévigné (Bd de) .... BX
Solferino (Bd) .... BZ 82
Tassigny (Bd Mal. de-Lattre-de) .... AXY
Vasselot (R.) .... AZ 85
Verdun (Bd de) .... AX
Victor-Hugo (R.) .... BY
Vincennes (R. de) .... BX
41e-d'Infanterie (R.) .... AX 90

Basilique St-Sauveur .... AY
Cathédrale St-Pierre .... AY
Église N.-D.-en-St-Mélaine .... BY
Église St-Germain .... BY
Hôtel de ville .... AY **H**
Jardin du Thabor .... BY
Musées de Bretagne et des Beaux-Arts .... BY **M**
Palais de justice .... BY **J**
Palais du Commerce .... BY **N**
Palais St-Georges .... BY
Porte Mordelaise .... AY
Théâtre .... ABY **T**

Maisons anciennes

Rue St-Sauveur, au n° 6, maison canoniale du 16e s.
Rue St-Guillaume, au n° 3, la **maison** dite de **Du Guesclin**, la plus belle de style médiéval, sert de cadre au restaurant Ti Koz.
La **rue de la Psalette** a conservé ses maisons anciennes.
Rue du Chapitre, au n° 22, maison de style Renaissance ; au n° 8, **hôtel de Brie** (17e s.) ; au n° 6, l'**hôtel de Blossac** (18e s.) possède un très bel escalier monumental en granit à décor de marbre et rampe en fer forgé.
Rue St-Yves, aux nos 6 et 8, maisons du 16e s.
Rue des Dames, au n° 10, hôtel Freslon de La Freslonnière.

Cathédrale St-Pierre

Possibilité de visite guidée sur demande auprès de l'Office de tourisme.

Elle fut achevée en 1844, après cinquante-sept ans de travaux. Le précédent édifice s'était effondré en 1762, à l'exception des deux tours, de style classique, qui encadrent la façade.

À VOIR
À l'**intérieur**★ :
le **retable**★★ en bois sculpté et doré qui se trouve dans la chapelle précédant le croisillon droit. Par ses dimensions et son exécution, cette œuvre flamande du 16e s. est l'une des plus importantes du genre. Les scènes représentent la vie de la Vierge.

La nef de la cathédrale St-Pierre.

Porte Mordelaise

Vestige de l'enceinte du 15e s., elle servait d'entrée principale à la ville. Les ducs de Bretagne y passaient pour se faire couronner à la cathédrale. En 1598, on y présenta à Henri IV les clefs de la ville, en argent doré ; pour ce genre de cérémonie, le Béarnais avait une formule rituelle dont l'effet était sûr : « Ces clefs sont belles, mais j'aime encore mieux les clefs des cœurs des habitants. » En juillet 1997, un pont-levis, construit sur le modèle de celui du château de Montmuran, a été remis en place.

Place des Lices

Sur cette place se déroulaient joutes et tournois. Au n° 34 : l'hôtel de Molant (17e s.) est coiffé d'un toit à la Mansart. À l'intérieur, luxueux escalier en chêne, dont la cage est décorée au plafond d'un ciel et de boiseries en trompe-l'œil.

Rue St-Michel

Elle est bordée de vieilles maisons à pans de bois. Jadis elle faisait partie des faubourgs de Rennes, et a conservé de cette époque ses auberges et tavernes.

Place Ste-Anne

Les maisons colorées à pans de bois, de tradition gothique et Renaissance (celle du maire Leperdit est au n° 19), entourent une église néo-gothique du 19e s. et jouxtent le couvent des Jacobins (rue d'Échange) où eurent lieu les fiançailles d'Anne de Bretagne avec le roi de France.

Rue du Pont-aux-Foulons

Rue commerçante aux maisons à pans de bois du 18e s.

Place du Champ-Jacquet : ce tableau moderne date du 17e s. !

Rue du Champ-Jacquet

Elle conduit à la curieuse petite place de forme triangulaire, de même nom, bordée au Nord de hautes maisons du 17e s., à pans de bois, et sur laquelle donne la façade en pierre et en bois de l'ancien hôtel de Tizé (n° 5).

L'itinéraire permet de découvrir une partie de la ville classique où s'élèvent de majestueux édifices, dont le palais de justice.

Rue St-Georges

Dans cette rue animée, bordée de cafés et de restaurants, toutes les maisons sont anciennes. Au n° 3, l'hôtel de Moussaye, du 16e s., possède une splendide façade Renaissance. Les nos 8, 10, 12 forment un ensemble remarquable de maisons à pans de bois du 17e s.

Palais St-Georges

Précédée d'un beau jardin, cette ancienne abbaye bénédictine de 1670 abrite des services administratifs.

Dans le transept droit, le **vitrail** du 16e s. retrace la vie de la Vierge et la Passion du Christ ; dans la nef, vitraux modernes par Max Ingrand.

Église St-Germain

De style gothique flamboyant (15e-16e s.), cette église (pignon Sud 17e s.) présente des caractéristiques bretonnes par sa voûte en bois et ses poutres à embouts sculptés.

L'hôtel de ville se visite ; reportez-vous au chapitre *Visiter* ci-après.

Place de l'Hôtel-de-Ville

Cette place royale constitue le noyau central du quartier classique. Elle est bordée à l'Ouest par l'hôtel de ville et à l'Est par le théâtre. Au Sud, au-delà de la rue d'Orléans, la perspective est fermée par le **palais du Commerce**, imposant bâtiment décoré de sculptures monumentales.

visiter

La renaissance du parlement

Le 4 février 1994, un dramatique incendie endommagea gravement le palais de justice. Alors que les pompiers luttaient contre le feu, l'essentiel fut sauvé, mais les tonnes d'eau qu'il fallut déverser sur le brasier entraînèrent des dégradations telles que sa restauration demanda plus de 400 000 heures de travail et nécessita quelques 240 millions de francs pour la seule reconstruction. Ce chantier clos en 1999 aura donc exigé des années de patience. Si la cour d'appel de Rennes a réintégré son berceau historique, plusieurs salles ont été redécorées après la reprise de l'activité dans le palais de justice. Celui-ci a été reconstitué à l'identique (galerie du rez-de-chaussée et salle des Assises du premier étage), ainsi que le jardin à la française de la place.

Palais de justice★★

Visite guidée lun. à 9h30 et 10h30, mer. et ven. à 17h30, w.-end à 9h30, 10h30, 14h, 14h30, 15h30, 35F (7-15 ans : 20F). S'inscrire auprès de l'Office de tourisme. ☎ 02 99 67 11 11.

Le parlement, ou palais de justice, fierté rennaise, a été entièrement restauré.

L'installation du parlement à Rennes hisse la ville au rang de capitale régionale et de cité aristocratique. Avec le chantier du Palais, c'est l'art royal et parisien qui arrive en pays breton. L'architecture et le décor du Palais, « premier édifice en pierre dans la ville de bois », vont influencer toute la Haute-Bretagne. Les plans de l'architecte local Germain Gaultier furent repris, pour la façade, par l'architecte de la cour de Marie de Médicis, Salomon de Brosse. La construction dura de 1618 à 1655.

Le Parlement de Bretagne, l'un des treize parlements provinciaux que comptait le royaume, siégea d'abord tantôt à Rennes, tantôt à Nantes, avant de se fixer définitivement à Rennes en 1561. Cour suprême des 2 300 justices bretonnes, il jouait aussi un rôle législatif et politique.

Hôtel de ville

♿ *Tlj sf dim. 8h30-17h30, sam. 9h30-12h. Fermé j. fériés. Gratuit.* ☎ *02 99 28 55 55 (poste 3339).*

Il a été bâti de 1734 à 1743 par Jacques Gabriel, père de l'architecte qui édifia le Petit Trianon à Versailles. Une tour centrale en retrait portant l'horloge, le « Gros » pour les Rennais, se raccorde à deux imposants pavillons par deux bâtiments incurvés. L'aile droite renferme le « Panthéon rennais » : salle consacrée au souvenir des « morts pour la France ». Le **théâtre**, que jouxtent des immeubles à galeries, fut construit en 1832.

Musée de Bretagne★

Les collections permanentes sont fermées durant les travaux de réaménagement du nouveau musée qui ouvrira ses portes en 2003. ♿ *Exposition temporaire tlj sf mar. 10h-12h, 14h-18h. Fermé j. fériés. 15F.* ☎ *02 99 28 55 84.*

Il présente une synthèse de l'histoire de la Bretagne. À l'aide de documents divers, chaque salle évoque une période : préhistoire, Armorique gallo-romaine, Bretagne médiévale, Bretagne de l'Ancien Régime.

La Bretagne moderne est évoquée à travers les costumes, les objets usuels, les outils et les meubles caractéristiques du pays de Rennes.

Le Musée de Bretagne et le musée des Beaux-Arts occupent respectivement le rez-de-chaussée et le 1er étage d'un ancien palais universitaire.

Musée des Beaux-Arts★

Tlj sf mar. 10h-12h, 14h-18h. Fermé j. fériés. 20F. ☎ *02 99 28 55 85.*

Un certain nombre de visiteurs risquent d'être un peu déçus par les collections de ce musée qui possède toutefois un très beau *Saint Luc peignant la Vierge*, de Martin van Heemskerk (16e s.), et une riche série d'œuvres du 17e s., dont une spectaculaire *Chasse au tigre* de Rubens et le célèbre ***Nouveau-Né***★ de Georges de La Tour.

Le 19e s. est représenté par des travaux de Gros et Cogniet (le *Massacre des Innocents*, son chef-d'œuvre), une *Marine bleue* et ***Effet de vagues***★ (vers 1893) de Georges Lacombe, superbe paysage onirique proche de l'estampe japonaise, réalisé à Camaret, mais surtout par quelques toiles de l'école de Pont-Aven, ainsi que des Corot, Jongkind, Sisley, Denis, Maufra, Sérusier, Gauguin *(Nature morte aux oranges)* et Caillebotte.

Le 20e s. est illustré par des œuvres de Picasso, Magnelli, Kupka, Tanguy, De Staël, Poliakoff, Sam Francis, Aurélie Nemours et Geneviève Asse.

découvrir

Jardin du Thabor★★

Au 16e s., hors des murs de la ville, se dressait l'abbaye bénédictine St-Mélaine, sur un lieu élevé que les moines auraient baptisé Thabor en souvenir de la montagne de Palestine. Ce parc de 10 ha comprend un jardin à la française, un jardin botanique, une roseraie, un jardin paysager et une volière.

Tout à côté, l'**église N.-D.-en-St-Mélaine**, rebâtie aux 14e et 17e s. (la tour et le transept du 11e s. datent de l'ancienne abbaye St-Mélaine), recèle, dans le bras droit du transept, une fresque du 15e s. représentant le baptême du Christ.

LA HALTE IDÉALE

À deux pas du centre, le jardin du Thabor est l'endroit rêvé pour se reposer des marches ou pour prendre le frais en admirant ses roses, dahlias, chrysanthèmes, camélias, rhododendrons, chênes, hêtres, séquoias, cèdres, etc.

alentours

Animations
L'écomusée propose régulièrement des fêtes et des démonstrations : fête du pommé, concours d'attelages, fête du cochon...

Écomusée du pays de Rennes★

8 km au Sud par la rue Maréchal-Joffre, puis suivre la signalisation. Tlj sf mar. 9h-12h, 14h-18h, sam. 14h-18h, dim. 14h-19h. Fermé de mi-janv. à fin janv. et j. fériés. 30F (enf. : 15F). ☎ *02 99 51 38 15.*

Située aux confins de la ville et de la campagne, la **ferme de la Bintinais** a été pendant longtemps l'une des grosses exploitations du pays de Rennes. À travers son histoire, on découvre l'évolution du monde rural depuis le 16e s., aux portes mêmes de la ville. Les techniques anciennes de construction sont également abordées. Un parcours à travers le domaine de 15 ha permet de s'intéresser au jardin, au rucher et aux vergers, ainsi qu'aux parcelles cultivées montrant en grandeur nature l'évolution des pratiques agricoles.

Au conservatoire végétal s'est ajouté un cheptel de races rustiques d'animaux de ferme en voie de disparition. Chevaux (trait-postier breton), vaches (pie-noir, froment du Léon, nantaise et armoricaine), cochons (porc blanc de l'Ouest et porc de Bayeux), chèvres (des fossés), moutons (d'Ouessant, des landes de Bretagne, de l'Avranchin) et volailles (poules de la Flèche, coucou de Rennes et gauloise dorée) : ce sont toutes les anciennes races de la Bretagne et de ses marges qui se trouvent ici rassemblées.

Coq coucou de Rennes.

La Chapelle-Thouarault

10 km à l'Ouest par la D 125 puis la D 30 à partir de l'Hermitage ; prendre à gauche la D 68 vers Cintré. Au lieu-dit « la Basse-Vallée » **le musée et atelier d'Art animalier** présente 250 animaux naturalisés replacés dans une évocation minutieuse de leur milieu naturel. Le visiteur peut ainsi observer à loisir la vie d'espèces qu'il n'aperçoit que furtivement dans la nature. Atelier de lithographie. ♿ *Tlj sf dim. 14h-18h. 20F.* ☎ *02 99 07 61 90.*

Châteaugiron

16 km au Sud-Est par la D 463. Cette ancienne bourgade, déjà réputée au 17e s. pour ses toiles à voiles en chanvre utilisées par les vaisseaux de haut bord, a conservé de pittoresques maisons anciennes à pans de bois et un imposant **château**. De cette forteresse plusieurs fois assiégée, il subsiste les douves, le donjon du 13e s. coiffé en poivrière au siècle suivant, et, lui faisant face, la tour de l'Horloge du 15e s. Pour découvrir le site du château, emprunter le boulevard du Château.

Montfort-sur-Meu

17 km à l'Ouest par la D 125. Située au confluent du Meu et du Garun, cette petite ville construite en pierre rouge du pays possède un certain cachet.

Écomusée du pays de Montfort – Il est installé dans la tour de **Papegaut** (14e s.), seul élément intact de la période médiévale, et abrite un ensemble d'expositions ayant trait aux cinq cantons environnants. *8h30-12h, 14h-18h, sam. 10h-12h, 14h-18h, dim. 14h-18h. Fermé 1er janv. et 25 déc. 20F.* ☎ *02 99 09 31 81.*

La tour de Papegaut
Son nom vient d'un jeu de tir à l'arc sur la silhouette d'un oiseau (papegai), découpée dans du bois ou du carton, peinte de couleurs vives et accrochée au chemin de ronde.
Belle **vue** du sommet de la tour.

Maison natale de saint Louis-Marie Grignion de Montfort – *15 rue de la Saulnerie. 10h-12h, 15h-17h30, dim. 15h-17h30. Gratuit.* ☎ *02 99 09 15 35.*
Ce missionnaire qui fit élever le calvaire de Pontchâteau naquit dans cette maison le 31 janvier 1673.

circuit

VALLÉE DE LA VILAINE

Circuit de 36 km – Environ 1h. Quitter Rennes par la D 177, direction Redon. La route franchit le fleuve à Pont-Réan, construit dans un beau site. À la sortie de la localité, prendre à gauche.

Le Boël

On peut faire une agréable promenade à pied au bord de la Vilaine qui coule entre des collines rocheuses dans un site verdoyant. Une petite écluse et un barrage donnent l'illusion de relier la rive droite au vieux moulin situé sur l'autre rive.

Retourner à Pont-Réan et, après le pont sur la Vilaine, prendre à droite.

Bruz

Ce bourg est une réussite de l'urbanisme rural. Son **église★**, construite en 1950 en schiste veiné de rose, est très belle. Une flèche pointue coiffe le clocher carré qui forme porche. *Visite sur demande préalable tlj sf w.-end 9h-11h30. ☎ 02 99 05 56 56.*

À VOIR
L'éclairage intérieur de l'église de Bruz, très harmonieux. Dans la nef, par des dalles de verre décorées de trois poissons dans un cercle ; à l'abside, par des vitraux représentant les sept sacrements ; au transept, par deux verrières figurant à droite le Christ, à gauche la Vierge.

Parc ornithologique de Bretagne

♿ *Juil.-août : 10h-12h, 14h-19h ; avr.-juin et sept. : 14h-19h ; oct.-mars : dim. et j. fériés 14h-18h. Fermé 25 déc. 38F (enf. : 22F). ☎ 02 99 52 68 57.*

Ce petit parc présente une intéressante collection de plus de 1 000 oiseaux venus de tous les continents.

De Bruz, il est possible d'atteindre le vieux moulin du Boël (4 km) en empruntant la D 77 au Sud ; à 3 km, tourner à droite et ensuite à gauche avant le passage à niveau. Revenir à Rennes par Chartres-de-Bretagne.

La Roche-Bernard

Ancienne étape du commerce du sel, cette petite ville est joliment étagée sur une butte qui domine la Vilaine. Elle y a installé son port, jadis très florissant, et aujourd'hui fort d'un bel armement de plaisance.

OÙ SE RESTAURER
Auberge Bretonne – *Pl. Du Guesclin – ☎ 02 99 90 60 28 – fermé 15 nov. au 4 déc., 3 au 20 janv., lun. midi de sept. à juin sf j. fériés, ven. midi et jeu. – 210/650F.* Ici, tout n'est que luxe et raffinement : autour d'un ravissant patio, où pousse un petit potager amoureusement entretenu, le restaurant au décor clair et élégant sert d'écrin aux mets étoilés du chef servis par une équipe attentive. Les chambres, aménagées avec soin, sont à la hauteur de la table.

La situation

Cartes Michelin nos 63 pli 14 ou 230 pli 52 – Morbihan (56).
Entre Nantes et Vannes, La Roche-Bernard est située sur la N 165, au Nord du Parc régional de Grande Brière.

Le nom

En 1026, la ville s'appelait *Rocha Bernardi*, la roche de Bernard, pour signaler une butte rocheuse ou un château.

Les gens

766 Rochois. La ville accueille fort bien la Révolution et se montre hostile à la Chouannerie. En 1793, 6 000 « Blancs » viennent facilement à bout de 150 « Bleus » qui défendent la ville. Le maire, Sauveur, n'a pas voulu fuir, il est emprisonné. On le somme de crier : « Vive le roi ! ». Il répond : « Vive la République ! ». Un coup de pistolet l'abat. Il devint de ce fait un héros républicain par décret de la Convention et la ville porta le nom de Roche-Sauveur jusqu'en 1802.

se promener

Pont du Morbihan★

Il a été ouvert au public en juin 1996. Long de 376 m et large de 21 m, son tablier est posé sur un arc de 200 m de portée sur lequel deux passerelles permettent aux promeneurs courageux (260 marches) de dominer la Vilaine à plus de 50 m de haut et d'en admirer le **site★**. Le pont du Morbihan est situé à environ 600 m en amont de ses prédécesseurs.

POINT DE VUE★
Au lacet de la route vers La Baule, un belvédère rocheux (23 marches) domine la vallée de la Vilaine et ses pentes boisées, avec sur la droite les ponts suspendus, sur la gauche le port de plaisance installé sur le Rhodoir.

Vieux quartier

Face au point de vue, de l'autre côté de la route, débouche la **promenade du Ruicard**. Elle domine le port, la rue du Ruicard lui fait suite et va se perdre dans un dédale de ruelles parfois en escalier. Des maisons des 16e et 17e s., bien restaurées (nos 6 et 8), des porches intéressants (n° 11), une tourelle (n° 12) se succèdent. Le passage de la Quenelle, avec des lucarnes à fronton sculpté, mène à la **place Bouffay**. Sur la place, la mairie est aussi appelée « maison du Canon » (1599) ; son nom lui vient du canon placé dans un angle et provenant de l'*Inflexible*, qui se réfugia dans la Vilaine après la bataille des Cardinaux. Rue Haute-Notre-Dame, on peut voir la chapelle Notre-Dame, du 11e s., remaniée aux 16e et 19e s. Anciennement première église de la cité, ensuite transformée en temple protestant en 1561, puis en magasin à fourrage sous la Terreur, elle fut rendue au culte catholique en 1827.

Juste derrière le pont ouvert en 1960, on distingue les vestiges de celui construit en 1839. Au fond se trouve le pont du Morbihan.

visiter

Musée de la Vilaine maritime

Juin-sept. et vac. scol. Pâques : 14h30-18h30 (de mi-juin à mi-sept. : 10h30-12h30, 14h30-18h30) ; oct.-mai : w.-end et j. fériés 14h30-18h30. Fermé janv.- fév. et 25 déc. 20F. ☎ 02 99 90 83 47.

Le château des Basses-Fosses (16e et 17e s.), situé sur la rive droite de la Vilaine, abrite ce musée consacré aux traditions maritimes et rurales de l'estuaire de la Vilaine. Le rez-de-chaussée évoque l'intense activité maritime que le fleuve a connue par le passé : pêche, construction navale, conchyliculture, cabotage. L'étage est consacré au monde rural : différents types de charpentes, couvertures et lucarnes, vieux métiers, coiffes et costumes traditionnels.

À VOIR
Une cabine de chasse-marée reconstituée permet d'imaginer la vie à bord de cette petite embarcation côtière.

Promenades sur la Vilaine

Juil.-août : croisière-promenade (1h1/2) dép. toutes les h. du barrage d'Arzal ou de la Roche-Bernard 14h-18h. 47F (enf. : 30F). Croisière-restauration : mai-sept. : dép. du barrage d'Arzal à 12h30, ven. et sam. à 20h ; oct.-avr. : à 12h30. Entre 185F et 263F (croisière comprise). ☎ 02 97 45 02 81.

Des vedettes descendent la Vilaine jusqu'au barrage d'Arzal ou la remontent jusqu'à Redon.

alentours

Foleux

18 km au Nord par la D 774. À Péaule, prendre à droite la D 20 vers Redon. À 8 km, tourner à droite.

Ce port de plaisance, escale nautique, est établi au confluent de la Vilaine et du Trévelo dans un très joli site.

Après Foleux, longer la Vilaine et tourner à droite, puis trois fois à gauche pour gagner l'allée du château.

Château de Léhélec – ♿ *De mi-juin à déb. sept. : visite guidée (1/2h) tlj sf mar. 14h-19h ; de déb. sept. à déb. oct. : w.-end 14h-19h. 20F. ☎ 02 99 91 84 33.*

À REMARQUER SI L'ON PASSE PAR MISSILLAC
Dans un **site★** remarquable, le **château de la Bretesche**, (15e s.), aux remparts cernés d'eau, est séparé du bourg par un bel étang en bordure de forêt *(13 km au Sud-Est de la Roche-Bernard)*.

Entouré de bois, ce manoir en schiste ferrugineux offre la belle perspective de ses trois cours en terrasses longées par les communs. L'un de ces bâtiments abrite un petit musée paysan (meubles régionaux et objets usuels). Le public est admis également dans deux pièces du rez-de-chaussée, le salon et la salle à manger.

Le Guerno

18 km au Nord-Ouest par la N 165-E 60 vers Muzillac ; à 8 km, tourner à droite : suivre la nouvelle « Route bleue ».
Autrefois lieu de pèlerinage, le bourg possède une église du 16e s. construite sur l'emplacement d'une chapelle des Templiers. Sur le flanc Sud, remarquer la chaire extérieure, les stalles et le banc, réservés au clergé, l'autel adossé au calvaire élevé sur la place.

À VOIR AU PASSAGE
En vous rendant à Branféré, admirer sur la droite les deux belles fontaines du 18e s., dédiées respectivement à sainte Anne et sainte Marie.

Passé le Guerno, emprunter la route à droite qui mène à l'allée du château de Branféré sur la gauche.

Parc zoologique de Branféré – ♿ *Avr.-sept. : 9h-20h ; oct.-mars : 13h30-18h30. Fermé 1er janv et 25 déc. 45F (enf. : 25F). ☎ 02 97 42 94 66.*
Propriété de la Fondation de France, le parc de Branféré doit ses superbes plantations à un botaniste du 18e s. Le château est entouré d'un domaine de quelque 60 ha où vivent en liberté presque complète 2 000 animaux (nombreux primates, cervidés, lamas, wallabies, tapirs, chiens de prairie, etc.). L'une des originalités de ce parc est de permettre à chaque espèce de vivre au plus près de son biotope naturel. La flore, extrêmement variée, fournit aux animaux une partie importante de leur nourriture.

Le Moulin de Pen-Mur

17 km à l'Ouest par la N 165-E 60 ; sortir à Muzillac et suivre les panneaux « site de Pen-Mur ». Juil.-sept. : visite guidée (1/2h) 10h-12h30, 14h-19h ; avr.-juin et vac. scol. : 10h-12h30, 14h-18h, dim. 14h-18h ; oct.-mars : sam. et j. fériés 10h-12h30, 14h-18h, dim. 14h-18h. 25F. ☎ 02 97 41 43 79.
Situé dans l'agréable décor d'un étang, le moulin présente la fabrication du papier à la main selon les méthodes traditionnelles du 18e s. On en suit toutes les étapes, depuis le découpage des chiffons jusqu'au séchage.

Barrage d'Arzal

12 km à l'Ouest par la D 34 puis la D 139. Ce barrage sur la Vilaine forme une réserve d'eau douce stabilisant le mouvement des marées, et favorise par son plan et son port la navigation de plaisance. Possibilités de promenades en bateau sur la Vilaine.

Pénestin

17 km à l'Ouest par la D 34.
Il paraît que les Phéniciens y auraient tenu un comptoir d'étain. C'est aujourd'hui une petite station balnéaire bien tranquille, proche d'un littoral voué à la mytiliculture (élevages de moules).

Pointe du Halguen – Elle est couverte de landes émaillées de pins. On peut gagner, à pied, les plages rocheuses encadrées de courtes falaises.

Pointe du Scal★ – *À Tréhiguier.* À cet endroit, le fleuve s'élargit entre la pointe du Halguen, à gauche, et celle de Pen-Lan. Nombreuses barques à moteur ou à godille pour collecter les moules.

Pointe du Bile★ – *4,5 km au Sud.* Face à la pointe de Merquel, **vue** sur deux îlots et de belles falaises ocre.

La plage de la Mine-d'Or (Pénestin), du nom d'une exploitation au rendement si faible qu'elle ferma sitôt ouverte.

Rochefort-en-Terre★

Bâti sur un promontoire dominant la vallée du Gueuzon, ce charmant petit bourg occupe un site magnifique, véritable petit paysage de rochers, de bois, de ravins, de vergers et de vieilles maisons aux fenêtres fleuries.

La situation

Cartes Michelin nos 63 pli 4 ou 230 pli 38 – Morbihan (56). Entre Redon et Vannes, le bourg se situe entre la D 775 et la rivière Oust qui coule entre Malestroit et Redon. *Mairie – 56220 – ☎ 02 97 43 33 57.*

Le nom

La ville en a hérité de la famille de Rochefort qui y éleva une place forte au 12e s.

Les gens

645 Rochefortais. Ce cadre pittoresque attire beaucoup de peintres.

se promener

Maisons anciennes★

Le cœur de la cité a conservé de vieilles demeures des 16e et 17e s., que l'on découvre en flânant surtout rue du Porche et places des Halles et du Puits. Elles présentent de belles façades de granit parfois agrémentées de tourelles d'angle.

Château

Juil.-août : visite guidée (1h) 10h-18h30 ; juin et sept. : 10h-12h, 14h-18h30 ; mai et oct. : 14h-18h, w.-end et j. fériés 10h-12h, 14h-18h ; nov.-avr. : vac. scol. 10h-12h, 14h-18h. 20F. ☎ 02 97 43 31 56.

De la construction féodale, il reste l'imposant châtelet d'entrée, des remparts, des souterrains et les communs.

Place du Puits, où l'on remarque (hors champ) l'ancien tribunal dont la porte d'entrée est surmontée d'une balance.

carnet d'adresses

OÙ DORMIR

• *Valeur sûre*

Chambre d'hôte Hélioscope – *r. Candré (au bas de la mairie) – ☎ 02 97 43 35 44 – 5 ch. : 260/290F.* Au cœur de la petite cité médiévale, ce musée, présentant artistes régionaux et expositions temporaires, abrite aussi des chambres récentes, blanches, décorées simplement mais confortables et calmes.

• *Une petite folie !*

Chambre d'hôte Château de Talhouët *– 6 km de Rochefort-en-Terre, rte de Malestroit et suivre fléchage – ☎ 02 97 43 34 72 – 8 ch. : à partir de 700F – repas 230F.* Vous rêviez de la vie de château ? Vous la vivrez dans ce beau manoir breton des 16e et 17e s. Ses salons luxueux, ses meubles anciens, le grand confort de ses chambres et le calme absolu de son vaste parc vous laisseront un souvenir inoubliable.

Ces derniers ont été restaurés au début de ce siècle par le peintre américain Alfred Klots, avec des éléments du 17e s., en particulier des lucarnes, provenant de l'ancien manoir de Kéralio, près de Muzillac.
Un petit musée d'Art populaire attenant à l'ancien atelier des propriétaires permet d'évoquer quelques aspects de la vie rochefortaise d'antan ; une salle regroupe les portes d'une ancienne salle à manger d'hôtel (vers 1880).

Église N.-D.-de-la-Tronchaye

Cet édifice des 12e, 15e et 16e s. présente une belle façade à quatre pignons percés de fenêtres flamboyantes. Le chœur renferme des stalles du 16e s. et, à gauche du maître-autel, le retable Renaissance en pierre blanche qui autrefois le fermait. Au fond de la nef, la remarquable tribune en bois finement sculptée provient de l'ancien jubé, comme le baldaquin placé sur le maître-autel.

À VOIR
Dans le bras droit du transept, un retable du 17e s. porte la statue vénérée de N.-D.-de-la-Tronchaye, découverte au 12e s. dans un arbre creux où elle aurait été cachée au temps des invasions normandes ; elle fait l'objet d'un pèlerinage le dimanche qui suit le 15 août.

alentours

Malansac : Parc de Préhistoire de Bretagne

3 km à l'Est par la D 21 en direction de Malansac, puis la D 134 vers St-Gravé. ♿ D'avr. à mi-oct. : 10h-18h ; de mi-oct. au 11 nov. : dim. et vac. scol. Toussaint 13h30-18h. 44F (enf. : 22F). ☎ 02 97 43 34 17.
Le site sauvage de Gwenfol, composé d'anciennes ardoisières et parsemé de lacs, accueille une succession de scènes retraçant l'évolution de l'homme du paléolithique au néolithique.

Questembert

10 km au Sud-Ouest par les D 777 et D 7. Cette petite cité accueillante s'est développée dans une campagne verdoyante en bordure du pays vannetais. Ses **halles,** construites en 1552, restaurées en 1675, sont dotées d'une charpente magnifiquement ordonnée qui commande trois allées.
La **chapelle St-Michel** (16e s.) se dresse dans le cimetière. Une croix-calvaire y rappelle la victoire qu'Alain le Grand remporta sur les pirates normands vers 888 à Coët-Bihan *(6,5 km au Sud-Est).*

La Vraie-Croix

8 km à l'Ouest de Questembert par la D 1. Ce petit village fleuri conserve une chapelle construite sur une voûte ogivale. La route passait autrefois sous cette voûte. La partie inférieure de l'édifice semble dater du 13e s. ; la chapelle supérieure fut reconstruite en 1611. L'édifice abrite une petite croix reliquaire qui renferme un fragment supposé de la croix du Christ.

OÙ SE RESTAURER
Bretagne – *r. St-Michel à Questembert – ☎ 02 97 26 11 12 – fermé 5 au 31 janv., mar. midi et lun. sf été et j. fériés – 295/520F.*
Voilà une belle étape : ici, la table est étoilée et les chambres luxueuses. Vous serez accueilli dans un décor de boiseries acajou pour déguster une cuisine raffinée avant de vous retirer dans une des chambres spacieuses et modernes. Aux beaux jours, c'est au jardin que l'on sert...

Roscoff★

Roscoff est à la fois un séjour balnéaire fréquenté, un port actif avec des liaisons vers Plymouth et Cork, et un grand centre médical dont les établissements de cure utilisent l'eau de mer selon les méthodes de la thalassothérapie. Un laboratoire pour les études océanographiques et biologiques a été installé par l'université de Paris et par le Centre national de la recherche scientifique. On le voit, Roscoff ne vit pas uniquement de la pêche et de la plaisance.

La situation

Cartes Michelin nos 58 pli 6 ou 230 pli 5 – Finistère (29).
On gagne Roscoff, situé tout au Nord de la baie de Morlaix, à partir de cette ville ou de Landivisiau.
Chapelle Ste-Anne – 29211 – ☎ 02 98 61 12 13.

Le nom

Rosk o Gozen, de *roz*, « tertre » et *goff*, « forgeron ».

Les gens

3 711 Roscovites. Le zoologiste Georges Teissier (1900-1972) fut directeur de la station biologique de Roscoff.

LE « ROSÉ DE ROSCOFF » ET LES JOHNNIES

Une première gabarre roscovite traversait la Manche dès 1828 pour que ceux que l'on appellerait bientôt les « Johnnies » aillent vendre la production d'oignons de quelques entreprenants Léonards *(habitants du pays de Léon)*. Le « rosé de Roscoff » en tresse sur l'épaule, ils parcouraient inlassablement toute la Grande-Bretagne jusqu'à épuisement du stock. Apanage de la petite exploitation familiale, la culture de l'oignon rose de Roscoff est toujours très présente dans ie Léon, mais les Johnnies ont disparu, les oignons sont en sac, les tournées se font en camionnette... et le « ministry of foods » est très sourcilleux !

Ce clocher★ Renaissance de N.-D.-de Croaz-Batz est l'un des plus beaux du Finistère.

visiter

Église N.-D.-de-Croaz-Batz★

Cette église gothique achevée en 1545 fut financée par les armateurs et les marchands de la ville. Les murs extérieurs et la tour présentent, de ce fait, des caravelles sculptées en ex-voto. À l'intérieur, sur le retable de l'autel du Sacré-Cœur (bas-côté droit), remarquer quatre bas-reliefs en **albâtre★** du 16e s., dus à l'atelier de Nottingham, représentant la Flagellation, la Crucifixion, l'Ascension, la Pentecôte. Le **retable** du maître-autel (17e s.) à six colonnes torses est richement décoré de statues des évangélistes, d'angelots et de pampres. Dans l'enclos se trouvent deux chapelles-ossuaires.

Aquarium Charles-Pérez★

Juin-août : 10h-12h, 14h-18h ; avr.-mai, sept., w.-end d'oct., vac. scol. Toussaint : 14h-18h. 26F. ☏ 02 98 29 23 25.

carnet pratique

OÙ DORMIR

• ***Valeur sûre***

Hôtel Bellevue – *r. Jeanne-d'Arc – ☏ 02 98 61 23 38 – fermé 13 nov. au 19 déc. et 4 janv. au 19 mars – 18 ch. : 300/380F – ☕ 40F.* Cet hôtel du port ouvre les fenêtres de ses petites chambres sur la mer : leur vue exceptionnelle compense leur décor un peu banal... Tout aussi belle, la vue du restaurant s'accompagnera d'un repas qui ravira les gourmets ! Petits menus à prix doux.

OÙ SE RESTAURER

• ***À bon compte***

L'Écume des Jours – *Quai d'Auxerre – ☏ 02 98 61 22 83 – fermé 20 nov. au 31 janv., mar. soir et mer. sf été – 88/240F.* Tenu par un ancien océanographe qui cultive lui-même tous ses légumes et ses herbes, ce petit restaurant installé dans une vieille maison bretonne sert plusieurs menus gourmands à prix sages... Ambiance conviviale et chaleureuse dans ses deux salles.

• ***Valeur sûre***

Ty Glaz Du – *Le Pouldu, dir. Santec par rte côtière : 4 km – 29250 Santec – ☏ 02 98 29 41 60 – fermé le midi, 1 sem. déb. juin, 1 sem. fin sept. et la sem. en hiver – réserv. obligatoire – 120F.* Dîner chez l'habitant dans la charmante salle à manger jaune et bleue d'une maisonnette de pierres, autour d'un menu « mer » ou « terre » : voilà une idée originale ! Réservation indispensable. Deux petites chambres blanches et une familiale sont également disponibles.

LOISIRS

Casino – *Port de Bloscon, ☏ 02 98 69 75 84.* Ouvert du jeudi au dimanche, de 10h à 3h du matin (4h le week-end).

Piscine – *Institut marin Roc Kroum, avenue Victor-Hugo, ☏ 02 98 29 20 00.* Piscine d'eau de mer chauffée (avec jacuzzi et sauna).

SPORT

Char à voile – *Enez Siek, Le Dossen, Santec, ☏ 02 98 29 40 78.* Pour un stage de char à voile.

PROMENADES EN BATEAU

Visite de la baie de Morlaix et tour de l'île. *De fin juin à mi-sept. : traversée Roscoff – île de Batz (dép. toutes les 1/2h) 7h45-20h15 ; de mi-sept. à fin juin : 8 dép. par j. Visite de la baie de Morlaix : Compagnie finistérienne de transports maritimes, BP 10 – Le Rhû – 29253 Île de Batz, ☏ 02 98 61 76 61 et 02 98 61 78 87 ou Armeïn excursions, ☏ 02 98 61 77 75.*

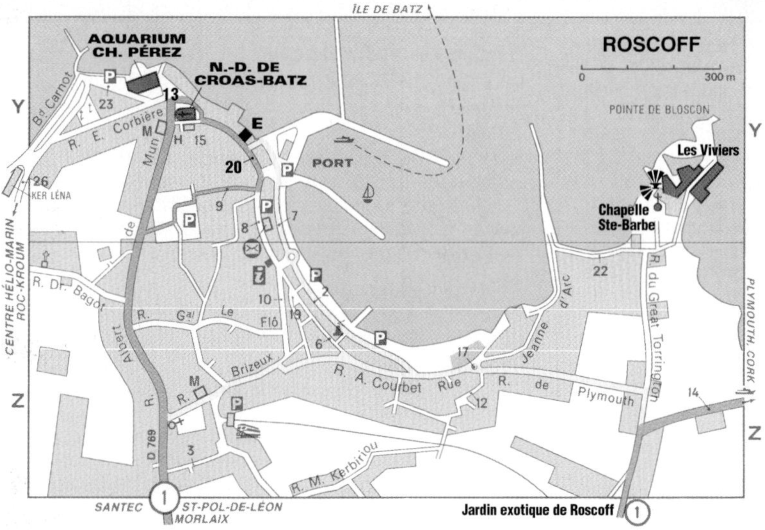
ÎLE DE BATZ
AQUARIUM CH. PÉREZ
N.-D. DE CROAS-BATZ
ROSCOFF
0
300 m
POINTE DE BLOSCON
Les Viviers
Chapelle Ste-Barbe
PORT
KER LÉNA
CENTRE HÉLIO-MARIN ROC-KROUM
PLYMOUTH, CORK
SANTEC
ST-POL-DE-LÉON MORLAIX
Jardin exotique de Roscoff
D 769
R. Dr. Bagot
R. E. Corbière
R. Gal Le Flô
Brizeux
R. A. Courbet
Rue de Plymouth
Jeanne d'Arc
R. du Great Torrington
R. M. Kerbiriou
Bd Carnot
Albert
E

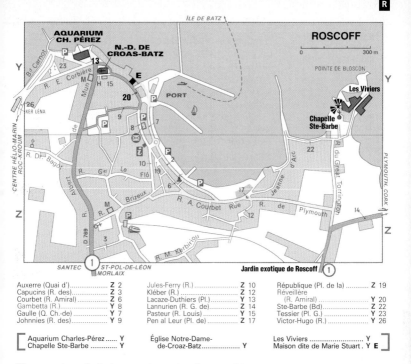

Auxerre (Quai d') Z 2	Jules-Ferry (R.) Z 10	République (Pl. de la) Z 19
Capucins (R. des) Z 3	Kléber (R.) Z 12	Réveillère (R. Amiral) Y 20
Courbet (R. Amiral) Z 6	Lacaze-Duthiers (Pl.) Y 13	Ste-Barbe (Bd) Z 22
Gambetta (R.) Y 8	Lannurien (R. G. de) Z 14	Tessier (Pl. G.) Y 23
Gaulle (Q. Ch.-de) Y 7	Pasteur (R. Louis) Y 15	Victor-Hugo (R.) Y 26
Johnnies (R. des) Y 9	Pen al Leur (Pl. de) Z 17	

Aquarium Charles-Pérez Y	Église Notre-Dame-de-Croaz-Batz Y	Les Viviers Y
Chapelle Ste-Barbe Y		Maison dite de Marie Stuart . Y E

L'aquarium de l'Observatoire océanologique fait partie du Centre national de la recherche scientifique de l'université Pierre-et-Marie-Curie. Ses 33 aquariums présentent des espèces de poissons et d'invertébrés de la Manche.

Chapelle Ste-Barbe

S'y rendre de préférence à marée haute. Contourner le port de pêche et laisser la voiture au parking sur la gauche.

Au milieu d'un joli petit jardin trône la minuscule chapelle dédiée à sainte Barbe, dont les murs blancs servent encore d'amer aux marins. Belle vue sur la ville, le port, l'île de Batz, la pointe de Primel et le port en eau profonde de Bloscon.

Contourner la butte portant la chapelle.

Les viviers

Tlj sf dim. 9h-12h, 14h-17h, sam. 9h-11h. Fermé j. fériés. Gratuit. ☎ 02 98 61 19 61.

Des passerelles permettent de circuler parmi les 5 200 m² de bassins où évoluent homards, langoustes, crabes.

Jardin exotique de Roscoff*

Avr.-oct. : 10h30-12h30, 14h-18h (juil.-août : 10h-19h) ; nov.-mars : tlj sf mar. 14h-17h. Fermé en janv. 25F (enf. : gratuit). ☎ 02 98 61 29 19.

Cet extraordinaire jardin s'enroule autour du rocher de Roch-Hievec. Deux mille espèces de plantes subtropicales fleurissent et fructifient ici (entre autres. protéacées d'Afrique du Sud, eucalyptus, espèces d'Australie, du Chili et de Nouvelle-Zélande). Un escalier conduit au sommet du rocher (18 m), d'où l'on domine toute la baie de Morlaix, Roscoff, Carantec et le château du Taureau.

À VOIR EN SE PROMENANT

Roscoff recèle de belles demeures en granit des 16e et 17e s. : place Lacaze-Duthiers et rue Amiral-Réveillère. Dans cette dernière, remarquer la maison dite de Marie Stuart, à l'élégante façade ornée d'accolades.

alentours

ÎLE DE BATZ

L'**île de Batz** (prononcer Ba), longue de 4 km et large de 1 km, est séparée du continent par un étroit couloir où règnent de violents courants. Le bateau accoste dans la baie de Kernoc'h autour de laquelle se concentrent le bourg et la très moderne station de sauvetage. Cette île,

L'île jouit d'un climat très doux ; du coup, les Batziens ne sont pas marins, ils sont agriculteurs.

OÙ DORMIR
Grand Hôtel – *Île de Batz ☎ 02 98 61 78 06 – fermé déc. à fév. – 34 ch. 1/2 P : 240/280F – ☕ 30F – restaurant 85/130F.*
De la terrasse, la vue sur le port est un vrai régal pour déguster les produits de la mer et la cuisine familiale.
En hiver, la salle au mobilier breton a du cachet. Certains seront déçus par la grande simplicité des chambres, les autres retiendront la vue et le calme.

aux arbres rares en dehors de l'agglomération, est entourée au Nord d'une ceinture de récifs, mais possède de nombreuses plages de sable fin. Batz compte encore 37 exploitations agricoles (1996) spécialisées dans les primeurs.

Église
Au centre du bourg, elle a été construite en 1873. Elle abrite dans le chœur une statue de saint Pol-Aurélien (en bois, 17e s.) mort dans l'île en 573 (dans le bras gauche du transept, un tissu oriental du 8e s. appelé étole de saint Pol aurait appartenu à ce saint).

Phare
À l'Ouest de l'île. 210 marches. Haut de 44 m, il se dresse au point le plus élevé de l'île (23 m).

Trou du Serpent
Au-delà du phare, gagner sur la dune la maison en ruine et prendre le sentier à droite.
Une roche allongée, à quelques mètres de la côte, marque le lieu où saint Pol-Aurélien aurait précipité dans les flots, à l'aide de son étole, le dragon qui ravageait l'île.

Chapelle Ste-Anne
À l'Est de l'île. Cette chapelle romane ruinée se dresse à l'emplacement du monastère fondé par saint Pol-Aurélien.

Rostrenen

Haut lieu de danse et de musique populaire, Rostrenen est une ancienne bourgade très plaisante située au flanc d'une colline dans le pays fisel. Son église, N.-D.-du-Roncier, est l'ancienne chapelle du château, incendié pendant la Ligue en 1572. Construite au 14e s., remaniée aux 18e et 19e s., elle possède un beau porche faisant la transition entre le gothique et la Renaissance.

La situation
Cartes Michelin nos 59 pli 11 ou 230 pli 21 – Côtes-d'Armor (22). En pleine Bretagne intérieure, Rostrenen est un petit carrefour routier situé sur la N 164 reliant Carhaix-Plouguer à Mur-de-Bretagne.
🅸 11 rue Abbé-Gilbert – 22110 – ☎ 02 96 29 02 72.

Le nom
En breton, *roz* signifie tertre ; l'autre élément reste obscur.

Les gens
3 664 Rostrenois. Olivier Perrin (1761-1832), « peintre des Bretons de Cornouaille » y naquit.

CALENDRIER
Tous les ans, au mois d'août, un important concours de danse – notamment la « danse fisel » – est organisé par le cercle celtique local.

circuit

PAYS FISEL
Circuit de 45 km – Environ 2h1/2. Quitter Rostrenen par la D 790 au Nord-Est en direction de St-Brieuc.

St-Nicolas-du-Pélem
Dans l'**église** (15e et 16e s.) à chevet plat, remarquer deux beaux vitraux de 1470 illustrant la Passion. *De juil. à fin sept. : 14h-18h. ☎ 02 96 29 51 65.*
Longer le flanc gauche de l'église pour découvrir la **fontaine** St-Nicolas, du 17e s., adossée à une maison.
Prendre vers Lanrivain.

Lanrivain
Le cimetière préserve un ossuaire (15e s.) à arcades tréflées ; à droite de l'église, le calvaire (16e s.) est animé de personnages de grande dimension en granit de Kersanton.

Chapelle N.-D.-du-Guiaudet – *1,5 km au Nord sur la route de Bourbriac. À l'entrée du hameau du Guiaudet, prendre à droite une allée marquée par deux piliers de granit. Pâques-Toussaint : 10h-18h. En cas de fermeture, s'adresser à M. Chenu. ☎ 02 96 29 51 65.*

Bâtie à la fin du 17e s., la chapelle abrite, au-dessus du maître-autel, une sculpture représentant la Vierge couchée qui tient l'Enfant Jésus dans ses bras.

À ÉCOUTER
Dans le clocher, un carillon de 16 cloches sonne deux cantiques dédiés à Notre-Dame.

Se diriger vers Trémargat et à 1,5 km tourner à gauche.

Gorges de Toul Goulic★

1/4h à pied AR. Au fond du parking dominant la vallée boisée du Blavet, prendre le sentier très raviné et en forte descente qui conduit sous bois au milieu de la perte du Blavet. La rivière, encore abondante à l'origine de la perte (côté Nord), a entièrement disparu ici et gronde sous des chaos de roches énormes.

Faire demi-tour et tourner à gauche.

Kergrist-Moëlou

Sur le placître planté de beaux ifs séculaires se dresse le calvaire (1578) regroupant sur sa base une centaine de personnages en kersanton ; mutilés pendant la Révolution, ils ont été replacés sans ordre.

Par St-Lubin, regagner Rostrenen.

CANAL DE NANTES À BREST

Circuit de 20 km – Environ 1h1/2. Quitter Rostrenen à l'Ouest par la N 164 en direction de Carhaix-Plouguer et, à 3,5 km, tourner à gauche vers Gourin.

La route atteint le canal, construit de 1823 à 1834, au bief de partage, à l'altitude de 184 m. À droite du pont, il est conseillé d'emprunter le chemin de halage qui conduit à la tranchée du canal et permet de découvrir une partie de l'escalier de 44 écluses rattrapant en 17 km, jusqu'à Port-de-Carhaix, une dénivellation de 120 m.

Poursuivre jusqu'à la sortie de Glomel pour prendre à droite la route de Paule et, à 1,8 km, tourner encore à droite.

On arrive sur les bords du canal, dans un très joli **site★**, à hauteur de l'ancienne maison de l'éclusier de St-Péran. Agréable promenade sur le chemin de halage, en amont et en aval du pont.

Continuer jusqu'au grand axe routier Brest-Rennes où l'on tourne à droite pour regagner Rostrenen.

La douceur de la Bretagne intérieure.

Saint-Brieuc

Bâti à 3 km de la mer, St-Brieuc préserve une image de vieil évêché tranquille. Centre administratif, commercial et industriel du département, la ville qu'enjambent deux hardis viaducs connaît cependant le charme des quartiers anciens et le dynamisme nouveau d'un Centre d'art contemporain.

La situation

Cartes Michelin nos 59 pli 3 ou 230 plis 8, 9 – Côtes-d'Armor (22). Tout en dénivellé, Saint-Brieuc occupe un site curieux au creux de sa large baie.

ℹ 7 rue St-Goueno – 22000 – ☎ 02 96 33 32 50.

Le nom

Il rend hommage au missionnaire gallois Brieuc, venu évangéliser ces terres au 5e s. Le calendrier semble ignorer son travail, car sa fête a lieu le 1er mai !

Les gens

83 861 Briochains ou Briochins, et un griffon, animal fabuleux à corps de lion, à tête et ailes d'aigle, pour emblème. L'écrivain symboliste Villiers de L'Isle-Adam (1838-1889) est né à St-Brieuc.

carnet pratique

Où dormir

• ***Valeur sûre***

Hôtel Clisson – *36 r. Gouët – ☎ 02 96 62 19 29 – fermé 27 déc. au 9 janv. – P – 24 ch. : 270/430F* – ☕ 38F. Dans une rue calme, proche du centre-ville, cet hôtel aux aménagements récents est l'étape la plus agréable de St-Brieuc. Ses chambres de taille variée sont toutes meublées avec soin. Préférez les chambres avec bain qui sont plus spacieuses.

Où se restaurer

• ***À bon compte***

Crêperie les Druides – *1 bis r. des Trois-Frères-Le-Goff – ☎ 02 96 33 53 00 – fermé 25 oct. au 7 nov., sam. midi et lun. sf été – 40/70F.* Proche de la cathédrale, cette crêperie, au décor sans charme, a bonne réputation et ses galettes aux noix de St-Jacques ont un grand succès. N'hésitez pas à préciser la cuisson de vos crêpes, on les fera à votre goût. Accueil attentionné.

• ***Valeur sûre***

Aux Pesked – *59 r. du Légué – ☎ 02 96 33 34 65 – fermé 22 déc. au 15 janv., sam. midi, dim. soir et lun. – 115/495F.* Les « *pesked* » (poissons en breton) sont évidemment à l'honneur de cette table bien connue de la région. Les habitués y plébiscitent sa cuisine aux accents régionaux, préparée et servie par une équipe bien rodée dans sa salle largement ouverte sur un vallon.

Achats

Poterie du Légué – *R. de la Poste. Lun.-ven. 10h-13h, 14h-19h, sam.-dim. 14h-19h.* C'est dans une splendide maison du 16e s., qui servit d'entrepôt par la suite, qu'Étienne Huck a installé son atelier de poterie.

La Duchesse de Rohan – *2 r. Saint-Goueno, ☎ 02 96 33 36 27. Mar.-sam. 8h30-13h, 15h-19h, dim. 8h30-13h.* D'emblée reconnaissable à sa façade classée monument historique, c'est l'une des meilleures pâtisseries de la ville. Elle est d'une belle simplicité et son patron est un ancien professeur de gymnastique reconverti dans les gâteaux, qu'il est impossible de prendre en défaut.

Marchés – Les marchés et les foires de St-Brieuc sont très courus, en particulier la foire de la Saint-Michel (29 septembre), et la foire-exposition qui se tient au début du même mois. Le samedi, devant la cathédrale, les halles modernes servent de cadre à un marché animé.

Sortir

Le Piano Bleu – *4 pl. Fardel, ☎ 02 96 31 41 62. Ouv. tlj 17h-3h.* Petit bar incontournable des nuits briochines où des groupes de rock et de musique française réputés se sont produits. Moment historique, l'une de ces soirées mémorables fut même retransmise sur France Inter. Décor de bistrot.

La Passerelle – *Pl. de la Résistance, ☎ 02 96 68 18 40. Accueil : mar.-sam. 10h-19h.* Scène nationale regroupant la plupart des spectacles de la ville : théâtre, musique, opéra, danse...

Loisirs

Aéroclub des Côtes-d'Armor – *Aéroport de St-Brieuc – Le Plessis, ☎ 02 96 94 97 04.* Cet aéroclub propose baptêmes de l'air et autres envolées à partir de 120F par personne (100F pour les moins de 12 ans). Les plus blasés pourront se rabattre sur la petite flotte d'hélicoptères.

Centre municipal de voile de Saint-Brieuc – *27 bd de Cornouaille à Plerin, ☎ 02 96 74 51 59. Ouv. tte l'année, lun.-sam. 9h-12h, 14h-18h.* École de voile mettant à votre disposition dériveurs, catamarans, et planches à voile.

visiter

Cathédrale St-Étienne*

De juil. à fin août : possibilité de visite guidée sur demande auprès de l'Office de tourisme.

Cet édifice des 13e et 14e s., remanié à plusieurs reprises et restauré au 19e s., surprend par son allure massive d'église-forteresse. La façade austère est encadrée de deux grosses tours à meurtrières ou à mâchicoulis, épaulées par de robustes contreforts. Les bras du transept, très saillants, sont protégés par des tours à poivrière. Dans le bas-côté droit, remarquer l'autel de la chapelle du Saint-Sacrement, en bois sculpté, exécuté par Corlay vers 1745. Le bras droit du transept présente une belle verrière du 15e s. et, dans la petite chapelle, le tombeau de saint Guillaume, mort en 1234.

À voir

La finesse du triforium (au-dessus des grandes arcades), à balustrade à quadrilobes et à arcs trilobés. Le chemin de croix de Saupique, œuvre rennaise de 1958, en granit, comportant 16 stations.

Musée

Tlj sf lun. 9h30-11h45, 13h30-17h45, dim. 13h30-17h45. 21F, gratuit oct.-mars.

Il retrace l'histoire et le développement du département des Côtes-d'Armor au cours du 19e s., son passage d'une Bretagne traditionnelle à la Bretagne moderne. Plusieurs thèmes au programme : baie de St-Brieuc, tradition de la lande, drapiers et toiliers, relations villageoises.

ST-BRIEUC

Armor (Av. d') .... BZ 3
Chapitre (R. du) .... AZ 4
Charbonnerie (R.) .... AY 5
Gaulle (Pl. Gén.-de) .... AY 18
Glais-Bizoin (R.) .... ABY 20
Jouallan (R.) .... AY 26
Le-Gorrec (R.P.) .... AZ 28
Libération (Av. de la) .... BZ 29
Lycéens-Martyrs (R. des) ... AZ 32
Martray (Pl. du) .... AY 33
Quinquaine (R.) .... AY 38
Résistance (Pl. de la) .... AY 39
Rohan (R. de) .... AYZ 40
St-Gilles (R.) .... AY 43
St-Gouéno (R.) .... AY 44
St-Guillaume (R.) .... BZ 46
3-Frères-Le-Goff (R.) .... AY 52
3-Frères-Merlin (R.) .... AY 53

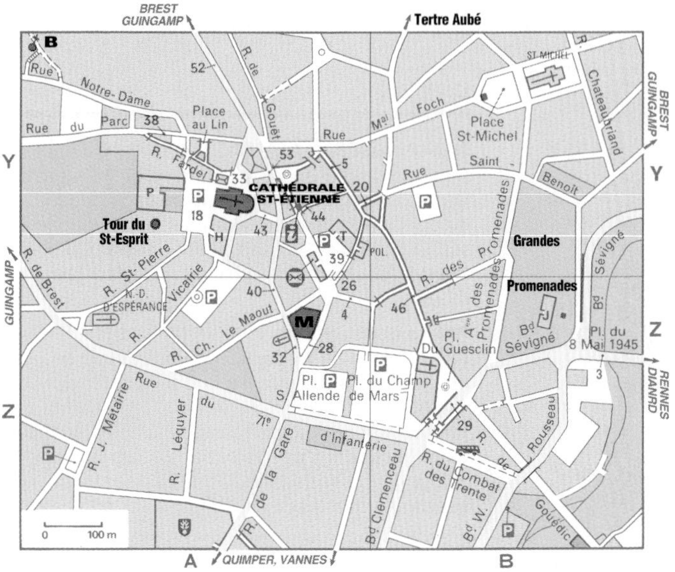

BREST GUINGAMP
Tertre Aubé
BREST GUINGAMP
GUINGAMP
RENNES DINARD
QUIMPER, VANNES
A
B
Y
Z
Rue Notre-Dame
Rue du Parc
Place au Lin
R. Fardel
R. de Gouët
Rue Mal Foch
Place St-Michel
ST-MICHEL
R. Chateaubriand
Rue Saint Benoît
CATHÉDRALE ST-ÉTIENNE
Tour du St-Esprit
R. St-Pierre
R. de Brest
N.-D. D'ESPÉRANCE
Vicairie
R. Le Maout
R. Ch.
Grandes Promenades
R. des Promenades
Bd Sévigné
Pl. du 8 Mai 1945
Pl. Du Guesclin
Pl. Allende
Pl. du Champ de Mars
Rue du 71e d'Infanterie
R. J. Métairie
R. Léquyer
R. de la Gare
Bd Clemenceau
R. du Combat des Trente
R. Rousseau
Gouédic
POL.
100 m

Cathédrale St-Étienne ... AY
Fontaine de St-Brieuc ... AY B
Grandes Promenades .... BYZ
Musée .... AZ M
Tour du St-Esprit .... AY

se promener

Maisons anciennes

Le quartier au Nord de la cathédrale a conservé de belles demeures des 15e et 16e s. à pans de bois et encorbellements. Il faut parcourir la place du Martray, la rue Fardel (à l'angle de la place au Lin : maison de Ribeault ; au n° 15, maison dite « hôtel des Ducs de Bretagne » ; puis nos 17, 19, 27, 29, 31, 32 et 34), la rue Quinquaine (n° 9), la rue du Gouët (nos 6, 16 et 22).

Tour du Saint-Esprit

Cette intéressante construction Renaissance à tour d'angle octogonale coiffée en poivrière a été restaurée en 1962.

Fontaine de St-Brieuc

Protégée par un joli porche du 15e s., cette fontaine est adossée au chevet de la chapelle N.-D.-de-la-Fontaine. En ce lieu se serait installé le moine gallois Brieuc, au 5e s., lors de l'évangélisation de cette région.

Grandes-Promenades

C'est le nom du parc entourant le palais de justice.

Tertre Aubé★

Ce terre-plein aménagé en jardin est aussi l'occasion d'une belle **vue★** sur la vallée du Gouët, sur le port du Légué, sur la baie de St-Brieuc.

Le vieux Saint-Brieuc où vivaient jadis nobles, ouvriers et petits marchands recèle des joyaux, notamment rue du Gouët

alentours

Hillion : Marinarium de la baie de St-Brieuc

À 10 km à l'Est ; quitter la voie rapide pour Yffiniac ; gagner Hillion par la D 80.

Un fléchage permet d'arriver à la **Maison de la baie**. *Juil.-août : 9h-12h, 14h-18h, w.-end 14h-18h ; sept.-juin : tlj sf sam. 9h-12h, 14h-18h, dim. 14h-18h. 10F.* ☎ 02 96 32 27 98.

À SAVOIR
Des sorties de découverte et d'initiation à l'ornithologie, ou au milieu naturel, sont régulièrement organisées.

Ce centre d'accueil et de découverte du milieu marin présente une centaine d'espèces végétales et animales collectées uniquement dans la baie. Chaque aquarium met en évidence un comportement spécifique : le mimétisme, la vie collective, l'association de certaines espèces.

circuit

DES PLAGES À L'ANCIENNE

Circuit de 25 km – Environ 2h. Quitter St-Brieuc au Nord par le port du Légué, longer le quai rive gauche. Sur la droite, dans la verdure, se profile la tour ruinée de Cesson ; au cours de la montée, belle vue sur la pointe des Guettes au fond de la baie et la côte jusqu'au cap d'Erquy.

Pointe du Roselier*

Faire le tour de la pointe en empruntant le sentier à droite de la longue-vue. De belles **vues*** se développent sur St-Quay-Portrieux et la côte ; le sentier passe à proximité d'un ancien four à rougir les boulets, puis longe la clôture d'une villa. La vue se porte alors sur la pointe de Cesson, le fond de la baie de St-Brieuc et les bouchots à moules de la pointe des Guettes, la côte vers le Val-André. De petits sentiers à flanc de falaise ramènent au point de départ.

Faire demi-tour et, à 2 km, tourner à droite.

Martin-Plage

Cette jolie plage s'étire entre la pointe du Roselier et le rocher des Tablettes.

La route s'élève ensuite rapidement et, à Ville-Fontaine, prendre à droite une agréable petite route qui descend entre des talus boisés.

Plage des Rosaires

La plage est encadrée de falaises boisées, hautes de près de 100 m. La vue embrasse toute la baie de St-Brieuc, de la pointe de St-Quay au cap d'Erquy.

Regagner St-Brieuc par la route directe.

Saint-Cast-Le-Guildo

Cette station formée de trois agglomérations (le Bourg, l'Isle et les Mielles) a déjà une longue histoire de tourisme balnéaire, dont témoignent ses belles villas du quartier des Mielles. Station familiale par excellence, St-Cast préserve un charmant petit port de pêche.

La situation

Cartes Michelin n°s 59 pli 5 ou 230 plis 10, 11 – Côtes-d'Armor (22). À l'Ouest de Dinard et St-Malo, St-Cast est accessible par la D 786 et les D 13 ou D 19. *Place Charles-de-Gaulle – 22380 – ☎ 02 96 41 81 52.*

Le nom

Cast est la déformation bretonne de Cadoc, saint très populaire au pays de Galles. On retrouve sa trace ailleurs en Bretagne : dans le Morbihan, deux villages leur doivent leur nom, St-Cado et Pleucadeuc.

Les gens

3 093 Castins. En saison, avant tout des baigneurs, comme dans toute station balnéaire qui se respecte !

PLAGES
St-Cast est riche de sept plages, dont deux sont de belles étendues de sable fin, la grande Plage et Pen-Guen. La Frênaye et la Pissotte se nichent dans des sites plus sauvages.

Le trampoline, les tentes, la plage... rien ne change pour les enfants qui ne voient pas encore le temps passer...

se promener

Pointe de St-Cast★★

On atteint l'extrême pointe (monument à la mémoire des « Évadés de France qui préfèrent mourir debout que vivre à genoux ») par un sentier courant le long de la falaise. Le sentier rejoint le chemin de St-Cast à la plage de la Mare (autre monument à la mémoire des victimes de la frégate *Laplace*, bâtiment qui sauta sur une mine en 1950).

Elle vaut le déplacement !
Depuis la pointe, le promeneur a une superbe **vue★★** sur la côte d'Émeraude. À côté du sémaphore se trouve une table d'orientation bien utile.

Pointe de la Garde★★

De l'extrémité de la pointe, autre très belle **vue★★** : cette fois sur les plages de St-Cast et de Pen Guen et sur la côte jusqu'à la pointe de la Garde. Un sentier touristique contourne la pointe ; il emprunte la corniche de la Plage près de l'hôtel Ar Vro, passe près de l'oratoire, suit la falaise sur la pointe et se raccorde sur le versant Sud au chemin d'accès à la cale près de l'oratoire.

Église

Au bourg. À l'intérieur de cette église (fin 19e s.), remarquer un curieux bénitier (12e s.) orné de grotesques et les statues de saint Clément et saint Cado, du 17e s.

Chapelle Ste-Blanche

À l'Isle. Au-dessus du maître-autel, une antique statue de sainte Blanche, mère de triplés, est l'objet d'une grande vénération.

carnet d'adresses

Où dormir

• *Valeur sûre*

Chambre d'hôte Château du Val d'Arguenon – *rte de St-Malo : 9 km – ☎ 02 96 41 07 03 – fermé oct. à mars –* ⊄ *– 5 ch. : 450/610F.* Se promener dans le parc jusqu'à la mer, admirer l'architecture du manoir qui appartient à la même famille depuis deux siècles, profiter de ses beaux salons anciens, dormir dans une chambre de caractère, voilà un programme très romantique. Trois gîtes, plus simples.

Où se restaurer

• *À bon compte*

Le Biniou – *rte de Dinard : 1,5 km – ☎ 02 96 41 94 53 – fermé 11 nov. au 15 déc., 5 janv. au 18 fév., lun. soir et mar. sf vac. scol. – 98/220F.* Dans ce pavillon moderne en face de la plage, vous pourrez vous restaurer d'une cuisine simple et fraîche. Son bar propose une carte simplifiée en été. Son restaurant sert des salades à l'heure du déjeuner, en semaine uniquement.

Saint-Malo★★★

Presque entièrement détruite en 1944, St-Malo a été si bien restaurée que ses visiteurs se persuadent sans mal, une fois l'enceinte franchie, d'entamer un voyage au temps des corsaires. Les attraits de la ville ne s'y limitent toutefois pas, l'agglomération réunissant en effet depuis 1967 St-Malo, St-Servan, Paramé et Rothéneuf. Port très actif, la cité malouine n'en est pas moins une station balnéaire réputée avec ses plages de Bon-Secours et de la Grande-Grève.

La situation

Cartes Michelin n°s 59 pli 6 ou 230 pli 11 – Ille-et-Vilaine (35). Dominant l'embouchure de la Rance, le vieux St-Malo reconstruit est réservé aux piétons. Profitez donc du parking situé près du casino.

i *Esplanade St-Vincent – 35400 – ☎ 02 99 56 64 48.*

Le nom

Au 6e s., saint Malo évangélisa Aleth et en devint l'évêque. En 1144, le peuplement de l'île voisine devint assez important pour que l'évêché d'Aleth s'y trouve transféré. Elle prit le nom de St-Malo tandis qu'Aleth se plaçait sous la protection d'un autre saint local : saint Servan.

Les gens

48 067 Malouins. Au moment de la Ligue, la ville se déclara en république et maintint son indépendance durant quatre ans. Cet esprit particulariste se traduit par la devise : « Ni Français ni Breton : Malouin suis. »

CAFE de
la BOURSE

Les Corsaires

Ces hardis marins recevaient du roi des « lettres de course » qui leur permettaient d'attaquer les navires de guerre ou marchands sans être traités en pirates, c'est-à-dire pendus. Aux 17e et 18e s., les corsaires ont infligé aux Anglais, aux Hollandais et aux Espagnols des pertes inouïes.

comprendre

CINQ MALOUINS CÉLÈBRES

Jacques Cartier (1491?-1557) – Parti en 1534 chercher de l'or dans la région de Terre-Neuve et du Labrador, il découvre l'estuaire du St-Laurent qu'il prend pour l'embouchure d'un grand fleuve d'Asie. Comme le mot « Canada », qui signifie village en huron, revient souvent dans les propos des Indiens, il donne ce nom au pays. Il en prendra possession en 1534 au nom du roi de France, mais c'est Champlain qui colonisera le Canada et fondera Québec en 1608.

Duguay-Trouin (1673-1736) et **Surcouf** (1773-1827) – Les plus illustres corsaires malouins. Fils d'un riche armateur, Duguay s'embarque à 16 ans sur un navire corsaire pour mettre fin à une vie orageuse. Ses dons sont tels qu'il passe à 24 ans dans le « Grand Corps » de la Marine royale comme capitaine de frégate. Il meurt anobli, lieutenant-général et commandeur de St-Louis.

Rien de tel qu'une vue d'avion pour saisir toute la beauté de ce site historique.

Où dormir

• À bon compte

Chambre d'hôte La Gœlettrie – *20 r. Goëlettrie, quartier Quelmer – 7 km de St-Malo, dir. Dinard puis Quelmer – ☎ 02 99 81 92 64 – ⊭ – 5 ch. : 240/300F – repas 100F.* St-Malo côté campagne ! Voilà un site inhabituel pour une ville très maritime. Cette jolie ferme, face à la Rance, bénéficie d'une tranquillité très appréciée. Chambres sans grand caractère mais accueil charmant.

• Valeur sûre

Hôtel les Ajoncs d'Or – *10 r. des Forgeurs – ☎ 02 99 40 85 03 – fermé 15 nov. au 24 fév. – 22 ch. : 440/590F – ☕ 48F.* Dans la vieille ville, cet hôtel douillet, modernisé il y a peu, a insonorisé ses chambres et rénove ses salles de bains au fur et à mesure. Les petits-déjeuners sont servis dans son petit bar, avec chaises et tables de bistrot, où vous pourrez également boire un verre.

Hôtel Quic en Groigne – *8 r. d'Estrées – ☎ 02 99 20 22 20 – 15 ch. : 270/420F – ☕ 42F.* Dans une ancienne maison de pierres, cet hôtel rondement mené par sa gérante a les atouts d'une gentille petite adresse. Au calme dans une ruelle, il est très bien tenu et son décor sobre est agréable et clair... Petit-déjeuner servi sous la véranda.

Hôtel la Rance – *15 quai Sébastopol (port Solidor) – ☎ 02 99 81 78 63 – 11 ch. : 415/515F – ☕ 49F.* Au pied de la tour Solidor, ce petit hôtel ouvre de jolies vues sur le port et la baie. Une collection de tableaux, maquettes et bibelots sur le thème de la mer s'accumule dans son salon, meublé avec autant de soin que les chambres. Quelques balcons côté mer.

• Une petite folie !

Hôtel Valmarin – *7 r. Jean-XXIII – ☎ 02 99 81 94 76 – fermé 15 nov. au 20 déc. et 3 janv. aux vac de fév. – P – 12 ch. : à partir de 550F – ☕ 60F.* Impossible de ne pas tomber sous le charme de cette élégante malouinière du 18e s. Avec ses beaux salons qui ouvrent sur le parc et ses chambres spacieuses, décorées de meubles anciens comme l'ensemble des pièces, elle allie raffinement et confort...

Où se restaurer

• À bon compte

Chalut – *8 r. de la Corne-de-Cerf – ☎ 02 99 56 71 58 – fermé dim. soir de sept. à juin et lun. – 100/300F.* Voilà une étape indispensable sur la route des gourmands ! Tenu par un jeune chef passionné, ce restaurant aux murs lambrissés sert une cuisine savoureuse autour des produits de la mer. Le rapport qualité/prix est excellent et ça se sait ! Mieux vaut réserver...

Crêperie Ti Nevez – *12 r. Broussais (intra-muros) – ☎ 02 99 40 82 50 – fermé janv., 15 nov. au 7 déc., mer. sf été et le soir sf w.-end – 45/80F.* Fondée en 1959, cette minuscule crêperie joue la carte de la tradition, tant dans son décor où mobilier breton et photos anciennes témoignent du passé, que dans ses recettes, avec des crêpes tournées à l'ancienne dans la salle. Essayez aussi le fameux gâteau breton.

La Corderie – *À St-Servan-sur-Mer, cité d'Aleth, chemin de la Corderie – ☎ 02 99 81 62 38 – fermé mi-oct. à mi-mars et lun. sf été – 98F.* Au-dessus de la tour Solidor, la villa domine superbement la Rance et son barrage. Aux beaux jours, la terrasse rencontre un vif succès, et en hiver, ses deux salles ont bien du charme : grandes baies vitrées, mobilier ancien et exposition de tableaux.

• Valeur sûre

Clos du Chanoine – *6 km rte de Cancale – La Mettrie au Chanoine – ☎ 02 99 82 84 57 – fermé 21 au 30 juin, 15 au 30 nov., jeu. midi sf août et mer. – 130/280F.* Dans cette charmante maison bretonne du 17e s., vous goûterez aux délices d'une étape étoilée. Déjà bien connue des habitants de la région, elle vous séduira aussi avec ses produits régionaux mis au goût du jour... et servis dans le jardin en été.

Sortir

Cunningham's Bar – *2 r. des Hauts-Sablons, ☎ 02 99 81 48 08. Ouv. tlj 17h-3h.* Avec son beau décor nautique et sa baie vitrée face à l'océan, ce bar de standing est l'une des adresses de choix de St-Malo, en activité ininterrompue depuis 25 ans. Vous y boirez une bière en écoutant le pianiste ou un groupe. Clientèle aisée.

Le Cancalais – *1 quai Solidor, ☎ 02 99 81 15 79. Hors saison : tlj 10h30-1h. Juil.-août : tlj 9h-2h.* Sur le port Solidor, ce petit bistrot centenaire est connu comme le loup (de mer) à St-Malo. Tenu par la famille Illand depuis la fin des années 1980, c'est le lieu idéal pour prendre l'apéro en terrasse et en fin d'après-midi. Clientèle d'habitués.

L'Aviso – *12 r. du Point-du-Jour, ☎ 02 99 40 99 08. Hors saison : mar.-sam. Juin-sept. : tlj 18h-3h.* Ce bar à bières (300 à la carte) est tenu par un Lensois depuis plus de 20 ans. Ce «bièristothérapeute» (comme l'appellent ses copains) connaît tout des bières et rédige ses additions sur ordonnance – cadeau de sa femme – d'une belle écriture de médecin. Pour en savoir plus sur les vertus médicinales de ce breuvage, faites donc une petite visite à ce sympathique établissement.

Saint-Patrick – *24 r. Ste-Barbe, ☎ 02 99 56 66 90. Hors saison : dim.-jeu. 11h-1h, ven.-sam. 14h-1h. Été : tlj 14h-2h.* Ce pub est formé d'une enfilade de petites pièces. Montez directement au 1er étage vous asseoir sur le banc circulaire, incrusté dans le sol comme une petite piscine ronde. Spécialités : bières et whiskies (une quarantaine).

Achats

La Droguerie de Marine – *66 rue Georges-Clemenceau, à St-Servan-sur-Mer.* C'est un étonnant univers mêlant les produits d'entretien et les articles de matelotage, dont le « bateau pop-pop » qui réjouira les plus petits.

Loisirs

Théâtre de St-Servan – *6 pl. Bouvet, ☎ 02 99 81 62 61. Accueil : mar.-sam. 10h-12h, 15h-19h.* Théâtre regroupant les principaux spectacles de St-Malo : théâtre, variétés, musique classique, ballet, cabaret...

Point Passion Plage – *Plage de Bon-Secours, ☎ 02 99 40 11 45. Printemps-automne : tlj 13h30-17h30. Été : tlj 10h-18h.* Juste derrière l'Intra-Muros, ce centre de voile propose des cours et des locations de dériveurs et de planches à voile.

Surf School – *2 av. de la Hoguette, ☎ 02 99 40 07 47. Hors saison : tlj 9h-12h, 13h30-18h. Juil.-août : lun.-sam. jusqu'à 19h, dim. 14h-18h.* Ce club organise des cours et loue planches à voile, funboards, chars à voile, chars à cerf volant, speed sail, et surfs.

Naviguer sur un vieux gréement

La Renard – *Association Cotre Corsaire, ☎ 02 99 40 53 10.* Construit à l'occasion de « Brest 92 », il sort avec 27 passagers en direction du cap Fréhel, ou avec 12 passagers vers les îles Chausey.

Association Étoile marine – *☎ 02 99 40 48 72.* Elle organise des journées ou des week-ends en mer sur ses vieux gréements : *Étoile Molène*, *Le Popoff* et *Fleur de Mai*.

Promenades en bateau

La compagnie Émeraude Lines organise des excursions en baie de St-Malo (1h), à l'île Cézembre (1/4h), au cap Fréhel (2h3/4), à Dinan par la Rance (2h1/2), aux îles Chausey (1h3/4). Juil.-août : pour aller directement de St-Malo à Dinard, sans prendre la voiture, le « bus de mer » (1/4h), 7h30-22h40 ; sept.-juin : toutes les h. Gare maritime de la Bourse, B.P. 16, 35401 St-Malo Cedex. ☎ 02 23 18 15 15.

Dinard★★★ *(voir ce nom)*

Croisière du cap Fréhel★★★ *(voir ce nom)*

Vallée de la Rance★★ *(voir ce nom)*

Île de Cézembre *(voir Dinard)*

Îles Chausey★ – *Les curiosités sont décrites dans le Guide Vert Michelin Normandie-Cotentin-Îles anglo-normandes.*

Îles anglo-normandes – *Les curiosités sont décrites dans le Guide Vert Michelin-Normandie-Cotentin-Îles anglo-normandes.*

À destination de Jersey-Guernesey – Sercq et Aurigny, des bateaux (catamaran hydrojet, catamaran perce-vagues) et des car-ferries partent régulièrement de St-Malo. De mars à déb. nov. : la compagnie Condor Ferries assure des liaisons quotidiennes avec les îles anglo-normandes (Jersey, Guernesey) et la Grande-Bretagne (Weymouth et Poole) par car-ferry à grande vitesse stabilisé. ☎ 02 99 20 03 00.

Le destin de Surcouf est bien différent, mais tout aussi brillant. Répondant à l'appel de la mer, Surcouf commence très jeune une carrière riche en exploits fabuleux. Négrier, puis corsaire, il amasse un énorme butin et prend à 36 ans une retraite précoce au cours de laquelle il arme des corsaires et continue à accroître sa fortune.

La chambre où François René vit le jour se trouve au 2e étage d'un immeuble modeste dont l'entrée donne sur la cour d'honneur de l'hôtel « France et Chateaubriand », près de la tour Quic-en-Groigne.

François-René de Chateaubriand (1768-1848) – Il est le dixième et dernier enfant d'une très noble famille bretonne plutôt désargentée. Son père est allé chercher fortune aux Amériques et a pu, au retour, s'établir armateur à St-Malo. Le futur grand écrivain romantique passe ses premières années à vagabonder sur le port, puis étudie successivement aux collèges de Dinan, Dol, Rennes, Brest, rêvant tantôt d'être marin et tantôt d'être prêtre. Il reste deux années dans la solitude de Combourg avec son père, sa mère et sa sœur Lucile. C'est par le métier des armes qu'il commence, en 1786, une carrière immense et mouvementée qui se termine en 1848 dans l'isolement grandiose du Grand Bé.

Lamennais (1782-1854) – Cet autre fils d'armateur malouin a tenu une place importante dans le mouvement romantique. Élevé par un oncle au château de la Chesnaye, près de Dinan, il est, à 22 ans, professeur de mathématiques au collège de St-Malo. Ordonné prêtre en 1816, ses polémiques passionnées le mettent cependant en difficulté avec Rome. Ayant rompu avec l'Église, il se retire à la Chesnaye. Ses idées politiques avancées le font condamner à un an de prison en 1840, mais lui valent un siège à l'Assemblée nationale de 1848.

se promener

Les remparts (St-Malo intra-muros)★★★

Visite : 2h. Partir de l'esplanade St-Vincent.

À l'entrée du jardin du casino, la statue de Chateaubriand élevée en 1948 commémore le centenaire de sa mort. Passer sous la porte St-Vincent et prendre, à droite, l'escalier qui donne accès au chemin de ronde. Commencés au 12e s., les remparts (sortis intacts des destructions de 1944) ont été agrandis et modifiés jusqu'au 18e s. Cette promenade, qui offre des vues magnifiques et variées, est recommandée à marée haute (amplitude de 8 à 14 m), car le spectacle y est réellement saisissant.

Destruction et renaissance de St-Malo

Transformés par les Allemands en un vaste camp retranché, St-Malo et ses environs sont, du 1er au 14 août 1944, l'objet d'une lutte sans merci. La ville en sortira ruinée. Les restaurateurs ont eu à cœur de faire revivre la vieille cité. Scrupuleuse de fidélité, leur réalisation est une réussite totale.

De la porte St-Vincent au bastion St-Louis – Aussitôt après la Grande Porte, couronnée de mâchicoulis, la vue se développe sur l'isthme étroit qui relie la vieille ville à ses faubourgs ; sur les bassins du port ; au-delà, sur St-Servan.

Du bastion St-Louis au bastion St-Philippe – Le rempart borde les maisons des riches armateurs malouins ; deux restèrent intactes, près du bastion St-Louis, précédant une succession de murailles et de façades qui furent remontées pierre à pierre. Ce bel ensemble de hautes toitures surmontées de cheminées monumentales a été totalement reconstitué, rendant à cette partie de la ville son aspect traditionnel. La vue se développe sur l'avant-port ; sur le rocher d'Aleth, couronné par le fort de la Cité, et sur l'estuaire de la Rance ; sur Dinard, avec la plage du Prieuré et la pointe de la Vicomté.

Du bastion St-Philippe à la tour Bidouane – La vue y est très belle. À droite de la pointe du Moulinet, on aperçoit en partie la grande plage de Dinard ; on distingue la pointe des Étêtés séparant Dinard de St-Lunaire, la pointe du Décollé, l'île Ebihens, la pointe de St-Cast et le cap Fréhel ; à droite, plus proche, l'île Harbour et, toujours vers la droite, les îles du Grand Bé et du Petit Bé, puis à l'arrière-plan, l'île de Cézembre et le fort de la Conchée.

De la tour Bidouane à la porte St-Vincent – Après avoir longé les bâtiments de l'École nationale de la marine marchande, on découvre le fort National et la grande courbe qui unit St-Malo à la pointe de la Varde, en passant par les plages de Paramé, de Rochebonne et du Minihic.

Île du Grand Bé

À marée basse, 3/4h à pied AR. Quitter St-Malo par la porte des Champs-Vauverts et traverser la plage obliquement, pour gagner la chaussée qui conduit à l'île. Suivre le chemin accroché au flanc droit de l'île. Le **tombeau de Chateaubriand** se trouve du côté du large : une simple dalle sans nom, surmontée d'une lourde croix de granit. Du sommet de l'île, superbe **panorama**★★ sur toute la Côte d'Émeraude.

Traverser le terre-plein, descendre quelques marches et tourner à gauche dans un chemin qui ramène à la chaussée que l'on a empruntée à l'aller.

L'île du Grand Bé est un agréable but de promenade, si la marée le permet...

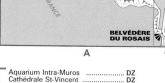

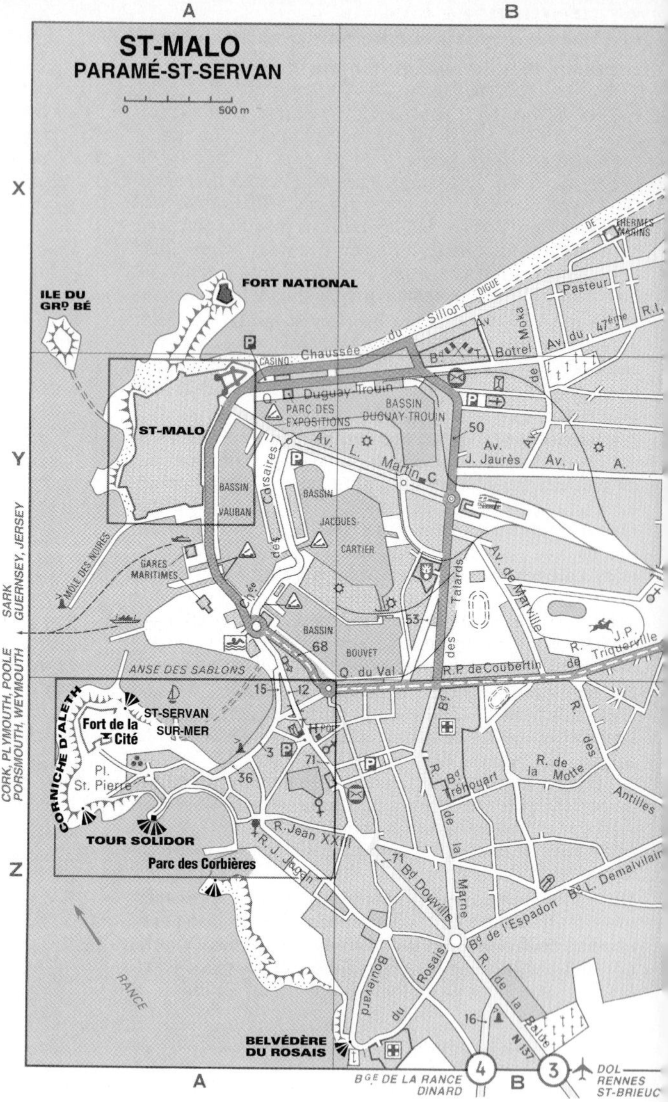
ST-MALO
PARAMÉ-ST-SERVAN
0
500 m
A
B
X
Y
Z
FORT NATIONAL
ILE DU GRD BÉ
ST-MALO
BASSIN VAUBAN
CASINO
Chaussée du Sillon
DIGUE
Pasteur
Bd Botrel
Moka
Av. du 47e
Duguay-Trouin
PARC DES EXPOSITIONS
BASSIN DUGUAY-TROUIN
50
Av. J. Jaurès
Av. L. Martin
BASSIN JACQUES-CARTIER
Corsaires
GARES MARITIMES
MÔLE DES NOIRES
BASSIN BOUVET
68
53
Q. du Val
R. P. de Coubertin
J.P. Triquerville
Av. de Marville
des Talards
ANSE DES SABLONS
15
12
ST-SERVAN SUR-MER
Fort de la Cité
CORNICHE D'ALETH
Pl. St. Pierre
3
71
36
TOUR SOLIDOR
Parc des Corbières
R. Jean XXIII
R. J. Jugan
Bd Douville
Bd Tréhouart
R. de la Motte
Antilles
Bd de l'Espadon
Bd L. Demalvilair
R. de la Marne
Boulevard du Rosais
R. de la Balue
16
N 137
BELVÉDÈRE DU ROSAIS
RANCE
SARK GUERNSEY, JERSEY
CORK, PLYMOUTH, POOLE PORSMOUTH, WEYMOUTH
BGE DE LA RANCE DINARD
4
3
DOL RENNES ST-BRIEUC

Aquarium Intra-Muros .... DZ
Cathédrale St-Vincent .... DZ
Château .... DZ
Fort National .... AX
Musée de la Poupée et du Jouet ancien .... DZ M¹

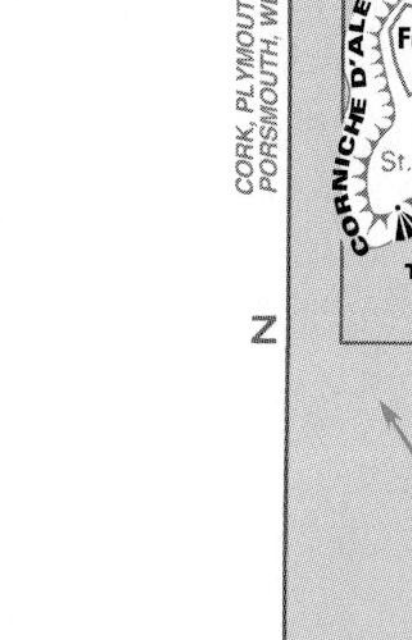

La flottille de plaisance, ici au pied des remparts, est surtout concentrée aux Bas-Sablons, près de la cité d'Aleth.

Le port

Aménagé au cœur de la vaste rade qui séparait jadis la cité corsaire du continent, le port de St-Malo possède quatre bassins à flot protégés par une écluse. Son avant-port est équipé de deux gares maritimes pour le trafic des car-ferries et des vedettes rapides. Des liaisons quotidiennes *(sauf en hiver)* desservent l'Angleterre (Portsmouth) et les îles anglo-normandes de Jersey et Guernesey. Pour la navigation de plaisance, de nombreux pontons ont été aménagés sous les remparts.

visiter

Le château★★

Visite : 1h1/2

Symbole du pouvoir ducal puis royal, le château est accolé à la tour Quic-en-Groigne. On y voit les façades des anciennes casernes des 17e et 18e s. (hôtel de ville actuel), la citerne, le grand donjon et le castelet. Édifié en 1395, le petit donjon flanque l'ancien mur d'enceinte.

ST-MALO

Bardelière (R. M.-de-la)	CZ	2
Bas-Sablons (R. des)	AZ	3
Broussais (R.)	DZ	
Cartier (R. J.)	DZ	5
Chartres (R. de)	DZ	6
Chateaubriand (Pl.)	DZ	8
Clemenceau (R. G.)	AZ	12
Cordiers (R. des)	DZ	13
Dauphine (R.)	AZ	15
Dinan (R. de)	DZ	
Doutreleau (R.)	BZ	16
Flaubert (R. G.)	CX	17
Forgeurs (R. du)	DX	18
Fosse (R. de la)	DX	19
Herbes (Pl. aux)	DZ	25
Lamennais (Pl. Fr.)	DZ	28
Mettrie (R. de la)	DZ	35
Mgr-Duchesne (Pl.)	AZ	36
Pilori (Pl. du)	DZ	38
Poids-du-Roi (Pl. du)	DZ	39
Poissonnerie (Pl. de la)	DZ	42
Porcon-de-la-Barbinais (R.)	DZ	43
République (Bd de la)	BY	50
Roosevelt (Av. F)	BY	53
Schuman (R. du Prés.-R.)	CX	58
St-Benoist (R.)	DZ	56
St-Vincent (R.)	DZ	57
Trichet (Q. de)	AY	68
Umbricht (R. du R. P.)	CX	69
Vauban (Pl.)	DZ	70
Ville-Pépin (R.)	AZ	71

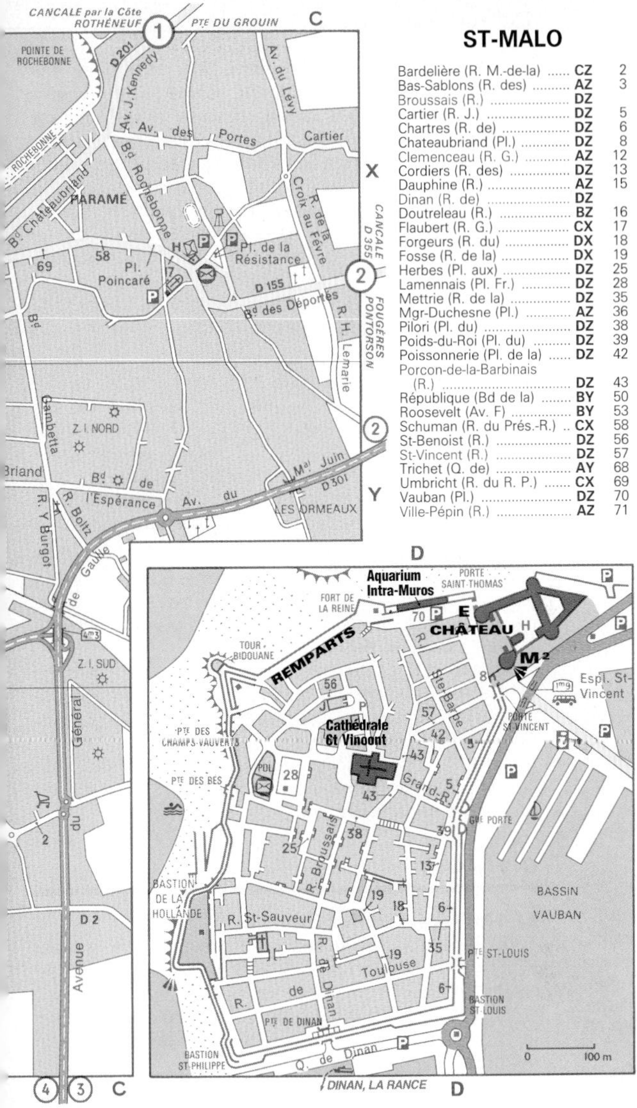
CANCALE par la Côte
ROTHÉNEUF
PTE DU GROUIN
POINTE DE ROCHEBONNE
PARAMÉ
Pl. Poincaré
Pl. de la Résistance
Bd des Déportés
CANCALE D 355
FOUGÈRES PONTORSON
Z. I. NORD
Z. I. SUD
Bd de l'Espérance
Av. du Mal Juin
LES ORMEAUX
Aquarium Intra-Muros
PORTE SAINT-THOMAS
FORT DE LA REINE
CHÂTEAU
TOUR BIDOUANE
REMPARTS
Cathédrale St Vincent
PTE DES CHAMPS-VAUVERTS
PTE DES BES
Esp. St-Vincent
PORTE ST-VINCENT
Grand-R.
GDE PORTE
BASSIN VAUBAN
BASTION DE LA HOLLANDE
R. St-Sauveur
PTE ST-LOUIS
BASTION ST-LOUIS
PTE DE DINAN
BASTION ST-PHILIPPE
Q. de Dinan
DINAN, LA RANCE
100 m

Musée d'Histoire de la ville et d'Ethnographie du pays malouin .... DZ M²

Tour Quic-en-Groigne .... DZ E

Élevé en 1424, le grand donjon domine le château. À l'extérieur, les tours d'angle datent des 15e et 16e s., la chapelle et « la galère », du 17e s.

Vue d'ensemble

Depuis les tourelles de guet se révèle un **panorama**★★ imposant sur la ville, le port, la côte et la mer.

Musée d'Histoire de la ville et d'Ethnographie du pays malouin★

Avr.-sept. : 10h-12h, 14h-18h ; oct.-mars : tlj sf lun. et j. fériés 10h-12h, 14h-18h. Fermé 1er mai. 26,50F. ☎ *02 99 40 71 57.*
Occupant le grand donjon et le castelet, il est consacré à l'histoire de St-Malo et de ses hommes célèbres. Documents, maquettes de navires, peintures et armes rappellent le passé maritime de la cité. De l'ancienne chapelle, un passage conduit à la tour Générale où sont présentés l'économie, les modes de vie et les événements marquants du pays malouin.

Quic-en-Groigne★

Cette tour est située dans l'aile gauche du château. Son nom rappelle la réplique d'Anne de Bretagne aux Malouins : « Qui qu'en groigne, ainsi sera, car tel est mon bon plaisir. »

Cathédrale St-Vincent

De juil. à fin août : visite guidée 9h-18h30.

Commencée au 11ᵉ s., achevée au 18ᵉ s., elle fut coiffée au 19ᵉ s. d'une flèche ajourée. Couverte de voûtes d'ogives très bombées, la nef contraste avec le chœur (13ᵉ s.) qu'éclairent de magnifiques **vitraux**★ de Jean Le Moal. Dans le transept, les vitraux accusent des tonalités plus assourdies alors que les verrières de Max Ingrand dans les bas-côtés offrent des couleurs froides. Une Vierge du 16ᵉ s., N.-D.-de-la-Croix-du-Fief, provenant d'une maison médiévale, est conservée dans la 2ᵉ chapelle, côté gauche du déambulatoire où se trouvent aussi les restes de Duguay-Trouin. La chapelle voisine abrite le chef de Jacques Cartier.

À VOIR
La rose, aux flammes orangées, rouges et jaunes, qu'encadrent des verrières grenat, indigo, rose ardent, ciel.

Aquarium intra-muros

♿ *Avr.-sept. et vac. scol. : 10h-13h, 14h-18h30 (de mi-juil. à fin août : 10h-13h, 14h-22h, dim. 10h-13h, 14h30-18h30) ; oct.-mars : w.-end et j. fériés : 10h-13h, 14h-18h. 30F (enf. : 20F). ☎ 02 99 56 94 77.*

À l'intérieur d'une courtine du rempart, un ancien magasin d'artillerie réunit 35 bacs d'eau douce peuplés de merveilleux poissons tropicaux aussi colorés qu'insolites.

Fort National★

Accès par la plage de l'Éventail à marée basse - 1/4 h à pied AR. De juin à fin sept. : visite guidée (1/2h) à marée basse (horaires variables en fonction des marées). Fermé à marée haute. 20F. ☎ 04 70 34 71 85.

Construit par Vauban en 1689, le « fort Royal » est devenu « fort National » après 1789, puis propriété privée. Bastion avancé assurant la protection de la cité corsaire, il fait corps avec le rocher.

La **vue**★★ des remparts y est exceptionnelle : de l'estuaire de la Rance aux îles Chausey. La visite du cachot est impressionnante.

ÉTONNANT
Au cours de la visite est évoqué le duel mémorable de Surcouf défendant l'honneur de la France contre 12 adversaires, dont il épargna le dernier comme témoin de ses exploits.

alentours

ST-SERVAN-SUR-MER★

Tout en jardins, la ville contraste avec la cité de St-Malo enclose dans ses remparts. St-Servan, dont la plage principale est formée par l'anse des Sablons, a trois ports : le bassin Bouvet, port de commerce et de pêche fraîche qu'elle partage avec St-Malo, le port Solidor, ancien port militaire, et le port St-Père.

UNE HUMBLE SERVANTE
Placée comme domestique à St-Servan chez une vieille demoiselle, Jeanne Jugan (1792-1879) acheta une masure pour accueillir des vieillards avec l'aide de trois amies. Cette association spirituelle marquait les débuts de la congrégation des **Petites Sœurs des pauvres**.

Corniche d'Aleth★★

Laisser la voiture sur la place St-Pierre où se dressent les ruines de l'ancienne cathédrale. Prendre la rue St-Pierre au chevet de l'église et gagner à gauche l'allée en corniche. Cette promenade procure des **vues**★★ magnifiques. On verra successivement la cité de St-Malo, les îles du Petit Bé et du Grand Bé ainsi que l'île de Cézembre, le fort de la Cité puis l'ensemble de la rade avec au loin l'île fortifiée de la Grande Conchée, le phare du Grand Jardin (à gauche), l'île Harbour et son fort et, au-delà, le cap Fréhel, puis la pointe du Décollé que prolongent des récifs. En empruntant le chemin en descente à droite, on découvre une très belle vue sur l'estuaire de la Rance et, au-delà, l'usine marémotrice.

Tour Solidor★

Bâtie en 1382, restaurée au 17ᵉ s., haute de 27 m, cette ancienne prison commande l'estuaire de la Rance.

Musée international du Long Cours Cap-Hornier★ – *À l'intérieur de la tour Solidor. Avr.-sept. : 10h-12h, 14h-18h ; oct.-mars : tlj sf lun. et j. fériés 10h-12h, 14h-18h. Fermé 1ᵉʳ mai. 26,50F. ☎ 02 99 40 71 58.*

Consacré à l'histoire, aux techniques, aux traditions, dont la visite par paliers permet d'atteindre sans fatigue le chemin de ronde d'où la vuea est belle sur l'estuaire, St-Servan-sur-Mer, St-Malo, Dinard et la Rance.

La tour Solidor.

Parc des Corbières

Parc boisé aux nombreuses essences. Prendre à droite le sentier en corniche qui, contournant la pointe des Corbières, offre de belles **échappées★** sur l'estuaire de la Rance.

Fort de la Cité

Bâti en 1759, il fut utilisé et transformé par les Allemands pendant la dernière guerre. Autour de la cour intérieure est disposée une chaîne de blockhaus reliés par près de 2 km de galeries souterraines.

Église Ste-Croix

De style gréco-roman. L'intérieur est décoré de fresques de 1854 et de vitraux modernes (1962).

Belvédère du Rosais★

Situé près du petit cimetière marin (tombe des parents de Chateaubriand), il offre une jolie **vue★** sur le barrage de la Rance, le rocher Bizeux surmonté d'une statue de la Vierge, la pointe de la Vicomté et Dinard.

CAP-HORNIERS

Du 16e au 20e s., ils franchirent le cap ouvert en 1616 par les Hollandais Lemaire et Scouten. Le premier Français à le passer était malouin, Gouin de Beauchesnes, en 1698. Doubler le cap Horn, c'était et c'est toujours franchir un cap battu par les tempêtes 300 jours par an.

ST-SERVAN-SUR-MER

Bas-Sablons (R. des)	3
Cité (R. de la)	10
Clemenceau (R. G.)	12
Dauphine (R.)	15
Fontaine (R. de la)	20
Gaspe (R. de)	21
George-V (R.)	22
Gouazon (Bd)	23
Hauts-Sablons (R. des)	24
Magon (R. A.)	33
Menguy (Espl. du Cdt)	34
Mgr-Duchesne (Pl.)	36
Porée (Bd)	45
St-Pierre (R.)	58
Sébastopol (Quai)	64
Solidor (Quai)	65
Ville-Pépin (R.)	71

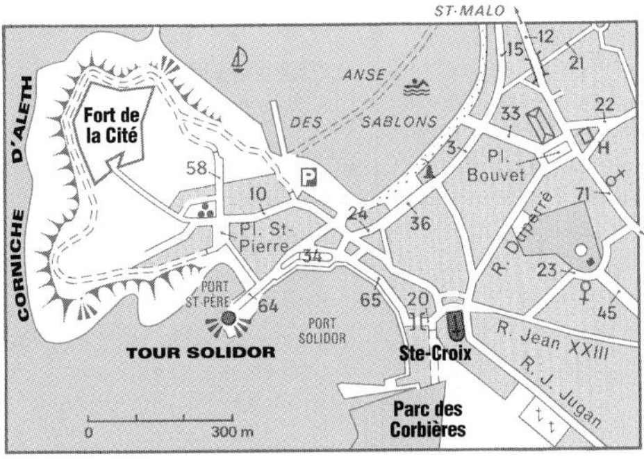
ST-MALO
CORNICHE D'ALETH
Fort de la Cité
ANSE DES SABLONS
Pl. Bouvet
Pl. St-Pierre
PORT ST-PÈRE
PORT SOLIDOR
TOUR SOLIDOR
Ste-Croix
Parc des Corbières
R. Dupetré
R. Jean XXIII
R. J. Jugan
DINARD, RENNES
0
300 m

PARAMÉ

Station balnéaire fréquentée, Paramé possède un établissement de cures marines. Deux plages magnifiques s'étendent sur 2 km : la plage du Casino, qui fait suite à celle de St-Malo, et la plage de Rochebonne. Superbe digue-promenade de 3 km.

ROTHÉNEUF

Par ① du plan. Ses deux plages sont très différentes : celle du Val s'ouvre largement sur la mer ; celle du Havre borde une anse presque fermée et entourée de dunes, de falaises et de pins. À proximité de Rothéneuf se trouve **le Minihic** avec ses villas et sa plage.

Musée-Manoir de Jacques Cartier★

Rue David-Mac Donald Stewart. Juil.-août. : visite guidée (1/2h) 10h-11h30, 14h30-18h ; juin et sept. : tlj sf w.-end 10h-11h30, 14h30-18h ; oct.-mai : tlj sf w.-end à 10h et 15h. Fermé en avr. et j. fériés (sf juil.-août). 25F. ☎ 02 99 40 97 73.

Après tous ses voyages d'exploration au Canada, Jacques Cartier a acheté une ferme qu'il a agrandie et appelée « Limoëlou » (tertre chauve). Cette maison du 15e et 16e s., avec sa partie ajoutée au 19e s., a été restaurée et meublée selon le style de l'époque. La visite comprend une présentation audiovisuelle sur les voyages de l'explorateur et la « Nouvelle-France, colonie vulgairement appelée Canada ».

Jacques Cartier, rendu songeur par Auguste Lemoine en 1895 (collection du Musée-Manoir).

Rochers sculptés

10h-18h. Fermé en janv. et lors des tempêtes violentes. 15F. ☎ 02 99 56 97 64.

Pendant vingt-cinq ans (à partir de 1870), l'abbé Fouré sculpta des rochers : près de 300 petits personnages sont ainsi figés dans le granit.

AU SUD

Grand Aquarium★★

Accès : sortie ③ du plan p. 278, puis suivre le fléchage. ♿ *De mi-juil. à fin août : tlj sf dim. 9h-22h30 (dernière entrée 1h av. fermeture) ; de déb. juil. à mi-juil. : 9h-20h ; sept.-juin : 9h30-19h. Fermé 1er janv. (matin) et 25 déc. (matin). 52F (enf. : 36F), 64F (aquarium et cinéma 3 D). ☎ 02 99 21 19 00.*

Devenu incontournable, il comprend huit grandes salles disposées sur deux étages, avec un parcours suivant les traces des grands navigateurs malouins, depuis les eaux froides de la Manche et de l'Atlantique Nord jusqu'aux eaux chaudes du Pacifique et des Caraïbes.

Outre la « salle Jean-Grivet », ses poissons-loups croqueurs d'oursins et ses crabes géants, il faut s'attarder au bassin tactile représentant la Bretagne en miniature, peuplé d'une multitude de poissons présents sur nos côtes (de l'anémone à la raie). Le « Vaisseau englouti » est la reconstitution d'une épave de galion échouée au fond de la mer : pour accentuer la sensation d'étrangeté, le sol de la cale est en légère pente, l'eau suinte le long des parois, des morceaux de gréement traînent sur le plancher, des bruits de vagues claquent sur les sabords disjoints...

SENSATION FORTE

L'Anneau, aquarium circulaire de 600 000 litres d'eau. Les soudures des quatre tronçons de méthacrylate (un matériau transparent qui ne déforme pas la vision) étant invisibles, on a la sensation d'être vraiment au milieu des requins.

Château du Bos

5 km. Quitter St-Malo par ③, puis prendre à droite la D 5. ♿ *De juil. à fin août : visite guidée (2h) à 15h30. 30F. ☎ 02 99 81 40 11.*

C'est l'exemple même d'une malouinière du 18e s., maison de campagne de riches armateurs, corsaires ou négociants.

Doté d'un jardin à la française, le domaine s'étend sur 10 ha et offre une vue sur la Rance. On visite la grande entrée, le grand salon ou salon de musique, la salle à manger, la bibliothèque et la salle de billard.

Saint-Nazaire

Centre de construction navale de renommée mondiale, Saint-Nazaire n'était à l'origine qu'un simple port de pêche appartenant à la Grande Brière. Malheureusement dévastée au cours du dernier conflit mondial, la ville a été reconstruite presque entièrement.

La situation

Cartes Michelin nos 63 pli 15 ou 230 pli 52 – Loire-Atlantique (44). À l'embouchure de la Loire, St-Nazaire appartient à ces villes nouvelles découpées à angles droits. Difficile de s'y perdre.

Place François-Blancho – 44600 – ☎ 02 40 22 40 65.

carnet pratique

OÙ DORMIR

• *À bon compte*

Hôtel Touraine – *4 av. de la République – ☎ 02 40 22 47 56 – 18 ch. : 130/215F – 25F.* Un petit hôtel qui vous dépannera utilement. Ses chambres sont très simples mais bien tenues et proprettes. En plein centre-ville, il est parfait pour les petits budgets.

LES PLAGES NAZAIRIENNES

Les plages de sable du Grand et du Petit Traict s'étendent sur près de 2 km, entre la jetée de l'avant-port, hérissée de treuils à carrelets, et la pointe de la Ville-ès-Martin. Plus loin, vers Pornichet, les plages de St-Marc et de Ste-Marguerite sont très attrayantes.

VISITER LES CHANTIERS DE L'ATLANTIQUE

L'Office de tourisme organise la seule visite possible des Chantiers de l'Atlantique : en saison, chaque mardi et vendredi (circuit guidé de 2h en autocar) ; réservation et renseignements : ☎ 02 40 22 40 65.

Le nom

Le culte de saint Nazaire de Milan, martyrisé sous l'empereur Néron, se propagea jusqu'à l'estuaire de la Loire.

Les gens

64 812 Nazairiens. Bien que né à Nantes, Aristide Briand (1862-1932) était Nazairien de cœur puisqu'il y passa presque toute son enfance. ▶

En 1850, le village ne compte que 800 habitants, puis se développe à une vitesse vertigineuse lorsqu'on y crée un avant-port de Nantes pour les navires de fort tonnage.

découvrir

LE PORT

Les installations portuaires

Le **bassin de St-Nazaire**, de 10,5 ha, réduit à 9 ha après la construction de la base de sous-marins, a été établi en 1856. En 1881 est ouvert le **bassin de Penhoët**, de 22 ha, un des plus étendus d'Europe avec trois formes de radoub dont la plus grande mesure 226 m sur 32 m. Le port de St-Nazaire est maintenant administré, comme celui de Nantes, par le Port autonome de Nantes-St-Nazaire. Trois ouvrages méritent de retenir l'attention :

À VOIR
Après le crépuscule *La nuit des Docks* illumine et recompose le paysage portuaire en couleurs bleutées, vertes et rouges (spectacle d'une durée de 2h).

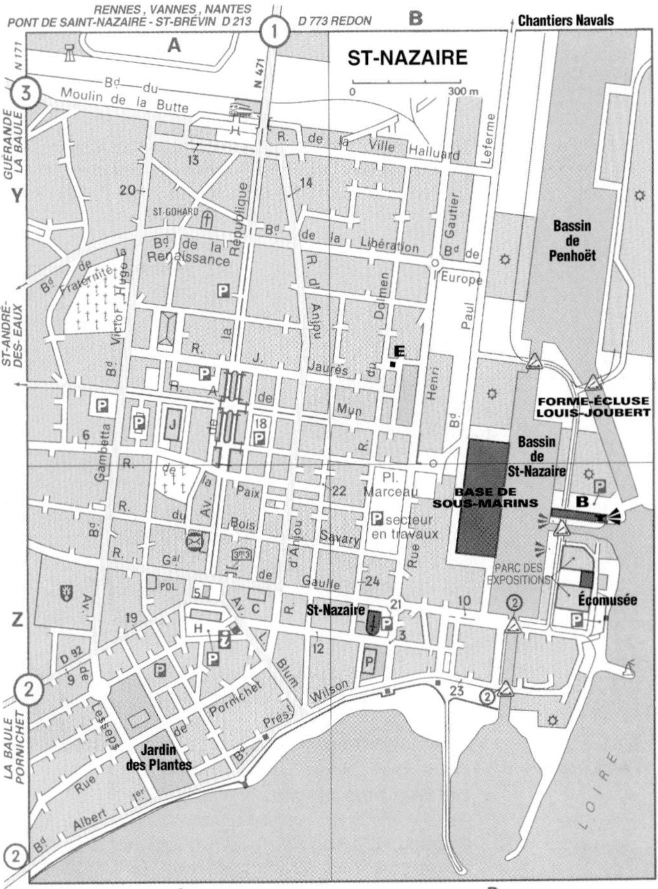

RENNES, VANNES, NANTES
PONT DE SAINT-NAZAIRE - ST-BRÉVIN D 213
D 773 REDON
Chantiers Navals
ST-NAZAIRE
0
300 m
N 171
N 471
GUÉRANDE LA BAULE
ST-ANDRÉ-DES-EAUX
LA BAULE PORNICHET
Bd du Moulin de la Butte
R. de la Ville Halluard
Leferme
ST-GOHARD
Bd de la Libération
Bd de la Renaissance
Bd de la Fraternité
Bd Victor Hugo
République
R. d'Anjou
Dolmen
Gautier
Bd de l'Europe
Paul
Henri
R. J. Jaurès
R. A. de Mun
Gambetta
Bassin de Penhoët
FORME-ÉCLUSE LOUIS-JOUBERT
Bassin de St-Nazaire
BASE DE SOUS-MARINS
Pl. Marceau
secteur en travaux
R. de la Paix
R. du Bois Savary
Av. Gal de Gaulle
Rue
PARC DES EXPOSITIONS
Écomusée
St-Nazaire
POL.
Blum
Wilson
Bd de Pornichet
Prés
Les Sables
Jardin des Plantes
Rue Albert 1er
D 92
LOIRE
A
B
Y
Z

Auriol (R. Vincent) .... BZ 3
Blancho (Pl. F.) .... BZ 5
Briand (R. Aristide) .... AY 6
Chêneveaux (R.) .... AZ 9
Coty (Bd René) .... BZ 10
Croisic (R. du) .... AZ 12
Herminier (Av. Cdt-l') .... AY 13
Île-de-France (R. de l') .... AY 14
Jaurès (R. Jean) .... ABY
Lechat (R. A. B.) .... AY 15
Martyrs-de-la-Résistance (Pl. des) .... AY 18
Mendès-France (R.) .... AZ 19
Paix (R. de la) .... AYZ
Perrin (Bd P.) .... AY 20
Quatre-Z'Horloges (Pl. des) .... BZ 21
République (Av. de la) .... AYZ
Salengro (R. R.) .... AZ 22
Verdun (Bd de) .... BZ 23
28-Février-1943 (R. du) .... BZ 24

Base de sous-marins .... BYZ
Bassin de Penhoët .... BY
Bassin de St-Nazaire .... BYZ
Écomusée .... BZ
Église St-Nazaire .... BZ
Forme écluse Louis-Joubert .... BY
Jardin des Plantes .... AZ
Sortie sous-marine du port et terrasse panoramique .... BZ **B**
Dolmen .... BY **E**

Forme-écluse « Louis-Joubert »★ – Elle a été construite entre 1929 et 1932 (350 m sur 50 m, plus de 15 m de profondeur) pour répondre à l'augmentation des dimensions des transatlantiques. Elle a une triple fonction : forme de radoub pour la réparation et le carénage des grands navires ; écluse permettant le passage direct du bassin de Penhoët dans l'estuaire de la Loire à des bâtiments de 8,50 m de tirant d'eau aux marées de vives-eaux ; bassin à flot pour le chargement et le déchargement des navires.

Base de sous-marins★ – Édifiée pendant l'Occupation, c'est une énorme construction en béton armé couvrant, dans le bassin de St-Nazaire, une superficie de 37 500 m^2 (300 m x 125 m). Ses quatorze alvéoles permettaient de recevoir une vingtaine de sous-marins. Dans la partie arrière, au fond des alvéoles, était installé un arsenal pour les réparations. En dépit de nombreux bombardements, la base est sortie intacte de la guerre.

À VOIR
Les **terrasses panoramiques★★** : l'une se situe sur la sortie sous-marine, l'autre sur le toit de la base elle-même, auquel on accède par une nouvelle rampe de métal et de verre qui commence à s'élever place Marceau. Une exposition y retrace l'histoire du site.

Sortie sous-marine du port – Face à la base était une écluse couverte, à l'abri des bombes, construite pour permettre aux sous-marins allemands de se faire écluser en toute sécurité.

Écomusée de St-Nazaire

♿ *De fév. à déb. nov. : 10h-18h (de mi-juin à mi-sept. : 10h-20h, 22h-24h en juil.-août) ; de déb. nov. à déb. janv. : tlj sf lun. et mar. 10h-12h, 14h-18h. Fermé de déb. janv. à déb. fév., 1er janv., 11 nov., 24-25 et 31 déc. 20F, 45F (écomusée et sous-marin).* ☎ *0 800 441 000.*

Une exposition retrace l'histoire de St-Nazaire, de son port et de son activité économique, notamment l'industrie navale. La visite se poursuit par la visite du sous-marin *Espadon*.

CHANTIERS DE L

Le gigantisme est devenu routinier aux Chantiers de l'Atlantique, comme ici lors de la pose de la cheminée du Vision of the Seas.

Les chantiers navals

Ne se visitent pas (voir carnet pratique). Entre le bassin de Penhoët et la Loire se trouvent les Chantiers de l'Atlantique, constitués par la fusion, en 1956, des Chantiers de la Loire et de Penhoët, eux-mêmes incorporés depuis 1976 dans la société Alsthom, maintenant filiale du groupe GEC Alsthom.

Après le *Sovereign of the Seas* (1987, 2 600 passagers), les Chantiers de l'Atlantique ont livré plusieurs paquebots dont le *Monarch of the Seas* (1991) et le *Majesty of the Seas* (1992).

Sous-marin Espadon – Dans l'écluse fortifiée. Lancé en 1957 aux Chantiers Augustin-Normand du Havre, ce fut le premier sous-marin français à naviguer sous les glaces polaires. Sa visite, déconseillée aux claustrophobes, permet d'imaginer la vie quotidienne des quelque 70 hommes qui composaient l'équipage et de découvrir l'univers sonore du monde sous-marin.

Ces chantiers ont construit de très nombreux bâtiments illustres, notamment les paquebots *Normandie* et *France*, et, plus récemment, le *Majesty of the Seas*, alors le plus grand bateau du monde en nombre de passagers (2 770 passagers). Ils construisent également des porte-conteneurs, des minéraliers, des méthaniers, des pétroliers et des transbordeurs de passagers pour des armements français et étrangers.
Les Chantiers de l'Atlantique disposent de formes de construction qui peuvent assurer simultanément le montage de plusieurs unités. La plus ancienne forme, de 315 m sur 45 m, porte le nom de Jean-Bart. Une forme de 415 m sur 70 m, parallèle, et une plate-forme de montage de 470 m sur 70 m, surmontées chacune d'un portique géant, permettent depuis 1968 la réalisation de navires de plus de 500 000 t. Près de la forme des constructeurs s'ouvre une darse d'armement de 450 m sur 95 m.

La « poche de Saint-Nazaire »

Point de débarquement des forces alliées pendant la Première Guerre mondiale, St-Nazaire devint une base sous-marine allemande durant la Seconde. Le 27 mars 1942, un commando anglo-canadien surprit les troupes ennemies tandis que le destroyer *Campbeltown* défonçait la forme-écluse Louis-Joubert et la neutralisait en se faisant sauter. Devenue objectif des bombardements aériens, la ville connut les dramatiques combats de la « poche de St-Nazaire » et offrit, à la Libération, un spectacle de désolation.

se promener

Dolmen

Au centre de la ville, non loin des bassins du port, un square conserve un dolmen et un menhir.

Église St-Nazaire

Ce vaste édifice du 19e s., de style gothique, a été restauré en 1945. De belles roses aux vitraux modernes éclairent le transept. Dans le chœur, élégant retable du 18e s. en bois doré, orné de scènes de l'Évangile et de statues de prophètes.

Jardin des Plantes

Face à l'estuaire de la Loire. Ses allées ombragées et ses parterres fleuris offrent une halte agréable près de la plage du Grand Traict.

Église N.-D.-d'Espérance

Pour visiter, s'adresser au presbytère, 2 av. Léon-Jouhaux. ☎ 02 40 70 17 43.
Située au Sud de la place Pierre-Bourdan, près de la rue de Pornichet par ② du plan, cette église en forme de coquille St-Jacques a été édifiée en 1965.

Église Ste-Anne

Construite en 1957, elle est située entre la rue du Soleil-Levant et le boulevard Jean-Mermoz auquel on accède par ③ du plan. Son clocher détaché s'élève à gauche de la façade. L'entrée est encadrée d'importantes mosaïques, de Paul Colin, évoquant le travail des chantiers navals de St-Nazaire. *Sur demande auprès du presbytère, 28 bd Mermoz. ☎ 02 40 53 31 95.*

Pont routier St-Nazaire-St-Brévin★

À la limite Nord-Est de St-Nazaire, il franchit la Loire sur 3 356 m et culmine à 61 m au-dessus des eaux. Il permet une liaison facile avec le pays de Retz, la Vendée et les Charentes.

alentours

La Grande Brière★★ *(voir ce nom)*

Tumulus de Dissignac

7 km à l'Ouest par la N 171, route d'Escoublac. De juil. à fin août : tlj sf mar. 10h-12h30, 14h-18h30. 16F. ☎ 02 40 70 70 21.

Ce tombeau à deux chambres couvertes remonte à 4 000 ans avant J.-C. Bâti sur une éminence, il est entouré de murailles circulaires en pierres sèches, étagées en gradins. Deux étroits couloirs mènent aux chambres funéraires.

Saint-Pol-de-Léon★

Où se restaurer

Auberge Pomme d'Api – *49 r. Verderel – ☎ 02 98 69 04 36 – fermé 7 au 28 mars, 14 au 27 nov., dim. soir et lun. sf été – 115/195F.* Cette maison bretonne de 1534 cache derrière sa façade austère un décor chaleureux. Au coin de sa magnifique cheminée, dans un cadre qui a su mettre en valeur vieilles pierres et belles poutres, vous savourerez une cuisine gourmande à prix étudiés...

Y a-t-il une terre bretonne qui se soit davantage singularisée que le pays léonard ? C'est peu probable tant cette « démocratie cléricale » a marqué l'histoire des lieux. St-Pol-de-Léon règne toujours sur ce pays sévère de cultures légumières, bien qu'il soit de plus en plus orienté vers Brest.

La situation

Cartes Michelin n°s 58 pli 6 ou 230 pli 5 – Finistère (29). Juste avant Roscoff, St-Pol-de-Léon est accessible depuis Morlaix par la D 58. *Place de l'Évéché – 29250 – ☎ 02 98 69 05 69.*

Le nom

Saint Paul (Pol) Aurélien fut le premier évêque du Léon.

Les gens

7 261 Saint-Politains. La petite ville connaît, de janvier à septembre, une animation extraordinaire durant la saison des choux-fleurs, artichauts, oignons, pommes de terre.

se promener

Chapelle du Kreisker★

De juil. à fin août : possibilité de visite guidée.

Son magnifique **clocher★★**, haut de 78 m, fait sa célébrité. Il est inspiré de la flèche de St-Pierre de Caen, mais l'édifice breton, réalisé dans le granit, surpasse le modèle. Vauban a dit son admiration pour « cette merveille d'équilibre et d'audace ». La partie haute avec sa flèche relève du style normand, la partie basse avec le quadrillage de ses meneaux et la balustrade de son balcon en surplomb témoigne du style perpendiculaire anglais.

À l'intérieur, l'église est couverte de berceaux de bois ; la seule voûte de pierre réunit les quatre énormes massifs qui soutiennent le clocher, dans le carré du transept. On peut monter à la tour (169 marches). De la plate-forme se dégage un très beau **panorama★★** sur la ville, l'île de Batz, la côte et les monts d'Arrée.

Svelte et élégant, le clocher du Kreisker est le prototype de nombreux clochers bretons.

Rue Général-Leclerc

Belles maisons anciennes : n° 9, façade en bois, habillée d'ardoise ; n° 12, maison Renaissance ornée d'une tourelle en encorbellement ; n° 30, demeure de 1680 possédant un beau porche et des lucarnes ouvragées.

Ancienne cathédrale★

Les fondations sont du 12e s., nef, collatéraux, façade et tours des 13e et 14e s., chapelles latérales, chœur et abside des 15e et 16e s. Les architectes se sont inspirés de la cathédrale de Coutances : la nef est en calcaire normand, le reste en granit. La marque bretonne se retrouve dans les porches et les clochetons (croisée du transept).

ST-POL-DE-LÉON

Colombe (Pl. M.) 3
Croix-au-Lin (R.) 4
Guébriant (Pl. A. de) 5
Leclerc (R. Gén.) 6
Minimes (R. des) 7
Psalette (R. de la) 10

Ancienne cathédrale
Chapelle du Kreisker
Maison prébendale .... D

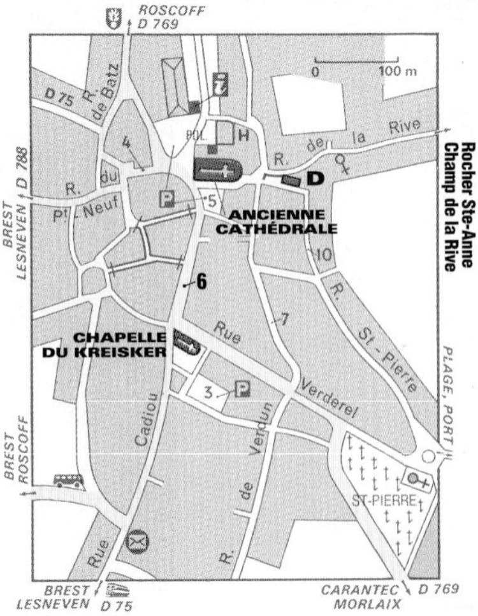

ROSCOFF
D 769
D 75
R. de Batz
0
100 m
R. de la Rive
Rocher Ste-Anne
Champ de la Rive
H
D
ANCIENNE
CATHÉDRALE
BREST
LESNEVEN
D 788
R. du Pl. Neuf
4
5
10
6
7
CHAPELLE
DU KREISKER
Rue Verderel
R. St-Pierre
PLAGE, PORT
3
Rue Cadiou
R. de Verdun
BREST
ROSCOFF
ST-PIERRE
Rue
R.
BREST
LESNEVEN
D 75
CARANTEC
MORLAIX
D 769

Extérieur – La façade est dominée par deux tours hautes de 50 m. De la terrasse qui surmonte le porche se donnait la bénédiction épiscopale. La petite porte, sous la tour de droite, était réservée aux lépreux. Du côté Nord, entre l'église et les bâtiments de l'ancien évêché (mairie), un petit jardin public permet de voir le mur du transept Nord avec des éléments d'époque romane.

Les exclus à l'extérieur !
Sur le flanc Sud, au-dessus de la rosace du transept, on aperçoit une sorte de chaire d'où étaient lues les sentences d'excommunication.

Intérieur – À remarquer : un sarcophage roman qui sert de bénitier, un vitrail de 1560, la grande rosace du 15ᵉ s., les tombeaux d'évêques du Léon et deux retables du 17ᵉ s. Mais ce sont les **stalles★** sculptées (16ᵉ s.) du chœur qui retiennent l'attention. Au-dessus des enfeus contre le chœur, à droite dans le déambulatoire, 34 « boîtes à chef » en bois abritent des crânes exhumés de l'église ou du cimetière.

Maison prébendale

Du 16ᵉ s. C'est l'ancienne maison des chanoines du Léon ; un blason est le seul ornement de la façade.

Champ de la Rive

Accès par la rue de la Rive. Agréable promenade ombragée. Par l'allée revêtue, à droite, gagner le haut du tertre couronné par un calvaire récent. De la table d'orientation, beau point de vue sur la baie de Morlaix.

Rocher Ste-Anne

Accès par les rues de la Rive et Abbé-Tanguy. Au cours de la descente, la **vue★** embrasse toute la baie de Morlaix parsemée d'îlots. Une digue permet d'accéder au rocher Ste-Anne et au port de la Groux réservé à la plaisance. Le rocher, aménagé avec bancs de repos, constitue un remarquable belvédère.

alentours

Château de Kérouzéré★

8 km à l'Ouest. Quitter St-Pol-de-Léon par la D 788 en direction de Lesneven, puis prendre la route de Plouescat. Dans Sibiril, tourner à droite vers Moguériec et, à 500 m, à gauche vers l'entrée du château. De juil. à mi-sept. : visite guidée (1h) mer. et dim. à 17h (de mi-juil. à fin août : ap.-midi) ; de mi-mai à fin juin et de mi-sept. à fin oct. : mer. à 17h. 18F. ☎ 02 98 29 96 05.

Ce château féodal, en granit, est un intéressant spécimen d'architecture militaire du début du 15ᵉ s. Il conserve trois puissantes tours d'angle à mâchicoulis. Vastes salles à la pierre apparente, profondes embrasures de fenêtres bordées de bancs de pierre, chemin de ronde, tour du guetteur plongent le visiteur dans une atmosphère soldatesque.

Et hop ! Encore un artichaut dans mon panier. Cette cueillette anime littéralement le Léon.

Manoir de Tronjoly

Reprendre la D 10. Dans Cléder, tourner à droite. À la sortie du bourg, sur la gauche, deux piliers de granit marquent l'entrée de l'allée conduisant au château. Visite extérieure 10h-18h. Gratuit. ☎ 02 98 69 33 54.

Ce gracieux manoir des 16e et 17e s. est agrémenté de hautes lucarnes Renaissance. Une grosse tour carrée occupe un des angles de la cour d'honneur qu'entourent le logis et une terrasse clôturée par une balustrade de pierre.

Berven

11 km au Sud-Ouest par la D 788.

Église★ – *De juil. à fin août : 10h30-12h30, 14h30-18h, dim. 14h-18h30. ☎ 02 98 69 98 40.*

La porte triomphale donnant accès à l'enclos paroissial est un bel exemple de l'art Renaissance, avec ses trois arcs en plein-cintre et ses pilastres à chapiteaux.

Du 16e s., elle a une façade surmontée d'une tour carrée que couronne un dôme à lanternons, orné de balustrades ; premier du genre en Bretagne (1573), il servit souvent de modèle. Un jubé de bois précède la très belle **clôture★** du chœur, décorée de colonnettes cannelées en granit sur le devant, en bois sur les côtés. Au chœur, belles stalles du 17e s. dont les accoudoirs ont la forme de cariatides ailées.

Ferme-musée du Léon – *À 200 m après la sortie de Berven en direction de Lesneven, sur la D 788, prendre la petite route en direction de Quéran. ♿ Mai-sept. : 10h-12h, 14h-19h ; oct.-avr. : w.-end et j. fériés 14h-19h. 25F. ☎ 02 98 29 53 07.*

Dans les anciens bâtiments d'une ferme familiale dont le mobilier usuel a été conservé, un musée d'outils agricoles fait revivre un siècle de la vie à la campagne dans le Léon.

Château de Kerjean★

6 km au Sud-Ouest de Berven. Mi-forteresse, mi-palais Renaissance, ce château s'élève au centre d'un vaste parc. Vers 1550, Louis Barbier, héritant de son oncle, le richissime abbé de St-Mathieu, fait construire ces bâtiments protégés par un fossé et une enceinte fortifiée dont les murs atteignent 12 m d'épaisseur ; deux ponts levants permettaient l'accès au château.

Le roi Louis XIII considérait cette demeure comme l'une des plus belles du royaume.

Visite – *Juil.-août : 10h-19h ; juin et sept. : tlj sf mar. 10h-18h ; avr.-mai : tlj sf mar. 14h-18h ; oct. : tlj sf mar. 14h-17h ; nov.-mars : mer. et dim. 14h-17h. 25F, 18F (hiver). ☎ 02 98 69 93 69.*

La cour d'honneur est ornée d'un beau **puits** Renaissance entouré de 3 colonnes corinthiennes. Le corps de logis principal qui abritait les appartements des seigneurs constitue un musée d'art breton au beau **mobilier** des 17e et 18e s. : lits clos, bahuts, coffres à grains.

Les cuisines, vaste pièce de plus de 6 m de hauteur, ont conservé deux cheminées monumentales et une imposante batterie de cuivres. De l'autre côté, en traversant la cour d'honneur, se trouve la chapelle coiffée d'une belle voûte en bois en forme de carène renversée, avec poutre et sablières sculptées.
L'aile des remises, restaurée, abritait autrefois les réserves, une forge et les logements des domestiques ; on peut y voir un diaporama sur l'histoire de Kerjean. Une large terrasse dallée soutenue par huit arcades relie le pavillon de l'Horloge à la chapelle. Elle offre une vue d'ensemble sur la cour d'honneur et les bâtiments qui l'entourent. Dans le parc, on peut voir une charmante **fontaine** Renaissance composée d'une niche entourée de quatre colonnettes, enclavée dans une petite clôture de pierre. En sortant, sur la gauche de l'allée centrale se dresse le colombier, tour en pierre de 9 m de diamètre.

Animations
Chaque année, des expositions temporaires sont consacrées en hiver à la peinture et à la sculpture du 20e s., au printemps à l'architecture et au mobilier contemporain, en été à l'histoire de la Bretagne. En juillet et août, des visites théâtrales nocturnes sont proposées.

Saint-Quay-Portrieux

Jadis ou naguère, quand les citadins se rendaient sur cette côte, c'était pour « prendre des bains de mer ». Eh bien, St-Quay cultive sa vocation balnéaire réputée, tranquillement, familialement, bien qu'il s'agisse en fait d'un très ancien port de pêche.

La situation
Cartes Michelin nos 59 pli 3 ou 230 plis 8, 9 – Côtes-d'Armor (22). Venant de St-Brieuc ou de Paimpol, on gagne St-Quay par la D 786, par la D 9 si l'on arrive de Guingamp. *17 bis rue Jeanne-d'Arc – 22410 – ☎ 02 96 70 40 64.*

Le nom
La ville doit son nom à un moine irlandais, saint Ké, lequel, selon la légende, aurait débarqué sur cette côte vers 472.

Les gens
3 018 Quinocéens. Isidore Odorico, mosaïste italien Art déco installé à Rennes, y décora de luxueuses villas.

se promener

Les ports
Le port à échouage situé à Portrieux armait autrefois pour Terre-Neuve. Une flottille de pêche l'anime aujourd'hui (maquereaux, lieus, bars, et surtout, de novembre à avril, coquilles St-Jacques et crustacés). Un nouveau port en eau profonde a été inauguré en 1990.

Il n'y a pas si longtemps, le slogan de la station était « St-Quay-Portrieux, plage au séjour joyeux ».

carnet pratique

Où dormir

• *À bon compte*

Hôtel Gerbot d'Avoine – *bd du Littoral – ☎ 02 96 70 40 09 – fermé vac. de fév., 2 au 19 nov., dim. soir et lun. hors sais. – P – 20 ch. : 210/365F – 45F – restaurant 88/230F.* Ici, on cultive l'atmosphère qui régnait dans les stations balnéaires d'antan : dans un jardin, cette amusante maison non loin de la mer a en effet un côté un peu désuet. Ses chambres proprettes sont néanmoins peu à peu rafraîchies tout comme le restaurant.

• *Valeur sûre*

Benhuyc – *1 quai J. Bart – 22520 Binic – ☎ 02 96 73 39 00 – 25 ch. : 365/450F – 35F – restaurant 95/210F.* Sur le port, dans une maison bretonne rénovée, cet hôtel moderne est une gentille adresse. Ses chambres lumineuses, avec leurs murs crépi blanc, leurs jolies chaises de style et leurs tissus clairs, sont agréables. Bon rapport qualité/prix des menus.

Les plages
Les belles plages du Casino, du Châtelet, de la Comtesse, de la Grève noire sont abritées par une frange rocheuse appelée roches de St-Quay.

Une liaison est assurée avec les îles anglo-normandes pendant la saison estivale ; possibilité d'excursions en bateau pour l'île de Bréhat.

Le chemin de ronde

1h1/2 à pied AR, à parcourir de préférence à marée haute. Cet ancien sentier des douaniers part du port de Portrieux, au-delà de la mairie. Il longe la plage de la Comtesse et passe devant le sémaphore, offrant une belle **vue★** sur la baie de St-Brieuc. Il gagne ensuite la terrasse surplombant la plage du Châtelet *(table d'orientation)*, contourne la piscine d'eau de mer avant de déboucher près du Casino. On peut poursuivre cette promenade jusqu'à la grève St-Marc *(environ 2h AR en plus)*.

alentours

BAIGNADE
Les deux plages de sable fin, des Godelins et du Moulin, qui font la renommée d'Étables-sur-Mer, sont séparées par la pointe du Vau Burel.

Étables-sur-Mer

5 km au Sud – Situé sur un plateau, le bourg, qui possède un beau parc municipal, domine la station familiale, à laquelle il est relié par une avenue bordée de villas. La **chapelle N.-D.-de-l'Espérance,** construite après l'épidémie de choléra de 1850, se dresse sur la falaise d'Étables. Elle est ornée de vitraux (1972) aux belles tonalités de bleu signés Jean Michau et d'une tapisserie de Toffoli représentant la Vierge et l'Enfant. *Dim. 14h-18h30 (juil.-août : tlj). ☎ 02 96 70 61 51.*

Binic

La plage de la Blanche, à Binic.

7,5 km au Sud. Binic est un charmant centre balnéaire dont le port abritait autrefois, en hiver, des goélettes armées pour la pêche à la morue. De nos jours, c'est la plaisance qui a pris la relève.

Musée – *D' avr. à fin sept. : tlj sf mar. 14h30-18h (juil.-août : tlj). 18F. ☎ 02 96 73 37 95.*
Ce petit musée évoque la vie des anciens Binicains (collection de coiffes, costumes bretons, objets se rapportant à la vie maritime, métiers).

Jetée Penthièvre – Elle ferme l'avant-port ; on y accède par les quais Jean-Bart et Surcouf. Du belvédère, à l'entrée du môle, jolie vue d'un côté sur la plage aux cabines surélevées, dominée par une butte couronnée de pins, de l'autre côté sur le port.

Jardin zoologique de Bretagne

PRATIQUE ET AMUSANT
Un petit train circule, à l'intérieur du parc zoologique, l'après-midi en saison.

À partir de Binic, prendre la direction de St-Quay-Portrieux et, tout de suite à gauche, la route de Lantic. À 3 km, tourner à gauche vers Trégomeur et, à 5 km, dans une route à droite, en montée. Juin-août : 10h-18h ; avr.-mai et sept. : 14h-18h ; oct.-mars : mer. et dim. 14h-18h. Fermé 1er janv. et 25 déc. 50F (enf. : 30F). ☎ 02 96 79 01 07.
Lions, tigres, lynx, antilopes, kangourous évoluent dans les vastes enclos de ce parc vallonné de 14 ha qui abrite aussi des lémuriens, mammifères de Madagascar, et de nombreux oiseaux. Plusieurs de ces animaux sont en programme européen d'élevage et de conservation au titre des espèces menacées d'extinction (E.E.P., Programme Européen pour la Préservation des Espèces menacées).

Le Palus-Plage

11 km au Nord. Tout près de cette belle anse bordée de petites falaises verdoyantes, à gauche de la plage, des marches taillées dans le roc conduisent à un sentier en corniche : jolies vues sur la baie de St-Brieuc.

Plage Bonaparte

13 km au Nord. De cette plage, au fond de l'anse Cochat, que l'on atteint par un tunnel creusé dans la falaise, réembarquaient, en 1944, pour l'Angleterre, les aviateurs abattus sur le sol français. Une stèle rappelle ce souvenir ; on peut l'atteindre à pied en empruntant l'escalier à droite du parking de la plage, puis le sentier qui escalade la falaise. Du terre-plein, belle **vue** sur la baie de St-Brieuc et le cap Fréhel, l'anse de Port-Moguer à droite, la pointe de Minard à gauche.

Chapelle de Kermaria-an-Iskuit★

11,5 km au Nord-Ouest par la D 786 puis, à gauche, par la D 21. La « maison de Marie qui conserve et rend la santé » est un but de pèlerinage fréquenté (grand pardon le 3e dimanche de septembre). Il s'agit d'une ancienne chapelle seigneuriale ; au-dessus du porche Sud se trouve une salle des archives (un petit balcon ajouré la clôture) qui servait de salle de justice au 16e s. Kermaria possède des **fresques★** (15e s.) renommées qui décorent les murs, au-dessus des arcades. Celles de la Danse macabre ont, paraît-il, inspiré le musicien Camille Saint-Saëns. À voir aussi, dans le chœur, cinq **bas-reliefs★** en albâtre représentant des scènes de la vie de la Vierge, et, dans le transept, N.-D.-de-Kermaria-an-Iskuit (16e s.), curieuse Vierge allaitant où l'Enfant Jésus esquisse un geste de refus.

Une impressionnante Danse macabre

Les fresques les mieux conservées sont celles de la nef : la Mort y apparaît sous les apparences de squelettes ou de cadavres dansant et entraînant une malheureuse ronde de vivants allant du pape au laboureur. En France, on ne connaît que sept représentations murales de Danse macabre.

Lanleff★

À 5,5 km à l'Ouest de Kermaria par la D 21 et, à la sortie de Pléhédel, prendre à gauche. Dans le bourg, en retrait de la route, se dresse le **temple★**. Ce curieux édifice circulaire (en ruine), est une ancienne chapelle ou un baptistère bâti au 11e s. par les templiers sur le modèle du Saint Sépulcre de Jérusalem. Douze arcades en plein-cintre font communiquer la rotonde avec un bas-côté tournant. Il faut détailler les chapiteaux à la facture naïve où alternent petits personnages, animaux, dessins géométriques, feuillages.

Saint-Thégonnec★★

Ce village possède un magnifique enclos paroissial, fleuron du patrimoine breton par son caractère monumental. La chapelle-ossuaire et l'église sont les pièces maîtresses de ce très riche ensemble Renaissance des 16e et 17e s.

La situation

Cartes Michelin nos 58 pli 6 ou 230 pli 5 – Finistère (29). Exactement entre Landivisiau et Morlaix, St-Thégonnec se situe juste au Sud de la N 12.

Le nom

Saint Thégonnec (ou Égonec) était un moine originaire du pays de Galles, qui s'installa en Armorique au 6e s.

Les gens

2 139 Saint-Thégonnecois. Leur saint patron a pour attribut un loup. Thégonnec aurait en effet attelé cet animal à la charrette transportant les pierres nécessaires à la construction de son église.

Valeur sûre

Auberge St-Thégonnec – ☎ *02 98 79 61 18 – fermé 20 déc. au 5 janv. – P – 19 ch. : 370/450F – ☕ 40F – restaurant 100F.* En face de l'église, cette auberge traditionnelle est précédée d'une petite terrasse. Derrière sa façade en pierres apparentes, son décor moderne est assez surprenant mais agréable. Les chambres ouvrent leurs grandes fenêtres côté jardin.

découvrir

ENCLOS PAROISSIAL★★

Il est préférable d'entrer dans l'enclos par la place de l'Église, côté sud.

Porte triomphale★

En plein-cintre, elle est couronnée de lanternons superposés (1587).

Chapelle funéraire★

Souvent appelée ossuaire, elle fut construite de 1676 à 1682. Dans la crypte, sous l'autel, **Saint Sépulcre★** à

Le calvaire est à détailler : des scènes pleines de vie l'animent.

personnages sculptés dans le chêne et peints (1699-1702), œuvre du Breton Jacques Lespaignol. Au fond de l'ossuaire, un trésor comporte de l'orfèvrerie, dont une croix processionnelle en vermeil (1610). *D'avr. à fin sept. : 9h-18h (juin-août : 9h-19h). Gratuit. ☎ 02 98 79 47 64.*

Calvaire★★

Élevé en 1610. Sur le socle, des groupes de personnages figurent des scènes de la Passion. Au-dessous, une petite niche abrite la statue de saint Thégonnec avec le loup qu'il attela à sa charrette, après que son âne eut été dévoré par les loups. La plate-forme est surmontée d'une croix à deux traverses portant des personnages et de deux croix plus simples pour les larrons. Remarquer les anges qui recueillent le sang s'écoulant des plaies du Christ.

Église★

Le seul vestige de l'ancien édifice est le clocher (1563) du pignon situé à gauche de la tour Renaissance. Au-dessus du porche, statue de saint Thégonnec. Dans les niches des contreforts d'angle, statues figurant l'Annonciation, saint Jean et saint Nicolas. Sous le porche, quatre statues d'apôtres subsistent.

À l'intérieur, la **chaire★★** est l'un des chefs-d'œuvre (1683) de la sculpture bretonne. Les angles de la cuve sont ornés des quatre vertus cardinales. Sur les quatre panneaux figurent les évangélistes. Sur le médaillon du dossier, Dieu donne à Moïse les Tables de la Loi. L'**abat-voix** (1732), décoré d'angelots et de roses, est surmonté de l'Ange du Jugement jouant de la trompette. L'abside et les deux bras du transept sont couverts de **boiseries★** des 17e et 18e s., restaurées ; celles du **retable du Rosaire★**, à gauche, représentent : au centre et en bas, la Vierge et l'Enfant remettant le rosaire à saint Dominique et à sainte Catherine ; au-dessus, la Vierge et saint Laurent présentant au Christ une âme délivrée des flammes du Purgatoire.

UN INCENDIE DRAMATIQUE

Un incendie a ravagé une partie de l'église en juin 1998. Les cinq chapelles Nord ont subi des dégâts considérables bien que leurs principales richesses artistiques aient été sauvées. À l'heure où ces lignes sont rédigées, nul ne sait encore quand la restauration de ce chef-d'œuvre sera achevée.

Île de Sein

Au large de la pointe du Raz, paysage nu au cœur de récifs à fleur d'eau, Sein est une bande de terre très peu élevée, livrée aux embruns et aux tempêtes. Ici, mer et ciel se confondent, comme pour mieux garantir aux visiteurs découverte et dépaysement.

La situation

Cartes Michelin nos 58 pli 12 ou 230 plis 15, 16 – Finistère (29).

Le nom

On dit par ici « Qui voit Sein voit sa fin ».

Les gens

348 Sénans. L'île inspira longtemps une terreur superstitieuse. Aujourd'hui sauveteurs très actifs, les habitants, isolés, étaient au 18e s. pilleurs d'épaves. Les hommes

EXEMPTÉS D'IMPÔTS LOCAUX DEPUIS COLBERT

« Vouloir imposer Sein ou Molène, déjà accablées de tous les impôts de la nature, ce serait vouloir imposer la mer, les tempêtes et les rochers. » Louis XIV.

UNE BELLE PAGE D'HISTOIRE : 1940-1944

Dès le lendemain de l'appel du général de Gaulle, le 18 juin 1940, les 130 marins et pêcheurs de l'île de Sein rejoignent l'Angleterre. Quand les Allemands arrivent à Sein, il n'y a plus que femmes, enfants et vieillards, maire et curé. Pendant plusieurs mois, des bateaux de pêche déposent et embarquent des officiers alliés. Des marins de l'île partis pour l'Angleterre, 29 ont trouvé la mort. Sur le chemin du phare, à droite, un monument portant l'inscription *Kentoc'h Mervel* (plutôt mourir) commémore cet épisode. En 1946, le général de Gaulle vint lui-même remettre à l'île la Croix de la Libération.

sont navigateurs ou pêcheurs, alors que les femmes travaillent de minuscules jardins ou ramassent le goémon ; quelques-unes portent encore le « jibilinenn », coiffe noire de deuil à longs pans, devenue la coiffe traditionnelle lors de l'épidémie de choléra de 1886.

se promener

Accès à l'île

Juil.-août : au dép. d'Audierne - ligne régulière (Ste-Evette) - tlj toute l'année embarquement à bord de l'Enez Sun III (250 passagers) allers à 9h, 11h30, 16h50, retours à 10h20, 15h30, 18h15 ; sept.-juin : aller à 9h30, retour à 16h. Penn ar bed. ☎ 02 98 70 70 70.De mi-juil. à mi-août : au dép. de Camaret à bord de l'André Colin (196 passagers) aller à 8h45, retour dim. seulement à 17h (dép. de l'île de Sein). Penn ar bed. ☎ 02 98 27 88 22.

Le port et le bourg

Compter une journée. Des maisons blanches aux volets peints, des ruelles étroites pour offrir moins de prise au vent, tel est le village que protègent d'importantes digues.

Musée – *De juin à fin sept. : 10h-18h. 15F. ☎ 02 98 70 90 35.*

Il commémore des événements survenus pendant la Seconde Guerre mondiale : le départ des Sénans pour l'Angleterre, l'action des Forces françaises navales libres, les campagnes auxquelles ont participé les compagnons de la Libération, les pertes de la marine marchande, la lutte anti-sous-marine.

Le phare – À la pointe Ouest de l'île, il est haut de 49 m et équipé d'une lampe de 6 kW, sa portée moyenne est de 50 km. À gauche se trouve la minuscule chapelle dédiée à saint Corentin, l'évêque qui évangélisa les Celtes.

Au-delà de la pointe s'étend la chaussée de Sein, en réalité un groupe d'écueils sous-marins ou émergés, qui s'étire vers le large sur près de 20 km.

EN AR

Sur un des récifs a été élevé en 1881, après quatorze ans d'efforts, le **phare d'Ar Men,** d'une portée moyenne de 55 km. En 1923, le veilleur y resta bloqué durant 101 jours.

Sizun★

Ce village du Léon s'enorgueillit de posséder un très bel enclos paroissial de type triomphal qui attire les amateurs d'architecture et même les touristes venus se désennuyer des immobilismes de la plage.

La situation

Cartes Michelin nos 58 pli 5 ou 230 pli 18 – Finistère (29). À l'Est de Brest, Sizun se trouve à 15 km au Sud de Landivisiau.

Le nom

Serait un avatar de *sauzon*, qui veut dire « anglais » en breton.

OÙ DORMIR

Hôtel des Voyageurs – *☎ 02 98 68 80 35 – fermé 10 sept. au 3 oct., sam. soir et dim. soir d'oct. à Pâques – P – 27 ch. : 200/270F – ☕ 36F – restaurant 80/155F.* Près de l'église, une halte sans prétention : cet hôtel familial rénové est simple mais agréable. L'annexe propose quelques chambres plus petites et moins chères qui conviendront aux budgets serrés.

découvrir

Enclos paroissial★

Les parties les plus intéressantes sont la triple **porte triomphale★** à décor corinthien, surmontée d'un calvaire, et la **chapelle-ossuaire★** à double arcature ; ces deux monuments datent de 1585-1588. L'ossuaire abrite un petit musée consacré aux traditions locales. L'**église** du 16e s., remaniée aux 17e et 18e s., est reliée par un passage à la sacristie, petit édifice isolé de la fin du 17e s. Le buffet d'orgue, le maître-autel et les retables sont du 17e s., de même que le baldaquin des fonts baptismaux.

À l'intérieur, la voûte lambrissée offre une belle ornementation : sablière sculptée agrémentée dans le transept et le chœur d'anges présentant les instruments de la Passion, entraits en forme de caïmans.

alentours

Maison de la Rivière, de l'Eau et de la Pêche

1 km à l'Ouest.

Installée dans le moulin de Vergraon, elle présente une exposition sur l'eau et son importance, la vie des poissons, la pêche. Description du matériel : cannes, moulinets, différentes étapes de la fabrication d'une mouche pour la pêche au saumon ; aquariums et films. *De mi-juin à mi-sept. : 11h-18h30 ; de mi-sept. à mi-juin : sur demande. 25F. ☎ 02 98 68 86 33.*

Située au pied du barrage du Drennec, son annexe, la **maison du Lac** *(6 km à l'Est)* constitue un centre d'information sur l'aquaculture à travers le monde. Ces deux institutions ont pour ambition de faire comprendre au public l'importance de la préservation de la qualité des eaux.

Locmélar

5 km au Nord. L'**église** des 16e et 17e s. abrite d'imposants retables consacrés à saint Mélar et saint Hervé et deux belles **bannières★** des 16e et 17e s. brodées d'or et d'argent. Dans le cimetière, intéressant calvaire de 1560 à double traverse supportant les personnages, et sacristie à toit en forme de carène renversée.

Trégastel-Plage

Station balnéaire de la Côte de Granit rose, Trégastel séduit par la beauté et l'étrangeté de ses rochers★★, si particuliers à cette section de la corniche bretonne.

La situation

Cartes Michelin nos 59 pli 1 ou 230 pli 6 – Côtes-d'Armor (22). À 13 km au Nord de Lannion, Trégastel-Plage est proche de Perros-Guirec.

Le nom

L'étymologie nous donne « la trêve du château », aujourd'hui associée à la belle plage de la station.

Les gens

2 201 Trégastellois. Un écrivain oublié, **Charles Le Goffic**, auteur de l'*Âme bretonne*, est enterré dans le cimetière de Trégastel-Bourg.

visiter

Aquarium marin

♿ *Avr.-sept. : 10h-12h, 14h-18h (de mi-juin à mi-sept. : 10h-18h) ; oct. : 14h-17h ; nov.-mars : vac. scol. 14h-17h. 28F. ☎ 02 96 15 38 38.*

Une trentaine d'aquariums de 300 à 14 000 litres d'eau de mer présentent la faune des fonds sous-marins

carnet d'adresses

OÙ DORMIR

• *Valeur sûre*

Belle Vue – *☎ 02 96 23 88 18 – fermé 1er oct. au 2 avr. et lun. midi – P – 31 ch. : 400/570F – 55F – restaurant 95/260F.* À quelques centaines de mètres de la Côte de Granit rose, cette maison des années 1930 dans un jardin ne manque pas de charme. Ses chambres, au mobilier un peu désuet, sont impeccablement tenues et ouvrent toutes sur les îles.

OÙ SE RESTAURER

• *À bon compte*

Les Triagoz – *Forum de Trégastel, plage du Coz-Pors – ☎ 02 96 15 34 10 – fermé déc. et janv. – 78/210F.* Sur la terrasse au bord de la plage, face aux célèbres rochers, ou dans la salle aux larges baies vitrées, vous serez parfaitement installé pour admirer le coucher de soleil. Menus aux accents marins, bien sûr...

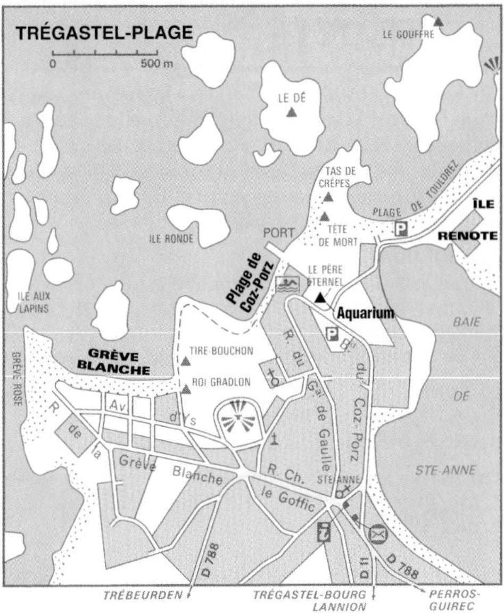
TRÉGASTEL-PLAGE
0
500 m
LE GOUFFRE
LE DÉ
TAS DE CRÊPES
PLAGE DE TOULDREZ
ÎLE RENOTE
ILE RONDE
PORT
TÊTE DE MORT
Plage de Coz-Porz
LE PÈRE ÉTERNEL
Aquarium
BAIE DE STE ANNE
ILE AUX LAPINS
GRÈVE BLANCHE
GRÈVE ROSE
TIRE-BOUCHON
ROI GRADLON
R. du
Bd du Coz-Porz
Av. d'Ys
R. de la Grève Blanche
R. Ch. le Goffic
Gal de Gaulle
STE ANNE
D 788
D 11
TRÉBEURDEN
TRÉGASTEL-BOURG LANNION
PERROS-GUIREC

bretons (homard, coquette, bar, raie, congre...). Une maquette du littoral trégastellois (30 m²), se couvre et se découvre au rythme des marées ; une exposition et une vidéo expliquent ce phénomène naturel particulièrement impressionnant en Bretagne Nord.

Les « Tortues »
C'est le nom de l'amas d'énormes rochers abritant l'aquarium installé dans des grottes qui, au 19e s., abritaient une église. À la sortie, un escalier de 28 marches conduit à une naïve mais hideuse statue du « Père éternel » d'où l'on a une belle vue sur le chaos de rochers et la Côte de Granit rose.

se promener

Plage de Coz-Porz

Si l'on dépasse la jetée de la pointe Nord de cette plage de sable fin bordée de rochers, on gagne une petite grève où se dressent, à droite, la « Tête de Mort » et le « Tas de Crêpes ». Ce dernier rocher, comme feuilleté, est un bon exemple d'érosion par le vent. Un banc de sable permet l'accès d'un chaos de rochers où l'on reconnaîtra le « Dé ».

La Grève Blanche*

1h à pied. À partir de Coz-Porz, le sentier part à gauche et contourne en corniche un promontoire d'où l'on découvre la Grève Blanche, l'île aux Lapins et les îles des Triagoz. Il passe ensuite au pied d'un rocher appelé le « Tire-bouchon », puis atteint la Grève Blanche dominée par « le Roi Gradlon », qui a vaguement la forme d'une tête couronnée.

Table d'orientation

On bénéficie d'une **vue*** circulaire sur la côte et, fait plutôt rare, sur l'arrière-pays avec les bourgs de la Clarté, Pleumeur-Bodou et son radôme, Trébeurden.

Un panorama exceptionnel
En avançant à pied parmi les rochers jusqu'à l'extrémité de la presqu'île, on découvre de magnifiques points de vue sur le large et les Sept-Iles au Nord ; à l'Est, la côte de Ploumanac'h ; au Sud, la baie de Ste-Anne.

Île Renote**

Un isthme sablonneux *(praticable par les autos)* relie maintenant à Trégastel cette désormais presqu'île. Constituée d'énormes blocs de granit, de landes et de pins, elle est réservée aux piétons. Laissant sur la gauche la plage de Touldrez, le promeneur arrive près du Gouffre, cavité au milieu de rochers, accessible seulement à marée basse.

Trégastel-Bourg

3 km au Sud vers Lannion. L'église paroissiale remonte au 13e s. À droite du porche Sud, un ossuaire (17e s.) Renaissance est orné de balustres et coiffé d'une tourelle à dôme. Au fond de la nef, un curieux bénitier (14e s.) servait jadis de mesure à grain.
À 500 m, au-delà du village vers le Sud, un calvaire de facture récente a été élevé sur une butte : belle **vue** sur la Côte de Granit rose.

Tréguier★★

Au fond de l'estuaire formé par la réunion du Jaudy et du Guindy, l'ancienne cité épiscopale s'étage à flanc de colline. Sa principale richesse est son passé. Sa cathédrale, ses ruelles et ses maisons à pans de bois forment un ensemble très séduisant, à quelques encablures d'une côte particulièrement belle.

La situation

Cartes Michelin nos 59 pli 2 ou 230 pli 7 – Côtes-d'Armor (22). À la verticale Nord de Guingamp, Tréguier se situe à mi-chemin entre Lannion et Paimpol sur la D 786.
1 place Général- Leclerc – 22220 – ☎ 02 96 92 22 33.

Le nom

Tréguier vient du breton *Trev-ker* : *trev* désigne une paroisse, précédant ici *ker* qui signifie « maison ».

Les gens

2 799 Trégorrois. La grande figure locale est l'écrivain Ernest Renan (1823-1892).

TRÉGUIER

Chantrerie (R. de la)	2
Gambetta (R.)	3
Gaulle (Pl. du Gén.-de)	4
La-Chalotais (R. de)	5
Le-Braz (Bd A.)	6
Le-Peltier (R.)	8
Martray (Pl. du) St-Yves (R.)	12

Bois du poète	
Calvaire de la protestation	B
Cathédrale St-Tugdual	
Cloître	
Maison de Renan	M
Tours carrées	D

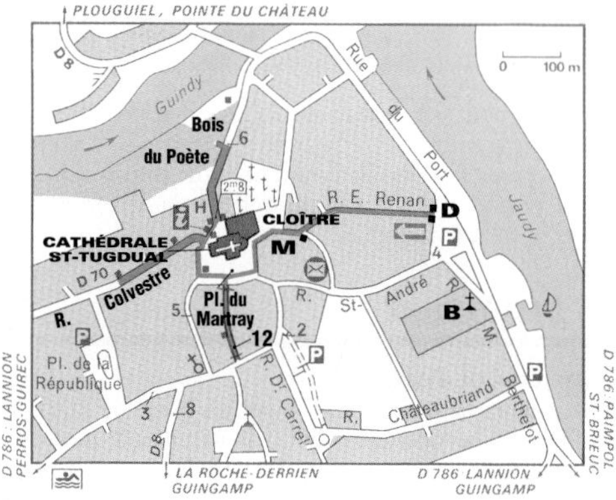

PLOUGUIEL, POINTE DU CHÂTEAU
D 8
Guindy
Bois du Poète
6
Rue du Port
0 100 m
Jaudy
R. E. Renan
D
CLOÎTRE
CATHÉDRALE ST-TUGDUAL
M
4
P
D 70
Colvestre
Pl. du Martray
12
R.
St-André
B
5
2
Pl. de la République
R. Dr Carrel
3
8
D 8
R. Chateaubriand
Berthelot
D 786 LANNION PERROS-GUIREC
D 786 PAIMPOL ST-BRIEUC
LA ROCHE-DERRIEN GUINGAMP
D 786 LANNION GUINGAMP

se promener

Le port, magnifique plan d'eau, peut, grâce à sa profondeur, recevoir des caboteurs de fort tonnage, et réserve une grande place à la navigation de plaisance.

Laisser la voiture sur le parking du port et pénétrer dans la ville par la rue Ernest-Renan bordée de hautes maisons à colombages. Les deux hautes tours carrées encadraient autrefois l'ancienne porte de la ville.

Maison de Renan

D'avr. à fin oct. et vac. scol. : tlj sf lun. et mar. 10h-12h, 14h-18h (juil.-août : 10h-13h, 14h30-18h30). 25F. ☎ 02 96 92 45 63.

Cette maison à colombages (16e s.) abrite des souvenirs et des documents concernant Ernest Renan. On verra sa chambre natale, une reconstitution de son cabinet de travail et de sa bibliothèque au Collège de France, ainsi que les deux pièces où, enfant, il aimait se retirer pour travailler.

Cathédrale St-Tugdual★★

De juil. à fin août : possibilité de visite guidée tlj sf dim. et j. fériés 10h-12h, 14h30-18h.

Une des plus belles cathédrales bretonnes (14e-15e s.). Trois tours reposent sur le transept. Celle du croisillon Sud (18e s.) s'élève à 63 m et s'ouvre par le « porche des cloches » (1438) surmonté d'une belle **fenêtre★** flamboyante. Inachevée, la tour du Sanctuaire, de style gothique, occupe la croisée. La tour Hastings, romane, est le seul témoin de la cathédrale du 12e s.

Entrer par le porche de la façade Ouest.

La fondation

À l'origine était un monastère fondé tout à la fin du 5e s. par saint Tugdual, un moine gallois fuyant Pictes et Saxons. Il fut le premier évêque d'un siège épiscopal particulièrement important en Bretagne.

carnet d'adresses

Où dormir

• *Valeur sûre*

Kastell Dinec'h – *2 km sur D 786 rte de Lannion, puis rte secondaire – ☎ 02 96 92 49 39 – fermé 9 au 24 oct., 1er janv. au 21 mars, mar. et mer. hors sais. – P – 15 ch. : 450/550F – ☕ 65F – restaurant 130/320F.* Délicieuse étape que cette ferme-là ! Dans un joli jardin très vert, elle ressemble un peu à une maison d'amis. Ses chambres feutrées sont plutôt petites mais très intimes, et sa salle à manger, où les hôtes s'attablent le soir, est très chaleureuse.

Chambre d'hôte Troézel Vras – *22610 Kerbors – 9 km de Tréguier rte de Paimpol, dir. Pleumeur-Gautier puis Kerbors – ☎ 02 96 22 89 68 – fermé nov. à mars – – 6 ch. : 260/300F – repas 100F.* Terre cuite au sol, murs travaillés à la chaux, gravures d'inspiration régionale, armoires anciennes et mobilier plus récent : voilà le décor savamment éclectique et très réussi de ces jolies chambres installées dans un manoir du 17e s. Une maison de charme.

Où se restaurer

• *À bon compte*

Café Pesked – *22220 Plouguiel – Au port de la Roche-Jaune : 6 km, rte de Plougrescant et suivre fléchage – ☎ 02 96 92 01 82 – fermé oct. à mars – 60/110F.* Une jolie petite maison bretonne à la façade blanche pour faire contraste au bleu du port fréquenté par les ostréiculteurs. Vous y dégusterez huîtres, moules et truites fumées dans une ambiance « café » simple et sympa. Beau choix de rhums parfumés.

Avec ses arcades gothiques élégamment travaillées dans le granit, la nef apparaît lumineuse. Une frise sculptée en tuffeau plus tendre court sous le triforium. Les voûtes nervurées à la « Tudor » sont éclairées par des fenêtres hautes. Les vitraux de Hubert de Sainte-Marie, maître verrier de Quintin, reprennent des thèmes bibliques (scènes de l'Ancien Testament à gauche, de l'Évangile à droite).

Faire le tour par le bas-côté gauche.

Le tombeau de saint Yves date de 1890 ; il reproduit le monument érigé au 15e s. par le duc de Bretagne Jean V (le gisant de Jean V, sculpté en 1945, se trouve dans la chapelle du Duc). Le bras gauche du transept est limité par la tour Hastings. Sous les beaux arcs romans qui partent d'un lourd pilier accolé de colonnes aux chapiteaux sculptés et qui sont surmontés d'une arcature s'ouvrent les portes de la sacristie et du cloître. Dans le déambulatoire, la 3e chapelle abrite un Christ du 13e s., en bois, dit de « Trémel ». Un intéressant **groupe en bois** du 15e s., *Saint Yves entre le riche et le pauvre*, se trouve près du porche Sud. Dans le bas-côté droit, remarquer les **enfeus** sculptés de chevaliers en armure, du 15e s.

À voir

Dans le chœur, les 46 **stalles★** Renaissance. Dans le bras droit du transept, la **Grande Verrière★** à la vigne mystique qui se mêle aux fondateurs des sept évêchés bretons, aux saints du terroir et aux métiers bretons.

Trésor – Conservé dans la sacristie, il présente entre autres le reliquaire du « chef » de saint Yves. Cette châsse en bronze doré du 19e s. s'appuie au mur de fondation de la tour Hastings, que certains estiment du 11e s. *De mi-juin à mi-sept. : 10h-12h, 14h-18h, sam. 10h-12h, dim. et j. fériés 14h-18h (juil.-août : 10h-18h30, sam. 10h-12h, dim. et j. fériés 12h30-18h30). 4F. ☎ 02 96 92 30 51 ou ☎ 02 96 92 30 19.*

Cloître★ – Il est adossé à l'évêché. Ce bel ensemble du 15e s. encadre une croix au milieu d'une pelouse fleurie. Sous les voûtes à charpente boisée et sablière sculptée, des gisants du 15e au 17e s. occupent le déambulatoire.

Le cloître, un quadrilatère irrégulier découpé de quarante arcades flamboyantes en granit de l'île Grande et de Pluzumet.

Pour l'anecdote : sous l'Ancien Régime, les galeries étaient louées à des marchands ambulants à l'occasion des foires. *Juil.-août : 9h30-18h30, dim. et j. fériés 12h30-18h30 ; mai-juin et sept : 10h-12h, 14h-18h, dim. et j. fériés 14h-18h. 14F (cloître et trésor).* ☎ 02 96 92 22 33.

Place du Martray

Au cœur de la ville, sur cette place ombragée bordée de maisons anciennes, se dresse la **statue** d'Ernest Renan (1823-1892) par Jean Boucher.

Rue Saint-Yves

Un petit tour dans cette rue piétonnière permettra de voir **La Psalette**, demeure des petits chanteurs, édifiée en 1447.

Monument aux morts

À VOIR AUSSI
Le **Calvaire de la protestation**, œuvre du sculpteur **Yves Hernot**, inaugurée en 1904, en signe de protestation des catholiques contre l'érection de la statue d'Ernest Renan place du Martray.

Sur le flanc gauche de la cathédrale. C'est une œuvre sobre et émouvante du sculpteur breton **F. Renaud**, représentant la douleur d'une Bretonne en cape de deuil.
Prendre, presque en face, la **rue Colvestre** pour voir quelques belles maisons anciennes et plus particulièrement : la maison du duc Jean V, l'hôtel de Kermorvan et l'hôtel de Coetivy. Revenir sur ses pas et descendre, en passant sous l'ancien évêché, vers le **bois du Poète** qui domine le **Guindy** et constitue une agréable promenade au cours de laquelle on découvrira le monument funéraire de l'écrivain **Anatole Le Braz**.

alentours

À Minihy-Tréguier, le « pardon des pauvres » a lieu en même temps que le pardon des avocats et des hommes de loi.

Minihy-Tréguier

1 km au Sud. Prendre la direction de La Roche-Derrien et à la sortie de l'agglomération, tourner à gauche. Minihy-Tréguier, village natal de **saint Yves**, est le but du pardon du 3ᵉ dimanche de mai, dit « pardon des pauvres ». On dit couramment « aller à St-Yves ».
L'église (15ᵉ s.) est bâtie sur l'emplacement de l'ancienne chapelle du manoir de Ker-Martin où naquit et mourut **Yves Hélori** (1253-1303) ; elle abrite une toile peinte où figure, en latin, son testament. Au cimetière, face au porche Ouest, on verra un petit monument du 13ᵉ s. percé d'une arcade sous laquelle les pèlerins passent agenouillés. Dénommé « tombeau de saint Yves », il semble être l'autel de la chapelle primitive.

Château de la Roche-Jagu★

13 km au Sud-Est par les D 786 et D 787. De mi-fév. à mi-nov. : 10h30-12h30, 14h-18h (juil.-août : 10h-19h, de sept. à mi-nov. : 10h30-12h30, 14h-19h). 25F. ☎ 02 96 95 62 35.
Ce château, construit au 15ᵉ s. au sommet des pentes abruptes et boisées qui forment la rive gauche du Trieux, veillait sur la rivière et a conservé de ce fait son caractère défensif. Sa façade Ouest a gardé les corbeaux qui supportaient l'ancien chemin de ronde. De belles cheminées très ouvragées surmontent l'édifice. Au cours de la visite, on parcourt les nombreuses salles aux plafonds à la française, la petite chapelle et ses deux oratoires. Le chemin de ronde couvert qui subsiste sur la façade Est permet de découvrir le magnifique **site★** du Trieux. Il est possible d'accéder à la rivière formant un méandre encaissé au pied du château en empruntant un sentier à droite.

SI VOUS PASSEZ EN ÉTÉ
Pendant la période estivale, des expositions et des manifestations culturelles se déroulent au château.

Runan

13 km au Sud par la D 8. Situé sur un plateau du Trégorrois, Runan possède une importante église qui appartint aux templiers, puis aux hospitaliers de St-Jean-de-Jérusalem.

Église★ – *Juil.-août : visite guidée 10h30-12h30, 14h30-18h30, dim. 10h30-12h30 ; sept.-juin : sur demande auprès de Mme Runan.* ☎ 02 96 95 62 87.

Élevée aux 14e et 15e s., elle est richement décorée. Son côté Sud présente quatre pignons constellés d'armoiries martelées. Le pignon du porche est orné d'un linteau sculpté figurant l'Annonciation et la Descente de croix ; les douze apôtres superposés, en se réunissant, forment une clef de voûte.
À l'intérieur, les voûtes lambrissées reposent sur des sablières polychromées : on reconnaît à gauche de la nef les signes du zodiaque, à droite des animaux. Datant du milieu du 15e s., le retable, situé dans la chapelle des fonts baptismaux, présente des personnages d'une rare élégance taillés dans la pierre bleutée de Tournai.

circuits

1 PRESQU'ÎLE DE PLOUGRESCANT

Circuit de 37 km – Environ 2h. Quitter Tréguier au Nord et, dans Plouguiel, tourner à droite.

La Roche-Jaune

Dans ce petit port sur le Jaudy, les ostréiculteurs élèvent et affinent des huîtres creuses dites fines du Trégor.

Chapelle St-Gonéry★

Visite guidée sur demande auprès de Mme Richard. ☎ 02 96 92 50 00.

La chapelle est surmontée d'une flèche en plomb, de 1612, curieusement inclinée sur une tour du 10e s. À l'intérieur, les voûtes en bois peint représentent des épisodes de l'Ancien et du Nouveau Testament ; de la fin du 15e s., ces **peintures** restaurées au 18e s., puis au 19e s., sont très intéressantes. Dans la chapelle à gauche du chœur, le **mausolée★** d'un évêque de Tréguier (16e s.), dont le gisant reposant sur une imposante dalle moulurée est supporté par quatre lions qui font allusion aux armes des Halegoët qui portaient « d'azur à lion morné d'or ».

MOBILIER RARE
Dans la chapelle à droite du chœur : une **armoire aux Reliques★** (16e s.) à baldaquin dont les panneaux représentent saint Jean et un calice d'où s'échappe un serpent, sainte Marie-Madeleine et son pot d'onguents parfumés, saint Gonéry et sainte Barbe portant sa tour.

Pors-Hir

Ce petit port est bâti entre de gros rochers, près d'une anse.
La route suit la côte dans un beau site, les maisons s'adossent à d'énormes rochers ou se faufilent entre de hauts blocs rocheux créant une certaine féerie.

La **pointe du Château** est la pointe extrême de cette presqu'île d'où l'on découvre de belles vues sur les îles d'Er et le phare des Héaux, les Sept-Îles.

Le Gouffre★ est une profonde entaille dans un chaos de rochers où la mer déferle avec violence (*1/4h à pied AR*).

Faire demi-tour, la route longe des lagunes, puis prendre trois fois à droite.

Du Roudour, on peut gagner l'**anse de Pors Scaff**, hérissée d'îlots rocheux.

Buguélès

Petit centre balnéaire frangé d'îlots habités.

Port-Blanc

Ce petit port de pêche est en même temps un lieu de séjour balnéaire. Sous les dunes de la grande plage, des dalles funéraires, actuellement recouvertes, laissent présumer l'existence d'une nécropole.
Pour se rendre à la **chapelle N.-D. de Port-Blanc**, gagner la grande esplanade en bordure de mer, tourner à gauche avant un groupe de maisons bâties sur des rochers *(parking)*. Dans l'angle gauche, emprunter un chemin en montée que prolonge un escalier de 35 marches.
La chapelle du 16e s. est couverte d'un toit qui descend jusqu'à terre. *De juil. à fin août : 10h30-12h30, 15h-18h.*
Regagner Tréguier en passant par Penvénan.

La chapelle N.-D. de Port-Blanc.

PÈLERINAGE
Tous les ans a lieu dans la petite île **St-Gildas** le pardon aux chevaux ou pardon de St-Gildas.

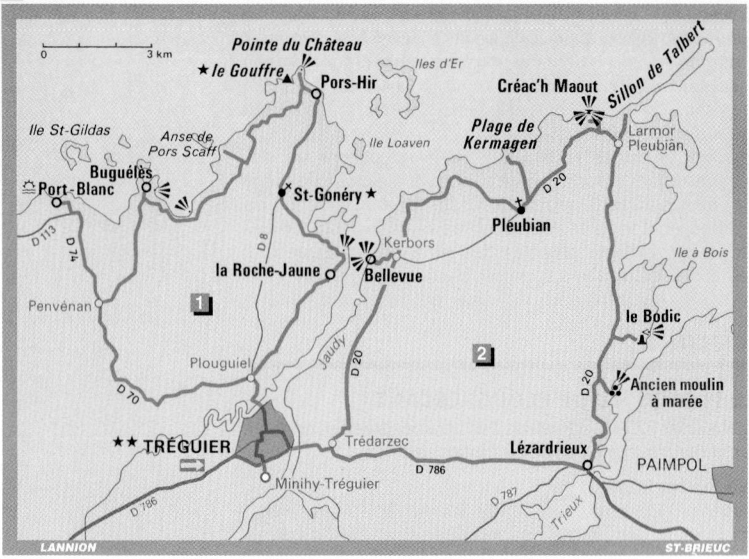
0
3 km
Pointe du Château
★ le Gouffre
Pors-Hir
Iles d'Er
Créac'h Maout
Sillon de Talbert
Ile St-Gildas
Anse de Pors Scaff
Ile Loaven
Plage de Kermagen
Larmor Pleubian
Buguélès
Port-Blanc
St-Gonéry ★
D 20
Pleubian
D 113
D 74
D 8
Kerbors
Ile à Bois
la Roche-Jaune
Bellevue
Penvénan
1
le Bodic
Jaudy
2
Plouguiel
D 20
D 20
Ancien moulin à marée
D 70
★★ TRÉGUIER
Trédarzec
Lézardrieux
PAIMPOL
D 786
Minihy-Tréguier
D 786
D 787
Trieux
LANNION
ST-BRIEUC

2 PRESQU'ÎLE SAUVAGE

Circuit de 49 km – Environ 3h. Quitter Tréguier en direction de Paimpol.

Lézardrieux

La ville est bâtie sur la rive gauche du Trieux qu'enjambe un pont suspendu. L'église du 18e s. possède un élégant clocher-pignon flanqué de deux tourelles et coiffé d'un clocheton percé d'arcades recevant les cloches. Ce type de clocher, très particulier, se retrouve pratiquement dans toute la presqu'île.

Prendre vers le sillon de Talbert. On longe le vaste port de plaisance créé sur le Trieux. À 3 km, tourner à droite dans une route en descente.

Ancien moulin à marée

Un petit bassin en amont retenait les eaux qui actionnaient ce moulin, maintenant ruiné.

Reprendre la direction du sillon de Talbert et tourner à droite.

Phare du Bodic

Petit phare commandant l'entrée du Trieux. Un sentier à gauche de cette construction mène, à travers champs, à une plate-forme d'où la **vue**★ porte sur l'embouchure du Trieux et l'île à Bois au premier plan, l'archipel bréhatin au large.

La route passe ensuite à proximité de la baie de Pommelin, traverse Lanmodez et Larmor-Pleubian.

Le sillon de Talbert, que l'on peut parcourir à pied, est placé sous la protection du Conservatoire du littoral.

Sillon de Talbert

Longue de 3 km, cette étroite langue entourée de récifs est faite de sable et de galets déposés par les courants du Trieux et du Jaudy. On y ramasse le goémon (la cueillette annuelle est de 8 000 à 10 000 t d'algues) qui est ensuite séché sur place avant d'être traité dans une usine proche du sillon.

Revenir à Larmor-Pleubian et prendre à droite vers la plage de Pors-Rand.

Table d'orientation de Crac'h Maout

Située en avant d'un monument commémoratif et de l'ancien sémaphore. Vaste **panorama★** sur la pointe de l'Arcouest, Bréhat, le sillon de Talbert, le phare des Héaux (construit de 1836 à 1839, d'une hauteur de 56 m et d'une portée moyenne de 35 km), la pointe du Château et l'embouchure du Jaudy.

Par St-Antoine, gagner l'entrée de Pleubian où l'on tourne à droite.

Baignade
Plage de Kermagen : face à la pointe du Château et aux îles d'Er.

Pleubian

Sur le flanc gauche de l'église au clocher typique se dresse une belle **chaire★** du 16e s. surmontée d'une croix. De forme ronde, elle présente une frise sculptée.

Dans Pleubian, prendre la direction de Kerbors par la côte. On passe à proximité de l'allée couverte de Men-ar-Rompet, en partie enfouie dans la végétation, et de l'île à la Poule. Dans Kerbors, tourner à droite avant l'église.

Bellevue

Sur la rive du Jaudy. Le regard se perd à droite sur ► l'embouchure de la rivière, à gauche sur la vallée et le site de Tréguier dominé par les tours de la cathédrale. En face s'étage La Roche-Jaune.

Sur son cours, cependant soumis à la marée, le Jaudy abrite des élevages de truites et de saumons, c'est l'aquaculture, nouvelle ressource de cette région.

La route serpente ensuite parmi les champs de primeurs avant de redescendre vers la vallée du Jaudy et Tréguier.

La Trinité-sur-Mer

Face à la baie de Quiberon, ce port de pêche mais surtout de plaisance s'étire en bordure de la rivière Crach. Depuis l'installation des premiers pontons en 1970, La Trinité est devenue un rendez-vous international de la voile, un pôle du tourisme nautique.

La situation

Cartes Michelin nos 63 pli 12 ou 230 plis 35, 49 - Morbihan (56). En général, on arrive à La Trinité par bateau. Si vraiment on tient à y arriver à pied, à cheval ou en voiture, il faut prendre la D 28 à partir d'Auray.

Le nom

Du nom d'une chapelle consacrée à la Trinité.

Les gens

1 433 Trinitains et tous les marins du globe qui se retrouvent ici.

se promener

Il est toujours agréable de flâner dans un port tel que celui-ci. Vous avez toutes les chances d'y admirer une « Formule 1 » de la mer, bien abritée derrière le ponton brise-clapot.

La Mecque de la voile
Le port de plaisance peut accueillir 1 200 bateaux. Tous les grands marins viennent mouiller là, vieux gréements s'y réunissent. Courses et régates s'y succèdent tout au long de l'année, notamment lors du *Spi Ouest-France* qui confronte les anonymes aux vedettes de la voile.

Chemin des douaniers

Depuis le port, il mène à la pointe de Kerbihan. On remarque les nombreux parcs à huîtres destinés à la récolte du naissain, à hauteur de l'estuaire. Le chemin

carnet pratique

Où dormir

• *À bon compte*

Chambre d'hôte Mme Gouzer – *17 rte de Quéhan (C 203) – 56470 St-Philibert – 2 km rte d'Auray et 1er feu à gauche après le pont de Kérisper – ☎ 02 97 55 17 78 – ⊠ – 3 ch. : 250/400F.* Bordée de pins centenaires, cette maison d'ostréiculteurs, magnifiquement placée au-dessus de la rivière de Crach, propose trois chambres blanches, sobrement meublées, avec chacune une belle vue sur le large. De quoi enchanter les amoureux de la mer !

• *Une petite folie !*

Le Petit Hôtel des Hortensias – *pl. de la Mairie – ☎ 02 97 30 10 30 – fermé 1er au 10 déc. et 8 au 30 janv. – 5 ch. : 750F – ☕ 58F.* Dominant le célèbre port de plaisance, cette villa de 1880 dispose de cinq magnifiques chambres, aux noms d'îles bretonnes. Meubles en pin et rotin, couleurs écrues, maquettes de voiliers, salon-bibliothèque, photos de mer créent une atmosphère des plus agréables.

Où se restaurer

• *Valeur sûre*

L'Arrosoir – *pl. de la Mairie – 56470 La Trinité-sur-Mer – ☎ 02 97 30 13 58 – fermé 1er au 20 déc., 8 au 30 janv., la sem. en hiver sf vac. scol., lun. soir et mar. en avr., mai et sept. – 130/200F.* Le restaurant du Petit Hôtel des Hortensias installe sa belle terrasse avec vue sur la rivière de Crach dès les beaux jours. En hiver, vous dégusterez ses produits de la mer dans sa petite salle au style « bistrot marin » avec ses maquettes de bateaux...

Louer un bateau

Il n'y a pas moins de 8 loueurs à la Trinité ! Demander la liste à l'Office de tourisme pour louer une vedette sans permis ou un voilier de croisière de 15 m.

Sports

Stages de dériveur et de catamaran – Société nautique, cours des Quais, ☎ 02 97 55 73 48.

Ski nautique – Triniloc, 35 cours des Quais, ☎ 02 97 30 10 00. Initiation ou perfectionnement.

Clubs de plage

Deux clubs de plage pour les petits : le Club Plein Air (plage du Men-Dû), l'Olympic Club Mickey (plage de Kervillen).

MONTMORENCY
MEMSOFT
CÔTE D'AZUR

Un départ de course à La Trinité est l'assurance d'un étonnant embrouillamini de mâts.

mène aux **plages de Kerbihan et de Kervillen**. Juste après cette dernière, on voit l'île de Stuhan, réserve naturelle protégée.

Pont de Kerisper

De ce pont qui franchit le Crach, la **vue**★ est très belle.

Le Val-André

Station balnéaire réputée, Pléneuf-Val-André (son nom officiel) possède à n'en pas douter une des plus belles plages de sable fin de la côte Nord de la Bretagne.

La situation

Cartes Michelin nos 59 pli 4 ou 230 pli 9 – Côtes-d'Armor (22). À une vingtaine de kilomètres au Nord-Est de St-Brieuc, le Val-André débute la Côte d'Émeraude qui s'étend jusqu'à la pointe du Grouin. *ℹ 1 rue Winston-Churchill, B.P. 125 – 22370 – ☎ 02 96 72 28 74.*

La belle plage de Val-André est longée par une promenade entièrement réservée aux piétons.

Le nom

L'étymologie est sans arrière-pensée et laisse entendre le nom du premier propriétaire ou seigneur de ce val.

Les gens

3 695 habitants. Après avoir séjourné à Dinard et St-Lunaire, l'académicien Jean Richepin (1849-1926) s'est installé dans cette station. Il est enterré dans le cimetière de Pléneuf.

se promener

Pointe de Pléneuf*

1/4h à pied AR. Du parc de stationnement du port de Piégu démarre une promenade aménagée au pied de la falaise. Cette promenade mène à un petit belvédère où les plus fatigués trouveront un banc de repos, face à l'île du Verdelet, réserve ornithologique qu'il est possible de rejoindre à pied lors de certaines grandes marées *(se renseigner au poste des sauveteurs, sur la digue, ou à l'Office de tourisme).*

Partir du port de Piégu et gravir l'escalier qui conduit à la rue de la Corniche. En contournant la pointe de Pléneuf, un « chemin de douaniers » permet de gagner la plage des Vallées *(1/2h à pied)* et celle de la Ville-Berneuf *(3/4h).* Cette très belle promenade en corniche révèle des **vues**** superbes sur la station et la baie de St-Brieuc.

carnet pratique

Où dormir

• *Valeur sûre*

Grand Hôtel du Val André – *r. Amiral-Charner, 22370 Le Val-André – ☎ 02 96 72 20 56 – fermé 15 nov. au 12 mars – P – 39 ch. : 295/440F – ☕ 47F – restaurant 90/155F.* Un hôtel de bord de mer typique avec sa façade 1900. Il donne sur la plage et ses chambres d'un confort moderne ont une belle vue dégagée, tout comme son vaste restaurant panoramique.
Idéal pour les vacances, ses demi-pensions sont intéressantes.

Où se restaurer

• *À bon compte*

Au Biniou – *121 r. Clemenceau, 22370 Le Val-André – ☎ 02 96 72 24 35 – fermé 2 au 31 janv., mar. soir et mer. sf été – 95/200F.* Dans une petite maison du centre-ville, ce restaurant sert dans ses petites salles une cuisine goûteuse qui met en scène produits de la mer et recettes du cru, revisitées par le chef... Un premier menu à prix doux.

Loisirs

Casino de la Rotonde – *Promenade de la Digue, ☎ 02 96 72 85 06.* Il est ouvert tous les jours à partir de 15h.

Sports

Sports de voile – Station voile depuis 1987, la localité est magnifiquement équipée.
Le centre nautique est ouvert toute l'année (planche à voile, catamaran, dériveur), mais vous pourrez aussi pratiquer le char à voile à la plage de Saint-Pabu *(☎ 02 96 72 95 28).*

Golf du Val – *Plage des Vallées, ☎ 02 96 63 01 12.* Splendide parcours 18 trous avec vue sur mer.

Naviguer sur un vieux gréement

La Pauline – *Office du tourisme de Pléneuf-Val-André, ☎ 02 96 72 20 55.* Ce bel esquif de Darhouët à coque noire et voile rouge vous emmènera sur les flots de la Côte d'Émeraude.

Pléneuf-Val-André en fête

Tout au long de l'été s'égrènent des manifestations : de la retraite aux flambeaux à la course de garçons de café, en passant par les régates ou les concerts. Passez par l'Office de tourisme, une fête vous attend.

Promenade de la Guette★

1h à pied AR. À l'extrémité Sud-Ouest de la digue, à l'angle de la rue des Sablons, deux flèches indiquent le chemin de la Guette, le corps de Garde, la batterie.

Contournant « l'anse du Pissot », escalier d'accès à la plage, on longe le « corps de Garde », récemment restauré. Peu à peu se dégage une **vue★** immense sur la baie de Saint-Brieuc avant d'arriver à une statue de N.-D.-de-la-Garde d'où l'on descend vers **Dahouët**, port de pêche et de plaisance niché dans un joli site.

Suivre le quai des Terre-Neuvas et prendre, face à l'étang de Dahouët (plan d'eau aménagé en jardin nautique), le sentier du Mocquelet pour rentrer par les hauteurs.

Les terre-neuvas de Dahouët

C'est en 1509 que les marins de ce port situé à l'embouchure de la Flora furent les premiers à aller pêcher à Terre-Neuve, île découverte seulement douze ans plus tôt.

Vannes★★

Bâtie en amphithéâtre au fond du golfe du Morbihan, Vannes conserve à l'intérieur d'elle-même sa belle cité médiévale. Très visitée, la ville reste cependant très agréable et constitue le point de départ idéal de toute excusion dans le golfe, pardon, dans son golfe.

La situation

Cartes Michelin nos 63 pli 3 ou 230 plis 36, 37 - Morbihan (56). On a tout intérêt à se garer près de la gare maritime ou place de la République, car il est très difficile d'y parvenir dans le centre. *1 rue Thiers - 56000 - ☎ 02 97 47 24 34.*

Le nom

Les Vénètes, branche des Vénitiens de Vénétie perdue dans le Far West français, ont laissé leur nom à leur capitale.

Darioritum

Au temps des Vénètes, c'est-à-dire à l'époque gallo-romaine, la première agglomération s'appelait Darioritum. *Ritum* veut dire « gué » (le gué de Saint-Patern, au Nord-Est de la ville). La cité était un important lieu de convergence de voies romaines. L'empereur Probus la dota de fortifications au 3e s.

Les gens

45 576 Vannetais. Le cinéaste Alain Resnais y est né en 1922.

La réunion à la France

Anne de Bretagne, mariée à Charles VIII puis à Louis XII, et donc reine de France, est restée souveraine de son duché sans que ce dernier ne soit rattaché à la couronne.

Lorsqu'elle s'éteint en 1514, à 37 ans, sans laisser d'héritier mâle, Claude de France, l'une de ses filles, hérite de la Bretagne. Unie quelques mois plus tard à l'héritier du trône de France, François d'Angoulême, elle devient à son tour reine de France le 1er janvier 1515. François Ier obtient qu'elle cède son duché au Dauphin.

Le dernier pas est franchi en août 1532. Les États, réunis à Vannes, proclament l'« union perpétuelle du pays et duché de Bretagne avec le royaume et couronne de France ». Les droits et privilèges du duché sont maintenus : les impôts doivent être consentis par les États ; le Parlement de Bretagne garde la souveraineté juridique ; une armée bretonne peut être entretenue aux frais de la province.

TABAC PRESSE

La place Henri-IV et ses belles maisons anciennes attirent sans coup férir les amateurs de souvenirs.

carnet pratique

OÙ DORMIR

• Valeur sûre

Hôtel Roof – *à Conleau – 4,5 km au SO de Vannes* – ☎ *02 97 63 47 47* – P – *42 ch. : 385/675F* – ☕ *52F* – restaurant 100F. Un hôtel moderne dans un site remarquable : dans un cadre verdoyant, au bout de la presqu'île de Conleau, il donne sur le golfe du Morbihan. Choisissez plutôt les chambres face au petit port de plaisance, les autres ayant vue sur le parking...

Hôtel des Vénètes – *à la pointe d'Arradon – 56610 Arradon – 9 km de Vannes par la D 101 et D 127* – ☎ *02 97 44 03 11 – 12 ch. : 350/550F* – ☕ *46F – restaurant 120/320F.* Au bord de l'eau, cet hôtel des années 1960 est formidablement situé : sa vue sur le golfe et ses îles vaut le détour... Bien isolé, il jouit en plus d'un calme absolu. Ici, vous pourrez profiter en toute quiétude des couchers de soleil du Morbihan.

OÙ SE RESTAURER

• À bon compte

Crêperie Dan Ewen – *3 pl. du Gén.-de-Gaulle* – ☎ *02 97 42 44 34 – 55F.* Proche de la préfecture, dans une belle maison à colombages, la tradition bretonne est cultivée avec passion : crêpes à l'ancienne, authentique mobilier breton et musique celte sont de règle dans ce bastion culturel !

• Valeur sûre

Pavé des Halles – *17 r. des Halles* – ☎ *02 97 47 15 96 – fermé 15 janv. au 7 fév., lun. sf de juil. à sept. et dim. sf. le midi d'oct. à juin – 109/210F.* On est presque surpris de trouver une bonne adresse dans cette rue touristique du vieux Vannes... Installé dans une maison à colombages, ce restaurant gourmand fait salle comble avec ses menus servis dans un cadre bistrot sympathique. Réservation conseillée.

Table des Gourmets – *6 r. A.-Le-Pontois* – ☎ *02 97 47 52 44 – fermé 28 juin au 7 juil., 27 déc. au 5 janv., dim. soir hors sais., lun. midi et mer. – 115/320F.* Les Vannetais aiment bien ce petit restaurant discret tenu par un jeune couple sérieux, juste en face des remparts. Dans sa petite salle moderne aux tons chaleureux, arrangée avec soin, vous pourrez goûter une cuisine fraîche gentiment menée.

Afghan' Café – *12 r. Fontaine* – ☎ *02 97 42 77 77 – fermé dim. – 110/160F.* Pour changer des crêpes et des plateaux de fruits de mer, une cuisine d'épices douces et de mélanges subtils servie sur fond de musique afghane dans une miniscule salle colorée où les photos évoquent l'Afghanistan et son peuple... Pensez à réserver.

• Une petite folie !

Pressoir – *7 r. de Hôpital – 56890 St-Avé – 6 km au N de Vannes par D 767* – ☎ *02 97 60 87 63 – fermé 2 au 17 mars, 29 juin au 8 juil., 1er au 24 oct., mar. de nov. à avr., dim. soir et lun. – 220/430F.* Une étape étoilée séduisante un peu à l'écart de la ville. Le patron vous recevra dans un décor chaleureux qui mélange mobilier classique et tableaux contemporains pour un repas original, concocté avec des produits du cru. Admirez le vieux pressoir.

OÙ BOIRE UN VERRE

Le Glasgow – *10 av. de Verdun,* ☎ *02 97 54 39 17. Lun.-sam. 18h-2h.* Bar typiquement écossais. L'ambiance est populaire, avec parfois une forte concentration de militaires, mais cela ne doit point effrayer l'apprenti ethnologue qui découvrira ici que la boisson peut être considérée comme l'un des beaux-arts. Musique d'outre-Manche. Spécialités : bières.

L'Océan – *4 pl. Gambetta,* ☎ *02 97 47 22 81. Ouv. tlj 7h-1h.* Café-restaurant de l'hôtel « Le Marina », face au petit port de Vannes. Magnifique terrasse sur la place Gambetta où les Vannetais se rassemblent le midi et le soir à la sortie du travail.

Le Roof – *Presqu'île de Conleau,* ☎ *02 97 63 47 47.* Hôtel-restaurant situé sur la presqu'île de Conleau, site exceptionnel en bordure de plage. Bar avec animation musicale et piano-bar parfois. Magnifique terrasse.

The Ballyshannon – *Kergrippe,* ☎ *02 97 66 93 72. Mar.-jeu. 22h-4h, ven.-sam. jusqu'à 5h.* Pub irlandais tenu par deux femmes de caractère qui organisent des concerts (rock, folk, blues) le vendredi et le samedi soir. Petite discothèque techno à proximité.

Le Master – *Parc du Golf,* ☎ *02 97 46 09 00. Lun.-ven. 12h-2h, sam.-dim. à partir de 14h.* Huit pistes de bowling, 23 billards (pools, snookers, billards français). Soirée karaoké le jeudi tous les quinze jours. Spectacle (hypnose, fakirs, drag-queens...) une fois par mois. Bar et restauration possible.

BALADE EN VIEUX GRÉEMENT

Notre-Dame-de-Becquerel – ☎ 02 97 47 24 34. Ce « forban » embarque 8 passagers pour une promenade autour des îles du golfe.

se promener

LA VIEILLE VILLE★★

La vieille ville, enfermée dans ses remparts et groupée autour de la cathédrale St-Pierre, a été aménagée en zone piétonne.

Partir de la place Gambetta.

Cette place en hémicycle, construite au 19e s., encadre la **porte Saint-Vincent** qui donne accès à la vieille ville par la rue du même nom, bordée de beaux immeubles du 17e s. À l'entrée de la rue, l'hôtel Dondel fut le quartier général de Hoche en 1795.

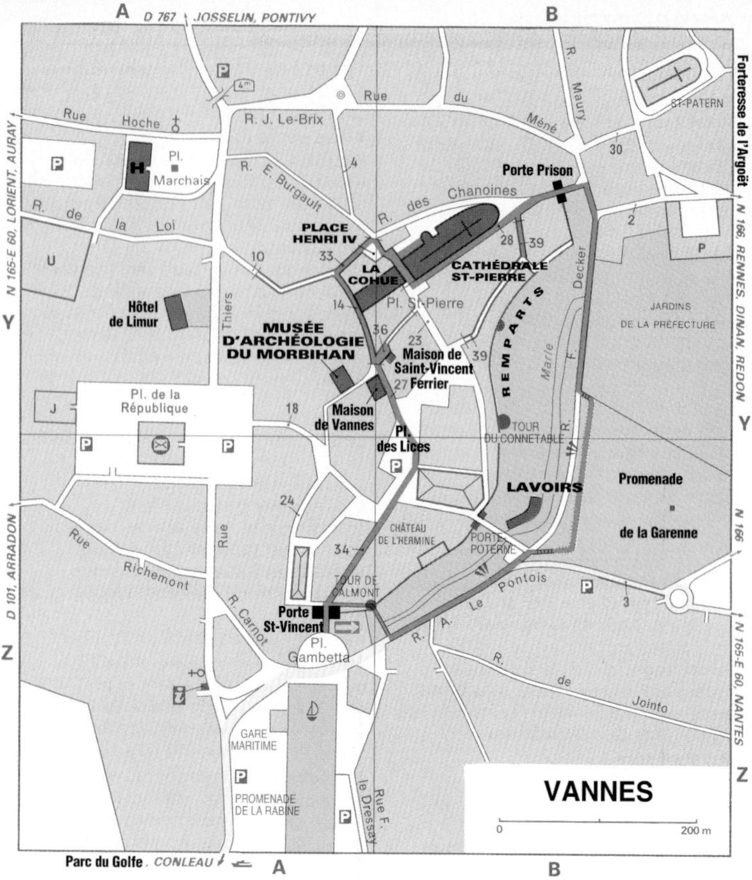
A
B
D 767 JOSSELIN, PONTIVY
Forteresse de l'Argoët
N 166 RENNES, DINAN, REDON
N 165-E 60, LORIENT, AURAY
D 101, ARRADON
N 165-E 60, NANTES
N 166
Y
Z
Rue Hoche
R. J. Le-Brix
Rue du Méné
R. Maury
ST-PATERN
Pl. Marchais
R. E. Burgault
R. des Chanoines
Porte Prison
R. de la Loi
PLACE HENRI IV
LA COHUE
CATHÉDRALE ST-PIERRE
Pl. St-Pierre
REMPARTS
R. F. Decker
JARDINS DE LA PRÉFECTURE
Hôtel de Limur
Thiers
MUSÉE D'ARCHÉOLOGIE DU MORBIHAN
Maison de Saint-Vincent Ferrier
Pl. de la République
Maison de Vannes
Pl. des Lices
TOUR DU CONNETABLE
R. Marie
Promenade de la Garenne
LAVOIRS
CHÂTEAU DE L'HERMINE
PORTE POTERNE
Rue Richemont
Rue
TOUR DE CALMONT
Le Pontois
Porte St-Vincent
Pl. Gambetta
R. Carnot
R. A. Le
R. de Jointo
GARE MARITIME
PROMENADE DE LA RABINE
Rue F. le Dressay
VANNES
0
200 m
Parc du Golfe
CONLEAU

Allain-Legrand (R.)	BY 2	Le-Brix (R. J.)	AY	St-Guenhaël (R.)	BY 28
Bazvalan (R. de)	BZ 3	Méné (R. du)	ABY	St-Nicolas (R.)	BY 30
Billault (R.)	AY 4	Monnaie (R. de la)	BY 23	St-Salomon (R.)	AY 33
Closmadeuc (R.)	AY 10	Poissonnerie (R. de la)	AZ 24	St-Vincent-Ferrier (R.)	AZ 34
Halles (R. des)	AY 14	Rogue (R.)	BY 27	Valencia (Pl.)	BY 36
Le Hellec (R.)	AY 18			Vierges (R. des)	BY 39

Cathédrale St-Pierre	BY	Maison de Saint Vincent Ferrier	BY	Porte Prison	BY
Hôtel de Limur	AY	Maison de Vannes	ABY	Porte St-Vincent	AZ
Hôtel de ville	AY H	Musée d'archéologie du Morbidan	AY	Promenade de la Garenne	BY
La Cohue	ABY			Remparts	BY
Lavoirs	BZ				

VANNES ET SA FEMME

Sur la maison de Vannes, ces figures très populaires, connues sous le nom de « Vannes et sa femme ».

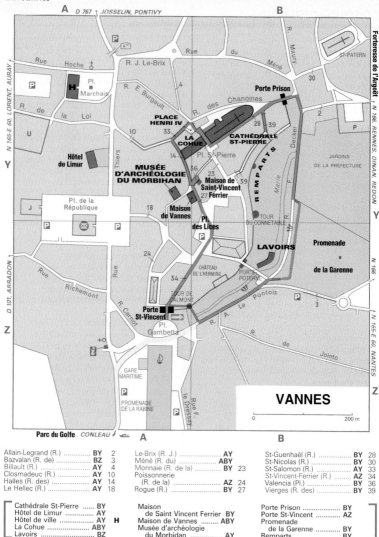

Place des Lices

Elle est ainsi nommée en raison des tournois et luttes bretonnes qui s'y déroulèrent en 1532, à l'occasion de la célébration de l'union entre la Bretagne et la France. Dans le bas de la place, une statue de saint Vincent Ferrier, nichée dans une maison à tourelle, rappelle que l'orateur venait discourir en ces lieux en 1418.

Maison de Vannes

Ancienne demeure ornée de deux bustes en granit.

Maison de saint Vincent Ferrier

Au n°17, place Valencia. Dans cette maison, remaniée au 16e s., mourut Vincent Ferrier en 1419. Bel exemple de maison à colombages, au rez-de-chaussée en pierre.

Place Henri-IV★

Par la rue des Halles et la rue St-Salomon aux vieilles demeures, on gagne cette place aux pittoresques maisons à pignons (16e s.). Jeter un coup d'œil dans la rue des Chanoines.

La Cohue★

La Cohue est le terme fréquemment employé en Bretagne pour désigner les halles, le lieu de commerce et de la justice. Au 13e s., la salle basse abritait une foule

de petites échoppes, tandis que dans la salle haute siégeait la justice ducale. À partir de 1675, le parlement de Bretagne exilé à Vannes y tiendra ses séances. Il sera lui-même remplacé à la Révolution, et jusque dans les années 1950, par un théâtre.
Restauré avec élégance, ce bâtiment est devenu le **musée de la Cohue** : statuaire religieuse, peinture du 19e s. et œuvres contemporaines s'y jouxtent. *De mi-juin à fin sept. : 10h-18h ; d'oct. à mi-juin : tlj sf mar. 10h-12h, 14h-18h, dim. 14h-18h. Fermé j. fériés (hors été). 26F.* ☎ *02 97 47 35 86.*

Dans la **galerie des Beaux-Arts** (*1er étage*), la salle du Tribunal (1550), à la belle charpente en chêne, jadis siège de juridiction du Présidial, rassemble aujourd'hui des œuvres de peintres régionaux des 19e et 20e s. (Jules Noël, Henri Moret, Flavien Peslin, Félix Bouchor), consacrées à la Bretagne. Intéressante collection de sculptures en bois polychrome (remarquer un Christ aux liens du 16e s.).

Le reliquaire St-Vincent.

Cathédrale St-Pierre*

On y a travaillé du 13e au 19e s. La tour gauche, surmontée d'une flèche moderne, est le seul souvenir de la construction du 13e s. La chapelle, en rotonde, qui fait saillie sur le mur de la nef, est traitée dans le style de la Renaissance italienne, ce qui est rare en Bretagne ; elle a été érigée en 1537.
Entrer dans l'église par le beau portail du transept (gothique flamboyant, avec niches Renaissance). À l'entrée à gauche, un tableau évoque la mort de **saint Vincent Ferrier** en présence de la duchesse de Bretagne. Ce moine espagnol, grand orateur, mort à Vannes en 1419, fut canonisé en 1455. Dans la 2e chapelle du bas-côté gauche se trouve son tombeau. La chapelle absidiale, ou chapelle du Saint-Sacrement, et les chapelles de la nef abritent des autels, retables, tombeaux, statues des 17e et 18e s. La nef (15e s.) a perdu une part de son caractère d'origine : les lourdes voûtes du 18e s. en ont réduit l'élévation tout en masquant la charpente lambrissée.

La rue St-Guenhaël, bordée de vieilles **maisons**, conduit à la **porte Prison** (15e s.). Juste avant, à droite, la rue des Vierges et un petit passage donnent accès à une section des remparts qui offre une jolie vue sur les jardins.

> **UN AMOUR DE TRÉSOR**
> Le **trésor** est présenté dans l'ancienne salle du Chapitre, ornée de boiseries du 18e s. Remarquable coffret peint des 12e et 13e s., croix reliquaire du 12e s., croix et pyxide en ivoire, nombreux calices, patènes et custodes.

Remparts*

De l'allée des Frères-Jolivel, promenade de la Garenne, la **vue**** se développe sur le coin le plus pittoresque de Vannes : le ruisseau (la Marle) qui coule au pied des remparts (élevés au 13e s. sur des vestiges gallo-romains et remaniés jusqu'au 17e s.), les jardins à la française, la cathédrale à l'arrière-plan composent un tableau qui a tenté de nombreux peintres. Rejoindre la porte St-Vincent par la rue A.-Le-Pontois et le pont de la tour de Calmont.

> **UNE CURIEUSE TOITURE**
> Après le petit pont, s'approcher du parapet gauche, d'où l'on domine de vieux **lavoirs*** à la longue toiture étonnante. Contrairement aux apparences, ils ne datent que du début du 19e s.

AUTOUR DE LA VIEILLE VILLE

Promenade de la Garenne

Le parc de l'ancien château ducal de Vannes a été aménagé en promenade publique au 17e s. Dans la partie haute du jardin, le long du mur, à gauche du monument aux morts, une plaque de marbre rappelle l'exécution en 1795 de M. de Sombreuil, Mgr de Hercé et de 14 autres émigrés.

Hôtel de Limur

Cet édifice (fin 17e s.) présente un bel escalier en pierre.

Hôtel de ville

De style néo-Renaissance, il fut édifié à la fin du 19e s. En face, la statue équestre du connétable de Richemont rappelle ce chef de guerre, compagnon de Jeanne d'Arc, qui conduisit l'armée française victorieuse des Anglais à la fin de la guerre de Cent Ans. Succédant à son frère, il devint duc de Bretagne en 1457 et mourut l'année suivante.

visiter

Musée d'Archéologie du Morbihan★

Avr.-oct. : tlj sf dim. 9h30-12h, 14h-18h (juil.-août : ouv. en continu) ; nov.-mars : tlj sf dim. 14h-18h. Fermé j. fériés. 20F. ☏ 02 97 42 59 80.

À NE PAS MANQUER
La remarquable collection d'objets préhistoriques : **colliers**, bracelets, **haches** polies, épées, et de curieux anneaux-disques.

◀ Le château Gaillard (15e s.) a abrité pendant quelque temps le Parlement de Bretagne.
Le musée est très riche en objets préhistoriques provenant, pour la plupart, des premières fouilles des mégalithes du Morbihan : Carnac, Locmariaquer, presqu'île de Rhuys, qui permirent de mettre au jour de très belles pièces. Une salle rassemble des objets d'art en tout genre du 13e au 18e s. Au 2e étage, étonnant **cabinet de travail** du 17e s., dont les boiseries sont peintes sur le thème des « Pères du Désert ».

Parc du Golfe

Situé à la sortie du port de plaisance, ce parc est le point de départ des promenades en bateau.

Aquarium océanographique et tropical★ – ♿ *Juin-août : 9h-19h ; sept.-mai : 9h-12h30, 13h30-18h. Fermé 1er janv. (matin) et 25 déc. (matin). 50F (enf. : 30F). ☏ 02 97 40 67 40.*

Dans plus de cinquante bassins où les milieux naturels ont été reconstitués évoluent un millier de poissons provenant de toutes les eaux du monde. Un bassin de 35 000 l recrée un récif corallien avec ses nombreuses espèces de poissons. Une grande fosse présente les requins de récif que l'on peut découvrir en empruntant une passerelle transparente au ras de l'eau et, spectacle exceptionnel, un énorme poisson-scie de 3 m.

Palais des Automates – ♿ *D'avr. à mi-sept. : 10h-12h, 14h-18h (juil.-août : 10h-19h) ; de mi-sept. à fin mars : 14h-18h. Fermé de déb. nov. à fin déc. 30F. ☏ 02 97 40 40 39.*

Environ 200 personnages animés y sont présentés, depuis des pièces de collection du siècle dernier jusqu'aux scènes de vitrines de magasins.

Le Jardin aux Papillons – *Juin-août : 10h-19h ; avr.-mai et sept. : 10h-12h30, 14h-18h. 37F (enf. : 28F). ☏ 02 97 46 01 02.*

Le visiteur se promène librement au milieu d'une multitude de papillons vivants, dans un décor d'arbres tropicaux et d'arbustes fleuris. Dans les éclosoirs, il pourra suivre les transformations successives de la chrysalide.

alentours

Presqu'île de Conleau★

5 km, plus une 1/2h à pied. Sortir par la promenade de la Rabine. Après avoir franchi l'estuaire du Vincin, on entre dans la presqu'île de Conleau.

La presqu'île de Conleau est un site splendide et calme, en somme privilégié.

Conleau – Petit port bien situé à l'embouchure du Vincin, d'où l'on peut s'embarquer pour l'île d'Arz. On atteint la plage : belle vue entre la pointe de Langle, à gauche, et la pointe de Kerguen, à droite, sur l'île de Boëdic.

Presqu'île de Séné

10 km au Sud. Quitter Vannes par la rue Ferdinand-le-Dressay qui longe la rive gauche du port, puis tourner à gauche.

Séné – Anciennement connu pour ses bateaux de pêche typiques, à deux voiles, les « sinagots » (un des derniers exemplaires mouille dans le port), le bourg conserve sa vocation maritime.

À la sortie de Séné, tourner à droite en direction de Bellevue et Port-Anna.

Les anciens marais salants (près de 220 ha) sont devenus depuis peu un havre de paix pour les milliers d'oiseaux migrateurs ou nicheurs de la région. La **réserve naturelle** de la presqu'île de **Séné** à Falguérec organise des balades naturalistes et offre la possibilité d'observer à la jumelle l'échasse blanche, l'avocette élégante ou le chevalier gambette. *Juil.-août : visite guidée (1h1/2) 10h-13h, 14h-19h ; avr. : 14h-19h ; de déb. mai à fin juin : w.-end et j. fériés 14h-19h ; fév. : mar. et ven. à 14h30, dim. 14h-18h. 25F. Juil.-août : balade nature (3h) trois par sem. ; janv.-sept. : deux par mois. 40F. ☎ 02 97 66 92 76.*

L'avocette élégante (45 cm) se nourrit en sabrant l'eau de son bec gracieux et pointu.

Port-Anna – Ce petit port, où se côtoient bateaux de pêche et de plaisance, commande l'étroit goulet qu'empruntent les bateaux ralliant Vannes.

Revenir dans Bellevue et prendre à droite vers l'embarcadère.

Embarcadère – Réservé aux marchandises destinées à l'île d'Arz. Du parc de stationnement, la **vue**★ se développe sur la rivière de Vannes, la presqu'île de Conleau à gauche, Séné, sur la droite, au fond de l'anse.

Château du Plessis-Josso

15 km à l'Est. Quitter Vannes par la N 165 en direction de Nantes ; 3 km après Theix, prendre à gauche la D 183 en direction de Sulniac. De juil. à déb. sept. : visite guidée (1/2h) 14h-19h. 25F. ☎ 02 97 43 16 16.

Ce charmant manoir fortifié qui s'élève dans un agréable cadre de verdure, à proximité d'un étang, se compose de trois parties construites à des époques différentes : une maison forte du 14e s., un corps de logis avec tour d'escalier polygonale du 15e s. et un pavillon Louis XIII. Visiter la grande salle basse, la chambre d'apparat et la cuisine.

PETIT VOYAGE DANS LE TEMPS
La visite de l'intérieur permet de suivre l'évolution de sa construction et d'imaginer la vie qui s'y est déroulée au cours des siècles.

Grand-Champ

19 km au Nord-Ouest. Quitter Vannes par la rue Hoche et prendre la D 779.

L'**église** possède, dans la nef, deux panneaux en bois sculpté provenant de N.-D.-de-Burgo, chapelle ruinée joliment située dans un bois, à 2 km à l'Est. *Fermé dim. ap.-midi. ☎ 02 97 66 77 13.*

itinéraire

LES LANDES DE LANVAUX

Itinéraire de 55 km – Environ 3h

Quitter Vannes par la rue du Maréchal-Leclerc et prendre la N 166. À 14 km, tourner à gauche vers la forteresse de Largoët.

Forteresse de Largoët★

Juin-sept. et vac. scol. : 10h30-18h30 ; de mi-mars à fin mai et oct. : w.-end et j. fériés 14h-18h30. 20F. ☎ 02 97 53 35 96.

Également appelée tours d'Elven, la forteresse présente aujourd'hui encore un ensemble fortifié imposant. Elle appartenait au maréchal de Rieux, conseiller du duc

Du château fort subsiste un impressionnant donjon octogonal (14e s.), haut de 44 m, dont les murs ont de 6 à 9 m d'épaisseur.

François II, puis tuteur de sa fille Anne de Bretagne. Quand les troupes du roi de France, Charles VIII, envahirent la Bretagne en 1488, toutes les places fortes du maréchal, y compris celle de Largoët, furent incendiées. Le châtelet d'entrée fortifié date du 15e s. ; il est adossé à la première porte d'entrée datant du 13e s. À côté du donjon se dresse une tour (15e s.) plus petite flanquée d'un lanternon et remaniée pour servir de pavillon de chasse.

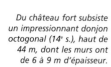

UNE ENVIE DE FRAÎCHEUR ?
Si on ne visite pas le château, on peut en revanche profiter du beau **parc** paysager (22 ha) de Trédion.

La promenade sur la digue de l'étang permet de contempler les tours se reflétant dans l'eau au milieu d'un beau cadre forestier.

À la sortie d'Elven, prendre à gauche.

Landes de Lanvaux

Cette longue crête schisteuse, inculte au siècle dernier, est devenue une belle région plantée d'arbres, riche de cultures variées et de pâturages. De nombreux monuments mégalithiques y ont été découverts.

Après l'imposant **château de Trédion** (très remanié au 19e s.), tourner à droite, traverser l'agglomération, puis prendre à gauche en haut de la place.

Callac

Avant une bifurcation, sur la gauche de la route est creusée une « grotte de Lourdes ». À sa gauche commence un sentier en pente raide qui gravit la colline. Ce chemin de croix est bordé de stations composées de groupes en granit, de taille humaine ; du pied du calvaire, la vue s'étend sur les landes de Lanvaux. La descente s'effectue par un autre sentier qui passe à proximité de la chapelle.

Prendre le chemin de gauche. À sa rencontre avec la route de Plumelec, tourner à gauche et, 600 m plus loin, à droite. 2 km après, suivre à gauche la direction de Vannes.

St-Avé

Un calvaire et une fontaine précèdent la **chapelle N.-D.-du-Loc** (15e s.). À l'intérieur, remarquer les sculptures des sablières et des engoulants. Au milieu de la nef, le calvaire à personnages est surmonté d'un dais en bois. *Juil.-août : tlj sf dim. 10h-12h30, 14h-18h30 ; sept.-juin : sur demande auprès de la mairie. ☎ 02 97 60 70 10.*

Vitré★★

Il est rare de pouvoir voyager dans le temps comme à Vitré : remparts et ruelles y sont en effet tels qu'ils étaient voici 400 ou 500 ans. Bâtie sur un éperon, l'ancienne « ville close » possède un fleuron, son château fort, très représentatif de l'architecture militaire moyenâgeuse et fièrement campé à l'extrême pointe d'un promontoire.

La situation

Cartes Michelin nos 59 pli 18 ou 230 pli 28 – Ille-et-Vilaine (35). À l'Est de Rennes et au Sud de Fougères, Vitré se situe à l'intersection des D 857 et D 178. *Place St-Yves – 35500 – ☎ 02 99 75 04 46.*

Le nom

Ce que l'on sait, c'est que la ville se nommait *Vitriacus* vers l'an mille.

Les gens

14 486 Vitréens. Marie de Rabutin-Chantal (1626-1696), marquise de Sévigné, y séjourna plusieurs fois.

carnet pratique

Où dormir

• *Valeur sûre*

Hôtel Ar Milin' – *35220 Châteaubourg – 15 km de Vitré, dir. Rennes par D 857 – ☎ 02 99 00 30 91 – fermé 20 déc. au 4 janv. et dim. d'oct. à mars – P – 30 ch. : 360/590F – ☕ 50F – restaurant 110/200F.* Ar Milin' : « Le Moulin » en breton... Celui-ci est installé dans un parc bucolique le long de la Vilaine. Ses deux anciens bâtiments de granit ont été rénovés et associent vieux bois, belles cheminées et mobilier récent pour un décor qui se veut cosy.

Où se restaurer

• *À bon compte*

Rest. Petit Billot – *5 pl. du Gén.-Leclerc – ☎ 02 99 74 68 88 – fermé ven. soir et sam. de sept. à juin sf. fêtes, sam. soir et dim. soir en été – 85/205F.* Voilà une table alléchante ! Ses menus, concoctés autour des produits du marché, sont gourmets à souhait et vraiment pas chers. Servis dans deux salles de style breton, ils reflètent bien les saveurs du pays... savamment actualisées.

Crêperie La Gavotte – *7 r. des Augustins (dir. Fougères) – ☎ 02 99 74 47 74 – fermé fin sept. à déb. oct., 1 sem. déb. fév. et lun. et sam. midi en hiver – 40/80F.* À défaut de vous initier à la fameuse danse bretonne, vous pourrez découvrir les crêpes traditionnelles à base de blé noir breton et les cidres régionaux dans le décor typique de ce restaurant qui se trouve dans une ruelle qui longe le château.

Petite soif ou petite faim

Au Vieux Vitré – *1 r . d'en-Bas, ☎ 02 99 75 02 52. Lun.-sam. 10h-1h.* C'est la seule maison privée de Vitré classée monument historique ; la façade et la cheminée datent du 16e s. Signe des temps, c'est aujourd'hui un bar-pizzeria-crêperie tenu par un couple chaleureux et dynamique.

Bar du château des Rochers-Sévigné – *Rte d'Argentré-du-Plessis, ☎ 02 99 96 52 52. Lun.-ven. 9h30-19h, sam. 9h30-20h, dim. 8h30-20h.* Nul besoin d'être un adepte du green pour accéder au charmant bar du golf établi dans les anciennes écuries du château des Rochers, où séjourna régulièrement Madame de Sévigné. De la terrasse, vous pourrez admirer cette magnifique demeure tout en prenant un verre.

Le Café du Marché – *Pl. Notre-Dame. Lun.-sam. 8h-20h, dim. 8h-12h, 18h-20h.* Ce café-épicerie est tenu par la même respectable dame depuis bientôt quarante ans. Le troisième âge s'y réunit après la messe, plusieurs générations d'enfants y ont acheté leurs friandises et continuent à le faire pendant que la patronne poursuit ses mots croisés.

Sortir

Rue d'en-Bas – La rue d'en-Bas est la rue des bars et des restaurants. Plusieurs bars de nuit comme l'Aston Bar ou le Nain Jaune sont très fréquentés par la jeunesse vitréenne.

Loisirs

ANCPV – *Bassin de haute Vilaine, ☎ 02 99 76 74 46. Hors vac. scol. : mer. et sam. 14h-17h. Vac. scol. : tlj 9h-17h.* Cette base nautique permet de pratiquer le dériveur, la planche à voile et l'aviron... Location possible.

comprendre

Du 15e au 17e s., Vitré fut une des plus actives cités bretonnes. Toiles de chanvre, draps de laine, bas de fil se vendaient en France, en Angleterre, en Allemagne, en Espagne et jusqu'en Amérique et aux Indes. Groupés au sein de la puissante confrérie des « Marchands d'outremer », les commerçants vitréens construisirent à cette époque les riches demeures à pans de bois que l'on voit encore en grand nombre.

La carrière de Pierre Landais – Vers le milieu du 15e s., Pierre Landais, tailleur d'habits de Vitré, est remarqué par le duc François II qui en fait son « garde-robier ». Habile, il poursuit son ascension, devient trésorier général du duché et conseiller du souverain de Bretagne. Méfiants à l'égard de ce parvenu qui fait abolir des droits féodaux, noblesse et clergé nouent une conjuration soutenue par le roi de France. Le duc se voit contraint de sacrifier son conseiller : Landais est saisi au château de Nantes. Soumis à la question, il reconnaît tous les chefs d'accusation et termine sa carrière au gibet de Nantes en 1485.

découvrir

LE CHÂTEAU★★

Juil.-août : 10h-18h ; avr.-juin : 10h-12h, 14h-17h30 ; oct.-mars : tlj sf mar. 10h-12h, 14h-17h30, sam.-lun. 14h-17h30. Fermé 1er janv., dim. de Pâques, 1er nov., 25 déc. 26F. ☎ 02 99 75 04 54.

Le premier château datait du 11e s., il fut rebâti aux 13e, 14e et 15e s. L'entrée est défendue par un pont-levis et un puissant châtelet flanqué de deux grosses tours à mâchicoulis. À l'angle Sud se dresse le donjon ou tour St-Laurent, à l'angle Nord-Est la tour de la Madeleine, à l'angle Nord-Ouest la tour de Montafilant. Ces divers ouvrages sont reliés par une enceinte que renforcent d'autres tours. En entrant dans la cour, on voit, sur la droite, un porche roman (**1**) aux claveaux de couleurs alternées (granit roux et schiste noir), et, adossé au front Nord, l'hôtel de ville (1913) ; devant soi, on remarquera, sur la tour de l'Oratoire, un élégant oratoire Renaissance (**2**).

Quel coup d'œil !
Les 82 marches de la tour de Montafilant mènent à une plate-forme d'où l'on a une superbe **vue★** sur la ville, les quartiers des Tertres-Noirs et du Bourg-aux-Moines, la Vilaine et une ancienne tannerie.

Après la montée à la tour de Montafiliant, on gagne, par la courtine, la tour de l'Oratoire, où est exposé un beau **triptyque★** du 16e s., orné de trente-deux émaux de Limoges.

La tour St-Laurent abrite entre autres des sculptures des 15e et 16e s. provenant de maisons de Vitré (une belle cheminée d'une maison de la rue de la Poterie a été

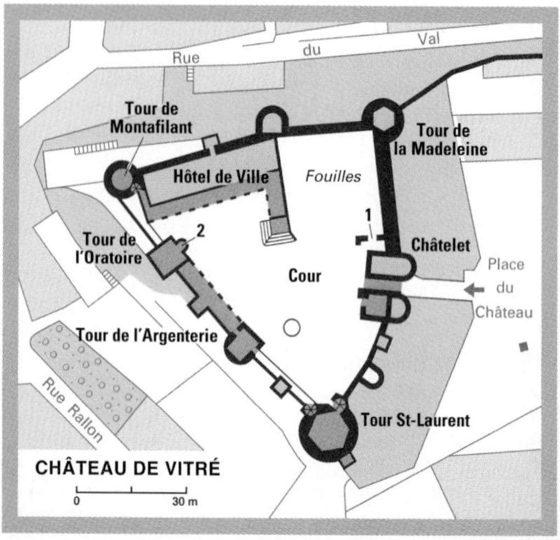
Rue
du
Val
Tour de Montafilant
Hôtel de Ville
Fouilles
Tour de la Madeleine
1
2
Tour de l'Oratoire
Châtelet
Cour
Place du Château
Tour de l'Argenterie
Rue Rallon
Tour St-Laurent
CHÂTEAU DE VITRÉ
0
30 m

Les sabots des destriers des preux chevaliers vitréens résonnent encore dans la cité médiévale.

remontée), le tombeau de Gui X, seigneur de Laval et de Vitré (15e s.), des tapisseries des Flandres (16e s.) et d'Aubusson (17e s.).
La tour de l'Argenterie conserve un cabinet de curiosités dont la collection d'histoire naturelle remonte à la fin du siècle dernier.

se promener

CIRCUIT URBAIN*

Partir de la place du Château, prendre la rue Notre-Dame, puis tourner à droite.

Rue de la Baudrairie**

Cette rue, qui tire son nom de l'ancienne confrérie des « baudroyeurs » ou artisans du cuir, est la plus curieuse de Vitré. Chaque maison mérite d'être détaillée.

Rue d'en-Bas

Elle conduisait à la porte du même nom, en partie détruite en 1846. On y verra de nombreuses maisons à pans de bois ; au n° 10, ancien **hôtel du Bol d'Or** (1513), la tourelle d'escalier flanquée d'un pavillon carré est fort curieusement coiffée.

L'hôtel du Bol d'Or.

Suivre la promenade St-Yves où se voit une tour, vestige des remparts.

Place du Général-de-Gaulle, prendre la rue Garangeot.

On croise la rue Sévigné : au n° 9, hôtel du 17e s. appelé « tour de Sévigné » où habita la célèbre marquise.

Tourner à droite.

Rue Poterie

Elle conserve de pittoresques maisons à porches et à pans de bois. Remarquer particulièrement la maison de l'Île, au carrefour de la rue Poterie et de la rue Sévigné.

Prendre à droite la rue Notre-Dame.

Remparts*

Place de la République, la tour de la Bridolle (15e s.) est couronnée de mâchicoulis.

À VOIR AUSSI
La rue de Paris, qui s'ouvre sur la place de la République, a de nombreuses maisons anciennes.

Au Sud de la ville, les remparts suivaient, un peu en retrait, l'actuelle rue de la Borderie, la place St-Yves et rejoignaient le château. Il n'en reste que des fragments, enclavés dans les propriétés. Au Nord et à l'Est, l'enceinte est toujours debout.

Franchir la grille de la promenade du Val pour faire le tour de l'enceinte. À l'extrémité de l'allée, après avoir dépassé une barrière, prendre à gauche la rampe qui passe sous la poterne St-Pierre ; suivre la rue du Bas-Val, en montée, et tourner à droite en arrivant sur la place, puis à gauche dans la rue Notre-Dame.

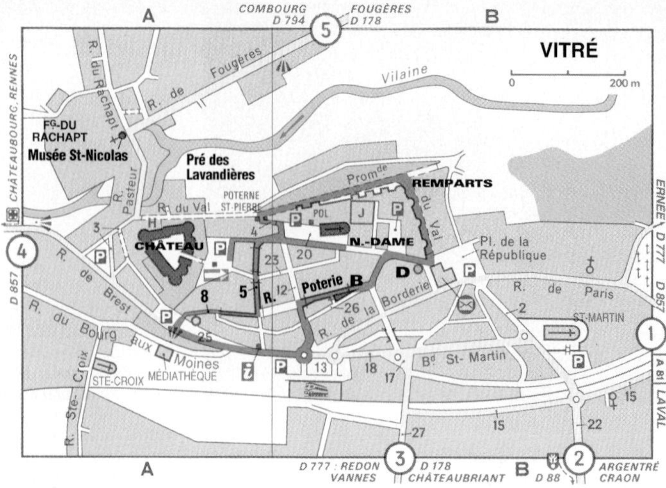
VITRÉ
COMBOURG D 794
FOUGÈRES D 178
CHÂTEAUBOURG, RENNES
D 857
ERNÉE D 777
D 857
E 50 A 81
LAVAL
D 777 : REDON VANNES
D 178 CHÂTEAUBRIANT
D 88
ARGENTRÉ CRAON
0
200 m
Vilaine
R. de Fougères
R. du Rachapt
FG-DU RACHAPT
Musée St-Nicolas
Pré des Lavandières
POTERNE ST-PIERRE
R. Pasteur
R. du Val
Promde
REMPARTS
du Val
CHÂTEAU
N.-DAME
POL
Pl. de la République
R. de Paris
ST-MARTIN
R. de Brest
R. du Bourg
R. Poterie
R. de la Borderie
Bd St-Martin
Moines
MÉDIATHÈQUE
STE-CROIX
R. Ste-Croix

Argentré (R. B.-d')	B	2	Gaulle (Pl. Gén.-de)	B	13	Pasteur (R.)	A	
Augustins (R. des)	A	3	Jacobins (Bd des)	B	15	Poterie (R.)	B	
Bas-Val (R. du)	A	4	Leclerc (Pl. Gén.)	B	17	Rochers (Bd des)	B	22
Baudrairie (R.)	A	5	Liberté (R. de la)	B	18	St-Louis (R.)	AB	23
Borderie (R. de la)	B		Notre-Dame (Pl. et R.)	B	20	St-Yves (Pl.)	A	25
En-Bas (R. d')	A	8	Paris (R. de)	B		Sévigné (R.)	B	26
Garangeot (R.)	B	12				70e R.-I. (R. du)	B	27

Château	A	Maison de l'île	B	B	Tour de la Bridolle	B D
Église Notre-Dame	B	Remparts	B			

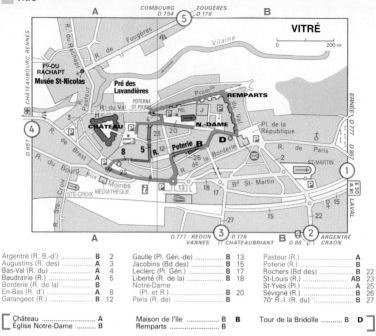

À VOIR À L'INTÉRIEUR
De nombreux retables et un beau vitrail Renaissance figurant l'entrée du Christ à Jérusalem, dans le bas-côté droit (3e travée).

Église Notre-Dame★

Édifice des 15e et 16e s. La partie la plus curieuse est la façade Sud avec ses sept pignons décorés de pinacles, sa chaire extérieure et ses deux portes finement sculptées de même que les vantaux.

S'avancer dans la rue Notre-Dame pour admirer, au n° 27, l'ancien hôtel Hardy ou de la Troussanais, du 16e s., aux porches et lucarnes finement ouvragés.

Faire demi-tour et gagner la place du Château.

QUARTIERS PÉRIPHÉRIQUES

Faubourg du Rachapt

Pendant la guerre de Cent Ans, ce faubourg fut occupé plusieurs années par les Anglais, alors que la ville et le château résistaient à toutes les attaques. Les Vitréens achetèrent le départ des envahisseurs, d'où le nom donné à l'agglomération.

Au pied du château, ce faubourg traverse la vallée de la Vilaine et escalade le flanc Nord. En suivant la rue Pasteur, on a une vue pittoresque et panoramique sur la rivière et le **Pré des Lavandières**.

PIQUE-NIQUER
Le Pré des Lavandières est un espace naturel aménagé où il est possible de pique-niquer agréablement face aux anciens lavoirs.

Musée St-Nicolas

Entrer par la petite porte à gauche et longer la chapelle. Cette chapelle du 15e s. conserve des peintures murales des 15e s. et 16e s. et abrite un musée d'art sacré. Le maître-autel en bois doré est du 18e s. *Mêmes conditions de visite que pour le château. ☎ 02 99 75 04 54.*

La rue du Rachapt est bordée de vieilles maisons. Belle vue sur le château.

Tertres Noirs★★

Accès par la rue de Brest et le chemin des Tertres-Noirs, à droite après le pont sur la Vilaine. De ce terre-plein ombragé de sapins et de marronniers, on jouit d'une belle **vue★★** sur Vitré, son site et son château.

Jardin du Parc★

Par ③ du plan. Agréable jardin de style anglais, très bien entretenu, avec plan d'eau.

La marquise de Sévigné aux Rochers

La marquise venait y faire de fréquents séjours, beaucoup par raison d'économie, son mari et son fils ayant dilapidé les trois quarts de ses revenus. À partir de 1678, elle y demeura presque continuellement, bien qu'elle s'éteindra chez sa fille, à Grignan, dans la Drôme, en 1696. Les lettres de la marquise permettent de reconstituer la vie qu'on menait aux Rochers. Lever à 8h, messe à 9h dans la chapelle, promenade, déjeuner. L'après-midi, travaux d'aiguille, promenade, causerie, correspondance. Charles, le fils de la marquise, fait la lecture dont les séances durent parfois cinq heures – on ne sait trop ce qu'il faut le plus admirer : le souffle du lecteur ou la résistance des auditeurs. Dîner à 20h. Charles reprend ensuite la lecture et le cercle se rompt à 22h, la marquise lisant ou écrivant dans sa chambre jusqu'à minuit.

Les seules diversions de cette existence campagnarde sont quelques visites de gentilshommes et de dames des environs ou bien un petit déplacement à Vitré, au moment de la réunion des États. La marquise observe, avec une malice parfois cruelle, cette noblesse provinciale, son accoutrement, ses prétentions, ses travers. Les banquets des États, où 400 pièces de vin sont mises à sec, la plongent dans un étonnement voisin de l'admiration : « Il passe, écrit-elle, autant de vin dans le corps d'un Breton, que d'eau sous les ponts. »

Le château des Rochers, domaine de la marquise de Sévigné, un but de pèlerinage littéraire pour les admirateurs des fameuses « Lettres ».

alentours

Château des Rochers-Sévigné

6,5 km au Sud-Est. Quitter Vitré par ② du plan. À 6 km de la ville, à la sortie d'un bois, prendre à gauche l'allée du château.

Château – *Juil.-sept. : visite guidée (1h) 10h-18h ; avr.-juin : 10h-12h, 14h-17h30 ; oct.-mars : tlj sf mar. 10h-12h, 14h-17h30, sam.-lun. 14h-17h30. Fermé 1er janv., dim. de Pâques, 1er nov., 25 déc. 26F. ☎ 02 99 75 04 54.*

Construit au 15e s. et remanié au 17e s., il est formé de deux ailes en équerre. Outre la chapelle construite en 1671 pour le « bien bon » abbé de Coulanges, oncle maternel de la marquise, on visite deux pièces dans la grosse tour Nord. Dans le « Cabinet vert », on voit encore quelques objets familiers de Mme de Sévigné : des tableaux de famille, son portrait et, dans une vitrine, des autographes et divers documents.

Parc et jardin – Le jardin à la française a été refait d'après les dessins de Le Nôtre. Au-delà s'étend le grand parc boisé, traversé par des allées dont les noms évoquent la marquise et son milieu littéraire : le Mail, la Solitaire, l'Infini, la Sainte Horreur, l'Humeur de ma mère, l'Humeur de ma fille, la Royale.

Amusant

Le mur en hémicycle du jardin produit l'écho que Mme de Sévigné appelait « ce petit rediseur de mots jusque dans l'oreille ». Cet écho est double (occuper les emplacements marqués par des pierres).

Champeaux★

9 km à l'Ouest. Quitter Vitré par ④ du plan. À 2 km de la ville, tourner à droite.

La **place★** du village compose un harmonieux tableau avec son église collégiale, sa mairie coiffée d'un grand toit à quatre pans, ses quelques maisons, anciennes demeures des chanoines, groupées autour du puits du chapitre.

La **collégiale** (14e et 15e s.), à nef unique, présente de belles **stalles★** à baldaquin de la Renaissance et une élégante porte de même époque qui donne accès à la sacristie, ancienne salle capitulaire. Deux beaux **vitraux★** Renaissance de fabrication rennaise retiennent également l'attention, l'un dans l'abside représente la Passion du Christ, l'autre dans la sacristie figure le sacrifice d'Abraham. Dans la nef, la chapelle de droite abrite un retable du 17e s. illustrant des scènes de la Passion, et celle de gauche une Vierge du 14e s., tous les deux en bois polychrome.

index

Concarneau ....Villes, curiosités et régions touristiques.
Du Guesclin ....Noms historiques et termes faisant l'objet d'une explication.
Les curiosités isolées (châteaux, abbayes, barrages, dolmens, pointes, rochers...) sont répertoriés à leur propre nom.

Sources iconographiques

p. 1 : M. Renaudeau/HOA QUI
p. 4 : H. Gyssels/DIAF
p. 4 : J.-M. Roignant/HOA QUI
p. 5 : J.-D. Sudres/DIAF
p. 5 : F. Le Divenah/DIAF
p. 18 : R. Mattès/
p. 20 : Morand-Grahame/HOA QUI
p. 20 : Ph. Dannic/DIAF
p. 22 : F. Le Divenah/DIAF
p. 23 : F. Le Divenah/DIAF
p. 22 : A. Le Bot/DIAF
p. 24 : A. Le Bot/DIAF
p. 25 : F. Betermin/ANDIA
p. 28 : D. Narbeburu/HOA QUI
p. 29 : R. Mattès/
p. 30 : R. Mattès/
p. 31 : F. Le Divenah/DIAF
p. 31 : R. Mattès/
p. 32 : R. Mattès/
p. 33 : B. Kaufmann/
p. 33 : B. Kaufmann/
p. 34 : Sandford/ANDIA
p. 34 : R. Mazin/DIAF
p. 36 : R. Mazin/DIAF
p. 36 : F. Le Divenah/DIAF
p. 37: Pratt-Pries/DIAF
p. 38 : R. Mattès/
p. 38 : Pratt-Pries/DIAF
p. 39 : C. Vaisse/HOA QUI
p. 40 : J.-P. Roze/ANDIA
p. 41 : F. Le Divenah/DIAF
p. 41 : P. Somelet/DIAF
p. 42 : D. Faure/DIAF
p. 43 : A. Le Bot/DIAF
p. 43 : F. Le Divenah/DIAF
p. 45 : R. Mattès/
p. 47 : Morand-Grahame/HOA QUI
p. 48 : J.-D. Sudres/DIAF
p. 50 : G. Plisson/
p. 51 : Y. Tierny/
p. 51 : F. Le Divenah/DIAF
p. 52 : N. Benavidès/MICHELIN
p. 52 : F. Le Divenah/DIAF
p. 53 : N. Benavidès/MICHELIN
p. 52 : /SHOM
p. 54 : J.-D. Sudres/DIAF
p. 54 : A. Février/DIAF
p. 55 : Y. Tierny/
p. 56 : Paskal/DIAF
p. 56 : E. Quéméré/DIAF
p. 57 : J.-D. Sudres/DIAF
p. 57 : Ouzounoff/DIAF
p. 57 : J.-D. Sudres/DIAF
p. 58 : Y. Boëlle/ANDIA
p. 58 : R. Mattès/
p. 59 : R. Mazin/DIAF
p. 60 : F. Le Divenah/DIAF
p. 60 : P. Somelet/DIAF
p. 60 : A. Le Bot/DIAF
p. 60 : H. Gyssels/DIAF
p. 60 : N. Benavidès/MICHELIN
p. 61 : J.-M. Roignant/HOA-QUI
p. 61 : J. Schormans/RMN
p. 61 : J. Schormans/RMN
p. 62 : F. Le Divenah/DIAF
p. 63 : B. Renaudeau/HOA-QUI
p. 64 : F. Le Divenah/DIAF
p. 64 : F. Le Divenah/DIAF
p. 64 : R. Mattès/
p. 66 : R. Mattès/
p. 66 : R. Mazin/DIAF
p. 66 : R. Mazin/DIAF
p. 66 : R. Mattès/
p. 67 : J.-D. Sudres/DIAF
p. 66 : D. Faure/DIAF
p. 67 : J. Schormans/RMN
p. 68 : /RMN
p. 68 : J.-D. Sudres/DIAF
p. 69 : J.-D. Sudres/DIAF
p. 69 : E. Quéméré/DIAF
p. 69 : J.-D. Sudres/DIAF
p. 69 : J.-D. Sudres/DIAF
p. 70 : /GIRAUDON
p. 70 : /KHARBINE-TAPABOR
p. 70 : /KHARBINE-TAPABOR
p. 72 : /ROGER-VIOLLET
p. 72 : /GIRAUDON
p. 73 : /ROGER-VIOLLET
p. 74 : /DAGLI ORTI
p. 76 : /DAGLI ORTI
p. 76 : /DAGLI ORTI
p. 77 : /DAGLI ORTI
p. 77 : B. Barbier/DIAF
p. 78 : B. Kaufmann/
p. 78 : F. Le Divenah/DIAF
p. 78 : J.-M. Roignant/ANDIA
p. 78 : /SAGEMOR
p. 79 : B. Kaufmann/
p. 80 : R. Corbel/
p. 81 : R. Corbel/
p. 82 : R. Corbel/
p. 83 : R. Corbel/
p. 84 : R. Corbel/
p. 85 : R. Corbel/
p. 86 : R. Mazin/DIAF
p. 86 : A. Le Bot/DIAF
p. 88 : B. Kaufmann/
p. 89 : B. Kaufmann/
p. 88 : /Musée Départemental breton, Quimper
p. 89 : B. Kaufmann/
p. 90 : Langeland/DIAF
p. 91 : B. Kaufmann/
p. 91 : Haken/ANDIA
p. 92 : E. Dontarces/ANDIA
p. 97 : J.-D. Sudres/DIAF
p. 97 : R. Mattès/
p. 98 : R. Dechamps/MICHELIN
p. 99 : J.-D. Sudres/DIAF
p. 100 : R. Mattès/
p. 100 : E. Quéméré/DIAF
p. 103 : R. Mazin/DIAF
p. 103 : R. Mazin/DIAF
p. 104 : R. Dechamps/MICHELIN
p. 106 : F. Le Divenah/PIX
p. 107 : A. Le Bot/DIAF
p. 108 : Morand-Grahame/HOA-QUI
p. 110 : R. Dechamps/MICHELIN
p. 111 : A. Le Bot/DIAF
p. 111 : G. Biollay/DIAF
p. 112 : G. Guégan/
p. 114 : E. Quéméré/DIAF
p. 115 : /Collection Viollet
p. 116 : E. Quéméré/DIAF
p. 117 : F. Le Divenah/DIAF
p. 118 : M. Cambazard/EXPLORER
p. 118 : C. Agnus/SEA AND SEE
p. 123 : F. Le Divenah/DIAF
p. 124 : H. Gyssels/DIAF
p. 124 : M. Boin/ANDIA
p. 125 : C. Simon/ANDIA
p. 125 : Ph. Blondel/SCOPE
p. 130 : Pambour/CAMPAGNE CAMPAGNE
p. 131 : D. Ravon/SEA AND SEE
p. 131 : Allisy/SEA AND SEE
p. 131 : C. Lahogue/SEA AND SEE
p. 132 : R. Mattès/
p. 133 : T. Joyeux/Océanopolis
p. 134 : L. Ruellan/CBN Brest
p. 136 : R. Mattès/
p. 138 : R. Mattès/
p. 138 : Y. Auffret/
p. 141 : R. Dechamps/MICHELIN
p. 142 : G. Guittot/DIAF
p. 144 : Ph. Plisson/HOA QUI
p. 145 : J.-M. Roignant/ANDIA
p. 146 : H. Gyssels/DIAF
p. 147 : G. Gsell/DIAF
p. 148 : N. Hautemanière/SCOPE
p. 150 : J. Guillard/SCOPE
p. 152 : R. Mattès/
p. 154 : A. Le Bot/DIAF
p. 155 : B. Kaufmann/
p. 156 : A. Scotet/MICHELIN
p. 158 : M. Guillou/
p. 158 : M. Guillou/
p. 158 : B. Kaufmann/
p. 159 : J.-P. Langeland/DIAF
p. 161 : R. Dechamps/MICHELIN
p. 162 : E. Quéméré/DIAF
p. 162 : Ph. Plisson La Trinité/
p. 163 : D. Faure/DIAF
p. 165 : /Océarum du Croisic
p. 165 : R. Dechamps/MICHELIN
p. 166 : R. Mattès/
p. 168 : Roignant/ANDIA
p. 170 : G. Guittot/DIAF
p. 172 : Y. Tierny/
p. 172 : G. Gsell/DIAF
p. 175 : /Domaine de la Bourbansais
p. 175 : Morand-Grahame/HOA-QUI
p. 177 : G. Guittot/DIAF
p. 179 : A. Le Bot/DIAF
p. 180 : /Cathédraloscope
p. 184 : J. Kérébel/DIAF
p. 184 : B. Kaufmann/
p. 185 : /Office du Tourisme Erquy
p. 186 : R. Mattès/
p. 188 : R. Mattès/
p. 190 : R. Mattès/
p. 191 : Pratt-Pries/DIAF
p. 192 : F. Le Divenah/DIAF
p. 193 : E. Baret/
p. 194 : R. Mattès/
p. 196 : H. Dewynter/MICHELIN
p. 196 : E. Quéméré/DIAF
p. 199 : R. Mattès/
p. 200 : Y. Boëlle/ANDIA
p. 200 : J. Guillard/SCOPE
p. 203 : Y. Tierny/
p. 203 : R. Mattès/
p. 203 : M. Boin/ANDIA
p. 206 : J. Haken/ANDIA
p. 207 : F. Le Divenah/DIAF
p. 208 : R. Mattès/
p. 206 : F. Le Divenah/DIAF
p. 209 : Photo ARTUS/
p. 210 : M. Boin/ANDIA
p. 212 : F. Le Divenah/DIAF
p. 213 : Y. Arthus-Bertrand/ALTITUDE
p. 214 : R. Dechamps/MICHELIN
p. 215 : R. Dechamps/MICHELIN
p. 218 : E. Carré/ANDIA
p. 219 : Y. Boëlle/ANDIA
p. 221 : G. Boutin/EXPLORER
p. 222 : /VANDYSTADT
p. 222 : Mastrojanni/DIAF
p. 225 : B. Régent/DIAF
p. 226 : D. Faure/DIAF
p. 229 : E. Baret/
p. 230 : F. Le Divenah/DIAF
p. 231 : J. Guillard/SCOPE
p. 232 : Morcime/CAMPAGNE CAMPAGNE
p. 232 : L. Silliau/Centre d'art contemporain de Kerguéhennec
p. 234 : E. Baret/
p. 235 : J.-D. Sudres/DIAF
p. 236 : J.M.L. Lamballe/(c) Adagp 2000
p. 238 : R. Mattès/
p. 240 : Y. Boëlle/ANDIA
p. 241 : A. Le Bot/DIAF
p. 242 : Bordas/DIAF
p. 245 : D. Faure/DIAF
p. 246 : F. Le Divenah/DIAF
p. 247 : F. Le Divenah/DIAF
p. 248 : /Manoir de l'Automobile
p. 250 : R. Mattès/
p. 252 : R. Dechamps/MICHELIN
p. 252 : R. Puillandre/EDIVEL
p. 254 : Pratt-Pries/DIAF
p. 257 : Y. Boëlle/ANDIA
p. 258 : B. Kaufmann/
p. 260 : W. Buss/HOA-QUI
p. 262 : A. Le Bot/DIAF
p. 262 : N. Hautemanière/SCOPE
p. 264 : A. Wolf/C.N.M.H.S.
p. 266 : J. Kaken/CAMPAGNE CAMPAGNE
p. 268 : F. Le Divenah/DIAF
p. 269 : Piquer/CAMPAGNE CAMPAGNE
p. 271 : /GIRAUDON
p. 271 : Pratt-Pries/DIAF
p. 272 : Pratt-Pries/DIAF
p. 273 : R. Mattès/
p. 274 : R. Mattès/

p. 276 : G. Simeone/DIAF
p. 277 : R. Dechamps/MICHELIN
p. 278 : N. Hautemanière/SCOPE
p. 283 : N. Hautemanière/SCOPE
p. 286 : A. Guillard/Ville de Nantes-Musée des Beaux-Arts
p. 287 : R. Dechamps/MICHELIN
p. 287 : Ch. Hémon/Musée Dobrée, Nantes
p. 289 : /Musée Jules Verne, Nantes
p. 289 : /ANDIA
p. 290 : A. Le Bot/DIAF
p. 291 : Ph. Plisson La Trinité/
p. 293 : Ph. Plisson La Trinité/
p. 295 : Y. Boëlle/ANDIA
p. 295 : Y. Boëlle/ANDIA
p. 299 : A. Le Bot/DIAF
p. 299 : P. Wysocki/EXPLORER
p. 300 : G. Guittot/DIAF
p. 302 : R. Mattès/
p. 303 : Y. Boëlle/ANDIA
p. 304 : B. Kaufmann/
p. 305 : S. Villerot/DIAF
p. 306 : J. Schormans/RMN
p. 307 : /GIRAUDON
p. 308 : P. Somelet/DIAF
p. 309 : A. Le Bot/DIAF
p. 310 : R. Mattès/
p. 313 : Ouzounoff/DIAF
p. 314 : F. Le Divenah/DIAF
p. 314 : Pratt-Pries/DIAF
p. 315 : /GIRAUDON
p. 315 : R. Mazin/DIAF
p. 317 : J. Labbé/PIX
p. 319 : Pratt-Pries/DIAF
p. 319 : R. Mazin/DIAF
p. 320 : /Musée des Beaux-Arts, Quimper
p. 320 : Vinter/Musée de la Faïence, Quimper
p. 323 : G. Guégan/
p. 323 : R. Mattès/
p. 324 : F. Betermin/ANDIA
p. 326 : Pratt-Pries/DIAF
p. 328 : /CAT'S COLLECTION
p. 329 : J.-D. Sudres/DIAF
p. 331 : Coupard/ANDIA
p. 332 : Ph. Plisson La Trinité/
p. 335 : Ogier/ANDIA
p. 336 : J.-D. Sudres/DIAF
p. 339 : H. Weiller/EXPLORER
p. 339 : R. Mattès/
p. 340 : J.-P. Roze/ANDIA
p. 341 : Ogier/ANDIA
p. 342 : M. Dewynter/
p. 344 : F. Le Divenah/DIAF
p. 345 : F. Le Divenah/DIAF
p. 346 : F. Le Divenah/DIAF
p. 348 : J.-D. Sudres/DIAF
p. 349 : F. Le Divenah/DIAF
p. 351 : Y. Boëlle/ANDIA
p. 353 : Le Gac/PIX
p. 355 : A. Le Bot/DIAF
p. 358 : M. Dieu/Association Cotre Corsaire
p. 356 : Y. Arthus-Bertrand/ALTITUDE
p. 356 : R. Mattès/
p. 359 : L. Juvigny/SCOPE
p. 360 : Y. Tierny/
p. 362 : R. Mattès/
p. 363 : M. Dupuis/Ville de St-Malo
p. 364 : /Grand Aquarium de St-Malo
p. 366 : /ALSTOM Marine
p. 368 : Pratt-Pries/DIAF
p. 370 : J.-Y. Ferret/DIAF
p. 370 : G. Biollay/DIAF
p. 372 : F. Le Divenah/DIAF
p. 374 : R. Mattès/
p. 375 : G. Plisson/
p. 379 : J.-D. Sudres/DIAF
p. 380 : F. Le Divenah/DIAF
p. 381 : P. Baudry/ANDIA
p. 382 : J. Haken/ANDIA
p. 384 : E. Quéméré/DIAF
p. 385 : Haken/ANDIA
p. 386 : F. Le Divenah/DIAF
p. 388 : H. Dewynter/MICHELIN
p. 389 : F. Le Divenah/DIAF
p. 390 : E. Quéméré/DIAF
p. 391 : M. Guillou/
p. 392 : /Forteresse de Largouët
p. 394 : Y. Travert/DIAF
p. 395 : J. Guillard/SCOPE
p. 397 : /GIRAUDON

La Fondation du Patrimoine

Par dizaines de millions, vous partez chaque année à la découverte de l'immense richesse du patrimoine bâti et naturel de la France. Vous visitez ces palais nationaux et ces sites classés que l'État protège et entretient. Mais vous admirez également ce patrimoine de proximité, ce trésor constitué de centaines de milliers de chapelles, fontaines, pigeonniers, moulins, granges, lavoirs ou ateliers anciens..., indissociables de nos paysages et qui font le charme de nos villages.

Ce patrimoine n'est pas protégé par l'État. Souvent abandonné, il se dégrade inexorablement. Chaque année, des milliers de témoignages de la vie économique, sociale et culturelle du monde rural, disparaissent à jamais.

La Fondation du Patrimoine, organisme privé à but non lucratif, reconnu d'utilité publique, a été créé en 1996. Sa mission est de recenser les édifices et les sites menacés, de participer à leur sauvegarde et de rassembler toutes les énergies en vue de leur restauration, leur mise en valeur et leur réintégration dans la vie quotidienne.

Les délégations régionales et départementales sont la clef de voûte de l'action de la Fondation sur le terrain. À partir des grands axes définis au niveau national, elles déterminent leur propre politique d'action, retiennent les projets et mobilisent les associations, les entreprises, les communes et tous les partenaires potentiels soucieux de patrimoine et d'environnement.

Rejoignez la Fondation du Patrimoine !

L'enthousiasme et la volonté d'entreprendre en commun sont à la base de l'action de la Fondation.

En devenant membre ou sympathisant de la Fondation, vous défendez l'avenir de votre patrimoine.

✂...

Bulletin d'adhésion

Nom et prénom :
....

....

Adresse :
....

Date : Téléphone *(facultatif)* :
....

Membre actif *(don supérieur ou égal à 300F)*

Membre bienfaiteur *(don supérieur ou égal à 3 000F)*

Sympathisant *(don inférieur à 300F)*

Je souhaite que mon don soit affecté au département suivant :

....

Bulletin à renvoyer à :

Fondation du Patrimoine, Palais de Chaillot, 1 place du Trocadéro, 75116 Paris.

Merci de libeller votre chèque à l'ordre de la Fondation du Patrimoine.

Fondation du Patrimoine, Palais de Chaillot, 1 place du Trocadéro, 75116 Paris.
Téléphone : 01 53 70 05 70 – Télécopie : 01 53 70 69 79.

LE GUIDE VERT a changé, aidez-nous à toujours mieux répondre à vos attentes en complétant ce questionnaire.

Merci de renvoyer ce questionnaire à l'adresse suivante :
Michelin Éditions du Voyage / Questionnaire Marketing G. V.
46, avenue de Breteuil – 75324 Paris Cedex 07

1. Est-ce la première fois que vous achetez LE GUIDE VERT ? oui ☐ non ☐
Si oui, passez à la question n° 3. Si non, répondez à la question n° 2

2. Si vous connaissiez déjà LE GUIDE VERT, quelle est votre appréciation sur les changements apportés ?

	Nettement moins bien	Moins bien	Égal	Mieux	Beaucoup mieux
La couverture	☐	☐	☐	☐	☐
Les cartes du début du guide Les plus beaux sites Circuits de découverte Lieux de séjour	☐	☐	☐	☐	☐
La lisibilité des plans Villes, sites, monuments.	☐	☐	☐	☐	☐
Les adresses	☐	☐	☐	☐	☐
La clarté de la mise en pages	☐	☐	☐	☐	☐
Le style rédactionnel	☐	☐	☐	☐	☐
Les photos	☐	☐	☐	☐	☐
La rubrique Informations pratiques en début de guide	☐	☐	☐	☐	☐

3. Pensez-vous que LE GUIDE VERT propose un nombre suffisant d'adresses ?

HÔTELS :	Pas assez	Suffisamment	Trop
Toutes gammes confondues	☐	☐	☐
À bon compte	☐	☐	☐
Valeur sûre	☐	☐	☐
Une petite folie	☐	☐	☐
RESTAURANTS :	**Pas assez**	**Suffisamment**	**Trop**
Toutes gammes confondues	☐	☐	☐
À bon compte	☐	☐	☐
Valeur sûre	☐	☐	☐
Une petite folie	☐	☐	☐

4. Dans LE GUIDE VERT, le classement des villes et des sites par ordre alphabétique est, d'après vous une solution :

Très mauvaise	Mauvaise	Moyenne	Bonne	Très bonne
☐	☐	☐	☐	☐

5. Que recherchez-vous prioritairement dans un guide de voyage ? Classez les critères suivants par ordre d'importance (de 1 à 12).

6. Sur ces mêmes critères, pouvez-vous attribuer une note entre 1 et 10 à votre guide.

	5. Par ordre d'importance	6. Note entre 1 et 10
Les plans de ville		
Les cartes de régions ou de pays		
Les conseils d'itinéraire		
La description des villes et des sites		
La notation par étoile des sites		
Les informations historiques et culturelles		
Les anecdotes sur les sites		
Le format du guide		
Les adresses d'hôtels et de restaurants		
Les adresses de magasins, de bars, de discothèques...		
Les photos, les illustrations		
Autre (spécifier)		

7. La date de parution du guide est-elle importante pour vous ? oui non

8. Notez sur 20 votre guide :

9. Vos souhaits, vos suggestions d'amélioration :

Vous êtes : Homme Femme Âge

Agriculteurs exploitants	Employés
Artisans, commerçants, chefs d'entreprise	Ouvriers
Cadres et professions libérales	Préretraités
Enseignants	Autres personnes sans activité professionnelle
Professions intermédiaires	

Nom et prénom :

Adresse :

Titre acheté :